守望大学

《高教发展与评估》选粹

主　编　　金　诚
副主编　　荣翠红

中国海洋大学出版社
·青岛·

图书在版编目(CIP)数据

守望大学:《高教发展与评估》选粹 / 金诚主编
. — 青岛:中国海洋大学出版社,2024.11
ISBN 978-7-5670-3844-8

Ⅰ. ①守… Ⅱ. ①金… Ⅲ. ①高等教育－教育评估－
中国－文集 Ⅳ. ①G649.2-53

中国国家版本馆 CIP 数据核字(2024)第 088970 号

SHOUWANG DAXUE:《GAOJIAO FAZHAN YU PINGGU》XUANCUI

守望大学:《高教发展与评估》选粹

出版发行	中国海洋大学出版社			
社　　址	青岛市香港东路 23 号		**邮政编码**	266071
出版人	刘文菁			
网　　址	http://pub.ouc.edu.cn			
电子信箱	116333903@qq.com			
订购电话	0532-82032573(传真)			
责任编辑	滕俊平		**电　　话**	0532-85902342
印　　制	青岛国彩印刷股份有限公司			
版　　次	2024 年 11 月第 1 版			
印　　次	2024 年 11 月第 1 次印刷			
成品尺寸	185 mm×260 mm			
印　　张	27.75			
字　　数	620 千			
印　　数	1—1000			
定　　价	98.00 元			

发现印装质量问题,请致电 0532-58700166,由印刷厂负责调换。

出版前言

人生不是一支短短的蜡烛,而是一支暂时由我们拿着的火炬。我们一定要把它燃得十分光明灿烂,然后交给下一代的人们。

——〔英国〕萧伯纳

2003 年,在高等教育国际化浪潮的推动下,中国拉开了 21 世纪制度化高等教育评估的序幕。

2005 年,由国家新闻出版总署审批,教育部主管,武汉理工大学和中国交通教育研究会高教研究分会主办的《高教发展与评估》杂志横空出世。《高教发展与评估》是中国第一本公开出版发行的高等教育评估类学术期刊。创刊伊始,《高教发展与评估》创办者心怀"人所具有的我都不陌生"①的人文理想,始终牢记国家赋予的办刊宗旨,崇尚"学术至上,质量第一"的办刊理念,以"筚路蓝缕,以启山林"的创业精神,不遗余力地传播优秀的高等教育学术研究成果,探讨国内外教育评估的理论与实践,为繁荣和发展高等教育事业,逐步建立中国高等教育高质量的保障制度和完善的评估体系尽献绵薄之力。

在《高教发展与评估》创刊 19 年之际,我们从已刊发的文章中选择由中国人民大学复印报刊资料或《新华文摘》全文转载的部分文章及具有代表性的部分优秀文章,依出版年先后顺序汇编成书,以满足不同读者的阅读需求,同时答谢 19 年来始终不渝地热情支持我们工作的高等教育界的老、中、青三代学者朋友们,是各位同仁的研究结晶和信任铸就了一段人生旅途中的学术良缘。虽然各位同仁来自不同的高等学府,但其共同的心愿是不断推进全球化时代的高等教育发展与评估研究的长足进步。

这本纪念一段学术历程的汇编之作,获得了中国海洋大学出版社的鼎力支持。我们由衷地感佩海大出版人的学术情怀和包容大爱。为此,深表谢忱!

考虑到阅读方便和成书篇幅的限制,本书在保持原文主体完整性的基础上,对所收录的论文进行了编辑技术处理,对部分文字作了一些细微而必要的修正,删除参考文献、文字说明及不必要的图表,统一了全书体例。为了方便读者查对原文,注明了每篇论文的原出处、刊登时间(刊期)和页码。书中如有不足之处,敬请读者、作者海涵,并批评指正。

2024 年 3 月 10 日

---

① 《读书》编辑部. 启蒙之星辰[M]. 北京:生活・读书・新知三联书店,2012:1.

序

迈向大学评鉴的新境界

黄俊杰*

1

《守望大学：〈高教发展与评估〉选粹》这本书，所收录的主要是《高教发展与评估》期刊从 2005 年创刊至 2023 年之间所发表的、被中国人民大学复印报刊资料或《新华文摘》全文转载的论文。《高教发展与评估》在金诚教授主编之下，蒸蒸日上，声誉鹊起。近 10 年，《高教发展与评估》连续三次入选北京大学《中文核心期刊要目总览》教育类核心期刊，中国社会科学院《中国人文社会科学期刊》A 刊核心期刊和中国人民大学复印报刊资料重要转载来源期刊，连续八次入选南京大学《中文社会科学引文索引》来源期刊和《全国报刊索引》（哲社版）核心期刊。本书所收论文，在相当程度上反映了 2005—2023 年《高教发展与评估》杂志的部分成果。承蒙好意，金诚教授先将书稿寄给我阅读，并希望我写一些感想作为序文。我与金教授相识 20 余年，自然乐于应命。

2

中国的大学院校评估（或称"评鉴"）已有将近半个世纪的历史。台湾地区从 1975 年启动大学评鉴，累积 20 年经验后在 2006 年成立独立的"财团法人高等教育评鉴中心基金会"；大陆则从 1985 年镜泊湖会议后开始进行大学评估，数十年来累积的可观经验，对于提升高教的品质，贡献卓著。诚如顾明远教授在本书所收的《高等教育评估中几个值得探讨的问题》一文中所说，高等教育评估发挥了诊断性功能、导向性功能、激励功能、改进功能、鉴定功能和咨询决策功能。顾教授所说的以上六大功能，可以进一步归纳为三大特性：第一是判断性，包括诊断功能与鉴定功能；第二是评价性，指激励功能；第三是引导性，包括导向、改进、咨询决策等功能。数十年来，海峡两岸风起云涌的高教评鉴，有全校整体性的大学评鉴，也有学门学科的评鉴，多能发挥判断、评价、指引的作用，整体而言确有其正面作用，值得关心高等教育的人欣喜。《高教发展与评估》历年来所刊载的许多论文，常能为高教评估研究者在理论上与实务上进行深入探索起到积极的引导作用，值得称道。

---

* 黄俊杰，中国台湾大学特聘讲座教授，欧洲研究院院士。

3

　　为什么大学必须定期加以评估？从国际、国内，大学、老师、学生或家长立场，都可以提出各种大学必须定期评估的理由，但是最重要的理由应该是"二战"以后世界各国大学数量激增。战后初期的 1950 年，全世界大学总数约为 3 500 所，大学生总数约为 660 万人，但是到了 2000 年，全世界高等教育体量急遽膨胀，全世界大学总数增至 3 万所，大学生约 8 050 万人。在 2020 年之前，每年全世界留学生总数超过 500 万人。全世界高等教育最发达的是美国，全美大学院校总数高达 4 726 所；中国大陆大学院校总数共计 2 914 所，台湾地区总人口只有 2 300 多万人，但大学院校总数多达 158 所。美国与中国都出现了学生数 6 万人以上的"巨型大学"（multiversity）[①]。但是，近年来在少子化浪潮袭击之下，许多大学走上整并或停办的道路。

　　在第二次世界大战后世界高等教育急遽扩张的背景中，高教评估成为各国必须重视的工作，经由大学评估提供给家长与学生有关大学的讯息，也可以为大学管理者与教师提升教研水平提供参考。《高教发展与评估》这份刊物的重要性正在于此。这本书中所收录的文章，可以为高教评估提供理论研究与实际工作之参考，有其重要之意义。

4

　　展望未来，高教评估可以努力的新方向大约有二。

　　第一，现行的评估指标虽然已有相当成效，但是主要问题在于：形式重于本质，机制重于氛围，数量重于品质。整体而言，就是重视大学教研绩效之"可量测性"的指标，远过于"不可量测性"的指标，这种侧重"数据管理"的流弊之所及，常常在于明察秋毫而不见舆薪，只见其末而不揣其本，坠入"数量性思维的陷阱"而不自知，事之吊诡者莫过于此！

　　如果以上观察可以成立的话，那么未来高教评估的理论与实务，就可以在现有基础之上，更加重具有"不可量测性"的高教发展指标。所谓"不可量测性"的高教发展指标，指大学教育对学生生命意义感的启发、大学校园的办学氛围、大学教学的品质等，这些都难以通过量化数据完全判定。龚放教授在收录于本书的论文中强调，大学教育"要思考'得出思想'，而非'问卷加计算'"，一针见血地指出当前高教评估的沉疴，所谓高教发展应注重"不可量测性"的指标正是对治这种沉疴的良药。

　　第二，现行的高教评估指标，侧重教研工作所产生的有形的、当下的、直接的效益，例如提升大学毕业生的就业率以及就业后的工资等指标，而相对轻视教研工作所产生的无形的、未来的与间接的效益，例如大学对社会福祉之贡献、对学生毕业后人生道路之启示等。所以，当前高教评估工作，可以说重视"可见的显性指标"远过于"不可见的隐性指标"。

---

① "multiversity"是曾任美国加州大学系统总校长的克拉克·克尔（Clark Kerr，1911—2003）所创的名词，见：Clark Kerr. 大学的功用[M]. 杨雅婷，译. 台北：韦伯文化国际出版公司，2009：16.

如果以上观察尚无大误,那么,我们就可以建议:未来的高教评估,应该在现行的"可见的显性指标"之上,更加重视"不可见的隐性指标"。教育是百年树人的事业,必须期以久成而难求其速化。现行高教评估过度强调"可见的显性指标"与大学之育人目标渐行渐远,如孟子所说"尽心力而为之,后必有灾",所以必须在现行的评估指标之上,再对"不可见的隐性指标"给予更多的重视。

以上这两个高教评估努力的新方向,是我长期阅读《高教发展与评估》期刊以及披阅《守望大学:〈高教发展与评估〉选粹》这本论文集时所激发的一些想法,谨借此机会提出以就教于金诚教授与本书广大读者。

5

本书收录的诸多论文的主题可以反映出《高教发展与评估》期刊在 2005—2023 年相当重视拓展高教发展的国际视野,这是令人欣喜的现象。21 世纪,世界各国高等教育的全球化趋势快速发展,中国高等教育的发展也受到全球化巨流的冲击。我在 2006 年刊于《高教发展与评估》的论文中就指出,在全球化潮流冲击之中,大学必须重视传统文化素养教育,大学也必须保持并弘扬教育主体性,大学更必须致力于善尽"大学社会责任"。后来我在 2013 年也有论文进一步申论全球化与中国高等教育的复杂关系。如何在全球化与在地化的拉扯之间,维持具有创造性的动态均衡关系,确实是一个应该深思的课题。

我在上文所提议的高教评估的两个新方向,都与人文社会科学学门的评估问题有关,因为人文社会科学尤其是人文学问,都与高教发展之"不可量测的指标"与"不可见的隐性指标"密切相关。第二次世界大战后,法兰克福学派著名学者阿多诺与霍克海默曾合著《启蒙的辩证》一书,他们指出:18 世纪欧洲启蒙文明(Enlightenment)为人类带来的弊端是数量化、标准化、商品化。欧洲启蒙文明三大病,在世界各国高等教育的场域中表现得最为鲜明。当前高教评估指标侧重的是知识的数量化、标准化、商品化。现行大学评估制度及其指标,基本上是 20 世纪自然科学突飞猛进后所发展出来的一套学术认证的标准,虽然在欧洲与澳大利亚实施多年,但仍被批评过度重视量化指标,而且常受非学术因素干扰,这一套做法并不适用于人文社会科学学门,尤其是人文学问的评估。举例言之,人文学科学者的评估应以专书重于期刊论文。抗战时期,儒学大师马一浮在四川办复性书院,1940 年国民政府教育部部长陈立夫拨款资助,但要求提报师资及课程资料以供评审,马一浮坚持学术独立,拒绝接受国民政府教育部审查和指导。马先生致教育部函云:"以云考核,当以俟之程朱;若有怀疑,惟是折衷孔孟。"20 世纪上半叶中国学术界发生的这一事件,提醒我们人文学问有其独特性,不宜以自然科学的评估指标,加诸人文学门之上。在 21 世纪高科技发展日新月异的新时代里,大学治理体系的"公司文化"日益显著,所谓"学术资本主义"的幽灵正徘徊在大学校园的上空,人文学者在凄冷的西风中颤抖。21 世纪世界各大学的人文学科均在不同程度上被忽视,我曾参与 2014 年欧洲学者推动的世界各国人文学科概况调查工作,我在这份调研报告的中译本序言中说:"许多顶尖大学的商学院或管理学院,所获得的来自企业界的捐款多到无法消化。在许多大学校园内，大楼最美轮美奂的大多是企管、工程、医学、生命科学等研究成果可以快速商品化的学术领域。"大学亟宜深思并调整现行评估制度及指标，以使大学教研工作步入较为健康的新境界。

　　最后，我想再次祝贺金诚教授主编的《守望大学：〈高教发展与评估〉选粹》一书的出版。我期待《高教发展与评估》期刊，在金诚教授的领导之下，再创新猷；高教评估的理论与实务，也迈入一个新的境界。

黄俊杰

序于中国台北文德书院

2023 年 3 月 8 日

目　录

2005 年

高等学校教育评估在中国的发展

王冀生

教育评估和研究实践活动是高等教育研究和实践活动的重要领域之一,选拔人才的科举制度和高等学校招生考试制度在中国早已有之,现代意义上的高等学校教育评估在中国得以逐步实施是 1985 年以后的事。

1985 年 5 月,《中共中央关于教育体制改革的决定》,明确地提出了开展教育评估的要求,指出:"要扩大高等学校的办学自主权。""与此同时,教育管理部门要加强对高等教育的宏观指导和管理。""教育管理部门还要组织教育界、知识界和用人部门定期对高等学校的办学水平进行评估。""对成绩卓著的学校给予荣誉和物质上的重点支持,办得不好的学校要整顿以致停办。""为了增强科学研究能力,培养高质量的专门人才,要改进和完善研究生培养制度,并且根据同行评议、择优扶植的原则,有计划地建设一批重点学科,重点学科比较集中的学校,将自然形成既是教育中心又是科学研究中心。"这是中国高等教育体制改革的必然要求,是在扩大高等学校办学自主权的情况下提高办学水平和教育质量、国家及其教育管理部门加强对高等教育工作的宏观指导和管理的一项重大措施。

为了贯彻落实《中共中央关于教育体制改革的决定》,教育部于 1985 年 6 月在黑龙江省牡丹江市镜泊湖召开了全国高等工程教育评估专题讨论会。一批高等工业学校的领导和当时教育部主管全国高等工程教育工作的高等教育二司的同志参加了会议,教育部其他主管业务工作的有关司局的领导也应邀参加会议,黄辛白副部长主持会议。经过讨论,决定通过开展以高等工程本科教育评估为重点的研究和试点实践活动,将教育评估的普遍规律与中国国情结合起来,探索建立中国特色高等学校教育评估体系和制度,提高高等学校的办学水平、教育质量和改进政府对高等教育工作的宏观管理。

以这次会议的召开为开端,直到 1990 年 10 月国家教委颁布《普通高等学校教育评估暂行规定》和 1994 年 3 月国务院颁布《教学成果奖励条例》,初步建立起中国特色高等学校教育评估体系和制度的基本框架。这前 10 年是中国高等学校教育评估的创业阶段。

一、教育评估的本质、目的、形式和方法

教育评估是一门科学。在中国开展高等学校教育评估,探索创建中国特色高等学校教育评估体系和制度,必须遵循教育评估的普遍规律。

(一)教育评估的本质和目的

教育评估的本质和目的是教育评估理论的一个基本问题。在理论上正确地回答这个问题,对于在实践中把握高等学校教育评估工作的正确方向,推动高等学校教育评估的实践活动,充分发挥高等学校教育评估的积极作用,具有十分重要的意义。

首先必须明确,教育评估的本质是一种价值判断。这就是说,要对高等学校的办学水平和教育质量进行评估,即对高等学校的办学水平和教育质量做出价值判断。要对高等学校的办学水平和教育质量做出价值判断,必须确定教育评估对象是哪一种类型和模式的高等学校,是哪一层次、学科(专业)、类型和形式的高等教育。然后根据不同的教育评估对象制定出不同的教育评估目标和标准。再根据教育评估目标和标准收集能够准确、全面地反映高等学校办学水平和教育质量的信息。最后对收集到的信息进行科学分析,并对其达到教育评估目标和标准的程度做出价值判断。

其次还要明确,对高等学校办学水平和教育质量达到教育目标和标准的程度做出价值判断并不是目的,而是为了提高高等学校的办学水平、教育质量和为政府对高等教育工作的宏观管理提供依据。由此可见,教育评估的本质是价值判断,它与教育评价的目的(为提高高等学校办学水平、教育质量和改善政府对高等教育工作的宏观管理提供依据)是一致的。只有坚持教育评估的本质是价值判断,才能达到为提高高等学校办学水平、教育质量和为政府对高等教育工作的宏观管理提供依据的目的。

基于上述分析,我们可以给教育评估做如下界定:教育评估是根据一定的目标和标准,通过系统地收集信息和进行科学分析,对教育工作做出价值判断并改进教育工作的过程。简而言之,教育评估是根据一定的教育目标和标准对教育工作做出价值判断并改进教育工作的过程。

(二)建立高等学校教育评估标准

为了对高等学校的办学水平和教育质量达到教育目标和标准的程度做出价值判断,就要建立高等学校教育评估标准,包括办学标准和质量标准。建立高等学校教育评估标准的主要依据,一个是经济和社会发展的实际需要,一个是高等学校教育工作和办学活动的客观规律。

需要着重指出的是,由于高等教育是多种层次、多种学科(专业)、多种类型、多种形式办学的体系,高等学校也有多种类型和模式,所以,高等学校教育评估标准必然是一个纵横交错的极其复杂的系统。

在高等学校教育评估工作中,只有建立了高等学校教育评估标准,这个标准是分层次、分学科(专业)、分类型、分形式的,才能给不同层次、学科(专业)、类型、形式的高等教育工作和不同类型、不同形式的高等学校的办学活动指明前进的方向。

由此可见,高等学校教育评估的实质是目标管理。目标管理有两种:教育质量管理,即直接目标管理;办学水平管理,即间接目标管理。由于教育质量管理比较复杂,在一般情况下,往往采用间接目标管理的方法,通过评估高等学校的办学水平来间接评估高等学校的教育质量。

(三)高等学校教育评估的基本形式

高等学校教育评估主要有两种基本形式:一是发展评估,二是声誉评估。发展评估又称行程性评估,是高等学校教育评估中最主要、最经常的形式。它主要用于总结经验、肯定成绩、诊断问题和明确方向,是高等学校教育评估活动的基础。声誉评估又称终结性评估。它分为两种:一是合格评估(鉴定),主要用于端正教育思想和保证达到基本教育质量;二是选优评估,主要用于遴选优秀案例,促进竞争,提高水平。发展评估的目的比较明确,主要是提高高等学校的办学水平和教育质量。从现象上看,声誉评估是要通过评估给高等学校排序。但是,给高等学校排序的目的也是为提高高等学校的办学水平、教育质量和改进政府对高等教育工作的宏观管理提供依据。

(四)高等学校教育评估的基本方法

开展高等学校教育评估的基本方法,一要制定高等学校教育评估指标体系,二要处理好自我评估、社会评估和政府评估三者的相互关系。

教育评估指标体系是教育评估标准的分解,是系统地收集能够准确、全面地反映高等学校办学水平和教育质量信息并做出价值判断的依据,关键是要正确认识和处理定性与定量的关系。我们的原则是定性与定量相结合,尽可能地量化,并重视定性评估和结论。

在高等学校教育评估中,应当坚持"以内为主,内外结合,以外促内"的原则,应当以学校自评为基础,以社会评估为重点,同时充分发挥政府对高等学校教育评估活动的宏观管理和对高等学校办学活动及其教育质量的监督作用。

应不应该排序?回答是肯定的。声誉评估的实质就是选优评估,就是排序,问题在于如何科学地排序和应该由谁来排序。如何科学地排序主要有两个问题:一要科学地选择排序对象,二要科学地设计排序指标体系。关键在于要分类、分级排序,切忌用一个指标体系给所有高等学校进行排序。至于应该由谁来排序,实践证明,不应该由政府而应该由教育评估社会中介机构依靠教育评估专家进行排序。

二、高等工程本科教育评估试点工作

在黑龙江省牡丹江市镜泊湖召开的全国高等工程教育评估专题讨论会之后,教育部立即发出了《关于开展高等工程教育评估研究和试点工作的通知》[(1985)教高二字020号文],接着教育部又发出了《关于正式开展高等工程教育评估试点工作的几点意见》[(1987)教高二字012号文],正式部署开展高等工程本科教育评估试点工作。

根据这两个通知的精神,教育部从1985年至1989年委托机械委、电子部、建设部、煤炭部、北京市、上海市、黑龙江省和陕西省组织力量，在有关专业、课程教学指导委员会的配合下，在80多所高等工业学校进行了机械制造工艺与设备、供热通风与空调工程、计算机及应用三个专业和"数学""物理""理论力学""材料力学"等四门课程的教育评估试点工作，实践了教育评估工作的全过程，取得了初步的经验。探讨了在中国开展高等学校教育评估的目的、作用、理论和方法，取得了大体一致的共识；进行了广泛的、多层次、多类型的高等工程本科教育评估实践活动，促进了高等工业学校办学水平和教育质量的提高；初步建立了一支高等工程本科教育评估研究和试点实践活动的骨干队伍，承担了国家教育科学研究"七五"规划重点课题"具有中国特色的高等教育评估制度的研究与实践"，取得了初步成果，推动了高等工业学校内部教学评估研究和实践活动的广泛开展，促进了政府及其教育管理部门管理和决策的科学化、民主化和现代化。

在组织开展高等工程本科教育试点工作过程中，值得一提的是航空工业部在实践中创造的有关学校主管部门对其所属高等工业学校的综合评监制度和毕业生社会用人部门信息反馈系统。他们从中国的国情出发，强调自上而下的"上一级对下一级"的评估和监督（以下简称"评监"），一级管好一级。他们的主要经验是，评监必须是综合的，以本科教育工作为主，涉及学校的全部工作；评监应当形成制度，每隔几年进行一次，使学校不断适应新的形势；评监要以学校自评为基础，充分发挥评估专家的作用，由有关学校主管部门在学校自评和专家评估的基础上做出评估结论，给学校工作指明前进的方向；定期从其所属企业、设计院和研究所提取反映毕业生质量和表现的情况及有关数据，将其作为对其所属院校进行综合评监的重要依据。

在积极开展高等工程本科教育评估试点的同时，国务院学位办公室和国家教委研究生司也先后组织了部分学科（专业）硕士、博士学位授予质量的评估和检查工作，取得了成功。这样就为1990年10月国家教委正式颁布《普通高等学校教育评估暂行规定》奠定了基础。《普通高等学校教育评估暂行规定》的正式颁布，宣告了中国特色高等教育评估体系和制度的初步建立，也是中国高等教育管理工作走向科学化、民主化和现代化的重要标志。

三、优秀教学成果评估和奖励活动

高等学校的根本任务是培养社会所需要的高级专门人才，教学工作是高等学校培养社会所需的高级专门人才的基本途径，教师担负着培养社会所要求的高级专门人才的历史重任，提高教育质量是高等学校全部活动的重心。所以，"重视教育，重视教学，重视教师"是我们的一贯方针。贯彻这个方针不仅需要提高认识，更重要的是要靠制度来保证。开展优秀教学成果评估和奖励活动的主要目的就是进一步提高教育教学工作水平和广大教师在高等学校中的地位，探索建立中国特色高等学校教学成果评估和奖励制度，把高等学校的办学水平和教育质量提到一个新的高度。

(一)教学成果的概念和本质

教学成果是以教师为主的教学工作者在教学实践中创造的、对提高教育质量和实现教育目标产生显著效益的教学系统。这个概念有以下五个基本要素。

第一,教学实践。教学工作是实现培养目标的基本途径,整个教学工作是一个渐进的、积累的过程。只要教学过程中的每一个环节(包括文化育人、教学改革、教学艺术、教学建设和教学管理)都是优秀的,一般来说,教育质量肯定是高的。

第二,以教师为主的教学工作者。教学工作者主要包括教师、教学辅助人员和教学管理干部。其中,教师是主体,他们不仅担负着主要的教学任务,是创造教学成果的主体,而且直接面对学生,对学生的成长起着潜移默化的作用。

第三,教学系统。教学系统是指教学成果的形式,可以是物化的,也可以是非物化的,可以是硬件,也可以是软件。

第四,创造。指的是这个教学成果必须是新的,是以教师为主体的教学工作者在教学实践中创造出来的。

第五,对提高教育质量和实现培养目标产生显著效益。这是评估教学成果是否优秀的基本标准。根据教学成果的这个基本概念,教学成果有两个重要特征:一是学术性,指的是教学成果的本质是一种学术成果,既是学术研究成果,也是教学研究成果,有的是二者的结合;二是创造性,指的是教学成果既然是一种学术成果,就必须在继承前人的基础上有新的突破,创造性才是教学成果的真正价值所在。

(二)优秀教学成果评估和奖励的初步实践

1988年11月,国家教委高等教育二司在湖北省武汉市召开了全国普通高等学校优秀教学成果评估和奖励工作会议,对这项工作进行了部署。

一是目的和意义。开展这次活动的主要目的是总结、交流和奖励1978年以来普通高等学校取得的优秀教学成果,进一步提高教育教学工作和广大教师在高等学校中的地位,探索建立中国特色高等学校优秀教学成果评估和奖励制度。

二是范围和重点。这次评估和奖励的重点是从1978年到1988年,特别是1984年以来全日制普通高等本科学校教学改革、教学质量、教学管理方面取得的优秀教学成果和坚持在教学第一线的以教师为主的教学工作者。

三是奖励等级。这次奖励分学校级、地方级、国家级,整个奖励工作的基础在学校,必须先获得低一级奖励才能申请高一级奖励,国家实行重奖,其级别与国家科技成果奖励级别相当。

四是评奖标准。教育思想正确,对实现培养目标和提高教育质量意义重大;有所创新和突破,经过实践成绩显著,有示范作用;有反映该项成果的较高水平的科学总结和学术论文;获奖者忠于人民的教育事业,为人师表,坚持在教学第一线。

经过1989年和1993年的实践,在认真总结实践经验的基础上,1994年3月,经全国人民代表大会通过并由国务院正式颁布了《教学成果奖励条例》。由此大大提高了教育教学工作和广大教师在高等学校中的地位,使高等学校优秀教学成果的评估和奖励活动开始走上了法制化的轨道。

四、探索建立高等学校教学质量保障体系

高等学校教学质量保障体系包括高等学校内部的教学质量保障系统和政府、社会对高等学校教育质量的外部监督制度,是在改革传统的教育质量管理模式的基础上逐步发展起来的一种崭新的制度,也是中国特色高等学校教育评估体系和制度进一步发展和改革的方向。

(一)教学质量是教育质量的核心和基础

教育的本质是通过文化的传承和创新使个体社会化的活动。高等学校的根本任务是培养社会所要求的高级专门人才,教学工作是高等学校培养社会所要求的高级专门人才的基本途径。这是不以人的主观意志为转移的高等学校教育活动的特点和规律。由此可见,高等学校的教学质量是高等学校教育质量的核心和基础,应当把高等学校的教学质量保障作为高等学校实施全面教育质量管理的核心和基础。

(二)必须以高等学校内部教学质量保障为基础

高等学校既是实施高等教育的主要机构,也是办学的主体。所以,建立高等学校教学质量保障体系必须以高等学校内部的教学质量保障为基础。这是一条基本原则。方法是建立高等学校内部的教学质量保障系统。关键是要认真分析影响和反映高等学校教学质量的主要因素,找出"教学质量评估基元",其主要有社会需求、学生来源、教育目标、教学计划、课程设置、学科(专业)建设、教学资源(包括教师、图书仪器设备、校园环境)及其使用、教学活动及其改革、教学管理和学生服务、人才培养质量和办学特色。

(三)加强社会对高等学校教育质量的外部监督

教育工作的基本矛盾是学校教育与社会需要之间的矛盾,学校教育适应并满足社会需要的程度是评估高等学校教育质量高低和对社会贡献大小的基本标准。因此,在高等学校内部教学质量保障的基础上,必须加强社会对高等学校教育质量的外部监督,建立社会对高等学校教育质量的外部监督制度。这是又一条基本原则。其要求是,以新世纪需要的高素质的创造性人才为目标建立新的质量标准;建立健全毕业生跟踪调查和社会用人部门对教育质量的外部监督;建立一支高素质的教育评估专家队伍,重视发挥教育评估社会中介机构的作用;注意听取学生和家长对提高高等学校教育质量的批评和建议。

(四)加强政府的宏观管理和整体监督

高等学校的教学质量保障活动是一个庞大的系统工程。在这个系统中,政府扮演着双重角色,既是宏观管理者又是评估的主体。加强政府对高等学校教学质量保障活动的宏观管理和政府对高等学校的整体监督是高等学校教学质量保障活动沿着正确的方向有条不紊地进行的重要保证。具体地说,政府的主要职能是,通过立法,规范高等学校教学质量保障行为;建立高等学校教学质量保障的信息网络,指导、统筹、协调和检查高等学校教学质量保障活动;制定国家的基本教育质量标准,对高等学校的教育质量,主要是基本教育质量进行整体监督;充分发挥教育评估社会中介机构的积极作用,推动高等学校教学质量保障活动的学术研究和交流。

人类社会已经进入 21 世纪,当今社会正处于深刻变革之中,中国也正在以邓小平理论和"三个代表"重要思想为指导,全面建设小康社会,开创中国特色社会主义事业新局面。时代强烈呼唤中国从时代的高度和文化的视角对教育和大学的本质及其办学规律进行再认识,实现一次新的文化觉醒,以理论创新为基础,以理念创新为先导,努力开创中国特色教育和大学创新新局面。我们的奋斗目标是在进一步改革实践的基础上,修改并完善《普通高等学校教育评估暂行规定》和《教学成果奖励条例》,从时代的高度和文化的视角,以内为主,内外结合,以外促内,逐步建立健全中国特色高等学校教学质量保障体系,使中国高等学校教育评估工作进一步走上科学化、现代化和法制化的轨道,努力提高中国高等学校的办学水平和教育质量,以适应时代发展与变革的需要。

(原载《高教发展与评估》2005 年第 4 期,第 1-4,44 页)

高等教育质量概念:内涵与外延

余小波

　　随着中国高等教育大众化步伐的不断加快,高等教育质量问题越来越为人们所重视,有关高等教育质量的讨论也常见于各类报刊。其中,关于高等教育质量概念的讨论一直是一个热点问题,见仁见智,观点各异。我们认为,关于高等教育质量概念的讨论,需要在对质量概念分析的基础上,从内涵和外延两个方面进行探析。

　　"质量"一词早已为人们所熟识,不同领域都在使用。究竟什么是"质量"呢? 长期以来,人们从不同角度赋予了它不同的解释和内涵。笔者从以下三个方面简要概述。

　　首先,按比较的不同定义质量。质量有高低之分,而衡量高低就离不开比较,质量总是与比较相关,没有比较就难以评定质量。但如何比较,人们的看法是不同的。最有代表性的观点有两种:一种是与同类其他产品和服务相比,另一种是与自己的过去相比。与同类相比是一种横向比较,这种比较的质量定义是"最优"。这种理解代表了传统的质量观,实际上是把质量作为最高水平的代名词,具有其他产品和服务所没有的特征和用途。在操作中,这一定义被理解为花费大量的资源,使产品或服务达到极高水平,并因此具有很高的地位、声望,足以让同类其他产品和服务望尘莫及,可用卓越、第一流、优秀等词替代质量的本意。与自己相比是一种纵向比较,即以自己的现在与过去作比较,这种比较的质量定义是"增值"。如果现在的价值比过去的大,则表现为价值增值,增值的比例越大,质量越高。以教育为例,如果学生在进入高校之前和接受高等教育之后的成就、行为可以测量的话,那么,二者的变化越大,价值增值越多,教育教学的质量也就越高。

　　其次,按符合满足的不同来定义质量。这也主要有两种观点:一种观点认为质量是符合某种质的规定性,是"符合规格"的程度。规格可以包括一系列标准,标准是评价的基准和尺度,质量就是指产品与这些设定了客观的标准和规格的一致性。也有人从目的或目标的角度来界定,认为质量是目的或目标本身设定的有效和完善程度以及对目的或目标的达成度。总之,不管是标准、规格,还是目的、目标,它们都强调质量是与事先设定的某一标尺的符合程度。另一种观点认为,质量是对主体需要的满足,是"适用"。美国著名的质量管理专家朱兰博士认为,产品的质量就是产品的适用性,即"产品在使用时能成功满足用户需要的程度"。该定义有两个方面的含义,即"使用要求"和"满足程度"。人们使用产品,总对产品的质量提出一定的要求,而这些要求往往受到使用时间、使用地点、使用对象、社会环境和市场竞争等因素的影响,这些因素的变化,会使人们对同一产品提出不同的质量要求。因此,质量不是一个固定不变的概念,它是动态的、变化的、发展的，随着时间、地点、使用对象的不同而不同，随着社会的发展、技术的进步而不断更新和丰富。它并不要求技术特性越高越好，而是追求性能、成本、数量、交货期、服务等因素的最佳组合，即所谓的最适当。

再次，从不同学科角度定义质量。学科不同，对质量内涵的理解不一样。例如，物理学上所说的质量是指"物体中所含物质的量"，即量度物体惯性大小的物理量。管理学认为，质量即"有效"。这与《现代汉语词典》的解释如出一辙，质量就是指"产品或工作的优劣程度"。从这个定义来看，质量主要针对某项工作或活动的结果而言，这也是我们日常生活中广泛理解的质量含义，它所强调的是结果的有效性。哲学上的质量是指事物的"品质"或"特性"，是其内在规定性，是此事物区别于其他事物的根本属性。而经济学着重从投入产出的角度考察质量，认为质量就是"效益"。最优并不是质量高低评判的唯一标准，如果最优是以较少的资源投入获得的，则这种最优是高质量的；但如果最优是以大量的资源投入换来的，则所谓的最优实际上是低质量的。有人还提出"过剩"质量的问题，认为质量在资源耗费和满足需要的程度上都应该是最恰当的，否则，就是质量过剩了，质量过剩的实质是一种浪费，是低效率的，因而是低质量的。

类似上述的质量定义和解释我们还可以举出许多。德国著名教育理论家沃尔夫冈·布列钦卡指出："没有准确的概念，明晰的思想和文字也就无从谈起。"笔者认为，"质量"一词至少包含以下四个基本含义：第一，质量为任何一种实体所具有。这种实体可以是产品，也可以是活动、过程、组织、体系，以及上述各项的任何组合。而其中的产品，则可包括服务（如运输）、硬件（如发动机机械零件）、软件（如计算机程序、字典）、流程性材料（如润滑油）四种。所以，质量具有普遍性，它广泛存在于人类社会的各个实践活动领域。第二，质量作为实体的内在规定性，具体表现为实体的一组特性，是实体固有特性或品质的总和。例如，服务类别的产品一般有功能性、经济性、安全性、时间性、舒适性、文明性，硬件和流程性材料类别的产品通常具有性能、可信性、安全性、适应性、经济性、时间性，而软件类产品则主要具有功能性、易用性、可移植性、可靠性、保密性和经济性等。这种内在规定性是实体特有的，区别于其他实体的性质，是事物的客观属性。第三，质量作为实体的固有特性，必须以满足相关方要求为目的，这种要求有些是明示的，还有些是不言而喻的。质量是实体的客观特性与价值主体的需要相结合形成的，体现了实体满足服务对象——即价值主体需要的能力，是事物客观特性和主体需要的统一体。若不与服务对象的需要相结合，不能满足价值主体的要求，所谓质量也就毫无意义了。第四，质量体现了特性满足要求的程度、差异和区别。满足程度高，则质量优；满足程度低，则质量差。因此，"质量"一词可以界定为：实体所具有的固有特性满足相关方要求的程度。这样的理解，与国际标准化组织关于质量定义的基本精神是一致的。

在有关教育典籍中，高等教育质量的定义还十分鲜见，主要是对教育质量的解释。根据《教育大辞典》的解释，"教育质量是对教育水平高低和效果优劣的评价。影响它的因素主要是：教育制度、教学计划、教学内容、教学方法、教学组织形式和教学过程等的合理程度；教师的素养，学生的基础以及师生参与教育活动的积极程度。最终体现在培养对象的质量上。"但这一解释还只是一些教育质量现象及影响因素的罗列,缺乏对教育质量本质内涵的揭示,是对教育质量的一种现象描述,充其量还只能算作"实践教育学"的教育质量概念。布列钦卡指出:"教育科学理论基础框架在很大程度上来源于实践教育学。在接受实践教育学基本观念的同时,其专业用语或专业术语也被继承和接收下来。而正如我们已经看到的那样,实践教育学专业用语或专业术语又均来源于口语或日常语言。因此,它们所指示的东西,在许多情况下并不足够精确。具体而言,其缺陷主要有二:一是多义,二是含糊不清。"而要使"实践教育学"的概念成为真正科学的教育概念,需要进行科学概念的构建。

笔者认为,质量是实体所具有的固有特性满足相关方要求的程度,这一基本内涵对高等教育质量概念同样适用,但需要结合高等教育的实际情况进行具体分析。这里的"实体"就是高等教育,既包括了高等教育的产品——学生,也包括了整个教育过程和服务。因为高等教育不仅是一种人才或劳动力的生产和再生产过程,还是一种服务过程,高等学校通过教育教学活动向学习主体——学生提供教育服务,老师是服务的生产者和传递者,教学内容与教学手段是服务中介,学校是生产厂家。学校向学生提供服务产品,向社会提供学生产品,双重产品构成了高等学校教育质量的复合产品形态。"相关方要求"主要来自三个方面:社会需求、学生发展以及高等教育系统自身有序运转的需要。这些需要一般会通过社会市场用人单位的人才需求,学生要求不断改善求学条件的期望和高校根据发展需要对学科专业的重组和调整等形式反映出来。它们既可以明确呈现在政府的教育法令法规、文件条例的规定以及各类高校培养目标和各专业教育计划大纲中等,也可能并没有明确呈现出来,却是不言而喻的,必须满足的隐含的需求和期望。例如,高等学校不仅要为社会经济发展培育人才,还要直接面向社会,传播先进文明,弘扬科学精神,推进社会进步等。"固有特性"则是高等教育自身所具有的,满足上述需要的基本品质,是需要的定性和定量的表征,是实现需要的能力的转化,主要体现在三个方面:功效性、人文性和调适性。具体来说,功效性指高等教育在满足社会市场需要,促进经济社会发展方面的效益、效应、效率、功能。人文性指高等教育在适应学生身心发展规律,促进学生思想品质、文化素质、专业素质、身心素质、个性品质的全面发展,培养创新型人才方面的能力。调适性是指高等教育自身所具有的运转和发展的连贯性及与其合理目标的吻合程度,对内部各部分及其与环境之间关系的内在调节机制和调节能力。这三个特性相互区别,具有相对独立性,又是密切相关的。高等教育质量的高低也主要从这三个方面以及它们之间的有机联系来衡量,即一些学者提到的内适质量、外适质量和人文质量。据此,笔者认为,高等教育质量的内涵可以概括为"高等教育产品和服务所具有的功效性、人文性和调适性在满足社会和学生发展以及高等教育系统自身有序运转方面要求的程度"。

在讨论高等教育质量本质内涵的时候,需要特别加以说明的是,高等教育作为一种特殊的服务领域,与一般的工业企业有着很大的差异,高等教育质量与工业企业产品质量虽然都属于质量范畴,但是有着本质的区别。主要表现为:①质量载体不同。工业企业的质量载体是相对稳定的物,质量的形成主要取决于"人、机、料、法、环",而高等教育的质量载体是活生生的人,质量的形成除了教育者、办学条件、教育内容、教育方法、家庭和社会环境的影响外,还取决于受教育者复杂的生理、心理等因素。②质量标准不同。工业企业的质量标准客观性较强,而高等教育的质量标准具有综合性,难以制定和把握。③质量形成的周期不同。工业企业产品质量的形成短则秒、分、时,长则天、月、年,而高等教育结果质量的形成要经过一段较长的时期,因为人才的培养周期较长,即通常说的"十年树木,百年树人"。④质量检测评价不同。工业企业产品质量特性概括起来有性能、寿命、可靠性、社会性、经济性等,可以用一系列量化指标来衡量,而高等教育质量特性并不是这样,特别是高等教育结果质量特性主要涉及道德素质、知识和智力素质、专业素质、身心素质等,有些能量化,而有些就根本不能量化,在用量化的指标进行衡量的同时,还必须予以定性分析。而且,由于教育的影响有长期性和迟效性,检验教育质量常常不是一次简单的评估所能完成的,决不能单看在校的考试分数如何,更要看就业后能否满足社会的需求及其满足的程度如何。⑤质量控制不同。工业企业的质量控制相对而言有一套成型的模式和办法,它的确定性比较大,而影响高等教育质量形成的因素极其复杂,既有学校方面的,还有学生本人和社会方面的,有些可以控制,有些则难以控制。

在有关高等教育质量概念的讨论中,常常出现指代不明或不一致现象,有的人在谈论高等教育质量时,所指的是教育成果的质量,而有的人指的是教育工作的质量;有的人把教育质量等同于教学质量,有的人指的是人才培养的质量;有的人指的是学校教育质量,而有的人又是从整个教育工作的角度来理解教育质量,等等。问题的症结,是把这一概念的内涵与外延混为一谈,从而导致了思想上的混乱和认识上的模糊。为了能够更加清楚地认识高等教育质量概念,我们不仅需要剖析其内涵,还有必要分析其外延。

高等教育质量的外延较多,从不同的角度进行分析,可以有不同的分类。以下我们主要从纵向过程、横向范围和内在教育活动三个方面进行分析。

从纵向过程来看,高等教育质量可分为教育投入质量、过程质量和产出质量。高等教育质量是在一个完整有序的过程中形成的,这一过程包括了输入、过程和输出三个最基本的阶段,并不只是涉及教育的产出,更不是人才培养质量这一种产出所能替代的。高等教育质量固然要以人才质量的优劣反映出来,但教育是一种实体或活动,其质量并不只是局限在学生的学业成就上。实际上,如果希望改进质量,则必须考虑影响质量的师资、校舍、设备、课程、教材以及教育教学过程的诸多方面。因此,高等教育质量的一般性概念至少应包括以下三个内在相关的维度:为教育所提供的资源质量(投入)、教育实践过程的质量(过程)、结果的质量(产出)。投入方面包括人员投入,如管理人员和教师的学历结构、职称结构、职业道德、知识素养、能力,学生的水平、学习时间、学习内容等投入,教育经费的投入,教育管理设施、环境的投入等。过程方面包括教学目标与教学计划的制定、教学内容的确定、教学方法的选择、组织形式的采用、课外辅导、作业批改及学业成绩的评定、现代化教学手段的使用等。产出方面包括学生在校期间德、智、体等方面的质量状况,学生毕业后在工作岗位上发挥作用的情况以及学校直接面向社会的服务情况。

从横向范围来看,高等教育质量可分为人才培养质量、科学研究质量和社会服务质量。过去人们一般认为,由高等教育提供的产品是高级专门人才,所以人才培养的质量就构成了高等教育质量的全部外延。实则不然,正如工业企业的产品与其职能有关一样,高等教育所提供的产品也是与高等教育的职能紧密相连的。高等教育至今已具有公认的三大职能——人才培养、科学研究和社会服务,因此高等教育质量的外延也应包括人才培养质量、科学研究质量和社会服务质量。其中,人才培养质量是高等教育质量的核心,科研质量是高等教育质量的重要组成部分,它们往往决定了社会服务的质量,因为高等教育通常是通过人才的培养和科研成果的转化来为社会服务的。总之,高等教育能够通过提供人才、科研成果和社会服务来满足消费者的需要,所以,人才培养质量、科研质量和社会服务质量又从另一个角度构成了高等教育质量外延的主要部分。

从内在教育活动来看,高等教育质量可分为教学质量、管理质量和服务质量等。不少人把教学质量等同于教育质量,以教学质量替代教育质量,其实这是不正确的。教学只是整个教育活动中的一个方面或一种途径,教学质量也只是教育质量的一个下位概念,它主要反映了微观的教学过程中教师教的质量和学生学的质量。实际上,学校教育中的许多活动都具有教育意义,教学与管理、服务以及学校的软件和硬件环境、校园文化建设等一道构成了学校教育的主要活动和基本内容,共同实现着教育的目的和任务,体现了教育的质量。从学校教育的主要任务——人才的培养来看,它更是管理育人、服务育人与教书育人等共同活动的结果,它们的质量如何,直接反映和影响教育水平的高低和工作成效的好坏。

（原载《高教发展与评估》2005年第6期,第46-49页）

2006 年

外国高等职业教育的特点和发展趋势

毕家驹

职业教育一般涵盖中等教育的高端部分和高等教育的低端部分。本文所涉及的基本上是高等职业教育部分。在澳大利亚,职业教育被称为职业教育和培训(Vocational Education and Training,VET)。其中包括公立学校提供的技术与进修教育(Technical and Further Education,TAFE)和私立教学机构提供的职业教育等。职业教育只有非学位的授予权,如授予证书Ⅰ、证书Ⅱ、证书Ⅲ、证书Ⅳ、文凭、高等文凭、研究生证书和研究生文凭等。实际上授予最多的是证书Ⅱ和证书Ⅲ。

在日本,职业教育机构统称为专修学校。其中高等专修学校属于高中层次。专门学校则属于高等学校范畴,仅次于大学,学制1～4年,可授专门学士学位。

职业教育在美国的正式名称是职业与技术教育(Career and Technical Education,CTE)。CTE所授学位中最普遍的是准学士学位,但也有少数更高级的学位。两年制的社区学院承担了大量的CTE教学,其中有2年制的准学士学位教育、1年制的证书教育及其他。普通大学中也有以学士学位为主的CTE教育。

职业教育在英国国家高等教育5级制的学术资格框架中,基本上位于最低的C级和Ⅰ级。这相当于国家职业教育学术资格框架中的4级和5级。前者可授予4级证书,而后者可授予5级BTEC(Business and Technology Education Council)国家高级文凭。

各国的高等职业教育在高等教育领域内,学术水平虽然不算高,但在社会中的实际作用很大。

当今世界上的高等职业教育有如下特点和发展趋势。

一、职业教育是发展地区经济和文化的生力军

职业教育量大面广,遍布于各国大、中、小城镇。例如,澳大利亚全国共有200多所TAFE学院,其中100所位于主要大城市,其他分布于各中、小城镇。又如,日本的专门学校共计3 000余所,全国各地都有这类学校。学生通常就近升学,就近就业。日本专门学校的专业涉及工业、农业、医疗、卫生、教育、社会福利、商业、服饰、家政、文化等。而在澳大利亚受大众欢迎的专业是管理、商业、工程、社会和文化。这些专业一般是根据本地区社会实际需要而设立的,目标明确、专业对口、量体裁衣、学以致用,毕业生很受社会欢迎。例如,美国社区学院的毕业生就受到95%的企、事业单位的欢迎。所以,大量发展短

学制的职业教育对普遍提高国民的科学文化素质的作用显著。职业教育对发展本地区特色经济和文化至关重要。职业教育遍地开花，有利于当地人民繁荣富裕、安居乐业。职业教育的毕业生已经是、也将是当地经济和文化发展的重要力量，既留得住，又能发挥较大的作用。

二、职业教育对于高等教育走向大众化起着不可替代的重要作用

在高等教育学生总数中职业教育学生数量所占百分比很大。澳大利亚于 2002 年授予的高等职业教育学历约 20 万个。全美国社区学院约 1 200 所，其中公立的约 1 000 所。社区学院学生总数约 1 160 万人。社区学院年授予准学士学位约 49 万个，授予二年制证书约 24 万个。日本专门学校共有 3 000 所（大学 700 所），在校生 70 万人，约占大学在校生的 28%。

职业教育的入学门槛低，使高等教育对大多数普通百姓来说成为可能。美国加利福尼亚州社区学院在校生人数占总人口的 10%，伊利诺伊州的该数据为 7%。第二次世界大战后包括美国在内的各战胜国的大量复员军人进入职业教育，寻求新的生活门路。

职业教育把教育送到家门口，有许多不愿远离家乡到大城市去念大学的学生感到职业教育正中下怀。职业教育比较适合边工作边学习，迎合了普通百姓的需要。澳大利亚职业教育中有 64.4% 的学生选择业余学习方式。美国社区学院学生的平均年龄为 29 岁，有 63% 的学生是业余学习的。

职业教育大众化就是使适龄青年接受高等教育的比例达到和超过 15%。高等教育只有在考虑到传统的精英教育的同时，也考虑到大多数普通百姓的教育需求，能够吸引他们进入高等学校，才能真正走向大众化。职业教育恰好满足了这样的需求。它是高等教育中不可或缺的组成部分，是促使高等教育加速进入大众化的重要因素。

三、职业教育正经历从工业社会到信息与服务社会的深刻转变

社会在变革，社会对职业教育的需求也在不断变化。一些传统的工作和工作岗位逐渐消亡。一些新技术和新工种雨后春笋般地出现，如计算机网络、信息技术、无线通信、多媒体、图形设计等。即使是一些貌似传统的工作岗位，也要求工作人员掌握计算机技术和分析技能。

在这样的形势下，职业教育一方面要对已有的劳动力加强继续教育，使他们能够适应社会的进步和工作性质的变化；另一方面要改革教育，以培养新一代劳动力。

现代职业教育在改革中十分重视通识教育。这里说的"通识教育"包括文学和人文科学、数学和自然科学以及社会科学这三个方面。职业教育一方面为学生打下比以往更好的通识教育基础；另一方面，在培养专业技能方面也放宽了口径，既要使学生掌握适应当今社会的专门职业技能，又要使学生具有终身学习能力，在出了校门以后，能够持续提

高职业技能,能够灵活地自我调整,更能够独立思维。这样就能够以比较宽的路子应对一个开放的社会、一个比以往变化要快得多的人才市场。

四、职业教育的学历(学位)正逐步规范化

有些国家的职业教育的学历(学位)和学制由于历史的原因杂而乱,有必要加以整顿和规范化。例如,英国已有的职业教育学历就涵盖了各行各业,包括了由低到高各种职业层次的教育,由各种授证机构颁发各种证书、文凭等。比较有名的有商业与技术教育委员会(Business and Technology Education Council,BTEC)颁发的国家高级文凭(Higher National Diploma),还有剑桥国际考试委员会(Cambridge International Examination,CIE)颁发的剑桥大学职业、专业资格证书等。

为了整顿职业教育的学历,英格兰资格与课程局(Qualifications and Curriculum Authority,England,QCA),威尔士学历管理、课程与评估委员会(Qualifications, Curriculum and Assessment Authority for Wales,ACCAC),北爱尔兰课程、考试和评估委员会(Council for the Curriculum,Examination and Assessment,Northern Ireland, CCEA)等三个管理学术资格的法定机构为职业教育制定了新版的国家职业教育学术资格框架(National Qualification Framework,NQF)。NQF 将职业教育划分为初级、1~8级共 9 个层次。然后把现行的各式各样的职业教育学历分别纳入这 9 个层次中的适当层次中去。这个职业教育资格框架又和高等教育资格框架中的适当层次有互通关系。后者共分为 5 级。NQF 中的 4、5、6、7、8 级分别与高等教育资格框架中的 C、I、H、M、D级相对应。

任何一所学校的任何一个专业如果打算按 NQF 授予职业教育学历,那么这所学校首先必须接受 QCA(英格兰),或 ACCAC(威尔士),或 CCEA(北爱尔兰)的院校认证,获得认可;而这个专业必须经过有关专门职业机构的专业认证,获得通过才行。苏格兰则另有一套与 NQF 有对应关系的职业资格框架。

澳大利亚高等教育的学术资格框架有高等教育、职业教育与培训、中学教育三个部分。高等教育部分中同职业教育与培训部分中同名的学历具有同等层次的互通关系。

五、职业教育拥有健全的教育质量保证制度

教育发达国家的教育质量保证体系一般由学校内部的质量保证体系和外部的质量保证体系共同组成。学校内部有学校的质量保证体系,使影响教学质量的关键因素和关键环节在人才培养全过程中始终处于受控状态,以保证教学质量,并作持续改进。学校外部有法定的、独立的教育认证机构。其中院校认证机构负责对各校进行院校认证,而专业认证机构对各专业进行专业认证。

以美国为例。在院校认证方面,美国共有 6 个地区性的院校协会,分别对各地区的

3 000多所普通高等学校进行院校认证。另有11个全国性特定学科的认证机构分别对另外3 500多所相关学校进行院校认证。在专业认证方面,美国共有60多个专门职业性的认证机构分别对全国学校内各相关学科领域的2万多个专业点进行专业认证,职业教育与高等教育中的其他部分一样,都包括在以上认证范围之中。外部认证机构一般要求学校建有内部质量保证体系。

认证的程序一般是:首先,学校(专业)自评,并将自评报告递交相关的认证机构审查。其次,认证机构派遣同行专家组访问学校(专业),对教育质量进行多方面的取证,并写出书面的评估报告,就认证结论提出建议,上交相关认证机构。再次,相关认证机构召开有关委员会讨论,做出认证结论,并公布于众,同时向学校(专业)提出整改意见和建议。

行之有效的质量保证制度,可以有效地保证学校(专业)的教育质量均在合格水准以上,并且持续地提高;可以使学生和公众知晓各学校(专业)的质量情况;可以使政府和纳税人知道给学校(专业)的钱是否物有所值;可以为社会上的教育者提供参考。

六、经济全球化要求教育国际化和人才无障碍流动

欧洲高等教育区。欧洲有几十个国家,其高等教育体制的种类甚至比国家的数目还要多。五花八门的教育体制显然成了国际互通的绊脚石。

1999年6月,意大利教育部部长邀请所有欧洲国家到博洛尼亚开会。东自罗马尼亚,西至葡萄牙,北自挪威,南至希腊,有29个国家的部长和200多位欧洲高教界代表出席了会议。在会上,部长们签署了博洛尼亚宣言(Bologna Declaration),宣称要在2010年前建成欧洲高等教育区(European Higher Education Areas,EHEA)。EHEA的核心内容是:①趋同——欧洲各国的高等教育顺应国际高等教育的发展趋势,在重大方面趋同。采用以学士、硕士和博士三个层次为主的学位体系,其他学历教育由此衍生而出。②易读——彼此能读懂对方的教育文件。推荐使用"文凭补充说明"。③可比——彼此能将教育的"量"进行比较和换算。推荐使用"欧洲学分转换系统"。④相容——彼此能对教育的"质"进行评价。建立欧洲教育质量保证体系,各国推行可比的教育质量认证制。⑤透明——公开教育情况,互相开放。

2002年,欧洲各国职业教育部部长会同欧洲委员会发表了哥本哈根宣言。其要点是:第一,把发展高质量的职业教育视为建设欧洲知识型经济的重要组成部分。第二,加强职业教育的欧洲尺度(dimension),加强在质量保证方面的合作,在2010年前使欧洲职业教育成为世界职业教育质量的参照系。第三,欧洲职业教育体系的战略目标有:提高欧洲职业教育的质量和效率,方便人人进入职业教育,欧洲职业教育向更广阔的世界开放。

工程类专业和执业资格的国际互认。从目前来看,专业和执业资格的国际互认做得比较好的是工程专业方面,但是即使在这一方面,要做到真正的执业资格互认,还有很长

的路要走。

与职业教育关系比较大的国际互认协议有悉尼协议、都柏林协议和 ETMF 协议等。其他知名度更高的华盛顿协议和 EMF 协议等则是在工程师层次上的国际协议。

七、现代职业教育已经或即将是通向高新技术世界和挑战型事业的途径

美国职业教育的发展是走在前面的。20 世纪后期,随着美国制造业等工业部门的衰落,新技术的层出不穷,新的工、商、服务行业兴起,新职业岗位不断涌现。

原来的职业教育(Vocational Education)随之发生变化,其愿景和聚焦点都发生了很大的变革,以致连职业教育的名称也改叫职业与技术教育(Career & Technical Education,CTE)。新、旧职业教育的区别在于:旧的职业教育是口径比较窄的专业,面对的工作岗位是很有限的,似乎是为进不了大学本科的中学毕业生安排的出路。而新的职业与技术教育则在新的经济背景下,为满足新的经济需求,面对新的职业岗位而精心改革的教育,它更重视作为知识基础的通识教育。它不仅让学生学会某些专业本领,还使学生学会在比较宽的范围内灵活地适应工作的变化,具有终身学习的能力,知道如何不断提高工作技能。这种变化,使教育的名称从"vocational"变成了"career"。可惜笔者的拙笔体现不出这两个词之间的区别,都译成了"职业"。但愿读者能意会现在美国的职业与技术教育已经大大不同于 20 世纪 90 年代以前的职业教育了。

具体来说,中等 CTE 常采用双职业途径的教学方案,即其培养结果既适合学生向高等 CTE 方向继续发展,也适合学生进入普通大学本科深造。而在专业方面的变化也是明显的。例如,芝加哥农业科学高中的课程已经和传统的农业大相径庭,出现了基因工程、农业综合经营和农村社会学等,科学方面的通识教育则是以引起学生兴趣的方式展开,力求使学术与职业很好地结合。

新技术工作岗位的涌现,使这方面的雇佣需求成了人才市场上增长最快的,不但机会多,而且工资高。CTE 的出现、新技术工作岗位的增多、工资的优厚,吸引了优秀的学生,这使得高等 CTE 的学生组成发生了质的变化,包括了各种高中成绩的学生,还常常可以看到高中班级中成绩居前 5% 的优等生进入 CTE。

在美国,CTE 已经不再仅是低端学生的权宜出路,更是通向高新技术世界和挑战型事业的途径。高中毕业后,进学术型的普通大学本科学习,还是进实用型的 CTE 学习是放在每个学生面前平等的选择。

职业教育在其他国家的发展可能也会相继出现和美国类似的情况。

(原载《高教发展与评估》2006 年第 2 期,第 77-81 页)

高等教育评估中几个值得探讨的问题

顾明远

高等教育评估研究,如果从1985年镜泊湖会议开始算起,至今刚好20周年。中国高等教育评估研究开展得较晚,但发展得很快。特别是教育评估的实际工作,这几年搞得轰轰烈烈,但是教育评估的研究没有跟上。也可以反过来说,教育评估的实践没有很好地得到理论的指导,因此,各高等学校对现在评估之多、评估之烦琐颇有怨言。当然,实践总是走在前头,并对理论提出课题,不能等理论完善了再实践。但是,实践也不能是盲目的,总应该有初步的理论为指导,同时初步的理论又在实践中检验,在实践中吸收营养,进一步提高理论认识,更好地指导实践。因此,高等教育评估进行了20年,有必要从理论上反思一下,从而提高我们的认识,使高等教育评估制度更加完善。我想有几个问题是值得探讨的。

一、高等教育评估的目的和功能问题

这个问题似乎是老生常谈,不言而喻的。但我们在评估过程中对这个问题往往并不太明确。中国高等教育评估界提出过很好的口号,叫作"以评促改,以评促建,评建结合,重在建设",这就是评估的目的。评估可以分为形成性评估、总结性评估。不论哪种评估,都是肯定成绩,找出问题,便于改进。但是,在实际工作中,往往重视评估的结果,重视评估为学校带来的声誉。这是对评估的理性认识和情感认识的差异。这种认识上的偏差就造成评估工作缺乏客观性和科学性,表现为许多学校在自评中不是寻找缺点和差距,而是盲目地提高自我评价的水平,有的甚至弄虚作假。这就违背了"以评促改、以评促建"的宗旨。

教育评估的目的总是和教育评估的功能问题联系在一起。那么,教育评估有哪些功能? 我想可以列出如下几点。

(1)诊断性功能。教育评估是否对教育事实进行诊断? 是否达到教育目标的要求? 学校采取的措施是否符合教育规律? 教育行为中有没有出现什么毛病? 毛病出在哪里? 通过教育评估就可以找出这些毛病,这样就可以有的放矢地改进工作。对教师和学生来讲,这种诊断性评估更为重要,因为旁观者清,评估专家会在评估中找到问题的症结。

(2)导向性功能。教育评估过程中总是要设立一些评估指标,而且每个指标都有不同的权重。这些指标就像指挥棒,对学校的工作起到导向作用。因此,在教育评估中设立指标体系是非常重要的。如果我们在评估中重视科研成果的发表,则学校就会增加科研投入;如果在评估中重视教学工作,教授上讲台,学校就会重视教学工作。当前高等学校中就有重科研轻教学的倾向,就是因为许多学校在聘任教授、副教授时重科研成果轻教学。

(3)激励功能。也就是说,通过教育评估可以调动评估对象的积极性。如果评估对象在评估中取得好的成绩,也就是他的教育行为受到肯定,他就能够在精神上、心理上得到满足感和成就感,从而激发其更加努力。教师也好,学生也好,他们的教育行为总是会有一种动机在驱动。动机有内部动机和外部动机之分。内部动机是出于内心对教育行为的渴求,外部动机是外部的刺激迫使其去从事某种教育行为。外部动机往往是不能持久的,而内部动机才有持久性。但外部动机也可以转化为内部动机。高等教育评估也要重视这种激励作用,并且通过激励来激发评估对象的内部动机。

(4)改进功能。改进功能与诊断功能是联系在一起的。前面已经讲到,高等教育评估的目的就是"以评促改,以评促建"。通过评估可以发现哪些教育行为是正确的,哪些教育行为是不正确或者是不完善的。在评估过程中评估专家还会随时反馈评估信息,提出改进意见。这就便于评估对象不断优化教育行为,控制和改进工作,从而提高教育质量。

(5)鉴定功能。这是评估最后要做的对评估对象的整体的评价。鉴定评估对象达到教育目标的程度和水平,可以有几种表述:一种是合格不合格;一种达到教育目标的水平,一般分优秀、良好、合格、不合格等次。有时还可以把评估的结果量化排序,把评估对象列入被评估对象的序列之中。采取什么方式要根据评估之前设计的目的而定。一般说来,排序是最难以把握的,而且会产生一些消极影响。因为,评估工作是十分复杂的,评估对象又千差万别,很难用一把尺子来衡量。对学生来讲,考试的排序最易伤害学生的自尊心、自信心,应该明令禁止。

(6)咨询决策的功能。教育评估不但对评估对象有诊断、激励、改进等功能,而且为教育行政决策部门了解信息、判断实情、决策提供信息和意见。教育行政部门有时为了制定一项政策,可以事前找一批典型机构进行教育评估,收集信息,分析信息,提出科学的决策意见。

二、高等教育评估与教育质量保障系统

教育质量保障系统是 20 世纪 80 年代才提出来的。为什么在这个时候提出来?我想这可能与高等教育大众化的进程有关。高等教育在 20 世纪六七十年代有了很大的发展。量的发展必然带来质的问题,因此,如何保证高等教育的质量就提到议事日程。在欧洲,欧盟的出现也促进了这个运动的发展。因为,欧盟作为一个共同体,它要协调成员国的高等教育质量。

高等教育质量保障系统可以分为外部系统和内部系统。外部系统是政府通过评估

和审计对高等学校质量的监督。在海外,政府一般不直接参与评估,而是支持和资助中介机构来进行。外部系统虽然由校外机构进行,但还是要以自我评估为主。教育保障系统的内部系统主要是指高等学校内部建立的系统。现在一般在教务处建立评估室。但是,教务处的评估室只对学校的本科生教学起到监督保障作用,对整个学校的办学质量无法起作用。教育质量的保障不仅仅是教务处的事情,它涉及学校方方面面的工作,因此需要研究成立一个什么机构来保证这项工作的进行。是由各校的高等教育研究所来承担,还是在校长领导下成立专门机构?

从概念上来讲,高等教育质量保障系统的概念要比高等教育评估的概念大得多。高等教育评估只是高等教育质量保障系统中的一种手段。高等教育质量保障系统是一套组织行为,而评估则是实行这一套组织行为的手段。但是二者是互相依存的。既然高等教育评估是为了保证教育质量,那就不能等到最后教育结果出现了再来评估。就像某一种产品一样,不能等产品出来以后再检验合格不合格,当然这也是需要的,不能让不合格的产品流入市场。但更重要的是要在生产的各个环节把好质量关,使它不出废品。教育是培养人才的活动,更不能出废品。因此,也必须在教育过程的各个环节把好质量关。这样才能真正称得上是质量保证系统,而不是鉴定系统。鉴定系统用于检验结果,而保障系统监督过程,使结果合于目标的要求。

如何建立高等教育质量保障系统?外部教育质量保障系统需要建立教育评估的中介机构。教育部成立了研究生与学位评估研究中心,之后又成了高等教育教学评估中心。我不知道其能否成为高等教育质量保障系统的中介机构?如果要成为中介机构,还要在管理体制上、职能上加以调整。首先,目前它们还是教育部直属的事业单位,还不是独立的法人单位,还带着许多行政的色彩。当然教育行政部门应该支持,甚至资助这些中介机构,但不应作行政干预。其次,两个机构缺乏联系统一,一个是评估研究生的,一个是评估本科生的,缺乏对整个高等学校办学效率和办学质量的整体保障。应该说,教育部下属的考试中心,也是一个教育评估机构,也能检验学校的质量。但是它主要负责高等学校入学考试,恐怕难以起到质量保障的作用。因此,如何建立一个完善的高等教育质量保障系统,还值得我们进一步探讨。

三、高等教育评估与人文精神

高等教育评估是高等教育管理的一种手段,用来保障教育质量。但教育管理正在由20世纪五六十年代的科学管理转向人文管理。所谓人文管理,就是强调以人为本,重视人与人之间的关系,调动人的积极性和自主性。教育以育人为目的,学校不同于物质生产的企业,学校以学生为本,教师为主体,因此,教育管理更应该人文化,重视调动教师和学生的积极性。高等教育评估也应该体现这个精神,把它作为人文管理的一种手段。要做到这一点,高等教育评估的办法要改进。评估主体和评估对象要对话,要沟通,要理解。现在的评估往往是填写一大堆表格,使人感到厌烦。评估的信息采集应该放在平时,不应该在评估的时候才提出要求。评估时除检查信息是否符合学校的实际外,更重要的是评估专家与学校教师和学生的对话,通过对话来了解学校的办学思想、管理水平和办学质量,同时共同讨论如何改进学校的教育教学工作。学校内部的评估更要人文化。教师对学生的评估考核、学生对老师教学的评估也应该达到以评促改的目的。考核要严格要求,要坚持原则,否则会形成不良的学风,难以纠正。但考核的指导思想和方式要人文化,即重视调动积极因素,避免消极因素。例如,教师考核学生,就不宜故意出难题、出偏题,用考试来卡学生;学生考核老师的教学也要尊重老师的人格,实事求是,善意提出改进教学的意见。总之,都要用发展的眼光来看待评估的对象,做到互相沟通,互相理解,共同进步。

四、高等教育评估的再评估问题

高等教育的评估程序是否科学?指标体系设计是否合理?评估过程是否客观?评估结果是否确切?是不是需要检验?这就是高等教育评估的再评估问题。一般说来,在一项评估正式实施以前,对评估的设计要反复研究,特别是对评估指标体系的设计,要反复测试,找出最科学的符合实际的指标。我记得 20 世纪 90 年代初,航空航天部教育司对全国 4 所航空院校进行了一次社会评估。评估的结果,第一名是西安航空学院,北京航空学院排在最后。问题出在一个权重特别大的指标上,就是毕业生愿意不愿意到基层,有多少人到了基层。这当然是非常重要的指标,但能不能就这一个指标来说明学校的办学质量呢?又如,20 世纪 90 年代初国家教委高教司在北京科技大学、中国人民大学等 4 所学校进行试评,也出现不科学的结论,文科院校排在最后。后来才觉得应该分类评估。我们的评估总是不能做到十全十美,因此,评估的再评估就十分必要和重要。每次评估以后应该及时地进行再评估,以便弥补评估中的不足,有些带有导向的问题可以得到及时纠正。

再评估还有一个对评估的成本加以评估的问题。高等教育评估是要付出成本的。但这个问题常常被组织评估的行政部门所忽视。为什么现在高等学校对上级布置的各种各样的评估颇有怨言,就是因为成本太高。学校为了应付一次评估要花一两年的时间准备,许多学校为此调集人马,成立"迎评办公室",花费的经费不用说,花费的人力是难以用价格来计算的。因此,评估前要考虑到成本,再评估前也要评估一下评估的成本,使评估的投入和产出相对称。如果评估的投入太高,产出太少,或者评估的效果太低,那就应该考虑这项评估的必要性。总之,评估不能走形式,要讲究实际效果。

(原载《高教发展与评估》2006 年第 3 期,第 1-3 页)

高校本科教学分层次评估的可行性研究

李小梅,屈琼斐,李延保

一、本科教学评估指标体系发展的背景

2001 年之前,中国高校有三类评估方式:一类是合格评估,一类是优秀评估,一类是随机性水平评估。合格评估开展得最早,从 1993 年开始,对 1976 年以来新建的、以本科教学为主要任务的普通高校开展了本科教学工作的合格评估。到 2001 年底,已经评估了 178 所高校,其中有相当一批院校第一次没有过关,给予黄牌警告。这对地方政府震动很大,促使他们加大了对新建院校的投入;同时对学校震动也很大,促使高校加强了教学基本规范的建设。从 1995 年开始,国家对于进入"211 工程"的重点高校开展了本科教学工作的优秀评估,第一批是西安交通大学、东南大学等 4 所试评高校,到 2001 年底已经评估了 16 所高校。其中有些高校没有一次通过,引起准备"迎评"的近百所"211 工程"院校的极大震动,对其他学校也起到了警示作用。从 1997 年开始,对介于上述两类情况之间的学校,也就是对那些办学历史长、以本科教学为主要任务的高校开展本科教学工作随机性水平评估,结论分为优秀、良好、合格、不合格,到 2001 年底,已经评估了 26 所学校,也取得了良好的效果。

后来,教育部对评估的方式及指标体系提出了一些新的建议,特别是把优秀评估、合格评估、随机性评估合并成为本科教学工作水平评估,并修改了原来的评估方案,减少了评估中烦琐的一面,更多地强调了教学质量意识。到 2001 年底,已有 25 所高校接受了评估,其中 8 所获得优秀,16 所获得良好,1 所仅获得合格。另外,2001 年教育部仍对 8 所新建院校进行教学工作合格评估,对 2 所没有通过的高校进行合格复评。以前评估结论都是在学校内部宣布,从 2001 年开始,这种评估的结果不光是通过不通过,而是分为优秀、良好、合格和不合格向社会公布,2001 年接受了教学工作水平评估的 25 所高校的结论在当年 9 月就通过新闻媒体正式向社会公布,引起了高校和社会的极大关注。近年来,教育部启动的"本科教学质量与高职教学改革工程",全面地贯彻了 2001 年 4 号文的精神,"质量工程"的任务之一就是高校教学评估工作,并制定了每 5 年对所有高校进行一轮评估的决策,从 2003 年开始实行。3 年来,已对 171 所高校进行了评估。

如果从评估指标体系方面进行对比可以发现,现行的本科教学工作水平评估方案的优秀、良好和合格标准基本上是合并了优秀评估、随机评估和合格评估三个方案的指标要求,但由于没有相应措施和进行正确引导,一些攀比现象出现。至今仍有专家学者希

望实行"对新建院校强行合格评估,对一般院校进行随机水平评估,优秀评估应在学校申报的基础上随机评估"的制度。多数专家学者也认为,对不同层次的高校进行分类评估符合中国高校的现状。

受教育部委托,我们对 2003 年以来已接受普通高等学校本科教学工作水平评估的171 所高校的校长、党委书记、主管教学副校长、教务处长,教育主管部门的领导及教育部评估专家进行了问卷调查,被问卷者对国家实行本科教学工作水平评估决策给予了充分的肯定,认为评估对加强本科教学的基础建设,提高教学质量具有巨大的推动作用,与此同时,评估专家及教育部门的领导也对现行的评估体系与方法提出了一些十分中肯的意见和建议。

意见与建议比较集中的是分类评估、评估程序与方法、具体指标的可操作性、评估结论等。这些宝贵意见与建议对本科教学评估的进一步完善具有实际意义,特别是有关分类评估的建议必须引起重视。

二、关于分类评估意见分析

在对专家意见建议进行归纳、分析的过程中,我们发现,很多问题虽然表面看是评估程序或某项指标,但实际却与不同类型学校用同一评估标准有关,例如,教学型的院校认为"双语教学""专任教师中具有硕士学位、博士学位的比例""图书馆状况"指标要求过高,研究型大学则认为"生师比""教授、副教授上课情况"指标与学校实际不符,中、西部学校则认为"四项经费占学费收入的比例""社会声誉""就业"等指标是社会、政府的问题而不是学校可以解决的,农、医、艺术类学校又认为指标没有充分反映这类学校的专业特点。总之,学校层次不一,类型有异,拨款渠道和标准不同,用一个指标不甚合理。由此看来,分类评估成为进一步改革本科教学评估的主要问题之一,有关分类评估的意见与建议主要有以下几点。

(一)分区域或经费投入评估

被问卷的专家学者指出,由于中国高等教育事业及经济发展不平衡等,全国本科院校采用一套评估指标,对部分高质量的大学达不到评估的目的,对经济发展滞后地区的高校来说,又难以达标。另外,国家对不同学校投入不同,各省对高校财政拨款有差异,建议对东部发达地区与中、西部较落后地区高校分类评估,按政府对学校投入的多少分类。

(二)分类别评估

也有被问卷的专家学者指出,评估指标体系要充分考虑到高校的专业特点,目前指标体系理工科色彩太浓,没有系统考虑文科、艺术、体育、医学、农林等院校的特点。例如,农林院校的实习农场很重要,但指标对农林院校实习农场的面积没有要求。又如,艺术院校应强调出作品、出人才,应强调艺术教育的特色;艺术类院校近年才开始有规模地培养硕士,教师中博士、硕士要在短时间内达到50%的比例,对于地方院校来说几乎是不可能的。医学院的教学医院很重要。建议评估分为:①一般院校、理工院校、农林院校、医学院校、艺术院校及体育院校。②综合性院校、多科院校、单科院校。③文理科院校、工科院校、艺术、体育等单科院校。

(三)分层次评估

还有被问卷的专家学者指出,重点院校与一般地方院校之间有很大差距,对不同层次的学校国家投入不一样,水平也不一样,不同层次学校之间没有可比性,采取同一标准评估不太科学,也不公平。同时,也助长了盲目攀比、不切实际地拔高等浮躁心态,失去学校本身的办学特色。不同层次的学校主要在硬件建设上有区别,特别是对"211工程"以上的学校应从硬、软件等方面增加更高标准的要求,这样才更有针对性。建议评估分为:①教学型、教学研究型、研究型高校。②"985工程"学校、"211工程"学校、其他本科院校。③以研究生教育为主的"211工程"院校、以本科生教育为主的"211工程"院校、一般本科院校。④部属院校、省属院校。⑤研究型本科院校(有研究生院的本科院校)、一般本科院校(有研究生但没有研究生院的本科院校)、应用型本科院校(没有研究生的新升本科院校)。

由此看来,要求分类评估成为各高校的共识,它虽然不可能解决评估中的所有问题,但对于更好地发挥评估的导向作用,引导不同层次、不同科类的大学办出特色,引导各类学校以平和心态接受评估是有意义的,应该成为新一轮评估指标制定工作的重要参考。

三、由问卷调查引发的思考

分类评估看似烦琐,实际上只是指标体系多了,但具体操作简单了许多,更有利于具有针对性地提高教学工作水平。制定分类指导的指标体系,关键是如何分类。

我们认为按区域或经费投入分类不符合教育发展规律。东部发达地区与中、西部较落后地区对教育的经费投入不一样,但不能因此就降低本科教学要求的标准,这样不利于人才培养,将人为地造成西部本科教学质量差的假象。其实,在中、西部经济落后地区,一些有历史传统的学校的教学质量还是十分优秀的。教学经费对任何一所大学的发展都是至关重要的,但不是唯一的。尤其是本科教学质量要有一个长期的积累建设过程,不是加大经费就可以立竿见影的。

国家对"985工程"学校的投入虽然大,但其经费使用是有指向的,并不是主要用在本科教学方面;"211工程"重点建设学校有100所左右,其类型有综合性大学,也有工、农、医、艺术、体育等单科学校(还有部分进行了合并),可以说包含了所有类别的学校,且各学校之间的差别很大,如果将"211工程"学校作为一种类型,几乎等于没有分类。

分类别评估最大的问题是烦琐。按教育部相关文件规定,学校类别可分为综合、师范、民族、工科、农、林、文科、财经、艺术院校等,如果按单科学校分,就会出现指标体系除了课程设置、教学方法、实习和实训等内容不同外,其他都相同;而且,同类别的大学之间差别也相当大,仍不能用一个标准衡量。

分层次评估能够发挥评估的导向作用,引导不同层次的大学办出特色。问卷中要求分层次评估的专家学者最多。下面对各种建议进行分析。

一是按教学型、教学研究型、研究型高校分类。教育部启动的"本科教学质量与高职教学改革工程",把高校分为上述类型,但没有把全国所有高校归类,也不可能归类,所以有学者建议被评学校根据自身的办学定位及办学条件,申报进行某一层次评估。这就会造成本科教学评估中,专家要"先评估学校属于哪一层次",那么,在此之前学校应该按什么指标进行建设呢?这样分层次指标体系很好制定,但容易造成新的攀比及心态失衡,不利于学校各安其位地进行本科教学建设。

二是按"985工程"学校、"211工程"学校、其他本科院校分类。"985工程"是国家重点支持北京大学、清华大学等部分高等学校创建世界一流大学和高水平大学的工程,目前有38所;"211工程"是政府面向21世纪,重点建设100所左右的高等学校和重点学科的建设工程。"985工程"学校基本都是"211工程"学校。虽然国家对这些学校进行了重点投入,但如前文所说,投入的指向并不主要是本科教学;再者,中国现有近700所本科院校,为100所左右的高校制定两个不同的评估标准,也不符合中国高等教育发展的实际。

三是按以研究生教育为主的"211工程"院校、以本科生教育为主的"211工程"院校、一般本科院校分类。如果按此分法,在评估中我们首先要论证,哪些学校是以研究生教育为主,如同要论证哪些学校是研究型、教学型大学一样难以判断。

四是按部属院校、省属院校分类。部属院校是指教育部直属的71所重点院校,但它是行政管理的划分,而不是教育层次的划分,其变动也不受教育规律的制约;再者,许多部属院校是省、部共建的,不同省在共建中的投入也不一样,从经费投入方面也没有可比性。

五是按研究型本科院校(有研究生院本科院校)、一般本科院校(有研究生但没有研究生院本科院校)、应用型本科院校(没有研究生的新升本科院校)分类。我们认为,这种分法可操作性强,符合中国高等教育的现状及教育规律。目前教育部批准的设有研究生院的高校共有56所,除个别学校外都是"211工程"学校;39所"985工程"学校除个别学校外都在设有研究生院的高校中,因此,把设有研究生院的本科院校作为一个层次,应该说代表了中国高校的最高层次;从高校教学规律看,办学指导思想、办学条件、师资队伍、专业建设、教学管理及教学效果应该也能够有一个较为统一的标准。第二层次为一般本科院校,无论其有没有研究生,因为有些办学时间比较长的单科学校也没有或很少有研究生。第三层次为新建本科院校,一所高校的发展需要长期的历史积淀,我们认为,以毕业生不足六届的为新办本科院校比较合适,即本科办学历史在十年以内的为新建院校。

四、建立新的本科教学评估体系的设想

（一）建立分层次评估指标体系

为了适应中国大学多样化的发展趋势，必须对本科教学评估进行分类指导，引导不同层次、不同科类、不同地域的大学办出特色。首先要制定满足分层次要求的评估方案，进而从指标体系到评估方式进一步落实"分类指导"原则，以鼓励同层次学校相互竞争，突出特色，不断创新，使本科教学评估更有说服力和鞭策作用。我们认为，分层次评估的指标体系应该是各个不同层次高校进行本科教学建设的方向性、指导性体系，制定好不同层次大学的本科教学评估指标，关系到新一轮本科教学评估工作的成效，也关系到中国高等教育的可持续发展。

设有研究生院的本科院校，应该是中国的研究型大学，其最重要的标志之一是在创造知识的同时，也以"创新"人才的培养为己任。所以这一层次的指标在硬件要求、科研要求、学生培养目标要求等方面都必须适应中国建设国际一流大学的目标。

一般本科院校在中国高等教育中占有很大的份额，是中国高等教育的基础，本科教学质量是高等教育发展的核心，是高等教育成败的关键，它的指标应该以进一步提高教学质量、突出社会效益和办出特色为目标。

"独到的教育理念，是办学特色的灵魂。办学理念是大学精神的结晶，是大学中相对稳定的因素之一。"因此，对以上两类有办学历史的大学都要求有办学特色，并把评估的重点放在人才培养的质量方面和社会的认可度上面。

新建本科院校，是适应中国高等教育发展和社会需要建立的，大部分为从专科升上来的应用型本科院校，本科教学是与专科教学完全不同的两个教育体系，所以新建本科院校的评估应以规范办学条件、教学环节，建立健全教学管理体系和质量监控体系，确立"本科意识"为建设目标，"重在建设"是核心。因此，对新建的本科院校进行教学评估，可对现行的《普通高等学校本科教学工作水平评估方案》进行适当调整。

要突出各层次评估指标的特点，以免出现"评估指标太全面，重点不够突出"的情况。此外，由于不同类别的单科本科学校在专业设置、教学模式等方面差异较大，还要根据其教学特点进行个别观测点的"补充说明"，如现行的《对〈普通高等学校本科教学工作水平评估方案（试行）〉医药类院校部分评估指标的调整说明》（教高司函〔2004〕209号）等。同时，分层次评估也为今后开展行业评估留下了发展空间。

（二）建立运行合理、手段科学的评估机制

我们认为，本科教学评估是教育主管部门对高校进行宏观管理的重要手段，评估工作应由教育部统筹安排。具体组织实施时可进行分类：教育部组织对设有研究生院的学校和新建本科学校的评估。一般本科院校的评估由各省份教育主管部门组织，这样有利

于激励地方政府的积极性;对评估中意见比较多的学校,教育部可派观察员随时组织复评;各省份教育主管部门也可推荐好的院校由教育部组织专家评。也有专家学者建议,对一般本科院校可以分大区组织评估。

在问卷中,对现行评估程序,认为"很科学"的占12%,认为"基本科学尚需简化"的占84%,认为"不太科学"的占3%,认为"需要大改"的占1%。

对评估组考察的可信度,认为"可信"的占72%,认为"一般"的占27%,认为"不可信"的占1%。

对专家组水平,认为"水平高"的占62%,认为"基本合格但尚需培训提高"的占38%。

对专家评估工作的满意度,认为"满意"的占64%,认为"基本满意"的占34%。

已评估的院校对评估的结果,认为"实事求是"的占53%,认为"基本符合学校实际"的占46%,认为"不符合学校实际"的占1%。

可以肯定地说,本科教学评估采用的程序与方法,是科学可行的。为了进一步做好评估工作,专家学者也提出了很好的意见和建议,主要集中在以下几个方面。

一是建立深入的考查程序。被问卷的专家学者认为,专家组多深入一线调查研究、检查常态教学状况,减少形式的东西,以减少造假的可能。例如,考察中座谈会上不一定能听到对学校教学工作真正的意见,建议取消集体座谈会,多些时间深入师、生、管理人员中调查观察、个别交谈。定性指标难把握,量化指标较少,导致区分度不大的评估结果较多,因此应突出本科教学过程和环节的评估,通过大量的听课、查阅试卷、论文,考察实践教学环节,以及考察教学管理的各个环节,得出评价结果。论文质量是很重要的指标,专家组抽查样本太少,建议在专家组进校前由校外同行专家抽评一定比例毕业论文(设计)和课程试卷,专家组侧重对重点、疑点项目进行考察,不作一般性评价,可更宏观地进行评审。也可首先进行通讯评议,在通讯评议的基础上派专家组入驻学校进行实地考察。也有专家学者认为,评估程序的"简化"应有一定限度。要特别加强对新建本科院校的评估。评估不能只侧重于"检查",而忽视了"专家指导"和"同行互助"。要进一步加强评估后的抽查与建设。

二是确立正确的资料整理意识。被问卷者认为,尽可能不影响学校正常的教学秩序,避免花大量精力准备"百余盒材料";准备近三年的试卷、论文等教学档案,时间过长、材料过多。也有专家学者认为,为了缓解大多数教师反映的资料整理工作量大的压力,最近评估中要求只检查一年的资料,但一个学校的教学不能只看一年,也要看前几年的情况,对过去资料达不到要求的不必去改,就是要观察评建过程是否在不断改进,评估时达到要求即可,这样才能真正体现"以评促建,重在建设"的思想,同时也可使评估组对学校的全貌有所了解。而且评估中也不能只看"死"的文件档案。

三是建立科学的评估手段。被问卷者认为,应设法进行常态下的评估,尽量以学校自然状况迎评,避免学校突击式准备。建议教育部建立数据库,长年采集状态数据,把量化指标作为日常状态数据向社会定期公布,定量的指标用数据说话,减少进校评估内容,缩短在校考察时间；定性的指标由专家进校评估。以日常数据统计为主，专家进校考察、核查为辅，专家进校考察以专项核查和评价方式进行。要积极探索评价学校平时教学工作状况和实际水平的方式，日常数据统计方法应在保证科学、规范、可靠性的基础上着力设计，并可通过网络手段查询相关资料数据。还有专家建议，将日常评估与集中评估相结合，平时可组织部分专家进行考察，减轻学校对专家组的关注程度，形成过程考核机制。

有专家学者认为，由于各高校对概念的理解不同，统计的角度不同，计算方法不同，造成同等情况下其结果偏差较大，也影响评估结论，评估应采用数理统计的方法。也有专家学者强调，本科教学水平评估要防止与学校排名趋同。

（三）建立科学的评估结论模式

问卷调查对评估结论的建议与意见主要集中在如下几个方面。

一是"优秀"结论的比例。被问卷者认为，"优秀"比例必须严格控制，从 2003 年到 2005 年，评估的标准越来越宽松，知名院校为保优，提出再次调低指标，凭什么？教育部要慎重。也有人认为优秀结论不应有比例限制，这有利于调动积极性。越到后面，学校的工作做得越好，"优"的比例自然大些，这也体现了"以评促建"原则。

二是关于评估结论。除了坚持现行的结论等级外，还有以下观点：①分为优秀（即通过）、缓冲和不合格，通过、有条件通过、不通过，通过、暂缓通过、限期整改（暂不通过）。②一般情况下只作合格不合格评估，优秀评估要由学校申请，并从严掌握。③分为优、良、中、合格、不合格五等。④以总分数排顺序。

对指标体系等级分类，认为应分为优秀、良好、合格、不合格的占 49%，通分为过、缓通过、不通过的占 38%，分为合格（通过）、不合格（不通过）有占 12%。

有专家学者认为，坚持评估结论用现行的四个等级是因为"现行评估结论具有一定的导向和激励、警示作用，至少在这一轮的评估中保持不变，否则容易引起已评学校的波动"。评估结论从某种意义上成为一部分学校迎评过程中的指挥棒，为了使评估工作从"要我评"为"我要评"，我们认为，新一轮评估以"通过、缓通过、不通过"为结论比较合理。正如有被问卷者深刻地指出，"本科教学水平评估，应是标准参照性评估，故不同学校、不同专家组应依据'标准'确定评估结果。但由于'标准'中一些观察指标的不可定量性，所以不同专家组的评价可能有差误，从而影响了'标准'执行的统一性。在教学评估的结论把握上，不同学科、院校之间差距较大。有的新办院校还没有一届本科毕业生，专家组评估给'良好'，其实能'合格'就不错了"。这段话给我们很大的启迪，由于指标中定性内容过多，而评估过程中有不可预测的因素，不可能评出绝对的公平，评估结论应当具有一定的模糊性，国家评估把住合格线，"优秀""特色"等交给学校自身努力，得到社会的认可，在长期办学历史中自然形成。

三是评估结论的公布运用。被问卷的专家学者认为，在公布评估结论的同时，应公布学校的相关基础数据、自评报告、专家意见等，让社会比较全面地了解被评学校。给

"缓通过"的学校一些压力,也给一些时间用于整改,在一定的时间内达到"通过";对评估"不通过"的院校,要停招、缓招部分不合格专业,对连续两次不合格的学校要有相应的降低办学层次的处罚。

五、结 语

通过对意见与建议的综述可以看出,造成评估中攀比、浮躁心态等不良倾向的主要原因除学校对教学评估的认识有偏差外,还有指标体系没有分类和评估结论分为四等。由于用一个指标评估所有学校,层次高的学校认为评不上"优秀"没有面子;层次不高的学校,"船小好调头",针对硬指标"A"级标准建设,而忽视了教育教学规律。如果进行合理的分类评估,且评估指标只设基本的参照标准,结论不设"优秀",使各层次学校各就各位,各安其位,一切以提高本科教学质量为目标;再加上建立健全相关机制,使评估作为中国高等教育发展的制度,长期开展下去,建立起理性的评估意识,变"要我评"为"我要评",相信评估中的不良现象自然会消失。

(原载《高教发展与评估》2006 年第 5 期,第 24-29 页)

中国高职高专评估工作亟待改进

杨晓江,吴立平

高职高专评估是教育部委托各省开展的"高职高专院校人才培养工作水平评估"的简称,该评估从 2003 年启动试评,2004 年正式全面展开,2008 年首轮评估全部结束。各地在评估实施过程中都或多或少地遇到一些矛盾,笔者拟对这些矛盾进行概括,提出相应对策,就教于业界同仁。

一、高职高专评估简介

从评估要素上看,高职高专评估主要由如下方面组成。

(1)评估目标。评估的工具性目标,即对被评学校的人才培养工作水平进行等级鉴定,通过评估,将学校鉴定为"优秀""良好""合格"或"不合格"。教育部规定,各省评出的"优秀"比例一般控制在 20%～30%;评估的实质性目标体现在教育部所提出的"二十字方针"中:以评促建、以评促改、以评促管、评建结合、重在建设。一言以蔽之,通过评估促进学校的改革与发展。

(2)评估组织。教育部成立了高职高专人才培养工作水平评估委员会,这是高职高专评估开展的决策咨询机构,评估的思路、目标、策略、结论认定等均由其确定,一般一年召开一次会议。各省也分别成立了相应的专家委员会,负责本省高职高专评估的决策咨询。各省评估的实施机构各不相同,有的是专门评估机构,有的是教育厅高教处,也有的是某一学校或学术组织等。

(3)评估标准。教育部于 2004 年下发了教高厅〔2004〕16 号文,公布了《高职高专院校人才培养工作水平评估方案(试行)》,此方案的核心内容是《高职高专院校人才培养工作水平评估指标等级标准及内涵》,评估指标由 6 个一级指标、15 个二级指标外加"特色或创新项目"组成。教育部允许各地根据实际情况做出调整,但调整内容要报教育部批准。

(4)评估程序。评估分四步实施,包括学校自评、专家组进校考察、确定评估结论、学校整改。各地情况稍有差异,但万变不离其宗,如江苏省规定的程序是:①学校开展自评。②学校申报,教育厅确定评估时间。③评估院组织专家组进校考察评估。④省评估专家委员会审议并形成评估结论建议。⑤教育厅审定并公布评估结论。⑥学校整改。

(5)学校自评。学校自评是指学校自己对自己进行评估,主要任务是系统、全面地总结人才培养的成绩和办学经验,提炼学校的优势和特色;找出学校在人才培养工作中存在的差距,并针对不足制订整改方案,边评边改。通过评估形成《自评报告》等资料。

(6)专家组现场考察。专家组一般由8人组成,其中专家7人、秘书1人,教育部要求专家组中外省专家不少于30％。专家组进校考察4天,主要活动包括专家组预备会、学校汇报会、参观教学基础设施和实验实训条件、查阅资料、问卷调查、专业剖析、听课、座谈会、个别访谈、专题研讨会、技能测试、专家组汇总并撰写考察报告、评估情况通报会等。

(7)评后事务。评估结束后,要通过一定程序形成对学校的最后评估结论,并向社会公布。在一段时间以后,有关部门要对被评学校进行回访,促进学校整改。

二、高职高专评估中的六大矛盾

教育评估本身是一门科学,也是一项新生事物,它在前进的过程中必然会不断遇到新问题。高职高专评估的前期设计是优秀的,但通过几年实践,逐渐暴露出一些矛盾。

(一)评估指标的严肃性与对其理解的多元性的矛盾

评估指标是教育部制定的,各地必须严格执行,这是毫无疑问的,但评估指标在执行中常常会出现两种情况:①绝大部分指标具有"抽象"特征,在教育部没有以文件的方式进行全面系统诠释的情况下,不同专家、不同省份、不同学校在理解上必然有差异。例如,指标对"生师比"有要求,但"生"是指什么? 仅是普通类三年制学生吗? 中专生要不要算? 五年制大专生怎样计算? 由于教育部以前并无明确解释,于是,在操作上就出现了口径不一致的情况。类似的不一致使得学校左右为难、束手无策。人们不禁要问:谁的解释最权威? ②指标是一个阶段人们对高职高专教育客观认识的产物,随着时代的发展,指标本身也有一个与时俱进的问题,昨天适宜的指标,今天不一定还适宜,各地在多大程度上可以进行微调,这自然也成了新的问题。例如,在师资队伍结构中,指标要求兼职教师与实践指导教师合计数之比要达到一定比例,合格标准为10％,优秀标准为20％以上,其基本导向容易让人理解为比例越高越好。实际上,今后师资队伍的结构问题不是兼职教师太少,而是兼职教师太多,民办学校在这方面的问题尤为突出,可见,对这个指标需要及时进行修改或做出新的诠释。评估指标的概念歧义和评估标准的可能性变化迫切要求诞生一种统一性、权威性的解释,这是评估方案完整性的重要方面。

(二)专家组工作的高强度与工作时间相对不足的矛盾

根据教育部评估方案,专家组在评估期间要完成十多项规定动作。从实践看,专家组一般都比较忙碌,每位专家每天平均要工作12个小时以上,个别专家甚至要忙到下半夜。评估是一项高智力、高体力活动,必须在规定的时间内完成规定的任务,可用"两高、双规"加以概括。也正因为专家的辛苦劳动,才在最短时间内完成了任务,最大限度地减轻学校负担。用专家的"大忙"换来了学校的"少忙",是评估人文化的重要体现。但对评估组织者来说,安排专家进行超强度、粗放型地劳动并不妥,专家也是人,又是请来的贵宾,同样需要得到关心。如何既保证评估任务的准时完成,又保证专家组有合理的工作量,这是摆在我们面前的新课题。出现这一矛盾既有评估任务太重的原因,也有专家缺少培训、经验不足的原因,应在改进工作时对两大因素都加以关注。

(三)学校创优积极性高涨与严格控制优秀比例的矛盾

毋庸讳言,评估的宗旨是以评促建,学校应重过程不重结果,保持平常心。但由于本轮评估是一种分等鉴定,具有选优性质,学校不敢怠慢,不敢等闲视之。有的学校认为,本次评估是对高职高专院校的重新洗牌,学校评为哪个等级是生死攸关的大事,只有得到"优"的学校才能参加下一轮全国的竞争,才能获得更大的发展。在许多学校心目中,得"优"是唯一选择,得到"良好"与"合格"几乎就是"不合格"。在全国范围内,有的学校为了争优而召开誓师大会,有的学校搞万人签名,有的学校与全校干部教师签订了责任状,有的校长在全校动员大会上说:"谁砸我的牌子,我就砸谁的饭碗。"从实践中看,大多数学校参评目标定得较高,无不奔"优"而来。然而,教育部对各地高职高专评优的比例有明文规定:不超过总数的30%,这与参评学校全面争优形成了鲜明对照!这一矛盾如何解决? 一般而言,应该坚持标准,宁缺毋滥,是优才优,非优决不降低标准为优。问题是,如果较高比例的学校确实达到了优秀标准该怎么办?

(四)评估结果的区分度与专家组视野的有限性的矛盾

从科学性的角度讲,评估的结果应基本呈正态分布,即两头小中间大,优秀与不合格的学校为少数,绝大多数学校应在良好与合格之列。这就要求我们对学校进行有效的区分,评估结果必须有区分度。但这种区分是某一个专家组难以做到的,现场考察专家组只能对所评学校的评估结果负责,无法对全省、更不能对全国的区分度负责,因为专家组所做的工作是将某一学校的客观情况与评估标准进行两两对照,从而判别出学校的等级。专家组的视野只在学校与标准之间移动,无法也无权对一组学校进行横向比较。各省的高职高专评估专家委员会有可能进行宏观调控,有权对各组评估的结果进行认定或推翻,但是委员会也有难题:一是委员们并未全部参加当年所有学校的评估,同样无法进行横向比较;二是专家组的评估结论毕竟是在一线深入调查研究后得出的,委员会要想推翻或改变他们的结论也不易。可见,专家委员必须依靠专家组,而由专家组来进行有效区分几乎是不可能的。

(五)学校对专家组的高期望与专家指导的有限性的矛盾

所有被评院校对专家组都有着较高的期望,这种期望分为两个层次:第一层次是期望专家组能够达成学校既定的参评等级目标,一般而言,专家组在认定指标符合的情况下这个层次的期望是比较容易满足的,当然也存在个别学校连第一层次期望也没有得到满足的情况;第二层次是更高层次的期望,这种期望并不单纯地指优秀等级,他们更期望得到专家拨云见日的指点、点石成金的启发、春风化雨的教诲。这就要求每个专家组的每位专家都是大家、大师，都要具备大手笔、大智慧，要评得学校分毫不差、评得学校口服心服、评得学校肃然起敬，但这种要求显然很难达到。第二层次期望难以达成的原因主要在于：第一，学校将专家神化，认为专家之所以为专家，是因为其无所不知、无所不能；第二，部分专家缺乏底气，方向含混，指导乏力。学校期望通过迎评创建工作来提升学校水平的初衷与部分专家指导能力有限的矛盾是高职高专评估中一个无法回避的难言之隐，这对专家队伍建设提出了更高的希望和要求，也对评估程序中重鉴定、轻指导的倾向亮起了"黄灯"。随着后期参评学校倍增，如何打造一支高素质评估专家队伍是迫在眉睫之事。

（六）评估的公正性要求与非评估因素干扰的矛盾

公正性是教育评估最基本的属性之一，缺乏公正性的评估是伪评估。评估的公正性体现在诸多方面，从评估过程的角度观察，要求专家组成员不偏不倚，在事实判断的基础上进行价值判断，要求学校实事求是，为专家组提供真实可靠的信息等。目前评估总体上是能坚持原则、坚持标准的，专家组是靠得住的，评估学校的工作是尽力的。但是，必须看到，在评估过程中时不时出现一些非评估因素的冲击，其中最大的冲击是人情因素。评估专家绝大多数是高校领导或学术界名家，学校对其表示尊敬和热烈欢迎是正常的，也是应该的，无可厚非。然而，从学校来讲，可能在这方面一不小心就会出现接待过度行为；对专家来讲，可能会产生"回报"的心理倾向。这些对评估结果的公正性均构成威胁。如果对这个问题不给予足够的重视，就会断送教育评估的生命，就会给教育事业造成不可估量的损失。

三、改进高职高专评估工作的对策建议

鉴于上面对现实矛盾的分析，本文提出如下改进建议。

（一）组织编写《全国高职高专人才培养工作水平评估手册》

一个优秀的评估组织或机构，在评估实施中必须有五大文本：指南性质的评估手册、评后提交参评学校的《评估报告书》、全套完整的评估资料、提交委托部门的阶段性质量分析报告、发表的评估类科研论文。评估涉及面较广，如专家委员会、评估机构、专家组、参评学校，我们必须有一个正式文本，告诉各方人员评估是怎么回事，该怎样做。目前开展的高职高专评估仅有教育部颁发的一些纲要性文件，许多具体规定零星地散落在编著、评估网上或领导、专家的讲话中，欠全面、欠系统、欠严肃、欠权威。为此，教育部需要组织人员尽快编写《全国高职高专人才培养工作水平评估手册》，手册大体可以包括如下内容：评估概述、评估指标与诠释、学校评建、专家组工作、秘书工作、专家现场考察、评后事务、工作用表等。《全国高职高专人才培养工作水平评估手册》问世之时，就是此评估

走向规范化之始。

(二)简化评估程序

每一次评估活动的贡献度是不一样的,有些评估活动与评估结果的相关度不大,可以予以简化。①取消欢迎仪式,减轻行政领导和部门的活动负担,减少学校邀请嘉宾的困难。②取消汇报会,原学校汇报活动改为学校事先向专家组提供书面报告,或由校领导在专家组预备会上作简要汇报。③取消专家组集体考察校园活动,该活动改由专家个人根据分工需要进行个别考察。④取消专家组大范围反馈活动(大反馈),专家组现场只对领导班子进行小范围反馈(小反馈),小反馈以指出学校不足和为学校献计献策为主,原大反馈改为评估机构事后向学校提供《评估报告书》。⑤取消学校文艺演出,减少学校开支,减轻学生负担。经过这样处理,可以为每位专家腾出6~7个小时,为整个专家组增加40多个小时的有效工作时间。

(三)突出重点活动

既定的评估活动无须平均用力,应重点突出。专业剖析是高职高专人才培养工作评估中最好的活动设计,不但可以全面了解学校在六大指标方面的基本状况,而且有利于调动学校各基层教学单位加强专业建设的积极性,可谓纲举目张。因此,强化专业剖析、以专业剖析带动其他活动不失为一种改进之法。江苏省的经验是,剖析专业由两个改为六个,要求专家组在分工上采用"222"的方法,即七名成员中,每两名专家负责两大指标的考察和两个专业的剖析,这就分解了六大指标和六个专业剖析的既定任务,专家组长侧重负责宏观把握和撰写考察意见。其他活动一律围绕专业剖析进行,服从服务于专业剖析,使这些活动不再孤立存在,而是前后充满了逻辑联系,专家在选择听课、召开座谈会时,也不会出现"撞船"现象。每两名专家剖析两个专业时也是轻重有别,只重点剖析一个主干专业,使工作量降低到合理程度。

(四)建立和完善信息化管理制度

评估的信息化,是评估技术现代化的一个重要标志,是评估结果客观公正的重要保证,也是减轻专家组和学校负担的有效手段。从目前的评估情况来看,数据统计口径的多样性增加了评估的复杂性,增大了专家的工作量,同时也造成了评估结果的不可比性。建议做好以下工作:①迅速建立全国(至少全省)性的高职高专院校基本状态数据库,数据全面,资料权威,专人维护,动态更新。②积极开发专业软件,对各校、各专业、各行业、各地区的发展情况进行动态分析,提供决策依据。③积极开发评估专用软件,提高评估效率,保证评估公正。④制作专门网站,定期公布学校有关数据和发展动态,与行业、家长、主管部门等形成互动。

(五)强化专家培训

随着将来评估工作量的增加,专家资源也越来越紧张,为防止专家数量不足和专家质量滑坡,教育部除了自己直接培训专家外,还要鼓励各地积极开展专家培训,必要时建立专家资质认证制度,以适应出现的新情况。培训方式要有所改进,以往对评估专家的培训主要是采用报告辅导方式,而这些大报告多数停留于概念层面,被训人员在培训结束后仍感到一头雾水。对专家的培训要由报告厅向评估现场转移,由概念式报告向加强实训转变。培训要着重解决两个问题:第一,评估指标的内涵是什么? 第二,如何实施? 为此,培训内容要在细节上下功夫,要让受训人全面吃透评估标准,充分掌握发现问题的技巧,全面了解评估程序,统一使用各项活动的开展方法,学会写出既符合共性要求又具有个性特点的评估报告。于是,对受训人进行模拟培训或让其走出报告厅去观摩一所学校的试评估是必要的。

(六)放宽优秀比例限制

教育部对各省优秀比例的限制要作弹性处理,以因应比较复杂的局面。之所以如此建议,理由如下:①对任何一所试图创优争优的学校而言,我们的情感指向应该是佩服和支持,这是以评促建的需要。②本评估是标准参照性评估,学校符合什么标准就鉴定为什么等级,该良的不能判为优,但该优的也不能因为比例限制而判为良,用比例限制将有失公允。③各地情况不一,有的省市实力强些,有的省市相对弱些,优秀的分布要体现地区差异,这是中国国情使然。④本科教学工作评估未设优秀比例,对高职高专评估也应同等对待。⑤中国高职高专教育这些年有了突飞猛进的发展,对于推进中国高等教育大众化进程、为各地基层培养和输送高素质应用性技能型人才、保障地方经济发展和社会进步做出了巨大贡献,这些突出成就应该在评估结果中得到肯定和体现,30%的优秀不足以反映这一现实。目前评估界有一种劝说学校降低期望值的倾向,其本意是善良的,但这种劝说不利于形成竞争态势,不利于学校的发展。我们不仅不能降低参评学校的创优热情,还要帮助学校创优,这才是评估机构应有的姿态。

(七)增设综合专家组

对某所学校的评估结论往往是现场考察专家组说了算,责任重于泰山。有无可能一个专家组评估多所学校以加强横向比较? 很显然,这种做法并不现实。因为评一所学校一般需近一星期的时间,评两所学校就需要近半个月,让同一专家组七位专家同时长期离岗在外,连续评估的可能性基本是零。有无可能实行"一校多组"以改变"一组定音"的状况? 这种做法也不现实。如果不同的专家组负责不同的指标,轮番到校评估,势必增加学校接待的负担,造成每组专家对学校的情况考察都不够深入的情况,同时这种"小步快跑"的评估方式容易使专家疲于奔波,体力不支。建议实行"总分两组评估法",即成立两个专家组,一个是传统的现场考察专家组,负责六大指标的现场考察和数据核实;另一个是综合专家组,一般不进校,主要负责当年所有参评学校办学指导思想和办学特色的论证、重要数据的核实。两组意见汇合后形成被评学校的初步结论。经过这样的处理,可扩大横向比较的成分,减少组际差异,提高评估结果的区分度。

(八)将评估纪律落到实处

评估纪律是评估结果公正的重要保障,教育部为此专门颁发了《关于进一步加强高等学校教学评估工作纪律的通知》,各地也结合本地情况提出了相应的纪律要求。现在的问题不是"有没有"纪律的问题,而是"怎么办"的问题。①教育落实。充分利用专家培训和学校培训的机会,不厌其烦地对其进行宣传讲解,使人人懂得纪律、人人遵守纪律。②过程落实。纪律控制不是即时的,而是体现在整个评估活动的过程之中,事发了固然要处理,若在事发之前就进行控制则更为高明。评估机构可以开展评前专访,把纪律作为重要的内容进行检查,这样会及时中止学校一些不适合的做法,如超标接待等。还可以实行观察员现场督查制,派出相关人员深入现场一线,全程在校,全方位监控,有利于维护评估纪律。③责任落实。实践告诉我们,专家组是遵守纪律的核心。按常理,专家组实行组长负责制,评估纪律的监督责任也在组长,但组长们基本都是被评学校的同行,有些情面上的事很难处理,真正出了什么事也不可能去追究组长的责任,因为他们毕竟是聘请的贵宾。秘书大多是评估机构的员工,可以通过行政手段要求其把好评估纪律关,若出现问题或有这方面的举报,只要查实,机构可以对秘书追究渎职责任,因此,实行评估纪律的秘书负责制最能有效地遏制违纪行为。

(原载《高教发展与评估》2006 年第 5 期,第 48-52 页)

2007 年

文化是大学之魂

王冀生

20世纪90年代中期以来,人类社会逐步进入了以经济全球化、政治多极化、文化多元化和信息网络化为主要特征的崭新时代。在这个新的时代背景下,中国悄然兴起了一个大学文化问题研究思潮,"文化是大学之魂"是在这个思潮深入发展的过程中提出的一个崭新的大学哲学观。此大学哲学观包括大学文化本质观、大学文化使命观、大学文化精神观和大学文化价值观,它们是一个相互联系、相辅相成和辩证统一的有机整体,统一在"文化是大学之魂"之中。这是提高大学的文化自觉,实行科学办学和对大学进行科学管理的理论基础。

一、大学的本质是一种功能独特的文化机构

什么是大学,大学是什么,是古今中外教育家们议论的永恒的话题,他们从不同的视角对大学做出种种界定。例如,纽曼说:"大学是传授普遍知识的地方。"克拉克·科尔说:"大学是直接为社会服务的'服务站'。"蔡元培说:"大学者,研究高深学问者也。"梅贻琦说:"大学者,非谓有大楼之谓也,乃谓有大师之谓也。"这些说法,或从功能,或从任务,或从气质,对大学的某个侧面进行了深刻的描述,并不是从哲学上对大学本质的科学揭示。

中华人民共和国成立以后,由于存在极其复杂的种种原因,中国对大学本质问题的认识存在着众多的误区,主要是四个误区:一是误认为大学是实施高等教育的主要机构,所以,教育就是大学,大学就是教育;二是在"以阶级斗争为纲"的错误思想影响下,制定了"教育必须为无产阶级政治服务"的方针,把学校称为"无产阶级专政的工具";三是在市场经济条件下,夸大了教育和大学的产业性质,甚至提出"教育要产业化",要"把学校完全推向市场";四是在高度集中的领导管理体制下,重行政机制轻文化机制,大学缺乏面向社会自主办学的活力。

经过研究,我们认为,教育性、阶级性、产业性和行政性都是大学的重要属性,但是,必须明确,文化性或学术性是大学的本质属性,大学的本质是一种功能独特的文化机构和传承、研究、融合、创新高深学术的高等学府。做出这个科学界定的主要依据如下。

第一,大学是人类文化发展到一定阶段的产物。教育是与人类社会同时诞生的,但学校,特别是大学则是人类文化发展到一定阶段的产物。据文献记载,人类最早的大学

出现在中国的先秦时期和西方的古希腊、古罗马。2000 多年来，大学从学术的"象牙之塔"到与社会的联系日趋紧密，从培养少数精英到高等教育大众化，从单一的教育机构到全面承担教育责任、学术责任、服务与引领社会责任和国际责任，不仅在知识的传承、应用和创新方面起到重要基地的作用，还不断地为政府和社会提供各种各样的咨询服务和理论支撑，成为人才养成的重要基地和人类社会的知识权威。随着这一系列的变革，大学的形态、功能和使命不断地得到丰富、发展和拓展，发挥着越来越重要的作用，在人类社会发展中具有越来越重要的历史地位。

第二，知识及其学科（专业）是大学存在的组织基础。组织文化学是一门科学，运用组织文化学的基本观点来观察大学，人们发现，知识及其学科（专业）是大学存在的组织基础，大学是由众多课程和学科（专业）组成的高度分权的有机体，主体是掌握高深学术的众多教授，他们有着对未知世界的强烈兴趣，以人才养成和探究真理作为崇高使命。因此，他们希望能够独立地工作，对来自行政的强制权力有一种天然的抵抗。由此可见，在大学组织里，科层机制的等级权威、规章制度以及市场机制的物质利益刺激都只能发挥有限的作用，以服从真理和崇拜权威为主要特征的文化机制是大学组织整合的主导机制。这是大学组织区别于其他社会组织的重要特征。

第三，大学越来越充分地发挥着独特的文化功能。经过长期的发展与变革，大学越来越充分地发挥着传承、研究、融合和创新文化的独特功能。传承文化是大学的基本功能，它不是人类文化简单的原本照搬，而是根据大学自身的价值观念对人类社会长期积累的文化进行严格的选择、认可、加工和整合，充分发挥其对人类文化的积淀作用，并在这个基础上通过教育活动把人类长期积淀的文化传承下去。创新文化是大学的本质要求。大学应当在传承文化的基础上努力站在学科发展的前沿，探究真理，发展知识，并且将学术研究成果尽快转化为现实生产力，只有这样，大学才能培养出社会所要求的具有创新精神和实践能力的高级专门人才，成为国家发展科学事业的重要方面军，推动和引领社会文化向前发展。大学传承和创新文化离不开对人类文化的研究，所以，研究文化是大学全部活动的基础，为此，必须保障大学享有充分的教学和学术自由，营造一种良好的、宽松的学术与文化氛围，确保大学的教师和学生能够潜心研究高深学术，不断追求和认识客观真理，并在这个基础上传承和创新文化，这是大学生机和活力之所在。当今的世界是个开放的世界，其实质是文化的开放，多元文化的沟通与融合是时代的强烈呼唤，是历史的必然。所以，在多元文化矛盾运动中通过批判、取舍、整合和创造进行文化融合，既是大学的一项重要功能，也是大学传承、研究和创新文化的必由之路。

第四，大学与社会的经济和政治机构既相互关联又鼎足而立。人类有三种基本的社会实践活动以及相应的三种社会机构：一是物质生产活动，它是人类最基本的社会实践活动，广而言之就是经济活动，从事这种活动的主体是企业。二是治理国家和国际交往的政治活动，它主宰着一个国家的前途和命运，从事这种活动的主体是政府和政党。三是传承、研究、融合和创新文化的文化活动，它是人类全部活动的基础，从事这种活动的主体是大学和研究机构。人类的这三种基本社会实践活动以及相应的三种社会机构既相互关联又鼎足而立,各自承担着不同的任务,发挥着不同的功能。由此可见,在宏观上,与主要从事经济活动的企业和主要从事政治活动的政府和政党不同,大学是一种与社会的经济和政治机构既相互关联又鼎足而立的功能独特的文化机构。

我们把大学的本质界定为一种功能独特的文化机构,主要是从宏观上区分企业、政府和大学这三种社会机构的本质。众所周知,文化不仅是多样化的,还是有层次的,大学传承、研究、融合和创新的不是一般的文化,而是高深学术。因此,更准确地说,大学的本质是一种与社会的经济和政治机构既相互关联又鼎足而立的传承、研究、融合和创新高深学术的高等学府。

由此可见,自大学走出"象牙塔"融入社会中以后,大学的存在就有两种哲学基础,即以认识论为基础的哲学要求大学必须"崇尚学术",以政治论为基础的哲学要求大学应当"适应社会"。这就从根本上决定了大学办学活动的基本矛盾是崇尚学术与适应社会之间的矛盾。大学办学的基本规律是"必须与学术和社会协调发展"。解决这个矛盾的根本出路是走多样化的发展道路,用办学模式的多样化去应对社会的多样化需求,从而在积极应对众多领域不同层次广泛需求的同时坚持大学应有的基本理性和学术价值。

二、当代大学应当承担的重大文化使命

对于任何一种社会组织而言,它的存在总是与所承担的特定使命密切相关的。长期以来,人们习惯于把大学的社会职能概括为教学、学术研究和社会服务,这是一种经典的提法。正如德国哲学家雅斯贝尔斯曾经明确地指出的那样:"大学是研究和传授科学的殿堂,是教育新人成长的世界,是个体间富有生命的交往,是学术勃发的领地。每一项任务借助参与其他任务,而变得更有意义和更加清晰。按大学的理想,这四项任务缺一不可,否则,大学的质量就会降低。"后来,曾经长期担任哈佛大学校长的美国当代著名教育家德里克·博克教授于1982年出版了专著《走出象牙塔:现代大学的社会责任》,首次提出"现代大学的社会责任"这一重大命题。这本著作是西方论述大学社会服务职能的新的经典之作,比较明确地表述了大学在人类社会发展中的历史地位。现在有一种新的观点认为,作为一种功能独特的文化机构和与社会的经济和政治机构既相互关联又鼎足而立的传承、研究、融合、创新高深学术的高等学府,应当从文化的视角和时代的高度深刻认识当代大学应当承担的重大使命。

一是文化育人。大学从它诞生之日起,就把教育责任作为自己应当承担的永恒的第一社会责任。马克思主义认为,人的本质在其现实性上,是一切社会关系的总和,未来的新社会是以每个人的全面而自由的发展为基本原则的社会形式,人的全面发展指的是占有自己的全面本质。所以,人的发展是教育活动永恒的主题,教育的本质是通过文化促进人的发展的过程。教育不仅承担着通过文化培养社会所要求的德、智、体全面发展的高级专门人才的任务,还负有通过文化养成健全的人格,开发人的理性和潜力,革新人的天赋,扩大人的生命内涵,为人的一生奠基,使受教育者占有自己的全面本质的使命。因

此,以人为本既是一种科学发展观又是一种教育哲学观,文化育人既是教育本质的核心又是当代大学应当承担的永恒的第一文化使命,关键是要在传承和创新文化的基础上通过文化养成促使受教育者实现从有知识的人向有文化的人的深刻转变。

二是文化创新。自 1810 年威廉·冯·洪堡创造性地提出"教学与研究相统一"的崭新理念以来,学术研究功能被逐步引入大学。它既是培养学生的创造性思维,造就一代新人的基础,也促使文化创新成为大学应当承担的一项新的重大文化使命。大学的本质是面向未来的,它的根本特征是永远不停顿地探索和发展人类知识,力求占领人类知识的全部领域,从物质方式到精神方式探索整个的人类经验及其自然环境,成为面向未来进行知识创新,为解决国民经济发展中的重大问题提供科学依据的前沿。自大学走出"象牙塔"逐步融入社会以后,面对的是文明社会众多领域不同层次的广泛需求,既有学术性的又有非学术性的。因此,大学不仅要面向未来,以探究真理和发展知识为己任,还应注重开展应用研究和进行科技创新,努力成为将科学技术成果尽快转化为现实生产力的中心,直接为提高人类社会福祉和增强综合国力做贡献。

三是引领文化。大学作为创造并培育新文化的中心,承担着与生俱来的、更为独有的、影响更为深远的引领文化的重大文化使命,始终辐射、影响、引领社会文化的更新和发展。大学这种引领文化的重大使命主要体现在继承并发扬优秀的传统文化、借鉴并传播先进的外来文化和创造并培育引领时代的先进文化方面。大学,特别是高水平的大学和世界一流大学之所以能够不断创造并培育新文化,进而引领社会文化前进,主要是因为大学具有学术自由的宽容环境、标新立异的学术氛围、科学民主的大学制度,保障了文化的创新;大学汇聚了各个学科领域的专家、学者,他们和年轻的学生们一起在宽松的学术环境中进行科学研究,特别是基础科学和人文社会科学的研究,直接创造着形成新文化的各种元素和种子。这样的学术氛围有利于造就杰出的创造性人才,他们很可能成为引领社会文化前进的领袖人物。

四是文化融合。当今世界是个开放的世界,其实质是文化开放,现代文化正在世界多元文化的激荡交融中呈现出勃勃生机。在这样新的时代背景下,大学正在进一步走向世界,普遍增强全球意识,进一步开放教育与学术市场,扩大并深化教育与学术交流和合作,努力实现教育与学术资源的国际共享,着力培养具有全球意识、较高文化品位和较强国际竞争能力的创新型人才,并在本土化的基础上加速实现国际化的进程,努力在竞争中成为国际多元文化沟通和融合的桥梁。这既是当代大学必须承担的一项新的重大文化使命,也是大学承担文化育人、文化创新和引领文化的重大使命的必由之路。

三、大学的文化精神是一种价值信念体系

自 19 世纪中叶工业革命兴起和大学走出"象牙塔"融入社会中以后,近一个多世纪以来,在社会世俗化和现代化的进程中,世界大学的发展与变革并不都是一帆风顺的。积极主动地应对文明社会众多领域不同层次的广泛需求与保持大学应有的基本理性及

学术价值、人文与科学、学术自由与文化专制、多元开放与闭关自守之间激烈的矛盾冲突和斗争一直存在。特别是近期，世界范围内出现了一种大学文化精神的衰微现象，其突出表现是大学人文精神的滑坡和办学目标的工具化倾向，引起人们的广泛关注。

组织文化学是一门科学。组织文化学认为"组织文化的灵魂是一种价值信念体系"。基于这种认识，经过研究，我们认为，作为一种功能独特的文化机构和与社会的经济和政治机构既相互关联又鼎足而立的传承、研究、融合、创新高深学术的高等学府，大学区别于其他社会组织的特有的价值信念体系，也就是大学拥有的独特的文化精神主要有以下四点。

一是崇尚人文。大学是人才养成的重要基地和人类社会的知识权威。大学崇尚人文的文化精神指的是大学应当把人的发展作为教育活动永恒的主题，把通过文化促进人的全面发展，促使学生实现从有知识的人向有文化的人的深刻转变作为自己应当承担的永恒的第一社会责任，体现出一种对作为"个体"的人和作为"整体"的人类社会全面、协调、可持续发展的终极关怀，使大学真正成为人类文明的精神家园。

二是注重理性。大学是人才养成的重要基地和人类社会的知识权威。大学注重理性的文化精神指的是大学应当把人的发展看作人的心智解放过程，把理性作为人类认识自然和驾驭自然的认识论基础，以发展人的理性、探究生活的智慧和真理、发展知识为己任，使大学真正成为造就高素质创造性人才的重要基地和思想最活跃、最富有创造力的学术殿堂。

三是自由独立。大学是才养成的重要基地和人类社会的知识权威。大学崇尚自由独立的文化精神指的是大学应当把学术自由作为维持其活力的源泉，以理性和学术价值作为其应当追求的核心价值，永远坚守以"象牙塔"为象征的为真理而献身的基本精神，坚持教育事业应当交予教育家，保持相对独立的资格，确保大学真正成为一种与社会的经济和政治机构既相互关联又鼎足而立的传承、研究、融合和创新高深学术的高等学府。

四是追求卓越。大学是人才养成的重要基地和人类社会的知识权威。大学追求卓越的文化精神指的是无论在任何情况下，大学都应当坚持对现实的超越和对理想的追求，超越功利与非功利的对立，兼容多种价值追求，与时俱进，止于至善，决不随波逐流，决不成为政治的附庸或文明的粉饰，或者为经济所左右，决不工具化和庸俗化。

由此可见，从组织文化学的视角，崇尚人文、注重理性、自由独立和追求卓越，是大学区别于其他社会组织的文化精神和价值信念体系，如果大学丧失了这种特有的文化精神和价值信念体系，它就不再是真正意义上的大学。回顾整个大学发展的历史过程，我们不难看出，尽管在历史的不同时期大学扮演的社会角色不同，但有一点是共同的，即大学自始至终都在坚守以"崇尚人文，注重理性，独立自主，追求卓越"为核心的大学特有的文化精神和价值信念体系，这是大学之所以千百年来一直长盛不衰的精神支柱。

必须指出，当前在世界范围内出现的大学文化精神的衰微现象有极其深刻的社会根源，是全球性的生态危机在大学文化精神上的深刻反映。大家知道，传统社会与现代社会的一个巨大区别就在于，所有传统社会的意识形态，都把人的贪欲视作洪水猛兽，把它视作一种破坏性力量，中国儒家力主"存天理，灭人欲"，西方中世纪也是这样。但是，工业革命以后的近、现代社会逐渐发生了变化，把人的贪欲视作创造的源泉和进步的动力，要求每一个人在不犯法的限度内尽可能地追求欲望的满足，并把它称为"人的贪欲的理性化释放"。这样一来，世界就由原来的有精神家园，有纯正的精神信仰，到精神信仰打了折扣，进而不同程度地信仰物质主义、经济主义、消费主义。人们把这样的转变称作"精神家园的失却"，这是一个根本性的转变。精神家园的失却是人们追求的根本转向，导致了现代全球性的生态危机。特别是进入 20 世纪以后，大学的文化精神正在随着外部各种力量的介入而日趋淡化，大学组织正在由人才养成的重要基地和人类社会的知识权威向技术人才与成果生产基地蜕变。然而，一个民主、文明、公正的社会不能没有一个相对独立的、享有一定学术自由的、不屈从于任何外在权威并能够摆脱任何外在诱惑的精神气质的真正意义上的大学。否则，社会创新和发展的动力就会被削弱，社会就会流于鄙俗，成为人欲横流、精神颓废和理想黯淡的名利场，这就是大学的文化精神存在于现代社会中的价值和意义之所在。

由此可见，实现新的文化觉醒，提高大学的文化自觉，重振大学的文化精神，是全世界人民的共同使命，理所当然地也是中国人民肩负的重大历史重任。

四、国家的兴衰与大学的兴衰紧密相关

当今世界是个开放的世界，其实质是文化的开放。在当今世界，由于文化与经济和政治的相互交融日益深入，文化的力量越来越深地熔铸在民族生命力、创造力和凝聚力之中，在综合国力竞争中的地位和作用越来越突出。在这样的时代背景下，近年来，国际上出现了一种新观点，认为一个国家的国际核心竞争力从性质上划分应当包括两个方面：一个是硬实力，主要指经济实力和国防实力。另一个是软实力，主要指文化实力，包括杰出创造性人才的培养、科学技术自主创新的重大成果、经济和政治体制的改革创新、民族优秀传统文化与国际多元文化的相互融合等几个主要方面。这个新观点目前正在逐步被国际社会所接受。

基于这种观点，人们普遍认为，国家的兴衰与大学的兴衰紧密相关。丁学良在其专著《什么是世界一流大学？》中从历史的轨迹和文化的视角深刻地指出："大学兴起带来国家昌盛，这不仅仅是西方现象，也是世界现象。""在 11—12 世纪，当现代大学的前身在意大利半岛出现的时候，不要忘记，意大利随后就是文艺复兴的基地。也不要忘记，最早的城邦资本主义经济的兴源地便是意大利的威尼斯、热那亚、佛罗伦萨。""位于大巴黎的一连串名校，为拿破仑的成功文治、革命大业和帝国辉煌提供了思想的、技术的、艺术的支持。""当近代大学转而在英国兴起的时候，很快地，英国就成为全球领导第一次工业革命的国家。""当 19 世纪研究型大学的观念在德国萌发的时候，德国接着成了第二次工业革命最重要的国家。""到了 19 世纪末 20 世纪初，美国把欧洲古老大学的好传统综合在一起，又配合了美国本身的特点，创造了新型的美国高教体系。""把英国的教化型的博雅学

院、德国的研究型大学和美国的专业学院三者融合一体之后,世界就进入了所谓的'美国世纪'。"在亚洲,日本的东京大学是著名的大学,它是明治维新的产物。明治维新后的日本也是白人种族社会之外第一个实现工业化的国家。我们更不能忘记,北京大学也是维新变法的产物,它的前身京师大学堂的创办使中国迈进了现代社会的门槛。由此可见,在当代,只有普遍增强众多大学的核心竞争力,国家才能成为世界大国;只有重点增强一批高水平和若干所世界一流大学的核心竞争力,国家才能成为世界强国。

那么,什么是大学的核心竞争力呢?经过研究,我们认为,大学之所以是大学,其根本是基于文化和学术。大学不仅是人类文化发展到一定阶段的产物,还在长期教育和办学实践的基础上积淀和创造了以知识及其学科(专业)为核心和基础的深厚的文化底蕴。凝聚在深厚的文化底蕴之中的大学文化是一种独特的社会文化形态,是大学核心竞争力之所在,包括凝聚力、教育力、创造力和引领力,是大学赖以生存、发展、办学和承担重大文化使命的根本,是一个国家国际核心竞争力的重要内涵和基础。因此,大学文化建设的灵魂是确立大学的文化精神和文化使命,目标是增强大学的核心竞争力,为增强国家国际核心竞争力做贡献。

在当今世界,大学要求生存、求发展,办好学,承担起重大的文化使命,为不断增强国家的国际核心竞争力做贡献,就必须坚持实施"文化(学术)兴校"的发展战略。全面加强大学文化建设,包括大学精神文化、大学学术文化、大学制度文化和大学环境文化等建设,在长期教育和办学实践的基础上不断积淀和创造深厚的文化底蕴,构建高品位和富有活力的和谐校园,使自己永远立于不败之地。这就是当代大学应有的高度文化自觉。可以这样说,在当代,一个缺乏高度文化自觉的大学领导者,就是一个不成熟的大学领导者。

哲学既是科学的智慧又是智慧的科学。"文化是大学之魂"中的"文化"指的是哲学意义上的文化,其核心是一种人文关怀和独立精神,这才是真正意义上的大学之魂。2000多年来,特别是近1000年来,西方和1个多世纪以来中国近、现代大学发展和变革的实践证明,始终把人的发展作为大学教育活动的永恒主题,坚守以"象牙塔"为象征的大学固有的独立精神,是在社会世俗化、现代化进程和世界多元文化激荡交融中,超越功利与非功利的对立,以高深学术的传承、创造和真理引领为使命,以智力优异和杰出人才造就为己任,把基本理性和学术价值作为大学应当追求的核心价值,确保作为个体的人和作为整体的人类社会都能得到全面、协调、可持续发展的关键,是大学之所以成为真正意义上的大学的生命线之所在。由此可见,作为真正意义上的"大学之魂",人文关怀和独立精神是一种很高的理想和境界,我们应当为达到这种崇高的理想和境界坚持不懈地奋斗。

(原载《高教发展与评估》2007年第4期,第1-7,90页)

论通识教育组织构造

张慧洁

通识教育学院的构架在于它的内涵,其实组织的灵魂在于它所涵盖的要素:活动、制度、权力、技术、目标、文化。中外通识教育学院在发展过程中,出现了各种组织形式,它们根据通识的特点,或者处于学校内部结构的第二级(称为文理学院),或者体现在其他院系中。同样是通识教育学院,它们的内涵不同,有的是本科生学院,有的是文理学院,还有的是多种职能的综合学院。这些通识教育组织关系的微妙变化,推动了整个大学组织的变化。

一、有边界与无边界

(一)通识与非通识

通识教育学院作为正式组织,它的目标就是通识,并且组织目标、制度、权力、结构、技术、文化等要素都反映着通识教育的内涵,但是它的基础是专业教育,专业文化、学科规训、学术规范是通识教育得以生长与发育的基础,专业信念、专业文化、专业伦理无时不在制约通识教育和渗透在通识文化的发育之中。如果说美国的文理学院在组织上创造了学科发展的特例的话,那无非是说它在某种程度上是对专业规范的超越和整合。我们常常看到书院文化弥漫着两种文化,虽然它远离实验场所,但是它所涵盖的绝非单一的人文科学。就如同学科的消失与再生一样,通识也在专业发展的裹挟中遗弃与拾取,人们只要稍微回顾一下就会看到,大学在经历了复兴和改造后,神学院变得无足轻重,有时甚至被完全取代,或者被哲学的一个小小的宗教学系所取代。医学院保持了它原有的职能,继续成为一个特定专业的训练中心,而该专业现在已经完全被界定为一种应用型科学了。近代知识结构主要是在哲学院里确立起来的。无论是文科领域的从业者,还是自然科学领域的从业者,都纷纷涌入哲学院,并在那里建立起多元化的自律学科结构。知识的整合与分化常常使通识与专业的边界模糊。因此,通识文化形成的基础是专业文化。有一句形容通识与专业的关系的话再恰当不过了,前者不断地打破已经建立的秩序,而后者却从混乱的科目中理出头绪,找出秩序,变化是错综复杂的,学术研究的开展导致了一些新学科的涌现,因旧学科的分化而生成的众多专业,各个领域中知识的增长使得通识得以丰富,得以发展。托马斯·胡克曾于 1663 年为皇家学会草拟了一份章程,他为该学会确立的宗旨就是:通过实验手段增益关于自然万物的知识,完善一切手工工艺、制造方法和机械技术,改进各种机器和发明。他还强调皇家学会无涉于神学、形而上学、伦理学、政治学、语法学、修辞学或逻辑学。这份章程业已体现出认识方式分化成了斯诺后来所说的"两种文化"。把专业与通识合为一体的具体做法是:用组织形式把两个层次分开,但是每个系及其教师都要同时为这两个层次服务,这样就建立了二者的联系。

(二)有边界与无边界

美国的文理学院就是被当成一个特殊的组织而区别于专业学院的。而如今通识教育学院的独特之处在于它的边界。仅就社会科学来说,早有许多文化论者从根本上破除了社会科学和人文科学这两个超级领域之间的组织分界,也有许多人呼吁取消各门社会科学,将它们按照个人的喜好要么并入自然科学,要么并入人文科学。也有的论者要从根本上破除自然科学和社会科学这两个超级领域的边界。但是在组织结构上,公是公、婆是婆,其实公婆之间的边界并没有分开,对一种有效的劳动分工的经过修正的学术感与其必然要建立的组织框架相一致,而通识教育学院的课程群、知识群使它们无边界。更重要的是他们甚至不去改变学科的边界,而是将现有的学科界限置于不顾,去扩大学术活动的组织。在这里甚至常常发生这样的现象,对历史学某种现象、历史故事的关注,已经并不是那群被称为历史学家的人的专利,而是所有知识传授者和知识接受者、创造者的义务。对社会科学方法的运用也不是那群被称为社会学家的人的专利,而是所有在这里从事研究的人们的义务,同样,经济学问题也不只是经济学家才有权研究的,或许学过数学的人更有权研究。无论是数学问题、物理问题还是化学问题都不是学科的专利,而是无边界知识群中的一元。在这里,学子们吸收知识是没有边界的,没有什么智慧会被垄断,也没有什么知识领域专门保留给拥有特定学位的研究者。筑波大学有个实验,他们开设了综合科目,是从各个不同学科的角度进行综合研究的科目。从各自不同的专业角度进行讲授,具体地说,比如讲 A 对称与非对称时,由化学系教授讲绪论,由数学系教授在三周内讲三次数学的对称与非对称,接着由物理学系教授连续讲五周关于物理学的对称与非对称,由地球科学系教授讲两次关于结晶的对称与非对称——静的结晶学,由物质化工学系教授讲上述课题的动的结晶学,然后由化学系、生物学系的教授分别讲关于化学上、动物学上、生理学上的对称与非对称,再由心理学家、农林学系、艺术学系的教授根据各自的学术立场来讲授对称与非对称问题。这是另一种打破学科边界的尝试。

(三)紧密与松散

通识教育学院与其他专业学院不同。①在大学里,多数组织有比较明确与主要的、单一的目标。譬如,每个学科都有一种知识传统——即思想范畴和相应的行为准则;每一领域,都有一种新成员要逐步养成适应于学科的生活方式,在成熟的学术系统尤其如此。唯独通识教育学院不同,它的目标模糊,或者说多元,没有任何单一明确的目标。②通识教育学院是由各个专业、各学科组成的,每个专业和学科所研究的方向不同,学科中的每个学者所研究的专业领域不同,所以,管理手段只能是松散的,程序是不清楚的。虽然行政管理是严格的、科层的,而学术组织的人员是松散的,他们有相当程度的自主权,所以只能松散地管理。③与其他组织相比,通识教育学院专业人员队伍松散,各自为政、不分主次。没有哪一个学科能够统治其他学科、专业,所以严格的科层管理有相当困难。④通识教育学院具有多元化价值观群体,是不同专业的聚合,是非集权的、松散的和软弱的。多样化的专业人员的存在强有力地影响着学院和大学的决策过程,所以决策是不同利益平衡的结果。⑤通识教育学院正在变成易受校内外环境影响的组织,所以,这样一个组织就如同美国的文理学院一样,美国高等教育中所有无休止争论的项目——课程顺序、新生研讨课、高年级学生的要求、系科组织和部分组织,等等,本身都不很重要,几乎可以随意改变,一所学院可以用这种方式处理,另一所学院可用另一种方式处理,重要的是这些措施的意义,从这一点上说通识教育学院的组织目标应该是一所大学的办学目标。

二、传统与现代

中外通识教育学院的组织结构也在不断变革,其中有许多可资借鉴的经验,下面举一些例子。

(一)住宿学院

耶鲁大学学生住宿学院分为 12 所。分配目标是均匀地将不同性质的学生分配进不同的住宿学院,保证每个学院学生的多元化和不同学院间的平衡发展。

住宿学院组织架构及分工:院长是住宿学院的最高领导,主管学院财政、资产保障和学生文化生活安排。教务长主管学生的学习生活,给予他们学术和生活上双重指导。每个学院都有 1 名管理秘书,帮助院长、教务长处理日常工作。学院导师从大学教师队伍中甄选,每位新生有两名导师,一名负责指导学术,另一名负责指导论文写作。写作导师是学院从社会上聘请的知名学者、作家、科学家,他们根据不同专业方向为学生提供各领域专业论文写作指导。研究生助教每周在固定时间与地点轮流为学生提供专业方面的介绍和学习指导,协助导师工作。学生管理人员,于大四承担管理工作,担任学生代表等。住宿学院的基础设施有食堂、娱乐室、图书馆、计算机房。耶鲁学院由耶鲁文理学院(兼文理研究生院,为学术性研究生院)和 10 所只招收研究生的职业性研究生院组成,其中耶鲁学院主要负责本科生教育和培养。在文理学院内部,住宿学院和学术性系科之间形成了典型的矩阵结构。其中,纵向的学术性系科负责专业知识的传授与创新,负责制定教学标准和学术规范;横向的住宿学院则负责在课程之外给予学生帮助与辅导,为学生提供学习、生活与社会交往的优良环境,使学生在家一般的感觉中增进感情,培养集体主义精神。耶鲁文理学院的矩阵式结构具有简明的特点,进一步促进了分工,使纵向的学术性系科摆脱了学生管理工作,也使横向和纵向组织的工作效率得以提高。

(二)书院

香港中文大学有四个书院:崇基学院、新亚书院、联合书院、逸夫书院。书院除了以课程为主的教学活动外,还有诸多以活动为中心的内容。仅以学生事务助理主任的职能为例就可见一斑。主任一负责:日本大学学生交换计划、助学金及经济援助、学生宿舍、学生辅导、暑期日语研修课程、学生领袖培训班计划、本科入学咨询日、筹募捐款、院务室管理及辅助院务主任行政工作。主任二负责:学术文化讲座、龚氏访问学人、明裕基金、语文改善计划、校庆活动、新亚书院/耶鲁学生交流计划、学生及教职员餐厅、书院照片档案、学生辅导、辅助院务主任行政工作。

而逸夫书院致力于创造及提供能让具有不同社会文化背景的人增加对不同文化的理解,从而做出贡献及发挥个人潜能,并共同建造一个包容和谐的书院社区。

书院致力于创造及发展一套重视多元文化的理念及校园文化,主动鼓励及促进多元化的校园文化,支持将多样化方式融入书院生活,使书院成员及非书院成员在组织上及社会生活上均达致融合。书院在院务委员会管辖下也有众多的委员会:校友事务委员会、校园发展及管理委员会、餐厅管理委员会、书院生活促进委员会、会议及研讨计划资助委员会、纪律委员会、杰出访问学人委员会、环境促进委员会、通识教育委员会、资讯科技资源计划及管理委员会、资讯科技设施管理小组委员会、出版委员会、奖学金委员会、体育及康乐委员会、师生生活促进委员会、学生发展计划委员会、学生宿舍管理委员会。

(三)教学场所

日本筑波大学的本科生教育组织主要集中在学群里。学群,犹如一所小型的综合大学。在这种小型的综合大学——学群里,必须包括人文、社会、自然三大领域,使学生全面地接受教育,发挥其小型而又综合的优越性。第一学群是极具基础性的学术领域,可以说是基础学群,下分文学类、社会学类、自然学类。第二学群,初步具有应用性,并且包括文化和生物领域,可称为文化、生物学群,下分比较文化学类、人类学类、生物学类、农林学类。第三学群,完全是工学性质的,可以说是面向未来社会的学群,下分社会工学类、信息学类、基础工学类。

此外,还设有三个专门学群,即医学专门学群、体育专门学群、艺术专门学群。

东京大学教养学院:教养学科是由第一教养学科(综合文化)、第二教养学科(地区文化)、第三教养学科(相关社会科学)组成。教养学科的课程是根据综合性的研究对象,进行跨学科的教育与科学研究,使学生掌握高度的专业知识的同时提高修养,以培养能够在国际舞台上活跃的人才为基本目的而安排的。第一教养学科设有文化人类学、人文地理学、人类行动学、表象文化学、科学史与科学哲学。第二教养学科(地区文化)设有美国文化与社会、英国文化与社会、法国文化与社会、德国文化与社会、俄罗斯文化与社会、亚洲文化与社会、中南美文化与社会。第三教养学科(相关社会科学)设有相关社会科学和国际关系论。教养学科的共同课为希腊·罗马思想、基督教思想、近代思想、东洋思想、日本思想史、比较文学、比较文化、日本文学、表象文化史、表象文化基础论,人类行动学、认识发生论、语言与人类、文化人类学、民族学、人文地理学、地区研究论、科学史、科学基础论、现代科学论、电子计算机入门、电子计算机实习、社会科学方法论、统计、文化社会科学、社会哲学、法学、政治学理论、经济数学入门、经济学理论、社会学理论。外语课设有英语、法语、德语、俄语、汉语、西班牙语、葡萄牙语、意大利语、希腊语、拉丁语、朝鲜语、阿拉伯语等语种。

(四)多学科综合

加州大学九所分校以传统的多学科综合的文理学院为主,以新兴学科和专业学院为辅的组织结构,我们称其为第一类结构模式。符合这类模式的分校有四所:伯克利分校、戴维斯分校、洛杉矶分校、圣巴巴拉分校。洛杉矶文理学院分四个部:人文科学、物理科学、社会科学和生命科学,部之下分系学科、新学科、跨系科组织,总数达 66 个,提供专业73 个。伯克利分校文理学院下设 40 个系、19 个专业组和 10 个本科生跨系科组织。划分情况与洛杉矶分校相近。

圣巴巴拉分校文理学院下设 31 个系、2 个跨系科教育委员会、12 个新学科。戴维斯分校文理学院分为 29 个系、10 个新学科。文理学院是西方教育体制中一种传统的分学科综合教育组织,以系为主干,加州大学系统内的四所文理学院正是这种传统格局的反映,为适应新兴学科的教育,又新设置新学科和跨系科组织。以文理学院为主体,辅以专门性院校的有伯克利分校、洛杉矶分校、戴维斯分校、圣巴巴拉分校。

三、统合与包括

现代大学越来越成为社会职业证书的发放场所,它的工具性随着社会的需求而不断变化,唯有大学的组织结构没有大的改变。而在中国研究型大学通识教育学院,由于它的本能是拒绝发放职业证书,所以它应该与传统有所不同,比如专攻一门职业可以按部就班,而通识并非专攻,它需要"眼花缭乱"。通识本身就是一个内涵丰富、多维度、多变化的范畴,作为一个概念具有多极性。从目标上它要体现出"通识",以此为灵魂构架组织;从活动来看它要通过一系列的学院组织所倡导的意识、英雄人物、形象等变化以及文化网络重建等来实现。活动凝结和传承着文化,并且改变着人们的行为,通过活动才能形成与活动相适应的观念,才能把学生的注意力集中在一些特定的事件上,从而形成一种习惯和哲学思想,导致文化价值观的重新建立,形成通识文化。同时,它要体现现代性、动态性、社会性等特点,学生要成为具有批判力的栋梁之材,必然要具有开放性而不是封闭性。因此,这个组织的内涵不仅仅是教学体系的构建,而且是活动体系、制度文化、技术手段等一系列要素的重构。

通识教育学院应该在理念上涵盖全校的理念,例如,斯坦福大学文理学院(通识教育学院)的理念为"学院包括了大学所包括的一切"。由此,在学科的交叉上,通识教育学院的理念能使全校各学科在通识教育学院处于无边界状态；这种无边界其实是"统与包"，它的真正含义是无学科的学院，可以说，它有支配现代大学的倾向，它控制着课程设置、教师雇用和晋升一级的各种资源。现代大学有越来越强大的学科计划，同时也创造了强大的学术力量。而从一个更广阔的角度来看，学科阵型变化得如此之快以至于各系都难以应付，然而，学科前沿的人通常都是那些跨学科的人，新的想法经常会在学科碰撞的时候产生，迎合知识本质的这些基本变化对于像研究型大学这样的机构的持续来说是非常重要的。通识教育学院能够提供学科之间横向和纵向的结合，现在在复旦大学复旦学院的通识教育体系主要分为六个模块、59门课程，跨越了学校所涵盖的主要学科门类，已经见证了基础研究和应用研究、自然科学和工程学以及各种科学学科之间区别的模糊，同时也看到了基础的学术学科和专业之间的紧密联系，基本上打乱了原有的学科壁垒状态。而文、理、医类学科则处于半边界渗透状态。在大多数情况下，在学校处于专业教育状态情况下，学科之间的边界是相当清晰的，但是由各学科提炼出来的课程在通识教育学院里学科的边界就成为半渗透的状态，因而学科边界将模糊化，这种半边界的边界为追求更短的学分制、减少风险等提供了一种更有效的机制，实现了真正的学科交叉。所以，通识教育学院也是统合型学院、包括型学院。

"统与包"还体现为，研究型大学的通识教育学院应该包括研究生教育和本科生教育职能，不仅要有本科生，还要有研究生。目前，复旦学院通识教育中心进一步发展就可尝试招收研究生，他们或者进行经典名著的研究，或者进行通识教育本身教学内容、课程改革、教学方法的研究。要能够通过科研活动实现教学组织与科研组织中要素的相互融合。原来研究组织属于专业学院，复旦学院只是教学组织，由于教师都是研究水平较高的教授，加上研讨班的探究性学习，研究组织的要素已经凸现出来。一般来说，在教学组织中，科研活动中某些一般的冲力倾向于把科研从教学和学习中赶走；另一方面，大规模运作中的教学的某些推力，又要求教学撤离科研，这些起分解作用的倾向往往会使本来融合的两个大学基本职能又分开，而通识教育学院可以将教学与科研结合起来，将科研注入研讨性教学之中。在某一具体的研讨场景中，科研和教学的要素相互融合。如果我们将这一场景理解为探究的场所，科研和教学的活动就不止被看作相互渗透，它们具有实质上的兼容性。研讨班是一个集教学与科研为一体的典型，它应该变成一个学习型组织。

"统与包"体现为学术力量的统合。通识教育学院的功能是统合全校或相关学科的研究力量，实现多学科交叉和多学科攻关，它的好处是有庞大的多学科教师队伍支撑，能够吸引优秀人才，促进人才流动，具有不同学科专长的科研力量，优势互补。在研究型通识教育学院内应建立一个可将高层次人才培养和高水平科学研究同期、同步相融合的组织形式。它有几个特点：第一，进行跨学科人才交换。通识教育学院有一支庞大的导师队伍和任课教师队伍，他们基本上靠学校生存，而这支队伍具有流动化趋势。核心课程变动过程中出现的流动会使通识教育具有新的吸引力，并有利于与其他机构交换，这是学校内其他组织所不具有的特点。第二，在这个组织中实现了课程门类的多样化、教学层次的多样化,即大模块容纳了学校所涵盖的基础学科。通识教育学院所具备的交换功能是大学内其他教学机构所没有的。第三,有学科文化交流的功能。通识教育学院能将熟悉各种学科文化的人才聚集到一起,这些多学科文化是教学、科研、服务的市场交换。大学中原有的教学与科研组织的功能是无法代替的,原有的教学组织从属于专业学院,没有能力将学校的拔尖人才统合起来。此外,通识教育学院应该有一个"大师流动站"。它的好处是可以通过大师,帮助学生树立崇高理想,提升自己的学科文化兴趣。崇拜偶像是提升学科文化的一种方式。物理学家的办公室墙上常常挂着阿尔伯特·爱因斯坦(Albert Einstein)和罗伯特·奥本海姆(Robert Oppenheimer)等的画像;社会学家尽管也尊敬爱因斯坦和奥本海姆,但宁可崇敬马克斯·韦伯(Max Weber)和埃米尔·涂尔干(Emile Durkheim)。对大师的崇拜和景仰,鞭策后来者追随这些奠定观点和标准的学术先驱们。

"统与包"体现为校内与校外、课上与课下的整合,如建立流动性、开放性的导师团。导师团应该是由国内各类专家、名人组成的学术沙龙组织。导师团不应该是固定的,应该是流动、开放的。每次活动类似电视节目中的高端访问,与高端访问不同的是学生与之可以自由对话交流,这样沙龙就不会流于形式,同时又会吸引各年级学生参加,以解决全校通识教育问题。其活动在于设计,每次活动在内容上瞄准前沿领域,注重学生之间的自由对话与交流,突出教学与训练的特征,行人才培养、训练和使用的功能,同时还能提高教师的教学、研究和指导水平。在学科领域、学术观点和人格特征上,取兼容并包的政策,让学术思维活跃、学术观点碰撞,从而形成富有竞争力的具有"独立思维能力和批判精神的学术创新群体",以设计新颖的、有创意的项目为基础来展开工作。每个职能部门都应该成为本领域的新兴的创业团队。中国香港大学的通识教育的独到之处在于以活动为主,着力点在设计上。可以说,中国香港大学的通识教育中心有非常精干的设计团队,其能用精彩的构想去组织活动,吸引大学生参加。

(原载《高教发展与评估》2007 年第 5 期,第 108-114,117 页)

2008 年

评估视野中的办学特色

董学梅，张建林

当前,中国高校本科教育有何特点、规律和问题？是否实现了特色办学？办学实践中体现出了哪些特色本质？这些基于当前高校办学实践中现实问题的特色研究还有待深入。本文对教育部本科教学工作水平评估活动中已经评估的 100 所高校提炼的特色项目进行宏观层面的基于评估实践的研究,希望对其本质有所认识。在理论上,研究这一问题可以使我们进一步弄清高校的特色本质,为促进特色办学提供理论支持。在实践中,研究这一问题有利于分类指导战略的实施,认识中国高校质量现状,有利于指导高校特色办学,指导评估实践。为此,我们从阅读本科教学评估《自评报告》,特别是从特色项目部分入手,并结合笔者参与评估实践的体会,拟成此文,以期丰富对高校特色问题的研究。

一、研究方法

我们随机选取 2005 年至 2006 年已经通过教育部本科教学工作水平评估的 100 所高校为研究对象,以其本科教学工作水平评估《自评报告》为研究依据。因为这两年是第一轮评估的第三年至第四年,既是评估比较成熟的时期,各校提炼的特色可信度较高,代表性较强,能够较好地说明学校的情况,也是中国高等教育扩招后的"平台调整期",对进一步促进特色办学有积极的战略意义。同时,由杨晓江教授等研究的 2004 年被评的 54 所高校,得出"专家组对特色的鉴定结论与学校自评结论总体一致"的判断,可以推知,对我们选定的 2005 年至 2006 年被评的高校也应该有此基本判断。所以,笔者选择《自评报告》中"特色项目"为研究依据。

(一)样本

随机选取 2005 年至 2006 年已经通过评估的 100 所高校为研究对象,选取各年已评高校的 50% 左右作为样本。这些学校涵盖了中国现行各类型普通本科高校,如医药类10 所、体育类 3 所、艺术类 3 所,以便增强研究结论的可信度。

(二)研究过程与方法

将随机选取的 100 所高校《自评报告》中的特色项目编辑成《100 所高校自评报告中

特色项目汇编》，从中删去自评报告中的论证部分，仅留下其特色项目的标题式表述，以便对其进行分类和数量统计。研究思路是从现象描述到本质分析、从100所高校延展到全国普通高等学校。同时，结合我们多次参与评估实践，力求提高研究工作的针对性，避免表面化或一般化，力求解决现实问题。

二、100所高校特色项目研究结论

（一）特色项目类别统计结果

目前，在高等教育界还没有一个广为接受的特色分类。100所高校的特色项目多数与《教育部本科教学工作水平评估方案》中所表述的特色项目相吻合，于是本文依照此方案的分类予以统计，有治学方略77项、教学管理制度4项、人才特点15项、办学观念13项、运行机制3项、课程体系3项、办学思路37项、教育模式14项、教学方法1项。因有些特色项目不是完全属于某一类，在划归类别时，结合《自评报告》将其划归到最接近的类别，将实在难以划归的放到"其它"类别中。

分布在治学方略、办学思路和办学观念等方面的特色项目较多，说明多数高校关心办学顶层的特色。教育模式及人才特点上的特色也占一定比例。分布在教学管理、运行机制、课程体系和教学方法等教改方面的特色项目较少，表明教学管理要加强，教学改革及教学方法创新不够。

（二）特色办学得到了空前重视

在100所高校中，全部都有1～3项特色，很多高校直接表明自己"特色鲜明"，特色办学得到了空前重视，评估促进特色办学的初衷取得了实效。100所高校都提炼出了特色项目，而且有68所高校自评为"特色鲜明"。此数据还不包括自评未标明是"特色鲜明"的。教育部评估最终结论为"特色鲜明"的13所高校，若二者相加则是81所高校"特色鲜明"。在评估实践中，特色被视为极其重要的指标，提炼特色项目是学校"一把手"工程，很多学校历经全校上下多次反复研讨，请校外专家指导，教育部专家组现场评估，以及评估后的进一步提炼等过程，体现出对特色的高度重视。

50%的高校的特色项目有2项，1/3高校的特色项目有1项，二者相加约为84%。12所高校有3项特色，仅1所高校有4项特色，即绝大部分高校有1～2项特色。

（三）特色项目出现的频率分析

第一，"艰苦奋斗""实践""创新人才""×大（学）精神""产学研""服务地方"等类特色项目的出现频率较高，分别为16条、15条、10条、16条、8条、52条。根据《100所高校自评报告中特色项目汇编》统计，包含"艰苦奋斗""艰苦创业""艰苦朴素"等含"艰苦"二字的高达486处，表明"艰苦奋斗"类特色项目比例较高。一些身处艰苦地区，或者长期处于撤、搬、并等状态的高校,易认可此类特色。因为他们长期处于艰苦条件下,不艰苦奋斗难以生存和发展,这也与中国高等教育长期投入不足有关。"实践""创新人才"类特色项目比例也较高,有"实践"类和"创新人才"类特色项目院校的初衷都是"培养具有创新精神和实践能力的人才",所以,这两类特色项目其实为一类。这说明实践类和创新类特色受到了关注,与国家高等教育宏观改革形势基本相符。

第二,学校定位、地域性、行业学科性等与特色项目相关性较大。特色项目标题中直接表明"服务地方""根植地方"等体现服务面向的特色项目高达 52 条,主要集中在地方高校。提出诸如"服务××地方""根植××地方""弘扬××地方文化"等,几乎具有地域优势的高校都提炼出了与地域有关的特色项目。在教育部专家组现场考察中,几乎所有学校在定位指标上都得了满分(即 A),表明对高校定位问题可持乐观态度。同时表明学校定位、地域与特色相关性较大。在选定的行业或部委主办的 35 所行业高校中,有 31 所提炼出带有相应行业和行业优势学科特点的特色项目,表明一些高校依托具有突出优势的原行业学科彰显特色。同时,这类高校因划转为以地方为服务对象、以地方为举办者,在一定程度上面临综合压力,如何与时俱进,创新发展特色,也是其进一步健康发展的战略问题。

第三,一些高校的特色还处于培育之中,未达到特色鲜明阶段。如果把特色发展阶段分为挖掘和战略选择阶段、培育阶段、特色鲜明阶段,则一些高校的特色实际上处于培育阶段,甚至是挖掘阶段。其主要有以下五种情况。

其一,特色表述"聚焦"不够。一般而言,在《自评报告》中第 8 节"特色项目"下,在展开论述前,往往高度凝练地表述其特色项目。但是,100 所高校中有 16 所高校没有这样做,6 所高校虽然这样做,但"聚焦"不够,难以判断它们后面标注的"8.1""8.2"是不是分别为其"特色项目一"和"特色项目二"。例如,某高校提炼的特色是"历经半个多世纪的风雨历练,在办学理念、办学思路、办学定位和办学功能等方面形成了自身的特色,积淀了深厚的教育传统。学校本着继承与发展统一的原则,在打造特色和弘扬特色上竭尽心力,力求做到人无我有,人有我强,人有我精,人有我新"。这样的表述用于其他高校也对,这是典型的"不聚焦"的特色项目。严格来讲,应属于没有特色。

其二,表述特色内涵和其发挥作用时指向不清晰,虽然在办学的多个要素上表述为"形成了特色",但提炼不够,材料堆砌太多,特色主线不明。

其三,语言华丽,具体内容不多。如一所高校的特色项目全文阐述中无一个数字或者典型案例支撑,感觉好像都是工作措施。

其四,学科方面的成就表述过多,其特色在教学过程中所起的作用、特色体现在人才质量上的品质等要素,在一些高校展开的特色项目阐述中不够。

其五,创新人才培养类特色,其效果往往是以竞赛为标志,是"基于竞赛的创新人才",与专业培养目标中的创新人才有偏差。

这些现象表明,少数高校对特色理解不够,以至于其特色未成为办学者的信念,实际上是处于培育之中。

笔者认为，表述本科教学评估中的特色项目时，要注意特色项目应该是对人才培养质量的写照，即含义、作用和效果。对这三个要素必须表述清楚。

三、几点感悟

(一)特色项目的主要源泉

第一，学校定位。研究发现，几乎所有高校的特色项目都与其定位有关，大致分布在以下两极：一是定位为研究型的大学，它往往关注人才培养的创新、人文等高素质特色，体现出以卓越为标准的质量观。譬如，武汉大学在长期的教育教学实践活动中，最具有代表性的"三优"(优良的爱国传统、优秀的学术传承、优美的校园风光)育人环境和"三创"(创造、创新、创业)教育的特色项目。二是定位于地方或行业服务的教学型高校，它往往关注为地方或行业服务的应用型特色，体现出以需求为标准的质量观。譬如，广州大学的"坚定不移服务广州经济与社会发展，坚持不懈培养高素质应用型人才"的特色。又如河南理工大学的"传承和弘扬自强不息、奋发向上的精神，为煤炭工业和地方经济建设培养优秀人才"的特色。还有景德镇陶瓷学院的"弘扬中华陶瓷文化，'培养脑手并用、科艺结合'高素质人才"的特色。其他高校往往处在这两极的中间地带。

分析其分野的原因，从本质上讲，高校的三个职能具体到每所高校时，它们在践行职能上的表现却是千姿百态的，而社会的资源配置方式和评估制度也促使它们寻找最适合自己的发展空间，这就是其定位。特色也就在大学凭借其个性化的三个职能实践、在不断满足社会需求过程中形成。"任何社会的教育都在满足个体与国家、社会这两个方面的需要中得到发展。"处在研究型与教学型两极中的高校，"在制度的哲学基础方面，'研究型'大学更多地基于认识论，'教学型'院校则更多地基于政治论；在制度的目标指向上，在科学价值与市场价值、人才的选拔性与教育的公平性等选择中，'研究型'大学更强调前者，'教学型'院校更关注后者"。所以，高校在整个高等教育系统中的位置或者说其定位是特色的主要源泉之一。如果一所大学能够有不割断历史的现实定位，也就必然有利于学校特色的形成和建设。这是因为，"'大学特色'是链接'在整个高等教育系统中的定位'和'学校内部各要素在学校发展中的定位'的关键所在"。有的专家在评估实践中感到，如果不是定位层面上的特色项目，被评高校也不太甘心，感到特色项目的层面和显示度不够，评估实践也在有意无意中体现出学校定位是特色主要源泉之一的道理。

可以这样说，定位是特色项目的最大"可能性空间"，脱离定位的过于追求特色的"人无我有"未必是好事。

第二，地域及其文化。研究发现，在特色项目标题中明确提到地域及其文化和精神的特色项目有近20条。以嘉应学院"植根侨乡，服务山区，弘扬客家文化"的特色项目为例，其三大方面体现出地域的源泉作用。一是学校的本科教学深受来自"客都梅州"地域的被誉为"中国传统文化活化石"的客家文化、客家人文环境的熏陶,确立了"勤俭诚信、立己树人"的客家文化特色校训。二是以地域为依托和需求的本校客家文化研究学科的有力支撑,并且不断丰富客家文化教育必修课和选修课的内容,以及校园文化氛围的客家文化特色。三是客家乡贤(如叶剑英、黄遵宪、曾宪梓、田家炳等)的榜样熏陶,客家乡贤的人生阅历及其表现出的客家文化中的精髓(如勤劳勇敢、爱国爱乡、勤俭诚信、立己树人、崇文重教等优良传统)铸造了学生良好的人格,在社会上赢得了声誉。正如阿什比所言,促进高等教育发展的力量主要是入学者的压力、人才需求和大学自身逻辑。地方高校的入学者主要来自地方,高校办学特色与其需求的匹配程度也最受地方生源关注。对学校办学质量认同程度和校友受到用人单位的好评程度也主要来自地方用人单位。大学自身逻辑也往往与地方有关。所以,地方高校的特色和职责就在于区域性,它的办学行为就是围绕"地方"做文章,由此形成特色办学顺理成章。

第三,主流学科特别是行业性高校的主流学科。调查的35所行业高校中,有31所提炼出带有相应行业和行业主流学科特点的特色项目便是例证。如中国人民公安大学的特色项目:忠诚和能力是检验公安院校人才培养质量的两个基本标准。多年来,该校紧紧围绕本科人才培养目标,不断探索,在锻造学生忠诚信念和强化学生实践能力上下功夫,逐步形成了鲜明的办学特色。体现在两个方面:一是政治建校,从严管理,培育忠诚卫士;二是立足公安,紧贴实战,强化实践教学。一般而言,"一所大学的优势学科所在,也就是这所大学的特色所在。大学根据自己的独特优势发展某些重点学科,使之成为优势学科,并率先在自己的优势学科领域为社会发展做出显著成绩,是大学形成办学特色的重要切入点"。学科是高校文化的最大源泉,不同学科的大学具有不同的特色源泉。伯顿・克拉克在考察了欧美等国的高等教育状况后也认为,要"从学科开始分析"高等学校的实际办学情况,也就是说,学科天然地具有影响特色办学的重要作用。

(二)办学特色与评估中的特色项目之关系

从100所高校来看,办学特色与本科教学工作水平评估中的特色项目,二者既有联系又有区别,它们具有层次包容关系,具有"一"与"多"的关系。其一,办学特色是办学实践中最顶层的特色。一所大学的办学特色往往包括学科、科研、教学、为社会服务等方面的综合优势,不仅仅是某个或者某几个项目。教学评估之特色项目主要针对本科教育,层面要低一些。例如,在选定的100所高校中,没有一所高校把诸如研究型、综合型、国际化等顶层办学特色作为本科教学特色项目,而选定更具针对性的本科教学特色项目。如上文所言,在100所高校"特色项目"标题中直接表述出人才质量方面词语的就有91所高校,在其展开表述中基本上都有对人才质量方面的表述。其二,特色项目是办学特色的落脚点。因为学校的中心任务是培养人才,社会对其最终的评价也落脚在人才培养质量上。正如评价一个工厂,主要不是看这个工厂有多少工程师,有多少先进设备,而是看这个工厂是否开生产出质量优良的产品和这些产品有没有市场。所以,虽然办学特色也是衡量一所大学的重要标志,但是,如果不能落脚到本科教学的特色项目上,这样的办学特色是空泛的。

(三)当前外部环境还未最终形成特色办学机制

在特色上有一定程度的雷同,表明当前外部环境尚未最终形成特色办学的机制。深入分析也表明,外部环境最终形成特色办学的机制尚需时日。

影响高等教育长远发展的要素是制度和体制,影响高等教育阶段性发展的要素主要是政策。西方大学特色办学有其自身动力,是在高校与社会需求的互动机制中形成的。中国高等教育主要是由政府力量导向,由"政府力量导向"就免不了打上"齐步走"的烙印。

以往在计划经济体制下,政府既是高校的举办者又是唯一的消费者。在计划经济体制下的高校不关注特色办学,也谈不上特色办学的推进机制。可以说,高校完全面向社会自主办学的局面未完全形成前,也难以形成有利于特色办学的机制。

四、两点建议

(一)深化特色本质研究,加强分类指导

迄今为止,理论上还不能说对特色本质研究达到了一定水平。用一个并不太恰当的比喻来描述当前文献对特色研究的现状。当你请教厨师如何做好一道菜时,厨师仅能够告诉你,做好这道菜与原料有关、与油有关、与水有关、与锅有关等,如此难得要领。对特色的研究一定要越过这个水平,特别是要紧密结合办学实践的研究,将实然研究和应然研究结合起来,才能有效指导实践。研究发现,几乎每所高校都洋洋洒洒万言阐述其特色项目,有的高达3万字。若要用300字表述该校特色,这就成为评估现场考察中最难的一件事情。因此,理论上必须加强对特色本质的研究,实践上必须深化对特色本质的进一步理解,加强分类指导,以使特色办学和评估工作健康发展。

(二)创新促进特色办学的评估机制

评估与特色办学是什么样的关系?它就好比鸡和蛋的关系,很难说清楚哪个在先,哪个在后,它们是辩证地相互发展过程。我们不要寄希望于一次评估形成特色办学局面,也不要忽视评估对促进特色办学的作用,要不断创新促进特色办学的评估机制。

第一轮评估促进特色办学已见成效,但彻底形成特色办学还任重道远。也是一个过程,也是特色本质规律的要求。实际上,一所高校在办学思想、校园文化、人才培养模式、教学和课程等方面的某一个方面有特色就很不容易了,应予以充分肯定,才有利于促进高校办出特色。要完全形成特色办学局面,尚需时间积累。哲学大师海德格尔认为,"时间"是构成"存在"的根本意义,对促进特色办学而言,时间和空间是构成要素,"不可能迈两小步跨过一条大沟",形成特色办学任重道远。应将特色项目在评估指标中长期设置,

其地位只能提高不能降低,并进一步创新其评估标准与评估方式,提高其区分度。要消除缺乏历史积淀的、缺乏长远战略规划的、靠文字功夫临时编造的和为评估应景的特色项目。只有这样,才能促进每所高校真正在与社会互动中主动找到自己的"生态位",使特色办学成为高校发自内在需求的行为。

(原载《高教发展与评估》2008 年第 4 期,第 21-28 页)

中美研究型大学实力比较研究

赵蓉英,李雪璐

    "研究型大学"(Research Universities)一词起源于国外,在世界范围内有不同的叫法。比如,在英国它被称为研究主导型大学;在澳大利亚被称为研究密集型大学;在日本被称为研究型大学,等等。尽管世界上许多国家设有研究型大学,但仅有美国在其高等教育体系中划分出研究型大学这一类型。中国研究型大学的建设起步比较晚。为了响应江泽民同志 1998 年在北京大学 100 周年校庆时提出的建设"若干所世界先进水平的一流大学"的号召,教育部实施了"985 工程",在中国掀起了建设世界一流大学的热潮。当今公认的世界一流大学无一例外全部是研究型大学。可见,建设世界一流大学的关键是建设世界一流的研究型大学。基于这样的认识,众多中国学者对研究型大学展开了广泛而深入的研究。在研究型大学含义的问题上,他们的观点基本一致,即研究型大学的独特之处体现在研究性上,它的主要职能是科学研究和知识创新,同时为社会输出研究型人才。它的特征可以概括为设置一流学科、培养杰出人才、发现重大成果,拥有名师、高素质学生、充足的资金来源、良好的研究环境等。然而,到目前为止,中国还没有建成一所真正的世界一流研究型大学。根据武汉大学中国科学评价研究中心发布的 2007 年世界大学科研竞争力排行榜,国内位列前三名的北京大学、清华大学和浙江大学仅分别排在世界第 192、196、248 名。针对当前的现状,我们选取了美国大学联盟(Association of American Universities,AAU)中的全部 60 所美国大学与中国有研究生院的 52 所大学进行相关指标的比较,以期对中国建设世界一流大学有所借鉴和启示。

一、AAU 简介

    美国大学联盟是由致力于保证学术研究与科学教学健康运行的研究型大学组成的,包括 60 所美国大学和 2 所加拿大大学。AAU 的首要目标是举办论坛以促进学术研究以及各层次教育政策的实施和发展。

    从 1900 年至今的 100 多年中,AAU 成员从 14 个增长到 62 个,平均每年 0.44 个。每所大学都要接受严格的考核才能加入 AAU,其程序是:第一阶段的定量评价以及第二阶段的定性评价,包括对大学的职责、特质及发展历程等的评价。定量评价的主要指标包括:①竞争性联邦研究经费支持。②国家科学总院成员数。③美国国家研究委员会教员质量排名。④教员在人文艺术方面的成就。⑤文章被引数。其辅助性指标包括:①美国农业部、各州及工业研究经费（非竞争性）。②博士生教育。③博士后数量。④本科生教育。

正是由于 AAU 对其成员大学的严格要求，AAU 成员在科研、教育、社会服务上有着出众的表现。在科研上，AAU 成员于 2004 年得到了 15 900 000 美元的联邦学术研究经费，占当年全联邦大学学术经费的 58％。在 AAU 教员中有 2 993 人是美国国家科学总院的成员，占其全部成员的 82％。在教育上，AAU 授予的博士学位占全美当年所有新增博士学位的一半，授予的硕士学位占 22％，授予的学士学位占 16％。它拥有博士后30 430 名，占全美的 67％；留学生 57 205 名；此外还有知名学者 5 434 名（2004 年），占全美 63％。在社会贡献上，AAU 拥有国会校友 190 人。此外，AAU 数以千计的专利发明已经使美国在医疗、信息技术、通信、能源等方面发展迅猛，而这些专利产生的经济效益又进一步使大学的科研与教学受益。

由此可见，AAU 大学无疑是世界一流的研究型大学，在全世界享有很高的声誉。因此，为找出中国在建设研究型大学过程中的问题，提高中国研究型大学的水平，选择 AAU 大学作为中国建设高水平研究型大学的借鉴对象是合理的和有益的。

二、中国大学与 AAU 大学的比较分析

（一）研究对象和范围

本文选用中国有研究生院的 52 所大学与美国 AAU 中的 60 所美国大学作为对比研究对象。之所以选择这 52 所中国大学作为国内研究型大学的代表，是因为这些大学都将科研摆在非常重要的位置，学校拥有的硕士点和博士点也相对较多，并且学校基本将建设成为世界一流大学作为自己努力的目标。另外，需要特别说明的是，中国共有 55 所设有研究生院的高校，但考虑到数据的可获得性和完整性，本文没有考虑 3 所军事科研院所（含军医大学）。

（二）比较指标及数据来源

本文对中美研究型大学的比较主要从 5 个方面进行，分别是学校规模、科研生产力、科研影响力、科研创新力和师资水平。除 SCI 和 EI 相关数据采用 2005 年美国 SCI 数据库及 EI 数据库的数据和专利数采用 2003 年的数据以外，其他指标全部采用 2004 年的数据。

（三）分指标比较和分析

下面我们将详细分析 AAU 大学和中国大学在这些指标方面的总体特征，需要指出的是由于二者来自不同的样本总体，因此在比较时，若两种大学某个指标的平均值（Mean）和方差（Std. Dev）相近，我们将继续使用变异系数（C＝Std. Dev/Mean）来考察样

本各指标值的集中趋势和变化程度,这样得出的结论才更科学。

1. 学校规模

(1)研究生数:研究生数在一定程度上代表了一所大学向社会输送人才的能力。人们往往认为越是知名的研究型大学,其研究生数量应当越多。利用 SPSS 软件分析,观察其分布情况,发现美国 AAU 大学的研究生数均值约为 6 266 人,中国研究型大学的研究生数均值约为 8 135 人,这表示中国研究型大学的研究生平均规模已超过 AAU 大学,约为 AAU 大学研究生数的 1.3 倍。造成这一现象的原因是中国大规模的研究生扩招。同时也说明,研究生数量与研究型大学的实力之间不存在正比例关系。

(2)本科生数:本科生数可以体现一所大学对本科生教育的重视程度。对于研究型大学中最适宜的本科生规模,至今仍在探讨之中。有人认为知名研究型大学本科生数量越少越好,因为研究型大学的办学重点应当是研究生教育及科研活动;也有人主张研究型大学应当注重本科生教育,因为本科生是科研力量的来源。利用 SPSS 软件分别将中美大学的本科生数绘制成直方图,并观察其分布情况,发现 AAU 大学的本科生均值约为 18 091 人,中国研究型大学的本科生均值约为 18 686 人,中国研究型大学的本科生规模略大于 AAU 大学。AAU 的大学本科生规模分布的变异度为 60.93%,中国研究型大学的变异度为 40.9%,AAU 的大学的本科生规模变化程度远大于中国大学。可见,AAU 中存在着各种本科生规模的大学,而中国研究型大学的本科规模则相对统一,说明中国研究型大学应当严格控制本科生数量。

(3)本科生数与研究生数的比值:这一指标用来衡量大学的学生结构,即某大学是偏教学型还是研究型。该比值越大,说明学校越重视教学,反之则越重视研究。如今存在这样一种普遍的观点,即一流的研究型大学应当以研究生教育为主,缩小本科生教育的比例,有人甚至主张在研究型大学中取消本科生教育。

AAU 大学的本科生数与研究生数的比值均值约为 3.395,中国研究型大学的本科生数与研究生数均值约为 2.772,中国研究型大学的研究生比例比美国略大。AAU 大学的变异系数约为 75.96%,中国研究型大学的变异系数约为 62.7%。两国大学在这项指标上的变动都比较大,说明两国大学中偏教学型大学和偏研究型大学都普遍存在。从数字上看,中国研究型大学更偏研究型,造成这一现象的原因是大规模的研究生扩招。同时也说明,较大的研究生比重与研究型大学的实力之间并不存在正比例关系。

2. 科研生产力

(1)SCI 发文量:SCI 发文量是大学科研成果的量化表现,SCI 数据库收录的论文全部经过严格的专家评审,其论文的高质量是世界公认的。因此,SCI 发文数量越多,大学的科研生产力越强。利用 SPSS 软件分析,并观察中美大学 SCI 发文量及其分布情况,发现 AAU 大学的 SCI 发文量均值高达 4 161 篇,而中国研究型大学的发文量均值为 842 篇,仅为 AAU 大学发文量的 20% 左右。可见,中国研究型大学的科研成果的数量与 AAU 大学还有很大的差距。

(2)EI 发文量:EI 发文量也是大学科研成果的量化表现。EI 数据库是世界三大著名的数据库之一,是著名的工程技术类综合性检索系统。由于 EI 收录论文的质量较高,因此大学的 EI 发文量越多,其科研生产力越强。利用 SPSS 软件分析,并观察中美大学 EI 发文量及其分布情况,发现 AAU 大学的 EI 发文量均值约为 483 篇,而中国研究型大学的 EI 发文量均值约为 643 篇,约为 AAU 大学的 1.3 倍。这表明在工程技术领域内,中国研究型大学的研究成果数量还是值得肯定的,但由于 EI 不提供相关的引文指标,这些成果的质量和被认可程度也就无法判断。此外,EI 发文量上的突出表现说明中国研究型大学将大部分的精力放在了工程技术领域,可能忽视了其他领域的研究。

3. 科研影响力

(1)SCI 论文被引数:论文被引数可以体现某一篇论文被社会各界,尤其是被学术界认同的程度以及该论文的影响力,即该论文的被引数越多,它被认同的程度和它的影响力也就越大。利用 SPSS 软件分析,并观察中美大学 SCI 论文被引数及其分布情况,发现 AAU 大学的 SCI 论文被引数均值多达 9 508 次,而中国研究型大学的 SCI 论文被引数均值约为 486 次,仅约为 AAU 大学的 5.11%。可见,中国研究型大学的大部分研究成果还没有在学术界产生较大的影响,这些研究成果还没有成为学术界的主流观点。

(2)SCI 篇均被引数:一所大学论文的篇均被引数可以反映出该大学科研成果的总体水平,即大学论文的篇均被引数越高则说明该大学的科研成果产生的影响力越大,成果的质量普遍较高。

AAU 大学的 SCI 篇均被引次数均值达到了 2 次,而中国研究型大学的 SCI 篇均被引次数均值约为 0.5 次,仅为 AAU 大学的 25%。这表明中国研究型大学及其学者的科研质量还很低,其成果的影响力还十分有限。

4. 科研创新力

专利授予数指标可以有效地体现大学的创新能力,某所大学被授予的专利数越多,则其创新能力越强。利用 SPSS 软件分析,并观察中美大学专利授予数及其分布情况,发现 AAU 大学的专利数均值约为 90 个,而中国大学只有 49 个,只有 AAU 大学的一半多一点,其创新能力远不及 AAU 大学的创新能力。

5. 师资水平

(1)全职教师数:全职教师数可以在一定程度上反映一所大学的教学能力。人们往往认为越是知名的研究型大学,其全职教师数应当越多。利用 SPSS 软件分析,并观察中美大学全职教师数及其分布情况,发现 AAU 大学的全职教师数均值约为 1 752 人,中国研究型大学的全职教师数均值约为 1 942 人。在教师绝对数上,中国研究型大学更有优势,同时也说明全职教师数与研究型大学的实力之间不存在正比例关系。

(2)生师比:生师比=全体学生数/全职教师数。它是一项测度教学质量的指标,生师比越大,学生质量可能越低,反之学生质量可能越高。

AAU 大学的生师比均值约为 14.60,中国研究型大学的生师比均值约为 14.10,两个比值接近。AAU大学的变异系数为36.3%,中国研究型大学的变异系数为15.0%。AAU大学的学生质量变化较大,中国研究型大学的学生质量相对变异度较小,整体水平较统一。

(3)院士数:院士往往为学科带头人,而学科带头人对科学研究的成败有决定性作用。因此,院士数是评估大学师资水平的有效指标。利用SPSS软件分析,并观察中美大学院士数及其分布情况,发现AAU的大学的院士数均值大于49人,而中国研究型大学的院士数均值不到9人,AAU大学的院士数是中国研究型大学的5倍多。中国研究型大学在科研能力及师资水平上与世界一流的研究型大学还有很大的差距。

(4)SCI师均发文量:SCI师均发文量=某大学SCI收录论文总数/全职教师数。如前文所述,SCI数据库对其论文质量的高要求,使得SCI师均发文量可以有效测度大学教师的科研能力。

AAU大学的SCI师均发文量均值近3篇,而中国研究型大学的SCI师均发文量均值仅有0.422 4篇,仅为AAU大学的15.3%。这表明中国研究型大学教师的科研能力与一流的研究型大学有很大的差距,其水平仍有待提高。

(5)EI师均发文量:如前所述,EI数据库对其收录论文的要求很高,因此师均EI发文量可以体现大学的师资水平。利用SPSS软件分析,并观察中美大学EI师均发文量及其分布情况,发现AAU大学的EI师均发文量约为0.28篇,而中国研究型大学的师均发文量约为0.31篇,虽然中国研究型大学的发文量略高于AAU大学,但二者在数量上十分相近,差别可以忽略不计。由前面的分析可知,AAU大学的EI总发文量明显小于中国研究型大学,但由于中国大学的教师数偏大,导致EI师均发文量与AAU大学持平,这说明中国研究型大学应当控制教师数量,提高教师质量。

三、结论及启示

通过上述若干项指标的比较,我们得出以下结论。

在学校规模上,中国研究型大学与美国AAU大学在研究生数、本科生数、本科生数与研究生数比方面都比较接近,甚至超过了AAU大学,即两国大学在学校规模上相近,中国研究型大学的学校规模更大些。造成这种现象的原因在于中国连续数年进行本科生及研究生扩招,也有许多学校进行合校,这些做法大大缩小了中国与国外大学学生规模的差距。但分析结果表明,中国研究型大学的实力与学校规模并无正比例关系。而中国研究型大学在建设时恰恰走入了"规模越大,实力越强"的认识误区。

在科研生产力上,中国研究型大学的SCI发文量仅为AAU大学的25%,而EI发文量则约为AAU大学的1.3倍。这说明中国研究型大学在工程技术方面的研究成果还是突出的,但也同时说明中国大学在科研活动中存在着过分重视工程技术领域的问题,我们应当实现各个学科协调发展。总之,中国研究型大学的科研生产力仍不及AAU大学。

在科研影响力上,中国研究型大学无论是在SCI论文被引总数还是SCI篇均被引数上都远远落后于 AAU 大学。虽然中国研究型大学在 EI 发文量上表现突出,但由于 EI 数据库没有像 SCI 数据库那样统计论文的引文指标,因此中国研究型大学在工程技术领域的科研质量还有待考查。总体来讲,中国科研成果的影响力还十分有限,这说明我们应当在今后的科研中,注意研究项目的深度和广度,努力提高科研成果的质量。

在科研创新力上,中国大学所获专利数约为美国 AAU 大学专利数的一半,说明中国研究型大学的创新能力还有很大提升空间。研究型大学的一项职能便是创新知识、发展科技,如果没有良好的创新能力,那么研究型大学就不可能实现这些职能,更不可能为社会服务,这也就失却了研究型大学存在的意义。

在师资水平上,中国研究型大学与 AAU 大学在全职教师数和生师比上相近,中国研究型大学的教师规模还要更大一些。然而,通过对院士数和 SCI 师均发文量以及 EI 师均发文量几项指标的对比表明,中国研究型大学仍缺少可以掌握科研学术大局的领军人物,在追求教师数量的同时却忽略了教师质量,中国研究型大学的教师质量与 AAU 大学还相距甚远。

总之,中国与美国大学在学校规模相似的同时,却在科研生产力、科研影响力、科研创新力以及师资水平上还存在着很大的差距。世界一流的研究型大学的含义远不止较大的学校规模那么简单。我们认为,中国的研究型大学只具研究型大学的形而不备其神。中国若想建设真正意义上的研究型大学仍需要时间和资金投入以及制度创新,切忌浮躁和急功近利,要稳步提高科研水平。我们相信,通过不断的学习和改进,中国必然能够建立一批世界一流的研究型大学。

(原载《高教发展与评估》2008 年第 5 期,第 6-13 页)

2009 年

构建我国高等教育评估行业协会的思考

董云川,张建新

一、自古有之

中国古老的行会组织产生于何时?长期以来并无定论,迄今仍有种种不同见解。但大都不否认 2000 年前墨者行会的存在。墨者行会建于春秋后期,为墨者的集会之所。他们组成了一个组织严密的团体,纪律非常严格。墨子及其门人以保护他人为己任,吃苦耐劳,勤于实验,作战勇敢。因此《淮南子》中说:"墨子服役者百八十人,皆可使赴火蹈刃,死不还踵。"

中国的行会制度,是在周至隋千余年市场管理制度基础上形成的,至唐初始见于历史文献记载。唐代长安东市"市内货财二百二十行"。洛阳丰都市有"一百二十行,三千余肆",大同坊"邸一百四十一区,资货六十六行"。杭州的各种手工业行会组织,都有自己独立的行规,"三百六十行,各有市语"。《房山石经》描述了唐代天宝至贞元年间北方行会的情况,属范阳郡的有绢行、彩帛行、布行、染行、大米行、生铁行和炭行等,属幽州的有油行和磨行等,属涿州的有肉行、果子行、椒笋行、新货行、靴行、杂货行和磨行等,还有未提及所属州郡的屠行等。表示行会的名称有 20 余种,如行、团(团行)、作、市、会、堂、庙、殿、宫、阁、庵、社、院、馆、帮、门、祀、公,以及行会、同业公会、协会、公所、会馆等。宋代的"行"则是既受政府和客商制约、又有力量同官府和客商抗衡以维护自身利益的组织,是中国行会的最初组织形态。清代行会组织在全国普遍存在。在传统的工商业城市中,商业和手工业的各行各业几乎都有行会。当时,广州每一种职业,都是"彼此划分的行业,各有其本行的规章惯例"。上海在同一时期,单是各地商民建立的行会会馆,就有 13 处。北京的工商会馆,在清代前期也有 40 余处。近代中国从会馆公所到同业公会的制度变迁,是同业组织从传统向现代的转型,经历了近百年的时间。其间,清代行会组织对现代有着很大的影响。从清初到嘉庆时,关于学徒、帮工、产品价格、工资水平、原料分配、销售市场的限制等,都有规定。

中华人民共和国自 1949 年建立以来一直到改革开放前,各种社会团体和群众组织的数量比较少。20 世纪 50 年代,全国性社团只有 44 个;60 年代,全国性社团还不到 100 个,地方性社团大约有 6 000 个。1989 年,政府对各种民间组织进行了重新登记和清理,全国性社团激增至 1 600 个,地方性社团达到 20 多万个。至 1997 年,全国县级以上的社团组织约 18 万个,其中省级社团组织有 21 404 个,全国性社团组织有 1 848 个。至 2004

年底,各类非政府组织多达 28.9 万个,其中有社会团体 15.3 万个、民办非企业单位 13.5 万个、基金会近 900 个。在活动领域方面,行会已遍及各行各业,行业性、专业性、联合性和学术性门类齐全,业已成为社会生活中一支不可或缺的重要的社会力量。

自从中共十四届三中全会和五中全会决定"把专业经济管理部门逐步改组为不具有政府职能的经济实体,或改为国家授权经营国有资产的单位和自律性行业管理组织"以来,行业协会的发展至少已经历了五次政府推动。第一次是 1989 年,国务院颁布《社会团体登记管理条例》,初步确立中国行业协会管理体制基本框架;第二次是 1997 年,国家经贸委《关于选择若干城市进行行业协会试点的方案》通知,在上海、广州、厦门和温州进行部分经济类行业协会的试点工作;第三次是 1998 年,国务院办公厅《关于党政机关领导干部不兼任社会团体领导职务的通知》明确在政府机构改革的背景下,促使部分专业经济管理部门向行业自律性管理机制实质性迈进了一大步;第四次是 1999 年,国家经贸委《关于加快培育和发展工商领域协会的若干意见(试行)》,对行业协会的性质、功能及促进措施,作了更明确的操作性表述;第五次是 2007 年,国务院办公厅《关于加快推进行业协会商会改革和发展的若干意见》明确要求实行政行分开,行业协会要严格依照法律法规和章程独立自主地开展活动,切实解决行政化倾向严重以及依赖政府等问题。政府这五次有力的推动实际上是政府职能渐退的结果,是弥补"政府失灵"和"市场失灵"的一种健康表现。

众所周知,计划经济时代社会结构是一元二层的。"一元"指公有制经济一统天下,"二层"指全能国家和各级政府及其延伸组织,整个社会是一个行政性运作的体系。成熟的市场经济国家的社会主体结构基本上呈多元化的三层结构:宏观——以政府为中枢的公共权力机构;微观——各类工商企业、产权主体为主的经营性市场组织;中观——介于政府与企业之间的各种社会团体和中介组织,或非政府组织(NGO)。在对社会主体的研究中,人们已越来越多地将目光投注到中观主体,即第三类部门上。由第三方组成的行业协会是成熟市场经济国家普遍存在的一种促进经济领域各类互益性活动,并提供相应公共服务的一种社会经济组织形式。行业协会提供行业服务,保障行业安全,协调行业关系,加强行业自律,促进行业发展,全面履行协会基本职能,发挥"桥梁"和"纽带"作用。

二、大势所趋

中国教育评估历史源远流长。今天,中国高等教育发展史上规模最大的五年一轮高等学校教学工作水平评估工作已落下帷幕。面向未来,越来越多的话语均从不同角度上呼唤"真正"意义上的教育评估中介组织的诞生。

(一)国际榜样引领

在西欧,1087—1107 年授予伯弗特市的特许状提到了商人行会,这是迄今所知与商人行会有关的最早的历史文献。西欧各国的行会都曾随着生产力水平的不断提高而改变自身的组织形式,大致经历了商人行会(merchant guild)、手工业行会(craft guild)和公会(company)三个发展阶段,发展至今已经是一个非常完善的非政府组织机构了。世界最大的"行业协会"是联合国。这是一个"国家"行业的协会。这个"行业协会"的管理运作办法值得我们参考。比如,它的最高领导叫"秘书长"。再比如,秘书处的财务预算非常严格和透明,什么样的钱可以挣,什么样的钱可以花,都有非常具体明确的规定。每年、每半年、每个季度都要向理事会汇报,等等。

从世界范围来看,从事高等教育评估的主要是中介性机构。以美国模式为例,教育评估机构纯粹自下而上形成,几乎没有政府的参与。美国评估中介机构是一个个的协会,通过某个评估中介机构评估的院校就可以成为该评估机构的会员。久而久之,评估中介机构就成了包含许多院校(成员)的"协会"。在美国实行由非官方机构进行教育鉴定制度的带领下,加拿大、澳大利亚、新西兰、南非、芬兰、瑞典、部分拉丁美洲国家和部分亚洲国家逐步学习以鉴定为核心的美国教育评估模式,积极创立非政府组织形式的教育评估机构。

国际高等教育质量保障联盟(INQAAHE)在非政府组织机构中独树一帜。该机构于1991年在我国香港地区成立,其宗旨是收集、宣传关于高等教育质量保证的现行和发展中的理论和实践经验,分享其成员在高教领域的研究成果,帮助其成员开展国际合作,以期在高等教育评估上建立国际公认的统一标准和评估机构行为规范。非营利性的国际组织亚太质量联盟(APQN)也于2003年成立于我国香港地区。截止到2007年8月,亚太质量联盟共拥有30多个国家的47名会员。其目标是收集、分享和传播有关教育质量保障的信息和知识,保障和提高亚太地区高等教育的质量。东盟大学联盟质量保障(AUN-QA),继《东盟大学联盟质量保障指导方针》问世,《东盟大学联盟质量保障指导方针实施手册》已经为东盟高等教育质量保障的理论与实践写下了标志性的一页。从2008年评估学术层面和专业层面4个国家5所大学开始,通过完善国家质量保障系统、促进学分转换制、建立国际质量保障机构基准等活动,2011年将达到建立东盟大学联盟质量保障标签的目标。

(二)国内土壤适宜

伴随着公众对教育需求和教育质量意识的强化,教育已经从"奢侈品"变成"生存必需品",从数量满足转化为质量追求。面对各种层次、类型、规模和水平的高等院校和教育机构,政府既不必要,也不可能大包大揽,全部承担管理、评估和服务等工作。"小政府、大社会"是政府改革的必然趋势。因而急需培育教育评估协会这样具有权威公信度的中介组织来完成政府无力负担又必须完成的工作,使之成为连接政府、市场和学校之间的纽带和桥梁,从而使政府能对高等教育质量实现有效的宏观调控,使高等院校获得更多的服务和指导,在更加规范和科学的轨道上实现健康发展。

目前,中国教育中介组织的"四级网络"逐步形成。①全国性教育评估机构——教育部学位与研究生教育发展中心、教育部高等教育教学评估中心。②地方性教育评估专业机构——在香港、上海、江苏、云南、广东、辽宁、江西、山东、福建、黑龙江、海南、北京等10多家。③大学内设评估机构——大学为了"迎评"和加强内部质量保证也设立了专门的评估办公室。④行业认证机构——行业或职业资格鉴定中心、行业或职业准入组织等。从机构类型看,有政策实施类、政策指导类、政策研究与咨询类以及其他类型,典型代表分别有教育部考试中心(1987年)、全国学生资助管理中心(1999年)、学位与研究生教育发展中心(1994年)、高等教育教学评估中心(2004年)、国家教育发展研究中心(1986年)、学历认证中心(1998年)、教育国际交流协会(1981年)、高等教育学会(1983年)。

在轰轰烈烈的中国高等教育教学工作水平评估工作中,各级中介机构分别起着不同的作用。从机构类型看,其基本上是政府型,或多或少带有"官"的性质。近年来,"取消高校教学评估"之声也不断响起。现在,建立高等教育评估协会的基础已经具备,时机已经成熟。中国高等教育评估协会亟待脱颖而出。

三、构建协会

如前所述,行业协会是成熟市场经济国家的一种社会主体结构。同理,中国高等教育评估专业协会的产生与发展也标志着中国高等教育评估事业的成长与完善程度。2007年《关于加快推进行业协会商会改革和发展的若干意见》提出,加快建立评估机制和优胜劣汰的退出机制,引入第三方评估机构对行业机构的社会公信力、服务能力和社会责任感做出评估。根据国际上建立协会的惯例,鉴于中国现行教育评估的特点,中国高等教育评估协会组织结构为:中国高等教育评估协会在教育部的宏观监管下,与教育部高等教育教学评估中心、国际高等教育质量保障联盟(INQAAHE)、亚太质量联盟(APQN)等国际组织建立合作伙伴关系。理事会、常务理事会是协会的最高权力机关,设秘书处、咨询委员会和顾问委员会。咨询委员会主要由学术专家、大学校长等组成,顾问委员会主要由政策制定者、教育行政主管等组成。下设研究生评估委员会、本科教学评估委员会、高职高专评估委员会、学科/专业/教师等评估委员会等。各委员会是协会内实际进行鉴定操作的部门,具有相对独立性。每个委员会都有明确的章程,明确规定其组织性质、任务、组织机构、鉴定程序、鉴定标准、经费使用、法律责任等。

评估协会内部运行机制也必须根据其要求做相应的调整。整个运作系统包括三个组成部分:输入系统、操作系统和输出系统。输入系统的评估资源应该来自政府、学校和社会用人单位的评估需求,面向社会各界提供评估服务;操作系统主要是评估的工作程序——"组织由政府、社会、学校代表参与的专家组——根据政府或社会用人部门制定的政策及标准,结合学校的自我价值取向研制评估方案—对学校实施评估—专家组提出评估意见",尽可能保证评估标准的公正性;输出系统主要以评估报告或咨询报告的形式出现,为改进学校工作和政府的决策服务。

根据中国《民法通则》第36条,行业协会在取得法人资格后,即具有民事权利能力、民事行为能力和民事责任能力。可界分为在实体、行业和社会"三边界"环境下,由结构、运作和关系"三能力"组合的评估协会 S-O-R 组织能力模型,它由实体边界(结构能力)、行业边界(运作能力)及社会边界(关系能力)组成。结构能力包含物质支配能力、人力支配能力、金融支配能力及内部管理能力。运作能力包含信息供给能力、规范协调能力、拓展服务能力、学习创新能力及发展能力。关系能力包含政会互动能力、社会影响能力及国际交流能力。

中国高等教育评估协会的组织能力系统必须是一个相互联系、开放和全面的系统。在这三个组织能力模块中,运作能力是一种"能为",是整个系统的核心,由行业协会的宗旨和使命决定;结构能力是一种"成为",为运作能力和关系能力提供环境支持,是支持运作能力创造价值和关系能力交换价值的基础平台;关系能力是使其在社会中有"作为",通过与外界进行价值交换保证结构能力、运作能力与外界有效互动并与之匹配实现其价值。

四、理顺关系

老百姓把目前个别协会的运行状态描述为"戴市场的帽子、拿政府的鞭子、坐行业的轿子、收企业的票子、供官员兼职的位子",这是值得我们深思的。针对目前行业协会在运行中存在之弊端以及中国教育的行业协会组织能力三位一体的行政特色,建立中国教育评估专业协会必须理顺对上、对内以及对外等多重关系。

(一)摆正位置

管、办、评分开,避免既当裁判员又当运动员。否则,仅凭这一点,就很难服众。若新的行业协会仍脱不了政府的支配和干预,就等于换汤不换药,其功能意义也将大打折扣。行会与行政"合二为一",易导致公权"变现"。与明目张胆地收受贿赂相比,在行业协会拿工资、吃福利、获取红利和劳务费等更具有"正当性"和隐蔽性。而一些"红顶协会"之所以醉心于行政"领导",看中的正是他们手里的公权力。不管协会从事的活动是合法还是不合法,这都是一张"漂亮的通行证"。

毫无疑问,政府始终应在宏观控制和协调方面起重要的影响作用,教育毕竟是政府的事业,也是政府的职责所在。与此同时,放权是必要的。只有当教育评估协会拥有了独立性,才会有生存的权利和意义。充满计划色彩的任何评估体系,都难以适应时代的要求。

协会要理顺对上的关系,首先就要理顺与教育主管部门的关系,这个关系应当是"监管+独立自主运行"的模式。二者不应当是领导和被领导的关系。首先,政府不应当把行业协会作为政府相关部门呼之即来、挥之即去的"点缀"。同时,协会在得到政府政策、资金等方面"扶一把"的情况下,也必须自强、自立。

(二)合作共赢

建立评估行会面临的一大问题是对所管辖的组织机构还未形成有效约束力,其次是协调同行之间的关系。政治学认为,利益集团作为一种现实社会政治生活的客观存在,不可避免地体现着"派别活动"。专业同行挖墙脚,抢人才,打官司,恶性竞争的事时有发生。如果形成统一行会将有助于化解矛盾。

协会的宗旨应促进本行业的集体性利益或共同性利益。既然是一个由同行业经营者联结而成的利益集团,代表的是本行业经营者的集体性利益,具有行业集体利益的代表性。在各利益集团的势力不平衡情况下,协会是一个社会中的强势集团,其作用在于发挥平衡机制,通过活跃的利益集团使其相互之间形成相互制衡的局面,使得同行由"对头"变成"朋友",避免不必要的摩擦。

中国教育评估协会就是要做教育机构自己不会做、政府做不了或做不好的事情。教育评估协会与政府、同行和评估对象之间的主要关系应该是在保持各自独立的基础上建立良性的合作关系。

(三)修炼内功

教育评估协会应做到"三自",即行政上自立,经济上自养,管理上自治。评估协会是服务、自律型机构。"自律、发展、协调、互助、服务、交流、调解和制衡"是协会的基本职能。要以自律管理、信誉管理、道德防线、市场成本和利益机制来求得内部的协调和统一,在以人为本的管理中实现会员的互动多赢,创造和谐氛围。在具体操作中要牢记高等教育评估的"诊断、导向、激励、改进、鉴定和咨询决策"功能。教育评估对评估对象有诊断、激励、改进等功能,而且可以帮助教育行政决策部门了解信息、判断实情,为决策提供信息和意见。

教育评估协会要在市场中求得生存,除了过硬的专业技术(产品质量)外,"市场信誉"也是至关重要的。要体现评估的公信力,引领中国教育评估事业的健康发展而实现"阳光评估",就必须做到"公正""不偏不倚"。教育评估协会应当视政府、高校及社会各方面为平等的"顾客",要有"超然"的精神,对评估对象做出实事求是的评估。

为推动中国高等教育评估事业走向成熟以及完善未雨绸缪的下一轮教育评估,必须尽早建立中国高等教育评估协会,推行评估多元化协同治理模式——即"看不见的手""市场+看得见的手"和"政府+第三只手"。虽然协会建立和发展的具体操作还需要不断深入探索,但我们期待的愿景已越来越清晰了。

(原载《高教发展与评估》2009 年第 2 期,第 28-35 页)

2010 年

高校利益相关者的边界与属性识别

张　燚,刘进平,张　锐

随着网络经济的发展和高校竞争的日益激烈,利益相关者对高校的生存和发展正产生着越来越重要的影响。比如,有的参与了高校价值创造过程,有的支持了高校发展,有的与高校建立了合作关系,有的消费了高校的"产品(如学生产品和科研产品)"。因此,大学是一种典型的利益相关者组织,大学的责任是维护和满足各种利益相关者的利益。我国高等教育正处于多样化和利益相关者时代,中国高等教育管理范式将从中央集权管理范式向地方化管理范式过渡,最终将走向利益相关者管理范式,该范式的核心在于建立各种利益群体之间的伙伴关系,这是区别于过去任何一种管理范式的主要特征。但是大学的利益相关者种类繁多,能力水平参差不齐,如果所有利益相关者都要参与大学治理,那么大学治理结构将是一个无法确定边界的结构,也将是一个无法稳定和行使职能的结构。

因此,确定高校利益相关者的边界与属性将有助于判断高校治理的重点。根据利益相关者理论,探讨两个问题:一是利益相关者的识别,即谁是利益相关者;二是利益相关者的属性。

一、研究假设与问卷设计

(一)利益相关者识别依据

Mitchell 在考察了 27 种之多的利益相关者定义后,提出利益相关者的三个属性:一是合法性,即某一群体是否被法律和道义赋予对企业拥有索取权。二是影响力,即某一群体是否拥有影响企业决策的地位、能力和相应的手段。三是紧迫性,即某一群体的要求能否立即引起企业管理层的关注。基于这三个属性的不同组合产生不同类型的利益相关者,显然这一界定对利益相关者的权重大小进行细分具有重要意义。根据利益相关者对三个属性的拥有情况进行评分,把利益相关者细分为三类:①确定型利益相关者,这一群体同时拥有对企业的合法性、影响力和紧迫性。这一群体的典型代表有大股东、拥有人力资本的管理者等。②预期型利益相关者。可分为三种:第一种,对企业拥有合法性和权力性的群体,希望受到管理层的关注,也往往能够达到目的,甚至还能参与企业的决策过程,如股东、雇员。第二种,对企业拥有合法性和紧迫性的群体,为达到目的通常采取结盟、参与政治活动等办法，来影响管理层的决策。第三种，对企业拥有紧迫性和影响力的群体，没有合法性。如罢工者、环境保护主义者、政治和宗教极端主义者。③潜在的利益相关者，是指只拥有一项属性的群体。这一群体对将随着企业运行情况来决定是否能拥有企业属性的其他两类。本文将借鉴 Mitchell 的三维细分法，对高校利益相关者识别进行实证研究，为高校分类评价利益相关者和分类管理提供启发与借鉴。

(二)研究假设

本文重点考察学生、教师、行政管理人员、项目单位、用人单位、政府部门、校友、捐赠者、社区、家长、贷款者、公众和其他高校这13类利益相关者。高校与利益相关者之间的关系特征主要表现在：第一，在高校利益相关者中，有的利益相关者会对高校主动施加影响，也往往主动地承担高校发展的风险；而另外一些利益相关者则是被动地受到高校管理行为的影响，被动地承担高校管理风险。或者说，不同的利益相关者影响高校发展行为的主动性存在差异。第二，不同的利益相关者对于高校生存和发展的重要性是有差异的。在我们所界定的13类利益相关者中，对于某一特定的高校而言，有的利益相关者是绝对不可或缺的，有的则可能影响不大。第三，在某一特定的时间点上，不同利益相关者的利益要求的紧迫性会存在差异。有的利益相关者在一般情况下可能既不主动，也不重要，但是在某一状态下其利益要求必须很快得到满足，否则就会影响到高校正常发展。为此，可推导出以下研究假设。

假设 1：高校中的众多利益相关者在多个维度上具有特征差异。假设 2：高校是一个典型的利益相关者组织，高校与利益相关者之间的关系要比企业与利益相关者的关系更紧密，即在三个维度的得分应偏高。假设 3：不同的人对高校利益相关者的认识是有差异的。假设 4：在不同类型的高校中，人们对利益相关者的认识是有差异的。

(三)问卷设计

调查对象：在6个省市10所高校的教师和行政管理人员中进行抽样调查。

调查方式：采用混合、随机抽样方式，通过问卷调查方法进行数据收集。

样本选择：对受调查者及其所在高校没有特殊要求，故采用简单随机抽样。在6个省市10所高校中，通过课题组成员在该校工作的同学、朋友帮助，对该校进行问卷调查。为提高估计精度和代表性，在财力允许的情况下，计划抽取600人左右。

问卷设计：内容包括被调查者的基本信息，包括性别、年龄、受教育程度、职称、高校性质等；把利益相关者的合法性、影响力和紧迫性作为调查问卷的问项，合理性越高（影响力越大或要求越紧急），则得分越高。问项衡量采用 Likert 7 点量表。

数据分析方法：利用 SPSS17.0 软件进行数据处理时，所用的统计方法主要有描述性统计、均值比较、配对样本 T 检验以及单因素方差分析。

二、统计分析

(一)问卷回收情况

本文主要通过实地访谈和问卷调查两种方式取得数据。从 2008 年 6 月 10 日到 8 月 28 日期间,调查范围包括江苏、重庆、四川、江西、天津、西安 6 个省市 10 所高校。共计发放问卷 600 份,实际回收 523 份,回收率 87.17%;回收问卷中有效问卷 421 份,回收问卷有效率 81.64%。

(二)叙述性统计

调查问卷之样本资料的结构特征:男生 226 人(30 岁以下 190 人,30～39 岁 156 人),女生 195 人(40～49 岁 60 人,50 岁以上 17 人)。助教 104 人,占比 24.7%;讲师 163 人,占比 38.7%;副教授 79 人,占比 18.8%;教授 11 人,占比 2.7%;其他职称 64 人,占比 15.1%。

(三)数据统计分析

1. 从三个维度对利益相关者进行评分

一是合法性评分。通过问卷调查,获得受试者对 13 种利益相关者的合法性评分资料(合法性越高,得分越高),然后利用 SPSS17.0 进行描述性统计。

由于不能简单地根据均值大小来判断某一利益相关者就一定比另一利益相关者更合法,因此,需要利用配对样本 T 检验来判断上述每两个变量均值之差与 0 是否具有显著性差异。综合分析检验结果可以发现,虽然从合法性维度上看,管理人员和项目单位,项目单位和用人单位,政府部门和校友、捐赠者、贷款者以及公众,校友和捐赠者、贷款者以及公众,捐赠者和贷款者以及公众,社区和其他高校评分的均值不同,但是这种均值的差异与 0 缺乏显著性差异,其他排序都具有显著的或非常显著的统计意义上的差别。

二是影响力评分。通过问卷调查,获得受试者对 13 种利益相关者的影响力评分资料(影响力越大,得分越高),然后利用 SPSS17.0 进行描述性统计。由于不能简单地根据均值大小来判断某一利益相关者就一定比另一利益相关者更合法,因此,需要利用配对样本 T 检验来判断上述每两个变量均值之差与 0 是否具有显著性差异。综合分析检验结果可以发现,虽然从影响力维度上看,学生和管理人员以及政府部门,管理人员和政府部门,项目单位和用人单位以及政府部门,用人单位和政府部门,捐赠者和家长、贷款者以及公众,家长和贷款者以及公众,贷款者和公众以及其他高校评分的均值不同,但是这种均值的差异与 0 缺乏显著性差异,其他排序都具有显著的或非常显著的统计意义上的差别。

三是紧迫性评分。通过问卷调查,获得受试者对 13 种利益相关者的紧迫性评分资料(要求越紧迫,得分越高),然后利用 SPSS17.0 进行描述性统计。由于不能简单地根据均值大小来判断某一利益相关者就一定比另一利益相关者更合法,因此,需要利用配对样本 T 检验来判断上述每两个变量均值之差与 0 是否具有显著性差异。综合分析统计结果可以发现,虽然从紧迫性维度上看,管理人员和项目单位、用人单位以及政府部门,项目单位和政府部门,校友和捐赠者、家长、贷款者以及公众,捐赠者和贷款者以及公众,社区和其他高校,贷款者和公众评分的均值不同,但是这种均值的差异与 0 缺乏显著性差异,其他排序都具有显著的或非常显著的统计意义上的差别。

四是高校利益相关者的三维分析结果。在统计中,排序的最大分值为 7,故将 7 分划分为 1～3 分、3～5 分、5～7 分三段,根据学生、教师、管理人员、项目单位、用人单位、政府部门、校友、捐赠者、社区、家长、贷款者和公众及其他高校这 13 种利益相关者在各个维度上得分的均值,对这 13 种利益相关者进行分类。

确定型利益相关者:至少在三个维度上得分在 5 分以上,他们是高校不可或缺的群体,与高校具有紧密的利害联系,甚至可以直接左右高校的生存和发展。在统计结果中,学生、教师、学校行政管理人员和项目单位属于确定型利益相关者。

预期型利益相关者:至少在两个维度上得分在 3 分以上、5 分以下,他们往往已经与高校形成了较为密切的关系,所付出的专用性投资实际上使得他们承担着高校一定的发展风险。在高校正常发展状态下,他们也许只是表现为一种高校的显性契约人而已;然而一旦其利益要求没有得到很好的满足或是受到损害时,他们可能就会从预期状态跃升为确定状态,其反应可能会非常强烈,从而直接影响高校生存和发展。在统计结果中,用人单位、政府部门、校友、捐赠者、社区、家长、贷款者、公众和其他高校属于预期型利益相关者。

潜在型利益相关者:至少在两个维度上得分在 3 分以下,他们往往被动地受到高校的影响,在高校看来他们的重要程度很低,其实现利益要求的紧迫性也不强。在我们的统计结果中,13 类利益相关者在三个维度上的得分均大于 3,即在所列出的利益相关者中没有潜在型利益相关者。

至此,我们验证了假设 1,即这 13 类利益相关者在合法性、影响力和紧迫性三个维度上表现出不同程度的特征差异,而且这种特征差异存在以下显著特点:首先,学生、教师、管理人员、项目单位四类利益相关者在三个维度上的得分均大于 5,主要是因为这些利益相关者与高校之间存在显性的契约关系。而值得注意的是用人单位在合法性维度上的得分小于 5,这可能是因为用人单位与高校之间存在一种隐性契约关系,它不像企业和消费者,高校不需要对自身培养的"人才"产品(学生)进行"售后服务"。同时,政府部门也只在影响力的得分上大于 5,这可能是因为高校属于国有事业单位,校长和书记的任免、拨款以及监督管理权在政府部门。但为什么政府部门在合法性和紧迫性维度上的得分低于 5 分?可能是因为受调查者均为高校教师或行政管理人员,在他们看来高校应该实行学术独立、高校自治,减少政府行政干预,因此,这个评价结果无疑是合理的。其次,所有利益相关者在三个维度上的得分均大于 3,表明高校和他们之间都存在着比较紧密的关系,该结果在一定程度上证明了假设 2,即高校是一个典型的利益相关者组织,与高校存在紧密关系的利益相关者范围要比与企业存在紧密关系的利益相关者范围更广。一是高校的组织管理应当是在实现利益相关者价值需求或期望的基础上,谋求自身的发展;二是高校的发展离不开利益相关者的参与和支持;三是高校提供的是一种公共产品。因此,高校理所应当比企业更多地承担利益相关者责任,在自身发展中实现利益相关者的利益要求或期望。

2. 综合评价的差异比较

为进一步分析各分类变量(包括不同性别、年龄、学历、职称、高校类型)对利益相关者认知的影响,我们进行了单因素方差分析(ANOVA),分别得到利益相关者合法性、影响力和紧迫性的分组均值,然后,通过加权平均计算出每个利益相关者在各分类变量中的综合分组均值。

一是从性别来看,男性较女性对用人单位、校友、捐赠者、社区、公众的综合打分更高,而女性对学生、教师、管理人员、项目单位、政府部门、家长、贷款者和其他高校的综合打分要略高于男性。除对项目单位和用人单位的评价外,二者对利益相关者的综合评价的高低顺序基本一致,而且教师是得分最高的利益相关者。

二是从年龄来看,年龄越大的教师或行政管理者,对利益相关者的综合评分相对越低,比如 50 岁以上的教师或行政管理者对捐赠者、社区、家长、公众、其他高校的评分均值低于 4 分。除 30 岁以下教师对社区和其他高校的评分均值低于 4 分外,其余年龄段对利益相关者的综合评分均大于 4,说明重要性是正向的。同时,各年龄段对教师的综合评分均值也是最高的。

三是从学历来看,没有显著性差异,只在个别利益相关者的评价上存在差别,比如,学历越高的教师对教师的综合评分相对越高,这表明高学历教师对自身的期待以及在学校发展中的重要性评价更高。

四是从职称来看,各职称段之间没有特别明显的差异,也只是在个别利益相关者的评价上存在差异,比如,在学生和教师的综合评价上,教授对学生的综合评分最高,其他职称的教师则对教师的综合评分最高。

五是从高校类型来看,重点大学教师或行政管理者对利益相关者重要性的综合评价普遍高于一般大学和独立学院,这与重点大学的社会影响、所受关注、所给予的期待以及自身更大的社会发展责任是吻合的。一般大学和独立学院的教师在利益相关者评价上缺乏明显的差异。

至此,通过以上综合评价初步验证了假设 3,即在不同的人看来,在不同高校中其利益相关者的轻重缓急是有差异的。同时,也验证了假设 4,即在不同类型的高校中,人们对利益相关者的认识也是有差异的。一个值得注意的显著规律是:教师、学生和行政管理者是综合评价排在前三位的利益相关者,其中,教师处于第一位。这与单从合法性、影响力和紧迫性的评价结果是一致。由此,上述绝大部分的差异比较分析结果与我们现实中所观察到的现象以及理论分析是基本吻合的。

三、结论与建议

本文在初步验证有关假设的同时,得到了一些基本结论。首先,高校是一个典型的利益相关者组织,而且越是重点大学越应该对利益相关者承担更大的责任,即越应该满足利益相关者的利益要求和期望。其次,在所有利益相关者中,教师被认为是最重要的利益相关者。同时,教师学历越高,对自身的期待以及在学校发展中的重要性评价就越高。这些结论为高校的治理结构改革、组织创新与价值创造、利益相关者管理等提供了重要依据。为此,本文尝试着提出以下建议。

第一,改革办学理念,创新高校治理结构。社会责任或利益相关者意识决定了高校办学理念应当以承担社会责任或满足利益相关者的利益要求为基础,改革高校利益相关者治理结构,创新高校管理体制和利益相关者参与模式。

第二,高校应建立适当的交流沟通机制,通过多种渠道和形式充分了解利益相关者对高校的价值需求和期待,以指导高校及时调整或改进有关的管理政策、管理方法等。建议在高校与利益相关者之间建立一种信任互利、稳定合作、互动发展的良好关系,通过营建互惠互利的关系网络,有效调动和利用利益相关者参与、合作和支持的积极性,最终通过培养高素质人才和产出高质量的科研成果,提高利益相关者的信任感、满意感和认同感,实现各方利益的共赢。

第三,高度重视教师,特别是高学历教师的利益要求和期待,建立高校与教师之间的良好关系,这能为高校人力资源的保留提供重要保障,而且高校与教师之间良好的互动关系是提高人才培养质量和科研水平的基础。建议通过改革高校人力资源管理政策,实行人性化和民主式管理,高度重视教师的价值需求和期望,提高教师的满意感,最大限度地调动教师的敬业精神,使其做好本职工作,向利益相关者提供卓越服务,使教师成为高校政策、理念的执行者和实现利益相关者价值者,并成为培育高校与利益相关者之间良好互动关系的枢纽。

(原载《高教发展与评估》2010 年第 2 期,第 1-10 页)

从美、日入学推荐制看北大"中学校长实名推荐制"

黄宝权,周洪宇

2010 年,北京大学(以下简称"北大")本科招生办提出了"中学校长实名推荐制"的招生办法。所谓"中学校长实名推荐制",是指在社会公示的前提下,北大选定的部分中学的校长可向北大推荐优秀学生,经推荐的学生经过面试,可成为北大自主招生的直接候选人。2010 年,全国有 39 所中学的校长获得推荐资格。对于被推荐的学生的报名资料,北大将安排专家进行审核,合格者将免于笔试而直接参加面试,面试合格者在高考录取时将享受北大第一批次录取线下降 30 分录取的优惠政策。

《北京大学"中学校长实名推荐制"实施方案及流程》中称,推行这一制度的目的是"为不同类型优秀学生的脱颖而出创造条件"。北京大学指出,自主招生试行"中学校长实名推荐制"是对高考改革的一次有益尝试,但社会的质疑之声不绝于耳。质疑之一:"实名推荐"又成"唯分数论"。质疑之二:能不能推荐偏才、怪才?质疑之三:监督体系尚需配套,容易滋生腐败。质疑之四:以高考改革的名义争抢生源。

一、美国的入学推荐制:任课教师推荐学生

美国大学大多要求推荐信由对考生非常了解的任课教师填写,写推荐信并非校长的特权。总体而言,从美国高校招生制度和实践来看,中学教师推荐学生上大学的做法非常普遍,由校长直接推荐某位学生的情况并不多见。这或许是因为,作为一校之长,他对学生的了解程度远远不如任课教师,而学生找最了解自己的教师写推荐信,能最大限度地保护自身的利益,也显得更有说服力。

在美国,由中学为申请就读大学的学生出具推荐信,是大部分美国高校尤其是部分著名的私立大学和公立州立大学录取新生的必备程序。美国学生申请就读大学时必须提供两封推荐信,推荐人的身份、地位、声誉对学生能否被名校录取有较大影响。

大学的新生入学推荐信,其中涉及校方对学生的评价部分,须由任课教师单独填写,并单独寄出。主要内容包括:教师的个人情况;学生的情况,涵盖其在学校的排名、是否受过处分、是否有别于其他学生的特点或智力、参加课外活动的情况、人品和创新能力方面的独特之处等等。

对于推荐信的公平性,高校也有自己的对策。新生入学后校方会对其进行全方位的考查,如果存在舞弊现象,考生本人会被开除,出具推荐信的老师也会受到相应的处罚。

而且，美国社会强调诚信，公众非常重视自己的签名权，对落实到纸面的东西非常慎重。对出具推荐信这种非常严肃的具有法律意义的文书更是如此。

美国大学的录取标准比中国的高考要复杂得多，且综合性很强。推荐信固然重要，但没有一刀切地起到"减30分"的作用，录取与否，还要综合考虑学生的个人陈述以及SAT、托福、平时成绩等。美国大学的自主招生对待人才的概念更灵活，包容性更强，有利于发现各种类型、有各种特长的学生，对弱势群体也有一定的照顾，但总的来说更倾向于精英人群。多数学校采用的是"学业成绩＋综合素质"的录取模式。

所以，整体而言，美国的入学推荐制赋予了每一个中学教师推荐的权力，其形式灵活多样、严格，也科学、客观和可信。

二、日本的入学推荐制：注重调查表

日本的入学推荐制是以调查书、中学校长推荐书等为录取的主要依据，完全或部分地减免考生学力考试的招生录取办法。按照日本的推荐入学制度，由中学校长推荐负责。被推荐学生在原则上要参加全国的统一考试，但不另外举行学力考试，早期以调查书为主要的判定录取标准。

日本的推荐入学主要有完全推荐入学、不完全推荐入学、特别推荐入学三种类型。完全推荐入学是对品学兼优的毕业生免除各种学力考试，而以面试、小论文、调查书、推荐书综合判断决定是否录取的招生办法。这种招生办法主要面向学习成绩特别优异的学生，要求其调查表的成绩评定达到"A"。不完全推荐入学是将推荐与学力考试相结合的一种选拔办法。对于考试成绩达到一定标准，即比较高分的学生，可以不再参加学校的第二次学力考试，而以调查表、推荐书综合判断决定是否录取。特别推荐入学则是针对一些特别群体，以面试、学力考试、调查表、推荐书综合判断决定是否录取。所以，中学的成绩、资料在日本大学推荐入学制中具有重要作用，由此引出了日本推荐入学的关键环节——调查表。

调查表又称"调查书"，包括高中在校阶段的学业成绩、参加活动记录、各种表现等信息，相当于中国的学生学习档案、学期鉴定材料，调查表在日语中也称为"内申书"。调查表要求学生所在中学的校长依据《学习指导要录》拟定，并须经有关委员会慎重通过后，方可向报考大学提交。调查表强调不能由个别人主观评估，须由了解情况的班导师填写，再经有关教师组成的调查表记载委员会审议，校长负责签署后方可生效。调查表还需记录学生所报考的科目以外的学科成绩。具体来说，调查表主要涵盖了考生的个人情况、各学科的学习记录、各科成绩评定平均值、学习成绩总评、出席缺席记录、健康记录、课外教育活动记录以及行为性格记录。总之，调查表包括了学生在德育、智育、体育三个方面的综合表现，真正做到了全面考察德、智、体。

如果有不得已的理由无法取得调查表时，则应采取下列办法，并加以口试。一是准许毕业证明书、成绩通信簿及考生可能提供的其他书面材料。二是由所在高中所属的教育委员会、县(市)长或高中校长出具证明书。三是由大学入学资格检定部门检定考试及格者,则可以该考试成绩证明书代替调查表。由此可见,日本的调查表要求的内容和各项标准很严格,很难作假,也能反映高中生的学习及其他方面的情况。在日本,作为推荐入学资料之一的调查表是受大学院校信任的。

在日本,中学和大学本着相互负责的原则进行推荐。中学向大学提供的推荐人选,一般都是根据大学的基本要求在校内公开选评确定的。同样,大学对于中学提出的推荐人选的考审结果,也须及时通知中学,并对未被录取的学生加以说明。如果大学认定中学提供的推荐材料存在虚假,可公开表示拒绝,以后不再接受该校的推荐。这样一种相互负责的制约机制,保证了入学推荐制的公正与严肃。

三、启示与思考

第一,扩大推荐制的范围,让更多的学生享受到推荐上大学的权利。美、日两国的入学推荐制度,并没有限定哪些学校和哪些人具有推荐学生入学的权利,只要学校和老师认为该学生具备推荐上大学的条件,他们就可以向相应的大学推荐。每一所学校的校长和老师都具有推荐学生入学的资格,这样就使推荐的范围得以扩大,从而最大限度地满足那些希望通过推荐而实现大学梦的学生。这样就无形中增加了学生被推荐入学的概率,照顾到了方方面面的要求和利益,使推荐入学更趋于科学合理。而北大的"中学校长实名推荐制",规定了全国只有 39 所名牌中学的校长享有实名推荐权。难免有人会质疑:"为什么这些学校享有推荐权,而其他学校没有这样的权利?选择的标准是什么?其他学校的优秀学生怎样才能享受到入学推荐权?"实名推荐所体现的公平性在哪里?一系列问题摆在我们的面前。所以,笔者认为,应该扩大实名推荐的范围,让更多的校长和教师来参与推荐,让更多的优秀学生享有上名牌大学的权利。

第二,保证推荐标准的多元化、科学化,让特殊的人才通过推荐脱颖而出。从美国和日本的入学推荐制来看,他们的推荐制度更加科学、合理。如美国学生申请就读大学必须提供两封推荐信,还会考虑到推荐人的身份、地位、声誉,这直接影响到学生能否顺利被大学录取。推荐人最好是熟悉学生的教师,这些学生是否优秀、是否值得他们推荐,他们心里最清楚,也最有发言权。另外,美、日两国也都把学生日常各方面的表现作为参考因素考虑在内,真正做到了通盘考虑德、智、体。日本甚至还动用了政府的帮助,力图提高推荐的严肃性和科学性。本着大学和高中相互负责的原则,既考虑到促使高中的教育走向弹性化、多样化及个性化,又考虑到能使大学选拔到优秀的生源。对有特殊专长的学生,给予相应的推荐制度,力争实现推荐入学途径多样化,评量学生的方式多元化,使具有专长的考生也有上名牌大学的机会。所以,应该完善推荐的标准,使推荐自始至终都阳光透明,考虑多方面的因素,力图实现推荐入学的最大科学化。

第三,完善评价和监督体系,力争推荐的公平性和公正性。推荐作为考试之外的另一种入学形式,是考试制度改革的重要举措,但由于各国国情的差异,推荐的实际效果会存在很大不同，建立科学的评价和监督体系是推荐入学制公平性的根本保障。在中国，"中学校长实名推荐制"还是一个新事物，一切尚在探索之中，各个环节尚不完善。因此，结合国情，在目前的条件下，要保证推荐制的公平性是一个艰巨的、长期存在的问题。笔者认为，要保证推荐制的顺利推行，必须建立公开透明的监督机制，让推荐工作成为"阳光工程"，接受公众和社会各界的监督，坚决杜绝"暗箱操作"。在实施的过程中，要不断完善推荐标准的科学化、多元化和人性化，使"中学校长实名推荐制"真正成为高考制度改革的一种行之有效的入学选拔机制，从而推动中国的高校招生改革的良性发展。

（原载《高教发展与评估》2010 年第 4 期，第 9-12 页）

蔡元培的大学师资观及其时代意蕴

刘　畅

与蔡元培同时代的美国著名哲学家、教育学家杜威曾这样评价蔡元培:"拿世界各国的大学校长来比较一下……这些校长中,在某些学科上有卓越贡献的,固不乏其人。但是以一个校长身份,而能领导那所大学对一个民族、一个时代起到转折作用的,除蔡元培而外,恐怕找不出第二个。"

的确,有"北大之父"美誉的蔡元培,其大学教育思想对中国近代高等教育的发展起着不可替代的作用;其执掌下的北京大学,不仅是中国近代大学发展与学术独立进程的缩影,而且是引领当时中国新文化新思想发展的精神高地。蔡元培的教育思想博大精深,可以从不同的侧面进行解读。本文试图从蔡元培所秉持的大学师资理念与其在师资管理方面的制度实践两个互为表里的角度,探讨在中国近代大学发展中被忽视的某些经验,为现今中国大学的改革与发展提供一些启示。

一、理念与制度:蔡元培大学师资观互为犄角的两个维度

(一)大学理想与教授治校:师资队伍主体作用的发挥

蔡元培执掌北大伊始,最先思考的就是他心中的大学理想——把北大改革和建设成为什么样的大学。他在《就任北京大学校长之演说》中开宗明义提出其大学理想构架的初步轮廓——"大学者,研究高深学问者也"。显然,蔡元培心目中的大学,学问是大学这一载体承载的第一要务,"研究高深的学问"则体现了学术的神圣所在。

学术神圣是蔡元培教育思想的中心,学术救国也始终牢牢占据了蔡元培教育思想的核心部分。他清晰地认识到了学术的根本任务和最大功能是创造和发展文化,并认为"教育家最重要的责任,就在于创造文化"。于是,蔡元培也把创造和发展文化的希望寄托给了大学这一载体。他在北大 20 周年纪念会上说:"本校二十年之历史,仅及柏林大学五分之一,莱比锡大学二十五分之一,苟能急起直追,何尝不可与之平行发展?"1919 年7 月 23 日,他说:"自今之后,愿与诸君共同尽瘁学术,使学术为最高文化中心,定吾国文明前途百年大计。"由此可知,蔡元培想以改革为契机,借鉴德国柏林大学为代表的"大陆派"办学思想,把北大改造和建设成为"能与彼国之柏林大学相媲美"的中国最高科学研究和教育中心——我们称之为"精英型"的大学理想模式。

如何实现其大学理想？蔡元培认为首要的任务就是要革新观念，确立"大学为研究高深学问之机关"的全新理念，而要做到这一点，"止有聘请积学与热心的教员着手"。这就基本确定了教师，尤其是教授在北大改革、建设和发展中的主体地位。蔡元培认为，"北大校务，以诸教授为中心"，应"以专门学者为本校主体"，确保教师主体地位、中心作用的制度保障就是采用"教授治校"之体制。

所谓的"教授治校"是蔡元培在德国留学期间的发现，"德国革命以前是很专制的，但他的大学是极端的平民主义；他的校长与各科学长，都是每年更迭一次，由教授会公举的"。鉴于此，他提出应以德国大学为模范，在北大实行民主办学、"教授治校"。早在民国元年，他在担任南京临时政府教育总长时起草的《大学令》中，就对"教授治校"的民主管理体制做了明晰的规定。任北大校长后，他便着手推行其主张，分步建立起"教授治校"的民主管理机制。蔡元培认为，旧北大"组织形式形同专制政府；随着民主精神的盛行，它必然被改革掉。这一改革，首先要组织一个由各种教授、讲师联合会组成的更大规模的教授会，由它负责管理各系。同时，从各科中选出本系的主任，再从这些主任中选出一位负责所有各系工作的教务长。再由教务长召集各系主任一同合作进行教学管理。至于北大的行政事务，校长有权指定某些教师组成诸如图书委员会、仪器委员会、财政委员会和总务委员会等。每个委员会选出一人任主席，同时跟教授、讲师组成教授会的方法相同，这些主席组成他们的行政会。该会的执行主席则由校长遴选。他们就这样组成了一个双重的行政管理体制，一方面是教授会，另一方面是行政会。但是，这种组织形式还是不够完善，因为缺少立法机构。因此又召集所有从事教学的人员选出代表，组成评议会"。这就是为学人多番称道的北京大学"教授治校制"。

蔡元培所实行的这种"三权分立式"的"教授治校制"，在中国教育历史上是前所未有的，是西方大学管理模式在中国大学中的成功借鉴，大"开风气之先"。

（二）"兼容并包"与教师聘任：师资队伍的任职条件

作为一位杰出的教育家，蔡元培深知要实现心中的大学理想，除依赖教师外，最重要的是创造有利于发展新教育和繁荣学术所需要的环境和条件。这一环境和条件中，最重要的是软环境——制定一种具有革新意义、符合时代发展与大学发展规律的办学原则与用人方针。蔡元培曾留学德国，无形之中受到德国洪堡大学理想的影响，崇尚学术，强调"大学为研究高深学问之机关"。他认为，"大学者，囊括大典，网罗众家之学府也"，并把这作为"教学和科研相结合"的必要条件，进而提出其办学的两大观点："对于学说，仿世界各大学通例，循思想自由原则，取兼容并包主义……无论何种学派，苟其言之成理，持之以恒，尚不达自然淘汰之运命者，虽彼此相反，悉听自由发展"；"对于教员，以学诣为主。在校讲授，以无不背于第一种之主张为界限"。这两大主张，主要侧重学说和教员两个层面。由于学说必须由人提倡、宣传和发展，教员又以研究、传授学问为己任，所以"思想自由""兼容并包"的办学原则，在实际中更多地体现在选聘教员方面。实际上，这一办学原则既是蔡氏大学理想的精神内核，又是其教师聘任观的集中提炼。蔡元培深知，当时中国,人才匮乏,因而"人才至为难得,若求全责备,则学校怠难成立"。从这一人才观出发,他唯才是举、不拘一格地竭力广延学术界知名度很高的各派专家、学者,同时特别注重引进崭露头角的青年学者,又要坚持选聘教员的基本标准。关于聘任教师的具体标准,蔡元培主要从学术水平、工作态度、工作精神等以下几个方面要求。

第一,积学,即要求受聘教师"学谒为主"。蔡元培提出,"在大学,则必择其以终身研究学问者为师","所以延聘教员,不但要求有学问的,还要求在学问上很有研究的兴趣,并能引起学生的研究兴趣。不但在世界的科学区取最新的学说,就是我们本国固有的材料,也要用新方法来整理他。这种标准,虽不是一时就能够完全适合,但我们总是向这方面进行"。可见,他对教员的学术研究水平的要求是相当高的,主要侧重于两个层面:"新知深究""旧学深邃"。为此,他在引进人才的同时,也毫不犹豫地辞掉了一些不称职教员,其中包括几个学术水平低、教学态度差的外教,在当时还曾引起了一场风波。

第二,热心和自尊,即要求受聘教师爱岗敬业,以身作则。1920年9月16日,蔡元培在北大开学典礼上说:"我们此后聘任教员,总要请专门的,并要请愿意委身教育,不肯兼营他事的",各学科教学"必须专门学者而又热心教育的担任"。他认为,"查本校聘设教授之意,不外欲受聘者专心致意于功课之教授,乃学术之研究,此意至善,亦即任教授者之所乐于从事者也"。不仅如此,蔡元培还认为,"大学对于学生,不但传授学术,更有养成人格的义务"。为此,教师在人格上也必须"不诱与学生与之堕落",必须有自尊之人格,养成学问之人格,这种人格就是"同时抱爱国心和人道主义"。

第三,用功,即要求受聘教师具有开拓创新精神。蔡元培认为,大学教师应该为"纯粹之学问家""年年用功,传授新学",同时,"教授及教师不仅仅要授课,还要不放过一切有利于自己研究的机会,使自己的知识不断更新,保持活力"。

(三)"中西交通"与教师培养:师资队伍的在职培养

蔡元培在国内完成基础教育,饱读国学,到国外学习大学课程并进行学术研究,沐浴西学。这些经历促使他学贯中西、博古通今、视野开阔、思想新颖,深谙中西文化之优劣长短,在此基础上形成其先进的中西文化"交通"的教师培养观。

1918年,蔡元培便敏锐地意识到,"今世为东西文化融合时代",而且"东西文化交通的机会已经到了"。因此,"今日中外文明,既有沟通交换的机会,我们要格外留心的"。在中西文化"交通"态势上,他竭力主张双向"交通"——互动共赢,"以西方文化输入东方;以东方文化传布西方",并强调"大学教育应采用欧美之长,孔、墨教授之精神"。

蔡元培基于以上对中西文化"交通"态势的认识,在教师培养上,提出了以下具有创新意义的观点与举措。

第一,以研究为教师提高之主要手段。蔡元培是个学术神圣论者,他尽全力倡导"为学问而学问"的科学思想。因此,他主张培养大学教师要以学术为中心,以科学研究为提高教师水平之主要手段。1922年8月,他写道:"我近来读到《湖南自修大学组织大纲》,它的注重研究,注重图书馆、实验室,全与我的理想相合,我喜欢得不得了。"其实,早在任教育总长时,他亲拟的《大学令》中就明文规定:"大学为研究学术之蕴奥,设大学院(即研究院)。"执掌北大后,他大力主张"凡大学必有各种的研究所",并把北大"文理两科,必须设各种的研究所"作为自己的一个理想。1917年底,北大文、理及法三科各学门先后成立了研究所,并规定"本校教员可以自由进所研究",以此来提高学术水平。蔡元培特别提出,"今之大学,悉有各种研究所以资教员、毕业生与高材生之研究","要以学者自力研究为本旨,学术以外无他鹄的";"研究者也,非徒输入欧化,而必于欧化之中为更进之发明;非徒保存国粹,而必以科学方法,揭国粹之真相"。他为了教师能"提起学理的研究心",并有"交换知识之机会",大力兴办学术刊物。他在北大季刊编辑员讨论会上提议并经评议会通过,规定北大季刊"凡编辑员均于本校教授、讲师中延订之","凡编辑员,每年至少缴稿一篇,愈多愈妙"。

第二,倡导"出洋作专精之研究"。1918年,蔡元培向北平政府教育部呈文,要求增加北大留学人选。他提出:"当教育初兴、学术幼稚之时,欲造宏博之人才,为强国之基础,则派生留学尚矣。"1923年,他在《筹办杭州大学的建议》中明确提出:"教授服务满若干年,须派赴出洋,作专精之研究若干年。"由此可见,蔡元培主张通过主动"走出去"培养与提高教师素质和水平。蔡元培执掌北大时派一些教授赴国外研究讲学,同时,还约请了一些外国学者到北大任教、讲学,为国际学术交流开了风气之先。

二、蔡元培大学师资观体系的时代意蕴

尽管世易时移,当代大学与蔡元培所处时代的大学面临的情势已经大为不同,但大学的改革创新仍然是一个常议常新的话题。大学中存在的种种流弊,不仅制约着中国高等教育事业的发展,而且辐射到社会、国家层面,形成了许多不利的影响。作为一个大学的管理者,蔡元培的大学师资观体系给我们提供了一个中性的视角,使我们有可能继承、借鉴其中的合理部分,进而进行再创新。其启发性意蕴有如下四个方面。

第一,从关乎大学生存发展的角度重视师资建设。前面所提到的蔡元培种种理念与制度(从师资队伍的主体作用、任职条件到在职培养等方面),确立的核心理念只有一个:如何从根本上传承与弘扬大学精神,即强烈的学术价值追求、浓厚的学术氛围、追求科学和真理的无畏精神以及学术思想自由。当前不少高校把有限资源和更多注意力集中投入大学硬件建设中,盲目启动大学城建设、添置设备、扩建大楼、扩充学科、扩大招生规模,却常常忽略大学精神的塑造。蔡元培大学师资观中对师资队伍的极端重视,反映了他所一贯崇奉的大学应是独立之人格、自由之精神、社会之责任三者统一的载体这一理念,从而反衬出当代大学建设中存在着的短视效应和急功近利的心理弊端。

第二,从大学理念的源头出发"把脉"大学的师资制度设计。以"教授治校制"为例。"师者,所以传道、授业、解惑者也。"古往今来,教师的职责莫不如是。当今大学承载着如办学方向、目标定位、运营策略和社会责任等诸多系统构想,而大学教师正是实现这一切构想的主体。如何通过相应的制度设计将大学中的教师队伍高效地组织管理起来,从而

极大地发挥其主体作用,是大学师资建设的关键。深谙西方大学理念与制度的蔡元培,正是通过从大学理念到大学制度、从大学制度到大学理念这种双向决定机制来选择"教授治校制"这一师资管理制度的。不解决理念问题,真正意义上的"教授治校制"无法在中国的大学里推行。"教授治校制"的本质不仅仅在于彰显现代大学中教师的主体地位、减少教育资源的内耗和浪费;而在于通过这样一种自治制度传达大学的真正价值所在,如独立、自由、民主和追求真知等理念,以达到引领社会、服务社会的目的。

第三,从大学的真正需求出发选任师资。吸引和用好教师不仅仅是一句口号,更是一种观念和一种实践。现代大学的真正需求无非两个:思想自由和学术自由。蔡元培选任教师的标准也就是这两点,别无其他。他在教师的选任上真正做到了不唯学历、不唯资历、不唯身份,只以教师的学术造诣为主要标准,并就此指出:我素信学术上的派别是相对的不是绝对的;所以每一种学科的教员,即使主张不同,若都是"言之成理、持之有故"的,就让他们并存,令学生有自由选择的余地。所以在蔡元培执掌下的北大,全校教员217人中有90位教授,平均年龄30余岁(据北京大学1918年初的统计),这在当今的大学中是无法想象的。

第四,从大学的可持续性发展出发加强师资培养。如果说选任教师是从师资准入问题上对教师的要求,那么师资培养则是保持大学生命力的最重要的源泉。蔡元培在师资培养上尤为可贵的一点就是认识到了"中西交通"的重要性。在当前跨国界、跨民族、跨文化的全球化大背景下,师资培养的国际化趋向日益明显。在这方面,应增强高校师资在国际交流方面的自由度、自主权,并采取"走出去"和"请进来"的双向开放策略,有计划地选派教师到国外进修、访问、讲学、开展合作研究,同时邀请国外专家、教师到中国来讲学,参加学术讨论。

三、余论:中国现代大学从理念到制度的变革

2005年7月29日,病榻上的钱学森向总理温家宝坦诚相告:"现在中国没有完全发展起来,一个重要原因是没有一所大学能够按照培养科学技术发明创造人才的模式去办学,没有自己独特的创新的东西,老是冒不出杰出人才。这是很大的问题。"此发问被众多媒体称为"钱学森之问"。笔者行文之时,正值中国"航天之父"、一代科学大师钱学森辞世之际。众多媒体报道的"钱学森之问"已经引发出诸多对中国现代大学走向的深层次思考。抚今追昔,距离蔡元培的时代已近百年了。在这近一个世纪的时间里,中国高等教育从蹒跚学步开始,经历了太多坎坷与磨难,在探索与变革中走过了许多西方发达国家用几百年走过的道路。但蔡元培关于大学师资的相关论断言犹在耳。当时大学的传统与现代大学是如此的格格不入,迫使蔡元培必须思考一条向现代大学转型的路。所以从理念变革到制度变革,中国的大学在变革中一路走来,也必将在变革中完全蜕变。

(原载《高教发展与评估》2010年第4期,第87-92页)

中世纪大学学术职业:信仰与理性的统一

陈慧娴,熊华军

怀揣着倾听的思想去纪念那过去曾有的真实。在人类社会任何精神的进步过程中,都应回到那历史的源头,追根溯源,使本真显现。探索学术职业也应如此。职业(profession),不仅是需要有专门的训练或技能的某一职业的意思,还表示对信仰的表白与承诺,内含宗教的超然性和神圣性。学术(academic),也不仅仅是学业的、教学的(尤指与学校教育有关)意思,还表示通过原创性的研究去追求科学的理智和真理。因此,学术职业自身就包含着信仰与理性的统一。追寻学术职业的历史可以上溯到中世纪。那么,中世纪大学的学术职业是怎样叩响其本真,达到信仰与理性的统一的呢? 它对后世又有哪些深刻启示呢?

一、"信仰寻求理智力"

中世纪的大地被严酷的教权和王权所控制,他们宣扬"君权神授"和"上帝创世说",推行严厉的禁欲主义和蒙昧主义,给人们套上宿命论的枷锁,严重禁锢了人们的思想,阻碍了科学文化的发展。然而,在这样一个遮天蔽日的时代,光明与智慧却在学术职业那里凸显了出来,即理智力的凸显。因为,信仰并不等同于迷信,追求信仰但不能被盲目遮蔽了双眼。那么,这就需要理性来指路,运用理性去理解一直信仰的东西,理性与信仰之间必须是积极的统一。大学教师正是从这点出发,去"追求真理,做时代的女儿",充分体现了其学术职业的理性精神。

(一)争取理性的自治特权,为了更好地信仰

争取自治的权利是教师一直在努力的方向。他们有时在与教会势力、有时在与世俗王权势力开展的斗争中获得了自治权。斗争的主要形式是罢课、迁校、游行和示威。与教会势力的博弈表现在以下事件中:在巴黎,1213 年大学教师通过罢课,使得为主教服务的大学总监事实上失去了颁发执照即授课准许证的特权,这一权利转移到大学教师手中。在 1229—1231 年的大罢课期间,主教被剥夺了对大学的管辖权。在牛津,大学教师使为主教服务的大学总监变成了大学自身的中间人。在与世俗王权势力的博弈中,1229年巴黎学生与国王的警察发生流血冲突,巴黎大学大部分人员参加了罢课、游行和示威,并迁校撤往奥尔良。有两年之久的时间,巴黎大学几乎没有开任何课程,直到 1231 年王

权给予了大学特权。在牛津大学,教师同样是通过与国王之间发生的一系列冲突,通过迁校和罢课的形式最终获得了自由。

以罢课和迁校为基础,中世纪大学享有了如免纳捐税、平时免受征召服兵役、不受普通司法机关管辖、教授参政和自主管理内部、学院审定教师资格和授予学位等特权。这样,大学教师就拥有了相对自由的学术研究环境,他们可以在自由中释放学术的魅力,在研究中展现理性的光辉,自由与理性也使得信仰得到了升华。

(二)自主选择生活依靠方式,保障自身生存权益

中世纪,大学教师解决生活问题或者靠工资,或者靠领地的收益。工资可以有两种形式:教师可从自己的学生那里得到酬金,或者从世俗权力机关得到报酬。领地的收益是通过教会薪俸,并得到一份领地。选择工资收入的话,大学教师就像一个生产劳动者;选择领地的话,又会成为特权阶层的一员。面对这些境况,大学教师必须做出抉择。虽然很难抉择,但仍可以确定总的趋势。教师倾向于依靠学生付给的报酬为生。这一解决办法,对他们来说,有不依赖世俗势力——即不依赖地方当局、封建王侯、教会以及资助者的长处。同时,也利于他们向世俗教徒转化,促进学术职业的自由。但是为了阻遏知识分子转化为世俗教徒,教会宣布了一项原则:教学无偿。教会把知识看成是上帝的赐予,出卖知识就是犯了买卖圣职罪,并把教师的收益称为"可耻的利润"。对此,大学教师辩解的理由是,每一项工作都应该有报酬,作为工作与辛劳的代价,教师可以接受学生的金钱。所以,即使有教会极其顽固的阻力,数目众多的大学教师仍是世俗教徒,尽力摆脱教会的控制。另外,大学教师也会向教会索要领地,维护自身的权益。中世纪大学教师通过一系列的抉择和斗争获得了生存的依靠,维护了自身的权益。

(三)"打扫干净屋子",创设大学内部和谐氛围

中世纪大学教师通过理性勾勒出了一幅合理有序、安定和谐的大学美丽画卷。主要表现在以下几个方面。

第一,设置内部管理和职业结构,开设相对稳定的课程,保障大学的有序发展。以巴黎的大学为例,大学由四个学院组成:艺术、政法、医学、神学。所谓高等学院,也即法政学院、医学院和神学院,是由院长为首的名誉教师团或董事会领导的。艺术学院规模要小得多,它是按民族系统组成的,各个民族的艺术学院分别由各民族代表领导。开设的课程主要是"七艺"(算数、几何、天文、音乐、文法、修辞和辩证法)和"三学"(神学、医学、法学)。

第二,制定严格的教授准入制度,保障学术职业教学质量。成为一个教授必须通过一系列个别考试,再经过公开考试或答辩,获得博士学位,只有当申请者通过了所有的考核标准,才能被接收准入,给予授课的权利。申请者将被隆重地引入大教堂,在那里发表讲演;他还要做一个关于法学问题的报告,随后针对提出反对意见的学生为自己的观点辩护。这样,申请者第一次在大学的辩论中充任教师的角色。然后副主教隆重地授予申

请者授课准许证,另外还有人把他荣任这项任务的奖励品交给他:一把讲椅、一本打开的书、一个金指环和一顶礼帽或便帽。

第三,实行"教授治校",保障大学自治权利。中世纪大学以"教授治校"为主,而不是教权或者王权治校。其中巴黎大学是"以教授为主体"管理学校的典型。由教师组成学者社团组织,选举校长,并确定和管理选择学生、制定教学工作范围、举行考试和授予学位等项工作。

第四,建立严格的人才培养制度,保障学生质量。学生一般在十三四岁时进入大学,先学习文科五至七年,学习内容有拉丁语和"七艺",这也是大学的基础教育阶段。学生在修毕"三艺"和"四艺",通过考试分别取得学士和硕士学位后,才能够继续选学一个专门的学科。可见中世纪大学的基础教育阶段带有"预科"的性质,学士和硕士学位则是取得大学专门系科入学资格的一个标志。经过基础教育阶段之后,选择医学专业的学生,还需要学习 6 年,通过考试才能获得博士学位;神学专业期限很长,需要 8 年,并且至少要到 35 岁,才能获得神学博士学位。若获得博士学位,即可担任大学教授。

第五,采用研究、辩论、随意性辩论的课程练习方法,保障大学成员探究、辩驳、推理思维习惯的培养。当大学教授对经文的评注超出对经文简单理解的范围,更多的是处理一系列疑难问题时,那么评注就转变为研究。这时知识分子不再是消极的,而是积极的;不再是注释者,而成了思想家。在 13 世纪,研究甚至完全脱离经文。它是独立存在的。在教师和学生的积极参与下,它成了讨论的科目,从此成了辩论。辩论的题目事先由提出辩论的教师确定。这些题目在规定日期内通知学院的其他部门。辩论在该教师的指导下进行,但实际上他不是辩论人。他的学士担任答辩者的角色。当有学术辩论时,学院里同一天上午所有其他教师和学士开设的课程全部取消。后来辩论发展出一种特殊形式:随意性辩论。教师每年可以举行两次会议,他们在会上即兴发挥,讨论"不论什么人提出的不论涉及何种题目"的问题。在随意性辩论中,有时候问题十分明晰与有趣,有时候问题含义双重,确实让教师感到为难,难以把握它的确切外延及真实内涵。所以,谁要是打算经历一场随意性辩论,他就必须具备非同寻常的决断能力和几乎有通晓万物的学识。

由信仰启迪的理性,使得中世纪大学充满生机与活力,使得大学教师富有智慧与创造。

二、信仰与理性统一的意义

对中世纪大学和其教师来说,理性完成于理智力。中世纪大学教师是信仰与理性统一的有活力的团体,他们所持有的精神特质就像火焰。照亮了那个时代,更照亮了后世,到如今其智慧与理性之光依然闪烁,指引着大学的前进。

(一)对中世纪大学自身:黑暗时代的绚丽奇葩

中世纪大学是"信仰寻求理智力"的产物。在迷雾缭绕的中世纪里,正是由于大学教师的理性指引,大学才没有迷失方向、丢弃信仰。有人称中世纪大学为"象牙塔",这是因为它具有相对于政治专制和教会专权的独立性，具有相对于崇尚信仰的自由性，具有相对于其他职业社团组织的特殊性，具有相对于组织自身与社会现实的批判性，具有相对于社会实际生活现实特征的理想性，具有相对于重视功利价值而重视教学和研究价值的超脱性。于是，在中世纪大学中，学生成长了，教师发展了，知识科学化了，信仰理性化了。

（二）对后世的意义：要信仰更要理性

首先，中世纪大学教师寻求真正信仰的精神给后世以深刻的思考。大学教师首先应紧扣时代发展的特点，从实际生活出发去追求信仰，为自身寻求合理的定位。在此基础上，大学教师还要发挥理性特质，积极从事科学研究。在追求信仰时不能被极端主义和功利主义蒙蔽了智慧的双眼。在遵循社会制度和必然法则的基础上，应远离社会的浮躁与急功近利，潜心探索真理，带着奉献的精神去研究学术，发展知识，在为社会发展服务过程中仍保持一份真实的自我。

其次，中世纪大学教师为教学事业献身，同时合理地追求物质回报的精神给后世以深刻的启发。教师首先必须专心于自己的职业，为教育做出自己应有的贡献。但教师并不是只能讲奉献，而不能讲索取。经济基础决定上层建筑，如果教师连最基本的经济生活条件都得不到保障，那么又怎么会乐于为教育事业奉献呢？所以对大学教师来说，不管是物质诉求还是精神诉求都应得到提高和升华。大学教师不应成为"春蚕""蜡烛"，只讲奉献，不求索取，而应成为"长明灯""一汪活水"，照亮自己，也照亮别人；滋润自己，也滋润别人。

再次，中世纪大学教师追求学术自由、"教授治校"和理性的科研精神给后来的教育思想家以深刻的启示。19世纪中叶的教育家赫胥黎指出："理想的大学应该是个学术思想不受任何束缚的地方。"19世纪德国教育家洪堡也想组织一个从全欧洲吸收成员的学者社团，通过对科学的探索而为民族的复兴做出贡献。在洪堡看来，大学不再是一般意义上的学校，那里不应再有教师和学生，而只有"独立的研究者"（教授）和"受到指导的研究者"（学生），他们都是探索高深知识的学者。为了学术自由，在洪堡努力之下建立了柏林大学。柏林大学各学院教授负责讨论决定本院内部事务，院长从他们中间自行选出；全体教授组成校评议会，共同就全校性事物做出裁决，这也正是对中世纪大学"教授治校"的进一步深化。在20世纪，德国教育家雅斯贝尔斯认为，社会希望在它的疆域之内的某个地方开展纯粹的、独立的、没有偏见的科研，提高探索真理的服务，那么大学就是社会需要的这种机构，它把以探索、传播科学真理为职业的人联合在一起，共同追求真理。

重温那早已远去的中世纪时代，我们会发现黑暗之中有光明的闪现，这光明正是中世纪的大学教师所创造的。他们的身体力行给了学术职业一个最本真的诠释。他们努力追寻着信仰与理性的平衡，用理性的智慧去信仰神圣，在信仰的指引下去寻求理性的科学之光。

（原载《高教发展与评估》2010年第6期，第74-79页）

2011 年

中国高等教育评估政策的能力限度分析

张运红,马早明

一、质量评估政策能力限度的客观性

高等教育质量评估,是高等教育发展到一定阶段后,对其质量的全面反思与审视,根本目的是找出问题,提高质量。教育评估能力限度是指教育评估能力所及的范围和解决教育问题所能达到的程度。从泰勒在著名的"八年研究"(1933—1940 年)报告《史密斯-泰勒报告》中首次提出教育评价的概念到今天,教育评估对教育发展的促进作用是毋庸置疑的。但是,我们都知道,自然科学的手段有其适用的条件范围,超出这个条件范围,它将失去效力。社会科学领域也同样如此,任何社会科学手段也都有适用的条件范围,这些条件和范围左右了其能力限度,正如袁振国教授所说的,"尽管这种范围可能是模糊的,不如自然科学领域那样清晰,但确实是存在的"。事实上,调节教育发展的教育政策,必然也存在着能力限度。"教育政策是规范和指导教育活动的重要手段,人们总期望通过一定的教育政策去解决教育问题,实现预想目标。然而,是否所有的教育问题都能够通过教育政策去解决? 教育政策解决教育问题的程度是否无限? 答案经常是否定的。"人们越来越理性地认识到,作为主观思想产物的教育政策,不可避免地受制于客观条件限制而带有自身局限。我们可以依靠教育政策,但不能完全依赖教育政策。在当代教育政策研究中,从叶海卡·德罗尔提出的"政策制定无能"的命题,到查尔斯·林德布洛姆阐述的"政策的局限性"观点,再到肯尼斯·阿罗指出的"公共决策过程中根据公共利益进行选择过程的内在困难"等思想和观点,都可以看出,很多人已经对教育政策的能力提出了质疑。

二、制约质量评估政策能力限度的因素分析

评估政策并非万能,从最初的"筛选"功能,到现在的"发展"功能,评估的作用表现为一种外在的推力,并受制于诸多因素和条件,这些因素和条件在一定程度上规定了教育评估政策能力限度的范围与程度。

(一)评估政策本身的理性局限——文本限度

从根本上来说,高等教育评估政策要反映高校真正的办学水平和实力,就必须有个

前提假设：高等教育评估政策的制定完全是出于理性的。我国台湾学者林水波和张世贤综合各类公共政策制定模式分类的观点，提出了公共政策制定的理性模式等八大模式。其中所提到的理性的政策制定模式要求政策制定者根据完备的综合信息客观地分析判断，针对许多备选方案进行优、缺点的评估，排定优劣顺序，估计成本效益，预测可能产生的影响，经比较分析之后，选择符合经济效益的最佳方案。但事实上，理性模式只是一种理想化的状态，任何政策在解决实际问题中都有其特定的范围、程度，不存在"万能"的政策。

事实上，通常制定的高等教育质量评估政策不可能与问题是完全对应的，总有评估政策无法关照的方面，这便客观地存在着文本限度，它集中体现在评估指标的制定上。教育评估是一种价值判断，它要检验教育实践对教育目标的实现程度，因此，评估指标依教育目标而定。但教育目标总带有某种程度的原则性、抽象性和概括性，为了使评估具有可行性和科学性，就必须把教育目标加以具体化，由此确立评估指标。在评估指标项目的确定中，选择哪些方面作为评估项目，受到上级行政干预、领导者个人偏好、社会习俗、指标测量的难易度等因素的影响和干扰，评估项目的选择并非完全出于理性。其次，从本质上说，指标是目标的某一个方面，是被评客体属性有关内涵的分解，是具体的、可测的、行为化的和可操作的。但是，指标也只是目标的某一个方面，任何一项指标都只能反映目标的一个局部的侧面，不能反映目标的整体，即使是系统化的、具有紧密联系的指标体系，也并不能全面地反映客体目标的整体。因此，从目标到指标，经过逐层分解，我们对评估客体的总体把握被肢解为对客体某些局部方面支离破碎的认识。最后，在确定某个分指标体系在评估中的权重时，我们更是无法达到科学而合理的程度，即便是通过德尔菲法、头脑风暴法等，我们对权重的分配也只是建立在经验基础之上。

可见，人类本身的有限理性，从根本上决定了评估政策文本的缺憾与瑕疵，任何对尽善尽美的评估政策文本的追求无疑是水中捞月，可遇而不可求。

（二）评估政策价值观念异化——价值限度

如果说人的有限理性导致文本限度的话，那么评估主客体观念上的错位则导致评估政策的价值限度。对这一问题，刘理和赖静曾在论文中有所论及，不过，本文所说的价值观念异化，是指在评估政策实施过程中，评估主体与评估客体在看待评估政策的价值等问题上产生的分歧。

追索这一异化的根源，可以看到，评估主客体在评估观念上并非总能一致，这正如袁振国教授所言，"政策的执行过程都要求目标群体按照政策实施的要求做出一定的行为。然而，不管要求如何明确，我们也难以期望目标群体有与政策主体所要求的完全一致的行为。其中的原因主要有：对政策问题的不同认识、行为动机的复杂性和社会现实因素的差异"。这里的政策目标群体是指接受评估的高校，政策主体即政府及其领导下的评估机构。由于在评估中的角色和立场的不同，所以不同的个体对评估政策的主观认识不同；而评估政策本身总不可避免地带有某种程度的不确定性，这更加剧了个体认识的分化。"任何政策问题的提出都具有一定的客观基础,都是人们根据客观实际,从问题情景中,通过分析演绎得出来的。……由于政策问题的这种主观性,对于不同的个体,因其不同的认识水平、不同的价值观念、不同的立场与利益倾向,必然会导致对政策问题的不同认识。"进一步来看,评估主体与客体在心理偏好、社会地位、利益倾向等方面的不同,使评估的价值观念发生异化,其结果是,评估政策成为"一厢情愿"。其次,高校学术自由的价值观在被国家行政权力主导的过程中,必然会产生一股反作用力。大学由最初的行会组织发展起来之后,一直被视为研究高深之学问的神圣殿堂,质量问题被认为是高校自己的事,"大学自治"和"学术自由"一直是大学的发展理想。然而,正如美国高等教育哲学家布鲁贝克所言,由于高等教育在社会中所起的作用越来越大,因此就有必要用政治观点来看待大学,这就像战争意义太重大,不能完全交给将军一样,高等教育也相当重要,不能完全交给教授们决定。由此,本来是高校"内务"的教育质量,由于关系重大,而为国家政策所关照。在中国高等教育质量评估中,高校的自主性服从了行政的强制性,致使高校自身质量意识价值观念发育并不完整,高校在质量观上处于一种盲从的地位,丧失了自己的话语权,这跟国外的情况是不一样的。

可见,从一种历史的视角来看,最初高校办学是一种"自负责"行为,后来大学为世俗政权控制后,办学成为一种"他负责"行为。这种变化是学校评估发力点的转变,它从根本上使高校"游离"评估的本意与初衷,而泛化为一种敷衍与过场。这种评估政策价值观念的异化,分化了政府及其主导的评估机构和高校对评估价值的统一追求,导致评估的裂痕。

(三)国家权力对评估能力限度的制约——权力限度

20世纪七八十年代,西方国家在经历了严重的"福利国家危机"之后,不再事无巨细地全面干预社会,而是"抓大放小,有所为有所不为",逐渐形成"小政府大社会"的社会自治局面。反观我国高等教育评估方面,行政力量仍占绝对主导地位。但是,国家干预教育的权力并不是无限制的。从某种意义上说,只有在权力约束的基础上制定和实施的教育政策才有可能得到目标群体和非目标群体的认可,才有可能在制定和实施中减少阻力和麻烦。"在教育领域中,随着国家权力在教育领域中大小的变化,教育政策的范围或边界发生相应的改变,国家权力是教育政策的一个内在限制。"

国家权力是通过政府的能力来体现的,如果说国家权力只是一种对合法性的认可,那么政府能力,尤其是其财政的支持能力则相当于政策实施的物质基础,它制约着国家实际能力的程度和范围。其次,社会基础也制约着评估政策的能力限度,袁振国教授对此有深刻的论述:"政府和社会是一种互动的关系,缺乏政府有效管理的社会是一个没有凝聚力的社会;而缺乏社会支持的政府则是一个软弱无力的政府。政府的决定只有获得社会的认可或支持才能得到很好地执行。"这从一个方面说明了政策的执行是需要一定基础的。

在中国高等教育质量评估中,政府起着主导作用,但政府的能力同样面临有限性这一现实问题。我国国家行政权力主导高等教育评估至少在高校的自主质量意识还没有发育完全的情况下是必须的,问题在于,是像 20 世纪初期的法国那样,中央政府在教育领域中无所不管,还是像美国那样,联邦政府"无权"干涉教育? 这恐怕是两个极端的例子。关键的问题是,在高等教育评估中,政府要认清国家权力的边界问题,而不能盲目乐观。

(四)由文本到实践的误差——执行限度

除了以上所列因素之外,显然,政策最终要执行落实,因而又存在一个执行限度问题。我们不能期待政策的执行者像政策制定者那样理解政策文本,因而执行者对评估政策的解读很可能出现偏差。其次,评估者即评估主体,他们的素质决定了评估政策实施的效果,而这又是很难预测和控制的。根据"经济人"的人性假设,人都有趋利避害的倾向,易导致自我利益的膨胀。最后,在评估政策具体的执行过程中,政策有可能走样、缺失甚至被替换,而在技术操作层面,我们很难对评估政策的执行进行全面监控,这样一来,评估政策的命运就面临着更多变数了。

三、降低评估政策能力限度的对策

高等教育评估政策的能力限度不但客观存在,而且受制于诸多因素,我们虽然不可能完全消除这些限度,但是我们可以找到一些对策以降低这种限度。

第一,提高评估政策制定的科学性。这是缓解评估政策文本限度的根本对策。评估政策的制定,是一项严肃且意义重大的工作,必须建立在科学性、可行性的基础上,要遵循高等教育本身的发展规律。为此,必须在全面了解国内和国际高等教育发展水平的基础上科学地制定评估目标,确定我国各发展阶段的评估水平。其中的关键是评估指标的拟定和权重的分配。在制定评估政策文本时,要严格按照政策制定的程序,以减少政策制定的偏差。此外,教育政策的制定,应该问计于教育专家,而不能由行政官员拍板。最后,为了促进对评估政策本身的反思,进行元评估也是必需的。元评估有两个重要作用:一是正确、有效地引导评估;二是明确指出评估的优劣所在。对元评估的重视是教育评估理论与实践走向成熟的重要标志。总之,不断提升政策本身的科学性水准,是降低能力限度的根本对策。

第二,扭转高校在评估中的被动局面。质量评估政策对高校来说,无疑是一剂"苦"在当下、"利"在千秋的"良药"。如果高校不在质量上下功夫,终将被开放的市场大潮所淘汰。高校只有深刻意识到这一点,才能与评估机构统一认识、齐心协力,使评估落到实处。中国高等教育发展较迟,"可谓先天不足"。因此高校需要转变角色,将评估由"他负责"转变为"自负责"的行为,勇敢承担高等教育质量的责任。这势必要求高校重视自我评估,建立高校自我评估机制与文化,从而不断地将一种外化的质量要求转化为自我的质量定义与追求。而且,从根本上来说,任何评估结果及其反馈意见,只有最终转化为高校自觉的改进行动时,评估的作用才能真正落到实处。高校只有在质量评估中勇于担当,才能使评估政策由一种冲突行为转变为契合行为,达到评估主客体价值的认同。

第三,培育中介组织分担评估职能。有关高等教育质量评估中中介组织的优点很多学者都有所论及。美国中介组织在政府、学校、社会三者间建立起一种制约与平衡的关系,为人称道。但我们要注意的是,中国国情与美国国情不同,我们的监督与制衡机制并不健全,政府、学校、社会三者地位也不对等,如果在条件还不成熟的情况下盲目照搬照抄,只会事倍功半,但我们依然可以学习借鉴。国家权力有其边界限度,因此,政府权力有其力所不及的盲区,政府不是万能的。国家行政权力应从全面扩张转向有选择的收缩,还权于社会,使社会逐步达到自我治理的良性循环。这不但使政府能够集中精力于宏观大政,而且能避免"政府管理失灵"给高等教育质量评估带来的冲击,降低权力限度带来的震荡。就中国实情来看,可以逐步将半官半民性质的中介组织培养成完全独立的民间组织,树立起中介组织在人们心目中的权威和信誉,逐步让其担负起评估的职能,从而起到社会监督作用。

第四,树立多元化的质量观。如果说高等教育精英阶段的质量观只有一个标准,那么到了高等教育大众化阶段,评判质量的标准将不再是唯一的。高等教育质量管理问题与高等教育大众化和普及化是相伴共生的,正是高等教育从精英到大众甚至普及这一发展过程,才使得质量问题凸显出来。从某种意义上讲,精英阶段的高等教育质量本身就隐含着高水平的意思。但是,当接受高等教育的人不再只是那些"出身好或天赋好或二者兼备的人的特权"时,高等教育质量的含义开始发生变化。它开始像任何产品和服务一样,其质量所表明的更多的是消费者对它的满意程度。从这个意义上讲,从精英到大众高等教育质量内涵的最大变化是,质量不再是一种标准,而变成了一个相对的概念。可见,高等教育大众化阶段的质量标准开始多样化,其依据不同的培养目的和不同需求而定。树立多元化的质量观,从根本上解放了僵化的评估体制,能极大地降低评估政策的能力限度。

此外,为了减少政策执行中的偏差,应注意评估政策执行者素质的提升。这就需要建设整体素质良好的评估专家队伍,并制定完善的监督政策,杜绝权力寻租等腐败现象。还应该发动无形和强大的民间舆论力量,促使高校具有发展的紧迫感和责任心,这些都能够一定程度上弥补政策能力限度的缺憾。

评估本身是一个手段而不是目的,且有其能力限度,任何无视这一客观事实的行为,必定是盲目的。认识并明确教育评估政策的能力限度,可以帮助我们全面认识评估政策的作用,知其长处与不足,自觉认清评估政策的盲区,进而降低教育评估政策的能力限度对评估作用的制约和影响。

(原载《高教发展与评估》2011 年第 3 期,第 1-6 页)

类型视野下的高职教育发展

李震峰,袁广林

目前,高等职业教育受到前所未有的关注,但对高等职业教育究竟是一个层次还是一种类型的学理认识还模糊不清。第一种现象是把高等职业教育仅仅限于专科层次,就是发展大专层次的职业教育,阻碍了更高层次职业教育的发展。第二种现象是多数本科高校尤其是区域性和行业性本科院校盲目攀比,一律向研究型大学看齐,对培养学术型人才趋之若鹜,忽视应用型人才的培养,导致社会对大量应用型人才的需求得不到满足,甚至出现许多从大学走出来的学子还要经过技校"镀金"才能成为真正发光的"金子"的现象。第三种现象是研究生教育中学术学位研究生教育处于绝对霸权地位,面向职业的专业学位研究生教育规模偏小,发展速度较为缓慢。这种局面既不利于发挥高等职业教育在国家经济、社会发展中的作用,也不利于我国高等教育自身的发展。因此,从社会对人才类型需求的角度出发,明确划分高等教育的类型,确立不同类型的高等教育的发展战略,促进人才合理分布,既是社会发展的需要,也是高等教育健康发展的需要。

一、社会需要的人才类型决定了高等教育的类型

(一)社会需要的人才类型

所谓类型,是指具有共同特征的事物所形成的种类。社会对人才的需求是分类型的。大体来说有两种类型:一类是研究自然和社会发展规律的人才;另一类是将这些客观规律的原理应用于生产实践,直接为社会服务、谋取利益和创造价值的人才。前者被称为学术型人才,后者被称为应用型人才。就技术进步而言,也有两个规律,一个是技术创新规律,另一个是技术扩散规律。创新是一种飞跃、一种质变、一种革命,技术扩散是把创新技术加以应用,加以推广,促进产品升级换代。从事技术创新的人才属于学术型人才,从事技术扩散的人才属于应用型人才。据研究,技术扩散所形成的技术推广力,远远大于技术创新本身所直接形成的经济推广力。目前,我国应用型人才匮乏,直接影响了我国的科技应用能力,制约着我国社会经济的发展。因此,高等教育必须适应这种变化,发展不同类型、不同层次的高等教育,发挥各种类型教育的功能,造就不同类型、不同层次、不同规格的人才,为我国社会主义现代化建设提供高素质的人才和高品质的智力支撑。

(二)高等教育类型

联合国教科文组织 1997 年修订的《国际教育标准分类法》将教育系统分为初等教育、中等教育和中学后教育三级。第三级教育为高等教育,它又分为两个阶段。其中,第一阶段(序数 5)相当于我国的专科、本科和硕士研究生教育阶段;第二阶段(序数 6)相当于博士研究生教育阶段。第一阶段分为 5A 和 5B 两类:5A 为"面向理论基础、研究准备、进入需要高技术要求专门化"的教育,5A 又分为 5A1、5A2,5A1 按学科分设专业,侧重于基础理论学科,一般是为研究(第二阶段博士研究生教育)做准备的;5A2 虽也属于理论型,但不是为理论研究做准备,而是应用科学理论从事高科技要求的专业工作,其专业按行业设置,口径较宽,理论水平要求较高,适应面较广,为各行各业培养应用型高级专门人才,相当于我国的农、工、商、医、师范等本科教育。5B 为"实际的、技术的、职业的"教育,其专业(课程计划)口径与职业岗位或职业群对口,一般较窄,它"主要设计成获得某一特定职业或职业群所需的实际技术和专门技能——通常授予学习合格者进入劳动力市场的有关资格证书",着重实践能力的培养,力求技能熟练。其学制一般比 5A 短一些,也不排斥较长的学程。5B 教育类型的培养目标相当于我国专科高等职业教育(也就是目前所指称的高职高专)的培养目标。第二阶段则是专指"旨在进行高级研究和有创新意义的研究",是"可获得高级研究文凭(博士学位)"的教育。20 世纪 20 年代以后,博士学位又分化为以学术为导向的哲学博士和以职业为导向的专业博士。从性质上看,5A2、5B 和专业博士同属于高等职业教育的范畴,属于本文研究的一种类型,是高等职业教育的不同层次。如石伟平教授认为的那样,"高等职业教育"实际上是一种高等专业技术教育,是一种培养"士"(技术员)、"师"(工程师)级高级职业人才的教育与培训,应该包括大专、本科、研究生三个层次,分别由专科学校、(农、工、商等)专业学院或大学工商等专业学科,甚至研究生院或相关的硕士点和博士点来承担。

发达国家和地区的高等职业教育,都把培养高级专业技术人员(工程师、高级工程师)列入高等职业教育的范围,其高等职业教育直通研究生教育。因此,应发展本科高职和专业学位研究生教育,将高等职业教育向更高层次拓展。

二、不同层次高等职业教育的发展

高等职业教育的发展应遵循自己的内在规律。在发展取向上,首先,必须摒弃高等职业教育教学要求不高、层次低、学术水平低的观念,每一种类型的教育都可以办出高水平;其次,必须明确高等职业教育不仅仅局限于专科层次,随着社会的发展、科技的进步,高等职业教育也应该有更高的层次,如本科、专业学位研究生教育;再次,建立高等职业教育发展评价机制,保证高等职业院校按照规律办学,对不同层次的高等职业教育的发展,应根据我国社会经济发展需求和高等教育的现状,采取不同的发展战略。

(一)大力发展专科层次高等职业教育

我国专科层次的高等职业教育起步较晚,但发展迅速,1998 年到 2004 年,专科高职院校招生人数从 43 万增加到 237.43 万,在校生人数从 117 万增加到 595.65 万,分别占全国普通高校人数的 53％和在校生人数的 44.6％。截至 2009 年 6 月,我国普通高等院校共 1 909 所,其中专科高职院校 1 178 所,占高校总数的 61.7％,基本形成了每个地市设有一所高职院校的格局。其招生数、在校生数、毕业生数都已占据高等教育半壁江山。

为了提高高等职业教育质量,教育部启动了"百所示范性高等职业院校建设工程",选择 500 个左右办学理念先进、产学结合紧密、特色鲜明、就业率高的专业进行重点支持。这些项目的实施,有力地推动了高职院校的教学改革和发展,增强了高职院校的办学实力。但由于各方面因素的影响,高等职业教育发展仍然面临许多问题。一是高等职业教育政策缺失,社会认可度不高。社会普遍认为高等职业教育是高等教育中的低层次。二是国家对高等职业教育的投入严重不足。培养经费不足,难以保证高职院校基本的办学条件。三是人才培养模式单一,与普通高等教育界限不清,与企业、产业及行业之间缺乏良性互动,等等,严重制约了高等职业教育的健康发展。为了促进高等职业教育的健康发展,首先要加大对高等职业教育的投入力度,在稳步提高高职院校办学规模的同时,使内涵和质量与规模同步发展。其次,高职院校应进一步加大教育改革的力度,积极探索校企合作、工学结合的人才培养模式,强化学生职业能力的培养。再次,优化高等职业教育课程体系,打破传统的学科课程体系,以工作过程为导向,把典型的工作任务作为课程内容,打破理论教学与实践教学的界限,实行教、学、做一体化的教学模式,保障培养高技能人才目标的实现。

(二)面向地方和行业的本科院校应定位在高等职业教育

目前,面向地方和行业的本科高校数量最多,情况最复杂。一是近年来单科性学院通过扩充、重组、合并,大多已经发展为多科性高校。二是一些条件较好的"专升本"高校主要面向地方和行业。尽管复杂,但还是存在一些共同点:除师范类外,主要是按行业而不是按学科设置专业;能承担一定的应用性科研任务,但总体上是以教学为主而不是以科研为主;以本科为主,有的也可培养应用型的专业研究生。我国高等教育已进入大众化阶段,培养研究型人才只是少数"985 工程""211 工程"大学的任务,90％以上的高校应定位为培养应用型人才。它们应该以市场为导向,以行业需求为目标,培养大量适应社会经济发展需要的实用型专业人才。

对本科院校开展职业教育,不仅许多学者在理论上进行了探索,如潘懋元教授就主张,面向地方和行业的高校要定位为培养应用型人才,还有许多高校开始这样的办学实践。如同济大学的二级学院利用母校的优势,率先在全国举办本科职业教育。此类高校在人才培养上,要紧密围绕区域社会经济发展的需求,突出人才培养的职业性,体现应用性特色。

(三)积极发展专业学位研究生教育

1996年7月22日印发的《专业学位设置审批暂行办法》对专业学位做出了界定,"专业学位作为具有职业背景的一种学位,为培养特定职业高层次专门人才而设置"。专业学位的培养目标是根据特定职业的需要,培养从事实际工作的应用型、复合型高层次人才。在教学过程中,加强专业理论教育的同时,注重理论联系实际,强化理论与实践的结合,突出解决实际问题,培养学生应用理论知识解决实际问题的能力;学位论文的选题要反映当代工程技术、医疗科技等职业技术发展前沿的最新水平,力求解决生产实践、临床医疗等具有实际运用价值的问题。

自20世纪90年代以来,我国逐步建立起学术型学位和专业学位共同发展的研究生教育体系,但是专业学位研究生教育起步较晚,规模总量较小,在整个研究生教育系统中所占的比例只有10%左右。从我国目前对高层次应用型人才的需求来看,我国的专业学位发展还远远不能满足社会经济发展的需要。当代高新技术中的信息技术、生物技术、能源技术、自动化制造技术等随着新经济和知识经济的到来,越来越广泛地渗透到国民经济和社会发展的各行各业,并形成新兴产业。高新技术的产业化促进了企业的高新技术化,产生越来越多具有高技术含量的专业岗位,对这些职业岗位的劳动者的综合素质与专业技能提出了更高的要求。高等职业教育必须适应这种变化,发展专业学位研究生教育。

第一,扩大专业硕士学位研究生的教育规模。据统计,2005年,美国共授予专业硕士学位36.1万人,占当年所有硕士学位授予数的65%。同年,我国共授予硕士学位20.8万人,专业硕士学位4.4万人,仅仅占当年硕士学位授予数的21%,远远低于美国的水平。目前,我国共有18种专业学位,而美国2006年就有140种专业学位,约为我国专业学位数的8倍。对我国而言,当下应稳定甚至适当缩小学术硕士学位研究生招生规模,加大专业硕士学位研究生招生规模。

第二,积极发展专业博士研究生教育。2001年英国研究生教育委员会对专业博士学位的界定是,"专业博士学位是一种高级学习和研究计划,且符合大学授予的博士学位标准,旨在满足大学之外的专业团体对特殊人才的需求,发展个体在专业背景中工作的能力"。西方发达国家研究生教育的历史与现状表明,其高层次应用型人才的培养规模一直呈现不断扩大的趋势。美国是现代专业博士学位的发源地,早在20世纪初受社会需求的大力推动,一些偏重实践应用的学科开始设立专业博士学位,如哈佛大学于1920年设立了世界上第一个教育博士学位,它的这一创举得到了美国许多大学的积极响应,在近百年的发展历程中得到蓬勃发展。目前,全美有500多个学科领域可授予博士学位,除传统的哲学博士以外,有47种专业博士学位。

在我国,2004年华东师范大学与宾夕法尼亚大学联合招收教育博士,北京大学也在2006年招收教育博士。2008年国务院学位委员会第26次会议正式通过教育博士设置方案,表明我国开始了与"学术性"相区别的"应用型"博士的培养,使专业硕士学位向专业博士学位延伸。但专业博士学位教育在我国才刚刚起步，专业博士学位教育只有临床医学、口腔医学、兽医学和教育4种，种类过少、规模过小，与社会日益增长的人才需求之间存在着巨大的矛盾。因此，我国应改变重学术学位轻专业学位的倾向，紧贴社会发展实际，不断扩大专业博士学位研究生教育的规模，拓展专业博士学位的学科范围，合理调整专业博士学位与哲学博士学位的规模比例，加快专业博士学位研究生教育发展的速度，积极响应社会对高层次人才的迫切需求，这是中国高等职业教育发展的当务之急。

三、结　语

综上所述，高等职业教育应有自己的体系，高等职业教育和普通高等教育只是类型不同，而不是层次的高低不同，国家应在宏观上进行分类指导，促进高等职业教育多样化发展。具体来说，专科层次高等职业教育要稳步发展，加大财政投入，加强专业、课程建设，创新人才培养模式；面向地方和行业的本科院校应以职业教育为主，鼓励这些院校面向地方为服务社会经济的发展培养应用型人才，稳定学术型硕士研究生招生规模，在扩大研究生招生规模时，增量部分主要用于招收专业硕士研究生；积极发展专业博士学位研究生教育，逐步扩大专业博士学位研究生的招生规模，增加专业博士学位种类，合理统筹学术学位与专业学位的比例，建立层次衔接、比例合理、结构优化的高等职业教育体系，满足社会经济发展对不同层次专门人才的需求。

（原载《高教发展与评估》2011年第3期，第112-116页）

民国时期我国高校研究所的特征及其成因

陈　元

民国时期,以培养研究生为主旨兼师生科研活动的研究所在我国高校悄然兴起。它不仅是我国研究生教育的培养机构,也是我国科研体制系统中不可或缺的研究机构,对我国现代学术创新及人才培养发挥了重要作用。鉴于此,本文就民国时期我国高校研究所的主要特征稍作阐述和分析,以利于我们更深入地认识其在我国早期研究生教育以及近现代科研机构体制化过程中的历史地位和作用。

一、研究所和学部数量均有大幅增长

民国初期,教育部公布《大学令》和《大学规程》皆要求各大学设大学院,作为大学教授与学生极深研究之所。但直到 1917 年底,北京大学才率先成立了文、理、法三科研究所,开创了中国现代大学设立研究所之先河。据统计,在《大学研究院暂行组织规程》颁布以前,已设研究所的高校有清华大学、北京大学、中山大学、交通大学、北平师范大学、北洋工学院、南开大学、辅仁大学、燕京大学和东吴大学等,但各校具体办法殊不齐一。为规范各高校研究院所的设置,1934 年,教育部颁布了《大学研究院暂行组织规程》,对于设立研究院应具备的条件、目的和组织机构等作了详尽的规定。由此,我国现代大学的研究院所由原先各校的自主设置逐渐转为须经教育部统一核准始得办理的规范轨道,表明我国大学科学研究的逐步兴起以及研究生教育的逐步制度化。

规程颁布后,高校研究所和学部的数量皆有大幅增长。因战事影响,尽管清华大学、北京大学和南开大学三校合并后的西南联合大学仅有 4 个研究所,研究所总量在 1937 年和 1938 年稍有回落,1939 年又继续增长。与 1935 年相比,1946 年研究所增加了 36 所,学部增加了 67 个。尤其是 1946 年《大学研究所暂行组织规程》颁布后,废除研究院与研究学部,一律改为研究所,使其与学系打成一片,对研究所均以系名称之。按此规定,原来的学部脱变为研究所,致使研究所的数量急剧增加,由规程颁布前的 51 个研究所,突增至 33 所高校的共 156 个研究所。这在一定程度上人为地增加了研究所数量。当然,若把 1947 年统计的 156 个研究所视为学部个数比较,则 1946 年学部数为 95 个,这也足见很大增长。

自北大首创研究所以来,尽管时局动荡且条件艰苦,但高校研究所和学部的数量还是持续增加。毋庸讳言,研究所数量之增长与政府的政策支持不无关系。如抗战爆发后,政府限制学生出国留学,致使具有研究兴趣之大学毕业生苦无深造机会。然此时正是抗战工作迈进之际,学术研究工作至关重要。鉴于此,教育部令各国立大学增设研究所,其已设有研究院者则斟酌原有人才、设备及经费情形,分别扩充。此外,欧元怀也总结说,抗战后留学教育大受影响,大学毕业生不得不以研究院为进学之阶,政府亦以研究院为培养专门人才之所。从中可窥见,研究所的发展也是我国研究生教育规模不断扩大以及高校学术自主创新不断增强的现实需求。研究所的发展大大推动了当时研究生教育的发展。如1936年,全国各科在校研究生75人,1939年为144人,1941年则为333人,1947年发展到424人。这反映了我国高校乃至整个国家科研实力在不断增强,高校在向研究型大学发展。大学研究院所的成立使得学术研究从此有了自己的载体和体制上的保障,学术独立因此成为可能和现实。其直接作用的结果,一是使大学从体制上实现我国现代大学的社会职能由教学中心走向教学和科研的两个中心的转变,二是使我国现代大学的办学层次实现了高移,出现了研究生层次的教育。

二、研究所在公私立高校间发展差异明显

此时期,既有国立大学和独立学院设立的研究所,也有私立大学(含教会大学)设立的研究所,但其时专科学校尚没有资历设置研究所进行研究生教育。1936年、1941年、1947年设立研究所的国立高校分别有6所、10所、26所,设立的研究所分别为13所、25所、134所。1936年、1941年、1947年设立研究所的私立大学分别有5所、6所、7所,设立的研究所分别为9所、11所、22所。

现从设立了研究所的公私立高校数量变化以及研究所在公私立高校间的数量分布来分析。一方面,设有研究所的高校数量不断增加,从1936年的11所发展到1941年的16所,至1947年的33所,增长了200%。可见设有研究所的公私立高校总数均有不同程度的增长,但私立大学数量增长相对缓慢。如国立高校从1936年的6所发展到1947年的26所,增长了333%。而私立大学1936年有5所,到1941年只增加了私立辅仁大学1所,至1947年又增加了私立齐鲁大学和私立朝阳学院2所,而1946年南开大学改为国立,因此至1947年实际上只有7所私立教会大学开办了研究所,仅增长了40%,增速明显缓于国立高校。另一方面,研究所在公私立高校间的数量分布也不平衡。如1936年,6所公立高校有13个研究所,占总量的59%,校均2.2所。私立大学5校共9所,占总量的41%,校均1.8所。而1941年,10所公立高校有25个研究所,占69%,校均2.5所。6所私立高校还是11个研究所,占31%,校均约1.8所。1947年,26所公立高校有134个研究所,占86%,校均5.2所。7所私立高校有22个研究所,只占14%,校均3.1所。可见,私立高校的研究所所占比例日趋减小,且公私立高校间校均所数差距进一步拉大。显然,民国时期私立高校同公立高校一样有培养研究生以及参与科研的资格,且为此做出了很大贡献,但他们之间的科研实力和研究生培养水平表现得很不平衡。国立大学(如中央大学、清华大学、北京大学等)不但聚集了一流的人才,而且有着一流的实验设

备,其科研水平与实力根本不是一般私立大学所能企及的。私立大学仅教会大学之金陵大学的农学、燕京大学的物理学等有所成就,一般私立大学即便是著名的南开大学,其科研实力也根本无法与一般的国立大学相比。这一情况说明,科研的发展乃至研究所的设立均与政府的大力支持息息相关。事实上,1938年,教育部也特别拨出经费,要求人才和设备较好的国立大学适量增设各种研究所,而不涉及私立大学。但此时期私立大学乃至教会大学有资历培养研究生的事实,也值得我们对当今公立高校包揽研究生教育之制度进行反思。

三、研究所的地域分布不均衡

东、中、西部之间以及不同城市之间研究所的发展状况是:东部、中部、西部1935年研究所数分别为15所、0所、0所;1936年,研究所数分别为20所、2所、0所;1941年,研究所数分别为25所、2所、9所;1947年,研究所数分别为138所、9所、9所。

在1935年的统计中,中西部地区高校还没有出现研究所,研究所全部集中于东部地区。而1936年,西部依然维持零纪录,中部只有武汉大学的工科和法科2个研究所,东部则有20个研究所,东部占总量的91%。西部的四川大学、西北农学院、西北工学院和西北师范学院都设立了各自的一些研究所。由于沿海高校的大量内迁,高等教育的布局也发生了一些变化,四川和云南等省的高校数量迅速增加。由此,抗战后的高校研究所在西部也从无到有,1941年增至9个,而中部还是维持2个,东部则为25个,占70%。但抗战胜利后,内迁高校又纷纷回迁,再加上当时政府对此缺乏统一规划,使得西部地区的高等教育发展再受影响。1947年,全国共有研究所156个,西部仅9个。中部的武汉大学和湖南大学共9个。东部则有138个,占研究所总数的88%,几近恢复到了战前的水平。事实上,1947年中西部8所高校共有18个研究所,其数量还不及中央大学(26个)和清华大学(23个)一个学校。可见,高校回迁后,大部分研究所依然汇集到了东部地区,这种地理分布不均的格局并未从根本上发生改变。

北京地区研究所占全国的比例有所下降,特别是抗战后北大和清华内迁,致使1941年处于最低谷,只占全国的14%,但抗战结束后又反弹至32%。南京地区研究所比例则有很明显的增势,在1941年达到28%,南京成为其时拥有研究所最多的城市。虽然在抗战结束前北京和南京两地高校研究所之和占全国高校研究所的比例日渐递减,但抗战前后两地研究所数量都占去全国总数的一半以上,这已是一个不小的比例,城市间研究所分布的不均衡昭然可知。还有一个现象是,除东吴大学法科研究所外,各个时期的其他教会大学研究所全都集中在东部地区的北京、南京和广州三地。总之,此时期,因为我国高等教育的地理分布非常不平衡,东部地区高等教育较为发达,中西部高等教育较为落后,故而高校研究所的地域分布亦带有类似特点。研究所这种地域分布也反映了各地区政治、经济和文化发达状况,表明政治特别是战争对科学发展的重大影响,也可看出当时学术中心及研究生教育中心之所在。同时,这种分布状况更深刻地影响了地区间社会文化经济的发展,这仍然是今天高等教育区域平衡和协调发展必须面临的挑战。

四、研究所的学科结构体现了时代要求

按《大学研究院暂行组织规程》规定,有条件的大学设研究院,下分文、理、法、教育、农、工、商、医 8 科研究所。民国时期高校设立的研究所涵盖了当时的所有学科,但不同时段各学科研究所的数量差异很大。尽管此期间遭遇战乱,但各科研究所的数量均有所增加,而各科增长的幅度则有所异同。如医科研究所,直至 1938 年始有 1 个,而到 1946 年则有 8 个,增幅最为明显。又如工科研究所,1935 年仅有北洋工学院 1 个,到 1946 年则有 7 个,增长了 600％,而其他学科研究所数量增幅不过 200％左右。总体来说,基础性学科研究所数量有所增加,但所占比例反有下降。如 1935 年文、理、法、师范和商科研究所共有 12 个,占研究所总量的 80％。1941 年有 25 个,占 69％。1946 年有 31 个,占 60％。而工、农、医等应用性学科研究所数量则有较大幅度增长。1935 年为 3 个,占研究所总量的 20％。1941 年为 11 个,占 31％。1946 年则有 21 个,占 40％。很显然,战争爆发后,高校的科研取向以及社会对人才的需求也发生了变化,应用性色彩明显加剧。如 1938 年 10 月,教育部就曾通令各院校对于各项专题之研究,应予继续努力,并指示除研究纯粹学术外,尤其随时研究各种实际问题,以配合抗战之需要。因此,与国防相关的工业及医疗等科研得到了空前的繁荣与发展,科研直接为战争服务已成为战时科技教育的主旋律,其中的国立大学最为明显。由于经费来源比较稳定,精英人才更为聚集,因此,国立大学研究实力更强,研究领域也进一步拓宽。但私立教会大学比较注重文、理、法等基础性学科的研究,不重应用性学科的研究。如工科研究所则一直未有私立大学设立,医科也只有齐鲁大学的寄生虫学研究所,农科研究所只有金陵大学一直维持。出现此现象的原因,一是教会大学的办学经费由一些资助机构提供,因此对于资金的使用有明确要求,如美国霍尔基金原则上用作中国文化教育和研究的专项经费。二是开展应用性研究的耗费巨大,靠资助为经费来源的教会大学在战乱经费递减的状况下更是显得捉襟见肘。笔者认为,当下高校的研究生教育及科研投入也应与时代需求结合起来,着眼于解决社会建设中的实际问题。

总之,从民国时期高校研究所的发展过程来看,研究所经历了从无到有、由少到多、从管理零乱到管理规范的变化过程。这体现了高校科研机构及研究生教育不断组织化和制度化的过程。从研究所的特征分析来看,其体现了当时研究生教育规模扩大的迫切性,公私立高校科研取向的差异性,高等教育区域发展的不均衡性以及研究所为现实社会服务的时代性。因此,研究所总体特征的发展变化与国家的政治、经济和文化发展变化是密切相关、相辅相成的。

（原载《高教发展与评估》2011 年第 5 期,第 13-18 页）

我国本科教学评估该向何处去?

李志义,朱　泓,刘志军

首轮高校本科教学评估在人们热议中已经过去 3 年有余,人们将期待的目光投向新一轮评估。首轮评估受到的过分关注和责难,驱使人们对下一轮评估进行思考:如何改进?许多高等教育研究学者和实践者都在探讨这一问题,但大多只从评估本身的视角谈改进,甚至只从水平评估的视角谈改进。本文拟超越评估,从构建我国高等教育质量保证体系的视角,对新一轮评估的方案设计谈一些想法。

一、再反思首轮评估

首轮评估被指责最多的是分类不够、指标单一、形式主义和弄虚作假等。如果换一个视角,可能会看到首轮评估的一些更深层次的问题。

一是模式选择失当。首轮评估采用的是分等模式,这种模式与评估的实际目的并不完全适应,这就降低了方法论与目的性之间的契合度,造成了评估设计上的一个固有缺陷。每一种评估模式都有其固有特性,评估模式本身并没有优劣之分,关键在它与评估目的的契合度。契合度越高,所选择的评估模式就越好。

认证模式判断的是与规定标准相比"差不差"和"有多差",关注的是"差者"(或"差项")。也就是说,是用"差者"(或"差项")与规定标准比较,因此其基本取向是向下的。这种模式能驱使"差者"(或"差项")达标。分等模式判断的是与规定标准相比"好不好"和"有多好",关注的是"优者"(或"优项"),基本取向是向上的,它能驱使争优。审核模式判断的是"是不是",即该说的"是不是"说了(目标),说了的"是不是"做了(做法),做了的"是不是"有效(效果),无效的"是不是"改了(改进)。关注的是学校自身,不做高校间的比较,基本取向是用自己的尺寸衡量自己,它能驱使学校自律。

首轮评估是在我国高等教育得到跨越式发展,规模扩张与办学投入之间的矛盾凸显,为了保证基本办学质量而进行的教学评估。在这种情况下,采用认证模式进行合格评估,其评估模式和评估目的就会达到高度契合。但遗憾的是,上一轮评估采用了分等模式。这种模式具有选优和比较功能,是一种总结性的评估模式。正是这种模式的选优功能,催生了"优秀情结",弄虚作假、形式主义等就有了滋生土壤;正是这种模式的比较功能,使评估分类显得尤为重要,不同类型、不同层次的学校怎么能用同一把尺子比较呢?

二是推进节奏太快。首轮评估用 5 年左右的时间评估了 589 所学校,平均每年 118

所，这种推进节奏在世界高等教育评估史上实属罕见。其间，2008 年评估了 198 所学校，相当于每月评估 20 所。如此密集的评估，对评估专家的遴选和培训造成了困难。评估专家的水平参差不齐，其中不乏"歪嘴和尚"。有一支好的评估专家队伍，即便评估方案存在一些缺陷，也会即时补上漏洞。

三是各方期望太高。评估的本质是价值判断，评估对象就是价值。价值是一个关系范畴，它表明价值主、客体之间的一种特定关系，即价值主体的需求与价值客体的属性之间的关系。显然，评估的功能与作用是有限的，它不可能具备教育管理的功能，更不可能具备高等教育的功能。只有当评估的结果被用于管理时，才会产生管理效果。在首轮评估中，人们将评估与高等教育存在的问题直接对应，期望通过评估来解决所有问题，将优秀率与教学质量问题直接对应，认为优秀就说明质量没有任何问题。

高校扩招后由于办学条件、教学投入、师资力量和教学管理等不足而引发的教学质量问题，其根源是错综复杂的。有些是高校自身的原因，而有些是客观原因，甚至是高等教育系统外部的原因，有些则是高等教育发展到一定阶段必然要面对的。这些问题有些是一"促进"就能解决的，但有些即是多年积累而需要一个过程才能解决的，有些恐怕是高校"力不从心"的。将评估作为一剂"猛药"，来诊治所有症状，显然有些勉为其难。高等教育和高等学校的许多问题，还需要通过其他途径解决，不要给评估搭载太多，也不要对评估期望太高，要用平常心对待评估。否则，超载就可能覆舟，药猛就可能会有副作用。

二、超越评估看评估

像上述深层次问题，很难通过对原评估方案改一改就能解决。设计新一轮评估方案，不能打"补丁"，而要"超越"，要跳出评估，站在更高的层面来思考。只有想清楚为什么要评估，才能处理好怎样评估，这需要站在高等教育质量保证体系的层面来思考。

(一)欧美的经验

20 世纪末期，欧美国家的高等教育发展从大众化阶段进入了普及阶段。高等教育规模与投入，特别是传统质量标准与多元化和多样化之间的矛盾凸显，在新公共管理运动的催生下，欧美国家掀起了一场高等教育质量保证热潮。

美国的高等教育保证制度已有近百年的历史，受高等教育地方分权和高校自治传统的影响，其高等教育质量保证制度呈现两个明显特色：一是自下而上，以地方和学校为基础；二是多样性和多元化。经过长期发展，美国已形成了教育质量保证的多种形式，包括院校认证、专业认证、联邦政府数据收集、学术项目定期评审、从业资格证书考试、大学排名和学生学习效果调查以及毕业生跟踪调查等。地方和高校有很大的自主权，这给各地各校提供了因地制宜发展各种质量保证制度和措施的可能性，从而形成了美国高等教育质量保证制度的多样性和多元化。正是这种多样性和多元化，使得每一所美国高校都能够找到自己的位置,根据自身的条件,办出特色,较好地满足了社会多样化的需求。

欧盟国家于 1999 年开始执行博洛尼亚进程,2000 年前后几年所有欧洲国家都成立了国家级高等教育保证机构,2002 年组建了欧洲高等教育质量保证协会。该协会质量保证体系是在吸收美国经验的基础上,在欧盟和国家层面上建立的质量保障体系,以相对统一和规范为特色。

该协会制定了一套高等教育质量保证标准,即《欧洲地区高等教育质量保证标准和指南》,其包括四个标准:①内外部高等教育质量保证活动的共同标准(即质量保证总标准)。②供高校使用的内部质量保证标准(即内部质量保证标准)。③供校外评估机构使用的外部质量保证标准(即外部质量保证标准)。④供国家或社会机构检查外部质量评估机构的评估标准(即元评估标准)。这是一套比较完整的质量保证标准,从内部评估到外部评估再到元评估,三者构成了一种递进和制约关系,且都必须与质量保证总标准保持一致。其特点之一是强调统一性,这必然要以牺牲多样性为代价。欧洲经济互助组织的研究表明:该协会的这种高等教育质量保证体系强化了政府和学校的一级权力,弱化了院系和专业的权力,妨碍了学术发展的多样化,不利于高等教育的长期发展。

(二)我们的选择

建立中国特色的高等教育质量保证体系是必然的,也是必需的。但首先要回答的问题是,建立一个什么样的质量保证体系。欧洲和美国的体系,尽管各自都存在缺陷,但经过多年的发展与完善,总体上较好地适应了各自国情及其高等教育发展需要。事实上,欧洲和美国体系都有可借鉴之处。我们不必完全拒绝欧洲体系的统一性和美国体系的多样性,而是要结合我国国情,在统一性和多样性之间寻找平衡点。欧洲体系的重心较高,在欧盟和国家层面;而美国体系的重心较低,在院系和专业层面。欧洲体系被批评为以牺牲学校和基层学术组织的多样性来换取国家和欧盟的统一性。它忽视了高校"底部沉重"这个基本特征,必然会遭到来自底部的抵抗。美国的高等教育能表现出较大的活力,则在于大学自治、学术自由和多样化被认为是其法宝。在借鉴欧美体系时,还需考虑行政模式的差别。在高度分权的美国,要在国家层面建立统一标准是比较困难的,而我国的行政模式与欧洲比较接近。就高等教育质量保证体系建设而言,美国、欧洲和中国形成了一个先后时序。显然,最适合我们借鉴的是欧洲而不是美国。因此,我国高等教育质量保证体系的建设思路应是:第一阶段,借鉴欧洲体系建立起重心较高的以规范性和统一性为特点的体系框架;第二阶段,逐渐转变,向美国体系低重心的多元化方向发展。为了使这两个发展阶段能前后衔接,顺利过渡,要在第一阶段的框架中为第二阶段的多元化留下足够的发展空间。

(三)体系框架

根据上述我国高等教育质量保证体系建设思路,可提出一个"143"的高等教育质量保证体系建设框架,即 1 套质量保证标准、4 种考察方式和 3 层管理模式。这个体系框架要在第一阶段(至 2020 年)搭建完成,同时为第二阶段向更加多样化的方向发展留有空间。

1 套质量保证标准:标准是统一的前提。我国高等教育刚刚经历了以规模扩张为主要特征的跨越式发展,规范化仍是质量保证的基本要求。加之我国市场机制对高等教育的牵动尚不突出,在国家(地方)办和国家(地方)管的体制下,行政主导很强势,建立一套类似于欧洲的质量保证标准是可行的,也是十分必要的,它是现阶段质量保证的基础。这套质量保证标准对高校内外部质量保证活动均做出了规范与要求。高校内部质量保证是基础、是核心,外部质量保证通过内部质量保证才能发挥作用。高校是质量保证的主体,要对高等教育质量和质量保证负责。形成质量文化,建立完善有效的高校内部质量保证体系,是高校内部质量保证的核心。质量保证体系在体现统一性和规范化的同时,应特别强调多样化和创新。对外部评估机构及其评估行为做出规范与要求,一方面是外部评估制度的内在要求(所谓元评估),另一方面也为评估主体的多元化和发展第三方评估留下了空间。

4 种考察方式:第一阶段应重点采用院校合格评估、院校审核评估、专业评估和建立高校办学状况信息系统 4 种考察方式。

一是关于院校合格评估。对未经历首次评估的新建院校采用院校合格评估方式进行评估,它大体相当于美国的院校认证,采用的是认证模式。合格评估要设定一个最低质量标准,基本上起到“准入”的作用,是高等教育的“守门员”。对新建院校实行合格评估要坚持“4 个促进、3 个基本、4 个引导”。4 个促进即促进教学投入,促进教学建设,促进管理规范,促进质量提高。3 个基本即教学条件基本达标,教学管理基本规范,教学质量基本保证。4 个引导即引导学校找准办学定位,引导学校明确培养目标,引导学校增强质量意识,引导学校谋求特色发展。此外,还应该探讨将新建院校的合格评估前移,用合格评估的方式来审定新建院校办学资格的可能性。

二是关于院校审核评估。对通过合格评估的院校进行审核评估,这是英国及其原殖民地国家比较成功的做法。从国(境)外审核评估实践和成功经验来看,审核评估评的是学校内部的质量保证体系。审核评估的基础是学校自评,它是一种由外部推动内部的评估模式,其要义是对自评结果进行“核实”,其特点是不分类、不设指标体系、不做结论。由于是按照学校自设的目标与标准进行评估,故从理论上讲每一所被评学校就是一个类。因此,审核评估自身就可解决评估中的“分类”问题。由于审核评估是用“自己的尺子量自己”,外部审核只是看“尺子对不对”“量得准不准”,故它只需规定一个评估范围,无须设置指标体系。审核时,就“范围”中的每一项关注“四个如何”,即如何说的(目标)、如何做的(做法)、效果如何(效果)和如何改进(改进)。也就是说,针对每一项内容要考察 4 个问题:目标是什么? 如何达到目标? 如何证明达到了目标? 如何进行改进? 由于学校的目标不同,这种以检查学校自身目标达成度的评估,必将起到鼓励学校办出特色的作用。由于审核评估不设统一的指标体系,不与其他学校比较,是被评学校自己比自己,故不做评估结论,评估结果用写实性的审核报告来反映,肯定成绩,指出不足,提出改进建议。因此,审核评估还能解决分等评估中的“攀比”问题。

三是关于专业评估。对于通过合格评估的院校,在开展院校审核评估的同时,还要进行专业评估。院校审核评估和专业评估是两种相对独立、互为补充的评估方式,很难相互替代或合二为一。例如,美国院校认证和专业认证独立并行,且要求通过院校认证后方可进行专业认证。从国(境)外评估理论与实践来看,院校评估侧重于管理(management),而专业评估侧重于学术(academic)。将院校评估与专业评估分开独立进行,至少有如下几个优点:①可以提高评估的针对性。一个侧重于管理,另一个则侧重于学术。②可以减小评估专家的"认知距离"。一个选择管理专家,另一个选择学术专家。③可以减少对评估院校的干扰。专业评估会起到化整为零、变总体"干扰"为局部"干扰"的作用。由于考察范围较小、问题相对集中,考察时间也会缩减。④可以精简评估专家队伍。

四是关于高校办学状况信息系统。建立高校办学状况信息系统,是高等教育质量保证的重要内容。其实,信息系统本身就是一种评估。这种评估,不受时间和空间的限制,人人都是评估专家,依据是所公布的信息,标准是每个人的价值尺度。我国也在建立高校本科教学状态数据库,已初见成效。但有两个问题值得引起重视:一是数据库不要太复杂,二是要与其他数据统计衔接。此外,建议数据库的建立不要与新一轮评估直接挂钩,或为了评估而建立一个数据库。当然,评估要核实高校信息公布的及时性和准确性,但并不是依据这些信息进行评估。

除了上述在第一阶段需要政府重点推行的几种评估形式外,要适当鼓励和引导一些民间的评估形式,如高校和专业排名、专项调查等,为第二阶段过渡到多元化评估做好准备。

3层管理模式:根据我国的行政模式和高等教育管理体制,政府对高校外部质量保证的主导作用是不宜削弱的。在上述4种评估方式中,高校办学状态信息系统当然要在国家层面建立,而其余3种评估方式可按照"谁办谁管"的原则分3层管理,即教育部以高等教育教学评估中心为主体负责开展教育部所属院校的评估,省级教学行政主管部门负责开展地方院校的评估,行业和专业协会负责开展专业评估。

在第一阶段,要构建一个高等教育质量保证管理体系。以教育部高等教育教学评估中心为主体组建全国高等教育质量保证机构,例如"全国高等教育质量保证协会"(用"协会"强调其学术性且有利于向民间组织过渡);以省、部委以及全国性专业协会为单位组建成员机构,例如"××省高等教育质量保证协会"。全国协会除了开展教育部所属院校的评估外,还要负责对下属成员协会的管理及定期评估。全国协会还要有一支学术队伍,开展高等教育质量保证研究、制定质量保证标准、推动评估基础(文化、制度、法律、政策等)建设等。这个管理体系的建立会为第二阶段向多元主体过渡打下基础。

三、审视新一轮高等教育评估——审核评估

有人认为,审核评估方案设计也要分类、要设立指标体系。问题的关键在于:如何把握新一轮评估,如何把握审核评估。也就是说,新一轮评估到底要达到什么目的。我们

认为美国高等教育认证协会(CHEA)坚持的做法是值得我们借鉴的,即当学校通过首轮评估达到合格标准以后,就应该将评估的重点转向考察学校办学目标的达成度,以帮助学校改进工作,鼓励学校办出特色,维护高等教育的多样性。审核评估模式就体现了这种思想。既然选择了审核评估模式,就应该从首轮水平评估的框框中跳出来,不要总想在审核评估方案的设计中如何体现对水平评估中存在问题的改进。事实上,这是两种不同的评估模式,由于它们有不同的特性,一种评估模式的缺点,在另一种评估模式中可能会自动消除(如分类问题)。另外,也不宜将一种评估模式的做法套用到另一种评估模式中去(如指标体系),以免破坏评估模式的固有特性。因此,在新一轮审核评估方案设计时要在思想观念上有两个突破:一是要跳出评估看评估;二是要跳出水平评估看审核评估。基于这种观点,新一轮审核评估方案设计应该是又一征程的"接力棒"而不是"打补丁"。

所以,建议新一轮审核评估的名称为普通高等学校本科教学审核评估。审核评估的目的是保证和提升本科教学质量。审核评估的指导思想是促进内涵建设,推动改革创新,完善保障机制,引导特色发展。

(一)审核评估的基本原则

审核评估坚持以下基本原则:主体性原则、多样性原则、发展性原则和合目标性原则。

主体性原则。高校是教学质量的主体。保证教学质量的责任在高校,在高校内部与教学质量相关的所有组织和个人。高校内部质量保证是内因,外部质量保证是外因,外因只有通过内因才能发挥作用。审核评估应是主动式评估,应是高校内部质量保证基础上的外部质量保证的一种方式。

多样性原则。要充分尊重高校的办学自主权,充分考虑高校办学和人才培养的多样性以及教学质量的多元化。引导高校根据国家和社会需要,结合自身条件,进行培养定位,确立培养目标,制定质量标准,形成培养特色。不是用一把"尺子"衡量所有的高校,而是用学校自己的"尺子"衡量自身。审核评估不做学校之间的横向比较,只做学校自身的纵向比较。

发展性原则。审核评估更加注重过程与结果之间的关系,更加注重资源的有效利用,更加注重过程的改进和内涵的提升。审核评估应以质量改进为导向,评估不是为了发现质量问题,而是为了使这些问题得到解决,使质量得到持续提升。

合目标性原则。合目标性是审核评估的基本方法论。审核评估实际上是一种目标导向的评估,主要围绕着"四个如何"展开,即学校是如何确定自己的目标的(如何说的)?学校是如何达到自己的目标的(如何做的)?学校是如何证明自己达到目标的(效果如何)?学校是如何改进(目标、做法、效果)的(如何改进)?

(二)审核评估方案基本框架

审核评估方案基本框架可以简称为"113",即 1 个"标准"(《普通高等学校本科教学质量保证标准》,以下简称《质量保证标准》),1 个"办法"(《普通高等学校本科教学审核评估办法》,以下简称《评估办法》),3 个"指南"(《普通高等学校本科教学审核评估校内自评指南》《普通高等学校本科教学审核评估专家进校考察指南》和《普通高等学校本科教学审核评估审核报告编写指南》,以下分别简称《自评指南》《考察指南》和《编写指南》)。

关于《质量保证标准》。与首轮评估一样,审核评估也有三个重要阶段:学校自评、专家进校考察和形成审核报告。学校自评是审核评估的基础,所谓审核主要是对自评报告进行"核实"。无论学校自评,还是专家进校考察,都需要一个依据,这个依据就是《质量保证标准》,它可起到"评估标准"的作用。

关于《评估办法》。《评估办法》是审核评估的总纲,反映了对审核评估活动的基本要求与规范。具体包括审核评估的目的、指导思想、评估原则、审核范围、评估程序(主要环节及时间节点)、专家遴选与培训、学校自评、评估报告和评估保持等。

关于《自评指南》。自评是审核评估的基础。自评工作是否到位,是审核评估能否见实效的关键。《自评指南》指导学校做好自评工作,具体包括自评工作的组织、程序、环节和要求等,并从格式和内容上对自评报告的编写提出要求。

关于《考察指南》。《考察指南》对专家进校考察行为提出要求与规范。具体包括考察内容、方式方法、日程安排和工作纪律等。

关于《编写指南》。评估报告是审核评估工作面向公众的"脸面",审核评估的价值及可信度在很大程度上是通过评估报告反映出来的。因此,评估报告的编写对审核评估至关重要。《编写指南》主要包括评估报告的内容、格式及其编写与发布程序等。

(三)审核评估的实施要点

审核评估不是打"补丁",而是超越,是我国高等教学评估实践的进步与发展,也是我国高等教育质量保证体系的进步与发展。要上一个新台阶,就会面临新问题。就新一轮审核评估实施而言,必须重视如下四个方面的问题。

一是校内质量保证体系。质量形成于过程,保证质量靠的是质量保证体系。审核评估重在过程,而其指向是质量保证体系。也就是说,审核评估不是直接评质量(结果),而是前移至过程,通过评质量保证体系来间接评质量。这也是国(境)外高等教育评估的一个重要趋势。尽管首轮本科教学评估有力地促进了教学管理,高校初步建立了内部质量保证体系,但它还不完善。我国高校的内部质量保证体系还只停留在教学管理层面,是对教学环节进行质量监控的一种手段,缺乏对人才培养的顶层设计和资源保障,没有涵盖人才培养的全过程和所有要素。此外,我国高校的内部质量保证体系只是初步具备了监督、调控功能,但缺乏改进功能。一个具有完善功能的内部质量保证体系应该具备"闭环"特征,即通过监督功能发现偏差,通过调控功能纠正这些偏差,再通过改进功能分析产生这些偏差的原因,并对系统进行改进。通过审核评估,引导高校完善内部质量保证体系,是新一轮评估的重要目标。为了达到更好的效果,应该尽快研究制定前述的《高校内部质量保证标准》,以指导高校建立和完善内部质量保证体系。

二是评估专家的遴选与培训。审核评估是一个基于事实判断的同行专家评审过程。

它不是用一把统一的"尺子"去量所有的学校，而是用学校自己的"尺子"去量学校自身。也就是说，对于每一所学校，评估专家都要面临新问题。此外，审核评估除了首轮评估所关心的"量得准不准"的问题外，还要关心"尺子对不对"的问题，所以对评估专家的要求更高了。因此，评估专家的遴选与培训，是审核评估成功的关键因素之一。评估专家组成除了教育教学专家外，适当考虑系统外（例如企业）专家和学生参与，这也是国（境）内外高等教育评估发展的一个趋势。

三是专业评估。专业评估与院校评估是一种互补关系。如果能在推进院校审核评估的同时积极推进专业评估，将会收到良好的整体效果。我国在专业评估上已有良好的基础，关键是如何进一步规划和整合。

四是信息系统。普通高校办学状况信息系统不但是高等教育质量保证体系建设的重要内容，而且与审核评估也有互补作用。院校收集、利用和公布信息，已经成为国外审核评估的重要内容。我国正在研制普通高等学校本科教学状态数据库，这对信息系统建设具有重要意义。但尚需从有效性（例如突出核心数据）、完整性（例如不限于本科教学）和可靠性（例如保证原始数据的真实性）等方面进行改进。

四、结束语

首轮本科教学评估存在一些深层次的问题，属于顶层设计的问题，难以通过修改和完善原评估方案解决。进行新一轮评估方案设计时需要超越评估，要以构建我国高等教育质量保证体系的视角来思考与规划。考虑到我国高等教育的发展现状和行政模式，在构建我国高等教育质量保证体系时，首先要借鉴欧洲模式建立起一个重心较高的以规范性和统一性为特点的体系框架，然后逐渐转变，向美国模式重心较低的多元化方向发展。我国高等教育质量保证体系的构建，应在原有基础上，尽快制定一套国家层面的质量保证标准。应重点推行院校合格评估、院校审核评估、专业评估和高校办学状况信息系统评估。尽快建立教育部、地方教育行政主管部门和行业（专业）协会层面的评估管理机制。

（原载《高教发展与评估》2011 年第 6 期，第 1-9 页）

从静默期到调整期：美国高校学生权力发展历程

李朝阳，高建芳

一、静默期（殖民地时期至独立战争）

美国高等教育以 1636 年哈佛大学的创立为始端。这个时期的大学由宗教团体创办，教士操纵着大学的管理，通过读经课、祷告等形式对学生进行宗教信仰教育，甚至对教师和学生的私人生活严格限制。耶鲁大学 1745 年校规规定未经学校当局批准，任何学生不允许公开或私下参加各种礼拜日的宗教集会，否则将根据其过失的大小予以罚款、警告或忏悔的处罚。18 世纪 40 年代为了扩大生源曾出现对学生宗教信仰的宽容趋势，1768 年哈佛大学因学校管理不当、伙食太差也爆发过学生抵抗运动。可通常来看，殖民地时期美国高校学生基本上没有权力，因此，有的美国学者称这个时期为学生权力的静默期。但是，独立战争的胜利带来了欧洲理性自由主义，宗教宽容和信仰自由也成为美国高校学生争取自由斗争的思想武器。

二、萌芽期（独立战争后至南北战争）

"柏林大学的建立不只是增加了一所大学而已，而是创造了一种体现大学教育的新概念。""美国学习德国大学学术自由的思想是从确立学生的学习自由权利开始的，最能体现德国大学学习自由的选修制则是美国学习的重点。美国早期引进学术自由观念时，主要强调学生的学习自由。"

第一，试行选修课。托马斯·杰斐逊是选修课的早期倡导者，1825 年他创办的弗吉尼亚大学是美国最早尝试选修制的高校，在美国高等教育史上第一次把来自德国的学习自由口号付诸行动。在杰斐逊的影响下，乔治·提克纳力主改革哈佛的课程体系。课程改革的呼声也在 1827 年的耶鲁校园响起。但《耶鲁报告》指出美国学院的学生在智力上尚不够成熟，对高深的学术知识尚不能准确把握，因而把选修课的权力交付学生是一种轻率的行为。《耶鲁报告》的发表无疑加强了耶鲁大学作为传统大学的堡垒作用，又由于民众认为课改导致了教学质量下降，导致选修制改革未能得到完全实施。

第二，学生反叛及学生自我管理。18 世纪末大学生的民主意识逐渐增强，反权威、争独立和摆脱学校的控制成为当时大学生的时尚，主要形式有学生反叛和学生自我管理。学生反叛即学生采取激进的行动来表达不满，对学校管理层施加影响。普林斯顿大学于

1806 年，哈佛大学于 1823 年，耶鲁大学于 1828 年都发生了学生反叛事件。这一时期最著名的学生自我管理实验发生在弗吉尼亚大学，这时的弗吉尼亚大学遵循杰斐逊的开明政策，赋予学生比其他高校更大的自由。

三、形成期（南北战争后至 20 世纪 20 年代）

第一，选修制的确立。19 世纪 60 年代以前，虽然许多高校试行选修制，但是真正促使选修制发挥全国性影响并作为一种制度被正式确立的是哈佛大学校长查理斯·艾略特，他认为："真正的大学应当给予学生最基本的东西：学生选择学科的自由和学生在一门课程或某个学科领域赢得学术荣誉的机会。"在艾略特任职的 40 年中，选修制达到鼎盛期。当然在改革之初，选修制遭到校董事会的反对，耶鲁大学校长波特、普林斯顿大学校长考什也强烈反对选修制。但由于选修制顺应了当时大学生的学习要求和美国资本主义生产发展的需要，特别是到 19 世纪末 20 世纪初，企业家向高校提供巨额资助，要求高校发展科学和应用学科。此外，进步主义教育广泛传播，以致古典课程衰落已成定势，新兴学科进入大学校园成为不可逆转的课程改革趋势，选修制的确立无疑为这一切的实现提供了契机。到 20 世纪初，选修制已占据美国大学的主导地位。

第二，分组制的实行。并不是所有的学生对自己都有充分的认识和自制力。实践证明：给予学生择课权的"度"的把握很重要。为开展好本科教育，约翰·霍普金斯大学校长吉尔曼创立了一种修正选修体制的新形式，他称之为分组制。吉尔曼曾说："在采用课程表和取消课程表之间，分组制是个折中的办法。"吉尔曼的分组制对学生选择权的限制在一定程度上避免了自由选修的一些弊端发生，已具备了后来哈佛为改进选修制而实施的集中与分配制的基本雏形。

第三，学生参与管理意识的萌发。到 19 世纪末许多高校除了赋予学生一定程度的学习选择权利外，还允许学生自己寻找住所，而且逐渐开展各种课外活动，如体育活动、办报办刊、戏剧演出和辩论等。20 世纪初期一些高校有过学生参与决策的经历，如弗吉尼亚大学于 1909 年正式实施荣誉制度，成立荣誉委员会，对学生作弊行为进行处理。荣誉委员会由 5 个系的学生会主席组成，被怀疑者所在系的学生会副主席为第六成员。学生入学时在荣誉卡上签字，承诺考试不作弊也不协助他人作弊，如受到怀疑则由荣誉委员会裁决。加利福尼亚大学也在 19 世纪末发起了学生自行管理的"高年级学生作用"活动，就是让高年级学生自行组织学生会，带动和领导低年级学生的学习和社交活动等。不过，此时学生仅参与与生活质量有关的问题的解决。在有关学校内部重大问题的决策方面仍然没有什么发言权，但它直接导致学生参与高校决策管理意识的萌发。

四、成长期（20 世纪 20 年代至 60 年代初期）

第一，选修制的改进。科南特·哈佛接任哈佛校长后认为，哈佛当时的课程有过分专业化和职业化的倾向。1945年,《自由社会中的通识教育》报告发布。该报告重点强调高等教育应从注重个人自由发展转变为注重对社会价值观的维护,但又不乏体现进步主义崇尚个人自由的印记。1951年,哈佛正式推行通识教育。这些改进选修制的措施的根本目的在于对学生的自由选课权加以控制,以加深学生在主修领域的知识深度,并保证学生在若干学科上的知识广度。

第二,学生参与意识增强。这一时期,学生参与管理的意识日益增强,参与程度也呈增长状态,学生的抗议活动也日趋频繁。加利福尼亚大学成了学生运动中心,芝加哥大学也在20世纪三四十年代举行了多次抗议活动。学生抗议的主题既与学校住宿、课程安排和教育改革有关,也与种族歧视、时事政治和外交政策有关。学生抗议是这个时期学生干涉学校事务、行使管理权力的重要方式。但此时高校学生参与管理的权力在董事会权力和教师权力的挤压下,还显得微不足道。

第三,学生评教初现。美国高校学生评价教学的理论研究和实践活动最早出现在20世纪20年代。这一时期就公开出版了用于学生评估的教学信息等级量表,即伯杜教学等级评定量表,并首次出现学生评价教学的实践活动。

可以说,这一时期学生权力缓慢增长。选修制经过多次改进逐步完善;学生参与意识增强,个别高校的学生有了参与学校管理的权力;学生评价教学的例子首次出现于美国高校,使学生争取对教师教学和教学管理进行评价的权力成为现实。

五、爆发期(20世纪60年代初期至70年代初期)

第一,学生自由被正式认可。1968年,法国爆发"五月风暴",学生提出平等化的口号。在这愈发高涨的学生运动的潮流中美国大学教授协会出版了《大学生的学术自由与市民自由》一书,明确提出保障学生的学习自由权利,得到美国其他教育团体和机构的响应。自此,学习自由作为一项独立的权利被正式认可。

第二,学生权力运动。1964年,加州伯克利大学的学生在"公民参与的民主"的口号下,发起言论自由运动,由此拉开了学生权力运动的序幕。参与权力运动的学生认为大学应当实现民主化。在1968—1969年,即学生运动的高峰期,许多高校的学生通过各种激进的校园运动,如游行示威、占领房舍、破坏校产甚至劫持校方人质等方式,争取更大的自主权力,提高自身在大学中的地位。1970年4月,美国教育理事会就校园动乱专门委员会的报告指出,在出现骚乱的高校中学生权力等校内问题成为争端的约占3/4。学生权力运动虽有一定的破坏性,但它最直接的一个成就是推动了美国高校内部管理体制的改革。1969年对美国875所高校的一项调查发现,88.3%的院校允许学生代表至少参加一个管理决策机构的工作,其中,2.7%的院校给予学生在校董会上的表决权,41%的院校允许学生作为教师选用、晋级的观察员。

第三,"学生至上"的课程设置。从20世纪60年代末到70年代初期,随着学生权力运动的发展和影响力的扩大,新的问题不断出现。学生指责现代教育与价值观念之间距离甚远,学生要求大学教育注重人性,学校应开设更多的课程,给予学生更多的选课自由。于是高校课程设置出现了迎合学生需要的现象,大学课程彻底转向以学生为中心,出现了曾引起美国社会广泛讨论的学生至上主义现象。

第四,学生评教大大增加。20世纪70年代初期美国教育委员会的一个调查表明,在被抽查的669所高校中大约有65%的高校允许在系一级机构中学生对教学进行评价。对20世纪60年代和70年代教学评价的信息来源比较来看,70年代教学评价的一个明显变化是系统的学生评价增加了。因此"20世纪六七十年代的学生获得了仅次于中世纪'学生大学'的权力"。

六、调整期(20世纪70年代中后期至今)

20世纪80年代,美国联邦政府对国内和国际政策都做出重大调整。如何处理学生个体选择与保持课程的完整性,尊重学生权力与学习自由限度之间的矛盾成为这个时期高校改革的重点之一。

第一,"学生消费者第一"的管理哲学。在美国,学生拥有用"脚"投票的权力和自由,即他们可以选择学校。从1980年开始,联邦政府对高等教育的资助呈下降态势,学校财政面临危机,学生市场的竞争空前激烈,导致了学校与学生之间关系的重大变化——"学生消费者第一"的观念在高校发展。这种以满足学生需要为目的的努力使学生的倾向和选择越来越受到重视,学生在规划自己修习的课程、教师的教学活动等方面有了更大的选择权和评价权,对于高校内部政策的形成和发展也产生了重大的影响。

第二,选修制的完善。随着"学生消费者第一"思潮的兴起,高校成了超级市场,不管是什么专业,只要能卖钱,都可以把它纳入高校的学科目录。实用的知识成为学生学习的目标,人文学科和普通教育备受冷落。面对危机,1978年,哈佛大学提出了《哈佛大学文理学院关于共同基础课程的报告》,该报告强调核心课程与选修、主修课程相结合的课程体系,既为所有的学生提供了一种文科公共教育的坚实基础,又尊重了学生的专业选择,使选修制得到了进一步完善,并成为美国各高校课改的模式。

第三,学生评教的制度化。20世纪80年代以后学生评教成为美国高校教学评价的一个重要组成部分,评价的技术也越来越现代化。到20世纪90年代初期,在所有的评价研究中,学生评价教学的研究文献是最多的,也是非常受支持的评价途径之一。目前,系统的、全方位的学生评价教学在美国高校已形成一种制度。而且有些高校还将学生评教结果作为教师升职、奖惩和课程质量评价的重要依据,这样学生不但参与了学校教学管理,而且在某种程度上也参与了人事管理,现在生评师的评价模式已经得到普遍推广。

第四,学生参与学校管理权获得普遍认可。20世纪70年代中后期学生争取权力的行为已逐步摆脱60年代那种激进的方式,取而代之的是比较理性、倾向于合作而非对抗的权力诉求,大学也思考学生参与管理这一现实问题,许多制度相应建立。于是在绝大多数高校的董事会、评议会或者校务委员会中有学生代表参加。可以说,美国高校已逐步认可学生参与学校管理。学生组织也是学生参与管理的一种最重要的方式，如地方的或全国的大学生联合参与管理的学生联合会，反映某一群体意愿的美国黑人大学生协会、种族平等代表会和美国青年自由会。1998 年 10 月，美国高校率先倡导的以学生为中心的理念，被联合国教科文组织写入世界高等教育大会宣言。

纵观美国高校学生权力的演进历程，不难发现：美国高校学生争取权力的斗争过程就是学习自由思想在美国高校的制度化过程，也是美国大学生主体意识不断增强的过程。它从最初享有管理者赋予的学习选择权，到对教师教学活动和管理的评价权，再到积极争取直接参与学校管理的参政权，形成了独具特色的学生权力模式。学生获得权力的途径由被管理者赋予到学生主动争取，行使权力的方式由间接参与到直接管理，学生参与管理的层次由低级到高级，形成了金字塔型、梯级递进式的学生权力模式。选择权、评价权和参政权不仅充分尊重和发挥了学生的主体性，促进了高校内部管理的民主和效率，还反映了高校教学管理的内在联系和学生参与教学管理活动的特殊规律。

虽然由于学生自身的原因和高校内部管理的特殊规律的限制，学生权力在其发展过程中表现出一定的局限性，比如，学生缺乏经验与精力，学生学术水平薄弱，等等，但是，总体来看，对于我国高校树立学习自由思想和学生权力意识，加强学生权力制度建设和机构建设，保障高校内部权力间的平衡方面有着重要的借鉴意义。

（原载《高教发展与评估》2011 年第 6 期，第 54-59 页）

2012 年

贫困大学生的社会支持网研究

余秀兰

　　如何帮助贫困大学生一直是政府、社会和学校都十分关注的问题。对贫困大学生的帮助和支持有不同层面。一是国家、学校、社会团体等提供的各种奖助学金，可以称为正式支持。二是来自家庭、同学、朋友等个人关系的非正式支持，这样的支持网络称为个人的社会支持网。本文研究的即这种个体的社会支持网。

一、社会网、社会支持网和社会网络分析

　　社会网络是指社会个体成员之间因互动而形成的相对稳定的关系体系。社会网络分析既是一种理论又是一种方法。20世纪90年代以来，在国外尤其是美国社会学和管理学中，社会网络已经成为一种显学。在社会学中，人们常常采用结构分析的研究范式分析问题，从研究对象在社会结构中的位置推断研究对象的特点，所以阶级、种族、性别成为他们研究的关键词。社会网络分析者认为，这种观点只看到社会文化对个人的制约，忽略个人行动的自主意识。区别于结构的分析，社会网络分析把社会结构视为一张人际社会网，认为社会互动中的关系即一种社会结构化的过程。它既关注网络的结构对行为者的制约，避免"社会性孤立"的假说，又注重行为者的行为与意义构成，有回避"过度社会化"之嫌。

　　社会支持网是社会网络的一种，指个体获得金钱、信息、情感等资源支持的网络。国外关于社会支持网的研究涉及很多方面，如社会支持网的测度、社会支持的类型、提供社会支持的关系类型、不同关系提供社会支持的特征、个人特征与社会支持网的结构与特征、社会支持网的特征及其对社会支持的影响、社会支持对身心状况的影响等。如从社会支持的类型来说，不同学者有不同的分类。巴里·韦尔曼(Barry Wellman)和斯科特·沃特里(Scot Wortley)提到几种社会支持，即情感支持、服务与经济支持、陪伴支持和信息支持。马特·范德普尔(Van der Poel)将支持分为三大类型，即情感支持、实际支持和交往支持。沃克等人则总结前人研究把各种支持归纳为情感支持、物质支持(含物资、金钱、服务)、信息和陪伴。

　　从研究方法看，提名法是个人支持网研究最常用的方法，即寻问某个问题，让被调查者自己列出所有关系以及这些关系的特征。其中由罗纳德·博特(Ronald Burt)设计的美国综合社会调查中社会网调查项目采用的方法最为简单。问卷中的一个主要问题是

"大多数人都多次与其他人讨论重要事情,请回顾一下过去的半年中您与谁讨论过重要问题?"另外,范德普尔的社会支持网测量方法也比较有名,问卷中的问题涵盖情感支持、实际支持和社会交往三个方面,大部分问题以一种假设的方式提问。如"假如您心情压抑想同人谈谈,您会找谁谈这些问题?"范德普尔的测量因为涵盖面广而被广泛运用,但由于是以假设的方式提问的,对了解实际情况可能有些不足。

本文将借鉴上述分类方法和研究方法。

我国关于社会(支持)网的研究起步较晚,最早的研究成果发表于 1990 年,是阮丹青等关于天津城市居民社会网的分析。之后的研究逐渐多元与丰富,如老年人社会支持网的研究、流动农民社会支持网的研究、女性进城务工人员的社会支持网研究等。关于贫困大学生社会支持网的研究更迟,基本上是近几年的事,而且研究论文的数量也不多。已有的研究涉及的方面有社会支持网的特征(如规模、构成等),贫困生对社会支持的满意度,社会支持对贫困生身心健康的影响等,并得出了一些结论。如学校、亲戚或兄弟姐妹主要提供工具性支持,同学、朋友、网友、恋人主要提供情感和精神上的支持。在网络的利用上,规模小并存在大量隔离人群。在支持渠道上,以强关系和非正式关系为主,弱关系的非正式支持作用发挥得不好。在需求上,工具性需求高于精神性需求。网络规模不大,趋同性高,异质性低。这些为数不多的研究引导人们关注贫困生社会支持网问题,但也有很多继续研究的空间。

首先,一些研究得出不一致的结论。如石春燕对 H 省师范大学的研究表明,贫困大学生获得最多的社会支持来自父母,再就是同学、朋友和老师。而狄金华对城乡大学生的情感支持网研究则发现,城乡大学生的情感支持网中亲缘比例较低,非亲属的作用大于亲属,进而提出当前大学生是"忘亲的一代"。其次,除了狄金华对城乡大学生情感支持网进行比较研究外,大部分对贫困生支持网的研究仅限于贫困生,并没有非贫困生作参照,而且贫困生的标准也不清晰。此外,对支持网的构成研究较多,网络的其他特征较少被关注。对支持网进行笼统研究居多,研究情感、经济、信息、交往网的较少。从研究方法看,采用自制问卷和偏向于心理学的量表较多,采用社会网络分析视角的较少。

本文试图在这些方面做些尝试,以丰富贫困大学生社会支持网的研究。

本文借鉴前人研究和大学生的具体情况,把贫困大学生的社会支持分为情感支持、经济支持、信息支持和交往支持。具体方法是借鉴上述支持网研究常用的提名法,并结合贫困大学生的具体情况,提出情感、经济、信息和交往等方面的 4 个问题,要求回答者回答所有人数,再按重要程度填写前 5 人(不足 5 人的填写全部)的相关信息资料。这 4 个问题是:

①过去半年中,您心情不好时,找谁谈过心?(情感支持)

②过去一年中,当您手头拮据时,向谁借过钱?(经济支持)

③当您在选择大学、寻找勤工助学机会或寻求考研、出国机会时,谁提供过信息?(信息支持)

④过去半年中,谁陪伴您度过闲暇时间?(交往支持)

本文的调查资料来自笔者本人对江苏省苏北和苏南两所学校的问卷调查,一所是师范性大学,一所是综合性大学,抽样方法是班级整群抽样,兼顾专业。由于贫困生的标准比较难确定,本文从户籍、月消费水平、与现在生活圈相比的相对经济条件、是否弱势人群等维度考虑,即把农村籍大学生、月消费水平在 300 元以下者、家庭经济收入在当前生活圈中处于比较差或很差者、属于某种特殊的弱势人群者(城市低保家庭、农村五保户家庭、父母双方或一方下岗、本人在社会福利机构长大、家庭成员中有残障者或长期患病者等)视为相对贫困者。本次调查收回有效问卷总数 350 份,其中农村籍的有 185 人,约占52.9%;月消费水平 300 元以下的有 54 人,占 15.4%;与现在生活圈相比,经济条件差及比较差的有 83 人,占 23.7%;属于某种弱势人群的有 80 人,占 22.9%。一般认为,贫困生约占在校生总数的 20%左右。对数据的统计分析使用 SPSS 分析软件。

二、贫困大学生社会支持网的特征

(一)网络规模

网络规模即网络成员的人数。一般来说,网络规模越大,所能提供的支持越多。但也有研究认为,网络规模与支持提供间的关系比较复杂,经济支持网和信息支持网的规模要小于情感支持网和交往支持网。农村籍大学生和经济条件相对差及比较差的大学生的信息支持网都小于其相对应的非贫困生。弱势人群的经济支持网最小,仅 2.89,不过方差检验结果,其差异并不显著。在其他方面,各种贫困生的网络规模并不存在劣势,反而大于其相对应的非贫困生。特别是月消费 300 元以下者的交往支持网和情感支持网、弱势人群的交往网都明显大于其对应的非贫困生。

(二)关系构成

关系构成主要考察各种关系在不同支持网中所占比例。在不同支持网中,不同关系的重要性是不同的。本文把它们区分为亲属关系(父母及其他亲属)、当前同伴关系(同学、朋友、恋人等)、老关系(老乡、邻居、老同学等)、师生关系(各类老师)及其他关系。

情感支持网。当前同伴及亲属关系所占比例较高,平均比例分别是 40.76%和39.34%,其中贫困大学生情感支持网中当前同伴关系比例总体上要高于非贫困大学生,亲属关系的比例却低于非贫困大学生,但统计检验结果并不显著。教师所占比例最低,平均只占 1.24%,月消费水平低于 300 元的大学生的情感支持网中,教师比例只占到0.85%。同样,贫困与非贫困大学生情感支持网中教师所占比例不存在显著差异。

经济支持网。当前同伴所占比例最高,平均占到 66.41%,各种贫困生与非贫困生的差异不显著。其次是亲属关系,平均占 25.70%。其中,农村籍学生、经济条件差与比较差的、弱势人群的经济支持网中的亲属关系比例低于其相对应者(城市籍学生、经济条件一般及以上者、非弱势人群),而且城乡学生的差异在 0.05 水平上显著。教师所占比例仍是最低的,各种贫困生的经济支持网中教师所占比例都是 0。

信息支持网。亲属关系所占比例最高,平均占 51.90%。但各种贫困生的信息支持网中亲属关系的比例都低于非贫困生,而且其中的农村籍学生与城市籍学生、经济条件差与比较差的学生和一般及以上的学生之间的差异分别在 0.05 和 0.01 水平上。老师在信息支持网中的平均比例是 16.82%,在各种支持网中占比最高。而且老师的比例在贫困学生信息支持网中更高,经济条件差及比较差、弱势人群与其相对应的人群相比差异显著。

交往支持网。当前同伴是主要构成,平均比例占 76.55%。在各种贫困生的交往支持网中现在同伴的比例更高,其中农村籍大学生、经济条件差及比较差的学生明显高于其相对应的非贫困大学生。交往支持网中,老师所占比例仍很低,平均为 0.12%,贫困生与非贫困生的差异不显著。

简单归纳如下。

第一,当前同学与朋友及亲属为贫困大学生提供最重要的社会支持,前者主要提供交往支持、经济支持和情感支持,后者主要提供信息支持、情感支持和经济支持。相对于非贫困生,当前同学与朋友对贫困生支持作用更大,亲属支持作用则稍小(特别是信息与经济支持)。

第二,老师在贫困大学生的支持网中所占比例低,特别是经济支持网,是 0 比例。其次是交往支持网,比例也只是百分之零点几。在信息支持网中,老师比例稍高,最高为弱势人群信息网中 23.59% 的比例。换个角度看,被调查大学生的各种支持网中无一个老师的平均比例分别是情感支持网 96.3%、经济支持网 99.7%、信息支持网 58.7%、交往支持网 99.4%。月消费水平 300 元以下者和经济水平差或较差的贫困大学生的经济支持网中都没有老师。

第三,老乡、邻居、老同学等各种老关系在贫困大学生的社会支持网中作用一般。比例最高的是情感支持网,平均比例是 18.08%,比例最低的是经济支持网,平均比例为 7.42%。比起城市籍大学生,农村籍大学生的支持网中老关系的比例更高,特别是在经济支持网中所占比例显著高于城市籍大学生。在其他类贫困大学生的支持网中,老关系的比例则低于非贫困生,特别表现在交往支持网中。

(三)网络密度

网络密度主要用以衡量网络成员相互关系的程度。如果网络中所有成员只与被访者单线联系,那该网的紧密程度为零。如果该网的所有成员都有密切的关系,其紧密度就是 100%。此外,一般还用互不认识的成员的对数占所有成员组成的对数的百分比和关系非常熟悉的成员占所有成员组成的对数的百分比来表示。

在大学生的支持网中所有成员都互不认识的比例(48.20%)远远高于互相都认识的比例(23.56%),网络的平均密度是 0.424 8。从贫困生与非贫困生比较来看,各类贫困生支持网中互不认识的比例都高于其相对应的非贫困生。除农村籍大学生的网络密度略大于城市籍大学生外,其他类贫困生的网络密度都低于其相对应的非贫困生,但差异都不显著。这表明,大学生的支持网密度并不高。这是因为大学生一般都离开家庭住校生活,他们支持网中的亲属关系、老关系与当前同伴不熟悉的居多,贫困大学生的这种情况更为严重些。一般认为,密度高的网络更有利于交流和协调,能够使网络成员得到更多的帮助。

(四)网络的趋同性

网络的趋同性指调查对象与其网络成员在某些社会特征方面的相似性,常常用具有同一特征的成员占网络成员的百分比来表示。本文主要考察户籍及经济状况的趋同性。

从户籍来看,被调查者的支持网的成员与被调查者在户口方面呈现比较高的一致性。其中,情感支持网的趋同性最强。农村籍大学生情感支持网中平均有66.17%的成员与被调查者一样是农村户口,29.9%的农村籍大学生的网络成员全部是农村户口,网络成员没有一个农村户口的农村籍大学生只有5.1%。相对应的,城镇籍大学生的情感支持网中农村户口所占比例较低,69.6%的城镇学生的情感支持网中没有一个农村户口。同样,农村籍大学生经济支持网、信息支持网和交往支持网中的网络成员中农村户口的比例也较高,并且明显高于城市大学生各网络中农村户口的比例。

在经济情况方面,这里只考察一个维度的贫困生,即与周围人相比经济条件差及较差的(以下简称"贫困生"和"贫困者")与经济条件一般及以上的(以下简称"非贫困生"和"非贫困者")。调查结果表明,贫困生的各种支持网的成员在经济状况方面与他们本身的一致性并不高。但比起非贫困生,他们的支持网中贫困者的比例要高些,特别是情感支持网和信息支持网,在0.001水平上差异显著。另一方面,非贫困生的各种支持网成员与非贫困生本身在经济状况方面呈高度一致性,其各种网络成员非贫困者的比例分别为95.05%(情感支持网)、94.91%(经济支持网)、97.43%(信息支持网)和96.13%(交往支持网)。

(五)网络异质性

异质性主要比较网络成员之间某些特征上的差异,而非与调查者之间的关系。其含义是从某社会网中随机抽取2人,这2人在某方面不属于同一群体的概率,数学上以 $1-\sum pi^2$ 表示。这里仍只考察户籍与经济情况两方面的异质性。在户籍方面,所调查学生各类网络的异质性并不高,而信息支持网最低,只有0.159 2。各类贫困生各种支持网的异质性均大于其相对应的非贫困生。其中农村籍大学生与城市籍大学生差异最为显著,农村籍大学生各种支持网异质性均明显大于城市籍大学生。

在经济情况方面,所调查学生各类网络的异质性都很低。各类贫困生各种支持网的异质性都大于其相对应的非贫困生。其中月消费水平300元以下、经济条件差及比较差、弱势人群与其相对应的非贫困生相比,在情感支持网、经济支持网和信息支持网中,其差异都呈显著水平,贫困生网络的异质性明显大于非贫困生。

三、结　　论

综合上面的调查结果,可以得出以下结论。

第一,从总体上看,贫困生的社会支持网与非贫困生的社会支持网存在许多共同之处。在规模上,经济支持网和信息支持网规模小于情感支持网和信息支持网。在关系构成上,当前同伴构成最主要的关系来源,特别体现在交往支持网、情感支持网和经济支持网上。亲属关系也相当重要,主要体现在信息、情感和经济支持上。老师在信息支持网中的比例稍高,在情感、经济、交往支持网中的比例都极低。此外,各种支持网都有低密度和低异质性的特点。这些结论与他人研究有一致性的地方,也有不同的地方。在关系构成方面,与狄金华和肖群鹰等的发现一样,同学及亲属占据支持网的重要位置。不同之处是,本文发现当前同伴关系不仅提供重要的情感及交往支持,也提供重要的经济支持。可能因为本文所界定的经济支持(调查的是一年来的借钱情况)与他人研究不一样,说明当前同伴在提供经济支持方面的重要性。

第二,贫困生的社会支持网与非贫困生的社会支持网也存在一些差异,最明显的区别表现在网络的趋同性方面。农村籍大学生的支持网中农村籍成员比例显著高于城市籍大学生支持网中农村籍成员比例,贫困生的支持网中贫困者的比例也高于非贫困生支持网中贫困者的比例。从网络的异质性看,各类贫困生在户籍及经济状况方面的异质性都高于其相对应的非贫困生。在网络密度上,贫困生低于非贫困生,虽然差异并不显著。所以,与非贫困生相比,贫困生的社会支持网密度更小,异质性更大。在趋同性方面,网络成员中农村户口者和贫困者所占比例更高,这都表明支持网所提供的支持可能会相对不足。

从关系构成来看,虽然当前同伴与亲属都在支持网中占最重要的位置,但与非贫困生比较,贫困生支持网中当前同伴的比例更高,亲属的比例相对较低。这表明,贫困生的亲属所能提供的支持不及非贫困生。这显然也是符合常识的。贫困生的亲属一般也是相对的弱势人群,所以无论在信息支持还是经济支持上都不如非贫困生亲属。在情感支持上,贫困大学生与其亲属的差距也相对更大,或更不愿意依赖亲属,所以也不如非贫困大学生。老师在大学生的支持网中所占比例普遍低,只是在信息网中比例稍高(其平均值也不及亲属和当前同伴),但相对于非贫困生,贫困生的信息支持网中老师的比例总体上更高些,特别是经济条件差及比较差、弱势人群与其相对应的非贫困生相比差异显著。这说明在信息获取上,贫困生更善于寻求老师的帮助,但也说明贫困生获得信息的其他渠道少。老乡、老同学、邻居等在大学生支持网中的作用一般或偏小。与城市籍大学生相比,农村籍大学生老关系的作用更大。特别是在经济支持网中,老关系所占比例显著高于城市籍大学生。其他类贫困大学生的支持网中则没有这样的现象。这说明地缘关系对以地域区分的城市与农村籍大学生的影响更大。

由上述分析可知,相对于非贫困生,贫困生的个体支持网更为不利,如亲属所能提供的帮助更少等。这些仅仅依靠贫困生个体的力量显然是很难改变的。除政府和学校正式支持外,还要鼓励非正式支持,如老师和同学的支持。除信息网之外,老师几乎未起作用。所以,老师应该主动关心贫困生,主动为贫困生提供各方面的支持。鼓励非贫困生多与贫困生交流,与他们做朋友。此外,贫困生自己要主动寻求帮助,如在情感或经济等方面遇到问题时,主动与老师和同学沟通。

(原载《高教发展与评估》2012 年第 1 期,第 33-42 页)

历史坐标中美国研究型大学四种评议会模式

甘永涛

　　在历史的视野中,我们看到有四种类型的美国研究型大学评议会模式,即欧陆模式、功能模式、冲突模式和影响模式。欧陆模式的大学评议会主要以约翰·霍普金斯大学为代表。这种类型的评议会发生在 19 世纪 80 年代,基本上是在借鉴西方惯例并吸取理论界意见的基础上形成,主要通过大学行政机构直接颁布,而不是从大学实践中演绎发展形成。功能模式的大学评议会则以密歇根大学为代表。这种类型的评议会发生在"大学运动时期"。在这一时期,大学被认为是知识的生产者,评议会是某种建立在知识基础上的机制。冲突模式主要以弗吉尼亚大学为代表。此种模式的评议会是一种异化了的评议会,它创建的动力主要来自教师主动参与,宣称他们自身在大学治理当中的地位与权力。此种类型的评议会虽然保持传统评议会的一些功能,如课程、聘任以及指导,但总是被其他教师参与形式所替代,并与行政权威保持一种冲突关系。影响模式主要以犹他大学为代表。这种类型的评议会通常是大学变革的产物,认为大学亟待一个新的治理结构来维护教师权利。影响型评议会在治理大学的过程中有着合法权力,通常有着传统的选举机制和组织结构,并与功能型评议会有一些共通点,他们同样关注教师的传统事务。

　　在美国研究型大学中,几乎所有评议会模式都可以在各州找到,即使在同一个州,也往往有不同的模式。即使模式相同,具体做法也可能有很大的差异。本文的重心在于从历史分析的角度来对美国研究型大学评议会制度进行全面考察,并通过案例大学的分析来了解其现实状况。

一、欧陆模式

　　1880 年,美国研究型大学史上第一个教师评议会出现在约翰·霍普金斯大学,评议会的成立与吉尔曼办学思想有着莫大的关系。吉尔曼是德国大学学术自由这一精神的积极吸收者,他仿照德国柏林大学模式创建了约翰·霍普金斯大学评议会。但吉尔曼不是一位机械的模仿者,他主张借鉴德国大学的经验,结合美国高等教育的实际,提倡教学和科研相结合。

　　1874 年 12 月,吉尔曼受约翰·霍普金斯大学董事会之邀担任约翰·霍普金斯大学的第一任校长。董事会在对吉尔曼的邀请信中就表明,"这所正在创办的大学将不会被政府所控制,也不会被教派关系、地区偏见所束缚。它是完全可塑的,董事会也不会横加干涉,不会有意的制造障碍或提出吹毛求疵的反对,校长和董事会对学校的建设拥有全权"。吉尔曼在《大学的创立》(*The Launching of University*)一书中也提到,约翰·霍普金斯大学中"每个系的领导在自身发展中都享有最充分的自由,他们能选择自己的副手,制订自己的研究计划……董事们也很明智地避免对教员进行干涉"。吉尔曼认为,教师和学生都应该自己制订发展计划,给予他们的自由越充分,他们取得的进展就越大。正是吉尔曼对"自由"的追求和渴望,在约翰·霍普金斯大学中,产生了一种可贵的甚至在美国教育史上都独一无二的精神——工作的激情、成员间密切合作和理智判断力。以上述大学理念为基础,吉尔曼为约翰·霍普金斯大学列出 12 条办学原则,并制定了具体的大学规划。吉尔曼的规划中包含了教师治理制度。在这一规划的蓝图中包括"大学校长的地位、董事会的位置和教师对决策进行评论和批判的权利"。他提议副校长、院长和教学秘书都可以从教师中竞选。吉尔曼并没有将学术委员会的创建计划立即付诸现实,而是与教师进行反复地讨论,他也并不想将这一计划规定得过于详细。他认为,这样有利于他的继任者们有更大的发挥空间。吉尔曼制定"一致同意"的规则,但倾向于大学内部事务的主要责任保留给学院。

1880 年,董事会和吉尔曼具体讨论教师治理问题,并同意创建学术委员会(评议会)。该委员会成员包括大学校长、院长、董事会成员和教师。尽管这一评议会存在许多欧陆大学评议会的痕迹,但也存在显著的美国特色。吉尔曼称:"……将不遵循任何单一先例,在现有的资源中获得经验和榜样,同时必须适应美国的大学以及政府。"学术委员会有广泛的权力。"主持讲座的教授一直是教学领域的主宰,他们还是科研领域的主宰,教授团体对学院和大学进行集体统治,主要垄断课程、教师任用和研究方法等方面的决策权。"由于教授的权力比较强,在大学和下属学院这两级的行政管理比较薄弱。教授们不仅掌握着资源的分配和使用权,还有一定的人事权,在学校中担当着关键性角色。大学以正教授为主体负责制定学校的一切法令和规定,选举正副校长并接受和审议校长的年终报告。正教授在评议会中拥有绝对多数的席位和表决权,学校人员的任免需要先征求评议会的意见。

但该委员会在本质上采取的仍然是一种寡头治理模式,委员会当中缺乏青年教师代表,出于对吉尔曼的敬畏,决策过程中委员们很少有异议。1882 年,学院咨询委员会成立,其成员由各学院的大学教授代表组成。1883 年,大学研究委员会成立,该委员会负责教育研究事务,成员由各学院副教授组成。教师权力机构得到很大的改善,但仍旧很难触及董事会权力范围等问题。

二、功能模式

密歇根大学评议会创立于"大学运动时期"。大学规模的扩大使其需要一个机构去专门处理大学教师事务,大学开始关注研究与教师专业化,并将评议会的创建作为大学现代化进程的一种方式。密歇根大学评议会成立于 1906 年,它在借鉴欧陆大学惯例并吸取理论界意见的基础上形成，目标在于使密歇根大学成为一所真正的大学，认为评议会是某种建立在知识基础上的机制，它的运行建立在对知识的推崇之上。

1838 年，根据密歇根州立法设定，无论教授的数量多少，学术事务应独立执行。19 世纪，董事会给予教师部分自主权并对某些事务进行咨询。1848 年，大学董事会与教师关于建立大学兄弟会的问题而发生争论。1851 年，董事会就此事解雇文化、艺术、自然科学学院四分之三的教师，这一事件使得董事会与教师的紧张关系达到顶峰。1852 年，董事会聘用塔潘为密歇根大学第一任校长。塔潘曾在德国大学学习，他按照德国大学的精神在密歇根大学开始改革。1859 年，在塔潘的努力之下，教授会被冠以"评议会"，但由于董事会与塔潘之间关系日益紧张，作为校长的塔潘失去了很多权力，并在 1863 年辞去校长职务。该评议会的意义实际上仅仅是大学教师聚会的场所而已，塔潘的改革虽然失败了，但意义深远。

1906 年至 1907 年，作为治理机构的评议会委员会建立，该委员会的成员由大学校长、学院院长以及各个学院的教师代表组成。该委员会是以纽约州立大学和法国大学（尤其是拿破仑大学）为榜样，这种榜样证明了一种集中的、世俗的和无所不包的州制度。纽约州立大学创建于 1861 年。这所大学控制和管理整个州教育事业或州级学校的"大学"。它的职权范围扩大到管理本州各级各类学校、学院和大学。这是一种由州控制的、集权的和世俗的教育机构。"密歇根大学评议会委员会的形成代表了 20 世纪大学新的组织模式的标志。教师和行政人员地位平等并相互制衡，院长由董事会和校长任命，教师则由同行评议和选举。"虽然在大学权力天平上行政与学术两大组织不可能真正对等，但学术评议会的诞生代表个人独裁时代的终结。1928 年，大学事务评议会委员会（Committee of the Senate on University Affairs，CSUA）成立，该委员会是大学事务评议会咨询委员会（Senate Advisory Committee on University Affairs，SACUA）的前身。其成员只由各个学院推举的教师组成，并被授权听取大学全体教师的建议，不管是不是评议会成员或者行政人员。事务委员会可对评议会委员会进行咨询和建议。

大学评议会委员会是大学学术事务的决策机构，负责审核学校与外界签订的协议，批准学校的预算与决算，审议新的教学与科研单位的建立，分配教学单位、科研单位和各个行政部门的经费，负责审议大学校长提交的预算草案，并核准教学与科研单位预算，享有对教师员工的纪律制裁权，并将本组织的某些职权委托给校长行使。事务委员会是大学的参谋机构，享有提出建议与形成提案的权利。校长对大学评议会委员会有审议权，大学事务评议会委员会有建议与咨询的权利。大学评议会中的事务委员会承担大学的学术事务。有关新课程的开设和学术方面的决策都由事务委员会商讨后提交大学董事会。此外，作为大学评议会的主席，大学校长与教学科研单位负责人定时讨论学术政策事项。

1930 年，大学委员会成立，该委员会由 34 位教师、学院院长和高级行政管理人员（总共 22 人）组成，每月召开一次全体会议，对大学事务与教师相关的改革法规进行讨论。1937 年，CSUA 由 SACUA 取代，成员则从评议会中推举出 8 名教师以及从院长委员会中推举 4 名院长组成。1948 年,密歇根大学再次对教师治理组织进行重组,摒弃大学委员会并扩充 SACUA,建立若干附属委员会,如教育政策、物资设备和公共关系委员会等。委员会的分解使得教师和行政人员的矛盾进一步激发。1965 年,密歇根进行最后一次重组,大学评议会成立了评议会议会,由 65 位评议会成员组成,由各学院按一定比例进行推举,议会被称为"合法性臂膀"。评议会委员会仍旧存在但从不召集会议,它的功能由议会所取代,而 SACUA 则保留咨询和建议功能。

密歇根大学评议会的特点主要体现为教授与科层机构相结合。教授一直是教学领域的主宰,他们还是科研领域的主宰,教授团体对学院和大学进行集体统治,垄断课程、教师任用和研究方法等方面的决策权。在功能模式下,评议会的运行总是通过代表制的形式维护教师利益。此种模式的评议会成员通常包括系主任与其他行政管理人员。评议会的任务由治理文件(大学章程、法规、规章等)规定,并由下属委员会分担,评议会工作的执行有正式的工作程序和选举。在大学中,教授不仅掌握着资源的分配和使用权,还有一定的人事权,在学校中担当着关键性角色。功能型评议会关注的焦点在教师的传统领域,如课程、教师晋升和终身教授聘任制政策以及学术标准等,对非学术标准事务没什么影响。从某种程度看,此种类型的评议会的权力是有限制的,他们的责任局限于对行政进行建议与咨询,他们的主要功能在于保护教师的权利与地位。

三、冲突模式

冲突模式之下的评议会主要处理仪式性事务,它所起到的作用具有象征性意味。此种类型的评议会对大学实质性事务没有兴趣,对大学治理几乎没有影响。在仪式型评议会里,大学校长的权力非常大。但是,不管评议会作用如何,仪式型评议会发挥着一些潜在的功能。冲突型评议会一般无实际效用,此种类型的评议会总是被其他教师参与形式所替代。它虽然保持了传统评议会的一些功能,如课程、聘任以及指导,但与行政权威保持一种冲突关系。这类院校历史比较短,评议会或教师委员会的力量相对较弱,教师通常通过集体谈判的方式才能争取到与其他院校教师同样的权益,管理当局被迫见证了教师工会组织的日益强盛。新建的工会完全替代或部分替代大学评议会和系务委员会等传统权力组织,教师较多地借助工会力量维护自身权益。

弗吉尼亚大学是 1818 年获得弗吉尼亚州议会特许成立的。州议会规定,大学董事会成员由州长任命,学校在任何时候和任何问题上都将由州议会控制。这种由州议会直接控制州立大学的管理模式,开创了美国政府直接管理大学学术事业的先例。从建校至奥德曼校长上任之前,弗吉尼亚大学一直由教授会统领大学事务,实行主席轮流制。1925 年,弗吉尼亚大学评议会在一群激进的教师倡导下正式成立。1926 年,评议会正式召开第一次全体会议,由此,弗吉尼亚大学开始步入共同治理时代。

杰斐逊担任弗吉尼亚大学董事会主席之时,为防止行政权力的集权管理,在他的行政系统设计蓝图中,并没有设立大学校长职位,由教授会轮流主持大学事务。每年举行一次主席选举,这可能与当时绝大多数大学校长是由牧师担任有关,当然这与杰斐逊深受魁奈和其他法国教育家的方案影响也是分不开的。杰斐逊创办弗吉尼亚大学的宗旨是批判地综合所有的外国影响,使它成为一所与众不同的美国式机构。

杰斐逊的行政系统是以中世纪大学时代的小型同乡会组织为原型。例如,巴黎早期教师大学的行政管理并不复杂,学生与所在大学的联系是短时期的,行政管理上的连续性易于被打破。通常被称作校长的学校首席行政官员是从高级教师中遴选出来的,其任期也不长。校长的权力有限,在处理校外事务方面,权力似乎更有限。因为学校的规模都很小,学校的作用也不大,繁杂的行政机构在绝大多数情况下是没有必要的。

由于重大事务最终都由政府决定,杰斐逊时代的弗吉尼亚大学领导人实际上既无权力也无责任考虑学校的决策问题。失去决策权的大学只负责日常学术事务的管理,而这些事务的绝大部分决定权又主要集中在教授手中。因此,在弗吉尼亚大学的内部管理上,呈现出倒置式的管理特点,越往上级权力和责任越小,掌握于教授手中的权力呈完全分散的状态,组织调控的能力和价值都很低。弗吉尼亚大学的这种内部管理制度体现了教授治校的特点。一方面它支持政府直接管理的体制,另一方面又为教授提供了更多的自主权和自由权。

奥德曼的出现则改变了这一治理模式。1896 年,弗吉尼亚大学董事会起草遴选大学校长的提议,并建议每届校长任期 4 年,负责大学的日常事务运作,教授会主席职位仍旧保留,但权力受到更大的限制。这一提议遭到教授会的极力反对,认为这一提议违反杰斐逊的民主理想,违背大学宪章。历经种种困难,直到 1904 年,奥德曼接受董事会的邀请成为弗吉尼亚大学第一位校长。奥德曼致力于发展一所巨型大学,他是一名精力旺盛的行政管理者。他在任期内创建了 5 个学院,并建立了新的图书馆,还创办了暑期学校等。

奥德曼一上任便对弗吉尼亚大学进行系统改革。教授会主席的主要权力被转移到院长手中。奥德曼担任综合教授会主席,这一席位的权力比其他各学院的教授会主席的权力更大。综合教授会下设若干委员会,各委员会对不同事务进行负责。

1925 年,弗吉尼亚大学教师发表《大学评议会委员会成立的报告》,并提交董事会,声称各单位应各司其职。该报告对评议会的选举、资格限制与组织结构都做了详细的规定。除授予学位,大学评议会拥有大学综合教授会所有的功能和责任。同时,评议会需在大学校长的监督之下做出任何决策与颁布任何法令,并需综合教授会审议通过。1925年 12 月 17 日,评议会正式成立。

1926 年 10 月 20 日,评议会召开第一次会议。根据会议记录,评议会的责任范围:大学所有阶段的学位授予;调整学位的条件,尤其是学士学位;运动法规;有关学生俱乐部的法规;假期的创建;获得学生荣誉委员会的邀请与交流;考试行为法规;有关所有学院的法规;超出一个学院的法规;根据具体情况,大学校长有关任何可能损害大学利益的事务,应听取大学综合教授会的评论与建议。

20 世纪 60 年代,弗吉尼亚大学评议会得到进一步发展。1969 年,学生呼吁评议会应该对学生开放,学生应该在课程改革上有自己的声音。1972 年,评议会再一次重组,其改革主要集中在成员构成比例的调整方面。1973 年,关于是否和其他学院共同参与州议会开始进行讨论。

经过一系列的改革,弗吉尼亚大学评议会制度逐步得到完善。但由于弗吉尼亚州政府控制学校的大部分事务工作,而教学科研活动基本由讲座负责,评议会实际没有更多工作,即使有一些工作,其最终也是以平衡每个教授的利益为结果。

四、影响模式

影响型评议会在治理大学过程中有合法权利,此种类型的评议会通常有传统的选举机制与组织结构,并与功能型评议会有一些共通点,它们同样关注教师传统事务。在影响型评议会的大学中,有大学治理综合评议会控制和董事管理与行政控制两种形式,大学权力主要掌握在董事会和评议会手中,他们分管行政权力和学术权力。董事会的主要职责是筹划经费、制订计划、维修设备以及正式批准教师任命,因此,其成员中有一半以上来自校外各界人士,评议会拥有制定大学学术政策的全部权力。二者由大学校长总体控制和协调。校长是评议会和理事会之间的主要联系人,往往扮演着行政首脑和学者代表的双重角色。校长作为评议会主席及其下属委员会主席,通过提出学术和行政方面的政策建议来行使其权力并发挥影响,把下属各院系联系起来,主要起到平衡学术权力与行政权力的作用。犹他大学是此种模式的典型代表。

在犹他大学管理委员会(评议会)成立之前,教师仅对学生纪律和课程拥有自主权。1913 年,犹他大学教师通过"Great Debacle"事件从而改变了这种状况。在这场行政与学术之间的对抗中教师取得了完胜。该事件的结果使得犹他大学管理委员会得以成立,改写了犹他大学的寡头治理模式。

1913 年,犹他大学经济学教授乔治·科赖因银行垄断的观点触犯了银行的利益而遭解聘,这一事件后来成为犹他大学教师集体辞职事件的导火索。科赖是当时美国著名的经济学家,他公开批评政府的银行货币政策,最终遭到解雇。另外 4 名教授也无故受到牵连而被犹他大学校长辞退。犹他大学校长在盐湖城报纸上宣称,环境的改变使得改革成为必要。甚至对于被辞退的教师也未作任何说明,这一举动迅速地引发大规模的争论与对抗,很快在盐湖城报纸的头版刊登。这一事件引起学界的普遍不满,犹他大学的另外 14 名教师也愤而辞职,以示声援。但董事会对犹他大学校长持支持态度,信息的不透明和对于解雇事件的质疑,使得犹他大学各社团组织(大学生组织和校友协会)成立了专门的委员会,并进行大规模的调查。这一事件迅速成为当时人们关注的焦点。

这一事件引起美国大学教授协会创始人乔洛伊夫的注意。他决定接受犹他大学教授的申请,展开自美国大学教授协会(American Association of University Professors,AAUP)成立以来的第一次调查。他亲自前往盐湖城调查这一"违反学术自由事件"。但 AAUP 调查困难重重,一直延续到 1920 年才给出关于此事的第一份报告。乔洛伊夫在报告中指出:"犹他大学董事会没有正确的理由解雇其校内教授,没有采用任何形式裁决听证会,并允许未经证实的流言或谣言作为事实,严重地违反学术自由。"最后,AAUP 在其官方网站以及《公告》上发布报告。

AAUP 报告不无积极影响。在地方政府、州政府和公众的监督下,犹他大学董事会采取有关教师参与治理的系列改革,教师关系委员会也因此得以建立。

在高度的争议中,一群教师提出建立新的管理委员会,其成员由教师和行政管理人员构成。因来自公众、校友、学生和教师的压力越来越大,根据教师关系委员会的提议,以及 1915 年 3 月 27 日,校务委员会召开一次特别会议,其中少数行政管理人员认为应该认真考虑有关情况。会议决定成立 5 个教职关系委员会和 5 个委员会,且受教授会的监督,同时向董事会报告。

管理委员会的成立为教师参与大学治理提供了一个有意义的窗口。该委员会于 1915 年 4 月 5 日召开第一次会议,建议其下设 7 个委员会。在其后的一次特别会议上,教师关系委员会决定管理委员会由大学校长、院长和教授会推举的 5 名成员组成,并报董事会批准,确定有关教育政策和管理大学的事项。例如,院系之间的资金分配、学院的课程体系改革和聘任系主任等。

教师关系委员会改革的成功,最重要的原因是教授会能够主导管理委员会。1915 年《犹他大学管理规划》的颁布标志着管理委员会正式成立。根据该文件的规定,校长担任主席,管理委员会决议需经董事会批准,有关教育政策以及管理的所有事务都由管理委员会负责,教授会拥有立法权力。管理委员会每月召开一次会议,根据需要还召开临时会议。50%的管理委员会成员一年选举一次,其余任期为两年,其继任者的选举应为两年,选举应以无记名投票方式进行。管理委员会的所有活动应有记录,其记录应对董事会与教授会开放。管理委员会是教授与董事会沟通的正式通道,但教授会可在任何时候与董事会通过会议、特别委员会或其他方式进行交流。该文件显示,教授会与管理委员会之间的权力相互制衡。

管理委员会在第一年获得巨大的成功,犹他大学校长由威迪斯通担任。在威迪斯通的领导下,管理委员会逐步壮大。作为大学和董事会沟通的桥梁,校长不再是专制的独裁者,同时也改变了学生在大学中的地位。从 1916 年教授会的会议记录来看,对于管理委员会主持大学事务是没有异议的。犹他大学走向独立,教师因此有了更大的自主权。

五、结　语

根据以上介绍的四种大学评议会模式,可以发现,评议会模式并非只是一个存在于概念中的固定模式,它从未停止过发展变化的脚步。当然,把四所案例大学放在一个美国高等教育的大背景中来看,我们似乎不能把任何一种评议会模式简单地归结为任何一种类型。从实践层面来说,它在不同历史时期和不同的环境下都存在正常体制和变异体制,在高等教育改革实践中有可能存在变种。因此,从这一角度出发,也可以认为,评议会模式四者并存、协同演进。根据以上四种类型的大学评议会,可大致归纳为两种模式:第一种和第二种模式的大学评议会制度基本上是一种通过逆向生成的演绎法完成的行政模式,通常在校长倡导下成立。行政模式时间短,见效快,具有强制性和较为严格的立法程序,不易及时纠正和调整制度。由于行政模式不以知识运行机制为基础,可能因信息"不完全"产生时滞性和不全面性,难以指导评议会实践。第三种和第四种模式遵循的是一种顺向生成的归纳法,这些大学总是认为自身是大学知识的生产者,评议会的运行建立在对知识的推崇之上。评议会由大学教师主动参与方式形成,从内部实务中概括出为人们所接受的原则。大学评议会在历史进程中成就了人们对学术自由与学术权力的认可及学术原则的尊崇。

(原载《高教发展与评估》2012 年第 1 期,第 68-76 页)

美国大学课程国际化之路

钱小龙,汪　霞

　　尽管对于高等教育国际化的理解有所差异,但课程国际化是高等教育国际化的主要内容之一,这一观点取得了广泛的共识。邦德在谈到课程国际化的重要性时认为:"有关高等教育国际化的元素接近 20 个,但其中没有一个元素的地位可以与课程国际化相提并论。"而梅德斯通早期的著作也支持了这一观点,他把课程视作实施国际化的主要"媒介物"(primary vehicle)。根据经济合作与发展组织(Organization for Economic Cooperation and Development,OECD)1996 年的定义,课程国际化是指以课程内容和形式的国际化为导向、以学生能够胜任在国际化和多元文化环境中的专业化、社会性工作为目标,为国内和国际学生对课程进行专门的设计。美国高等教育国际化进程历经多年改革,通过吸取国外的先进理念和融合本国的国情与民族文化,形成了颇具开放性和国际性的大学课程特色,不断引领世界大学课程国际化的发展潮流。

一、强化外语学习与课程的整合

(一)外语学习在课程国际化过程中的地位

　　外语学习在理解他国文化,树立国际视野和发展跨文化敏感性方面扮演着非常关键的角色。美国教育理事会国际教育委员会列出了高校国际化的十条基本原则,其中第一条就指出高校应该要求所有毕业生能够证明自己至少掌握了一门外语。美国前国务卿赖斯在参加美国大学校长国际教育高峰会议上发表讲话时说:"随着全球重心转移,美国学生必须学会同中国、印度、伊拉克和阿富汗等国家进行接触,为了帮助美国青年了解将决定 21 世纪面貌的各国人民,最重要的莫过于我们用他们的母语进行交谈的能力。"她认为,强化外语学习的举措是美国联邦政府一个极为重要的目标。除了有更多学生学习英语以外的语言外,他们学习的语言种类也出现了变化。比尔德说,他的组织提供 60 种语言,其中学西班牙语在美国仍然很普遍,但学习中东和亚洲语言——日语、汉语、波斯语和阿拉伯语——的需求越来越大。美国外语教学协会的教育主任马蒂·阿博特说:"美国开始醒悟并了解掌握多种语言对于我们今后的成功有多么重要。"外语学习是课程国际化的基础性条件和前提条件,只有通过强化外语学习,才有可能使课程逐渐摆脱区域和语言的桎梏,真正走向国际化的康庄大道。

(二)外语学习与课程整合的概况

美国高等教育机构的各个学术部门传统上保持着高度的独立性,因此要把外语学习与其他课程的学习整合起来是非常困难的。另外,大学教师的教学奖励机制(包括工作量计算和教学效果评价)并不涉及外语学习的融入,对教师从事其他部门的课程教学或参与联合课程教学产生一定的消极影响。但情况总是在不停地变化着,当前,在许多学科和职业领域精通一门外语已经被视为一项非常有利的专长,一些外语专业教师也得到了其他专业部门的积极邀请,请求他们帮助提高教师的外语水平以强化课程教学的国际化水平。同时,在学生入学测试和毕业评价方面,对于外语水平的要求已经提到一个非常重要的地位。外语课程不但被视为强化交流技能的工具,而且是培养具有对世界艺术和文学成果进行文化诠释能力的基础性要求。如今的美国学生通常被要求必须能够熟练运用一门外语进行阅读、写作、会话和聆听,社会科学、自然科学和职业训练也已经通过把在其他国家开发的电影和录像融入课程,使得外语学习成为其专业学习和研究的重要组成部分。尽管美国在课程国际化方面走在世界前列,但由于英语天然的优势地位,对于外语学习与课程整合的重视程度还是非常不够。因此,2006年美国前总统布什启动了《国家安全语言计划》,该计划要求调动四个联邦机构的资源,新增和扩大从幼儿至大学生以及从业人员的外语学习项目,以增加精通外语——包括阿拉伯语、汉语、印地语、波斯语、俄语及其他语种的美国公民人数。随着计划的启动和实施,越来越多的美国大学在开设相关世界文化、历史和政治科学等课程时,考虑使用当地语言授课或者通过海外留学课程来提高教学效果。

(三)美国外语学习与课程整合的案例

以美国圣奥拉夫学院(Saint Olaf College)为例,该校特别关注外语学习对毕业生职业生涯的影响作用,尤其是科学和数学专业的毕业生。为此,学院鼓励教师制定了应用外语构成(applied foreign language component)认证框架,要求学生在完成至少三个学期外语学习,以及专业课程学习后参加框架认证。框架中的一个选项特别规定,学生在完成第五个学期的外语学习之后可以参加其他部门的课程学习,而已经完成的外语课程学习可以抵消大约一半的专业课程学习的学分。完成外语课程学习和专业课程学习之后,学生可以参加框架认证,认证委员会根据认证情况给予学生不同级别的应用外语构成证书。另外,学生还可以通过相关项目参与国外普通的课程学习,在锻炼外语能力的同时获得相关学习经历的认定。布朗大学(Brown University)的语言学习中心在1987年就开始致力于推动教师运用外语进行教学和研究以促进合作与交流,并通过开发教学技术、课程、项目、学习资源和创建新的课程体系来强化外语学习。布朗大学的教师以语言学习中心为平台,尝试把外语学习与其他专业学科整合起来。他们通过教学试验发现,当把外语学习的元素整合进其他专业学科的教学中之后,与学科相关的讨论性策略使得课程学习更加生动。并不是所有学生都已经准备好运用外语来学习和研究外国原著,因此布朗大学还根据学生的外语水平安排学生参加外语报告和讲座，但是把学生分配到不同的讨论小组以完成剩余的外语课程学习，一些外国学生也被邀请参与外语课程，作为美国学生语言学习的参照模式。

二、设置海外学位课程和国际联合课程

（一）通过分校开设海外学位课程

美国高校能够培养出具有全球竞争力的大学生，与学校所开设的课程纳入了差异性的文化、历史和语言内容有着很大的关系。同时，美国高校还利用各种基金所提供的资助为部分学生创造海外求学机会，与其他机构交换学生和教师，邀请外校教师举行讲座，尝试开设国际联合课程和海外学位课程，以培养具有全球竞争力的大学生。美国教育理事会负责国际事务的副会长马德琳·格林认为，"一些高校正从国际化战略角度进行整体规划。大部分院校尚未做到，只做了些零星的工作，但也有学校正从综合战略角度进行努力"。美国校园的国际化已经不仅仅体现在吸引更多的外国学生来美就读或鼓励美国学生去海外留学，目前增设的分校和联合学位课程日益增多，已成为国际化的热门领域。越来越多的美国高校通过分校开设海外学位课程。乔治·梅森大学（George Mason University）2006 年在阿拉伯联合酋长国开设了分校，提供七个本科专业的课程，完成学业的学生可获得该大学的学位。乔治·梅森大学教务长彼得·斯特恩斯表示，出于经济或文化原因不愿直接来美但希望接受美国教育的学生，以及该校的美国学生都可以去分校学习中东文化、政治以及阿拉伯语或伊朗语等。因此，她认为，通过设置海外学位课程使得"美国学生和外国学生各有所获"。美国博立顿大学（Benedictine College）在意大利、澳大利亚、日本、波兰和中国香港等国家和地区独自建立或联合其他高校建立了 10 个左右的分校。分校或合作学校的学生通过国际统一审核程序入校以后，一般在当地完成学业，在完成规定学分毕业后可以获得国际通行的毕业证书。2008 年，博立顿大学在中国上海建立了分校，开设了工商管理专业两个系列的近 40 门课程，通过这些海外课程的学习，学生最终获得的学位证书和成绩单与美国本土学生完全一样。

（二）合作开设联合学位课程

虽然美国高校建立了越来越多的海外分校，但海外分校的建立和正常运作并不是件简单的事情，海外学位课程涉及许多细节问题，因此学校应非常慎重地考虑时间和资源的投入，其中还涉及法律和经营问题，因此办分校并非易事。美国一些大学在盲目建立海外分校的过程中就出现了问题，备受当地民众的质疑和批评。根据美国新泽西州"nj.com"网站 2010 年 7 月 25 日的报道，美国圣塔利大学（Centenary College）关闭了其在中国地区的商学院分校，因为这些"卫星分校"出现了严重的学生剽窃问题。实际上对于美国许多高等院校来说，开设双学位或联合学位课程也是非常有效的方式。根据双学

位课程的安排,学生可在合作的高校上课,获得学位、文凭或证书。例如,通过纽约州立大学(State University of New York)和土耳其高等教育理事会(Turkish Council of Higher Education)共同设立的一项计划,土耳其学生可分别在一所土耳其大学与纽约州立大学的合作校区就读,并能获得一个土耳其大学文凭和一个纽约州立大学文凭。纽约大学法学院(New York University School of Law)与新加坡国立大学法学院(Singapore National University School of Law)合作开办法律硕士双学位课程,多数学生能在 10 个月内完成双学位课程,获得纽约大学法学院和新加坡国立大学法学院所颁发的两个法律硕士学位。除了双学位课程之外,美国高校与其他国家高校合作的联合培养课程也在世界各地广泛开展。美国高校与中国的北京大学、武汉大学、南京大学等名牌高校联合开发的"1+2+1 中美人才培养计划"大学本科项目,让一批新入校的大学本科生纷纷前往美国大专院校就读。

(三)国际课程开设情况的调查

2004 年至 2007 年,美国研究生院委员会(Council of Graduate Schools)对所属 473 个成员高校的国际研究生申请、准入和入学的情况开展了为期 4 年的广泛调查。调查结果显示,29％的接受调查的美国研究生院通过与国外高校合作至少设立了一门联合学位课程、双学位课程等合作课程。同时,招收国际学生人数排名较前的一些高校在这一项目上的比例则更高,大约 56％的排名前 10 位的高校、48％的排名前 25 位的高校与国外高校合作开设了至少一门国际课程。这一结果表明,国际学生招收数量与高等教育国际化呈现出非常紧密的关系,且对国际课程有着非常直接的影响作用。调查数据还表明,双学位课程是国际合作课程中最常见的类型,特别是在那些招收国际学生较多的学校,大约 44％的排名前 10 位的高校、33％的排名前 25 位的高校与国外高校合作开设了双学位课程,而排名 50 名以外的高校在这一项目上的比例只有 5％。这一结果表明,招收国际学生数量较多的高校对于与美国以外的高校开设双学位课程似乎更感兴趣。从合作开设国际课程的对象国来看,美国高校的研究生院更倾向于与欧洲的高校合作,不过亚洲一些国家,特别是中国和印度也占据着重要的地位。2007 年的数据显示,美国与中国合作开设了大约 24％的硕士课程和 4％的博士课程,与印度合作开设了大约 14％的硕士课程。对于未来开设国际合作课程的考量,调查数据显示,大约 24％的美国高校研究院计划在未来两年内与美国以外的高校合作开设国际课程。美国研究生院委员会的调查说明,联合课程或双学位课程的开设将会持续增长,开设的对象国范围也将逐渐扩大,美国高校与国外高校的合作将会出现越来越多的课程合作项目。

三、网上开放课程的广泛开设

(一)关于网上开放课程

网上开放课程(open courseware)与传统课程无论是在网络技术的采用方面、课程内容的呈现形式方面,还是在教学活动的开展方面都存在巨大的差异。在网络技术不断发展的过程中,通过与教育教学领域的互动生成孵化出众多与网络技术相关的教育教学形式,包括网络促进课程(web facilitated course)、混合课程(blended/hybrid course)和网上开放课程。根据美国在线辅导教学机构斯隆联盟(Sloan Consortium)的解释:传统课程是指课程内容通过网络传递的比例为零,完全通过语言和文字进行传递的课程;网络促进课程是指课程内容通过网络传递的比例在 1%~29%,网络技术主要用来促进原先的面对面的课程教学,并通过课程管理系统来发布课程大纲和课程作业;混合课程是指课程内容通过网络传递的比例在 30%~79%,课程教学过程通常会采用在线讨论活动和一定数目简化的面对面交流活动;网上开放课程是指课程内容通过网络传递的比例在 80%以上,绝大部分的课程教学活动在线开展,没有面对面的交流活动。网上开放课程与传统课程相比,最大的优势就是不受时间和空间的限制,提供多元化的学习选择,学习方式更便捷,辐射优质教育资源,缩小教育差距,且教学成本相对低廉,几乎符合了国际化的所有必要条件,因此一经推出就迅速在美国高校传播开来,并逐渐向世界各国的学习者开放。

(二)美国网上开放课程发展概况

美国高度发达的高等教育一直吸引着来自世界各地的学生,越来越多的学生考虑赴美留学。然而,许多非常现实的问题影响着他们的决定,包括足够的时间、足够的资金以及对生活环境的适应。国际在线课程使美国名牌大学的教育内容不再遥远和神秘,课程计划和教学设计的分享让教师能够在大范围内协作,从而提高教学的质量,并支持和促进面向问题的学习。与此同时,在当今复杂的信息社会中知识领域不断扩大,信息淘汰不断加快,许多专业人员面临的困境是,虽然他们不能因为有了大学或专业学位而停止学习,但很少有人能有条件重返校园再当全日制学生。美国远程教育协会指出,最佳方案是选择灵活而有目标的网上开放课程,从而兼顾家庭生活和工作安排,并且信息技术的飞速发展和广泛应用(如多媒体的应用和即时对话),使师生间的交流大大增加,任何有可靠的宽带上网能力的人均可参与到课程学习中来。网上开放课程运动也向公众打开了美国很多一流大学课堂的大门。麻省理工学院一直是美国开放课程领域的先锋,截止到 2008 年已向全世界所有人公开免费提供 1 800 多门课程的教学资料。近几年以来,美国一些大学纷纷加入开放课程潮流,从全世界的热烈反响来看,这场开放课程运动引领了一场影响全球教育的潮流,目前已发展成一个国际联合项目,有 12 所美国教育机构(包括耶鲁大学、哈佛大学、加州大学伯克利分校等名校)以及非洲、亚洲、欧洲和南美洲的 50 多所教育机构参与。

(三)美国国际开放课程发展情况调查

斯隆联盟从 2004 年至 2008 年进行了为期 6 年的关于网上开放课程情况的持续性调查。调查显示,在线教育入学人数的增长率远远高于同期高等教育入学人数的增长率,

2008 年秋季就有超过 460 万的美国学生参与了至少一门开放课程的学习,比前一年增长了 17％,而同期高等教育总入学人数只增长了 1.2％。新颖的开放课程内容、师生之间的多元交互方式以及便捷的课程参与方式吸引着越来越多大学生参加到网上课程的学习中来。需要说明的是,在这些学生中近一半是全美社区两年制院校或攻读大专学位的学生。美国当今最大的私立大学就是通过网上授课的凤凰大学(University of Phoenix),其2006 年至 2007 学年的录取人数超过 18.7 万。马里兰大学(University of Maryland)另设的学院大学(University of College)有 4 万名网上学生。其他有大量网上学生的公私立学校包括贝克学院(Baker College)、中得州学院(Central Texas College)、沃尔登大学(Walden University)和卡佩拉大学(Cappella University)。有关经济因素推动网上开放课程的调查显示,萎靡不振的经济对高等教育的总入学人数产生了积极的影响,超过一半(54％)的高等教育机构因经济因素对网上开放课程呈现出更加强烈的兴趣,66％的高等教育机构认为有增加网上开放课程的需要。美国目前的经济状况对教育产生了非常大的影响,许多在职人士不满意当前的工作,想通过再教育改变自己的就业前景,而网上开放课程为这些在职人士提供了在不耽误现有工作的情况下进行终身教育的便捷方式。

(原载《高教发展与评估》2012 年第 3 期,第 102-108 页)

中美研究型大学学院设置之比较

樊华强

一、中美研究型大学学院设置情况

美国拥有一大批世界顶尖的研究型大学,群星璀璨。中国目前虽然缺乏公认的大学分类标准,但也初步形成了较为清晰的研究型大学的轮廓。本文从中美两国各选择 9 所有代表性的大学,分别为清华大学、北京大学、中国科技大学、南京大学、复旦大学、上海交通大学、浙江大学、西安交通大学和哈尔滨工业大学,哈佛大学、普林斯顿大学、耶鲁大学、哥伦比亚大学、斯坦福大学、宾夕法尼大学、加州理工学院、麻省理工学院和芝加哥大学,研究中美两国研究型大学的学院设置情况(不包括教育学院、网络教育学院、国际交流学院等管理性学院及独立学院)。

通过对比,得出以下结论:其一,中国研究型大学学院的数量明显多于美国。就总数而言,中国 9 所研究型大学学院总数为 183 个,学院数最多的是上海交通大学,有 28 个,最少的是中国科技大学,有 14 个;而美国 9 所研究型大学学院总数为 90 个,学院数最多的是哥伦比亚大学,有 16 个,最少的是普林斯顿大学,有 4 个。就平均数而言,中国 9 所研究型大学学院数量平均为 20.3 个,而美国 9 所研究型大学学院数量平均为 10 个。中国研究型大学学院设置平均数超过美国同类院校的 2 倍。事实上,中国某些研究型大学还存在大量本文未统计在内的具有学院地位的系,若考虑到这层因素,中国研究型大学二级单位的数量更是惊人。其二,从学科分布分析,中国研究型大学仅有 18.0% 的学院是建立在学科门类基础上的,有 50.3% 的学院是建立在一级学科基础上的,有高达 20.2% 的学院建立在二级学科基础上。而美国 66.7% 的学院建立在学科门类基础上,23.9% 建立在一级学科基础上,没有一所学院是按照二级学科设置的,这正是中国研究型大学学院数量膨胀的直接原因。其三,虽然两国大学都注重文、理等基础学科建设,但中国研究型大学文学院与理学院大多是分别设置的,用于进行专业教育和培养专业人才,而美国研究型大学中的文理学院往往是单独设置,用于进行通识教育和培养通识人才。

由此可见,无论是学院数量、学院设置标准,还是学院设置频率,中美两国研究型大学都存在显著差别。那么,究竟哪些因素影响了两国大学学院的设置呢?

二、中美研究型大学学院设置差异原因

(一)宏观政策导向迥异

从 20 世纪 90 年代开始,中国大学在国家相关政策的引领下相继经历了一拨合并的浪潮,这在一定程度上纠正了 1952 年院系调整的弊端,中国大学单科林立的局面逐渐消失。此后,国家推行的旨在建设重点大学的"211 工程""985 工程"对入围高校的校园规模、学科设置、学院布局都作了详尽细致的规定,高校继续扩张以符合相关指标的要求,这进一步促成了中国高校的综合化和巨型化,也造就了中国高校的趋同化和雷同化。因此,当前国内研究型大学学院林立的局面与我国高等教育单一的评价体系密切相关。

美国大学拥有很大的自主权。"美国的教育长期以来就是州的责任而不是中央政府的责任","国家的正式权力较小"。州政府的治理权主要是对公立大学,私立大学则直接受法律约束。虽然美国研究型大学在缺少外界干预的情况下也在朝综合化稳步迈进,如麻省理工学院不但设立了经济学和语言学科,而且长期在全美高校中排名第一,但美国高校坚信人才培养只有在合作的前提下才能开展,一般情况下,学校会根据自身情况设立极少数量的学院。除此之外,设置跨学院的研究中心,用来培养跨学科人才和从事跨学科研究。

(二)院长权力构成不同

中国研究型大学学院院长大多由行政任命,并有相应的行政级别。当前,一方面,许多高校为了吸引高端人才多赋予其相应的行政职务,而将系升格为学院或将原先学院进行分割则是增加行政岗位最简单的做法;另一方面,学院内部的利益冲突又加剧了学院的分化。例如,我们常说"文史不分家",然而,如果文学类在外部创收方面强于史学,就有可能产生独立成立学院的冲动,而学校出于稳定考虑,也会满足他们的愿望。

美国研究型大学的学院通常由承担基础学科教学的文理学院和高水平的专业学院组成,学院的院长大多由学校最高领导任命产生,并拥有一定程度的自治权。在美国,"无论学院还是大学都不是一个政治团体"。院长跟校长一样都没有任何行政级别,且其权力受到严格的监督和制约。"如文理学院教授会、本科生院教授会、研究生院教授会等不定期开会,听取各院委员会和院长的报告,并通过集体投票的方式进行决策。因此,行政官员和教授团体必须在这种二元结构中寻找分工和联合的权限。""行政机构控制预算,教学人员监督课程,二者联合负责学生工作。"学院领导的使命在于为师生提供服务,而不是为了谋取自身利益。

(三)人才培养目标有别

中国大学自 20 世纪 50 年代以来一直以专业招生,按专业培养,最后取得专业的学

业证书(毕业证或学位证),教师也分为各相关专业的教师(除公共课教师外)。这样,专业教育便成为大学教育活动的基本形式,专业也成为相关教育组织形式(如系、院)的基础,一个或若干个专业组成一个系,若干系组成一个学部或学院。虽然中国在20世纪90年代就提出了"宽口径、厚基础"的人才培养思路,也曾提出"一专多能"的构想,但随着社会的需要和学科的发展,大学专业在相对稳定的基础上不断更新,学校的专业设置与学生的专业知识不断细化和窄化,过于庞杂的专业结构在一定程度上造成了学院数量的膨胀。

如果说中国大学侧重于培养掌握专业知识的职业人,那么美国大学更倾向于塑造善于思考、敢于质疑的自由人。芝加哥大学校长赫钦斯认为,"高等教育的目标是智慧","坚信大学所要解决的是思辨的问题"。耶鲁大学第22任校长理查德·莱文提出大学生的三个主要任务是"学会质疑,学会独立思考,学会自己得出结论"。斯坦福大学校长约翰·汉尼斯坚信:"在我看来,本科教育不是为了让学生得到第一份工作,而是第二份、第三份工作,让他在未来的20年到30年中,获得整个人生的基础。"因此,美国高等教育主张在普通教育课程体系中增设跨学科课程,发展跨学科项目学习,强化学生的批判性思考与交流能力,促进学生的智力发展,这种人才培养理念需要建立在多学科基础上的学院为支撑。

三、研究型大学学院设置的标准

(一)学院设置应有利于促进人才培养

学院是按照学科专业组建起来的大学基层学术实体,是学校教学、科研、学术服务、人才培养的实施单位。因此,设置学院的首要标准是有利于提高人才培养质量,促进学生和谐发展。学院是学生成长的院落和发展的舞台。学生的成长与发展,不仅需要不同学科内容的全面滋养,还需要思维方式的彼此借鉴以及有关资讯信息和资源的互用,学科单一肯定不利于这种需要的满足。《国家中长期教育改革和发展规划纲要(2010—2020年)》提出,提升科学研究水平和人才培养质量必须跨学科。因此,学院设置应坚持拓宽学科口径,注重文理交融,为培养跨学科的高素质杰出人才提供保障。

(二)学院设置应有利于推动学科发展

学科是知识的分类形式,学科的本质是生产专业性知识。专业化程度的提高意味着学科之间的分化越来越明显,差异性越来越大。即使在同一学科内部,随着学科专业化程度的加深,子学科领域之间在知识体系、研究方法等方面的差异也在逐步增大。以不同的子学科领域设立的学术组织单位之间并不存在孰优孰劣的区分,也不存在一方吞并另一方的危险。但是,当代学科的发展在高度分化与高度融合两个方向同时展开并不断深化。"从知识的角度说,'创造'起飞需要有两翼:一是学科专业的深度,二是学科交叉的广度,二者缺一不可。科学的科研或教育体制,只纳其一,不容其二,以单翼起飞,就很难飞得高飞得远。"不同学科之间需要相互融合、渗透,才能孕育新的生长点,并最终繁衍出新兴学科。因此,学院设置应坚持学科发展的规律性和规范性,增加学科容量,减少学科壁垒,促进不同学科资源的交叉和整合,建立起不同学科、专业之间的信息流动和资源共享机制,推动跨学科教学与科研活动的开展。

(三)学院设置应有利于提高管理效率

从管理学的角度看,学院设置的标准应有利于提高管理效率,保持学校一级管理的恰当幅度。管理幅度,又称为管理跨度,是一名上级领导者所能直接、有效地领导下级的数量。在组织管理中,幅度构成组织结构体系的横向结构,层次构成组织结构体系的纵向结构,二者相结合,构成管理组织的整体结构。管理组织的幅度与层次之间的比例关系是设计良好组织结构和划分有效职能的关键,二者之间呈反比例关系。大体上看,组织或呈现为垂直的金字塔体系或呈现为扁平的网状结构,无论呈现何种结构,管理幅度并非可以无限增加,合理的管理幅度能够保证快速、有效的信息沟通,超过某个限度,管理效率就会下降,所以任何一级管理机构都应保持一个适当的管理幅度。有研究表明,高层管理者能有效管理的下属不宜超过 7 人;中层管理者的下属不宜超过 10 人;基层管理者则不宜超过 15 人。中国研究型大学仅以"学院"冠名的二级单位平均数就达 20.3 个,超过美国的 2 倍,如此宽的管理幅度难免影响管理效率。

四、结论和建议

(一)取消院长行政级别,实行教育职员制度

《中华人民共和国高等教育法》第四十九条明确规定:"高等学校管理人员,实行教育职员制度。"院长作为管理人员,应是"教育职员",不应是"教育官员"。这个已经正式生效十余年的法律至今未得到贯彻,中国高校仍然实行官级制,套用政府官员的职级。由于行政级别成为一种功利,行政级别待遇的存在强化了官本位观念,产生了与学校管理性质格格不入的体制与观念。从精简机构、提高效率的角度出发,建立高校"淡化级别、强化职责、事职相符、责薪相对、能上能下,能进能出"的职员制势在必行。如果实行职员制,院长只是一个职务,而与行政级别(官级)无关,他们充其量只在任职期间享有一些职务津贴,仍然以职员工资为基础,那样教授就很可能不会争当院长了,职员不担任任何"长"一样有发展前途,非院长的职员的薪水未必低于院长。这对于去行政化、去官本位都极为有利,对于提高职员队伍的专业水平和稳定整个管理队伍极为有利。

(二)减少学院数量,以学科群设立学院

美国没有一所研究型大学学院的覆盖率达到 100%,哈佛大学、耶鲁大学、芝加哥大学都没有工学院,加州大学伯克利分校没有医学院,普林斯顿大学没有医学院、商学院和

法学院。因此,高校在学院设置上应有所取舍,绝不是越多越好、越全越好。具体而言,学院应当是一个学科群,不只是二级学科的学科群,一般应是一级学科的学科群,少数含有很多二级学科的一级学科(如工学)可能例外,但无论哪一种情形,都应体现学科群的实质。"以学科为依据设置的学院,尤其是以学科门类或一级学科群为依据设置的学院一般地位较高,因为其包容性更大,发展空间也更广,还可以把一所大学的学院有效地控制在适当的数量之内。而以二级学科或非学术性因素为依据设置的学院,地位则相对较低且不稳定,非学术因素是造成学院地位震荡的根源,因为这些非学术性因素使一些相关性较强的学科被分散在不同的学院,一些关联性不强的学科又被捆绑在一起,会引起校内低水平重复建设。"

(三)淡化专业色彩,组建本科生学院

中国近代大学是在服务实业、讲求时务中诞生的。新中国成立后相当长一段时间内,强调专业对口,服务社会经济一直是中国大学的人才培养理念。高校在为国家输送了大量专业人才的同时,也导致通识教育传统的缺失和通才的贫乏。一方面,人的自由和谐发展昭示着通识教育的价值和意义;另一方面,当代社会工作的流动性呼唤大学塑造学生的关键能力和核心素养。联合国教科文组织指出:"如果专家受过广泛的教育,那么,必要时他就能通过自学来掌握新的科学而无须学习新课程。所以大学应反对过于专业化的倾向。"美国研究型大学的本科生前两年一般会在文理学院接受通识教育,然后再选择一个主科进行学习。尽管国内某些大学积极倡导通识教育并成立通识教育机构,如复旦大学的复旦学院、北京大学的元培学院等,但总体而言,通识教育在国内高校尚处于起步阶段。正如斯坦福大学校长约翰·汉尼斯所言:"跨学科知识的广度、批判性思维的培养是中国学生最缺乏的。"因此,如何从指导理念、师资配备、课程设置等方面进行调整,更好地建设和发展本科生学院是我们必须认真思考的问题。

(原载《高教发展与评估》2012 年第 4 期,第 64-69 页)

加州理工学院在中国能排第几名？

武书连

《中国大学评价》是笔者主持的研究课题，自 1991 年至今，已持续 21 年。《中国大学评价》创造了以学科归一为理论基础的大学评价实践，实现了不同学科之间的直接比较。以《中华人民共和国高等教育法》为依据、全部使用公开数据、指标体系透明清晰、任何机构和个人均可重复，是该评价的主要特点。

中国科学技术大学大学评价课题组（以下简称"中科大组"）在《中国高教研究》2012 年第 5 期发表的《基于公信力视角的大学排名研究——对〈2010 中国大学评价〉指标体系及算法的质疑》（以下简称《排名研究》）称，按武书连发表在《科学学与科学技术管理》杂志 2010 年第 4 期上的《2010 中国大学评价》（以下简称《评价》）提供的指标体系与算法，对《评价》进行了"复演、复算"，以验证《评价》的可重复、可检验。《排名研究》最后推演出加州理工学院（以下简称"加州理工"）本科生培养得 0.54 分，研究生培养得 0.53 分，人才培养得分合计 1.07 分；比宜春学院、咸宁学院得分还低，不能进入 2012 中国大学人才培养前 500 名。《排名研究》还称："《评价》中计算'科学研究'得分时，没有将论文及论文被引次数按照学科归一化处理，没有剔除学科差异对科学研究的影响。"《排名研究》最后归纳出 4 点结论，对《评价》做了全盘否定。

笔者（即《评价》作者）对"中科大组"的推演过程、最终结果和 4 点结论，深感震惊和遗憾。常识告诉人们，加州理工作为举世闻名的世界一流大学，在国内外任何评价体系中，人才培养都不可能跌到 500 名之后。《排名研究》公布的结果，与常识距离太远。

本文对《排名研究》推演的加州理工各项得分进行了重复，对《排名研究》进行了简单讨论。

一、对加州理工各项得分的重复

（一）采集和整理加州理工各项原始数据

1. 原始数据采集的可能性和数据处理

重复和检验加州理工在《评价》中的得分，需要采集《评价》涉及的该校全部三级指标。加州理工的 33 项三级指标中，因中美两国教育体制的差异，有 26 项无法采集（含标准不同、误差大,以下同),占指标总数的 78.79%。可见把美国大学直接塞进《评价》体系是勉强的。

(1)处理能够采集的三级指标。能够按《评价》要求采集的三级指标共 6 项:教师总数、在校博士生数、硕士生数、本科生数、自然科学国外引文数据库论文及引用、社会科学国外引文数据库论文及引用。可采集指标占指标总数的 18.18%。对上述 6 项指标数据立即采集整理。

(2)处理无法采集的三级指标。对 26 项无法采集的三级指标,处理如下。

本科生就业率取北京大学和清华大学的平均值,为 96.82%。北大、清华本科生就业率并不高,清华的就业率通常在 100 名之后。新生录取分数线取清华大学和北京大学录取分数线的平均值,为全国大学平均录取分数线的 1.251 倍。平行志愿下,如果加州理工在中国招生,录取分数线会高于清华、北大。其余 24 项无法采集的三级指标,全部按《排名研究》实行的"与北京大学和浙江大学相当"的做法处理。按"与北京大学和浙江大学相当"的做法处理加州理工无法采集的三级指标,并不意味着认同"中科大组"的做法。只是为了检验《排名研究》推演出的加州理工人才培养 1.07 分结果的真实性,不得不按"中科大组"的"相当"来处理数据。与加州理工相比,北大、浙大在各方面仍有较大差距,加州理工是"被相当"。

例如,《排名研究》就著作引用提出"加州理工作为世界级一流大学,其著作水平不会比北京大学和浙江大学差,本文假设水平相当"(见《排名研究》表 9)。看起来还照顾了加州理工,可谁会相信北大、浙大的著作水平已经达到了"世界级一流大学"水平,并与加州理工相当。

再例如,《排名研究》就获奖能力提出,加州理工、北大和浙大"三校人才培养在区域内均是被公认为一流水平,其获奖能力均很强,本文假设水平相当"(见《排名研究》表 9)。看上去不亏待加州理工,可加州理工已经 32 次获得诺贝尔奖,北大和浙大的诺贝尔奖在哪儿,谁会相信北大和浙大的获奖能力与加州理工相当。

2. 原始数据采集方法及结果

(1)采集教师总数、在校本科生数、硕士生数、博士生数。采集加州理工官网数据。本科生 978 人,研究生 1 253 人。研究生没有区分博士和硕士,但已标明 2011 年授予博士学位 168 人。博士生按 3 年学制计算,博士生数:168×3=504。硕士生数:1 253-504=749。即博士生 504 人,硕士生 749 人(博士、硕士生数可能有误差,但对结果影响甚微)。教师与科研人员数:1 109 人,另有客座教授 188 人。客座教授 10 人以上每 2 人折合 1 人。教师合计 1 198 人。

(2)采集自然科学国外引文数据库论文及引用、社会科学国外引文数据库论文及引用得分。采集汤森路透官网 SCI、SSCI、A&HCI 数据。将采集的 2006—2010 年论文,按《评价》要求处理后,加州理工得分 270 671.506 分,其中论文 11 786.666 分,论文他引 258 884.840 分。

(3)采集自然科学国内引文数据库论文及引用、社会科学国内引文数据库论文及引用得分。按《排名研究》确定的加州理工"国际国内论文之比设为 6 ： 4"计算得分：270 671.506÷6×4＝180 447.671（分）。

（4）采集专利、著作引用、艺术作品、科学与技术奖、人文社会科学奖得分。按《排名研究》的"与北京大学和浙江大学相当"处理，取北大和浙大平均值。上述成果北大原始得分：23 000.084 分，浙大原始得分：34 322.098 分。加州理工得分（23 000.084＋34 322.098）÷2＝28 661.091（分）。

上述（2）（3）（4）三项得分合计：270 671.506＋180 447.671＋28 661.091＝479 780.268（分）。

（5）确定加州理工自然科学、社会科学得分比例。加州理工自然科学、社会科学得分比例按《排名研究》"与北京大学和浙江大学相当"做法处理，取北大和浙大的平均值。在武书连主编、中国统计出版社出版的《挑大学 选专业——2012 高考志愿填报指南》（以下简称《挑大学 选专业》）中，北大自然科学 74.01 分，社会科学 40.28 分；浙大自然科学 102.79 分，社会科学 17.33 分。北大和浙大合计自然科学 176.80 分，社会科学 57.61 分。其中自然科学得分含国家大学科技园的 8%。北大和浙大国家大学科技园得分合计为 176.80÷1.08×0.08＝13.10。不含国家大学科技园，北大和浙大自然科学得分为 176.80－13.10＝163.70。北大和浙大自然科学与社会科学的比例为 163.70 ： 57.61＝0.739 7 ： 0.260 3。将此比例确定为加州理工自然科学得分（不含国家大学科技园）与社会科学得分的比例。

（6）采集加州理工国家大学科技园得分。加州理工国家大学科技园按《排名研究》做法设为"与北京大学和浙江大学相当"。得分为加州理工自然科学得分的 8%。479 780.268×0.739 7×0.08＝28 391.477（分）。

（7）加州理工原始科学研究得分。上述（2）（3）（4）（6）四项得分合计：479 780.268＋28 391.477＝508 171.745（分），其中自然科学：479 780.268×0.739 7＋28 391.477＝383 284.941（分），社会科学：479 780.268×0.260 3＝124 886.804（分）。

除 SCI、SSCI、A&HCI 之外，其他得分都是按《排名研究》"与北京大学和浙江大学相当"的做法得到的分数。

（二）加州理工原始科学研究得分转化为中国大学排行榜中的得分

加州理工 6 位数的原始科研得分，不宜直接放进排行榜。同样，北大、清华和浙大等校每年也有 6 位数的科研得分。为了视觉美观，笔者每年设定了 W（根据《评价》，W 为被评价的所有大学总得分）后，都会设置一个科研转换数，将所有大学归一后的原始得分转换为标准得分。2012 年的科研转换数为 2 581.45。

关于科学研究、自然科学研究和社会科学研究的得分，除加州理工外，其余 6 校的得分在《挑大学 选专业》第 4 章已列出。将南昌大学、宜春学院、咸宁学院列进表 4，是因为《排名研究》点出了这 3 所学校的校名。在媒体发布的一系列新闻报道中，"中科大组"还特别指出加州理工的人才培养得分位于宜春学院和咸宁学院之后。

加州理工各项科研得分没有做归一处理，如果做归一处理，得分将高于现有分数。

其他 6 校的科研得分是 2011 年按一级学科归一后的加和。

（三）重复加州理工本科生培养得分

1.《评价》的本科生培养得分公式

《评价》3.2.1：已知 C_{1k} 为 k 大学本科生培养得分；设 D_{1k} 为 k 大学本科毕业生数量，D_{2k}，D_{3k}，$\cdots$，D_{10k} 分别为 k 大学教师平均学术水平、双语教学示范课程、实验教学示范中心、特色专业、教学团队、规划教材、挑战杯本科生学术竞赛奖、本科数学建模竞赛奖、本科教学成果奖得分，γ_1 为每名本科毕业生计算分值，本年度 γ_1 取 1，则有

$$C_{1k} = \left\{ \alpha_5 \frac{\gamma_1 D_{1k} \prod_{i=1}^{4} R_{ik}}{\sum_{j=1}^{n} \gamma_1 D_{1j} \prod_{i=1}^{4} R_{ij}} + \alpha_6 \frac{D_{2k}}{\sum_{j=1}^{n} D_{2j}} + \alpha_7 \frac{\sum_{i=3}^{10} D_{ik}}{\sum_{j=1}^{n} \sum_{i=3}^{10} D_{ij}} \right\} \sum_{j=1}^{n} C_{1j}$$

可见，《评价》的本科生培养得分 C_{1k} 由 3 个子项构成：$\alpha_5 \frac{\gamma_1 D_{1k} \prod_{i=1}^{4} R_{ik}}{\sum_{j=1}^{n} \gamma_1 D_{1j} \prod_{i=1}^{4} R_{ij}}$ 为 K 校本科基础得分，$\alpha_6 \frac{D_{2k}}{\sum_{j=1}^{n} D_{2j}}$ 为 K 校教师水平得分，$\alpha_7 \frac{\sum_{i=3}^{10} D_{ik}}{\sum_{j=1}^{n} \sum_{i=3}^{10} D_{ij}}$ 为 K 校教学保障得分。式中，α_5 取 0.6，α_6 取 0.1，α_7 取 0.3。

2. 计算本科基础得分

计算本科基础得分时，公式 $\alpha_5 \frac{\gamma_1 D_{1k} \prod_{i=1}^{4} R_{ik}}{\sum_{j=1}^{n} \gamma_1 D_{1j} \prod_{i=1}^{4} R_{ij}}$ 分母相同，$\gamma_1 = 1$，各校得分取决于分子 $D_{1k} \prod_{i=1}^{4} R_{ik}$。

加州理工本科教学评估结果"优秀"，是按"中科大组"的做法，"与北大、浙大相当"处理的。

折合本科生时，按博士生 2，硕士生 1.5，本科生 1，专科生 1，留学生 2 计算。加州理工留学生设为"0"，并不表示加州理工没有留学生，只是合理计算生师比的需要。在中国大学，留学生占有的资源（如人均住宿面积）远多于中国学生，而在美国，外国留学生并不占有更多资源。

浙大、北大、清华和南昌大学的本科基础得分都在 10 000 分以上，基于与科研转换数同样的理由，《评价》每年也设置一个本科生转换数，将本科生得分除以转换数得到标准得分。2012 年本科生转换数是 1 625.6。

各大学标准本科基础得分，是各大学本科基础得分除以 2012 本科生转换数后的分数。"生均本科基础得分"，从计算本科基础得分开始，质量指标已经在抑制数量指标。

生师比折算系数 R_{4k}，系根据《评价》3.1.1(4)的公式确定的，2012 年全国大学平均生师比是 16.67（第二位小数按四舍五入计算）。

在《挑大学 选专业》中，浙大、北大和清华本科生培养得分分别是 23.61、25.43 和 24.81 分。浙大、北大和清华的标准本科基础得分分别为 9.62、6.98 和 7.77 分，分别是这些学校本科生培养得分的一部分。

加州理工标准本科基础得分 2.07 分，这个分数已经超过了"中科大组"推演的加州理工本科生培养 0.54 分。标准本科基础得分只是加州理工本科生培养得分 3 个子项中的一项，并且是最小的一项。2.07 分也超过了宜春学院 1.68 分、咸宁学院的 1.60 分的本科生培养全部得分。《排名研究》所述加州理工本科生培养 0.54 分在检验的第一步就被轻易推翻。

3. 计算教师水平得分

全国每所大学的本科基础得分相加，得到全国大学本科基础得分之和，也就是公式

$$\alpha_5 \frac{\gamma_1 D_{1k} \prod_{i=1}^{4} R_{ik}}{\sum_{j=1}^{n} \gamma_1 D_{1j} \prod_{i=1}^{4} R_{ij}}$$ 的分母 $\sum_{j=1}^{n} \gamma_1 \dot{D}_{1j} \prod_{i=1}^{4} R_{ij}$，用 $\sum_{j=1}^{n} \gamma_1 D_{1j} \prod_{i=1}^{4} R_{ij}$ 除以

$0.6(\alpha_5 = 0.6)$，得到 2012 年全国大学本科生培养得分 $\sum_{j=1}^{n} C_{1j}$。用 $\sum_{j=1}^{n} C_{1j}$ 乘以 $0.1(\alpha_6 = 0.1)$，得到全国大学原始教师水平得分。用 $\sum_{j=1}^{n} C_{1j}$ 乘以 $0.3(\alpha_7 = 0.3)$ 得到全国大学原始教学保障得分。

计算教师水平得分 $\alpha_6 \dfrac{D_{2k}}{\sum_{j=1}^{n} D_{2j}}$ 时，各大学分母相同，只需计算 D_{2k}。

《评价》3.2.1(5)："k 大学教师平均学术水平得分 D_{2k} 的确定：已知 B_{2k} 为 k 大学科学研究得分，设 t'_k 为折合教师数，则有 $D_{2k} = B_{2k}/t'_k$"。 将加州理工原始科研得分与其他 6 校的归一科研得分，计算得出 7 校的教师平均学术水平得分分别为 39.319 9、5.016 2、4.929 5、4.985 7、0.920 8、0.101 7 及 0.151 7。

"折合教师数 t'_k"，按专任教师和专职科研人员每 1 人折合 1 人，附属医院高级职称人员每 5 人折合 1 人，博士研究生每 4 人折合 1 人，硕士研究生每 40 人折合 1 人，兼职博导 10 人以上每 2 人折合 1 人计算。

教师学术水平 D_{2k}，指的是武书连 2012 中国大学排行榜中的教师平均学术水平。除加州理工外，各大学教师平均学术水平名次和等级在《挑大学 选专业》第 5 章已列出，具体分数在人民网等各大网站也已刊出。

$\sum_{j=1}^{n} C_{1j}$ 乘以 0.1 得到全国大学原始教师水平得分，该得分与全国大学教师学术水平绝对值之和并不相等。用全国大学原始教师水平得分除以全国大学教师学术水平绝对值之和，得到教师水平转换数，2012 年该数据是 927.72。每所大学的教师学术水平绝对值乘以 927.72，得出各自大学的原始教师水平得分。

将每所大学原始教师水平得分除以 2012 本科生转换数 1 625.5，得到标准教师水平得分。

加州理工标准教师水平得分 22.44 分,远远高出"中科大组"推演的加州理工本科生培养 0.54 分。

4. 计算教学保障得分

$\sum_{j=1}^{n} C_{1j}$ 乘以 0.3,得到全国大学原始教学保障得分。

计算教学保障得分 α_7 $\dfrac{\sum_{i=3}^{10} D_{ik}}{\sum_{j=1}^{n} \sum_{i=3}^{10} D_{ij}}$ 时,分母相同,各校得分取决于分子 $\sum_{i=3}^{10} D_{ik}$。

将全国所有大学双语教学示范课程、实验教学示范中心、特色专业、精品课程、教学团队、规划教材、"挑战杯"全国大学生课外学术科技作品竞赛奖、本科数学建模竞赛奖、本科教学成果奖得分相加,得到全国大学教学保障得分。令该得分经 2012 教学保障得分转换数转换至与 $\sum_{j=1}^{n} C_{1j} * 0.3$ 得分相等。之后全国各大学的教学保障得分均经该转换数转换,得到每所大学转换后的原始教学保障得分;再用 2012 本科生转换数转换一次,即得到全国每所大学的标准教学保障得分。按照《排名研究》做法,加州理工的教学保障得分与北京大学相同。

加州理工的标准教学保障得分为 15.64 分,又一次远远高于《排名研究》算出的加州理工本科生培养 0.54 分。

5. 计算本科生培养得分

汇总标准本科基础得分、标准教师水平得分、标准教学保障得分,得到加州理工等 7 校在 2012 中国大学排行榜中的本科生培养得分。除加州理工外,其余 6 校都可以在《挑大学 选专业》第 4 章本科生培养一栏找到相同的分数。由此否定了《排名研究》强加给《评价》的本科毕业生数量越多的高校,本科生培养得分越高的不实之词。

不同层次大学在本科生培养 3 个子项中所占的比例,体现了在中国现实条件下大学本科生培养质与量的适度结合。

加州理工本科生培养得分是按照《评价》所列公式,一步一步地计算出的。其 40.16 分,比 2012 中国大学排行榜本科生培养第 1 名的北京大学高出 14.73 分,是《排名研究》推演的 0.54 分的 74.37 倍。加州理工本科生培养得分的 3 个子项,即本科基础得分、教师水平得分、教学保障得分,任何一项算对了,都不会出现 0.54 分。只有 3 个子项全算错了,或者根本就没有按照《评价》的公式计算,才会出现 0.54 分。

至此,对加州理工本科生培养的重复已经完成。结果证明,"中科大组"推演的加州理工本科生培养 0.54 分是个没有根据的虚假结果。如果"中科大组"仍坚持加州理工本科生培养 0.54 分,请公开该校本科生培养原始数据和本科生培养得分计算过程。

(四)重复加州理工研究生培养得分

1.《评价》的研究生培养得分公式

《评价》3.2.2:已知 C_{2k} 为 k 大学研究生培养得分,设 R_{5k} 为 k 大学研究生平均学术水平折算系数，D_{11k} 为 k 大学毕业硕士生数量，D_{12k} 为 k 大学毕业博士生数量，D_{13k} 为 k 大学优秀博士论文得分，D_{14k} 为 k 大学"挑战杯"研究生学术竞赛奖得分，D_{15k} 为 k 大学研究生教学成果奖得分。

则 k 大学研究生培养得分可用下式计算：

$$C_{2k} = [\rho R_{5k} + (1-\rho)]\gamma_2 D_{11k} + R_{5k}\gamma_3 D_{12k} + D_{13k} + D_{14k} + D_{15k}$$

其中，γ_2 为每名硕士毕业生计算分值，γ_3 为每名博士毕业生计算分值。ρ 为调节系数，要求 ρ 大于 0 小于 1。ρ 体现了硕士生培养既培养创新型人才，又培养应用型人才。

在《评价》的 C_{2k} 排列中，$[\rho R_{5k} + (1-\rho)]\gamma_2 D_{11k}$ 为硕士生培养得分，$R_{5k}\gamma_3 D_{12k}$ 为博士生培养得分，$D_{13k} + D_{14k} + D_{15k}$ 为研究生质量加分。硕士生得分、博士生得分、研究生质量加分一目了然。

2. 按《排名研究》做法，另列出研究生培养得分的等价公式

《排名研究》将 C_{2k} 改用另一种等价表达式（见《排名研究》一文）。既然是等价的，就按《排名研究》的表达式计算。不过出于与《评价》中其他公式一致性的考虑，本次重复稍作变动，并将最后 3 项用括号括了起来，形成另一个等价表达式。

$$C_{2k} = R_{5k}(\rho\gamma_2 D_{11k} + \gamma_3 D_{12k}) + (1-\rho)\gamma_2 D_{11k} + (D_{13k} + D_{14k} + D_{15k})$$

这样，研究生培养 3 个子项为：$R_{5k}(\rho\gamma_2 D_{11k} + \gamma_3 D_{12k})$ 是 k 大学创新型研究生培养得分，$(1-\rho)\gamma_2 D_{11k}$ 是 k 大学应用型研究生培养得分，$(D_{13k} + D_{14k} + D_{15k})$ 是 k 大学研究生质量加分。

3. 加州理工等 5 所大学研究生培养得分合计及 3 个子项得分

(1)将加州理工原始数据代入 $R_{5k}(\rho\gamma_2 D_{11k} + \gamma_3 D_{12k})$，得到加州理工创新型研究生培养得分：321 233 分。

(2)将加州理工原始数据代入 $(1-\rho)\gamma_2 D_{11k}$，得到加州理工应用型研究生培养得分：1 498 分。

(3)将北京大学原始数据代入 $(D_{13k} + D_{14k} + D_{15k})$，得到与北京大学相同的加州理工研究生质量得分：5 891 分。

除加州理工外，其余 4 校的研究生培养得分都可以在《挑大学 选专业》第 4 章研究生培养一栏找到相同的分数。加州理工研究生培养 105.13 分，是《排名研究》发表的加州理工研究生培养 0.53 分的 198.36 倍。近 200 倍的误差表明《排名研究》没有按照《评价》的公式计算加州理工研究生培养得分。"中科大组"推演的加州理工研究生培养 0.53 分也是个虚假的结果。

(五)重复加州理工人才培养得分和综合实力得分

综合科学研究得分、本科生培养得分和研究生培养得分，形成加州理工在武书连2012 中国大学排行榜中的位置。但没有给出加州理工在中国大学排行榜中的名次，首先是因为各项得分都是按"中科大组"强行将加州理工多项指标设定为"与北京大学和浙江

大学相当"得出的。其次是因为加州理工的数据采集时间与其他学校不同,影响可比性。再次是因为加州理工是美国大学,不应该在专门为中国大学设计的排行榜中出现。如果一定要将加州理工塞进中国大学排行榜,只要原始数据准确,没有明显的计算错误,绝不会出现本科生培养 0.54 分、研究生培养 0.53 分、人才培养 1.07 分,不能进入中国大学人才培养前 500 名的结果。

二、对《排名研究》的简单讨论

(一)《排名研究》公开引用教育部明文不得公开引用的数据,是违规行为

《排名研究》公开引用教育部特别注明"不得翻印和对外公开引用"的《教育部直属高校二〇一〇年基本情况统计》数据(见《排名研究》表 3),这是明显的违规行为,这样的论文必须撤稿处理。否则今后任何人都有理由以《排名研究》为例,公开引用《教育部直属高校基本情况统计》。

(二)《排名研究》质疑《评价》对论文及论文被引没做归一处理,是没有读完《评价》全文

《排名研究》这样论述《评价》的科学研究计算方法:"《评价》中计算'科学研究'得分时,没有将论文及论文被引次数按照学科归一处理,没有剔除学科差异对科学研究的影响,仅仅是简单的对论文数量及论文被引次数进行相加。"提醒《评价》:"泰晤士高等教育增刊与汤森路透数据库联合推出的 2011 *Times Higher Education World University Rankings* 中,在利用'论文及论文被引'反映科学研究质量时,将论文、论文被引按照学科进行归一处理,以反映不同学科领域之间论文及引用量的变化,避免'传统上在某一学科领域从事高水平科研活动拥有高论文量及高被引论文的大学获得不公平的优势'。"

如果不是《排名研究》的提醒,笔者还真不知道自己创造的大学评价作学科归一处理的理论和实践,已经被"中科大组"认定是外国人的发明了。

1.《评价》已经写明了对论文引用"按学科归一处理"

《排名研究》论文的副标题是"对《2010 中国大学评价》指标体系及算法的质疑"。质疑《评价》,总要把《评价》看懂,至少读完全文吧。《评价》有两处提到著作和论文引用的"归一",引述如下:

"3.3.1 自然科学得分 (3)k 校自然科学领域学术著作引用得分 D_{18k} 的确定"部分的最后一段是"以上自然科学论文及著作的引用得分,须按学科归一处理"。

"3.3.2 社会科学得分 (3)k 校社会科学领域学术著作引用得分 D'_{18k} 的确定"部分的最后一段是"以上社会科学论文及著作的引用得分,按学科归一处理"。

《评价》发表于 2010 年 4 月,早于 2011 *Times Higher Education World University Rankings* 的推出时间。答案只有一个,泰晤士高等教育增刊借鉴了《评价》的归一思想,

但没有说明出处。

《评价》没有写对论文进行归一,因为《评价》使用的 SCD 数据库,已经将各学科的论文按一级学科归一,《评价》只需对各一级学科论文被引归一即可。

2.《2002 中国大学评价》已经解决了大学评价中的学科归一问题

10 年前的 2002 年,《评价》作者在《科学学与科学技术管理》杂志 2002 年第 5 期发表《2002 中国大学评价》。文中写道:"自本年度起,本课题组用'不同学科的科研人员平均具有相同创新能力'的科学假设取代'不同类型大学的科研人员平均具有相同创新能力'的科学假设。新的科学假设产生的评价方式,表现为各大学相同学科进行比较,然后对全国所有大学的不同学科得分加权;每个大学的最后得分是该校各学科归一后得分的总和。"

"归一"在 10 年前的《2002 中国大学评价》一文中已经出现。笔者当年对中国大学各学科的各项成果(包括但不只是论文及论文被引)都按一级学科做了归一处理,并以一级学科归一为基础制作此后历年的《中国大学评价》和《中国大学研究生院评价》。时间上至少领先泰晤士高等教育增刊 9 年。

(三)《排名研究》没有列出国外 4 所大学的原始数据和计算过程,不符合论文写作的基本规范

重复检验的国外大学只有 4 所:麻省理工学院、加州理工学院、剑桥大学、巴黎高等师范学院。获取这 4 所学校的数据并不困难,特别是获取教师总数、博士生数、硕士生数、本科生数更是很容易。可是在整篇《排名研究》中,看不到这 4 所大学的任何原始数据。《排名研究》收录了浙大、北大、清华和上海交大 4 校的本科生培养原始数据,再把国外 4 所大学的数据加进,立刻明白加州理工本科生培养得分不是 0.54 分。

《排名研究》推演人才培养得分时,专门列出两个标题:"'本科生培养得分'计算过程再现""'研究生培养得分'计算过程再现"。可是,国外 4 所大学的计算过程在《排名研究》全文从来没有出现过。"中科大组"是在既没有原始数据、又没有计算过程的情况下,直接把国外 4 所大学虚假的人才培养得分写进《排名研究》。

(四)《排名研究》违反学术界公认的重复检验规则

学术界的重复检验基本规则是:对任何一项研究成果进行重复检验,无论喜欢不喜欢,都必须使用与被重复人相同的指标和相同的方法,也就是重复时条件必须相同。只有这样的重复,才能检验结论是否一致,否则重复出来的结果没有说服力。

除了教师数、博士生数、硕士生数、本科生数、自然科学国外引文数据库论文及引用、社会科学国外引文数据库论文及引用能够采集外,其他指标均无法采集。即使能很方便采集 SCI、SSCI、A&HCI 指标数据,"中科大组"也不去采集,而是去采集《评价》中没有的指标:ESI。

《排名研究》不厌其详地推导着 $\alpha_5 \dfrac{\gamma_1 D_{1k} \prod_{i=1}^{4} R_{ik}}{\sum_{j=1}^{n} \gamma_1 D_{1j} \prod_{i=1}^{4} R_{ij}}$，演示、论述着

$\alpha_5 \dfrac{\gamma_1 D_{1k} \prod_{i=1}^{4} R_{ik}}{\sum_{j=1}^{n} \gamma_1 D_{1j} \prod_{i=1}^{4} R_{ij}}$ 的巨大作用,而对合计占本科生培养得分 40% 的 $\alpha_6 \dfrac{D_{2k}}{\sum_{j=1}^{n} D_{2j}}$

和 $\alpha_7 \dfrac{\sum_{i=3}^{10} D_{ik}}{\sum_{j=1}^{n} \sum_{i=3}^{10} D_{ij}}$,这两个对加州理工、清华、北大和浙大等高水平大学重要的子项却

不做任何讨论。如此断章取义,计算出的加州理工得分可想而知。

《评价》的计算过程,是以学科归一为基础的。整个体系,无论是人才培养、还是科学研究,归一无处不在。可是在《排名研究》的复演复算中,看不到归一起了一丝一毫的作用,反而是要《评价》向泰晤士高等教育增刊学习归一。《排名研究》不使用归一来重复《评价》,那是用什么样的方法重复《评价》呢?

三、结　　论

通过以上对《排名研究》所列加州理工各项指标得分的重复,以及对《排名研究》的简单讨论,形成以下结论。

一是《排名研究》所列 4 项结论均为虚假结论。对加州理工科学研究、本科生培养、研究生培养得分的重复,证明了《排名研究》所列 4 项结论均为不能成立的虚假结论:①"以'数量'代替'质量',将'质量'与'数量'混为一谈。"②"基于《评价》测算得出国际一流高校'人才培养得分'与实际认知严重不符。"③"《评价》仅对论文量及论文被引量做简单相加,没有剔除学科差异影响。"④"基于《评价》测算的结果竟然出现我国在没有建成世界一流大学的情况下'科学研究得分'已经超过公认的世界一流大学。"

二是《排名研究》作者缺乏基本的法治观念。《排名研究》公开引用教育部明文不得公开引用的数据,开了不好的先例。如不撤稿,其他人亦可仿效《排名研究》,公开引用教育部明文不得公开引用的数据。

三是《排名研究》不符合学术论文写作的基本规范。没有原始数据和数据来源,没有各项得分的计算过程,却能直接写出国外 4 所大学各项指标的得分,这不符合学术论文写作的基本规范。

四是《排名研究》的整个复演、复算过程,违反了学术界公认的重复规则。《排名研究》的整个复演复算过程,没有使用《评价》的指标体系和数据来源,没有使用《评价》以归一为基础的计算方法,违反了学术界公认的重复规则。《排名研究》不是在重复《评价》,而是自己制造了加州理工等 4 所国外大学的得分。

(原载《高教发展与评估》2012 年第 5 期,第 10-22,28 页)

2013 年

协同创新政策的理论分析

周作宇

继国家推出面向高等教育的"211 工程"和"985 工程"之后,2012 年又推出《教育部·财政部关于实施高等学校创新能力提升计划的意见》(教技〔2012〕6 号),即"2011 计划"。从政策出发点看,"985 工程"是落实江泽民在北京大学百年校庆时的讲话,目标是推进建设世界一流大学。"2011 计划"是为贯彻落实胡锦涛在庆祝清华大学 100 周年大会的重要讲话精神,目标是通过协同创新"大力提升高校的创新能力"。"985 工程"所及高校范围有限,只有 39 所高校挂名。从冠名的角度上看是一项相对封闭的政策。而"2011 计划"虽然也有很高的门槛,但是面向全国所有高校,目标是搭建"中心"平台,具有广泛的开放性。这项政策的出台,对我国高等教育实践的整体影响将会是深广的。从时序上看,政策指向已经十分明确,目标是"面向需求、推动改革、探索模式、提升能力",概括为"一个根本出发点、一项核心任务、四类协同创新模式和八个方面的机制体制改革"。政策既明,接下来的问题主要是实践性的,似乎理论问题已经解决。但是,任何一项政策的执行首先取决于相关人的"理解与解释"。而对政策文本的理解取决于支撑政策的理论之彻底性和深刻性。没有彻底的理论,就不会有深刻的理解;没有深刻的理解,就不会有深度的交往和沟通;没有深度的交往,就不会有有效的行动。"批判的武器当然不能代替武器的批判,物质力量只能用物质力量来摧毁,但是理论一经被群众掌握,也会变成物质力量。理论只要说服人,就能掌握群众,而理论只要彻底,就能说服人。所谓彻底,就是抓住事物的根本。"在全国高校为落实"2011 计划"进行顶层设计、连横合纵、营建联盟的关键时期,为高校更好地理解政策意境,从理论上分析协同创新的政策基础是必要的。

一、协同创新的政策语境和历史问题

新中国成立后,举国开展社会主义改造,经院系调整,高校结构发生变化。公立、私立和教会三大类型高校合流为公。高等教育的公有性质和服务公共利益,提供公共产品(public good)的角色和职能得以确立。作为组织的大学和作为个体的学术人在新的结构中形成新的权力关系。改革开放后,"尊重知识、尊重人才"为知识界定调。随着"白猫"与"黑猫"的因色划界标准消弭,学术界纷纷在个体和组织层面入海试水,学商共谋,私利和公利的位序变得模糊。高校扩招、"一流计划"和创新工程"接力"。单从经费投入的角度上看,纵向比较,各类科研机构的经济资本总量前所未有。以高校和科研院所为主体构成的创新阵线进入经济条件最好的时期。公共财政的高投入刺激政府和社会对创新成果的高期待。创新主体"干了什么、在干什么、应该干什么、应该怎么干"的问题,为政策所聚焦。以解决重大问题和争取世界一流为目标,以协同为手段的创新政策适时启动,符合时代精神。关于协同创新政策出台的背景,政府相关负责人从世界政治、经济和社会格局与创新的密切关系做了说明,指出"创新能力不足既是我国教育、科技与世界发达国家的主要差距,也是制约我国经济社会发展的薄弱环节。长期以来我国创新力量自成体系、分散重复、效率不高,人才培养、科学研究与经济社会发展相互脱节。"一方面创新和知识已成为经济社会发展的驱动力和核心要素,另一方面我国又存在创新能力不足等问题。因此,通过机制体制改革提升创新能力,进而推进创新、创造知识,自然而然是一条必由之路。从一般性的描述看,这种推理是合乎情理的。但是历史地看,所及变量的关系十分复杂,还需要深入分析。具体地说,要从历史的和理论的立场回答三个核心问题:为什么我国的创新能力不足? 为什么不能面向社会需求选择学术方向? 为什么我国在创新方面缺乏合作和协同?

在当代知识社会的语境下,创新具有较科学发现和发明更为宽泛的外延,但其内核和基础是现代科学,其发展状况与社会结构、工业革命、经济增长有双向约束关系。创新能力的强弱是通过比较反映出来的,强与弱是相对的,需要一整套数据通过标杆(benchmarking)比较来评价鉴定。目前在不同领域或整体或局部,都有一些反映能力(综合实力、竞争力、影响力)等方面的排行系统,如瑞士洛桑管理学院(IMD)的国家竞争力排行,《财富》(Fortune)杂志的世界企业排行,美、英、中等国的大学排行榜,基础教育领域还有 PISA 成绩的排行。这些排行榜在一定程度上从不同的侧面反映了比较国之间的"能力差距"。虽然可资参考借鉴,但现实比排行榜反映的情况复杂得多,各色排行不足全信。新中国成立以来,尤其是改革开放迎来"科学的春天"后,中国的科学事业走上了快车道。从"两弹"爆炸到"神舟上天""蛟龙入海",从专利数量的突进到科研文章的激增,从科研投入不足(人力和财力)到科研队伍和经费的迅速增加,中国的科研投入和成就有目共睹。以 SCI 为表征的科技发展状况,从 2006 年开始我国发文收录量已经排到了世界第二位。作为一项可测指标,SCI 的总量确实在一定程度上反映了我国科技发展的水平,不过这仅仅反映了数量方面的状况。此外,从发明专利的申请上看,科技发展速度也很快。2001 年我国发明专利申请 63 204 件,2011 年达到 526 412 件,其中本国人申请 415 829 件。与美、日、欧、韩四个专利局比较,第一次位居第二。在看到成就的同时,也要看到潜在的问题。根据美国思科公司赞助的《全球最具创新力国家最新排名》调查报告,我国创新指数在 2004 年到 2008 年之间仅排 54 位。与 SCI 的总量比较,创新指数更能反映出科技的质量。如果将科研在工业企业中的应用因素考虑在内,从科技对经济的附加值看,我国科技在产业升级、战略性新兴产业支撑和环境、资源等可持续性方面的贡献,距离期望还有很大的差距。科研体积和总量虽然庞大,质量和水平并不突出。钱学森先生关于"我们的大学为什么培养不出拔尖创新人才"的诘问,核心问题就是"质量"问题,直接诘问的是"培养",潜在的焦虑是科技水平和创新能力。无论作为一种描述性的事实,还是作为发展的激励性因素,将"创新能力不足"作为衡量科技水平的一个基本判断,其政策意义是明显的。大而不强,多而不精,是建设创新型国家必须正视的现实。以此为认识前提,在为提升创新能力开处方的时候,还需要分析不足的历史与当下原因。

许多学者对现代科学的发端及其传承变迁进行了不同程度的研究。继任鸿隽 1915年在《科学》第 1 卷第 1 期发表《说中国无科学之原因》和魏夫特 1931 年发表《为何中国没有产生自然科学?》提出为什么现代科学没有在中国产生的问题之后,李约瑟提出了一个吸引他毕生研究中国科学史的问题,即所谓的"李约瑟难题":如果中国朋友们在智力上和欧洲人完全一样,那为什么像伽利略、托里拆利、斯蒂文、牛顿这样的伟大人物都是欧洲人,而不是中国人或印度人呢?"尽管中国古代对人类科技做出了很多贡献,但为什么科学和工业革命没有在近代的中国发生?"这个问题一方面受到质疑,另一方面吸引了许多学者的关注,求解的热情没有中断。罗斯托的解释是,"17 世纪和 18 世纪的中国所缺少的东西,看来正是一种不断增长的科学、哲学、发明和革新的激情。而且这种激情当时(在西方)弥漫朝廷、大学、首府和各省区的科学团体、咖啡厅和作坊"。从整个历史看,中国有许多科学发明,但是这些发明很少从经济方面得到激励,也没有用于技术的改进。此外,中国还缺少将科学技术知识代代相传的制度。如斯达克尔所言,"传统中国没有将技术发明和技术创新制度化(尤其是在 18、19 世纪),这是造成中西 1840 年冲突后中国社会悲惨结果的原因"。此外,"中国对与技术进步和与控制自然相关的特殊价值缺乏兴趣。并非停滞和惰性使然,而是在特定历史时期关于优先事项的一贯性的、顽固的表达。这种表达与当时西方欧洲居主流思想有极大的不同。"埃里克·琼斯辩道:"中国的经验证明科学发现和技术发展之间的纽带真的非常弱。中国缺少严格的实验方法,而这正是导致技术进步的根本。"艾尔文推想,鼓励创新和创造的权力掌握在保守的官僚手里。默克则认为,"公元 1400 年前,因为拥有大量土地的贵族和受过良好教育的精英们对这些事物不感兴趣,所以政府在推动创新及其成果的传播中具有重要的作用。可是当政府的支持减弱之后,没有别的力量替代政府的角色,创新的动力便随之减弱。"在知识精英的命题性知识(proposition knowledge)和工匠们的规定性知识(prescriptive knowledge)之间存在着巨大的差距。李约瑟本人的回答是,儒家思想抑制了人们对探究自然的兴趣,"中国的官僚体系重农抑商,因而无法把工匠的记忆与学者发明的数学和逻辑推理方法相结合是中国未能自发产生科学革命的原因"。钱文源则认为,"尽管中国在诸如造纸术、印刷术、指南针和火药等方面的硬件出现较西方早,但是国家从来没有提供支持创造发明、技术创新的文化多元主义软件,即政治—意识形态的条件"。"帝国的统一和意识形态的统一不容异说,阻碍了现代科学理论方法的发展。"林毅夫不满足于李约瑟和钱文源的观点,对这个难题另有解释。他指出:"科学革命没有在中国发生,原因不在于恶劣的政治环境抑制了中国知识分子的创造力,而在于中国的科举制度所提供的特殊激励机制,使得有天赋、充满好奇心的天才无心学习数学和可控实验等,因而,对自然现象的发现仅能停留在依靠偶然观察的原始科学的阶段,不能发生质变为依靠数学和控制实验的现代科学。"对李约瑟难题的解释观点各异,但前提一样,都承认中国曾经有一段成就辉煌的历史。此外还有一个条件,就是中西方人在智力上是不分伯仲的。既然智力条件相当,在西方能够产生和发生革命的科学而没有在中国产生,就说明一定是个体和群体外部的力量在发生作用。不存在没有社会影响的科学,也不存在没有科学史的科学。离开科学赖以存在的社会环境,无法回答李约瑟难题。假如李约瑟难题为真,就人类对历史了解的有限性来看,要么如席文所言,这个问题无法通过研究历史找到答案;要么,即使能够提供解答,所有的解释都是不完备的。于是,我们不能不"苟且"于盲人摸象式的"有限理性"水平。将各种解释缝补起来,可以看到更多的侧面,即使不是全部。综合上述各种观点,至少可以得出这样的共同结论:就外部因素而言,科学的产生和发展是激励的结果。不管是观念性的、政治性的、经济性的还是文化性的,一个拥有足够智力的个体或群体,是不是致力于探究自然法则并用于"改造自然",主要受外在制度性因素的激励。

陈正方没有循着李约瑟难题的路线去探讨历史上某一国家或地区没有发生科学革命的原因,而是探讨科学革命为什么能够在某一国家或地区发生的原因,为此提出了解释中西方科学状况的"基因说"。陈正方认为,"西方与中国科学的真正分水岭不在近代,而远在公元前四五世纪之间甚或更早,譬如说孔子和毕达哥拉斯在世的'轴心时代'"。"自然科学的起源不是在中国,而是在西方,这是很早就由各自文化基因的不同所决定的。西方人在很早的时候就对自然现象发生一种很根本的、很有理论性的、很神秘的兴趣,而中国人对此始终就只有一种实用的兴趣,没有理论性,没有学术传统,所以后来的发展就不一样。"在谈到当代中国的科学发展时他指出:"中国人这 30 年来向西方确实学习了很多,可是这并不表示我们很了解西方。""中国人到现在为止,并没有花力气去了解西方。我们去学西方的科学、引进西方商业运作的系统和办法以及西方的一些法律观念,这是学习。可是他们所有这些东西到底是怎么来的,我们一向没有人很注意。"陈正方此处的观点有两个重要的判断:一是文化基因是现代科学产生和发展状况的解释;二是中国在当代科学发展以及其他方面"向西看"的学习过程中,还只触皮毛,不得要领,是一种表浅学习。通过文化基因着力要解释的是中西方现代科学产生或没有产生的远古原因,而表浅学习则是对时下状况的鉴定与解释。即使文化基因具有相当的说服力,那也是在回答科学发端的问题上有效。如果将文化基因延伸到解释当下的状况,即"当代中国科技落后和创新能力之所以不足,乃是因为远古时代形成的文化基因使然",就会陷入科学发展中的"文化基因决定论"。假如文化基因是不变的,那么从古到今,落后的科学就是落后的不断重复。若如此推理,必然会导致后发外生的地方科学发展中的悲观论调。事实上,假使有文化基因存在,这种基因也是有可能变异的。这已被日本明治维新的历史后果证明。文化基因论的积极意义恰恰在于,通过彻底的深度学习实现对"基因"的改造,这是创新能力提升的重要条件。科举制度于 20 世纪初"废科举、兴学校"运动中废除。林毅夫对李约瑟难题的归因从那个时候应该画上了句号。现代科学从西方嫁接过来之后,经历了一个多世纪的积累进化。发展到今天,中国科学业已成为国际科学版图中一个重要的组成部分。科学共同体内的规范日益建立,"无形学院"已经形成。如果说创新能力仍显不足,而不足又源于文化基因,那就需要创造条件,促进基因的突变。不过,基因是一种比喻。要改造的,乃是关涉现代科学蕴含其中的场域和惯习。这恰恰是解释创新能力不足的一个重要原因。场域是否崇尚科学的权威和理性的力量、是否确立求真求善的价值地位,惯习是否遵从科学的规律和法则,无不影响着一个国家的整体创新能力。"只有从和外部环境的相互作用中,机体的特性才能够得到理解。机体必须很好地适应外部环境才能生存。在变动不居的世界里,即使是由科学家构成的机体也莫不如此。"当大学毕业生趋之若鹜地投身"公考"大军,你会发现如林毅夫所言抑制科学发展的没有根绝的科举制度"基因"。当"饶施之剑"引发科研管理激辩的时候,你会看到,庞大的科学系统存在着一定的公信力迷局。而当公众质疑高校和其他科研机构获得高投入之后究竟提供了怎样的公共物品的时候,高校和科研系统与政府的社会契约问题便浮出水面。高校承担着教学、科研和社会服务三大任务。协同创新是三大功能共同的使命。但是,三种功能之间本身就存在着资源配置上的矛盾甚至冲突,故内部就存在着协同的需要。高校因功能的不同而与社会建立的契约关系也有所差异。其中,科研因其活动对象、过程、成果和影响的特殊性,构成和社会之间建立契约的特殊部分,在科学成为一种制度化了的系统存在的背景下,具有相对独立的主体地位。科学研究在创新系统中也是最为核心的活动,为讨论方便,此处先将其他功能搁置,重点论及社会契约的科研之维。

二、社会契约与创新的价值原理

科学研究、技术发明、市场开发、经济增长、人类福祉形成一个基于科学发现的创新价值链。没有科学研究,一切价值便无从谈起,失去根基。科学活动本身是一项非常专业化的人类实践。没有专门的训练,没有个体无法遏制的激情和持续专注的投入,没有同行不留情面的理性论辩和批判,不可能有科学的进步和突破。科学家的职业活动目的、课题选择偏好和研究行动策略,是内外力量互动的结果。心理的与理性的价值取向是内部驱动力,社会需要、社会价值与社会目的是外部影响力量。研究活动是智力活动,首先是个人的价值选择,但又不可能游离于社会,所以遵循特定的社会规范。这种规范根据活动的场域空间变化,呈现出不同的特点。"国家急需与世界一流"是将社会需要和学术价值结合起来的政策性动员。将其转化为行动中的科学,必然要经过"组织沟通"和"个人解释"。在这个过程中,场域结构与惯习发挥作用。场域是社会位置的系统,以权力关系构成其结构,是人们争取各种资本的竞技场。个人的位置是场域规则、个人惯习和其所在社会、文化以及经济资本互动的产物。惯习是身处一定场域中的人的性向、训练获得的能力、结构化了的思维、感受和行动选择偏好。惯习既非自由意志的产物,也非被社会结构所决定,而是个体自由意志和社会互动的建构结果。惯习的形成受特定种类和数量的资本的影响。场域和惯习不是一成不变的,而是可以改变的。场域是多维立体存在,其变化有整体和局部之别,也有深度和表浅之别。场域即使不是决定因素,也在相当大的程度上影响着个体、群体和组织(有正式组织,也有非正式组织)的行动。高等教育系统自身构成独特的场域,其中的权力关系与其他组织不同。为一般场域所具有的政治资本、经济资本、社会资本和文化资本,也为高等教育机构(除非特别指明,本文"高等教育机构"与"大学"混用)所拥有。但高等教育机构还具有其他非专业机构所不具备的学术资本。大学组织的身份边界正是由其学术资本所界定的。也恰恰在这点上,大学和政府具有一种契约关系。

社会契约是场域的重要构成。在原初意义上,社会契约指个人和政府之间相互认可而建立起来的一种关系,据此,个人走出"自然状态",自愿放弃其自然的自由,拥有公民身份和相应的权利,获得政治秩序赋予的各种利益。科学学研究人员将社会契约移植到科学与政府的关系上,随之开启了关于科学的社会契约的讨论。科学的社会契约是科学与社会互动所遵循的一套范式。一方面,政府对科学予以支持,科学家享受自治权(autonomy);另一方面,研究人员有义务和责任生产与自由分享知识,通过长期的和难以详细说明的方式,为公共利益或公共物品(public good)服务。科学的社会契约在不同国家经历了不同的变迁。20世纪三四十年代,英国出现了科学的社会关系运动(Social Relations of Science Movement,SRSM),同期诞生了贝尔纳的不朽著作《科学的社会功能》。贝尔纳回答了由于世界大战和经济危机而产生的人们对科学和社会经济之间关系的质疑。他指出,"自从文艺复兴以来,科学本身似乎也破天荒地第一次陷于危机之中。科学家已经开始认识到自己的社会责任。不过,如果要是科学执行传统所要求于它的功能,并且避免威胁着它的危机,就需要科学家和普通群众都进一步认识科学和当代生活之间的复杂关系"。"科学已经不再是富于好奇心的绅士们和一些得到富人赞助的才智之士的工作。它已经变成巨大的工业垄断公司和国家加以支持的一种事业了。"1945年11月,联合国教科文组织成立。当时殖民地时代还没有结束,许多西方科学家和普通人一样,怀有殖民性的意识形态。他们没有意识到科学和殖民之间存在密切的关系。作为科学部的主任,李约瑟反对科学的欧洲中心主义思想。他认为,"科学像大海,在这里,各种来自不同传统的百川汇聚"。科学家有一种天然的愿意从事国际合作的倾向。他提出了旨在促进第三世界地区科学发展的"边缘化原则"(Periphery Principle)。于是,在科学的社会功能被强化的同时,科学也在国际范围内走出西方中心主义者所谓的"光亮区"(Bright Zone),进入边缘地带,其国际性的社会功能受到关注。20世纪80年代,在英国,新自由主义意识形态逐步占主导地位,政府开始改革高等教育体系,并对高等教育施加了更大的压力。2002年与2003年之交,受财政部的委托,理查德·兰伯特领衔对英国大学与企业界的关系予以考察。他在2003年6月提交了中期调查报告,同年12月本项调查的终结报告完成,《兰伯特企业与大学关系评价报告》出炉。针对中期提出的问题,该报告建议牛津大学和剑桥大学应该总结他们在治理改革方面的经验,要充分和政府沟通,商讨要想保持在世界上的领先地位应采取的措施。其基本假设是,与一些后起的新型大学校比,这两所古典大学疏离了与社会的关系,在治理结构中缺乏来自外部力量的介入。随后在政府对兰伯特报告做出的回应中表示支持牛津大学和剑桥大学进行改革,并称3年后对改革的进展情况进行检查。这项调查后来证明并没有收到预期的效果。

剑桥大学校长阿里森将重点放在筹资上,化解了当时面临的财政危机。在治理结构改革上,剑桥大学并没有大刀阔斧地用力响应兰伯特报告的建议。而牛津大学按照既有程序开启的治理结构改革方案,最后在大学教师大会的表决中"流产"。针对英国学界的生存状况,有些学者认为大学和研究机构正经受威胁。在知识经济日益成为重要经济构成的时候,学术界正经受压力,政府对大学的产出提出更多特别的期待,他们必须将自己的工作更加紧密地和经济需要联系起来。从长远看,这样的潜在后果是有害的。这会导致大学和政府之间的"社会契约"发生根本性的变化。有人将这种转型描述为知识生产由模式Ⅰ到模式Ⅱ。模式Ⅱ由大学、政府和工业界组成的新型三角螺旋结构形成。针对这样的判断,马丁通过考察大学"种系"出现和演进过程,指出不同种类的大学在教学、科研和服务经济社会方面侧重点不同。"事实上,当前的现象并不是新生事物。大学和政府的这种社会契约在20世纪前半叶就已经存在。"无论大学内部学术人怎样维持自己认可的"独立意象",大学和社会在政府的政策引导与干预下,彼此关系日益强化了。即使那些在治理方面对外部的强制消极抵制,它们也已经开始和企业界或其他外部机构"自由恋爱",结成合作伙伴。学术领域和日常生活的关系日益密切,研究项目越来越面向世界和人类的重大问题,如全球变暖、人类健康等。新社会契约强化了科研机构和社会的关系。

在美国,建国初期,联邦政府就十分重视科学发展,并从中受益。"二战"前,政府的科技政策以"实用知识的教条"为基础,即只资助那些能够证明对社会目标有利的研究。统治科学的这种社会契约是科学政策变革的一个障碍。该政策不能为重要的基础科学研究提供大量经费。"二战"期间,科学因在重要军事和商业价值中的杰出表现而备受政治人士注意。战后的科学生态随之发生了变化。曾参与了曼哈顿计划领导工作的美国科学研究与发展局的主任万尼瓦·布什于1945年向罗斯福总统提交了《科学:没有边界的前沿》,重塑了政府和科学的关系。他指出,"实用性教条"对正在变化的现实世界而言已经过时。原子弹、雷达、喷气式发动机、火箭、医疗器械等新的发明创造表明,科学知识具有固有的用途。科学获得联邦政府的资金不需要通过实用性的测试。根据他的"新社会契约":第一,科学进步对国家福利而言是基本性的。但必须注意,科学对个人、社会和经济疾病而言并不是万能药,它只是诸多因素中的一个。第二,科学可以提供"知识水库",并不断为"知识水库"蓄水,借此满足国家需要。基础研究是科学的重要资本。"如果科学能够不断为水库注入知识,那就不需要担心知识如何被利用。"好的科学本身就证明可以得到社会的支持。第三,科学进步源于自由知识分子的自由探索,他们出于好奇心而自由选择课题。为了科学的自由必须克服政治或其他力量的约束。"冷战"结束后,美国的科学生态发生了很大的变化,布什的科学"社会契约论"受到挑战。公众对政府臃肿不满,期望消减赤字,增强了社会问题意识。作为对公众呼声的反应,立法委员们也对研究机构提出了新要求,希望其为社会做出更大贡献,提高本科生教育质量,研究重大现实问题。是否解决现实问题成为科学资助重要的考虑因素。拜耳利和皮尔克认为布什的契约导致了一种将科学和社会问题解决割裂开来的范式。为适应新需要,他们提出"新新"的"社会契约":首先,政府要加强科研问责,根据表现分配投入。其次,要求科学与环境保持更加密切的关系,对外部需要反应更加迅速。再次,科学既要源于科学家的好奇心,也要关注内外部问题并为其所驱使。对新的社会契约,许多科学界同行遥相呼应。美国科学促进会(AAAS)主席珍妮·卢比森科也呼吁,科学家要时时把握社会的急迫需要,选择项目要和问题的重要性相适应;为了帮助个人或组织明智决策,科学家要更为广泛和有效地传播新发现的知识和认识;要养成良好的判断力,形成智慧和谦逊的品质。在过去几十年中,美国的科学为"新契约"驱动,越来越切入社会,甚至成为社会经济的直接力量。

英、美两国科学的社会契约随社会变迁的历史表明,本来就密切联系着的科学与社会关系,在人们的解释上存在差异。无论潜在地还是现实地,任何科学都会产生特定的社会后果。科学共同体和"无形学院"就是一种社会存在。科学机构更是有形的社会实体(social entity)。科学不独立于社会,也不独立于政治。具有内在价值(学术价值)的科学必然具有外在价值(广泛意义上的社会价值)。只不过在内在价值和外在价值之间需要起着"价值转移代理"(value transfer agent)作用的制度、组织或个体。科学没有疆界,社会有特别的需要。科学工作者是国际学术场域中的公民,需要遵循国际学术规则。根据这个规则,学术权力的转移依赖于内在价值的生成与学者对本领域的贡献度,和学者持哪国的公民身份没有关系。如爱因斯坦是犹太人,德国是他的祖国,但他最后在美国扎根。这些背景不影响他的相对论在全世界的传播和分享,不影响他在这个领域拥有话语权。发现铀-235 和铀-238 以及钚,乃是科学家的杰出成就,但是不是用来制造原子弹、科学家是不是参与其中,超出了科学的学术价值而进入社会价值的论域。在这个过程中,不排除科学家本人就是"价值转移代理",但是如果没有政府的介入要制造原子弹是无法想象的。于是,科学的价值(V)实际上是两种价值(学术价值 Va,社会价值 Vs)的"或运算"$V=(VaVs)$。学术价值和社会价值彼此不是相互排斥的。学术价值可以转化为社会价值。学术价值涉及特定领域的知识创造,是切割知识边缘的程度,满足的是人们的认知需要。参照标准是人类现有的认识限度,具有世界范围内的公度性。社会价值是学术成果能够为社会福利(social welfare)服务的贡献度,满足的是人们的福利需要,参照的对象是特定的社会和人群。一项研究如果有学术价值,必然有潜在的社会价值。反过来,有社会价值的研究不一定有学术价值,因为价值参照局限于特定的时空和人群,福利也是一个主观感受与客观需要的混合变量。学术价值与社会价值之间存在时滞。或者说,时间在计算科学的价值中是一个重要的变量。在智力条件和其他资源最大化的情况下,一项研究所需要的时间越长,说明难度越大,因此学术价值就越大。对特定研究领域,在各种资源最大化的条件下,如果一项研究为社会提供的福利越多,并且能够实现价值转移的时间越短,其社会价值就越大。科学认识的突破在时间上存在很大的不确定性,而社会的需要比较确定,满足需要的时间也有特定限制。人类的未知领域是一个无穷大的集合,而现实的社会需要则有相对确定的边界。个人、组织和国家在未知领域如何选择,既关涉对学术价值的计算,也关涉社会价值的运算,而在这个过程中,存在着学术、政府和市场的所谓"循环三角(triple helix)"的互动和博弈。作为公共财政和公共产品的"守门人",政府提供怎样的制度激励,形塑着科学的社会契约和学术场域,也影响着科学相关人的职业行为,换句话说,政府行为影响着科学生态。道格拉斯认为,"人们不能在真空中思维,而是制度通过人在思维"。外部制度的废止或建立,政策的颁布或废止,或迟或早会影响组织内部的制度和文化,进而影响人的行动选择和行为方式的调节。科学生态是由科学家、科学组织、科学文化所构成的系统与社会环境因相互作用而结成的关系。科学生态制约着科学和社会的双重双向期望。科学期望自治与资助,社会期望基于政府资助而提供的实质性利益。只提要求没有投入的单边愿望无法使契约合法化。"不问收获,只问耕耘"式的勤勉或因个人认知兴趣驱动而令人敬佩,"不结果实的智慧之花"或因刺激人们的智力发展而显魅力,但若果然"无获""无果",其社会价值就无法获得普遍认可,来自社会的问责就不可避免。如贝尔纳所言,"一切国家的科学工作者很少不是大学、政府或企业的雇员。他们表面上的自由很少不是因为他们对自己工作的结果无能为力,或者是由于当局者对他们的工作的最后结果一无所知"。要在科学和社会之间建立互信并相互支持,前提是找到"价值支点"并充分沟通,将基于绩效责任的契约和基于信任的契约结合起来。

三、协同激励与集体行动的逻辑

众所周知,科技在当代社会中地位突出,影响深广。社会的许多问题并不是按照学科的逻辑呈现的。不确定性、综合性、复杂性是现代社会的写照。要应对日益复杂的科学难题和社会问题,必须克服原子思维和还原主义,靠集体的力量才有可能解决。如斯坦福大学 Bio-X 现任中心主任萨慈所讲,"即使我们知道基因组的所有基因的功能,我们还是不清楚身体和大脑的工作方式。也不知道它们随着年龄、训练或疾病调节和变化的规律。现在是我们超越还原主义,建构复杂生命系统的新生物学的时候了。要做到这一点,我们需要各种工具,我们还需要发明新技术和新学科"。协同创新是科学发展的必然选择,也是科学的社会契约能够彻底坚守的重要途径。协同创新作为一个政策标识,不只是一个新概念,也揭示了在科研机构中存在着不能协同的现象。科学家之间的不协同,不是新鲜事物,不仅仅在我国知识界存在,历史上其他国家也有大量先例。贝尔纳曾对此有过专门的讨论。他指出,"各个研究实验室的效率不高和组织不完善,决不是科研工作所遇到的最严重的缺陷。更严重的是不同科学研究所之间和各地科研工作者个人之间普遍缺乏协调。实际上,科学工作的全面组织和部分之间的联系一直处于原始水平"。如果说在科学家之间能够发现一些相互合作的事例,那也是非正式的。"科学事业现有的一点点组织形式几乎都是非正式的。任何领域的科研工作者一般彼此都有私交。假如他们交情好,就可以在彼此之间安排各人打算进行的工作和彼此工作之间的关系。""一切交易,特别是同富有的施主进行的交易,在可以作为事实加以宣布之前,都严加保密。凡是获悉内情的人,都可以用一部分'账款'来收买。人们为了牺牲其他科学家的利益,从政府部门或者潜在的施主那里获得经费,不知费了几许精力,这些精力如果组织得井井有条的话,就足以形成一种不可抗拒的压力,迫使有关方面拨出充裕的科学经费,使得大家都有钱花。""目前,非正式的合作方法,虽然在一个学科内部取得相当的成就,在各学科之间几乎就完全失灵了。不同学会会员相互之间见面的机会要比同一学会会员少得多。由于专业化程度大大提高,他们即使见面,谈话的话题也可能完全和科学无关。也许有人希望大学对这种情况加以补救,不过实际上,系与系之间的猜忌往往战胜共同的利害关系。一个物理学教授对地球另一端的一个物理实验室的了解,可能远远超过他对隔壁房子里的化学实验室的了解程度。这种现象的后果之一是:科学在最需要科学发展的地带——各门公认的学科之间的中间地带——被卡住了。"贝尔纳的这番描述是20世纪30年代他观察到的英国现象。知识界个体交往中表现出的"熟悉的陌生人"、在学科之间存在着的"藩镇割据"和"壁垒森严"、在和外界"施主"互动以及资源争夺战中暗流涌动的"后台运作""恶意竞争"等乱象,尽在其批评的视域。贝尔纳所批评的科学症候,也正是我国当前政策激励中所必须面对的潜在的或现实的积弊。如教育部发言人所言,协同创新的提出就是旨在"解决创新链条和创新管理各方面存在的不协调、不适应、不配套、封闭、分散的问题"。在公共经费短缺、科研行动处于个体自主的准自然状态下,协同不协同似乎只是个人的自发愿望或抵制。但是,在公共经费猛增,科研机构处于"公共物品"和"公共经费"中间,成为强大需要的特定公共物品的提供者的时候,尤其是当这些公共物品无法由个体单独完成提供的时候,如果不协同,就不可能成功。而要协同,就必须对机构及其成员进行动员。与思想和舆论动员比较,制度激励就是更为直接和重要的动员手段。但是,制度是人制定的。一项旨在激励协同的制度,并不一定能够取得预期的效果,甚至可能会适得其反,南辕北辙。没有对组织行为特殊性的深刻认识,仅仅通过自上而下的直线式"命令"的政府干预手段难以保证制度激励的效果。围绕协同创新的制度设计,必须从根本上解决目的(创新)和工具(协同)一致性的问题。要解决一致性问题,需要从分析集体行动的逻辑开始。为了分析与科研机构相关的集体行动,先看一个典型案例。相对论、量子力学等新发现是20世纪上半叶物理学界最重要的成就。从科学的应用对世界格局的影响来看,"曼哈顿工程"是一项典型的协同创新工程。这项巨型工程由美、英、加三国联手,动员了13万雇员,耗资20亿美元(相当于现在的258亿美元),厂址设于30多处,最后成功研制出第一颗原子弹。在这项工程中,哪些因素发挥了作用? 简单回溯一下整个过程,对总结和概括协同创新的条件是有益的。

1939年8月,著名物理学家列奥·吉拉德和尤金·魏格纳起草了一份后来被称为《爱因斯坦-吉拉德来信》的信件。其内容是警告"存在着一种极具威力的炸弹被研制的潜在可能性",并建议要尽快开始采集铀矿,加速研究核变反应。这封信由爱因斯坦签名,交给时任美国总统富兰克林·罗斯福。罗斯福随即请国家标准局的布里格斯领导一个咨询委员会,调查研究这封信所提出的问题。1939年10月,布里格斯召开了一个由吉拉德、魏格纳和坦勒参加的咨询会。11月,这个委员会向罗斯福汇报,铀可以产生目前为止最具破坏力的炸弹。布里格斯建议美国国防部研究委员会(NDRC)斥资167 000美元用于研究铀,尤其是U-235同位素和钚。1941年6月28日,罗斯福签署了8807号行政令,决定成立科学研发局(OSRD),任命布什为主任。科学研发局的职责是从事大规模的工程项目开发和研究。与此同时,在英国,伯明翰大学的两位科学家奥图·费舍尔和鲁道夫·皮埃尔斯于 1939 年 6 月在研究 U-235 的临界物质时取得重大突破。他们于 1940 年 3 月起草备忘录建议启动原子弹工程。在其研究小组,有一个叫马克·奥布利芬特的澳大利亚物理学家,于 1941 年 8 月下旬飞到美国,发现他们提供给美国的数据并没有到达物理学家手上。他访问了加州大学伯克利分校,劝加州大学伯克利物理学家劳伦斯着手研究铀。劳伦斯被说服后,转而和康南特、康普顿以及皮格拉姆沟通,让他们也知道铀的潜在威力。在众多科学家的推动下,1941 年 10 月 9 日,在罗斯福、布什和副总统华莱斯参加的会上,总统决定研制原子武器,并成立了一个由罗斯福总统、华莱斯、布什、康南特、战争部部长斯蒂姆森和军事委员会主席马歇尔组成的高层政策小组。1941 年 10 月 11 日,罗斯福写信给首相丘吉尔,建议共同开发原子弹。1942—1946 年,工程的总指挥是美国工程部队陆军上将格拉夫。1943 年,格拉夫从战争人事委员会那里获得临时性的人力动用优先权。1944 年 3 月,战争生产局和战争人事委员会给了"曼哈顿工程"最高的优先权。当时,图尔敏(Tolman)和康南特(Conant)是"曼哈顿工程"的科学顾问。他们提供了一个科学家候选人的名单,供已经参加到工程中的科学家评价。之后,格拉夫给这些科学家所在的大学或公司写信,请这些机构能够批准他们的假,使他们能够参加到战争所需要的武器研制工作中。例如,威斯康星大学麦迪逊分校的乌拉姆对他的学生希尔顿提前进行了考试,这样她就可以参加这项工作。随后,乌拉姆又接到了比斯的信,邀请他参加工程。再如,罗切斯特大学医学院一位 X 光学副教授沃伦被任命为美国陆军医疗队的上校、曼哈顿工程的医疗部的主任,以及格拉夫的医学顾问。他的首要任务是招募位于三个实验室或工厂(Oak Ridge,Richland 和 Los Alamos)医院的医务人员。医疗部既承担科研任务,也负责工程的健康安全工作。无论是科学后果还是国际政治后果,"曼哈顿工程"的影响是巨大的。从科学上看,它留下了一个国家实验室网。它对国际秩序和国际政治而言,影响更为深远。这样一个巨型工程如果没有当下所谓的"协同创新"是难以想象的。

哪些因素决定了这项工程的成功?从工程的发动看,科学家的使命感和知识优势、国家精英的远见卓识和意志决心、公共资源和人力资源的强大支持和保证,起着关键性作用。在工程运行过程中,战时国家的急迫需要是危及生存的"外部压力",科学家自身的社会责任和"智力"是"内部动力",切割知识边缘的"智力"资源和心无旁骛的"精力"集中是行动效率的基本条件,科学家和政府及其他行政人员辅助人员的密切"合作"和协同配合是最终取得成功的根本保证。中国"两弹"爆炸、"神舟"上天、"蛟龙"入海,甚至包括"美轮美奂"的奥运会,都是鲜活的成功事例。对此的解释是,我们的制度具有"集中力量办大事"的优越性。将这种"集中力量办大事"的思维模式扩展到整个高等教育系统,必须明确其边界条件。在外部压力不足以危及生存的"常态时期",面对"国家急需和世界一流"的抽象而模糊的目标,除非有非常的协同激励手段,否则特殊时期为特殊使命驱动的巨型工程所遵从的集体行动逻辑就可能失效。协同创新是协同主体之间的合作行为,既可能是市场行为,也可能是政府行为。市场行为是组织自觉认识到通过合作能够获得比不合作更大的价值或利益,因而主动采取联合行动,是一种自发的组织间选择性互利行为,是为了提高内部效率的"技术环境"而做出的选择。其特点是行动的自主性和价值的互利性。政府行为则是通过强制推动的组织之间的合作。强制的行为分强强制与弱强制两种。强强制是没有自由选择余地必须执行的强制形式。协同创新在没有政策激励的情况下也有可能发生。许多高校早就开始了和区域、企业以及其他科研机构之间的协同攻关。所不同的是,协同政策强化了这种市场化的非强制合作。一旦有了政策激励,原来双边或多边的协同就会增加新的刺激性因素。从发动上看,协同创新政策是一项开放政策,所有高校可以自愿申报设立相应中心。这种要求虽然不是强强制性的,但也是一种强制性政策,只不过是弱强制性的罢了。因为合作的发动已经不再是出于组织的意识自觉,而是通过自上而下的国家权力干预做出的反应,是唤醒合作意识后的主体间应对性策略,是因应制度环境而做出的合法性选择。从理论上讲,对一项开放性政策而言,组织可以响应,也可以不响应。但从实践上看,没有哪个组织能够冒无视甚至蔑视政策的风险。在对大学领导没有界定明确的卓越标准的环境里,对大学领导力的评价与评价大学的硬性指标密切相关。而硬性指标无不与可计量的公共性符号有关,如创新群体、基地、实验室、工程中心等。一个不去竭尽全力争取公共资源的领导是不可理解的。"跑"公共资源成为评定大学领导能动性的"约定俗成"。所以,看似自愿性的市场行为,实际上是一种弱强制性的政府行为。比起"211工程"和"985工程"的数量限制来,协同创新政策没有限定数量,但是要求有牵头单位。究竟设多少中心,没有明确限定,也没有公开明确的具有操作性的标准。如果在评审时完全没有数量限制,那就看标准的标度。如果标度低,投入少,竞争强度小,获批概率大,激励作用会在大多数机构产生,从而就可能新生出大批以"协同创新中心"为名的新机构。如此,由于中心数量多,中心稀缺性低,"比较价值"也就不会高。虽然激励面广幅度大,但是对竞争力强的机构而言激励强度降低。如果标度高,门槛高,获批概率小,竞争强度大,激励幅度会随机构竞争力递减。那些基础薄弱的机构就会失去动力,创新中心成为名校竞技场。政策激励的效果如何,取决于政府投入的"激励当量",即中心的数量和入门标准。从协同创新的实质性行动看,启动阶段的政策激励仅仅是"符号性激励",或通过将协同中心"冠名"而采取的激励措施,实施过程中所遵从的是集体行动的逻辑,它所需要的乃是"行动性激励"。

协同创新政策在组织层面对高校是一种强制性激励,但是对高校内部的个体而言,除非有制度,否则不具有强制性。而任何强制性的合作行为,如果不能转化为个人的意志,都不会产生希望的行为。公共政策对组织行为具有一定激励作用。对组织已有的行为或正强化,或负强化,起着促进或抑制的作用。对组织还没有或鲜见的行为,具有指令性或指导性作用,孵化或催化其产生。借此,组织产生或强化了政策指向的行动意识,并根据激励强度做出选择。如果是已有行为,公共政策的作用在于使其获得合法性身份,因而享有其身份所赋予的无形资产以及其他实惠,并在公共财政分配中得到附加性的支持。高校社会地位的获得、巩固或改变,成为其行动选择的动力。在外在政策和制度变化的驱动下,虽然在组织层面高校更倾向于对外部行政力量的响应,而对内部状况的"嗅觉"减弱,但是在亚组织和个体层面,即使政策动员和政策激励的信号没有衰竭,完全为其理解,也不一定得到充分响应。因为附加身份对大学成员而言是一种大学范围内的公共物品,为大学里的所有成员共享。大学中的个体或小集团在促进获得这样的公共物品过程中,完全可以采取"搭便车"的选择策略。一方面,其行动具有增加公共物品的可能性;另一方面,其贡献的缺失又不显著影响公共物品的获得。与直接带来个人利益(经费、办公条件、生源、声望、社会地位)的行动相比,集体行动并不必然是最优先的选择。如果对个人收益与成本进行"协同"计算出现负数,拥有经济理性的"正常人"便会放弃集体行动。"863""973""重大攻关"等科研项目吸引的个体注意力,要远远超过大学的"附加身份"。这表明,除了大学的社会责任和大学个体成员的社会责任外,还存在一种组织责任,即大学成员对组织承担的责任。这既涉及大学成员对大学的组织承诺,也涉及大学成员的"组织公民行为"。协同创新政策的激励传递以大学组织为中介,最后到达个体。对大学组织激励的诱因和对大学内个体及小集团激励的诱因存在强度差别,也存在时间延滞。协同创新政策在实施过程中必须正视在微观层面从组织(间)到集体再到个体的激励衰竭现象。"所谓的激励问题是,在信息不完备、信息不对称的情况下,委托方无法观察到代理方的努力程度,只能通给予于激励来促使对方努力。""委托方只能观察到实际结果,而无法把努力程度和随机事件的影响区分开来。"结果往往不是在激励员工的努力程度,而是在给随机事件激励,因此毫无意义,可以说是一种无效激励。要克服无效激励,需要建立面向集体行动的旨在激励"努力"而非"随机事件"或"名牌效应"的制度。

传统的集体行动理论的假设是:理性的个体为追求个人利益最大化而行动,由个人组成的集体存在着共同利益。他们由于认识到个人的行动在增进共同利益,进而也增进个体利益,因此会自觉地团结起来,为集体的利益或共同的目标而努力。曼瑟尔·奥尔森认为,这种假设是错误的。"如果一个集团中的所有个人在实现了集团目标后都能获利,由此也不能推出他们会采取行动以实现那一目标,即使他们都是有理性的和寻求自我利益的。实际上,除非一个集团中人数很少,或者除非存在强制或其他某些特殊手段以使个人按照他们的共同利益行事,有理性的、寻求自我利益的个人不会采取行动以实现他们共同的或集团的利益。"他进一步指出,"除非在集团成员同意分担实现集团目标所需要的成本的情况下给予他们不同于共同或集团利益的独立的激励,或者除非强迫他们这么做,不然的话,如果一个大集团中的成员有理性地寻求他们的自我利益最大化,他们不会采取行动以增进他们的共同目标或集团的目标。"奥尔森的观点简单地说就是:比起大型组织来,小集体更容易产生集体行动。对大型组织而言,理性的个体愿意为组织出力的前提条件是,要么组织对个体施加了强制性影响,要么提供了特殊的、有效的激励。前者是一种强制性激励,后者则是选择性激励。奥尔森的分析对协同创新计划的推进具有参考价值。在任何组织中,不可否认存在着利他性的组织公民行为,即使这样的行为是偶然的、随机的。但个体行动的利他性不能构成政策激励的假设基础。"分易合难"是大学组织重组的普遍现象。中国大学之间的合并和大学内部机构的整合源于强制性激励。大学内部的"叠床架屋现象"表明,"另起炉灶"或"另立山头"的组织分化行为乃是个体或小集团自利倾向的外溢。这既是微观性权力紧张的一种权益性解决策略,也是组织内部的一种选择性激励措施。高校是一种以学术职业为核心的高度专业化的组织。享有相当程度的独立性,这是学术职业的基本特点。在没有认识到合作对组织和个人利益的重要意义的前提下,通过(弱)强制性的协同激励不会有实质性的作用,最多只能有形式性的表面效果,比如起草一份形式化的协议,盖几个橡皮图章,"拉郎配"式地捏合一段"姻缘"。从选择性激励的角度看,政策(经费)激励的强度、集团(协同中心)的容量、计划运行过程中的管理自主性和信息透明度是制度设计中必须考虑的因素。

协同创新不是"协同"与"创新"的简单的概念组合,其话语背后潜在有"不协同""非创新"的现实根据。协同创新政策为政府推动,但并不是政府首创,民间已经有许多协同创新的鲜活案例。协同创新政策适时推出的意义远远超出了建立几个以"协同中心"命名的符号性平台,它涉及与社会契约有关的整个知识生态、场域和惯习的改造问题。旨在促进协同政策执行的微观制度设计如果不能将宏观的科学生态和集体行动的逻辑结合起来,如果不能突破传统的组织边界限制,就难以收到预期的积极效果。

(原载《高教发展与评估》2013 年第 1 期,第 1-17 页)

劳动力市场分割视域下的大学生就业流动

武毅英,洪文建

一、劳动力市场分割理论及其就业流动

劳动力市场分割理论(Labor Market Segmentation)是西方非主流经济学的一个重要组成部分,产生于 20 世纪 60 年代,由美国经济学家多林格尔(Doling)和皮奥里(Piore)最早提出。该理论是在批判人力资本理论和继承劳动力市场古典模型的基础上,将新制度经济学中有关制度、政府管制等视角引入劳动力市场对其进行研究而形成的。它从劳动力市场结构入手,对就业流动与工作差异、教育程度与收入差异的内在关系进行了重新审视并提出了令人信服的解释,从而在一定程度上超越了人力资本理论和新古典经济模型对上述问题的固有观点。除了多林格尔和皮奥里,赖克(Reich)、戈登(Cordon)、卡诺(Carnoy)和爱德华兹(Edwards)等人也是在同一时期该理论的创立者。他们的相同论点是,在市场经济国家中,并不存在一个统一的、竞争的劳动力市场。相反地,"由于历史的演进和政治、经济力量的介入,劳动力市场必然会分化为分散的而又各有市场特征和行为规则的分市场或分割部分"。因各自采用的分析方法和分析角度不同,他们对劳动力市场的划分也不尽相同,归纳起来有如下三种模式。

模式一:主要劳动力市场和次要劳动力市场。该模式认为,所有市场经济国家的劳动力市场无一例外地都可以按行业、地域、性别、种族之类的差异特征而划分为两个相互隔绝、自成系统的非竞争性部门,即主要劳动力市场和次要劳动力市场。主要劳动力市场是指大公司和政府部门所提供的工作,具有较高的工资、良好的工作环境,享有平等权利和晋升机会;而次要劳动力市场则主要是由小企业、小公司提供的工作岗位,工资报酬较低,工作没保障,流动性大,工作环境差,规章制度严,少有升迁和发展机会。主要劳动力市场是"高门槛"的高价劳动力市场;而次要劳动力市场是"低门槛"的低价劳动力市场,二者之间因存在着巨大反差而使得劳动者在主、次要劳动力市场之间的正常流动变得十分困难,即主要劳动力市场的劳动力流入次要劳动力市场易,而次要劳动力市场的劳动力流入主要劳动力市场难。该模式认为,教育程度高低只是影响劳动者收入多寡的一般性因素,而行业、地域、性别和种族之类的差异才是影响劳动者收入多寡的决定性因素。在这一论点上,它与人力资本理论有重大分歧。

模式二:高等教育程度的劳动力市场、垄断的劳动力市场和竞争的劳动力市场。高等教育程度的劳动力市场,是指提供给大学毕业生就业的职位,如行政、管理、科学技术

以及各种专业技能岗位。其员工一般享有较高的工资待遇、更高的就业保障和较大的自主权。垄断的劳动力市场,是指资本密集型国有大型生产、工业、交通和运输等一系列经济核心部门所提供给高中毕业生或初级学院毕业生的蓝领职位。该市场存在明显的等级制,即雇员按资历和等级提升,资深雇员享有相对职业保障,工资水平介于高等教育水平的劳动力市场和竞争的劳动力市场之间,它不要求其雇员比竞争的劳动力市场的雇员具有更多的经验或受过更高的教育。竞争的劳动力市场,部分工作岗位不要求雇员接受教育或只要求接受少量教育,但部分工作岗位则要求雇员具有高中毕业文凭并具有若干手工艺技能。其特点是工资最低、就业最不稳定、工作条件最差、提升机会最少,该市场中的大多数职业是"没有出路"的职业,很少有或根本没有获得升迁的机会。显然,不同市场对于人员的学历、经验和技能要求是不同的,向下流动易,向上流动难。

模式三:内部劳动力市场和外部劳动力市场。所谓的"内部劳动力市场",是指劳动力的价格确定和分配是由市场内一系列管理规则和程序规定的,在内部市场可以享有外部市场无法享受的权利和特权。内部劳动力市场还包括企业市场和行业市场:①企业市场是为制造业中的蓝领工人、管理人员和技术人员提供职业的市场,内部存在等级制。进入企业市场寻求蓝领工作的人员须具备一定的中等教育水平;寻求管理和技术工作的人员的职位升迁必须按照阶梯式编排;大学毕业生大多以实习生或较低级管理人员的身份进入企业,企业内部的升迁更强调能力而不是资历。②行业市场不同于企业市场,它主要存在于建筑业、码头装卸和某些服务业中。一般进入行业市场的规则要比进入企业市场更严格,但其决定内部职位分配的规则比企业市场灵活得多,对资历和能力没有太高要求,更重视机会均等。所谓的"外部劳动力市场",是指劳动力的价格、分配和培训方案均受经济变量的直接控制,它存在于小型的、竞争性的企业之中,类似于前述的竞争的劳动力市场。当外部劳动力市场宽松时,进入内部市场比较容易;当外部劳动力市场形势严峻时,进入内部市场将困难重重;当进入或离开内部劳动力市场的职业岗位时,两个市场间便形成流动现象,即外部市场的人可以流入内部市场中某些较低级的职业岗位;同样地,内部市场的人员也可以流入外部市场中某些相近的职业岗位。

有学者评论道,劳动力市场分割模式不仅从理论上系统阐明了劳动力市场划分的产生、特点和作用及与教育的相互关系,形成了一套较完整的理论体系,还解释了实践中困扰着各国的失业问题,提出了应对策略。可见,借助该理论的观点和模式来分析中国当前的劳动力市场结构与高校毕业生就业流动之间的关系有其合理之处,有助于拓展新的研究思路,有助于分析存在问题及原因,有助于探寻化解大学生就业难的途径。

二、中国现行的劳动力市场结构分析

根据研究的需要,本文以主、次劳动力市场分割模式作为主要分析框架,其他的分割模式仅作为参考。对照前述的理论模式,中国当前的劳动力市场结构不仅存在明显的二元分割状况,而且也存在相对的分割状况,即单一的二元结构在中国已不是唯一的分割形式了。

其一,城乡差异形成的二元分割与相对分割。长期以来,中国城乡因人均收入、社会保障和公共服务等方面的巨大差异而存在明显的体制性隔离或二元分割状态。仅从居民人均收入一项来看,城乡差异便大致能窥见一斑。城市居民人均收入与农村居民人均收入的差距,自2004年以来就基本维持在3倍左右,其差距不但没有缩小反而还有扩大之势。近些年来,中国城乡内部结构虽然也发生了一些变化,相对差距缩小了,但绝对差距并没有缩小。先从城市内部的结构变化来看,因地理区位不同而划分为沿海城市和内陆城市,因政治、经济和文化上的差异而区分为中心城市与非中心城市,因房地产价位高低不同而区分为一线城市和二线城市。再从农村内部的结构变化来看,因城市化和新农村建设而演化出县级市、县城、城乡接合部、乡镇和乡村等新的形式。由此,主要劳动力市场与次要劳动力市场的划分也变得更复杂,更具有相对性。比如,沿海城市相对于内陆城市是主要劳动力市场,中心城市相对于非中心城市是主要劳动力市场;一线城市相对于二线城市是主要劳动力市场;县城相对于县级市是次要劳动力市场、相对于城乡结合部则是主要劳动力市场。

其二,区域非均衡发展形成的相对分割。区域一般是指具有明确地理界限和经济活动的空间范围或客观存在的经济实体。从20世纪80年代中期开始,随着中国自改革开放以及市场经济进程的加快,省际和区域间的非均衡发展日益明显,逐渐出现了以地理特点、市场化程度、中心辐射和行政区划等为划分标志的"二分法""三分法""七分法""九分法"和"三十一分法"。其中"二分法",即指沿海地区和内陆地区,前者因市场化程度较高而更接近理论上的主要劳动力市场,而内陆地区则因其市场化程度较低而形似于次要劳动力市场。"三分法"是最常用的,主要是根据梯度发展特征划分为东部、中部和西部三个经济区域,东部相对于中部为主要劳动力市场,东部和中部相对于西部为主要劳动力市场。到了20世纪90年代,我国因经济发展水平差异明显,又出现了新的区域聚类划分法,即经济发达地区(如北京、上海、天津)划为一类区,经济较发达地区(如广东、江苏、山东、浙江)划为二类区,经济欠发达地区(如海南、山西、黑龙江、河北、湖北、四川)划为三类区,经济落后地区(如内蒙古、吉林、甘肃、宁夏、西藏、青海)划为四类区。一类区相对于二类区为主要劳动力市场,二类区相对于三类区为主要劳动力市场,三类区相对于四类区为主要劳动力市场。事实上,不只是不同区域间存在着非均衡发展的状况,在同一区域内也同样存在着非均衡发展的状况。

其三,行业非均衡发展形成的相对分割。行业即指职业,其划分比较复杂,不同的标准有不同的划分法。例如,按工作性质可划分为脑力劳动、偏重脑力劳动、偏重体力劳动和体力劳动。按职业等级和着装可划分为金领、白领、粉领、灰领、绿领和蓝领等多个职业领域。金领是指社会精英高度集中的白领阶层和群体;粉领是指从事次要工作的白领人员;灰领是介于白领和蓝领之间的职业分类;绿领是伴随着绿色经济而出现的新的职业领域,如绿色农业、制造业、研发、能源、环保、海洋和服务业等领域。按所有制性质可分为政府机关、高等院校、科研设计单位、社会团体、国有企业、"三资"企业、集体企业、乡镇企业、私营企业和自主劳动单位。前六种属于体制内单位,后四种为体制外单位。在体制内单位就业的人一般享有较高的福利待遇、较好的工作、较高的社会经济地位；在体制外单位就业的人，尽管近些年也出现了一部分高收入的"社会新阶层"，但在公众中仍是"叫好不叫座"。其实，中国的行业在经过多年的发展后，目前形成的主、次劳动力市场相对分割还远不止这些，如前所述的第二种分割模式，即高等教育程度的劳动力市场、垄断的劳动力市场和竞争的劳动力市场，虽然在中国的行业划分中找不到相应的划分标准，但在现实中真实地存在着。所谓的高等教育程度的劳动力市场，在中国主要是指党政机关、事业单位、高等院校、科研单位、金融机构以及各种专业技能岗位；垄断的劳动力市场，主要是指资本密集型的国有大型生产、工业、交通和运输行业或"三资"企业所提供的职位，如烟草制品、石油和天然气开采、电力和热力供应等行业提供的职位；竞争的劳动力市场，主要是指劳动密集型的小型生产企业、加工业和制造业等所提供的职位，如木材加工、纺织、农副食品加工和文教体育用品制造等行业提供的职位。

以上分析表明，中国劳动力市场结构呈现城乡、区域和行业间的非均衡发展态势与相对分割已是不争事实。虽然区域或行业的划分都是人为的，但人为的划分也大都是基于客观现实或统计数据而呈现出来的表征。在此大环境下，中国大学毕业生的就业流动又将呈现出怎样的一种状况？是集中流向主要劳动力市场还是分别流向主、次要劳动力市场就业？水平流动或垂直流动的渠道通畅吗？原因又是什么？凡此种种，很值得进一步深究。

三、中国现行劳动力市场的大学生就业流动

（一）城乡非均衡发展状况下的大学生就业流动

如前所述，中国城乡存在着明显的非均衡发展或二元分割，在此结构下，高校毕业生的就业流动及意向究竟如何？麦可思对 2008 届中国大学毕业生的一项就业调查显示，"211 工程"院校、非"211 工程"本科院校和高职高专院校毕业生把直辖市作为就业期待城市的比例分别占 81％、74％和 69％，把副省级城市作为就业期待城市的比例占 86％、85％和 81％，两项比例均远高于对地级市和区县的就业期待。

透过数据还可以发现，层次类型高的毕业生倾向于在直辖市或副省级城市等大、中城市就业，而层次类型较低的毕业生倾向于在地级城市和区县就业，这种倾向性既与教育程度差异有关，更与城乡二元分割密切相关。其数据显示的只是一般的就业流动倾向，还有一种倾向是通常不易被察觉的，即大、中城市生源毕业生在该城市就业相对容易，而非本地生源和农村生源毕业生在该城市就业则相对艰难。这主要是相关城市借城市人口过度拥挤或就业压力大为由，通过户籍制度、社保制度、行政管理制度和地方保护政策等将非本地和农村生源毕业生拒之门外，这种区别对待的体制隔离，导致同等学历、不同生源地毕业生的就业流向出现分流，前者向上流动的渠道畅通无阻，而后者则出现人为阻塞。

（二）区域非均衡发展状况下的大学生就业流动

根据前述的"三分法"，可以将我国的 31 个省、自治区、直辖市划分为东、中、西部三

个部分。其中,东部包括了北京、天津、上海、河北、辽宁、山东、江苏、浙江、福建、广东、海南 11 个省份;中部包括了吉林、黑龙江、安徽、山西、江西、河南、湖北、湖南 8 个省份;西部则包括了重庆、四川、贵州、云南、陕西、西藏、宁夏、青海、新疆、内蒙古、广西、甘肃 12 个省份。虽然东、中、西部的相对划分是人为的,但与其梯度发展的实际状况是基本吻合的。2001—2010 年的 10 年间,中国东、中、西部之间的相对差距仍十分明显。其中,东、西部地区的相对差异约 4 倍多;东、中部地区的相对差距约 3 倍多;中、西部地区的相对差距约 2 倍多。中国区域的非均衡发展,显然给毕业生的就业流动带来了较大的影响。据麦可思《中国 2008 届大学毕业生求职与工作能力调查》结果显示:东、中、西部地区的高校毕业生多数倾向于到大中城市就业,其中以副省级城市的意向比例最高,其次为直辖市,然后是地级市,最后才是区县;越是发达地区的高校毕业生,选择到区县就业的意向就越低,越是不发达地区的高校毕业生,选择到区县就业的意向越高;选择到地级城市就业的各地区高校毕业生,在比例分布上的差距并不明显,显示生源地毕业生与就业流向之间有较高的关联性。

区域非均衡发展导致的生源地分割(东、中、西部地区)与就业地分割(大、中、小城市),使东部发达地区的毕业生选择在当地就业的可能性大增,同样地,西部欠发达地区的毕业生选择在当地就业的可能性也大增,无形中凸显了高校毕业生在区域流动上的"马太效应"。表面上,就业流动似乎源于自然和地理因素,而实际上,生源地和户籍地通常都是制度安排的,人们在习以为常的生活中是不会轻易流向异地的。

(三)行业非均衡发展状况下的大学生就业流动

前述研究表明,在城乡或区域非均衡发展状况下,高校毕业生一般会先选择流向主要劳动力市场,当其容量饱和时才选择流向次要劳动力市场。那么,在行业的非均衡发展状况下,是否也存在相同的状况? 一项相关研究显示,"十五"期间,中国高校毕业生流入政府机关、科研机构、高等院校、其他事业单位和金融机构就业的人数呈急剧下降趋势,流入中初级教学单位、医疗卫生单位的人数也有小幅度下降;流入国有大中型企业和"三资"企业就业的高校毕业生比例有逐年下降趋势,但绝对数仍有小幅度上升;流入乡镇企业、民营企业、私营企业就业的高校毕业生人数大幅度增加,而选择到国家项目就业或自主创业的毕业生人数则相对较少。以上调查结果显示中国的行业发展已出现明显的非均衡发展迹象,若套用本文的理论框架来加以解释:第一种现象显示中国高等教育程度的劳动力市场已趋于饱和,部分毕业生只能流向垄断行业就业;第二种现象显示中国的垄断行业也逐渐趋于饱和,部分毕业生已开始涌向竞争行业就业;第三种现象显示中国多数高校毕业生已能接受低层次就业的现实,即竞争的劳动力市场已成为大学毕业生就业的主战场。

当主要(或高阶)劳动力市场出现饱和时,毕业生由主要(或高阶)劳动力市场流向次要(或低阶)劳动力市场的渠道应该是顺畅、自由的,然而事实并非如此。此处以垄断行业和竞争行业的非均衡发展为例,中国的垄断行业在接纳大学毕业生就业方面已趋于饱和，与竞争行业之间存在巨大落差。因此，不少大学毕业生宁愿待在垄断行业内待业，也不愿意到竞争的劳动力市场就业。还有一个阻碍就业流动的原因是，当毕业生进入低阶劳动力市场就业后，就很难再有向上流动的机会了，如果还想向上流动：一是流动成本高，二是流动过程缓慢，三是不再享受政策优惠（应届高校毕业生待业超一年的就被视为失业，即不再享受应届毕业生的政策优惠）。这就是为何部分家庭条件好的大学毕业生宁愿选择在家待业，也不愿意流向低阶劳动力市场求职的原因了。而一部分家庭条件差的毕业生，在不得不进入次要劳动力市场就业后，会因其经验和技艺不及一般技工而出现起薪明显偏低的状况。可见，行业性劳动力市场分割是大学生选择性待业的一个重要因素，也是其起薪偏低的一个重要原因。

四、结论与对策

（一）基本结论

第一，非教育因素是阻碍大学毕业生就业流动重要的和决定性的原因。城乡、区域和行业的非均衡发展导致了中国劳动力市场的二元和相对二元分割，既影响了全国统一劳动力市场的形成，也阻碍了大学毕业生在各个劳动力市场间的自然、自由、顺畅和合理流动，进而引发了高校毕业生过度集中于某些地区和行业的状况。毕业生过度集中于主要劳动力市场将会导致人才的结构性供过于求或岗位挤占效应出现；毕业生流向次要劳动力市场就业则可能出现选择性失业、大材小用或浪费人才的状况。该结论与劳动力市场分割理论的观点较为一致。

第二，教育因素是导致不同类型院校毕业生就业分流的一个显著因素。不同层次类型院校（"985工程"院校、"211工程"院校、省属院校、地方院校和高职高专院校）的毕业生在城乡、区域和省际流动方面的特点是不尽相同的：层次类型越高的高校毕业生越倾向于在直辖市或副省级城市等大、中城市就业，而层次类型越低的高校毕业生越倾向于在地级城市和区县就业。可见，教育因素也是导致高校毕业生就业流动的一个显著因素，较符合人力资本理论的基本观点。

第三，区域和行业的非均衡发展是引发毕业生就业流动困难的直接原因。中国城乡、地域和行业的非均衡发展所形成的主、次劳动力市场分割，直接阻碍了毕业生在主、次劳动力市场间的自由流动：①当主要劳动力市场趋于饱和时，部分毕业生不得不转移到次要和低阶劳动力市场就业；②因主、次劳动力市场之间的垂直落差大，从主要劳动力市场向下流动易，从次要劳动力市场向上流动难，因此一部分毕业生会选择在主要劳动力市场待业而不愿流向次要劳动力市场就业，除了导致主要劳动力市场内的水平流动不畅外，还会使主、次劳动力市场间的垂直流动受阻。显然，区域和行业的非均衡发展状况是引发毕业生就业流动困难的直接原因。

第四，制度性分割是导致我国区域和行业非均衡发展与劳动力市场二元分割的主因。中国是一个市场与计划兼顾的发展中国家,尤其是在经济体制由计划向市场转轨的过程中,由于各地市场化程度高低不均,现代企业制度改革落后,社会保障制度不健全,政府职能转变缓慢,宏观调控乏力以及经济结构失衡等因素,中国整体的劳动力市场仍处于一种低级形态,从而也使得城乡之间、地区之间、省与省之间、行业之间和不同所有制类型的企业之间构成的劳动力市场是被划分的,而非一体化的。当前,中国劳动力市场的主要特征是制度性划分。这种制度性划分包括由所有制决定的体制性划分与由政策和区域差异决定的城乡二元劳动力市场划分两个方面。制度性分割决定了在主要劳动力市场从业的劳动力,可以获得相对较高的划分性收益,而劳动力一旦进入次要劳动力市场就业,各种划分性收益就会随之消失,这种态势将导致高校毕业生都想挤进主要劳动力市场,使得其岗位竞争态势愈来愈烈,而经济欠发达省份、基层、西部地区、农村和乡镇企业所构成的次要劳动力市场却景象萧条或人才匮乏。正是这种制度性分割使得城乡、区域和行业差异和"马太效应"愈来愈明显。

第五,市场化程度高低与大学生就业流向有较高的相关性。大学生就业市场的形成不仅取决于地区经济发展水平,还受地区劳动力市场发育程度(即市场化程度高低)的影响。大学生作为高素质劳动力资源,通常会选择市场化水平较高的地区和城市就业(前述研究已证明了这一点)。市场化程度较高的地区聚集了较多的高端产业,有较完善的公共设施齐备,生活服务质量也较高,由于对高素质劳动者的需求较大,因此,劳动力价格相对中、西部也更高。大学毕业生在此就业,能最大限度地满足他们对工作和经济利益的心理期望与追求,从而获得较高的人力资本投资回报率。虽然大学生在欠发达地区、农村、基层和西部地区就业完全可以占据次要劳动力市场的高端层次,但是由于市场化程度相对较低,劳动力市场难以全方位满足大学生对现代物质文明和精神文明生活的多重需要,而且用人单位所提供的报酬也相对较低。这种明显落差,使得高校毕业生向这些地区的水平流动趋缓,而当地的毕业生向发达地区流动的速度反而加快,其深层影响就是这些地区的人力资源配置格局进一步恶化,综合竞争力水平进一步下降。

第六,劳动力市场分割导致大学毕业生就业流动成本增加。中国劳动力市场仍受现行的户籍、住房、福利、社会保障,特别是社会保险等多种制度因素制约,使得大学生在主、次要劳动力市场之间的工作转换难度大、自由流动性较差,由此增加了大学生就业市场中的营运成本。在西部地区、农村、基层单位所构成的次要劳动力市场中,大学毕业生仍是一种稀缺性资源,用人单位一旦招到合适的大学生就不会轻易让其离开,总是设法用各种条件将其限定在工作岗位上。如果毕业生提出违约要求,就必须付出高额赔偿和其他流动成本,进而阻碍了他们的自由流动,久而久之,大学生的劳动力资本在一定程度上就会自动贬值。此外,受世俗影响,如果大学生在次要劳动力市场就业,就会在他们履历中传递这样一种信息:他们是因为个人竞争能力太差才不得不就业于次要劳动力市场,以后想重新进入主要劳动力市场会更加困难。基于认识上的误区和高额流动成本,一些想在基层、西部地区、农村等次要劳动力市场就业的大学生会望而却步。这种状况的持续,不仅缩小了大学毕业生的自主择业空间,也容易引发大学生就业市场的无序发展,如主要劳动力市场出现的"僧多粥少"和大学生"压价竞聘"的怪现象。

第七,户籍制度和地方保护主义政策在一定程度上导致大学生流动不畅。户籍制度是中国在特定的历史条件下形成的,至今对于中国人口的统计、管理发挥着很大的作用。由于户籍制度的存在,中国人口被划分为城镇和农村两个群体,并被分散在东、中、西部三个经济发展落差较大的不同区域当中。受中国长期存在的户籍制度和各地方出台的毕业生就业政策所限,农村户籍毕业生要流向城市就业,或西部地区生源毕业生要流向中、东部地区就业往往十分困难。以北京市为例,几乎每一个时期都从户籍制度方面制定了针对外地务工人员或毕业生的就业政策。这些政策不仅限制了大学生在主、次劳动力市场之间的自由流动,还使不少城市生源大学生宁愿"待"(或外地生源"漂")在大、中城市失业或待业,也不愿在农村、基层和西部地区就业。

(二)对策与建议

大学生是最具有增值潜力的人力资源。当前,中国已经正式颁布《国家中长期教育改革和发展规划纲要(2010—2020年)》,要求深入贯彻落实科学发展观,实施科教兴国战略和人才强国战略,办好人民满意的教育,建设人力资源强国。大学生的就业能力和就业水平如何,直接关系到《国家中长期教育改革和发展规划纲要(2010—2020年)》的落实,直接关系到社会的稳定和经济的发展,世界各国在就业研究中都普遍将大学生作为关注的重点对象,培育大学生就业市场已经成为新形势下中国政府保持社会稳定和促进经济发展的重要目标之一。

第一,树立市场营销理念,促进大学生就业市场科学发展。改革开放以来,中国一直在探索建立和完善中国特色社会主义市场经济体系。党的"十七大"报告指出:"由计划经济体制向社会主义市场经济体制的转变,实现了改革开放新的历史性突破,打开了中国经济、政治和文化发展的崭新局面。"因此,大学生就业市场必须在社会主义市场经济这个大框架下来建立,才能顺应时代发展的要求。大学生就业市场属于劳动力市场的一种,是毕业生与用人单位进行双向选择的重要场所,也是引导毕业生调整择业期望值,合理优化社会人才配置,实行公开、公正竞争及优胜劣汰的场所。如同工厂的生产一样,大学教育也是一个"生产过程",大学"生产"的"产品"就是人才。要使"产品"充分就业、实现产品销售最大化的目标,高校就必须遵循市场规律,以市场营销的理念培育和发展大学生就业市场,用市场营销策略来研究"产品"策略、市场开发与行业竞争、毕业生营销战术等,以此来壮大高校就业市场,使毕业生在就业市场中获得就业信息,在市场中调节就业,在市场中寻找自己理想的职业,发挥大学生就业市场在社会众多的人才市场中的主导作用。高校在培育就业市场时,不但要着眼于长远和未来,精心策划,主动出击,而且在平时更要精心培育、常抓不懈;既要主动走出去,加强与用人单位的密切联系,介绍学校专业的设置、特色和生源情况,了解他们的需求,又要主动请进来,邀请用人单位来校招聘,与广大用人单位建立长期稳定的友好合作关系,大力宣传和推销自我。

第二,建立完善的信息机制,扩大大学生就业市场。完善大学生就业市场是促进大学生就业的关键,也是政府、社会和高校不可推卸的责任。政府、社会、高校应该发挥协助大学生网上求职的作用,建立全国性的大学生就业信息网络体系。目前,网上供需洽谈会和网络招聘会应运而生,但还不够完善,供需双方还存在诚信不足的问题。随着高等院校毕业生就业制度改革的不断深入,高校在构建大学毕业生就业信息网络体系和市场的过程中可发挥主导作用。现代信息技术为高校提供了快捷、灵活的手段,高校应该充分利用信息技术优势,建立完善的信息传递机制,建设大学生"无形"就业市场,为高校毕业生与用人单位之间架起沟通的桥梁。"无形"就业市场的建立,不仅可以降低高校举办各类招聘会的成本,也可以减轻大学生应聘求职的成本,还可避免大学生盲目求职、无心学业的现象,为规范高校就业市场提供可能。

第三,制定优惠政策,引导部分大学生到次要劳动力市场就业。改革开放以来,中国的城市化进程不断加快,取得了令人瞩目的成就,区域间和城乡间的差异正在不断缩小。在目前中国城乡差异逐步缩小的形势下,政府应进一步发挥调控作用,扶持次要劳动力市场的健康有序发展,缩小主、次劳动力市场之间的差异;加强对大学生就业的政策引导,采取一系列优惠措施,吸引他们到农村、基层和西部地区等次要劳动力市场就业,加速打破二元劳动力市场之间的划分状态。比如,继续加大对中西部地区的政策扶持和基础建设,在资金贷款方面尽可能满足中小企业的发展需要;通过减免助学贷款等鼓励政策,引导大学生到基层和农村就业;对自愿扎根西部的大学生可放宽户籍管理制度,使其户籍仍保留在原籍;深化企事业用人制度改革,放宽社会福利待遇等地区限制,以降低毕业生在主、次要劳动力市场间的流动成本,促进人才的自由合理流动。

第四,改革和完善社会保障制度,打破二元劳动力市场划分格局。健全和完善社会保障制度,有利于大学生在更大范围内流动就业。目前中国的社会保障制度存在各地区做法不一致、标准不统一的现象,直接影响了人才流动,这也是二元社会的必然结果。改革社会保障制度的目的就是要消除这种社会的二元性,为人才流动提供必要保障,减少流动过程中的成本。其最终结果不但能促使劳动者从"单位人"转变成为"社会人",而且要求制度本身具有经济上的可持续性,并兼顾保障范围、水平和程度的公平性,逐步实现全国社会保障体系一体化。要建立"低水平、广覆盖"的社会保障制度,不仅各项社会保障的支付水平不应脱离当时的社会生产力水平,还要覆盖社会上的所有劳动者,逐渐消除城乡之间、地域之间和所有制之间的社会保障差异。要完善适应非正规就业方式的社会保障机制。随着市场经济的确立,中国就业格局已发生了巨大而深刻的变化——混合经济和非公有制经济已经成为就业的主阵地,劳动力在地区间、行业间转移流动的规模和速度都远非计划经济时期可比,因而要尽快建立与劳动力市场相适应、与社会保障目标模式相衔接的社会保险制度,为大学生在非正规渠道就业提供必要的社会保障,以此来维护其根本利益。

(原载《高教发展与评估》2013 年第 3 期,第 15-26 页)

2014 年

理解与对话:课堂教学的意蕴

张鹏君

课堂教学作为传授知识、启迪智慧、引领精神的场所,具有独特的作用。通过切实可行的方式,实现课堂教学意义生成和视域融合是其终极的价值追求。然而,现实课堂教学中却体现出理解和对话缺失的不同表征,要使师生在相互作用中达成理解、在精神上得到沟通,就要师生合力构建起充满理解和对话的课堂教学。

一、理解与对话:基于课堂教学的阐释

理解是西方新的哲学思潮——哲学解释学的核心,将它作为根本问题实际上也就是把人作为哲学的本质问题,只有人才有理解,这是物所不具备的。所以,理解就意味着人去理解,对人的理解,为了人的理解。在心理学、社会学和哲学等领域都有对"理解"不同的研究视角。对话是参与者之间一种平等的、共生的交往关系。"对话不仅指人与人之间通过语言进行的平等交流,也包括人与自我之间、人与社会之间以及人与自然之间的平等交流。总之,对话是一种渗透于人类一切行为与一切生产和消费方式的意识或哲学。"理解是对话的基础,对话是理解的途径。没有理解也就无所谓对话,个体需要在理解中展开对话,在理解和对话中进行精神的交流沟通、意义建构和视域融合。本文就是在课堂教学这一微观、具体情境中展开理解与对话的探讨。

理解:课堂教学中"意义生成"的过程。理解是人存在的方式,是与人生须臾不可分离的,人时刻都生活在理解中,否则就不可能有恰当的言行。"离开了理解,人生顿时成为一片思想的荒原,没有任何的人生意义会在这片荒原上成长起来。"因此,课堂教学中也体现着理解,理解的过程就是课堂教学"意义生成"的过程,是师生自主地发挥想象力进行意义创造和分享的过程。

教材、课程和教师的讲解为学生呈现的是知识形态。学生要与这些静态的知识产生联系,就必须基于已有的知识经验,在原有知识结构中找到负载这些知识的生长点,进一步了解、加工和重组这些知识,在头脑中形成对知识的意义生成,从而才可能吸收和内化。意义的生成不能靠灌输和强迫接受,只能靠学生积极地、自觉地理解。意义生成和知识的学习处于不断的循环之中,知识的学习不断转化为新的意义,意义的理解又要不断回到知识的学习中。学生对知识的理解所生成的意义,一直存在于理解中,存在于课堂教学的对话之中。"理解就是此在本身在自己能够存在意义上的存在,此在的意

义——亦即整个世界的意义——不是被理解后才呈现在理解者面前，而是随着理解被展开；不是理解发现了这些早已存在于某处的意义，而是随着理解的展开'生成'了意义。"

课堂教学是一种具体的教育情境，学校中的各种教育活动、教育环境、校园文化等因素都会浓缩在课堂环境中，对学生产生潜在的影响，它们都具有一定的教育意义和教育价值。学生对这些潜在的因素有了深刻的理解和把握，随着时间和情境的变化，感受和体验不断更新，新的教育意义产生，能更好地促使他们获得知识技能、形成思想观念以及体验和塑造情感、态度、价值观。所以，课堂教学也是一个学生与各种课堂影响因素产生直接关联，理解并生成教育意义的过程。

课堂教学中的教育关系也处于不断的意义生成中。"师生关系是学生完整人格与教师完整人格相互交流而形成的，对学生的生活和成长具有重要的'教育意义'。"师生关系是教育活动自身的表现方式，并作为教育活动本身而具有丰富的教育意义和价值。学生从已有的经验出发，在师生和生生之间的人际交往中，充分发挥了个人的能动性和自主性，利用已有知识经验和思想参与到课堂关系中，积极、自觉地进行交流沟通，不断理解、深化和体会教师、学生及其关系产生的教育意义。所以，课堂教学的过程，就是学生对知识、教育表达式、教育关系的理解中意义生成的过程，并因此影响其观念、行为、情感的形成和发展的过程。

对话：课堂教学中视域融合的过程。所谓视域就是指由知识、能力、行为、态度与价值观等构成的理解基础。视域融合不仅表现在师生之间、生生之间，还表现在教师与课程设计者之间。课堂教学中的视域融合主要体现在师生和生生之间，即指师生、生生在共同参与的教学活动中，对交往、互动给予立即反应，师生思维一直处于"在线"状态，从而对某一特定话题达成共识；它不是学生的视域适从教师的视域，也不是双方视域的简单重叠，而是在一定情境中师生在场的语言、思想观念的融合。

在课堂教学中，师生通过对话产生思想观点的碰撞和交流，使自己原有视域的边缘被打破，与他人的视界融合，从而形成自己的新视界，达成双方的视域融合。首先，师生"把灵魂向对方敞开使之在裸露之下加以凝视"。教师和学生都把自己最真实的一面呈现在对方面前：学生不会因怕出错而掩藏自己，而是积极地去表达和体验；教师不会因担心不能恰当处理学生的问题而隐藏自己，而是通过对学生问题的反馈和应答充分显露自己。参与的双方不只是进行语言的谈话，更是一种"敞开""接纳"和"倾听"。其次，审视差异，同中求异。课堂教学中的师生对话，就是教师"把珍贵的金属矿带入学生的灵魂，使金矿燃烧，以剥离开金属与渣滓"。当师生面对面地交谈，共同进入课堂活动中，真实敞开自己、真实地表达自己时就出现不同的声音，就需要质疑、反驳对方或者修正自己，就会出现争论的"波澜"和自我检讨的"暗流"。这需要双方欣赏对方的异己之见、反思自己的异他之见，需要相互包容、相互吸引。其实，这也是双方在自我检验、自我醒悟、审视他人和欣赏他人。再次，异中求同，走向融合。当对话双方都尽力去认可对方的观点时，就出现了情感的"共鸣"、语言的"共振"和视域的"共同区间"，从而实现视域融合。"有可能把不同的声音结合在一起，但不是汇成一个声音，而是汇成一种众生合唱；每个声音的个性,每个人真正的个性,在这里都能得到完全的保留。"正是对话使师生得到了理解,使心灵获得了沟通,使课堂教学实现了视域的融合。

二、课堂教学中理解和对话的缺失表征

虽然对话教学是教育改革的方向,课堂教学倡导理解和对话,但并不意味着师生之间就充满了理解,进行了自由的对话并有意义的生成。理解和对话的缺失在现实课堂教学中以不同的方式表现出来。

知识的意义理解与生成的缺失。课堂教学既是一种活动过程,更是一种意义生成的过程,是师生进行意义创造和意义分享的过程。以课程和教材为载体的文本知识是中立性的,教科书呈现的知识与学生的生活经验是存在距离的,所以在知识的学习中,教师的讲解和指导是学生学习必需的。然而,教材的性质和教师的这一特殊作用,使学生便捷地获得知识的同时,也可能导致"囫囵吞枣""食而不化""知而不解"的现象。"在制度化的学校里,知识由于去语脉化、中立化、抽象化而变化为信息,追求效率性的传递与一元化的评价就有了可能。进而,导致了教育市场中知识的商品化,亦即应试竞争的市场与劳动力市场中教育知识的商品化。"一些教师在保证课堂教学的认知目标实现时,忽视了情感、态度和价值观的形成;在保证知识量的积累时,忽略了知识质的提升,忽略了学生对知识的理解以及在理解中新的意义的生成,进行着没有知识意义建构的重复。

个体精神引领与建构的缺乏。教育是人与人之间精神相契合的活动,教育的目的是建构人的精神世界,促进人的精神的健全发展,培养人的心智和精神。精神体现着人的价值和力量,是人之为人的根本。"人的本质是精神,人通过教育才能获得人之为人的精神本质,才能实现人格的优秀。"所以,精神的引领和构建是课堂教学的题中应有之意。

然而,今天的课堂教学中,个别教师不停地增加所谓的课后练习和家庭作业,"像填鸭般地用那些诸如形而下之'器'的东西,塞满学生的头脑,而对本真存在之'道'却一再失落而不顾,这无疑阻挡了学生通向自由精神之通衢"。其教学中大多是在传授知识和应对考试的解题技巧,而不是将蕴含历史精神的知识文化内化为具有勃勃生机的学生精神,这样做不但削弱了学生的反思能力和独立思考的习惯,而且削弱了学生的原初精神生活。

当学校中的教育是为了功利化目的,训练和加强人的工具性职能,而不是为了学生的精神的不断丰盈和圆满发展,不是关注对知识的理解以及由自觉理解所生成的教育意义时,学生的精神世界与教育的意义便不能真正融合,不能生成"教育意义",也不能引导学生的精神发展。此时,课堂教学活动、知识学习、课程内容等并不是为了与学生的心灵和精神紧密相连,而是为了知识的积累和应对考试及考试所带来的评价;不是为了学生人格精神的成长和发展,而是为了对学生的精神控制和身心规训,导致精神价值贬值和意义匮乏。

课堂不是产生怀疑、探索未知、解决疑难之所,而是思想相交、心灵相遇、意义相生之

域。如果教育者无视学生的现实处境和精神状态,认为自己高于学生,对学生指挥命令,不能向学生敞开心扉,即使学生有质疑的声音也被无视或者扼杀,又何谈质疑精神、创新精神的培养和人格精神的提升。在这样的课堂中,学生只是在接受知识的教育,而不是受到精神的化育;得到的不是精神的引领和提升,而是高贵精神被遗忘和放逐。

师生关系理解与建构的缺位。在当今课堂教学中,师生关系并不理想:教师讲,学生听;教师教,学生学;教师行动,学生跟着行动;教师发令,学生遵命;教师是主体,学生是客体……调查发现,有 54% 的学生认为"老师很少与我倾心交谈";有 48% 的学生认为"老师不能了解我的忧虑与不安";有 40% 的学生认为"找不到一位能倾诉内心隐私的老师";有 38% 的学生认为"老师常让我感到紧张与不安"。在这样的师生关系中学生很难体会到教师的理解和关爱,也不会从师生交往中感受到正向的力量,不会增强自尊和自信。

这是一种缺少理解和对话的"垂直式"的师生关系,而非"平行式"的教育性师生关系。教师具有课堂教学中的话语权威性和知识权威性,因此,学生可能从最初想与教师进行交流、沟通,发展到不愿意交流对话,再到教师代替学生的角色一遍遍地不厌其烦地自言自语,于是学生逐渐获得了一种"习惯性沉默"。师生之间很少有精神层面的沟通和交流,忽视了双方关系对人的精神的陶冶,也得不到"心灵相约"的满足。这种没有积极沟通、平等理解和人格精神的师生关系,也难以给学生带来积极的影响,不能使他们获得积极的生活体验和生活态度,并且这种关系影响会迁移到生生关系中,甚至影响其他人际关系的形成。可以说,在这样的师生关系中,学生缺少对现存师生关系的理解和认识,没有构建新型师生关系的意识,更谈不上相应的能力。教师也缺乏鼓励表达、耐心倾听的能力以及对学生理解的敏感性。他们是在忠实地转移知识,却不是在创造良好的师生关系,不是在营造理想的课堂,不是在创造生活。

自我建构与理解缺少。自我建构即指受教育者的精神世界是自主地、能动地生成、建构的,而不是外部力量塑成的。参与课堂教学的师生进行着自我理解和建构,都在理解知识文本、课堂情境、自己的内心世界、他人等,并从中理解自己。

在现实课堂中,一些教师更多地关注学生对知识文本的理解和掌握,注重教学目标所涵盖的意义的理解,却无视课堂教学之外的、学生生活经历中所包含的一切潜在意义的涌现,而这些正是构成"自我"存在的意义。当学生面对目不暇接的课堂内容时,没有自我理解和反思的闲暇,教师也不会引导学生进行自我反思。即使反思,也是在学生出现消极的、违纪的行为时,让学生进行的惩罚性的自我反思,而非积极意义上的、建构性的自我反思。同时,教师的自我反思也常常处于匮乏状态。将学生产生的问题归咎于学生本人、家长和社会影响等因素,很少看到自己为师修养的欠缺,不能从对学生问题的反思中理解自我,不能主动进行自我言行的理解和剖析。

三、课堂教学中理解与对话的建构

课堂教学需要师生真诚地理解和自由地对话,建构理解和对话式课堂教学是师生共同的责任,需要双方齐心协力。只有师生在对话中达到了理解的一致,才能真正建立理解型师生关系,从而实现对话教学。

以爱为基,严宽相济。教师对学生的教育,其爱是教育关系发展的先决条件。教师需要以为人父母的心去爱学生;同时,还要理性地教育发展中的学生,注重对学生精神和心灵的呵护,关心在消费文化和压力社会中学生健全人格的养成和个性发展,与学生进行富有爱心的交流和对话,用师爱促进双方的价值升华。

在课堂教学中,教师要无条件地给予学生关爱、理解、信任和尊重;但是,又不能溺爱和放任。因为"儿童的生活既需要自由也需要秩序。他们需要受到控制的自由以及那种将自由推向前进的控制。具有讽刺意味的是,一个高度放纵的和几乎完全没有约束的环境似乎并不是如有些人所提出的那样,能促进年轻人的合作性、温和性、积极的自我概念和自律。……高度放纵和高度规章化的环境一直是与年轻人的毁灭性的、充满冲突的和无序的行为相联系的"。教师要有给予学生自由表达的机会和权利的意识,并付诸行动,让学生能够"言从己出""声由心发",要注意培养学生对话的意识和能力。课堂教学中的对话体现了师生之间的民主、平等,体现了教师对学生的信任和对其可能出现错误的宽容,这正是教师博大的教育爱的证明。同时,教师又要给予必要的引导,使课堂教学中的对话交往不是为了引向预设好的答案,而是向着更深刻的、有着新知生成的方向发展,并注意课堂教学中思维和情感上的交流与对话。

以人为"镜",以己为"师"。以人为"镜",主要指教师通过学生来了解自己的言行和教学效果。教师在课堂教学中的一切都能在学生的反应中找到映射。积极向上的教师给予学生正向的能量,否则,就传达给学生消极和懈怠的信息。教师若想要看清自己和现有的师生关系状态,可以从学生的反馈中来审视。教师能够通过权威和纪律来规训学生,使其保持安静和缄默,却阻止不住学生眼睛中流露出的心声。"真实性是否存在,只有孩子们在意识深处中澄然感悟,任何虚伪都逃不过孩子们明亮的眼睛和透明的心扉。"所以,教师要从"镜像"中感悟和反思。教师即使看到师生在知识观念、价值观等方面出现尖锐的差异和矛盾时,仍然保持一份坦然的理解和真诚的对话,宽容学生因不知或者非真知而导致的错误,相信学生能够在经历中改正和成长。

以己为"师",主要是对学生而言的,要求学生站在教师的立场上,以教师的角色来重新体验师生关系。相信学生会有不同于往日的感受和感慨,既可能体会到教师的神圣也可能体验到教师的辛苦。也就是说,师生充分利用"同理心"来理解对方的思想、状态和处境,做到相互理解。"'相互理解'意指一种实践合理性的变形,意指一种对他人实际考虑的明智判断。显然,这里指的不仅仅是对所说的某事的理解。它还包括一种共同性,通过这种共同性双方进入一种彼此商讨建议之境,即提出建议和采纳建议(具有首要意义)。"

己所悦纳,亦给予人。这主要指教师要根据人的心理发展规律对待学生。人都希望被理解、被欣赏、被宽容、被关爱,希望与人平等地对话和交流。尤其是处于学龄期的学生,在心智尚未完全成熟之前,在这方面有更多的需求。他们渴望得到更多的爱和认可,期望从对话中听到自己的声音并产生回应和反馈,希望从交往中得到心灵的慰藉和精神的满足,希望通过交往行为获得师生之间的相互理解。老师的理解和宽容使一些并不出色的学生日后有了骄人的业绩。理解是"人世间的一剂良药",它虽然没有立即治愈百病的奇效,却具备使百病逐步消解的力量。师生之间的理解需要坦诚地面对差异、真诚地包容缺点、真心地欣赏个性。教师和学生都真正把他人看作自我来体验,以己之心度人之心、以己之好成人之好,细心倾听"他我"对"自我"的言语。在这一过程中,不是一方对另一方的掌控和审视,亦不是顺从和迎合,而是相互质疑、相互启发、相互理解、相互倾听,是每一个参与者都处于一种被"激活"的状态,是用理解成全理解,用对话成全对话,用美好成全美好。

对话交流,消减误解。首先,要营造易于交流对话的氛围。这就要求教师放下为师的架子,以"平等中的首席"的角色参与到学生的对话和交流之中;消解为师的权威,给予学生真正的话语权,让他们自由、坦诚地表达自我,用心倾听学生的心声,尤其是那些"习惯于沉默"者的声音。只有真正融入学生,才能发现平时看不到的问题和真相,找到问题的根源和解决的途径。理想的沟通情境应该是每一个主体都能够参与其中并表达自己的观点。只有在这样的对话情境中才可能出现布贝尔所言的"真正对话",即"不管在言说的还是沉默的——在这种对话中,每个参与者都真正地把他人放在心中,或者把他人放在他们当前的和特定的存在中,并且带着一种他们之间与他们之间建立鲜活的相互关系的意图转向他人"。

其次,消减师生之间的误解。误解既包括师生之间、生生之间的误解,又包括自己对自己的误解。师生对自己的误解可能比相互误解更使其颓废。误解和理解是相伴而生的,人际关系中的各种误解是无法永远消除的,但是如果采取措施就能够避免或者减少误解的发生。教师要有针对性地与学生进行真诚的对话和交流,分析造成自我误解的真正原因,寻找背后支撑自我误解的不当观念,尤其要认真对待这些学生对问题的"归因"。因此,要消除误解、增进理解,就要对学生实施理解教育。

再次,基于爱的交流和对话是课堂教学的重要一维。理解和对话作为一种存在方式是值得倡导的,正是因为人的存在,人与人之间的理解、对话和沟通使课堂教学中的每一个体都进入一个异己的、新奇的、多彩的世界,而不是固守属于自己的、固化的、单调的一隅,每一个人因此而被注入勃勃生机和新的气息,每一个人因为交流和对话更明朗、更敞亮和更充实。

（原载《高教发展与评估》2014 年第 1 期,第 79-85 页）

民办教育顶层制度设计之争

王文源

一、《民办教育促进法》制定与实施的争论

民办教育是否实行营利性与非营利性分类管理问题是我国民办教育顶层制度设计最基本的问题。此问题的争论不是今天才有，早在 1996 年至 2002 年《中华人民共和国民办教育促进法》(以下简称《促进法》)的立法过程中，就曾经开展广泛的讨论，各种观点激烈交锋。当时，包括教育行政部门在内的行政管理机关和部分学者主张借鉴国际惯例，实行营利和非营利分类管理；来自民办教育实践领域和多数学者主张结合中国国情，适应教育法有关规定，反对开办营利性学校，主张采取中国特色的奖励回报制度，鼓励民间办学。2002 年 12 月 28 日，九届全国人大常委会第三十一次会议审议通过的《促进法》，"一锤定音"，放弃了营利和非营利分类管理的制度设计，而选择了"合理回报"制度。在"扶持与奖励"一章中，规定"民办学校在扣除办学成本、预留发展基金以及按照国家有关规定提取其他的必需的费用后，出资人可以从办学结余中取得合理回报。取得合理回报的具体办法由国务院规定"。至此，民办教育的营利性和非营利性之争暂时得以平息。

2004 年 3 月，国务院公布的《中华人民共和国民办教育促进法实施条例》(以下简称《实施条例》)对于"取得合理回报的具体办法"的标准和程序都做出了明确的规定。但是，十年后，当初被认为令《促进法》具有中国特色的具有重要创新意义的"合理回报"制度，实际上成为民办教育政策的一块"鸡肋"，也有人说，"合理回报"只是一个挂在墙上的"画饼"，根本不可吃，也吃不到。不少办学者抱怨，"合理回报"制度没有落实，无法操作。一些管理者也困惑，"'合理回报'究竟是营利还是非营利？这不好界定，如果不界定的话很多优惠政策和管理制度就不好出台，因为各个管理部门有各个管理部门的考虑"。十年来民办教育仍然在模糊的制度政策下"摸着石头过河"。一方面，《促进法》和《实施条例》对于民办教育的鼓励扶持政策没有落实到位；另一方面，绝大多数民办学校的举办者虽内心期盼得到经济回报，但都在换发"民办学校办学许可证"时宣称"不要求合理回报"，成为我国民办教育的一种奇怪现象。诚然，也有一些民办学校的举办者在"不要求合理回报"的旗帜下确实也取得了不同程度的经济回报。

《促进法》和《实施条例》明确规定的"合理回报"政策为何在实践中难以落实？问题的根源主要是以下三个方面。

第一，《促进法》和《实施条例》都模糊了民办学校的法人属性，未对民办学校的法人

类型做出明确规定。2004 年以后，民办学校均被登记为民办非企业单位。2004 年 8 月，财政部制定并发布了《民间非营利组织会计制度》。自 2005 年 1 月 1 日起，民办学校执行《民间非营利组织会计制度》。该制度规定："该组织不得以营利为宗旨和目的；资源提供者向该组织投入资源不得取得经济回报；资源提供者不享有该组织的所有权。"这一会计制度不仅为民办学校提取"合理回报"设置了制度上的障碍，彻底否定了《促进法》允许"合理回报"的规定，实际上还通过设置免税资格认定的门槛，要求民办学校举办者放弃其投入民办学校的资产的所有权。

第二，《实施条例》回避了《促进法》关于民办学校产权归属的本意，使得民办学校举办者投入民办学校的资产的属性变得模糊。《促进法》规定："民办学校对举办者投入民办学校的资产、国有资产、受赠的财产以及办学积累，享有法人财产权。……民办学校清偿上述债务后的剩余财产，按照有关法律、行政法规的规定处理。"立法者的本意是由《实施条例》将民办学校的产权认定为"举办者投入民办学校的资产属于举办者所有；民办学校中的国有资产投入部分属于国家所有；民办学校受赠的资产属于学校所有；校产的增值部分，国家允许'合理回报'的部分归举办者所有，其余增值部分的产权归学校所有"。但是，后来颁布的《实施条例》只对民办学校资产中的国有资产和接受的捐赠财产做出了规定，而对于举办者投入民办学校的资产和办学积累形成的校产的所有权问题未做任何规定。这就导致了民办学校的产权属性至今仍然模糊不清。

第三，《实施条例》遗留的关于要求"合理回报"的民办学校的税收政策至今没有出台。《实施条例》第三十八条规定："捐资举办的民办学校和出资人不要求取得'合理回报'的民办学校，依法享受与公办学校同等的税收及其他优惠政策。出资人要求取得'合理回报'的民办学校享受的税收优惠政策，由国务院财政部门、税务主管部门会同国务院有关行政部门制定。"其本意是，《实施条例》授权国务院财政部门、税务主管部门会同教育行政部门、劳动和社保部门，制定对要求取得"合理回报"的民办学校的税收优惠政策。现实情况是，《实施条例》留给有关部门的"家庭作业"十年未交，也无人督查。重要的税收政策不明，民办学校的举办者无法做出选择。实际上，就在《实施条例》发布之前的一个月，财政部、国家税务总局就发布了《关于教育税收政策的通知》（财税〔2004〕39 号），该通知对于民办学校的税收政策，以学历教育和非学历教育区分，根本没有理会民办学校的"合理回报"问题，至今仍然执行这一通知。

在民办学校合理回报和税收政策问题上，实践中已经明显表现出"条例比法大，通知又比条例大"的不正常现象。《促进法》公布后，围绕民办学校营利性和非营利性分类管理制度设计的争论表面上平息了，但在政策制定和执行过程中并未停止，"合理回报"制度实际上并未得到有关行政部门的认可。

二、在《规划纲要》制定与实施过程中的争论

2008 年 8 月 29 日，温家宝总理主持召开国家科技教育领导小组第一次会议，审议并

原则通过《国家中长期教育改革和发展规划纲要》(以下简称《规划纲要》)的制定工作方案,正式启动了《规划纲要》的研究制定工作。在《规划纲要》的制定过程中,在推进办学体制改革问题上,大力支持发展民办教育和依法管理民办教育这一宏观问题得到普遍认可,也取得广泛共识。但是,在是否实行营利性和非营利性民办学校的分类管理问题上,两种观点再一次产生了激烈的交锋。

2010 年 7 月,中共中央、国务院印发的规划纲要实际上再一次做出了一种折中的选择。《规划纲要》提出:"积极探索营利性和非营利性民办学校分类管理。""开展对营利性和非营利性民办学校分类管理试点。"显然,《规划纲要》没有直接否定"合理回报"制度,也未提出实行营利性和非营利性民办学校分类管理制度,而是要求通过"开展试点"来"积极探索"营利性和非营利性民办学校分类管理制度。此后,在教育部启动的国家教育综合改革试点项目中,"两地一校"项目开始从不同角度、不同层面进行营利性和非营利性民办学校分类管理试点工作。上海从管理角度出发开展"营利性和非营利性民办学校分类管理办法"的探索,浙江省温州市从民办教育综合改革角度出发开展了系统的探索创新,包括"营利性和非营利性民办学校分类登记管理"的探索突破和实践创新。吉林华侨外国语学院开展了"探索非营利性民办高校办学模式"试点。在这三个试点中,温州市的改革试点是全面的、成体系的,也是最深入、最艰难的。温州的试点,在两类学校的法人登记、产权制度、合理回报、税收优惠、教师待遇、财政资助、金融服务、价格机制、会计核算和监督管理等方面均有重大突破,开展了积极的实践探索,也得到业界高度关注。这些试点目前还在进行和逐步深化过程中,对试点成果做最终的结论还为时尚早,既要看其制度政策的系统性和科学性,更要看在新的政策体系下民办学校发展的成果。评价其成果的核心指标应该是:①社会力量参与办学和民间资金投入教育的积极性是否更高了? ②民办学校的办学水平是否更高了(包括办学条件、教育质量、办学特色、学校成长速度和社会满意度)? ③民办教育的行政管理和现代学校制度是否更加现代化了?

此外,这些试点已经给我们的启示至少包括:①需要政府统筹协调。民办学校的营利性和非营利性分类管理是民办教育改革发展的长远战略性问题,是我国民办教育的顶层制度设计大事,是一个系统性改革课题,需要相关政府部门参与,统一认识,做出系统设计,互相协调配合。②需要推动顶层突破。实行民办学校的营利性和非营利性分类管理不仅仅是民办教育的行政管理问题,也是我国教育领域的一项重大改革,需要在国家层面上在多领域对现行的相关法律、规章和政策做出适时必要的调整、协调和突破。③需要尊重实践探索。这是一项系统、重大、复杂的改革,既需要整体规划、系统设计,更需要逐步稳步推进,重点突破,尊重实践创新,尊重发展历史与现实,把握长远方向,给未来发展和改革留有空间。④需要回应重大关切。从试点实践看,学校法人类型、产权界定、教师保障、税收政策、举办者权益、价格机制、招生政策和营利性学校的边界等方面是改革推进的重大关切,需要国家在制度政策层面做出明确回应。

2010 年 7 月,《规划纲要》发布实施后,为促进民办教育发展,教育部同期启动制定《关于进一步促进民办教育发展的若干意见》,为了推进营利性和非营利性分类管理的实施,深化教育领域综合改革,还启动了对《教育法》《高等教育法》《民办教育促进法》和《教师法》中相关条款进行修订的计划。有关民办教育的内容是在《教育法》和《高等教育法》中修改的,即"任何组织和个人不得以营利为目的举办学校及其他教育机构",在《促进法》中明确"民办学校可以自主选择,登记为非营利性或者营利性法人",同时删除"合理回报"条款。2013年下半年,国务院法制办已经将修订草案向全社会公开征求意见。全国人大相关部门已经对修订工作开展调研,调研的重点仍然是"合理回报"、营利性和非营利性分类管理等问题。

三、当前关于分类管理争论的聚焦点

第一,是否应当在当前就及时全面推行营利性和非营利性分类管理制度。支持者认为,这是国际通行做法,也是落实对民办教育鼓励扶持政策的前提,是激励社会捐资的基础,是办好一批高水平民办学校的必然选择,是更好地体现民办学校公益性的制度保障,是民办教育顶层制度的基本方向,也是保障非捐赠性教育投资者权益的重要制度基础和法律支撑,所以,支持者认为,应当加快法律修订,推进建立分类管理制度,完善分类管理政策。反对者认为,现在全面实行营利性和非营利性分类管理,存在法律障碍,缺乏理论准备和实践基础;不符合中国目前捐资办学极少的国情和绝大多数民办学校的举办者实际上要求经济回报的民办教育实情,不能简单搬用国外经验;在中国文化土壤和社会现实情况下,实行分类管理,营利性民办学校不可能获得发展的空间和社会的认可,那么全面推行分类管理的结果将是绝大多数民办学校被迫选择非营利性,从而失去分类管理的意义,在此情况下,可能导致现有民办学校的举办者大量退出,也不利于鼓励吸引社会资金兴办民办学校。所以,反对者认为,应当坚持在《规划纲要》提出的"积极探索"和"试点"的基础上,总结经验后再做抉择,目前应坚持完善"合理回报"制度和配套政策。

根据近期一些对于这一问题的调查和访谈情况来看,在民办学校内部,大多数培训类的非学历民办教育机构的举办者支持这一分类登记管理,学历教育的民办学校的举办者支持这一分类登记管理者为少数,但是在学校管理者层面普遍获得更高的支持。对于这一问题,专家学者众说纷纭,未形成普遍共识,但行政管理部门基本形成共识,主张实行分类登记管理。

第二,是否应当取消《促进法》规定的"合理回报"制度。2012年底开始,关于修订法律的草案内容浮出水面,业内关于是否应当取消"合理回报"规定的争论一直很热。反对取消"合理回报"的代表性观点认为:"对于这样一个近乎'画饼'式的制度设计,要是简单地否定它存在的现实需要,就此终结或取消,则势必割断政策的连续性,人为制造'短路',不仅会让现有的民办教育投资者感到寒心,纷纷撤资或不再投入,还会让那些正准备投资的办学者丧失信心,裹足不前。对于那些正处于办学上升期的民办学校来说,这无疑是致命的打击,会因为失去必要的资金支持和政策依靠而濒临绝境。"还有学者认为,删除"合理回报"条款,"将引起国家民办教育的制度性崩溃。即,结果不但不可能达到促进和大量吸引民间资金举办教育的目的,而且将引起广泛的混乱和溃败的现象"。反对取消"合理回报"制度者的普遍共识是:①"合理回报"与非营利性质不矛盾。《促进法》和《实施条例》关于允许"合理回报"的政策都是界定为对民办学校及其出资人的"扶持与奖励","'合理回报'是国家对民办学校出资人的一种鼓励、奖励措施,与允许其营利完全是两回事"。"参与办学剩余分配是国家给予民办高校投资者的一种对公益事业的奖励或鼓励,而非一般的商业投资获利权利。……从法律意义上讲,投资者从办学结余中取得合理回报并不是营利行为。"②实践中虽然大多数民办学校的出资人没有公开选择"要求合理回报",这既不是出资人的真实意愿,也不是"合理回报"制度本身行不通,而是因为一些行政部门没有全面贯彻落实《促进法》,没有依照法律要求建立民办学校的产权制度和税收优惠政策等最关键的制度政策。③"合理回报"是国家立法机关经过长期调研论证,通过立法程序做出的严肃立法,是符合中国国情做出的具有中国特色的重要选择,是《促进法》的核心内容、重要突破和创新,不能轻易地采取"朝令夕改"的办法,取消"合理回报"应当极为慎重。④投资办学具有周期长的特点,办学不同于办公司和办企业,投资民办学校不可能在短时间内取得经济回报,投资越多,其回报周期越长。一些民办学校的出资人认识到这一点,没有追求短期的经济回报,但正因为国家有允许"合理回报"这样的法律规定,他们才做出了投资,他们对未来是有回报期待的,也是对国家法律的信任。尤其一些大的投资,在十年时间内还处于持续投入阶段,根本还谈不上回报,也不可能有回报。此时突然取消"合理回报",可能导致不少民办学校出资人掉进"利益归零"陷阱。结合这种实际情况,关于"合理回报"法律条款的修订应当十分慎重,充分考虑有关方面的利益诉求和本来的合法权益。

主张取消"合理回报"者的声音也似乎非常坚定。主要观点有:①非营利组织的界定有国际通行的衡量指标,主要是"不以营利为目的的宗旨、利润不得用于成员间的分配和分红、资产不得以任何形式转变为私有",我国非营利组织的界定标准也遵循此标准。取得经济回报的行为违背了非营利组织的基本标准,取得回报的民办学校就不能享受非营利组织的优惠政策。②"合理回报"究竟是营利性还是非营利性的界定不清,导致对民办学校的许多优惠政策和管理措施无法出台,实际上阻碍了社会捐资举办民办学校的积极性和公共财政对民办学校的资助,也影响了民办教育事业的发展进步。③实行民办学校的营利性和非营利性分类管理,是国际通行的做法,也是我国民办教育顶层制度的基本方向,否则也不利于我国民办教育与国际私立教育实现接轨和深度合作交流。④取消"合理回报"对于现有民办学校的影响极小。"合理回报"规定出台以来,由于没有配套的政策等,这项规定在实践中基本没有执行,在现有 14 万所民办学校和民办幼儿园中,已经选择要求"合理回报"的学校极少。所以,现在取消"合理回报"对现有民办学校的影响面很小。⑤实行营利性和非营利性学校分类管理,取消"合理回报"规定,是为了更好地落实对民办学校的鼓励扶持政策,在制度安排上将更好地保障反映出资人真实意愿的自由选择权和出资人的各项合法权益。

第三,如何对民办学校进行分类。在讨论中各方都认可民办学校有不同类型,也主张在政策上应当予以分类扶持和管理。但在如何分类上分歧不小,主要有以下几种观点:①"两分法"。主张"两分法"的也有不同内涵。一是分为非营利性民办学校和营利性民办学校两类。此种分法中,对于非营利性民办学校的范围又有不同观点。有的认为,应严格按照非营利组织的三项基本指标来区分,非营利性学校等同于捐资办学,其他不管以任何方式要求学校产权诉求和经济回报的都划入营利性学校;有的认为,将捐资办学和出资不要求合理回报的学校划入非营利性学校,其他都划入营利性学校;还有的认为,应将捐资办学、出资不要求回报和出资要求回报的学校均划入非营利性学校(温州的分类试点实际上是这样处理的)。二是主张以学历教育和非学历教育来区分,实行不同的扶持政策和登记管理办法,目前税务部门就是这种区分。②"三分法"。主张结合我国民办教育实际,在非营利性学校(捐资办学)和营利性学校之间,还有"第三条道路"——公益性投资办学。此主张者认为,"第三条道路是一个特指的概念,指国家发展民办教育的一种政策选择及其导向和结果,是在所谓的营利性民办学校和非营利性民办学校之外,允许并支持介于上述二者之间的一类民办学校得到发展,以扩大民办学校发展的空间,巩固民办教育发展基础的做法"。"投资者对民办学校财产不拥有所有权,包括其自身所投入资产的所有权,但投资者享有办学结余的分配权,投资者可以根据其出资情况,在学校办学出现结余的情况下,从中取得合理回报。这种财产所有权和结余收益权相对分离的民办学校产权制度,是具有中国特色的包容性产权制度,是现实国情下促进民办教育发展的制度创新。包容性的民办学校产权制度有助于在保障民办教育公益性的前提下,满足投资者对投资收益的要求。"③"四分法"。主张从实际出发,采取过渡性办法为将来实行营利性和非营利性分类管理奠定基础,将民办学校分为捐资举办的学校、出资不要求回报的学校、出资要求回报的学校和经营性民办学校。此主张认为,我国现有民办学校实际上有四类,在制定政策时,应尊重现实,实行有区别的扶持政策和管理办法,要加大鼓励扶持力度,引导捐资办学和不要求回报的民办学校发展,允许要求回报和经营性办学。通过政策引导和实践培育,将捐资和举办不要求回报的学校往非营利性办学方向引导,将要求回报和经营性的学校逐步过渡到营利性学校。

四、顶层制度设计应解决的关键问题

改革开放 30 多年来,民办教育发展虽艰难曲折,但国家对民办教育的政策日益开放,各级政府对民办教育的重视程度日益提高,支持力度也日益加大,民办教育实践取得了令人瞩目的成就,民办教育已经成为我国教育事业中不可忽视的重要力量。

从国家深化教育领域综合改革的战略部署和要求来看,民办教育也可能发挥更加重要的作用。总结发展的历程,民办教育发展艰难的根本问题是"制度上的顶层设计不足和政策上的系统配套不够"。在加强民办教育顶层制度设计基础上,进一步配套完善民办教育的政策,是当前深入贯彻落实中共十八届三中全会通过的《中共中央关于全面深化改革若干重大问题的决定》精神,深化教育领域综合改革,促进民办教育更好地可持续发展的重要任务。在民办教育的顶层制度设计中,是否取消"合理回报"条款,是否全面实行营利性和非营利性分类管理,只是问题的表面,不是问题的本质。当前,关键是要坚持民办教育改革发展的长远战略,要有长远的战略眼光和改革思维,摒弃急功近利的认识和行为,要深入研究论证以下几个具体的关键的问题。

第一,"应不应该、可不可以"让民办学校与公办学校在法人类型上"并轨"。《促进法》规定:"民办学校与公办学校具有同等的法律地位。国家保障民办学校的办学自主权。"民办学校与公办学校之间,除了举办者身份、办学经费来源、学生入学方式和办学自主权方面的不同,还有什么实质的区别?民办学校和公办学校在本质上同样都是培养人的机构,都是为国家培养和输送人才,同样贯彻国家的教育方针。民办学校的学生除了自费上学不同于公办学校,他们在学校的学习过程、学习内容、学习目的和毕业后的服务对象是一样的;民办学校的教师除了其薪金和福利来源不同于公办学校,他们在学校所做的工作、其工作的价值、所承担的责任和义务也是一样的。那么,为什么民办学校的法人类型要区别于公办学校,民办学校教师的身份和社会保障要区别于公办学校的教师?学校"一个是事业,一个是民非",教师"一个是干部,一个是工人",这种制度上的分割或歧视,导致公办学校及其教师与民办学校及其教师之间,源头上就不具有同等法律地位,并造成了民办教育的一系列政策无法落实,严重阻碍和影响了民办教育的发展进步。无论事业单位的改革方向和进程如何,以改革的思维,突破旧的规章,加快推进民办学校与公办学校在学校法人类型、教师身份与社会保障方面的政策"并轨",是民办教育顶层制度设计应予重视和解决的重大问题。当然,营利性民办学校登记为企业法人,执行企业化的产权和管理制度另当别论。

第二,"应不应该、可不可以"允许社会力量以非捐赠性出资方式举办或参与举办非营利性学校。《规划纲要》提出:"鼓励出资、捐资办学,促进社会力量以独立举办、共同举办等多种形式兴办教育。"《国务院关于鼓励和引导民间投资健康发展的若干意见》(国发〔2010〕13号)提出:"鼓励民间资本参与发展教育和社会培训事业。支持民间资本兴办高等学校、中小学校、幼儿园、职业教育等各类教育和社会培训机构。修改完善《中华人民共和国民办教育促进法实施条例》,落实对民办学校的人才鼓励政策和公共财政资助政策,加快制定和完善促进民办教育发展的金融、产权和社保等政策,研究建立民办学校的退出机制。"据此,可以理解为,国家同时鼓励出资办学和捐资办学,并应当采取有效措施进一步鼓励和引导民间资本通过举办或参与举办民办学校等多种方式参与发展教育事业。出资办学既不等同于捐资办学,也不等同于投资办学(投资办学即开办营利性学校)。非营利性学校应不等同于捐资办学。那么,民间资金应当可以以出资方式举办或参与举办非营利性学校。与以捐资方式举办的非营利性学校的区别是,以出资方式举办的非营利学校的出资人拥有对其出资部分所形成的学校资产的所有权。在维护民办学校完整的法人财产权的前提下,出资人对其原始出资部分形成的资产拥有处置权,可以转让、继承和赠予。

诚然,如果我们的回答是"不可以、不应该",结果就是非营利性学校等同于捐资办学,有产权诉求的举办者和出资人的唯一选择就是营利性学校。

第三,"应不应该、可不可以"允许非营利性学校的举办者和出资人从办学结余中取得经济收益。如前文所述,《促进法》及其实施条例的有关规定对此问题的回答是肯定的。问题是,在目前进行的分类管理制度设计和法律修订过程中,无论对出资人这种经济上的收益冠之以什么名称("合理回报""结余分配""合理补偿""经济收益"和"奖励"等多种名称),关键是"是否要将参与了办学结余的分配或取得了'合理回报'的举办者和出资人所举办的学校都归入营利性民办学校的范畴",还是允许在非营利性民办学校范畴内建立对出资人的奖励制度。也就是在分类管理制度设计中,要结合实践和未来趋势,在产权和办学结余处理问题上,明确界定非营利性学校与营利性学校的范围。在这一界定中,不能简单地将出资人有产权诉求和经济收益诉求的民办学校一概排除出非营利性学校范围。

第四,"应不应该、可不可以"明确划定营利性学校在各级各类教育中准入的边界。在试点工作和分类管理制度设计过程中,这个问题都不可回避,但似乎没有引起足够的重视,也没有开展深入的研究论证。目前,对于在非学历教育领域的民办培训教育机构允许营利性学校准入这一政策方向,基本没有分歧。对于在学前教育和职业教育领域允许举办营利性学校这一政策方向,分歧也不大。但是,对于在义务教育阶段和本科以上层次教育领域是否应该向营利性学校开放问题,分歧比较大。从不同层次类别的教育属性和当前供需关系出发,营利性学校的准入应当设置一定的禁区,划清边界或建立特别审批程序,不宜全面开放。也就是,义务教育阶段和本科以上层次教育目前不宜举办营利性学校。如果作为试点,可以建立特殊的审批程序,允许少量试点学校在获得特别许可的前提下开展试点探索。

如果对上述四个问题能够做出正确回答并做出合理的制度安排,将有利于进一步鼓励和吸引民间资金进入教育领域,进一步调动社会力量兴办各级教育事业的积极性;将有利于激发民办教育的活力,促进民办教育更好、更快和更优质地发展;民办教育在未来的发展中将能够更充分地发挥其体制机制的优势和活力,为深化我国教育领域综合改革提供不竭的助力,为实现建设人力资源强国的目标发挥应有的作用。这也应当是民办教育顶层制度设计之重任所在。

五、讨　论

目前民办教育分类管理的顶层制度设计分歧较大,认识不一。民办教育已经有30多年的实践基础,且涉及面广,类型复杂,各地差异极大。营利性和非营利性分类管理的理论准备、法律基础和政策配套都还不够充分。营利性和非营利性民办学校分类管理的国家试点工作尚在进行之中。目前民办教育的改革也是"只有进行时没有完成时",各级政府应当本着依法行政、依法治教和转变职能的要求,尊重民办教育的发展历史和现实,尊重民办学校的实践和地方创新。当下比较妥善的处理办法,应当是坚持"积极探索"和

"深化试点"的原则,稳步推进营利性和非营利性民办学校的分类管理。

在民办教育顶层制度设计的基本思路上,可以暂不对现有的所有民办学校进行分类,不必要求所有民办学校都立即做出营利性或非营利性的站队选择。但是,应从国家制度层面制定营利性和非营利性民办学校的界定标准,并着力在两类学校的鼓励扶持政策和管理办法上建立起完整的配套规章。鼓励各地在执行国家标准、基本政策和办法的前提下,结合各自实际创新实践;要求新建民办学校依照新规章明确做出营利性或非营利性的选择,并依照新的办法进行扶持和监督管理。原有民办学校可以对照新的制度办法,自愿向审批机关申请,自主选择营利性或非营利性学校性质,也可以选择维持现行运行模式,继续实践、探索。这样的思路,可能有利于降低制度调整的成本和风险,减少阻力;有利于在改革实践中总结经验,不断完善,不断规范;有利于保持民办教育整体的稳定,调动举办者参与改革的积极性;也有利于保护现有民办学校举办者的合法权益。总之,为制度完善留出空间,也给民办教育改革实践留足空间。

(原载《高教发展与评估》2014 年第 4 期,第 1-10 页)

美国一流教育学院的评估与宏观生态

秦炜炜

自 1876 年约翰·霍普金斯大学建立美国第一所研究生院以来,美国迅速崛起,成为世界高等教育的旗舰国家,产生了一大批遐迩闻名的世界一流大学,同时也孕育了一批蜚声国际的一流教育学院,如斯坦福大学教育学院、哥伦比亚大学教师学院和哈佛大学教育研究生院。作为美国大学招生规模非常大的五大学科型学院(其余四个为商学院、法学院、医学院和工程学院)之一,教育学院是美国从事教师教育和教育研究的主要机构。目前,有关美国教育学院的研究散见于教师教育领域:教师教育的大学化研究,教育学院的产生、演变与发展过程,教育学院的专业设置和人才培养,对教育学院评估指标体系的分析解读。而对一流教育学院的宏观生态及专业布局的研究尚不多见。本文依据美国媒体《美国新闻与世界报道》(*U.S. News & World Report*,以下简称《美新》)1995—2013 年对美国教育学院的评价和排名,以美国一流教育学院和专业为研究对象,对这些学院的宏观布局生态以及一流专业的微观分布态势进行全景式扫描和分析。本文中,"一流教育学院"和"一流教育专业"分别指《美新》排名中位列全美前十的教育学院和教育专业。其中,参与《美新》评价的教育专业共有 10 个,即课程与教学、教育管理与督导、教育政策、教育心理学、小学教师教育、中学教师教育、高等教育管理、特殊教育、学生辅导与人事服务和技术、职业教育。

一、美国教育学院的评估方式

《美国新闻与世界报道》作为美国三大新闻周刊之一(其他两个分别是《新闻周刊》和《时代》周刊),从 1990 年开始对美国大学的工程学院、商学院、法学院和医学院的研究生教育进行一年一度的评估和排名。从 1995 年开始对教育学院进行评价,开全美教育学院评估之先河,意在遴选、聚焦一批学术卓越的一流教育学院和教育专业,为其研究生教育提供发展参考系。2000 年,《美新》增加了教育专业排名。《美新》作为美国研究生教育评估的权威,在全球教育界有着深远的影响力。许多大学的教育学院将其排名作为提高院校知名度的有力依据,比如斯坦福大学、哈佛大学、范德比尔特大学和堪萨斯大学。

(一)早期评估方式

《美新》对于美国教育学院的评估已经开展了近 20 年,其评估方式与方法也进行了多次修订和发展。1995—1997 年,《美新》对美国教育学院综合实力的评估由 10 个一级指标构成,分别是教育学院院长排名、学术声誉、学生选择、科研活动、师资力量、上一年注册学生数、上一年研究经费、上一年博士生教师比、上一年 GRE 词汇成绩和前一年录取率。

具体而言,学术声誉是通过对教育学院院长和著名教授的调查确定的,而教育学院院长排名则指对拥有 5 000 名以上学生的教育学院的院长进行调查,排出 25 个全国最好的教育学院。1995—1997 年,《美新》对于美国教育学院的评估指标唯一的变化是 1997 年用"上一年的 GRE 词汇成绩"代替了"上一年的博士生教师比"指标。1995—1997 年,从一级评估指标对应的二级评估指标及其权重,可以管窥《美新》评价教育学院的主要观测点,如科研活动由教育学院研究经费总额(总体权重 0.15)和师均研究经费(总体权重 0.05)两个二级评估指标组成,随后几年又增加了教师获得科研资助比例的指标。1997 年评估指标权重有微小变化,即教育学院院长评价的权重由此前的 0.20 下降为 0.15,而学术声誉指标的权重则增加为 0.25。可见,最初几年里,《美新》比较重视教育学院同行(院系负责人和资深教授)对学院总体学术声誉的评价。评估指标中,教师获得资助的基金项目包括斯宾塞青年教授基金、富布莱特项目、谷庚海默奖、洪堡奖和全国教育研究理事会研究基金等。科研基金项目的获得比例是衡量教育学院师资力量的重要指标。

(二)评估方式的新变化

时隔近 20 年,尽管《美新》对教育学院的排名一直由两种数据共同决定:教育学院资深教授和院系负责人的评价,教育学院师资、科研和学生质量方面的指标。但是在评价广度和具体指标上出现了一些新变化。首先,从 2000 年开始,《美新》对于教育学院的评价从最初单一的综合排名扩展到对教育专业实力的排名。教育专业的评估和排名无疑对遴选全国一流教育专业和衡量教育学院的实际学术水平具有重要的参考价值,同时也是综合排名的一种有力补充,更加全面、客观,进一步促进了教育学院、教育专业之间的有序竞争和良性发展。与教育学院的综合排名不同,教育专业的排名是通过教育学院院长和分管研究生教育的副院长遴选出不同教育专业的前十名,然后按得票数多少确定排名。从这个意义上讲,《美新》对于教育专业的排名主要依赖于其学术声誉。其次,教育学院综合排名的具体方法也有所调整。以《美新》发布的 2013 年全美教育学院排名为例,本次评估共调查 278 所有博士授予权的教育学院,其中 239 所教育学院对调查做出了反馈,235 所教育学院提供了有效的评估数据。2013 年,教育学院的一级评估指标由质量评估(权重 0.40)、学生选择(权重 0.18)、师资力量(权重 0.12)和科研活动(权重 0.30)构成。教育学院同行评估指教育学院院长和分管研究生教育的副院长对某一高校的教育学院进行评价,采用五级里克特量表从达标到优秀分五级测量。如果被调查者对教育学院的情况不了解,则回答"不知道",该答案不计入总分。学区总监(School Superintendent,以下简称"学监")评估是对全国的学监采用五级里克特量表进行抽样调查,然后对最近两年学区总监的调查数据进行平均加权。学生选择指标中的二级指标指 2011—2012 学年博士研究生的 GRE 成绩。教师获奖的比例专指教育学院的全职教师在

2011—2012 学年在指定的学术期刊担任编委或获得指定奖项的比例。各级指标所评价的数据都仅限于上一学年度(即 2011—2012 年)。最后对所有数据的平均数进行标准化、加权、求和并转换为标准分,即将排名第一的教育学院原始分数转换为 100 分,其余学院的分数则按相对值计算。

(三)评估方式演变的意义解读

从 1995—2013 年美国教育学院评估指标的变化来看,新的指标更加强调教育学院的学术声誉和科研活动,而生源质量和师资水平的权重有所弱化。首先,《美新》2013 年排名指标对教育学院的质量评估进行了重新调整,不仅强调同行评审,还引入了学监的评价。学监作为教育实践领域的典型代表,对于教育学院在教师教育方面的水平和质量有着深切的体会和认识。因此,这一评价的引入无疑对全面认识美国教育学院的质量具有重要的指导价值。其次,科研活动的权重增加了 0.1,在某种程度上强化了教育学院的学术性。评估指标对于学监评价的引入和对教育学院学术性的强调可以看出,《美新》试图在教育学院的评估中实现学术教育与专业教育之间的平衡与协调。再次,尽管 2013 年的排名指标降低了师资力量的权重,但是新指标也由 2001 年的 6 项二级指标减少为 3 项,单项指标的权重相对增加。这一变化体现了 2013 年的指标对于教育学院博士研究生培养水平的强调,完全取消了对于教育学院硕士研究生培养的相关指标,如全日制硕士生与全职教师比率、硕士学位授予数等。可见,《美新》新的评估指标中将博士研究生的培养水平作为衡量教育学院学术水平的唯一研究生视角。此外,2013 年《美新》共调查全美 278 所教育学院的 1 200 个培养计划约 11 000 位学者与专业人士,仅次于参评的商学院的数量,其评价规模之大、范围之广较 1995 年有过之而无不及,也再次表明《美新》的教育学院排名在美国所具有的深远影响力。

二、美国一流教育学院的宏观生态与专业分布

(一)一流教育学院分布的相对稳定性和有限流动性

《美新》对于美国教育学院的排名已经持续了十余年。尽管每一次排名都有所变化,但多年来,许多教育学院却始终名列前茅,堪称一流。从《美新》近六年对美国教育学院的排名可见一斑。范德比尔特大学皮博迪学院和斯坦福大学教育学院一直稳居前五名;而威斯康星大学麦迪逊分校教育学院则稳居前十名;加州大学洛杉矶分校、密歇根大学安娜堡分校、西北大学和宾夕法尼亚大学的教育学院也多次进入前十名,成为名副其实的全美一流教育学院。可见,美国一流教育学院综合实力在一定时期内具有较强的稳定性。斯坦福大学教育学院能在 19 年里(1995—2013 年)稳居前五名,确实令人赞叹。尽管如此,教育学院的学术声望与地位也并非“世代”相传,无法撼动。相反,一所普通的教育学院通过适当的发展战略同样可以实现崛起,跻身全美一流教育学院的行列。以加州

大学洛杉矶分校教育学院为例,自1995年其勉强跻身前十名之后,在随后的两年中便无缘前十名。而若干年后,其综合实力却能连续七年稳居全美教育学院前五名。俄勒冈大学教育学院在1995年"名不见经传",甚至未跻身全美最好的25所教育学院之列,然而八年之后却跻身全美一流教育学院,位列第六名,2009年甚至位列全美278所教育学院第四名。从《美新》对教育专业的历年排名来看,尽管俄勒冈大学教育学院的其他专业未能进入全美前十名,但其特殊教育专业却连续十余年一直名列三甲。显然,特殊教育专业对于俄勒冈大学教育学院学术声望的提高功不可没。这也从另一个侧面印证了俄勒冈大学教育学院的阶段性成功,也凸显了美国教育学院之间激烈的竞争和一流教育学院梯队中存在的有限流动性。

(二)一流教育学院的名校效应

从美国一流教育学院所在大学的知名度来看,多数教育学院出身名校,既有斯坦福大学、哈佛大学、哥伦比亚大学和宾夕法尼亚大学等享有世界声誉的"常春藤"盟校,又有加州大学伯克利分校、加州大学洛杉矶分校和密歇根大学安娜堡分校等著名公立研究型大学。2011年和2012年,西北大学教育学院没有一个教育专业进入全美前十名,但这并没有阻挡它挺进教育学院综合排名的十强。作为美国的著名大学之一,西北大学在《美新》2012年美国综合大学排名中名列第12名。"名校效应"对于教育学院综合排名的潜在影响似乎可见一斑。从《美新》的评估指标来看,名校效应在某种程度上可能会对学生选择和科研活动两项指标产生积极的连带效应,从而提升学院综合排名。不可否认,一流大学的学术声望对于教育学院负责人和资深教授的评价存在一定程度的导向作用和积极影响。与之相对,威斯康星大学麦迪逊分校、华盛顿大学、伊利诺伊大学厄本那—香槟分校和得克萨斯大学奥斯汀分校等少数"非名校"教育学院,虽然也多年跻身美国一流的教育学院之列,但往往徘徊在第10名左右。2012年《美新》对全美大学综合排名中,威斯康星大学麦迪逊分校、华盛顿大学、伊利诺伊大学厄本那—香槟分校和得克萨斯大学奥斯汀分校的综合排名分别为第43、42、45和46名。美国一流教育学院的名校效应由此可窥一斑。

(三)一流教育学院与一流教育专业的共生依存关系

从2013年《美新》对美国教育专业的排名可以管窥一流教育专业在全美教育学院的分布态势及其与一流教育学院的关系。教育专业排名前十的教育学院中,一流教育学院(前十名)占据多数。譬如,斯坦福大学教育学院在2003年、2011年和2013年的评估中,每年都有5~6个教育专业跻身全美前十名,3~4个专业位居前三名,1~2个专业名列榜首(教育心理学或教育政策)。哥伦比亚大学教师学院在2013年的教育专业排名中有5个专业进入前十名,其中两个专业名列前三名。可见,一流教育学院一般有一些全美知名的一流教育专业。某所一流教育学院尽管不可能在所有专业排名中都位居前列,但是至少会有一两个专业在同类专业中名列前茅,甚至有多个教育专业位列前十名,如斯坦福大学。哥伦比亚大学在 2000 年左右(如 2001 年和 2003 年)曾经有 9 个教育专业进入全美前十名,但十年之后的 2011 年和 2013 年却只有 5 个专业进入前十名。尽管哥伦比亚大学教师学院依然是美国教育学院的翘楚,但其前十名教育专业数量的减少至少表明美国教育学院、教育专业之间激烈的竞争,同时也反映了哥伦比亚大学教师学院的某种退步。从一流教育专业的分布来看,即使是一流教育学院,也并非其所有专业都占据优势。如哈佛大学教育研究生院只有教育政策、教育管理与教育督导、高等教育管理专业在 2013 年专业排名中位列前十名。俄勒冈大学教育学院尽管 2009 年综合排名全美第四名,但只有特殊教育专业进入全美前十名(名列三甲)。从 2013 年《美新》一流教育专业所涉及的教育学院来看,尽管许多大学的教育学院无缘综合排名前十名,但它们的某些教育专业却蜚声全国,独占鳌头。譬如,密歇根州立大学教育学院的小学/中学教师教育专业已经连续十多年名列榜首,堪称奇迹。马里兰大学帕克分校教育学院的学生辅导与人事服务专业多年名列全美该专业之首。可见,对于一所教育学院而言,建设一两个卓越的特色专业是完全可能的。只有通过差异化发展战略,才有可能将专业特色转化为发展优势,集中力量实现教育学院在某一点上的突破,最终使该专业在同类专业中位居前列。唯有如此,才可能带动整个教育学院突出重围,发展成为一流的教育科研和人才培养机构。

(四)一流教育学院的"麦迪逊现象"

从《美新》对教育专业多年的排名来看,不难发现一个令人费解的"麦迪逊现象",即在历年《美新》的教育专业排名中,威斯康星大学麦迪逊分校教育学院排名前十名的专业数目、名列三甲的专业数目和独居榜首的专业数目都是全美所有教育学院中最多的,但其综合排名却始终徘徊在前五名之后,令人困惑。以 2011 年为例,威斯康星大学麦迪逊分校有 8 个专业进入前十名,7 个专业名列三甲,其中两个专业名列第一(教育心理学和课程与教学专业),而其综合排名却位居第十,暂且称之为"麦迪逊现象"。威斯康星大学麦迪逊分校在全美大学的排名一直位居 40 名左右,因此名校效应或许是造成这一现象的原因之一。当然,"麦迪逊现象"并非仅存在于威斯康星大学麦迪逊分校,密歇根州立大学、密歇根大学安娜堡分校、俄亥俄州立大学、印第安纳大学布卢明顿分校排名前十或名列三甲的专业尽管不少,但它们同样未能跻身全美顶级(前五名)教育学院的行列。难道教育专业的排名与教育学院的综合实力没有必然联系?不可否认,世界一流大学(如哈佛大学、斯坦福大学等)的全球声誉使得这些学校的教育学院在部分评估指标中(如 GRE 成绩、师资力量)或多或少地享有一定的优先权,进而对其综合排名产生了积极的影响。尽管在《美新》教育学院评估过程中,一流大学的"名校效应"使其在排名中可能存在天然的优势,但导致"麦迪逊现象"的根源与影响因素仍有待进一步研究和探讨。即便如此,"麦迪逊现象"的存在并不能抹杀这些教育学院的国际声誉。密歇根州立大学教育学院的综合排名从未进入全美教育学院前十名,但其教育专业排名却令人刮目相看,在 10 个专业排名中每次有 6~7 个专业进入全国前十名,3~4 个专业名列全国三甲,而中学教师教育和小学教师教育两个专业更是稳居全国第一,成为全美最好的专业。可见,"麦迪逊现象"似乎成为美国一流教育学院宏观生态中的一种独特现象,尽管事关排名,却并不能埋没一流教育学院的真正实力。

(五)一流教育专业的微观分布态势与马太效应

从高等教育管理专业的排名可以管窥美国一流教育专业的微观分布态势。宾州州立大学帕克分校、密歇根安娜堡分校、加州大学洛杉矶分校和密歇根州立大学教育学院一直位居美国高等教育管理专业的前五名,而南加利福尼亚大学和印第安纳大学布卢明顿分校教育学院的高等教育管理专业也一直稳居前十名。

由此可见,一流教育专业同样存在明显的相对稳定性和马太效应。一所教育学院的优势专业更容易保持其已有的声望与地位。许多教育学院的专业排名多年来并未发生根本性变化。如近五年来全美排名第一的范德比尔特大学皮博迪学院在历年的教育专业排名中进入全美前十名的专业总数都保持在 5 个以上,2011 年和 2013 年甚至有 8 个专业位列前十名,而名列三甲和榜首的专业数分别为 1 个和 3 个。斯坦福大学教育专业的排名同样比较稳定,2003 年、2011 年和 2013 年这三年中,每年至少有 5 个专业进入前十名,其中 3~4 个专业位居三甲,1~2 个专业名列榜首。当然,也有少数教育专业滑坡的迹象,如哈佛大学教育研究生院 2001 年 5 个专业排名前十,到 2013 年,只有 3 个专业进入前十名。印第安纳大学布卢明顿分校教育学院,2001 年有 7 个专业进入前十名(2003 年 5 个专业),2013 年却只有 2 个专业进入十强。享誉世界的哥伦比亚大学教师学院曾有 9 个专业(如 2001 年和 2003 年)进入全国前十名,但 2013 年进入全国前十名的专业却只剩下 5 个。显然,这些排名的变化绝非偶然。可见,美国一流教育专业的微观分布并非一成不变:一方面有些教育学院可能因为"经营不善"而逐渐失去一些名牌专业;另一方面有些教育学院却因"管理有方"使得本学院更多的教育专业跻身全国一流,范德比尔特大学皮博迪学院便是这类学院的典范。尽管排名本身可能与专业实际水平有一定误差,但是历年排名的变化却可以在一定程度上反映一所教育学院的发展态势与走向。

三、结　语

《美国新闻与世界报道》对美国教育学院的综合排名与专业排名为我们认识和研究美国一流教育学院的宏观布局生态与一流教育专业的微观分布态势提供了可资借鉴的参考系。本文初步探索了美国一流教育学院和一流教育专业分布生态与发展消长的轨迹。然而,美国一流教育学院的发展模式是什么?那些拥有一流教育专业的教育学院又是如何建成一流教育专业,并能在长期激烈的专业竞争中保持它们的卓越地位的?对于这些问题的进一步研究与回答对中国一流教育学院/专业的建设和一流教育学科的发展具有重要的借鉴意义。

(原载《高教发展与评估》2014 年第 4 期,第 93-102 页)

高等教育质量保障：国际组织出"组合拳"

李亚东，王　位

随着高等教育的国际化，质量保障越来越受到国际关注，除了各国采用多种形式进行监测评估外，国际组织也纷纷行动。围绕"学生到底学到了什么""教师如何提高教学质量"及"学校究竟办得如何"，经济合作与发展组织（Organisation for Economic Co-operation and Development，OECD）和欧洲联盟（European Union，EU）大力推行"高等教育学习成果评估"（Assessment of Higher Education Learning Outcomes，AHELO）、"培育优质教学"（Fostering Quality Teaching in HEIs，FQT）和"多维度全球大学排行"（Multidimensional Global University Ranking，U-Multirank）国际评估项目（以下简称"三个项目"），以促进高校教育教学改革，加强国际高等教育质量保障，全面提高高等教育质量。

一、三个项目的核心内容和最新进展

第一，AHELO：大学生到底学到了什么。

AHELO项目旨在对本科生在毕业时掌握的学习成果（"学到了什么"和"能做什么"）进行评价，被定位为经合组织在高等教育领域最重大的标杆性项目。该项目自2008年启动，2011年6月至2012年12月在美国、加拿大、意大利、芬兰、俄罗斯、澳大利亚、日本和韩国等17个国家选取250所高校参与了可行性研究（试点）；2013年3月在巴黎召开了AHELO项目可行性研究总结大会（笔者随教育部代表团列席会议），肯定了可行性研究阶段的实施效果和测量工具的有效性；2013年11月召开OECD教育政策委员会（Education Policy Committee，EDPC）全会，决定全面推行AHELO项目，计划于2016年进行首次正式测试，参与范围扩大至全部34个OECD成员，并明确提出要"吸引更多OECD成员以外特别是新兴经济体的参与。"

AHELO包括共通能力（generic skills）测试和学科专业能力（discipline-specific skills）测试。目前，后者主要从工程学（土木工程）和经济学做起，计划到2020年扩大到13个学科专业领域（农学、商学、化学、土木工程、计算机科学、教育、历史、法律、数学、机械工程、医学、护理、物理），并将共通能力模块整合到所有测试类型中。测试主要采取结构化反应任务（假设一个现实情境，设置大量开放性问题，要求学生用所学知识和技能或测试时提供的各种信息和资源，发挥创造性思维去解决实际问题、得出结论或提出政策建议)和多选题的形式。共通能力测试主要测量学生的四项学习成果——批判性思维、分析推理能力、解决问题能力和书面写作沟通能力；工程学测试主要测量学生的五项学习成果——一般性工程能力、基本知识和工程科学、工程分析、工程设计、工程实践；经济学测试主要测量学生的四项学习成果——学科知识及理解、运用知识解决实际问题、有效运用数据和定量分析、沟通交流。除了上述测试，学生和教师还需完成背景问卷调查，结合背景问卷数据和学习成果测量表现，鉴别出影响学习成果的因素，并分析导致大学教育"增值"(value added)的原因，从而帮助学校判断应采取何种行动以使学生的学习成果最优化。

AHELO 项目明确要求参与国设立项目总负责人(NPM)和国家中心(NC)来负责项目实施和协调。每个国家参与每种测试需要招募至少 10 所能够体现多样性和代表性的高校，每所高校随机抽取 200 名左右本科四年级学生参与测试和问卷调查。评估结果反馈表现在三个方面：一是给参与高校提供一份报告，内容包含本校参与学生的测试结果和整体测试结果以及本校与本国所有参与高校的匿名对比、与全球同类高校的对比等；二是给参与国项目管理机构提供本国各参与学校的详细结果、与其他各国总体测试结果的比较等；三是每位参与学生还将获得个人测试结果。

第二，FQT：教师如何提高教学质量。

OECD 自 2007 年起专门设立"培育优质教学"(FQT)项目，旨在通过制定科学合理的质量标准、提供高水平的指导和培训、总结推广优秀教学实践案例等方式，促进高校重视和改善教学工作，从而保障和提高人才培养质量。该项目是 OECD 创始于 1969 年的永久性教育计划——"高等教育机构管理"(Institutional Management in Higher Education，IMHE，迄今已有 50 个国家/地区的 253 家成员单位)的重要子项目之一，到 2013 年底已完成两轮试点，吸引了美国、加拿大、英国、芬兰、澳大利亚、日本、俄罗斯、巴西、印度及南非等 20 多个国家的 50 余所高校参与，取得了良好成效。FQT 项目只面向 IMHE 会员，非会员无法单独参与。

FQT 项目向参与高校提供质量框架(Quality Framework)，即一套完整的教学质量评价标准体系。框架中的第一层级，是保障和提高教学质量的 7 个政策建议(相当于一级指标)：①增强提高教学质量的意识；②发展培养高水平师资力量；③增进学生对教学的参与；④建立教学改革部门并培养教学质量带头人；⑤加强学校层面制度建设以培育教学质量；⑥鼓励和强化教学创新；⑦对教学效果进行有效评价。此下，进一步给出详细的实施要点(相当于二级指标)，还有配套的薄弱点提要、自评细则及引导性问题和参考案例等，指导高校加强教学建设与管理，也可作为高校自我评估和外部评估的参考。项目组给参与高校"提供有效的政策策略和建议，帮助高校培育有质量的教学活动和实践，从而改善其培养质量及学习成果"。同时，IMHE 要求参与高校反馈自评信息和优秀教学实践案例，从而获取更多经验，不断完善其质量框架。

第三，U-Multirank：如何全面评价高校办学水平。

欧盟自 2009 年 6 月起力推 U-Multirank，旨在打造一种"多维性、透明性、全球性"的全新排行体系。为此，专门设立了高等教育与科研绩效评价委员会（CHERPA，由 CHE、CHEPS、CWTS、Elsevier、Folge3 等多家研究及专业机构组成），其负责项目的设计与实施。欧盟特别强调解决国际上现有各种大学排名的不足和弊端，譬如，普遍侧重于科研及英文论文发表数，以较容易获得的公共数据为依据，通过打分加权的方式排出"名次"，偏向"名校"而忽视绝大多数院校群体，与院校教育质量关联度较低，对院校改进质量管理和质量保障作用不大，等等。U-Multirank 实施五年来在国际上各类大学排行榜中异军突起，特色鲜明，迅速引起了国际高等教育界的关注。

U-Multirank 的指标体系从四个角度进行设计：大学职能（教学、研究、以知识传播转化为主的公共服务）、大学定位（国际化、地区化）、运行过程（输入、过程、产出、影响）及用户需求（不同利益相关者所需要的信息）。指标体系设置五个维度（相当于一级指标）：教学、科研、知识转化、国际化、地区参与。在此之下，"院校排行"设 26 项二级指标，"学科排行"则设 38 项二级指标。其数据来源有两个方面：一是现有文献专利数据库中的信息（"Web of Science"和"Scopus"全球两大文献数据库、PATSTAT 全球专利数据库）；二是使用电子问卷调查工具获取的院校自填报数据（院校数据、学科数据、学生调查问卷数据）。排行体现分层比较，分为"院校排行"和"学科排行"（目前只涉及商学、电子工程、机械工程和物理）两种形式。

U-Multirank 与其他大学排名相比，不只是在选取指标和数据系统上的不同，它还强调"先分类、后排行"，而且在结果呈现方式上也更合理。U-Multirank 与欧盟此前实施的"欧洲大学分类计划"（U-Map）和"欧洲大学数据采集计划"（EUMIDA）相互配套、一脉相承，分别侧重于"这所大学是做什么的"（U-Map）、"这所大学做了什么"（EUMIDA）和"这所大学做得怎么样"（U-Multirank），全面、完整地呈现了大学办学状况及其质量。在结果处理上，它并不是把数据信息简单地进行赋值加权求和后"排名"，而是直接面向用户提供个性化、多样化和直观化的"排行"比较。最终结果"排行"有四种方式：一是校际（或学科间）交互对比表，二是个性化（自选指标）定制排行榜，三是学校整体情况概览（森波斯特图），四是院校/学科指标明细清单。整个数据检索、比较和排行的界面简洁明了，操作极为便捷和人性化，易于理解和使用。

2014 年 5 月 13 日，欧盟首次发布多维排行结果。此次排行评价了全球 74 个国家的 863 所高校，1 200 多个院系，5 000 多个学习项目，采纳了 6.2 万余名学生的反馈。与以往大学排名按具体分数不同，多维排行结果以等级显示（共分 A、B、C、D、E 五个等级）。根据高校获得 A、B、C、D、E 的多少，按类似于奥运奖牌榜单的形式对其进行排行。除用户自选排行外，欧盟还公布了三类"定制排行"（ready made ranking）：科研排行、经济参与度排行和商科专业排行。

二、三个项目的利弊分析

长期以来，各国对高等教育质量的评估主要是建立指标体系，监测教育投入、拥有资源和教育产出。从总体上看,经合组织和欧盟推出的三个项目,分别从学生、教师和高校三个方面全面监测评价高等教育质量,反映出国际高等教育质量保障的共同趋势,体现了国际高等教育改革的主流方向:一是更加强调以学生发展为本位。这不仅反映在AHELO项目直接评价学生的学习成果上,U-Multirank项目也强调"教与学"和学生满意度的调查。二是更加关注教学质量的生成过程,不仅FQT项目注重"培育优质教学",AHELO项目侧重于测试学生应用所学知识解决实际问题的能力,U-Multirank项目也强调"教与学"活动本身。三是更加突出从多视角看待大学质量。U-Multirank强调对大学多种功能要从多维度进行评价,特别注重大学到底给学生带来了哪些变化和为社会做出了什么贡献。

对高校人才培养质量的评估,AHELO项目把目光投向教育产出,侧重于测试学生应用所学知识在新环境下处理信息、解决问题等方面的能力,有利于引导高校加强内涵建设和教学工作。同时,开发了评价学生学习质量的"统一尺度",使得在全球视野下进行国际比较变成可能。参与国认为AHELO的测试结果有"四大用处":一是有助于高校全面详实地了解本校的教学质量和学生的学习质量,以及本校与其他(全球范围)高校的差异;二是有助于政府了解高等教育质量状况,以及通过提供的国际经验对资源投资做出正确决策;三是有助于用人单位了解进入劳动力市场的毕业生将所学知识应用于行业实践的能力;四是有助于大学毕业生更加客观地了解自己掌握知识及实践能力的情况,为进入劳动力市场择业奠定基础。当然,AHELO项目要在全球推行也面临挑战:一是测量结果的客观性。测试内容能否真实、全面地反映学生的学习结果。二是试题呈现的公正性。统一设计的试题在不同文化和语言的国家中如何做到公正的问题。三是质量标准的多样性。如何处理各国大学生应该学习什么和怎样判断质量高低等见仁见智问题。四是结果反馈的效用性。研究测试结果对学校改进教学和学生改进学习到底能起到多大作用。当然,对于这些问题,专家们一直致力于不断改进。

提高人才培养质量,首先要提高教师的教学质量。FQT项目从教师入手着力"培育优质教学",通过制定指导方针、开展培训、收集并分析院校教学信息、总结优秀教学实践案例等方式,对保障教学质量给出一些具体建议。例如,建立教学与学习发展中心、提供专业发展机会和活动(教师培训)、专设教学创新经费、加强对学生学习的支持、学生评教和同行评价等。此外,还组织了"教学质量管理:怎样做才有用"专题研讨,出版《高校优质教学培育:政策与实践》,促进高校重视保障并提高教学质量。特别是该项目提出的七项政策建议,与我国目前开展的教学评估工作十分相似。当该项目负责人获悉我国"五位一体"本科教学评估制度的理念和做法时,热切期望我国高校参与FQT项目。这样既有利于中国高校教学质量在国际"质量框架"下得到提升,也有利于传播中国高校的"优秀教学实践案例"。由于该项目主要是向参与高校提供"质量框架"及相配套的指导手册,一些建议和具体实施主要依靠高校自主执行,外部推动力不大,如果参与高校内部动力不足,项目实施效果就会大打折扣。

国际上虽然有多种大学排名,但U-Multirank项目一改侧重于科研成果和学术声誉进行单一排名的做法,在大学分类的基础上,根据不同高校在使命和目标上的差异,从五个维度将参与高校与"同类"学校进行比较排行(等级对照比较,非量化排行)。这样做,一是有利于引导高校多样化特色发展;二是为高校国际化提供了国际基准参照;三是最大程度地为用户提供个性化的排行服务。从更深层次分析,U-Multirank 其实是欧盟为打造统一的欧洲高等教育区、提高欧洲高等教育在全球的竞争力而采取的系列措施之一,因此不可避免地存在"欧洲中心主义"的问题。其不足之处表现在:一是个别指标不太符合中国高校的实际;二是由于中国高校没有 U-Map 和 EUMIDA 已有的数据基础,将面临较大的数据采集工作量;三是如果中国高校不是有组织地参与,将存在敏感性高校及学科专业的数据信息安全问题。

三、中国参与三个项目的行动建议

基于上述项目简介和利弊分析,为把《国家中长期教育改革和发展规划纲要(2010—2020 年)》中提出的"探索与国际高水平教育评价机构合作""加强与联合国教科文组织等国际组织的合作,积极参与全球性、区域性教育合作""积极参与和推动国际组织教育政策、规则、标准的研究和制定"等要求落到实处,我们就中国加强与经合组织和欧盟的实质性合作提出四点建议。

第一,积极参与、机动灵活。多年前我们就开始关注和跟踪上述国际项目的进展情况,搜集和编译了大量的第一手资料,并一直保持与经合组织和欧盟有关项目负责人的密切联系。如果主管部门认为中国参与有关国际项目的时机已成熟,国家评估机构应以不同方式与经合组织和欧盟进行实质性合作,在争取最大权益的同时,保持"合约"的机动灵活。一是由国家评估机构以会员身份加入经合组织"高等教育机构管理"(IMHE)计划,并作为 AHELO、FQT 项目的中方牵头人。按照经合组织的有关章程,IMHE 会员单位可参与其下属的各个项目,并且只有会员单位才有资格进入其组织管理和决策层。IMHE 不仅直接组织 FQT 项目,也是 AHELO 项目实施的管理者,同时还推行"国际化管理""科研发展与创新""城镇化中的高等教育"等项目。目前,中国香港特别行政区大学拨款委员会,澳门特别行政区高等教育辅助办公室以及港、台地区的 5 所高校已加入 IMHE。如果国家评估机构成为其会员,可以牵头人的角色有计划、有侧重地组织不同高校参与 AHELO 和 FQT 项目,在 IMHE 管理层有所作为,并积极争取话语权和主动权。二是由国家评估机构与欧盟开展实质性合作,对中国部分高校参与 U-Multirank 项目进行统筹协调和专业指导。欧盟特别希望能有不同层次、不同规模的中国高校参与多维排行,首轮排行向中国近百所高校发出邀请,最终有 31 所高校(主要是"985 工程""211 工程"高校)正式参加。考虑到多维排行目前正处于成长期且发展势头极为迅猛,可以预见未来将成为国际大学排名领域的一支重要力量,尽早参与更有利于我们掌握主动、积极作为,争取中国高校获得理想的排行成绩。但参与不能"群龙无首",如果缺乏有效的组织和专业指导,不仅参与高校难以全面客观地反映自身的质量状况,还很容易在国际上给中国高等教育整体声誉带来负面影响。为此，我们建议由国家评估机构作为中国代表机构，负责与欧盟高等教育与科研绩效评估委员会（CHERPA）的联络协调，并承担排行的具体组织实施工作。同时，利用正在建设的"全国高校教学基本状态数据库"，为高校提供数据采集的统一"接口"，减轻高校的采集负担，保证自填报数据的信度和效度，并确保信息安全。

第二，认真组织、谨慎推进。为增加样本的多样性和覆盖面，国际组织特别重视吸引更多成员以外的尤其是发展迅速的新兴经济体（如中国、印度、巴西等）的参与。我国高校类型和数量众多，经合组织和欧盟对吸引我国高校参与有关国际项目的态度十分积极。在这种情况下，更需要组织好、把控好。一是要在国家教育行政部门的直接领导下，委托国家评估机构专门负责，从宏观上加强指导、统筹协调。新时期高等教育国际化的显著特征是由国际组织直接推行质量保障与评估的国际合作项目，或者通过各国外部质量保障机构（中国称"评估机构"）的合作，建立国际实质等效的评估、认证体系，从而促进国际、校际的学分转换、学历互认和人员流动。今后，高校直接参与国际合作项目将成为常态，但外事无小事，尤其是涉及"质量标准"和"信息安全"等重大问题时，必须加强组织领导。因此，建议国家教育行政部门积极主动地对我国参与国际重大合作项目进行科学决策和宏观管理，在"管办评分离"的原则下委托国家评估机构专门负责，对外作为中国国际项目的代表负责联络，对内加强对高校参加国际项目的统筹协调和专业指导。二是要根据不同参与项目的要求，建立相应的管理机构、工作小组或专家组，精心组织、分工负责、明确职责。根据国际合作项目组织实施与条件支撑的要求，建议采取国家统一组织和授权机构负责的形式参与项目。在国家教育主管部门的统一部署和指导下，由国家评估机构代表作为中国 AHELO"项目总负责人"（NPM），建立 AHELO 项目"国家中心"（NC）并配备必要的基础设施，负责招募 15～20 所高校分别参与有关测试（建议从基本不涉及意识形态因素且最能体现国际实质等效质量标准的工程学测试入手），聘请首席评卷专家，组建评卷员队伍；由国家评估机构代表中国加入 IMHE 并作为中方牵头人，以新建本科院校为主体选择 15～20 所各类高校参与 FQT 项目，并负责对外联络和专业指导；由国家评估机构负责组建专家委员会和项目组，有计划、有选择地组织 40 所左右代表性高校（包括"985 工程""211 工程"高校、一般地方本科、新建本科和民办高校）参与 2015 年的多维排行（将发布教学水平、科研水平、国际化程度、经济相关度和商科专业这五类定制排行），并负责进行咨询、调研和推广。

第三，有所作为、争取主动。参加国际合作项目，不仅仅是为了以"国际尺度"测量中国的高等教育质量，也不只是为了学习国外的先进理念和技术，还要在国际舞台上扩大对中国高校优秀实践的宣传。特别是要通过自身的积极作为，争取参与国际组织教育政策、规则、标准的研究和制定。一是要在参与 AHELO 和 FQT 项目中，争取有出色的表现，宣传中国高校的优秀实践。2013 年 11 月公布的 PISA 国际测试结果再次传来捷报，上海在阅读、数学、科学这三个领域蝉联全球第一。我们同样期待中国的本科生参加 AHELO 测试能够像 PISA 一样，取得优异成绩，提升中国高等教育的国际竞争力和影响力，提振国民对中国高等教育的自信心。FQT 项目与中国"五位一体"本科教学评估制度在理念上高度契合，OECD 将于 2014 年下半年招募第三批参与高校，并表现出希望中国高校参与的强烈意愿。建议届时遴选部分新建本科院校参与，接受 OECD 高水平专家的培训和指导，参与国际范围研讨，同时将中国高校的优秀教学质量保障实践案例真正放到国际平台上宣传推广。二是要在参与 U-Multirank 项目中，掌控和使用好中国高校的数据信息，积极争取主动。在当今大数据时代，掌握数据是最大的财富。中国拥有世界上最大规模的高等教育体系，欧盟同行对中国能够建设全国性的本科教学基本状态数据库表示惊叹、羡慕和极大的赞同。欧盟实施 U-Multirank 的真正目的并不仅在于排行，而是通过排行吸引高校参与来获取数据，完善其精心打造的"全球多维数据库"从而在未来高等教育发展中占领先机。而中国能否影响"多维排行"，关键也在于数据。因此，我们不必急于组织大量高校参与排行，将珍贵的数据"拱手让人"，而是有控制地组织少数高校参与其中，通过实际操作进一步了解和学习其数据库建设的先进经验，尽早完成中国本科教学基本状态国家数据库的升级工作。充分使用好国家数据库，以此赢得在"多维排行"中的话语权和主动权，发挥最大优势和领导力。

第四，为我所用、取长补短。由于上述国际项目在评价标准和方法论上较为先进、技术较为成熟，又经过可行性研究阶段的充分论证和完善，已基本被参与成员接受认可，中国若参与其中，改造或主导它的可能性较小。因此，中国参与项目的意义在于充分吸收国际先进理念和掌握先进技术方法，实现"参与是为了不再参与"。一要学习三个项目的先进理念，紧跟国际高等教育教学改革和质量评价的发展趋势。AHELO 和 FQT 项目彰显出国际高等教育质量评价的一个重要趋势：改变传统的以教育投入及办学条件为主要内容的评价方式，强调"以学生为中心"、聚焦"学习成果"和"教育增值"的理念，突出教育过程为学生的成长与发展带来的成果及变化；U-Multirank 项目则代表着未来大学排行"多样化、国际化、人性化"的重要发展趋势。这些改革趋势给我们重要启示：我们应当以"学习心、开放态"参与国际项目，以开放促改革。二要借鉴 AHELO 和 U-Multirank 的先进技术，进一步完善我国的"五位一体"评估体系。一方面，运用 AHELO 的学习成果测试方法和技术，探索建立适合中国国情的本科生学习成果评价体系，探索工程教育专业认证中对学科专业能力的测试，实现与新形势下"五位一体"的本科教学评估制度有机结合；另一方面，以参与 U-Multirank 项目的形式，通过实际操作进一步了解和学习其数据库建设的先进经验，并联合开展数据挖掘、数据分析和数据比较研究等合作，加强国家、省（市）和高校三级数据库的建设，不断完善我们的数据采集、统计和分析应用平台，并探索开发出更适合我国国情、更能够促进我国高等教育内涵发展和质量提升的大学排名、评价工具，真正达到"为我所用，以外促内"的目的。

在实际工作中，我们深切体会到，我国参与国际组织的高等教育质量评价和其他相关活动的力度还远远不够，在某种程度上还存在"一叶障目，不见泰山"的现象。正如教育部高等教育教学评估中心负责人所言："中国作为高等教育大国在国际舞台上不可或缺，但我们不再是听众和看客，不再是亦步亦趋、完全模仿跟随的角色，而是有自信有能力与国际先进的理念、标准、制度、举措比肩而行；我们应该增强教育自信和开放度,高度重视开展与国际组织、国(境)外高水平质量保障机构的实质性合作,更加主动地'走出去'和'引进来',努力扩大和提升中国的参与度、话语权和影响力。"

（原载《高教发展与评估》2014 年第 6 期,第 1-8 页）

2015 年

审核评估:如何真正做到正确认识,确保平稳开展

袁益民

一、引 言

《教育部关于普通高等学校本科教学评估工作的意见》和《教育部关于开展普通高等学校本科教学工作审核评估的通知》的发布,为我国普通高等学校本科教学工作审核评估的组织实施提供了一个很好的顶层设计,方案较好地反映了国内外教育评估改革的大趋势,与国际评估发展的方向基本吻合。然而,在评估试点、业界讨论以及学术研讨过程中反映出来的一些重要问题需要予以特别关注和进一步明确。一方面,审核评估的核心理念、基本要素乃至整体思路的有些重要方面还没有很好地进入审核评估的工作视野,如伙伴基准比对与外部参照点使用、学业风险框架与主题评审、正式的预访程序、分层次审核结论标识及其评审细则、三角鉴定和痕迹跟踪等技术的使用、学生参与(担任评审员或提交书面意见书等)、中期跟踪、进展报告制度、最佳实践识别与传播等。另一方面,也有一些认识的误区和潜在的风险已经露头,如果处理不当,将在不同程度上影响项目实施的效果,如认为审核评估"不分类型、不设标准、不做结论",认为评估报告只包括"值得肯定、需要改进和必须整改"方面的意见而无须给出达标情况的描述和对于总体情况的综合判断,认为专家需要"把脉、诊断、开处方",审核评估是"基于目标、基于自评、基于事实"的。应该看到,参与相关讨论的许多人的观点是不符合院校评估改革趋势的,也与国际通用的审核评估模式的基本定位相违背。如关于审核评估"不分等级、不设标准、不做结论"的提法,就不符合国际审核评估模式本身的定位和多国开展该项评估的实际做法。有些学者认为,这"三不"是为了减轻评估压力和功利性倾向,但事实是,压力是评估这个行当与生俱来的,功利性问题本来就是在各种模式的评估中都要通过科学、人文的设计去尽量规避,而不是不分类型、不设标准、不做结论就能解决的。不分类型就没有攀比之心、不设标准就没有功利倾向、不做结论就能没有评估压力的简单化思维方式,其实与上轮评估中有了统一标准和分等结论就能促进建设的思维在本质上是一样的。可见,如果这轮评估的具体运作过程中出现偏差,很可能就是因为这些问题。

其实,审核评估模式的选择是由评估目的所决定的,而选择这一关注内部质量保障的院校评审以后,许多关键的要素应该是相对确定的,与国际通行的普遍做法在基本面应该是一致的。但是,目前这些要素和做法在我们的具体工作方案中还残缺不全,甚至被严重曲解。而且,至今尚未有人对这一涉及审核评估未来走向的核心问题做出系统的

梳理和澄清。如果对审核评估的理解一开始就出现大的偏差,且不去及时纠正,那么,尽管本轮评估已经有了一个比较好的顶层设计,但在具体的执行和操作过程中,仍然很容易出现不可预料的风险。从以往的经验来看,如果不能及时地识别和规避评估项目的潜在风险,项目将不能得到很好的实施,也就更不可能较好地服务于院校通过识别和规避学业风险、切实保障教育教学质量的核心任务。

与此同时,在与院校同仁进行座谈和调研的过程中我们发现,目前对于审核评估如何正确认识和平稳开展更是存在一些模糊理解,甚至可以感觉到其明显的茫然和一定的顾虑,这些都增加了未来项目实施过程中的不确定性。如有的认为,审核评估就是分类评估的一种;而有的则认为,审核评估不再是强调院校分类的评估,甚至同类型同层次院校的情况也与被评院校无关了。有的认为,院校的目标定位而非计划路径才是审核评估的起点;而有的则认为,若干个"度"而非整个内部质量保障机制是关注的焦点,甚至内部质量保障机制就体现为那么几个"度"。有的认为,审核评估没有评估标准,只有审核范围;有的则认为审核范围就是审核评估的标准,甚至是最主要的基本标准。有的认为,每个学校自身的标准的达成情况是最重要的;有的则认为,一个省的工作重点和发展主题才是最要紧的,甚至把应用型人才培养定位等专题作为整轮评估的主题。有的认为,状态数据应该突出关键绩效指标数据;有的则认为状态数据越细越好、越全越好,甚至国家级数据也要如此。有的认为,在评估前、评估中和评估后,专家的进校活动应该常态化,应允许突访性考察;有的则认为,多进校就是多干扰学校,甚至境外普遍正式采用的预访程序也不得安排。有的认为,写实性评估报告除了肯定院校的优点外,还要就需要改进和必须整改的方面开出处方;有的则认为,评估工作不再需要等级的描述,甚至评估者内部也不需要有赋分的过程和优劣的标识。有的认为,在强化院校自评、状态数据监测和发布质量报告的前提下,应该只向被评院校或在一定范围全文公开写实性评估报告;有的则认为,应向社会无条件全文公开报告内容,甚至事先不用征求被评院校的意见,也不要有任何保密条款。有的认为,评估不分等级后,学校会松懈,师生的参与也难以保证;有的则认为,如果在内部质量保障机制上动真格、下真功夫,评估服务的重心必然进一步下移。有的认为,现场访问期间要加大校内外利害相关方满意度调查;有的则认为相关的调查可以留给学校自己平时去做,甚至现场访问过程中不需要关注满意度。有的认为,除了评后的信息传播和经验交流,应该增加后续评估程序以强化评后整改;有的则认为发布写实性报告后,评估工作应告一段落,甚至将内部改进的工作完全交给学校自己,无须再有进展报告。有的认为,评估机构应在"管办评分离"的原则下实现相对于行政主管部门和国家级评估机构的独立性;有的则认为,行政主管部门和国家级评估机构要进一步加强监管,甚至在一些方面仍需包办代替。从方案整体上看,有的认为,审核评估作为全新的评估模式可以避免以往评估的所有弊端;有的则认为换汤不换药,传统评估的痕迹难以根本去除,甚至认为,到头来这无非就是另一轮评估而已,不会带来任何根本性改变,等等。

基于目前围绕该评估方案的现有研究,仍有必要加强对审核评估模式的本体性研究,对该项评估的问题聚焦、角色定位、价值导向和方法使用这四个基本项目构件做出系统的梳理和澄清,以真正做到正确认识,确保其平稳开展。其中,问题聚焦需要回答评估的最主要目的是什么、要解决哪个最核心的问题、最本质的评估性问题是怎样的等元问题;角色定位需要回答谁得益(为了谁)、谁来评(谁为主体)、谁参与(以何身份)、依据谁的标准、谁决定结果、把结论告知谁、谁使用评估结果与结论等元问题;价值导向需要回答使用哪种或哪几种评估定位(问责、发展、学习等)、是强调自我发展还是强调外部帮助、以何种标准去评估、方法多些科学性还是多些人文性、是倡导独立性与客观性还是鼓励多元参与、结果与结论的利害度高些还是低些、评估信息的公开性大一些还是小一些、是用科学的语言来向大众突出其可信度还是用大众的语言来增加科学评估的使用性等元问题;方法使用则需要在问题聚焦、角色定位和价值导向确定后选择相应的方法,仍需要回答重质性分析还是重量化判断、重事实判断还是重价值引领、重过程还是重结果、重外部数据还是重校本数据、重专家还是重科学工具等元问题。如果这些元问题在方案制订和组织实施过程中能得到基本的回答,并得到院校的支持和配合,真正做到正确理解和平稳开展,就能够给本轮评估带来实质的改变,为学校教育教学质量的改进提供切实的保障。

二、问题聚焦:关注内部质量的保障

审核评估的核心问题是院校内部质量保障机制(包括管理标准及质量工作等)的综合性、完整性、透明性和有效性,包括计划的可行、组织的健全、实施的严密、措施的有力、活动的活跃、方法的可靠、信息的准确和结果的有用等,立足点是绩效表现的整体改进。围绕这一核心问题的评估性问题,是对于质量的状况和质量保障是否有效,具体包括目标路径是否明确、执行措施是否落实、结果是否是目标路径和执行落实的后果、如何改进是否知道。

应将院校内部质量保障机制、能力及体系作为一个整体来看待,不能将其相互分离或者把它们与教育目标的制定、教学活动的过程和学生学习的结果割裂开来。内部质量保障的运作安排、组织水平和制度设计是相互关联的,以其所说、看其所做、评其所获也必须是一个连贯的过程。根据迈西(William F. Massy)的质量评审流程,在投入、教与学的过程和学习结果这三个要素中,应关注投入是激活教与学的过程的,教与学的过程随后又是如何产生出学习结果的。但是对于质量评审这样一种复核活动来说,反向的或者说"反馈"的是最重要的。为了保障教育质量,教师必须持续地测量学习结果的质量,将其与目标加以比较,然后按照需要调整教与学的过程。同时,过程的自我反思以及同校内外最佳实践案例的比较,也能带来教与学的过程的调整。最后,过程的调整会促发所需投入的类型、数量和质量的变化。离开反馈的过程,质量是注定要下降的,反馈是维持质量的基本保障。

境外的院校质量评审范围各有侧重,有的更多地关注质量工作的覆盖面,有的更多地关注质量活动的有效性,有的更多地关注质量的后续改进,但无一不是对于质量工作和质量保障体系的一个综合的、整体的架构,强调各项质量活动之间的关联性和整合一致。尽管这些院校质量评审的范围略有不同,对于质量保障机制或质量工作的理解也略有差异,但是,在聚焦质量保障机制或质量工作这一点上是完全一致的。

目前,围绕审核评估的关键或重点问题的基本提法,包括突出内涵建设,突出特色发展,强化办学定位,强化人才培养中心定位,强化内部质量保障体系建设,以及所谓的"四个度""五个度"等,无疑均是我国高等教育内涵建设和质量提升过程中的最基本的问题。但是,无论是从国际的普遍实践来看,还是从我国强化内部质量保障以支撑现代学校制度完善的紧迫任务来看,院校内部质量保障机制应该是审核评估的核心问题。

鉴于某一项评估总有其适用范围及局限性,唯有专注于相对集中的范围而非面面俱到,才能在相关领域有切实的、更多的收获。当然,任何评估在其所涉及的目标之外会有更多的副产品,但是这些产品只是副产品,往往不是刻意而为就会自然产生的,倒往往是聚焦核心问题之后无心插柳柳成荫的结果。作为本身关注内部质量保障的院校质量评审的审核评估,无疑将有利于强化办学定位和人才培养中心地位,并促进学校内涵建设和特色发展。所以,审核评估的关注点应始终聚焦院校内部质量保障机制这一核心问题。参与内外部质量保障的各方利害相关人应就此达成共识。其实,教育部相关文件也已明确,"审核评估的核心是对学校人才培养目标与培养效果的实现状况进行评价",也就是对内部质量保障的有效性进行评价。从广义上说,现有审核评估的范围本身就是对内部质量保障机制进行考查的基本维度,而其中的"质量保障"审核项目,就是对狭义的内部质量保障机制专门进行考查的特定维度。

三、角色定位:发挥多元主体的作用

在角色定位方面,如何发挥多元主体的作用,让各方利害相关人参与到评估工作中来,是评估工作得以平稳开展的关键。其实,教育部相关文件已经对多元参与和多元评价提出了明确的要求。麦克贝斯和麦克格林(John MacBeath and Archie McGlynn,2002)提出的评估使用者的重要性排序是为了家长、主管部门、学校督导人员、学生、教师、当地社区、学校领导,可以为我们理解如何发挥各方利害相关人的作用提供参照工具。

当然,利害相关人在评估中的利益和权利大小本身是各不相同的。相关研究认为,评估对于作为参与者的评估对象来说是高利益、低权利的;对于作为玩家的评估者来说是高利益、高权利的;对于作为背景设置者的政府或立法者等来说是低利益、高权利的;而对于作为旁观群体的公众和社会媒体等来说是低利益、低权利的。一项精心设计的有效的评估应该在各方利害相关人之间建立良好的平衡。目前的天平是从作为参与者的学校、师生、社区、家长向作为背景设置者的政府主管部门及作为玩家的评估人员过度倾斜的。

根据帕顿(Michael Quinn Patton,2009)的研究,系统的复杂性与技术的确定性和社会的一致性之间成反比的关系。由于教育系统有繁杂性,对于教育质量的技术方面的确定性和达成社会共识的难度均是比较大的,因此在项目实施中,院校、评估机构、社会、政府的互动关系就显得极为重要。一方面,我们要确保作为质量主体的参评学校与作为评估专业服务提供者的评估人员之间的良性互动关系的建立,充分发挥院校自身的质量主体作用及评估机构的专业服务的功能;另一方面,我们最终要落实多元主体的作用。

"约哈里窗"(The Johari Window,Luft & Ingham)给我们的启示是:只有院校的主动告知及公开与同行的询问及反馈结合起来,我们才能对学校教育的质量状况有更多的了解。院校层面的质量问题太繁杂、太微妙了,院校走进"顺从模式"从而扣留、扭曲或者无法提供证据的机会太大了。我们需要进一步完善现代学校制度,落实现代学校教育的管理分工,明确政府、学校和社会的"铁三角"关系。政府主要管好教育公平,学校作为办学主体办出质量,社会负责相关保障(包括法律保障、舆论监督和社会服务等),实施"管办评分离",进一步强化评估工作的独立性、专业性和权威性。评估工作本身应围绕以学校为主体、以质量为核心、以服务为导向的宗旨进行改革,着力提高教育评估的专业服务水平,为政府决策和支撑学校自主发展做出贡献。

我们需要调动各相关方面的积极性和创造性,以更好地达到我们所设计的评估目标。不仅要充分发挥广大师生在参与质量保障过程中的主体作用,发挥省级行政部门的统筹作用和评估机构的专业服务功能,还要特别注意发挥同行专家、行业专家及用人单位等多方面的作用。审核评估应关注利害相关人的能力建设,通过参与评估来提升其介入质量保障的自觉性和能力水平,使其成为质量的守护和变革的使者。

四、价值导向:强化赋权增能的功能

对于内部质量保障而言,机制建立是起点,体系完善是归属,能力建设是核心。作为关注内部质量保障的院校评审模式,审核评估应特别关注学校内部的质量保障方面的能力建设问题。

首先,当我们的学校具备基本合格的条件以后,学校需要的是在更少外部干扰情况下找到自我定位,其办学自主权和质量的拥有权得到尊重,使其能够自主错位发展、特色创新发展,而政府和社会应该通过服务为其赋权增能。

其次,内部质量保障的过程也是院校内部知识管理的过程。根据德尔菲集团(Delphi Group)的调查,法人团体中的知识有42%存在于职员的大脑中,其余分别存在于电子知识库(12%)、电子文档(20%)和纸质文档(25%)中。知识分子集聚的高等学校中,广大师生及管理者的大脑是相关知识的主要"存放处"。对于这样的知识的管理不能靠简单的信息获取手段来进行,而是要通过人的自觉意愿并连接人的能力才能实现。

同时,对于麦克贝斯和麦克格林(John MacBeath and Archie McGlynn,2002)提出的评估具有问责、知识和发展三个视角的理论,我认为后二者本质上均属于学习的视角,都与知识的积累以及组织性学习(Organizational Learning)有关。

因此,最本质的评估定位其实就是问责和学习。这两种定位在不同价值追求、管理目标、关注焦点和主导机构下,对于评估内容、方式和动力来源等都存在完全不同的路径依赖,也将产生完全不同的评建效应。当然,不能把问责的定位与学习的定位完全对立起来,问责和学习都是为了改进。不过,前者是促发改进,而后者是诱发改进;前者带有更多的压力和强制性,而后者更加偏爱同行之间的平等交流和坦诚对话。既然你是来问责我的,那么我们之间就有一种天然的冲突关系,我自觉找问题就是主动找麻烦,所以暴露问题不仅不是我的职责,而且是我的忌讳。

在教育这样一个繁杂系统中,针对质量工作这样一个极其复杂的评估对象,封闭和隐瞒自然显得更为简单和安全。问责和改进的压力往往会带来被评者的消极应对,而指出结果的缺陷常常也并不能带来变革,甚至一些短期的好的结果反倒会掩盖许多长期的不可持续的问题。因此,如何通过强化学习功能为质量的主体赋权增能才是问题的核心。教师是一个依靠自觉性开展工作的群体,让他们知道改进的需要就已经足够了,让他们知道如何改进则是更高的要求,要考虑他们的资源条件以及能力和意愿。因为,改进总会涉及教育的某种变革,涉及关于人、为了人的变革,而对于教育变革实践者的评价是个十分复杂的问题。教育质量的提升需要耐心,更需要尊重。学校需要检查,更需要信任,缺少检查容易助长自以为是,缺少信任则会造成自欺欺人。问责比学习更加容易带来抵制和欺骗的行为或者顺从和应付的文化,更加容易造成犬儒主义的愤世嫉俗或玩世不恭。总之,学习之路并不会比问责之路更为漫长,却可以带来质量主体更为积极主动的、更有意义的实质性的改进。说到底,内部质量保障的自我完善本身总是能够比对于这一机制的评估带来更多的关于改进的信息,只不过前者更加关注实质性的改进建议和实际的改进效果,而后者更多地聚焦院校内部的改进意愿和改进措施。

审核评估以学习定位支持院校的能力建设,它"基于标准、基于计划、基于证据",为参评院校诊断把脉、赋权增能,是一个同行驱动、背景参照、基于证据的复核过程。目前学界普遍认同的"基于目标、基于自评、基于事实"的特点并非审核评估的自有特点,而是对于其他评估也同样适用的对所有评估的基本要求。审核评估的基本特点应包括"基于标准、基于计划、基于证据"。对于内外部的质量标准、院校自身的质量活动计划安排的强调以及学校对于质量工作的自我搜证和举证、利害相关人的佐证和旁证、外部同行专家的取证和查证等,是审核评估的诸多亮点。

审核评估不设标准的说法是不合实情的,现在的审核范围就是一种标准。各国对院校评审的标准有多种称呼,如:criteria,standards,auditing targets,areas,aspects,factors等。2005 年欧洲质量保障网络 ENQA 的质量保障标准及准则中明确规定:"作为外部质量保障活动的结果所做出的任何正式决定,应当基于明确的、公开发表的、连续引用的标准。"各国的院校质量评审均依据各种各样的内外部评审标准,如英国、澳大利亚便依据多种标准。英国高等教育质量准则(the UK Quality Code for Higher Education,在 2012年前称为 Academic Infrastructure),规定了英国高等教育必须达到的"预期"(expectations),其关注的核心问题包括:每个学生得到公正、平等的对待;学生有机会参与设计自己的学习体验;与学生学习相关的事,要及时主动告知学生;与学生学习相关的所有政策和流程要明确、透明;对学术标准和质量的战略监管位于教育机构学术管理最高层次;所有政策和过程得到常规而有效的监督、评估和改进;为保持学术标准和学习条件,要有足够的、合适的外部力量帮助和监督;职员发展受到重视,从而使他们能够更好为学生学习提供服务。英国的质量保障署(QAA)在院校评审中使用的参照标准,包括高等教育资格框架(Framework for HE Qualifications)学科基准陈述(Subject Benchmark Statements)、QAA的行为守则(The QAA Code of Practice)和专业规范(Programme Specifications)。澳大利亚的第三级教育质量与标准局(TEQSA)的前身澳大利亚大学质量保障署(AUQA)除了参照院校的目标,还设置了简称为QAFs的质量评审要素(the quality audit factors)标准,其中每一个要素下面包含范围和聚焦点,然后再分若干方面设置复核标准(criteria for review)。同时,AUQA还明确了包括国家高等教育批准程序议定书、院校得以认可所依据的任何法令或法规中的目标规定、2003年联邦高教支持法和相关法规以及包括其他相关的立法在内的各种外部参照点(external reference points)。

"基于计划、基于证据"也是审核评估的显著特点。其实,教育部相关文件中的主体性、目标性、多样性、发展性和实证性这五项基本原则,就是在传达两个非常清晰的指导思想:一是审核评估对于作为质量主体的学校的已经计划好的质量目标,应特别关注、特别尊重,使其成为评估的出发点、基本导向和最终的依归,这样才能体现不同学校的多样性的定位,确保学校的自主、多元、特色、创新发展;二是评估者应与评估对象结成学校发展中的伙伴关系,通过学校自身的举证和外部评估者的查证,帮助学校收集关于质量工作的证据,为学校提供专业性的服务,支持学校强化内部质量保障机制。所以,主体性应该解读为学校可以自我制订自主发展的质量计划;目标性就是把学校已经计划好的质量目标作为评估的起点和基本导向;多样性就是只有尊重学校的自主发展质量计划、坚持了学校已经计划好的质量目标以后,学校才能有体现多样性定位的自主、多元、特色、创新发展;发展性就是评估者与评估对象把质量问题搬上桌面来一起讨论,为学校的质量计划及质量目标服务;实证性就是指出评估工作是基于证据的事实描述、价值判断和同行交流,是专业性的、规范性的工作,应遵循有多少证据说多少话的原则。

五、方法使用:突出综合系统的方法

在方法使用方面,要解决如何评的问题,除了问卷调查、访谈、文档复核、观察、专题组和个案研究等常见技术工具的使用外,审核评估应采取分校立项、分类参照、分项评审、分层举证的实施办法,特别应重视三角定鉴和痕迹跟踪等方法的使用。对于教育质量这样的繁杂问题,我们需要从多维度认识质量的实际状况,以多方面证据认定同一事实,包括使用多种评估方法得出一幅完整的学校图景。

各种评估方法具有各自不同的优势和劣势,均有一定的诊断功能,也有其固有的局

限性。审核评估中的有些方法就类似于医疗诊断,适用于特定的诊断用途。

在方法使用方面,审核评估要特别注意通过不同参照系的使用体现先进的多元评估理念,全面做好主体目标导向、通用标准参照、院校背景分析、同行伙伴比对的工作。其中,参照相同层次和类型学校进行的基准比对工作不应被忽略。

根据教育部和学界普遍认同的定义,分类评估是指在院校分类的基础上,"用不同评估标准,对不同类型的评估对象进行评估的方法。如在高等学校的教学评估中,根据不同层次、不同类型的学校,设置不同的体系、标准,运用不同的方法进行评估"。根据大家的这一共同认知基础,审核评估不属于分类评估或者分类评估中的一种,而是针对所有"层次和类型"的学校所使用的一种独立的评估模式。

然而,审核评估不搞分类评估,并非评估不需要分层次和分类型进行常模参照。同层次、同类型院校之间的基准比对与院校内部的基准比对一样,是十分重要的。外部基准比对可以帮助识别自身差距和同行中的最佳实践案例。基准是改进工具,也可以用于展示基于外部参照的适当标准的达成。当这种确立分析基准的做法被用来改进院校和系统以更好地实现其教育使命时,院校还能够更好地抵御那些对其具有扰乱性甚至破坏性的外部目标和标准。基准可以分为部门基准(整体或某项)、通用基准(跨行业)和最佳实践基准等。基准比对包括内部比对、竞争性比对、功能性比对、通用性或同类最佳式比对。有的专家认为,基准比对包括战略性、绩效或竞争性、程序性、功能或通用性、外部性、内部性、国际性、常识性基准等比对。国外院校质量评审中广泛开展同类院校之间的基准比对,广泛使用各类院校及分项评价结果,除了资质框架、各种准则(指南)、绩效表现指标外,还普遍使用其他外部参照点。

具体的基准比对工具包括课程与教学评估、出口(毕业)调查、课程档案报告、学业咨询调查、校友调查、雇主调查、培训评估和毕业设计。在学业领域,可以对学生学习、教员教学、课程、研究与培训、社区服务和资源等方面进行基准比对。可以使用学生学习的关键绩效表现指标,如新录取学生数、巩固率、录取80%以上学业水平的比例、学生的满意率、学生的培训与研究情况、学生的学业与社交表现情况等;也可以使用教员教学的关键绩效表现指标,如教员专业发展活动、教员离职率、预期的学生课程选择率等。在我国本科教学工作审核评估中,应该尤其关注教授为本科生上课和教学投入等情况。

为了整体把握院校内部质量保障的基本状况,审核评估还应针对教学工作建立学业风险评价的框架。澳大利亚的第三级教育质量标准署(TEQSA)就建立了风险评价框架,其主要构件包括对于学业和财务状况的总体风险评价以及四个关键风险领域(监管历史及身份,学生负担、体验和结果,教员概况,财务可行性和可持续性)。风险指标包括完成学业人数、学生负担、未完成学业比例、升学率、完成学业比例、学生满意率、毕业去向、高层次教员带头人、生师比、临时教员、财务可行性、财务可持续性、识别的其他风险等。TEQSA的前身AUQA发现的学业风险包括课程不是及时更新的,评价不测量相关的学习,不同校区和地点的质量和学术标准水准不一致,给海外师生提供的支持和服务水准不够,新的课程提议由机会而非战略指向驱动,学年制教职员缺乏专业发展空间,研究型学生缺乏学术交流的空间，对行政和设施的关注大于教学能力等。

综合系统的方法特别需要充分地体现在审核评估的结论标识上。审核评估不做结论的说法是不符实情的，现有方案也是包含了评估结论和结果的。境外院校质量评审的结论意见还有多种等级标识，有的作为专家内部讨论和评价的尺度，有的直接对外公布，有的表达各项评估标准的达成度，有的显示整体的绩效表现水平，有的反映质量保障机制的成熟度，有的代表对质量工作（质量管理可行度和可靠性）的信心水平。

我国的写实性评估结论使用"值得肯定，需要改进，必须整改"进行标识，与澳大利亚实际使用的院校评审报告的提法（赞扬推荐，证实肯定，劝告提议）比较相近，同时吸收了英国院校评审报告中建议部分的分等的意涵。为了在借鉴的过程中不至于丢失国外相关设计的精髓，建议在引进时保留国外院校质量评审报告的相关结构要素。

此外，如果评估结论能够参照国外的普遍做法，指出各项标准的达成情况甚至是对于内部质量保障机制的整体信心水平，并在报告中具体写出已做好的、能做好的、还需做得更好的方面，就能更好地体现评估支持不断改进的顶层设计思路。如果在自评和他评报告中过多地强调改进和整改，且在现场反馈时又主要讲问题与不足，缺少对院校现有做法的必要的"称赞与推荐"，特别是缺失对于院校已经发现的问题及其解决思路和方案的"肯定、证实和断言"，将不利于院校自身对内部质量保障机制的自我定位和自主完善。

为了制订具体的评判尺度，这里试图用综合评价卡的形式来写实性地报告各项评估标准的达标情况。综合评价卡分 10 个质量维度，对应审核评估范围的 24 个相关联的审核要素，每个质量维度又分成 5 个达标程度。10 个质量维度与 24 个审核要素的对应性是比较好的，除了按照质量管理的自身逻辑将原来放在教学资源条件保障度中的"专业设置与培养方案"放到了计划符合度中，将原来放在质量保障的组织完善度中的"质量监控"放到了管理成熟度中，绝大部分是完全对应的。综合评价卡只是一种系统诊断方式，它不属于开处方。一方面，"开处方"这个词从境外专业评估实践的角度来看基本上是个贬义词；另一方面，鼓励学校在较小压力下自主选择才是专业评估服务之道，过于强势的整改要求只会造成学校对失败的恐惧，而不能激发学校对学习的渴望。

其实，教育部的相关文件已经规定了评估报告的内容，明确要求评估报告"应在全面深入考察和准确把握所有审核内容基础上，对各评审项目及其要素的审核情况进行描述，并围绕审核重点对学校本科人才培养总体情况做出判断和评价，同时明确学校教学工作值得肯定、需要改进和必须整改的方面"。切实贯彻好这一规定，不但能够使我们的审核评估与国外的院校质量评审真正做到实质等效，而且对于新一轮评估的成功实施至关重要。

（原载《高教发展与评估》2015 年第 1 期，第 1-16 页）

人情味的共同体

任　玥

一、研究背景

20 世纪 60 年代是美国高等教育激烈变革的时期:政府拨款增长,大学规模不断扩张,校内人员急剧增加;行政管理及治理结构日益复杂;校内不同利益团体之间的矛盾升级;学生抗议示威活动频发;大学脱离象牙塔的传统文化,与其他类型的组织(如政府、企业)联系日益密切。到目前为止,我们对美国这一时期的绝大多数研究以老牌私立大学为案例,对其他类型的大学知之甚少。因此,笔者尝试以印第安纳大学为案例对美国公立研究型大学进行探索。

印第安纳大学于 1820 年接受州政府拨款正式建立,早期发展比较缓慢,主要使命是为印第安纳州培养牧师与律师。自 20 世纪初叶以来,在第十任校长威廉·布莱恩(William Lowe Bryan)的带领下,该校获得了长足发展,先后建立起教育学、医药学、护理学、军事科学、商学、音乐学和继续教育等多个专业学院,并于 1904 年成立了研究生院。布莱恩所做的奠基性工作与"二战"后美国的繁荣景象,为第 11 任校长赫尔曼·威尔士(Herman B. Wells)提供了加速印第安纳大学发展的前所未有的机遇。在州政府拨款相对充裕的时期,威尔士多年励精图治,带领印第安纳大学渐渐走上了蓬勃发展之路。截至其退休时,印第安纳大学已经在美国中西部乃至全国享有很高的学术声誉,成为一所优秀的高等学府。目前,印第安纳大学学科设置比较齐全,跨学科研究非常活跃,从最早的只有布鲁明顿校区发展成为由八个遍布州内各地的分校区组成的公立大学体系。它是美国中西部著名的十所研究型大学之一,享有极高的学术声誉,培养了三位诺贝尔奖获得者。

二、研究方法

本文研究主要采用了质性研究方法,在印第安纳大学教师事务部退休学术人员办公室的帮助下,逾 100 位退休教授接受了半结构化(semi-structured)的访谈,大部分受访教授从来到印第安纳大学之后就一直在这里工作,直至荣誉退休。其年龄分布有较大跨度,年纪最长的退休人员于 20 世纪 50 年代便来到这里;较年轻的学者于 20 世纪 70 年代来到这里,虽然现在大部分也已退休,但一些人仍然继续做教学、研究与行政管理工作。

他们在这个学术组织中至少渡过了 20 年时光,对组织的变化有深刻洞察。从学术背景看,受访者从事的学科横跨自然、社会与人文科学的各个领域。从其组织职务看,一些受访者一生专心研究与教学,很少参与行政管理;而另一些则活跃于大学中的各治理委员会并最终承担校长、学术副校长、财务副校长、研究生院院长以及教师事务部部长等重要行政管理职务。

笔者从中选取了 25 人进行关键访谈,进行编码后作为本文研究的主要分析素材。在访谈结束后,笔者邀请了 27 位已退休的学术人员参与座谈,向其展示研究成果,研究结论得到了与会者的赞同。会后笔者又根据其反馈意见与相关领域最新的研究成果调整了部分研究结论。

三、研究发现

笔者将"大学理念""对外部利益相关者的态度""横向学术共同体的理念"和"治理理念"设立为公立研究型大学组织文化的独立主题。虽然受访者来自不同的学科与院系,但是编码结果显示他们围绕这些主题的叙述及对该主题 30 年间变化的洞察呈现出不容忽视的一致性,因此笔者将其作为代表大学组织文化的要素加以分析与研究。25 位受访者在叙述中不由自主地建构着"过去—现在""(20 世纪)70 年代—快退休时(2000 年前后)"的二元对立结构,本文研究重点呈现对立关系的一元——即受访者口中的"过去""(20 世纪)70 年代"。

为了在有限的篇幅内让读者清晰地认识案例大学的组织文化变迁,笔者选取了最精彩的叙述让读者了解案例大学当年的组织文化的特点,同时,又尽可能让读者了解到这是组织成员的普遍感受。如无法兼顾,则笔者选择以清晰与简洁为先,摘录最能够集中体现相应主题特点的叙述呈现给读者。为了兼顾多样性,让读者对各主题下的信息总量有总体认识,笔者在行文中对访谈中述及各主题的受访者人数予以说明。

(一)大学理念

1. 教学、研究与服务的融合及教学受到相对重视

编码结果显示,在这一时期,教学、研究者与大学服务者的三种职责角色在学术人员心目中并非截然分开,其重要性与优先地位也不存在明显差异。学术人员可以比较自主地结合自身情况,选择在组织中承担的职责。这一点在受访者回忆自己作为新成员来到该学术组织之初,观察老成员的行动以及叙述自身学术生涯初期的观念时,均可得到印证。

在这一时期,组织成员可以选择主要从事教学与服务工作。在 25 位受访者中,有七位谈到他们及其身边的组织成员同时兼顾这两种职责。例如,新闻学院的教授布朗在回忆老院长理查德·格雷教授时曾说:"我真的非常尊敬迪克(注:英语中对理查德的昵称),虽然他不太是一个研究者,但是他对于教学工作始终充满激情。即使担任行政管理

职务时，他也承担了很大的教学工作量。他从来没有因为自己是系主任或是院长而对教学马马虎虎。对于教学和学生，他向来都是全身心地投入，他为自己高超的教学水平而骄傲，也为在其带动下新闻学院取得的教学成绩而由衷地欣慰。"

另一些组织成员则选择将研究与服务结合起来。有三位受访者谈及这方面的经历，例如，商学院教授埃德加回忆道："我喜欢做（商学院的）副院长，也很喜欢后来做学校的财务副校长，因为这些工作与我感兴趣的组织规划研究高度相关。我根据组织学的理论设计了一套组织运行机制，便于学校的最高领导控制信息与财务资源，而将其他方面的资源交由学校各级领导自行处理。这正是印第安纳大学 1973 年重组改革的核心精神……后来，财务副校长的职位对我更具有吸引力，因为与此相关的所有知识我都在课上讲过，而这个职位给了我实践的机会。"

同时，还有两位学术人员尽量避免参与服务，一直专心从事教学与研究工作。例如，细菌学教授尤金在谈及其学术生涯时回忆道："现在想来，我认为教授评议会（Faculty Council）对院校治理的作用不是很大。因为参与者往往说得多做得少，在短期之内很难看到成效……因此，后来我很少再通过参加委员会的形式为学校服务了，而是把时间花在做研究上，或者抽更多时间在办公室与学生讨论他们的学习与研究。"

或许玛雅与玛丽两位教授的叙述，更能概括这一时期教学、研究与服务在组织的观念体系中所占的平等地位。健康、体育教育与休闲娱乐学院的女教授玛丽回忆道："过去，学术人员有选择工作内容的空间与自由。'不发表即出局'的规则并不总适用。我当时选择在印第安纳大学工作的重要原因，就是因为喜欢它开放的校园文化、自由的学术气氛以及对教学工作的重视。我不是因为出版了专著而获得终身教职的，而是因为出色的教学与服务工作，被评为正教授也是缘于此。"

学术人员普遍认为，教学即使不是最重要的组织职责，至少也与研究、服务享有同等的重要性。这与 30 年后教学的从属地位形成了鲜明对比。印第安纳大学在这一时期以教育本州公民子女、提高人口素质与本州经济竞争力为自身使命，并且认为教学活动是达成这一目标的最重要的手段，学术人员普遍将教学视为大学理念中不可分割的重要组成部分，这一点几乎在所有组织成员的叙述中都不同程度地得到了体现。

四位受访者都述及了这方面内容。核物理学教授乔治在谈及选择在印第安纳大学工作生活时，曾这样说："我从小就喜欢帮助同龄人学习，这种兴趣后来就发展成了做大学老师的渴望。当我从斯坦福大学博士毕业时，分别有一个国家实验室和一个核物理研究所愿意聘任我。但是我选择了印第安纳大学，因为我觉得在这里可以从事喜欢的教学工作……在物理系工作这么多年，我获得了两个重要的教学奖。实际上，我心里一直为此惴惴不安，因为我觉得在教学方面还有很多不足。为了能对得起这两个教学奖给我带来的荣誉，在教学上我从不敢懈怠，总在寻求改进，这一过程几乎贯穿我学术生涯始终……看着我带的学生不断进步、不断有所突破，我由衷地为他们感到自豪。"

文理学院英语文学教授格雷回忆道："我从来没有后悔过选择印第安纳大学，从来没有后悔过选择公立大学，我觉得公立大学的理念令人振奋。即使后来我开始从事行政管理工作,也没有间断过教学。退休之前,我每个学期都教课。"

2. 跨学科研究与团队合作

25 位受访者中有 14 位在谈及其教学与研究工作时,反复谈到了印第安纳大学颇具特色的跨学科研究与团队合作观念。

例如,社会学教授艾伦提道:"虽然我隶属社会学系,但是我的博士学位却是人类学的。(来印第安纳大学后)30 年来我的研究一直关注社会语言学,也就是在社会中人们对于语言的真实使用情况。因此,我与语言学家、人类学家、语言人类学家以及社会学家都经常交流……为了我的研究,有时我会去旁听句法学、音韵学、人类语言学的课,开课的老师不仅很欢迎我,而且还很热情地与我讨论。我最大的一个研究项目就集合了社会学、语言学、教育学及人类学等各学科的学者。他们给我带来了不同的视角。……印第安纳大学给了我很大的发展空间。即使是我刚刚到这里教学工作量还很大时,人们就对跨学科研究很感兴趣了,而且热衷于讨论与此相关的话题。当时有一个定期召开的学术人员研讨会,研究法学、政治学、经济学以及人类学的学者都会来参加。学校也对这种跨学科的讨论与合作非常支持。"

医学院的教授尤金也有过类似的回忆:"最初我们的医学院是建在 IUPUI 校区(注:印第安纳大学在印第安纳波利斯市的校区)的,但是有一次在一个大学校长会议上,威尔士校长恰好与斯坦福大学的校长聊起了这件事。斯坦福大学的校长谈起他们刚刚把医学院从旧金山的校区移回了帕罗奥图,因为这样做可以让医学院的学生多修文理学院的课程,与基础科学、人文与社会科学离得更近些,开阔学术视野。在回程的飞机上,威尔士校长认真考虑了这个建议,回到印第安纳大学后,他跟很多人都讲起了这件事,并且拨款 25 万美元开设了一个实验性的医学课程,每年让少数医学院的学生留在布鲁明顿校区,广泛接受基础科学、社会与人文科学的课程训练。IUPUI 的医学院起初很不愿意做这件事,但威尔士校长是个很有魄力的领导,最终说服了他们。这门新课程非常成功,即使是 15 年后,也就是 20 世纪 60 年代末 70 年代初时,当普渡大学(Purdue University)准备开设类似课程时也要参照我们的设计。不仅如此,它后来还成为州内外很多类似课程参照的样板。"

教育学院的莫丽尔教授回忆道:"我刚来这里时是(20 世纪)60 年代末,威尔士校长刚刚卸任,继任的校长不再像他那样有那么长的任期。大学体系的概念也开始兴起,新兴科技也开始越来越多地影响高等教育,可以说变化真是目不暇接。但是当时印第安纳大学仍然是一个适合做学问的地方。只要置身其中,你马上就会感觉到它的书卷气质。它和企业截然不同,你也不会认为它是一个大型的研究工厂。于我而言,它就是一个大学,具有一切做学问的地方应该有的各种特质,特别令我满意的就是它的跨学科性。从学术生涯的最初开始,我就喜欢将不同学科结合在一起思考问题,此后我的各种研究与教学活动也贯彻了这种思想。后来克拉克院长(注:当时教育学院院长)任命我设计一个跨学科的幼儿教育课程,我就把教育学院的发展心理学、课程研究、政策研究与社会学系、心理学系的相关课程结合在了一起,收效甚佳。"

(二)对外部利益相关者的态度

这个主题主要涉及公立研究型大学的组织使命、功能及其到底向谁负责。20世纪60年代末70年代初,组织成员普遍认为作为主要接受州政府资助的公立大学,印第安纳大学的主要使命是通过高质量的教学活动提高本州公民受教育水平、提高其生活质量、增强印第安纳州的经济活力。

新闻学院教授布朗回忆道:"我还记得1971年第一次来印第安纳大学应聘时,面试我的是新闻系最早的女教授格拉晨·肯普。她从小在印第安纳州乡下的农场长大,在印第安纳大学接受了高等教育后留在这里继续任教,后来成为正教授。在面试时,她问我:'你从初中起一直就读私立精英学校,在英国的私立大学接受高等教育,然后又到美国著名的私立大学(斯坦福大学)接受博士训练,那么你认为你能够胜任公立大学的教学工作吗?'……我猜想她是怕我的教育背景会使我产生偏见,看不起出身于公立大学的与她类似的学生。当时很多学生都来自印第安纳州的农场,除了自己的家乡和布鲁明顿哪里也没有去过。她担心我不能理解这些学生的想法和他们受教育的迫切愿望,进而影响我在课堂上的教学效果。她的提问确实让我思考了很多问题。当时的印第安纳大学作为一所公立大学确实和我以前学习与生活过的私立大学很不一样,不过在意识到印第安纳大学的独特使命之后,我开始很努力地调整自己、适应环境。渐渐地,她看到了我的转变并且对此感到非常满意。"

护理学院的伊丽莎白教授这样回忆道:"在印第安纳大学,我有引以为傲的教学经历,我爱我的学生,而且我想他们也爱我。在整个27年教师生涯中,我有不计其数的学生。有一次我出了交通事故被送到(印第安纳波利斯)圣文森特医院,救护车上的三个护理人员中就有两个是我以前的学生。到了医院,有一个人来给我测血压,我问她:'你以前是我的学生吗?'她说:'是的。'晚上有四名值班护士,其中有三名也是我从前的学生。"

法学院的教授道格拉斯也有社会服务经历:"大量破产法的研究数据表明我国经济体系的运行过程存在很多漏洞。但是,很不幸,州议会却对此视而不见。我曾作为证人出席过议会的听证会,也曾旁听过信用卡公司在议会上的发言,最后感到非常失望。这些游说者巧言善辩,几乎能够让议会无视事实,其影响力不可低估……我还曾经参与印第安纳州酒精饮品管理法的制定过程,作为专家证人在议员代表面前作了证。当时这个听证委员会中有些议员代表酒厂的利益,并坚持维护高酒价政策,理由是这一政策有益于抑制消极消费,特别是抑制青少年消费。但是,在那之前不久一位学者刚刚研究了酒精价格与消费之间的关系,结论认为二者没有必然联系。在出庭做证时,我引用了这一研究结论,但是代表酒厂利益的议员却对我说:'尊敬的教授,我不在乎那个研究结论。我的想法已经定了。'这与议会对破产问题的态度如出一辙。他们关心的不是事实而是夸夸其谈以及背后附带的利益。"

(三)横向学术共同体的理念

编码结果显示,大学的组织生活不仅有理性的一面,也有感性的一面,而印第安纳大学在这个主题下体现了鲜明的个性特征。笔者将这个要素/主题命名为"横向学术共同体的理念"。这个主题与"大学理念"主题最显著的差异在于,后者中的个人作为一个组织的成员、某一学科的专业人士存在,被赋予了比较严格的明确的组织职责与专业职责,直接体现着组织生活的理性方面。而在本主题中,组织成员作为一个有感情、有性别、有种族、有行为规范与价值取向的个人存在,拥有平等交往、相互理解并获得同伴认同的基本情感需求。大学作为其工作并且生活于其中的组织,不仅为其职业发展提供了制度支持,更为作为普通人的成员实现最基本的情感与交往需求提供了一个共同体(community)。大学在这一主题上体现出的特点,恐怕也是它与其他专业组织(如医院、企业、政府机构)相比独有的特征。

1. 平等、融洽、开放的学院式理念

在 25 个访谈者中,18 位受访者反复谈及 20 世纪 60 年代末 70 年代初印第安纳大学平等、融洽、开放的学院式理念及组织成员之间由此形成的亲密的情感联系。

英语文学教授肯恩在访谈中提道:"我在 1963 年从威斯康星大学博士毕业,当时就业市场非常繁荣,有 12~14 所大学邀请我去执教。在做决定前,我走访了其中的几所大学,其中包括卫斯理学院、弗吉尼亚大学、明尼苏达大学、康奈尔大学、哥伦比亚大学与印第安纳大学。在我的母校,获得了终身教职的学术人员看不起没有终身教职的人,所以后者只能无奈地与研究生为伍;卫斯理学院的人保守高傲,他们觉得除了那里世上再没有更好的地方了,如果我不选择他们准是疯了。总之,在那几所大学中,我与陌生学术人员见面时,彼此都以学术头衔相称,如助理教授某某某、副教授某某某、正教授某某某、资深教授某某某等,唯独在印第安纳大学即使是初次见面的陌生人彼此之间也直呼其名,这一点与前几所大学形成了鲜明的对比,令我印象非常深刻。因此,我最终做了一个令很多人感到惊讶的决定——到印第安纳大学工作。真正开始工作后,我也觉得这是一个开放平等的地方……20 世纪 70 年代早期有其他地方邀请我去工作,我也到他们那里去看过,坦率地说,我在别处看到的与我 1963 年找工作时差不多。我还记得其中有一次是去圣路易斯的华盛顿大学,他们邀请我去做人文学院的院长。我觉得那里的人们相当隔阂,上下级等级森严,不同学院间的界限清晰,因此我选择继续留在印第安纳大学,并且一留就是一辈子。因为我喜欢这里的人、这个学校,以及这里的人文气息、价值与传统。"

核物理学教授乔治对来印第安纳大学之初的经历如此回忆:"我在斯坦福大学做完博士后就开始找工作了,开始没有特别认真地考虑印第安纳大学,因为当时它提供的薪酬是所有大学中最低的。在最后做决定前,我来印第安纳大学参观了一次,这次校园行彻底改变了我的想法。当时正是越南战争后抗议活动的高潮,学生都表现得非常激进,但即使如此印第安纳大学的学生也带着中西部人那种特有的腼腆、矜持与友善,这在当时的加州已经不多见了……后来我接受了邀请,成为这里的一员。在我刚来还不到一个月时,物理系为我在学校的餐厅举办迎新晚宴,因为当时我留着很长的大胡子,所以刚进门时门口的服务员就问我:'你是个嬉皮士吗?'听到这句话,当时系主任的妻子碧儿·朗格尔把我拉到了一边,对我说:'既然你来了这里,那你就应该把胡子刮掉。(留大胡子在这里混不下去。)'碧儿也是个优秀的物理学家,参与了像曼哈顿计划这样的重大项目,并且是个很有意思的人,你很难分清楚她是在开玩笑还是很认真。当时我并没有明确地答复她。后来,我自己也成了系主任,并且还留着大胡子,所以就跑到她那里说:'(大胡子也能获得认可)所以现在该轮到你留胡子了'(大笑)。……物理系是一个相互支持的团队,大家总是在我还没来得及提出要求前就慷慨地予以鼓励与支持。退休前,我从来没有想过去其他地方工作,因为学校对我照顾得那么周到,不仅是在薪酬与物质上,更重要的是我觉得这里由衷地爱护我、信任并支持我的判断与决定。所以后来当我成为行政管理者时,我觉得自己成为挑担子的人。以前我受到别人的爱护与照顾,现在该是我照顾别人、回报学校的时候了……这种学院式的人际关系让印第安纳大学有了一种很独特的文化氛围。总的来讲,我们不是一所经费充裕的大学,在学术声誉上也不具有绝对优势,我们的秘密武器就是调动学校里的人,让他们彼此合作、关心、交流与理解,感觉到自己不再是一个孤独的个人、一个单独的部门,而是整个学院式共同体中的有机部分。"

编码结果显示,这种学院式理念主要体现在两个方面:对组织成员个性的尊重,对分歧的容忍与开放。

其一,对成员个性的尊重。在25位受访者中,14位反复提到印第安纳大学给予了每位组织成员极大的自由度,使他们可以进行个人判断、追求个人选择、实现个人价值。这种对个性的尊重主要可以归结为以下三个方面。

第一,该组织当时的学院式理念允许成员根据自身兴趣在不同组织职责间灵活转换,正如英语学院教授庄士敦所言:"印第安纳大学最吸引我的地方就在于它给了我职业发展的多种可能性。在我想做研究时,我就可以专心研究与写作;在我想专心教学时,我就可以集中精力好好教学;在我想参与行政管理工作时,也可以得到机会。事实上,我在职业生涯初期曾参与过文理学院的管理工作,做过副院长,后来在我职业生涯的末期,当我又希望可以参与一些服务与管理的工作时,也果真得到了这样的机会,成为英语系的系主任,当时距离我退休只有七年。"商学院的教授查尔斯也有过类似体验:"很多人对我讲,做行政管理工作的局限性就在于,在结束了管理生涯之后你会感到无所适从,因为这时你已中断了从前的学术工作,但又不能再继续管理工作了。正因如此,我当时决定辞去院长的职务,给自己留8~10年的时间重新熟悉教学以及研究,做一些独立的研究与思考。现在看来,这是个很明智的决定。"教育学院的莫丽尔教授也提及了类似的经历:"做了三年研究生院院长后,我觉得需要停下来干点儿别的。这是我参与行政管理以及其他服务工作的一贯风格。当我觉得有一个不错的机会可以充分发挥才干时,我就会抓住机会全力以赴。当这项工作开始结出果实或者我觉得我已经可以功成身退时,我就会选择离开,回到既定的轨道上,把此前放下的研究再捡起来,继续写写论文、教教学生之类,直到碰到下一次好机会。这时我会再次主动请命。"

第二,这样的理念允许每位学者追随学术兴趣,自主决定教学与研究的内容。例如,研究人类性行为学的教授伊丽莎白回忆道:"20世纪70年代初,人类性行为还是一个很少涉及的研究领域,但是当时我就选择以此作为博士论文的研究方向,并且给本科生开设了相关课程(注:当时受访者已在印第安纳大学工作,在职攻读博士学位)。那时,布鲁明顿还是一个相对保守的城市,我讲课时,市里教团的牧师就站在教室外面抗议。但是尽管如此,我从来没有因为自己的研究或课程内容受到来自学校内部的压力。各级学术委员会都对我相当支持。"社会学系的艾伦也曾有过类似经历:"我的研究兴趣(注:社会语言学)绝对不是社会学研究的主流,但是我非常感谢社会学系容忍了我古怪的个性。尽管(文理学院里的)其他系主任会很坦率地对我说:'艾伦,我真的不懂你在研究些什么',但是我的系主任却非常支持我。"

第三,这样的理念给予选择从事服务与行政管理的成员以极大限度的决策自由度,对其行政判断予以充分信任。例如,化学系的教授希纳尔回忆道:"在行政管理工作中,我和很多人都有过愉快的合作经历。特别是我的上级领导,比如约翰·莱恩校长和鲍勃·奥尼尔分校校长,他们对我很信任,并且在很大程度上支持我的行政判断与决定,这给了我很大的自主发挥的空间……在我的行政管理工作中,有一件事情令我印象非常深刻。当时我还是化学系的系主任,我们从美国国家科学基金会申请到了一个科学发展基金项目。当时的想法是利用这笔经费建设一个长期计划,发展物理、化学与生物学的交叉学科,然后招聘一批新型学者、程序员、技术员与实验人员。美国国家科学基金会大概对我们全额资助了5年,从第6年开始学校就开始了辅助支持,并且辅助力度不断增大,到第11年国家科学基金停止资助时,印第安纳大学把整个项目都承接了过来,开始自己全额负担。这个项目耗资巨大,对学校来说是一笔可观的支出,可是学校的领导却言出必行,从来没有开过空头支票,但是他们却没有插手项目的具体实施,把决策的自主权留给了我们。"英语学院教授肯恩也有过类似的经历:"年轻时,我们的系主任就有相当的自主决定权,后来我当了校长,也尽量给院系一级的领导创造同样宽松的环境……我总是在想:像印第安纳大学这样的公立大学,即使与其他著名公立研究型大学相比经费向来不充裕,又地处布鲁明顿这样的小地方,但是还能够跻身中西部十大研究型大学,最重要的优势就在于我们院长一级的管理者以及他们下属的系主任在工作中有很大的自由度,可以视具体情况自主判断而不必担心遭受别人怀疑的目光。我曾经从其他学校聘任过不熟悉印第安纳大学文化的学术管理者,他们经常问的问题就是:'我要多久向你汇报一次?'我通常回答他们,'你不需要特意向我汇报。有事情时来找我就好。如果没有特别的事情,我们就在暑假找个时间共进一餐,聊上几小时,谈谈上一学年的事情以及新学年的工作计划。你的工作你充分自主,你们需要帮助时就来找我'。一些人听到这样的答复时相当惊讶,因为他们在其他大学做院长的经历或者看到别人做院长的经历完全不是这个样子,需要按月向教务长或者校长做口头以及书面汇报。"

或许教育学院米歇尔教授的叙述可以更好地概括印第安纳大学这种尊重成员个性与价值选择的学院式理念:"我记得威尔士校长曾说过,我们(印第安纳大学)要挑选最好的学者,一旦真正聘任了他们,我们就要'让他们自己动脑子'。我想这个意思是说让他们充分自主,做自己想做的事情。这样我们就会自然而然地成为一所顶尖大学,因为学校里的每个人都在做他们感兴趣的事情,这样他们就会不遗余力,就会有可能获得成功与认可。"

其二,对分歧的容忍与开放。当每位组织成员都被允许拥有独立的想法时,分歧会不可避免地产生。但是在 30 年前,印第安纳大学的学院式共同体理念不仅鼓励成员公开大胆地表达自己的想法,也鼓励他们倾听不同的意见,并对意见分歧保持容忍与开放,在友好地、礼貌地协商与辩论中互相理解,最终解决问题。

正如乔治教授所言:"(英语系的)玛丽鼓励我走上了行政管理职位,但这并不影响我们在工作中因为意见不一致而发生争执。后来我还与不同的人发生了争执,如比尔·布雷特,他是 IUPUI(注:印第安纳大学在印第安纳波利斯市分校)的执行副校长,他的工作就是确保他们的校区获得尽可能多的资源,而我无论是作为整个印第安纳大学系统的学术副校长还是作为研究生院院长,都注定要与他们在某些问题上发生分歧。这实在是一件很正常的事情,因为不同的领导代表不同部门的利益,需要优先考虑的问题也不同……让我印象最深刻的是,我们可以用礼貌的相互尊重的方式表达分歧、争辩并且促进彼此反思。这种争执不必面红耳赤,而是以一种相对轻松幽默的方式进行,结束后我们仍然是朋友,可以一起去酒吧喝一杯。我觉得这就是我们心目中的学术圈,人们以学院式的方式交往,整个学校沉浸在一种独特的氛围中。但是我也必须承认,营造这种文化不是一件容易的事情,因为没有固定的方法。能否形成这种文化似乎更依靠关键领导的智慧与洞见。现在的大学因为各种原因已经变得不像从前了,因为我正好经历了这个变化的过程,因此很有些观察与体会。"

2. 成员的情感依赖与对组织的忠诚

这个学院式共同体公平地为每一位组织成员提供了表达个性、展示才华的机会,使他们相互学习、相互尊重、相互鼓励,甚至相互争辩。在个性得到表达的同时,他们也对这个共同体产生了深厚的感情,发自内心地忠于这个学术组织并且将其作为重要的情感寄托。

肯恩教授说道:"过去在印第安纳大学执教的教授,到退休时平均工作年限是 33~38 年,而音乐学院学术人员也在计算之列,他们一般都是音乐家或歌唱家,在表演生涯的暮年才来大学任教,工作年限基本不会超过 10 年。由此算来,很多常规学术人员自从来到这里就没有离开过,一直工作至退休。在我们学校,这种学术人员的比例要高于其他大学,对印第安纳大学也更有感情。"

横向学术共同体平等、融洽与开放的学院式理念使组织成员产生了强烈的依赖与眷恋。他们同时身处横、纵两个学术共同体中,同时具有双重成员身份、两种价值取向。一方面,他们具体地生活在每一所实体大学中,属于这个由不同学科的学术人员组成的横向学术共同体;另一方面,他们还同时属于由同一学科的学术人员组成的纵向的专业学术共同体,他们通过定期参加学术会议、在专业期刊发表研究论文的形式,互相交流提高专业水平,并通过获得来自该专业组织的认可确立自己的学术地位。两种价值取向并不必然构成矛盾,但是总具有潜在冲突的可能。对横向共同体的这种感情制衡了对纵向共同体的感情,使印第安纳大学组织成员坦然地接受双重的成员身份,甚至可以说,当时他们更加倾向于将自己认同为横向共同体中的永久成员,信奉该共同体崇尚的观念,并慷慨地将自己在纵向共同体中获得的资源支持大学建设发展。

(四)治理理念

在具有上述特性的学院式共同体中工作生活,学术人员积极参与院校治理实属预料之中。学术行政领导普遍延续着学院式的治理理念,关怀、爱护、扶植学术人员与学生,并且将此视为不可推卸的责任。在这样的组织文化观念影响下,学术人员因其意见受到了重视,在管理人员的扶植下切实获得了职业的发展,更加积极地参与组织治理。两个方面形成了良好的循环互动。学术人员积极参与院校治理的理念与行政管理者爱护学术人员、精心呵护其发展的学院式治理理念相互支撑、相辅相成。

1. 行政管理者的学院式治理理念

20世纪70年代初期,行政管理者以所在院系为家,并对其富有强烈的承担意识。他们真心地培养、爱护、扶植学术人员与学生,以此作为促进院系以及学校发展的根本途径,并从观念上将其与自己作为管理者的职责紧密联系在一起。在25位受访者中,有20位反复提到当时印第安纳大学行政领导的这种治理理念,强调他们对学术人员的关心、体贴与照顾以及对大学负有的使命感。受访者作为新成员进入该组织,深深受到这种理念的感召,并在未来的行政生涯中身体力行。

例如,商学院教授杰克回忆道:"我刚来印第安纳大学时教MBA课程,后来认识了很多学院里的人。能做到这点,约翰·米尔(注:当时商学院的院长)是个穿针引线的关键人物。他总能在我茫然无措的时候给我打气,让我恢复自信。虽然有时候我会惹他生气,他也曾很严厉地批评我,但是我仍然一直把他看作最可信赖的顾问。后来的院长亚尔特·威莫尔更是一个我随时都可以去咨询的顾问。他是一个非常称职的院长,是院里所有人的顾问。我们两人因为共同参与印第安纳大学给州政府做的咨询项目而比较熟悉……我非常敬仰他,并且总能得到他真心的建议。可以说,我是因为能与他工作才一直留在印第安纳大学的,这个决定我从来没有后悔过。……后来我自己也成了院长,那时(印第安纳大学商学院的)排名是全国第12位,等到我卸任的时候它已经变成了第7位。人们一直问我是怎么做到的。印第安纳大学是一所州立大学(经费并不充裕),当时知名的商学院一般地处波士顿、纽约、芝加哥与费城,那里商业繁荣,商学院与各大企业合作密切,而我们地处偏僻的布鲁明顿,没有他们的发展资源。直接的原因是这样的:当时在我的提议下,商学院开设了一门新的MBA课程,这门课程的精髓就是把关于商学的各门知识集中到一个综合的核心课程中,让学生对商学有一个全面的认识。后来我联系了《商务周刊》(*Business Week*)负责对全国商学院排名的主编,为他举办了一次讲座,详细介绍了我们新课程的指导思想。他显示出了浓厚的兴趣,原定45分钟的讲座后来持续了 3 个小时……这个表象背后深层的原因是，在这里我深深地感受到了一种'印第安纳精神'。你能够通过观察学术人员之间真诚的交流与合作看到这种精神的存在。当我在学院里提议开设这门综合课程时，只有一位学术人员投了反对票，其他人一致投票赞成。当时，我很受鼓舞，因为我觉得这里的人想做实事而且能做实事。这门课程当时还不是非常成熟，后来又经过了不断的完善与修改，但是它跨学科的综合精神一直没有变。在做商学院院长以前，我也做过主管 MAB 教育的系主任，但是因为那时没有机遇，我的工作受到了很多限制。在成为院长后，我终于做成了这件事。这让继我之后主管 MBA 教育的丹·戴尔顿有了更好的工作平台，为此我感到非常骄傲，可以说这是我整个行政管理生涯中最值得骄傲的一件事。"

美籍印度学者、教育学院教授博拉回忆道："（在印第安纳大学的 34 年中）没有人为难过我。教育学院的院长，从最初的大卫·克拉克到后来的唐纳德·沃瑞恩都非常民主开明。他们尽最大可能支持、鼓励学术人员的发展。在我申请评教授的时候，大卫与当时和我一道申请的其他人一一面谈，细致地告诉我们如何准备申请材料。我对他说：'我不知道该怎么做，我怕自己不行'，他回答说：'你现在就做得很好，照这样做下去就可以了'。"

2. 学术人员治校的传统理念

正是在学院式治理理念的感召下，这一时期学术人员参与共同治理的热情高涨。在 25 位受访者中，11 位在访谈中反复提到他们参与大学教授评议会及其下属分委会的经历。当他们刚进入这个学术组织时，其顾问（mentor）或系主任就建议他们积极参加各种治理委员会，参与学校建设与治理，他们也大多乐于身体力行。他们普遍认为，作为公立研究型大学的一员，其主要职责之一便是通过参加教授会表达意见，通过参与学校的治理与决策为大学做贡献。教育学院莫丽尔教授的叙述很具有代表性："我参加教授评议会的主要原因是精神偏执（笑）……我希望切实参与到学校制定政策的过程中，并且确保有人能够认真考虑普通学术人员的意见。其间，我与学校中不同部门的人打交道，并且很享受解决问题的过程。因为参与治理工作，我见到了大学董事会的成员，并且有机会和他们交换意见。在我眼中他们不再神秘，我发现原来他们也是再普通不过的人，也有很多生活环境带来的偏见。例如，在一次公开会议中，有几位纳税人质问他们，为什么布鲁明顿校区的某些博士留学生不能流利地用英语授课。后来这些董事与教授评议会开会时，质问的口气似乎是因为所有的博士助教都不会讲英语。当时我对他们的曲解感到相当气愤，直到稍后的闲谈中才发现原来他们也是道听途说……这是一个互相了解的过程，董事们带来的是本州纳税人的想法以及他们的关切，这些是我们作为学术人员应该了解的。同时我也会把学术人员的意见转达给他们。我们需要相互理解，然后才能共同努力，解决问题。虽然有些问题不是通过协商就可以解决的，但是协商与理解在解决问题的过程中总是很有帮助的。"

英语系的派托克教授回忆道："印第安纳大学特别是布鲁明顿校区有悠久的学术人员治校传统。我记得以前学校不向外界公开受聘者的薪酬待遇。于是学校里参加美国教师联合会(American Federation of Teachers)和教授评议会的学术人员就联合向学校管理层施压。海尔是其中最卖力的一个人,他是刑事司法学的教授,也是一名律师,在教师联合会的支持下他甚至一度与大学对簿公堂。最后州政府裁定印第安纳大学应该像其他州内公共机构那样公开受聘者的收入。从此,无论是学术人员还是其他人都可以向印第安纳大学索要这方面的信息。后来我向在其他大学工作的朋友说起这件事,无论是公立大学的人还是私立大学的人都觉得这件事不可思议,他们真的很羡慕印第安纳大学能这样公开透明。"

总之,在这一时期,行政管理人员与学术人员共同治校已经成为一个深入人心的组织文化观念,它甚至不必假借正式的组织制度(如教授评议会)即可实现。例如,法学院的教授道格拉斯回忆道:"我在没有被正式任命以前,一直是法学院的代理院长,有几次狠狠地得罪了大学董事会的成员。当时,我正在领导法学院的改革,提升办学层次,提高录取标准,因此我们刷下去很多不符合要求的学生,其中也包括几位董事的亲戚。他们或者怒气冲冲地给我打电话要求做出解释,或者苦苦哀求要我放宽标准。但是我只能抱歉地告诉他们,这是录取委员会的决定,我必须尊重,无权更改。后来在将我提名为正式院长的时候,一个董事因为这个前嫌对我大加反对,但是因为我获得了学术人员的支持与信任,最终得以顺利当选。"

四、结 论

从案例中不难看出,各组织文化要素之间存在着一定的互动关系。从性质上讲,组织成员的职责、学科的联系方式、大学的服务对象,是组织生活的理性方面;成员的情感、意愿与交往,是组织生活中偏于感性的方面。学术组织文化的理性方面往往比较一致,当组织认定的外部利益相关者发生改变时,组织成员的职责也会发生相应变化。组织文化的感性方面的联系也相对比较密切。当横向学术共同体具有平等、融洽与开放的属性时,成员更易产生强烈的组织归属感与认同感,自我认定为其中的一员,并因此积极参与院校治理。反之,当该共同体失去了开放与包容的特性,甚至在成员心目中已不再是一个共同体时,那么组织成员,特别是学术人员就会转而将身份认同建立到纵向学术共同体中,不再把横向共同体作为终身归宿,因而也不再积极参与院校治理。

同时,组织文化的感性方面又深刻地影响着大学理念中的学科联系方式。体现平等、融洽与开放的学院式共同体与共同治理理念的组织仪式,使学术人员能够充分表达意见,乐于表达意见,有机会与场合表达意见。此时他们的智慧才有机会交流碰撞,才有可能结合社会的需要、学术的发展与组织管理的现实,将已有学科以崭新的方式连接在一起,从而有可能形成具有创造力的新学术成果。而多学科性、跨学科性正是学术研究的生命力,是保持学术组织声望与活力的源泉。

虽然"象牙塔"之说遍见高等教育的各种典籍,但作为社会中的一种组织,大学从来不曾完全超然世外。在社会变革时期,大学必然遭遇冲击。转型与变革也孕育着机遇,大学并非没有任何可作为的空间。案例大学就是在这一时期抓住了发展机遇,在一批中高层领导干部的带领下,呈现出一片欣欣向荣的景象。印第安纳大学 2009 年诺贝尔奖获得者爱莉诺·奥斯特罗姆(Elinor Ostrom)就是这种发展的受益人,她正是在 20 世纪 60 年代末来到印第安纳大学的,得益于这种苦心经营的学术氛围。

今日我国高等教育的变革颇似彼日美国高等教育的变革,而无数国内的代表团纷纷到美国"取经",然后滔滔不绝地分享"先进经验",殊不知 21 世纪初的美国大学面临着许多深层的价值冲突,若不加分析地拿来,也许会造成未来的困扰。如何借鉴美国经验、借鉴哪个时期的美国经验,是大学领导者应该深思的问题。

（原载《高教发展与评估》2015 年第 2 期,第 73-86 页）

国外高校科研评估实践

胡泽文,武夷山

    高校评估包括对教学、科研、服务和高校整体管理等方面的评估,其中高校科研评估是指评估组织根据特定目的,遵循预先经过科学论证的评估标准(或称评估指标体系)和评估方法(包括同行评议、文献计量或二者相结合的评估方法),对高校不同院系职员的科研活动和科研成果进行分类评估或综合性整体评估,然后给出排名、绩效评估报告或绩效分,为高校职员的科研水平提供基准参考或价值尺度。高校评估分为内部评估和外部评估。内部评估指各高校内部评估组织(参与被评估对象发展与运作的组织)基于设计的评估标准和评估方法,对高校科研人员的科研情况进行评估。评估主体对评估对象比较熟悉,易于给出正面评估结果,但很难给出批评性评论意见和创新型解决方案,评估结果通常与科研奖励和职称晋升挂钩。而外部评估指高校外部评估组织(没有直接参与被评估对象发展与运作的组织,包括第三方非政府评估组织和第三方政府评估组织)基于设定的评估指标体系和评估方法,对各高校的科研水平进行评估,最后给出评估报告或高校排行榜。由于评估主体没有既得利益存在,评估过程和结果比较客观,能够从新的观点看待评估对象存在的问题。

    高校管理者和职员能够结合科研评估的结果,识别出高校在哪些专业具有较强优势,哪些专业处于劣势;个人在科研上有哪些优势(比如发表论文多)和不足(比如论文被引频次低、文章创新不够),等等。教育部、科技部和财政部等科研资助部门可以根据评估组织对高校的具体评估情况,决定给高校配置多少资源。高校科研处可以根据评估情况,决定未来应该将科研资源和政策向哪些学院倾斜,应该补充多少科研人才;决定将获得的科研资源分配给哪些人,如何分配。高校职员可以根据自己的科研评估情况,投入更多精力和资源,去攻克自己的不足之处,以获得职称晋升和科研资助。

    随着高校科研队伍不断扩大,科研资源和预算虽然在增加,但分配给每个人的科研资源和预算有可能变得越来越少。有效、科学、合理的资源配置是解决这种"僧多粥少"境况的方法。将科研绩效评估结果作为资源分配基本标准和科研政策决策依据的方式或许是一种科学、合理的方式,当然,前提是所用的科研绩效评估方法和指标必须科学合理。高校科研评估能够为高校管理者、优先领域科研资助、职员招聘和拨款支持等提供广泛而有价值的信息。许多高校和研究机构为了保持竞争力,正积极地实施内部评估和外部评估。设计合理的科研评估体系和激励政策能够促使高校科研人员产出高水平的科研成果,而且,成果的数量也不会落下。不合理的评估体系和激励政策也许会显著提升高校的科研成果产出数量（我们已定量化地验证过：中国高校"理工科研究生必须发表SCI 论文方能参加答辩"的科研管理措施对中国的 SCI 论文产出数量影响最大），但无助于产生高水平的、有重大社会和经济影响的成果。什么样的科研评估体系和激励政策是合理的、值得借鉴的？国际上有代表性的高校、组织开展的内部和外部评估实践值得我们研究与借鉴。

一、国内外高校科研评估研究现状

高校科研评估研究最早起源于 Bailar JC 在 1965 年发表的一篇关于高校科研评估的文章。从 1965 年至 2011 年末，国外学者共发表了 300 多篇相关论文，其中高校科研评估方面的文献有 217 篇，约占总量的 70%；高校排名方面的研究共有 91 篇，约占总量的近30%。近 10 年（2001—2011 年）发表了 201 篇相关论文，占过去 46 年间所发论文总和的近 67%，说明近 10 年国外学者比较关注高校科研评估方面的研究。英国学者 Taylor J通过调查分析发现，基于同行评议得出的英国高校科研质量评估结果，能够较好地被基于文献计量指标得出的评估结果所解释，即二者的相关性较高，这暗示：在高校科研评估过程中，使用文献计量指标，不仅可以降低同行评议的工作量，还可以减轻同行评议所带来的隐性偏见问题。

国内学者对国外高校评估实践的关注最早开始于 1985 年对美国高校评估概况的简要介绍。赵敏全面介绍了 2001 年英国科研评鉴（Research Assessment Exercise，RAE）的评估情况。王旭、赵俊芳、阚阅和栾明香分别介绍了英国高等教育科研评估的发展历程、评估政策、评估实践、评估环节、影响和存在的不足。周廷勇和王保华认为应对高校进行分类评估。孙明娟分析了俄罗斯高等教育质量评估体系。不过他们的研究主要聚焦于宏观层次的探讨；较少有学者从微观和中观层次上，系统性地探讨当前国际代表性科研评估实践在评估指标设置和评估方法上的特色之处及其之间的差异，以及探讨国内高校评估应该如何借鉴之。

二、国际代表性高校科研评估实践

国际上有很多政府机构或公益性组织主导第三方外部评估的实践。例如，法国于2007 年成立了评价法国高教机构的科研与高等教育评价署（Agenced évaluationdelare-cherché et de l'enseignement sup é rieur，AERES），该署主要通过现场考察的形式对高校进行评价，并且评价结果与拨款挂钩。意大利于 2003 年首次开展了国家层面的三年期科研评价（Valuazione Trinnale della Ricerca，VTR），六年之后，尝试将评价结果与拨款数额挂钩，完全采取同行评议方式。VTR 的后继者是五年期科研评价（Valuazione Quinquennale della Ricerca，VQR）。与 VTR 不同，VQR 采取同行评议方法与引文分析方法相结合的方式。澳大利亚于 2010 年开展第一轮"澳大利亚科研卓越（Excellence in

Research for Australia，ERA）"评价活动，代替之前的科研质量框架（Research Quality Framework，RQF），第二轮评价已于 2012 年进行。新西兰高校所获科研经费来自基于绩效的科研拨款（The Performance-based Research Fund，PFR），其中，对高校的科研质量评价结果占 60％的权重，采用同行专家评审委员会的方式，其评价已于 2012 年进行。英格兰高等教育资助理事会（Higher Education Funding Council for England，HEFCE）等于 2008 年开展科研评鉴（Research Assessment Exercise，RAE），其量化色彩很重。RAE 的后继者是 2010 年 3 月正式启动的科研卓越框架（Research Excellence Framework，REF），2015 年春发布评审专家委员会总评报告。与 RAE 相比，在 REF 评价活动中，定量学术评价指标的地位相对下降，更加突出"影响"（科研的社会影响和经济影响）类指标。

美国哈佛大学和英国牛津大学在 2012 年世界大学学术排名（上海交通大学发布的）中分别位居第 1 名和第 10 名，分别有 74 个和 57 个诺贝尔奖得主，其内部评估实践具有较强的国际代表性。

(一)国际典型高校的内部科研评估实践

1.美国哈佛大学肯尼迪政府学院的科研评估实践

王建民通过内部观察、邮件访谈和文献研究的方式对哈佛大学肯尼迪政府学院的科研评估实践进行了系统性研究。通过仔细研读相关文献，发现哈佛大学肯尼迪政府学院的科研评估实践具有以下几个特色。

(1)重视对行政后勤人员，而非教学科研人员的绩效考评。通过对行政后勤人员进行绩效评估，能够为高校教学科研人员创建一个良好的服务环境，增强他们的认同感、责任感和使命感，从而提升学校教学科研的实力和水平，促进学校发展成为世界顶级院校。据《哈佛大学肯尼迪学院 2008—2009 年度年鉴》统计，全院共有行政后勤人员 498 名，教学科研人员 131 人，二者之间的比例接近 4∶1。肯尼迪政府学院每年都会重点对近 500 名行政后勤人员的绩效进行考核，一般每年从 6 月开始到 9 月底结束，历时三个月，过程非常严格和规范，形式上充满技术性和艺术性。比如，行政后勤人员和教学科研人员之间应定期进行"日常性的对话"，帮助其确立清楚的期望目标，并给予支持，促进其发展，使行政后勤人员成为教学科研人员的战友。

(2)对教师的科研评估，没有年度、量化、正式、刚性的考评制度，主要借助"无形之手"的柔性和宽松机制。"无形之手"即聘任竞争力、教学评价压力和对学术声望的追求等。对于聘任高级教授职位和申请晋升的教学科研人员的评估比较严格，而对于那些已得到正教授职位的教学科研人员，评估较少且比较轻松。他们认为这些人都很优秀，具备十足的发展动力，不需要用官僚化的绩效评价来保持他们的生产能力。

(3)在对教学科研人员进行科研评估时，除了考虑科研成果数量外，更重视科研成果的质量和原创性，同时，也重视对教学科研人员的创造性、综合能力、学术视野、成果相关性、合作研究活动以及对机构的责任、作用与贡献等进行评估。

(4)不干预教学科研人员的研究方向和范围,为他们创造一个自由科研的环境。教学科研人员每年必须向院长提交年度工作计划,但院长并不干预教师在研究什么。比如分管科研的院长不可以告诉教师应该研究什么,或者要求他们参加什么特定的研究项目。对科研,只有鼓励,没有要求,让每一位教师在工作中充分享受自由权利。尽管哈佛大学各学院的科研绩效评估制度和方法不尽相同,但这种差异主要体现在微观方面,宏观上的认识和做法大体一致。

2.英国牛津大学的科研评估实践

英国牛津大学的科研评估与管理非常重视科研数据的管理、规划与利用。例如,他们借助科研信息管理软件 Symplectic,记录每个职员的科研产出信息(包括期刊论文、书籍和专利等),每个职员都有一个账号,定期提交自己的科研信息。软件中完整、准确、开放共享的科研信息有助于培育科研诚信环境,提高科研评估的效率、公正性和透明度。Symplectic 软件中记录有完整的职员科研信息,不仅向英国科研卓越框架(REF)提供科研评估材料,还为牛津大学内部各院系及其职员科研评估及其资助提供完整可靠的参考依据。因此,此软件已经成为很多英国高校为内部科研评估实践、REF 及 RAE 等准备待评材料的重要工具。

牛津大学非常重视并积极参与 REF 与 RAE 评估实践,其评估结果是牛津大学争取科研经费的主要依据,是提升学校科研实力的主要途径。第三方评估结果是一面镜子,能够让学校发现自己的薄弱之处,并不断改进和提升。

2008 年,牛津大学所有提交到 RAE 的研究活动,有 32% 被评为 4*(世界主导),70% 的研究活动被评为 4* 或 3*(世界主导或国际上卓越)。牛津大学凭借其在评估中的卓越表现,2009 年从英国高等教育资助机构中获得 1.19 亿欧元的资助,约占 2009 年牛津大学总体研究资助(4.8 亿欧元)的 1/4。REF 于 2014 年实施,并成为 2015 年以后英国高等教育资助机构基于质量进行科研资助的一个评判标准,因此英国各高校都加紧准备。牛津大学已动员学校研究委员会及各科研管理部门,在 REF 各评估单元委员会成员的协助下提交资料。

REF 和 RAE 在评估后会给出高校在具体领域之科研活动的质量概要和详细描述文件。牛津大学研究委员会和各院系科研主管人员会根据本校的整体科研表现以及各院系(各学科)在科研评估中的具体表现来分配科研资源,制定未来科研规划。例如,牛津大学向 RAE 心血管医学评估单元提交所有关于心血管医学方面的科研活动,RAE 心血管医学评估专家委员会根据具体的评估标准及方法流程,对提交的研究活动进行评估,并给出一份详细的质量描述文件。例如,牛津大学提交的 100 项研究活动中,达到 4* 标准的有 45 个,达到 3* 标准的有 40 个,达到 2* 标准的有 15 个。牛津大学研究委员会可以根据这些质量描述文件,找出学校心血管医学研究领域中的强势方面和存在的不足,以制定未来的科研规划,并使 3* 以下的研究活动进一步完善,争取达到世界领先水平。

此外,牛津大学在科研评估与管理过程中,也注重为教学科研人员提供高效便利的各类科研服务(如研究申请与资助相关服务、协调研究相关合同与协议的服务、为研究成本与定价提供建议、提供关于资助机会的信息、贴心的财务服务等),为其提供良好的科研环境。另外,牛津大学也非常注重对职员科研成果(包括技术、专利、软件、智力资产等)转移和商业化的管理,如协助研究人员商业化研究成果的知识产权(包含专利申请、许可授权、创建衍生公司等),并且对外提供牛津大学知识产权,包括专利、版权和软件等查询与获取服务,等等。这些方面的实践,有助于提升科研人员的商业化能力和科研成果的商业化水平,使科研成果产生经济和社会影响,极大地提高了牛津大学的社会服务功能,提升了其在 REF 中的整体表现,从而争取到了更多的经费。例如,牛津大学早在1988 年就成立了一个全资附属公司——Isis 创新公司(Isis Innovation Ltd),负责管理牛津大学的科研成果转移、商业化活动,并对全世界顾客提供专业咨询服务。Isis 创新公司的年度营业额高达 7 500 万元人民币,每年达成许可协议超过 100 份,并基于牛津大学科研成果孵化了 70 多家新创公司,平均每两个月形成一个衍生公司,其中有多家已在伦敦证券交易所上市。

(二)政府组织主导的国际代表性高校外部评估实践

1. 澳大利亚科研卓越框架

澳大利亚科研卓越框架在对各高校机构进行评估时,将提交的评估材料归类到八个学科大类及其子类中。针对不同的学科大类,采用的评估指标及权重也不一样。针对不同类型的指标,ERA 采用的评估方法各不相同,主要有引用分析、同行评议、定标比对、统计分析和等级排序的方法。

ERA 的指标体系主要分为五大类:科研质量、科研产出、科研收入、科研荣誉和科研应用。对于科研质量类数据,主要采用引用分析的方法进行测算;对于科研产出类数据,主要结合同行评议和定标比对的方法进行测算;对于科研收入和科研应用类数据,主要结合同行评议和统计分析的方法进行测算;对于科研荣誉类材料,主要采用同行评议的方法进行评估。通过分析科研卓越框架的评估指标、评估方法和评估指南等材料,我们发现 ERA 在特色评估指标和评估方法主要有以下几个特点。

(1)不搞一刀切,具体问题具体分析。将评估领域按《澳大利亚与新西兰标准科研分类》分成八个大类和不同子类,根据不同学科性质、成果产出类型从总的指标体系中选择适用于各学科的指标体系。

(2)不看绝对指标,看相对指标。ERA 在评估科研影响时,并没有使用总被引频次等绝对指标,而是根据不同学科论文的篇均被引频次计算出各学科论文的相对影响力值,并对其进行分区。

(3)不仅看高被引指标,还看零被引指标。ERA 除了采用各学科世界 TOP1%、TOP5%、TOP10%、TOP25%、TOP50%高被引论文的百分比指标外,还采用了零被引论文百分比指标。

(4)非常重视科研质量、科研内在驱动力(科研荣誉)、科研社会和经济效益(包括科研收入、科研应用与商业化)的评估。ERA 五大类评估指标体系中,只有一类是科研产出类指标,而且只评估科研产出的 20%,并且是通过专家评议和基于质量分级列表的方法进行评估,其实这项评估本身也是质量评估。其他四类是关于科研质量、科研收入、科研荣誉、科研应用与商业化的指标。

(5)评估方法比较多,在对不同指标进行评估时灵活采用不同的评估方法。

2. 英国的科研评鉴与科研卓越框架

英国科研评鉴自 1986 年开始,已经实施过六次,最后一次是在 2008 年。2010 年开始实施科研卓越框架。它们是由英格兰高等教育资助理事会、苏格兰拨款委员会、威尔士高等教育资助理事会、北爱尔兰就业与学习部联合发起和管理。科研卓越框架及其前身科研评鉴,是面向英国所有大学科研评估与管理的第三方外部评估框架,是评估英国高校科研活动质量的一个同行评议过程。

与目前盛行的高校排名有所不同,ERA 及 REF 比较重视评估过程和对评估结果的描述。评估后,会给出一份关于各高校科研活动质量的总体描述概要和详细的质量描述文档,高校可以根据评估报告中的质量描述,发现本校有哪些质量较差、需要改进和提升的学科或领域,在制定未来的科研政策和规划中,除了稳固世界领先的学科或领域之外,还要加大对那些劣势学科或领域的政策倾斜或资助力度。RAE 和 REF 的评估结果也是英联邦四大资助机构确定资助对象和资助金额的依据。各高校的资助额取决于其在RAE 及 REF 中的科研评估结果。

RAE 及 REF 在评估时也是按具体的学科进行分类评估,设置有 67 个评估单元(units of assessment,UOAs),每个评估单元设置一个专家委员会。2008 年科研评鉴的评估内容主要包括:①职工整体概况。每个评估单元中科研活跃人员和相关科研辅助人员的概况信息。②科研活跃人员。关于机构所选科研活跃人员的详细信息。③科研产出。每个科研活跃人员在规定出版周期(2001 年 1 月 1 日至 2007 年 12 月 31 日)中产出的科研成果,要求至少达到 4 项。④科研学生。全职和兼职的学术研究生与所授相关学历的数量。⑤科研奖学金。研究生科研奖学金及其资助数量。⑥外部科研收入。外部资助的数量及来源。⑦环境描述。包括科研环境和学术认可指标的信息。⑧教职工的科研环境。科研的时间保证和其他环境因素,比如有些教职工可能因生病或其他特殊原因导致科研成果少于 4 个,这时必须考虑他们的科研时间对科研产出的影响。

科研评鉴 2008 过于重视科研产出,权重高达 75%,对科研质量的重视不够,仅占 5%的权重。但是,科研评鉴 2008 比较重视对科研环境的评估,设置了 20%的权重。

科研评鉴 2008 专家评估委员会对大学 X 和大学 Y 所提交科研成果的简单质量描述概要。用 4 *、3 *、2 * 和 1 * 表示科研活动的质量级别。其中 4 * 指根据科研活动原创性(originality)、重要性(significance)和严谨性(rigour)评估出的国际引领级质量;3 * 指具有国际卓越级别,但达不到国际卓越最高级别的质量;2 * 指国际认可的质量;1 * 指国内认可的质量;未分类指未达到国内认可的质量。从比较中可以看出,大学 X 的科研质量明显高于大学 Y。大学 X 提交的科研作品中,处于 3 * 质量级别以上的有 40 个,而大学 Y 仅有 5 个。

科研评鉴评估结果的总体质量描述框架是由 3 个具体指标(科研产出、科研环境和同行认可)的质量描述结果分别加权,并经过子专家委员会利用累积舍入法(cumulative rounding methodology)进行处理形成的。利用累积舍入法处理描述结果,是为了确保质量描述结果中各级别科研活动占总量的比例总是能够累积到 100%,以避免计算简单产生不公正的结果。

REF 是 RAE 的改进版,其指标及其权重对比分析发现:REF 与 RAE 相比,更加注重对科研影响的评估。将科研评鉴中科研产出和科研环境的权重分别降低了 10% 和 5%,直接去掉科研评鉴中的研究认可指标,将其替换为影响指标,并将其权重从原来的 5% 提升到 20%。在科研影响评估方面,REF 更加注重科研对经济和社会的影响及其实现途径、策略和计划。在内容提交方面,REF 明确要求高校提交使其科研成果产生影响的途径和在评估期间获得影响的具体例子,这一点在 RAE 中没做要求。

科研卓越框架各评估专家委员会分别基于成果原创性(originality)、重要性(significance)和严谨性(rigour)标准,同时参考国际科研质量标准,对科研产出的质量进行评估;基于参与高校提交的优秀科研成果对经济、社会和文化等领域产生影响的广泛性和重要性标准,对科研影响的卓越性进行评估,同时对研究成果产生影响的途径进行评估;基于科研环境的活力和可持续性标准,以及它们对更广泛学科或研究基地之活力和可持续的贡献,对科研环境的质量进行评估。评估结果的描述与科研评鉴一样。

三、讨　　论

其一,评估应该细化。评估应该细化到具体学科、具体科研人员和具体项目,不同的评估单元应该有不同的评估指标及权重。如果使用同一套指标及权重去评估所有对象,势必会引起争议。比如,澳大利亚科研卓越框架设置了一套总体评估指标体系,在对不同学科进行评估时,根据不同学科性质及其成果产出类型,从总的指标体系中选择适用于各学科的指标体系。RAE 将高校科研活动按学科细分为 67 个评估单元,分别设置专家评估委员会进行评估。奥克兰大学强调以评价个人的学术研究项目为基础,而不是以院、系等单位为基础。但中国很多高校在进行科研评估时,对所有学科或科研团队的科研人员仅执行一套评估标准。这种评估方法虽然简单,但不够科学、合理。学科性质不同,评估标准应该有所差异,比如,人文学科的学者发 SCI 或 SSCI 论文非常难,甚至不可能,如果用发 SCI 或 SSCI 论文数量来评估人文学科的教师就显得不太合理,应该考虑其在人文与社会科学杂志上的发文、出版的富有影响力的书籍及其使用者的评价。文学教师编一本富有影响力的著作,或为学生讲的课非常生动,就可说明他们的学术水平较高。而对理科的老师,可以重点考核其在 SCI 收录杂志上,甚至在 *Nature* 和 *Science* 之类顶级期刊上的发文数量和质量来考核其科研水平。对于那些工科类专业,绩效考核时,应该更加注重其技术创新能力,考核其获得专利授权数量及这些专利技术的转让情况。

其二,评估中应该考虑科研时间的分配。科研成果考核应与科研时间分配挂钩。高校教师兼顾教学与科研,有些教师大部分时间在搞教学,而有些教师大部分时间在搞科研,如果把两类教师放在一起比较其科研成果就显得不够合理。另外,有些教师可能因生病、怀孕和出国学习等而导致科研时间严重不足,科研成果少。因此,对高校教师进行科研评估时,应充分考虑他们的时间分配。在科研时间内的科研产出才真正体现科研效率和学术水平。RAE 与 REF 要求有科研时间保证的高校职员至少提交 4 项成果,但那些特殊原因导致科研时间没保证的高校职员可以少提交一些,评估时也会考虑提交者的科研时间情况。

其三,应注重科研商业化活动的评估。科研商业化活动不仅可以体现科研选题的社会经济影响,也可以为一些科研经费较少的研究人员争取到一些横向经费,这在一定程度上可以缓解高校科研经费紧张的问题。因此,各高校需要注重对科研成果技术转移和商业化活动的评估。如 ERA 比较重视科研商业化活动的评估,分别设置了科研收入指标和科研应用指标,其中科研应用指标包括专利、已注册设计、植物育种产权和科研商业化收入等二级指标。RAE 与 REF 比较重视科研收入(科研环境指标明确将科研收入作为重要指标来考核)指标的评估,REF 明确要求高校提交使其科研成果产生经济和社会影响的途径和在评估期间获得影响的具体例子。牛津大学在英国科研卓越框架商业化指标的引导下,也非常重视科研的商业化活动。

其四,量化评估应与同行评议相结合。量化评估虽然客观,但无法从内容上评估科研成果的质量。再说,论文数量及被引频次也偶尔会出现人为操作的现象。同行评议虽然能够从内容上评估科研成果质量,但也存在缺陷,比如,主观性过强,同行的知识面不能涵盖所评估的所有领域和一些交叉学科领域,有些同行对被评估人员的研究领域了解不深。因此,量化评估与同行评议结合才能克服二者的缺陷,形成科学、合理、公正和富有激励作用的评估体系,不过权衡、设置二者权重较难。

其五,内部评估应与外部评估相结合。内部评估的实施主体直接参与了被评估对象的运作与发展,对被评估对象比较了解,在收集被评估对象的科研信息和发现突出科研人才方面具有很大优势。但正由于有这种了解,他们很难给出建设性评论意见和创新性解决方案;有时会掺杂一些人情因素,导致评估结果无法令人信服;由于缺乏评估方面的背景知识,较难设计出卓越的评估指标及方法。而外部评估的实施主体(主要指国家教育部门和公益性评估组织)未参与被评估对象的运作与发展,没有既得利益存在,能够从一个新的视角看待评估对象存在的问题;由于是第三方评估,评估过程比较客观,评估结果会公正一些;评估结果的使用比较充分,经常用作政府资助的依据;实施主体对评估指标及方法非常熟悉,易于提出一些具有前瞻性、催人奋进的评估指标及方法;实施主体比较权威,设计的评估指标能够引领科研风气(重论文类数量指标还是质量指标)。不过外部评估在信息收集和对被评估对象的认识和了解上不具有优势,评估成本较高。因此,内部评估与外部评估不是截然对立的,二者有各自的优势和劣势,具有互补性,应该结合起来,相互促进。外部评估能够为内部评估提供客观参考标准和指导,而内部评估能够为外部评估提供评估材料和建议。比如,牛津大学利用自身科研信息收集优势向 REF

及 RAE 提交职员的评估材料;这些评估材料以及 REF 的评估指标、方法和结果也为牛津大学各院系及对职员的科研评估、资助提供了完整、可靠的参考依据。同时,牛津大学研究委员会和各院系科研主管人员,也可以根据 REF 给出的质量概要和详细描述文件来分配科研资源,制定未来科研规划。

此外,REF 注重科研影响(主要指使科研成果产生重大经济和社会影响的途径和机制等)和科研收入(属于科研环境指标要求的评估内容)等指标的评估,这些评估指标也引导着牛津大学向科研创新、科研成果转化和技术转移等方面发展,创办一些附属公司为科研成果转化提供孵化途径,增加科研收入。

其六,评估时应考虑科研环境。良好的科研环境能够增加科研人员的归属感和认同感,促使其以更饱满的热情和强大的兴趣积极投入科学研究,攀登科学高峰,为母校和祖国科学水平的提升做贡献。RAE 专门设置了科研环境评估指标,并将其权重设置为20%,REF 将科研环境指标的权重设置为15%。牛津大学在科研评估与管理中,比较注重服务科研人员,设置专门的科研服务部门。哈佛大学也比较重视服务科研人员,哈佛大学年度绩效考核的重点,不是教学科研人员(faculty)而是行政后勤人员(staff),平均 4个后勤人员服务 1 个科研人员。行政后勤人员和教学科研人员之间定期进行"日常性的对话",并给予支持,促进其发展,使行政后勤人员成为教学科研人员的战友。科研环境涉及科研基础设施建设、科研项目申请、科研相关费用报销,等等。倘若科研基础设施过差,科研申请和科研费用报销程序过于烦琐,科研服务人员态度过差等,都会影响科研人员的科研热情和科研效率,影响其对单位的归属感和认同感。

其七,高校科研评估应考虑相对影响和零被引指标。高校科研评估不仅应该考虑高校科研水平和能力的绝对指标(如论文总被引频次和数量),也应该考虑相对指标和零被引指标。例如,ERA 在评估科研影响时,没有使用论文总被引频次和数量等绝对指标,而是根据不同学科论文的篇均被引频次测算出各学科论文的相对影响,同时采用各学科世界 TOP1%、TOP5%、TOP10%、TOP25%、TOP50%高被引论文的百分比指标和零被引论文的百分比指标。

四、结　语

高校科研评估不能总是着眼于过去的科研表现,也应该考虑:要想在未来科研评估时表现优秀,需要预先制定什么目标,怎么才能成功实现这些目标,实现的标准是什么。规划目标及其测度指标的实现,会帮助高校在未来科研评估时有优越的表现。因此,高校应该前瞻性地制定一些科研战略规划目标及行动,设定一些衡量规划目标是否成功实现的测度指标。

澳大利亚弗林德斯大学《战略规划 2010—2014》提出 9 项面向学校未来发展的战略:①建立强大的、对外开放的学校社区。②增加教育机会。③改进学生体验。④提升教学质量。⑤聚焦科研。⑥增强国际化水平。⑦增强员工归属和认同感。⑧建设卓越的校园环境和提高学校经济能力。针对每一项战略目标，弗林德斯大学《战略规划 2010—2014》详细描述了战略目标的定位和意义：为了实现目标学校将如何做，实现目标的关键行动是什么，测量目标成功实现与否的关键指标是什么。为定量化地测度未来科研目标能否成功实现，澳大利亚弗林德斯大学设置了几项关键测度指标：①将年度科研经费从 6 200 万美元增加到 2014 年的 1 亿美元。②在未来 5 年，将出版在 A 和 A＊类（由澳大利亚科研卓越计划定义的期刊级别）期刊中的文章数量提高 20％。③增加因科研卓越获得国家奖励的本校科研人员数量。④截止到 2014 年，建立 2 个外部资助的国家级科研中心。澳大利亚弗林德斯大学规划的这些战略目标及其测度指标有助于该校在 2014 年的 ERA 评估框架中取得较好成绩。

（原载《高教发展与评估》2015 年第 4 期，第 57-69 页）

西方亲社会行为研究与学校教育

吴　玫，周　宏

一、研究背景

转型期中国社会频频出现的道德失范事件，引起社会舆论的广泛关注，更引发教育领域的深刻反思。追溯西方亲社会行为研究可以发现，半个多世纪以前的美国社会现实与中国社会当前状况高度相似，其所引发的社会道德思考也是一致的。因此，梳理西方亲社会行为研究及其相关成果，将对中国此类研究有所启发，并为进一步探索中国学校教育亲社会行为培养问题提供理论支持和实践参照。通过对大量有关文献的整理分析，我们发现：西方亲社会行为研究集中在心理学领域，其他学科（如社会学、教育学等）围绕亲社会行为的研究普遍基于发展心理学所揭示的个体认知规律——个体认知是随着年龄的增长而逐渐拓展的，人的成长在每个年龄阶段都体现出相似特征和普遍规律。本文在西方学者 Nancy Eisenberg，Richard A Fabes 和 Tracy L Sprinard 对个体亲社会行为发展（development of prosocial behavior）有关研究整理的基础上，探索亲社会行为的哲学实质、概念界定、内涵流变及影响因素，重点推介西方学校亲社会行为教育中的理论进展和研究发现，为当前中国学校教育中亲社会行为的培养提供借鉴。

二、亲社会行为概念界定和科学研究的缘起

亲社会行为（prosocial behavior）是指"帮助他人或使他人或群体受益的自愿行为"。亲社会行为理论是相对于反社会行为（antisocial behavior）理论而提出的。反社会行为是指为了满足个人或少数人的需要而违背社会公认的行为规范，损害整个社会或公众的共同利益的行为。反社会行为既包括违反法律的行为，也包括虽不触犯法律却违反道德的行为。

研究显示，亲社会行为的概念界定发生了一系列改变。稍早的定义把亲社会行为与行为人动机是否指向回报联系在一起，认为亲社会行为是指"对他人有利且不求回馈之社会行为"。随着亲社会行为研究的范围扩大，学者们对亲社会行为有了新的认识。德国心理学家 Dick 把亲社会行为分为职业要求和非职业要求两类，护士、消防员、清洁工等的亲社会行为都是出于职业上的要求。无论是否要求回报，他们行为的性质都属于亲社会行为。并且这些行为可以要求回报，包括金钱上的回报。Dick 进一步指出，亲社

行为与利他主义行为(altruism)的区别在于,利他主义行为是纯帮助行为,其动机是不求回报的;而亲社会行为是指那些使社会受益的行为,至于其动机是否求回报,并不影响概念界定。

20 世纪 70 年代以前,学界并没有在亲社会行为研究方面投入太多的精力和关注。一次偶发事件引发了人们对亲社会行为的深度讨论和研究,这一事件就是 1964 年发生在美国纽约的"凯蒂·吉诺维斯(Kitty Genovese)谋杀事件"。32 岁的凯蒂·吉诺维斯女士在下夜班回家途中遭遇暴力袭击,事件目击者前后多达 38 人,然而无一人站出来制止,只有一位目击者在袭击结束后报了警,最终凯蒂身亡。这一事件震惊了整个美国社会,一些社会学家、学者对此现象展开研究。美国社会心理学家拜布·拉塔尼(Bibb Latané)和约翰·达理(John Darley)的研究颇具影响力,他们把他人遭遇危机时,旁观者视而不见、不进行干预的行为称作"旁观者效应"(bystander effect)或者"吉诺维斯现象"(Genovese Phenomenon)。

纵观西方亲社会行为研究历程及其成果可以发现,亲社会行为概念的内涵变化极其复杂并且深受不同研究范式的影响;不仅涉及心理学、社会学、哲学、生物学等学科领域,在各自学科中还存在细分学科支系的差异。例如,在心理学中,有来自认知心理学、行为心理学、发展心理学等的不同解读;在社会学中,有来自文化决定性和家庭内外社交行为等不同视角的解释;在生物学中,有进化论、神经学、遗传学以及性别因素的分析等。这些研究有些从人的本性、个体特点、外在环境因素等方面分析亲社会行为的影响机制,也有一些研究尝试构建人类亲社会行为的理论框架。

三、亲社会行为发展的理论和实证研究

西方学者认为亲社会行为和同情心的哲学根源在于宗教教义,犹太教、基督教、佛教的教义中都有关于"爱""给予""和善""同情""仁慈"及"终极幸福"等戒律。宗教把这些有利于人类和社会的行为作为信仰者的行为准则。然而,哲学家 Rousseau 反驳了亲社会行为的宗教根源论。他认为人的本性在根本上是好的,人对他人的敏感是与生俱来的。他的观点是:如果个人能够发展这种正直和敏感的本性,对他人负有的道德责任和对公共利益的关心也能够得到相应发展。他相信是社会原因摧毁了这种与生俱来的道德本性。Kant 也反驳了道德自我主义的戒律,并表示如果某行为是某人的职责,那么他就有足够的行动理由,这和兴趣无关。Kant 认为,亲社会行为、道德行为以及价值观与个人的愿望和自我控制能力有关,而与情绪完全无关。

(一)理论研究

西方理论研究与实证研究显示,亲社会行为和同情心形成于人的早年阶段。Hoffman 提出了一个四级理论模型,精确地描述了婴幼儿亲社会行为中的感知、自我意识、人我区分意识的作用。他总结了儿童从回应他人痛苦到为他人着想的不同亲社会行

为形式中的同情心不断发展变化的情况。Hoffman 关于亲社会行为的四级理论模型的主要内容如下。

第一个阶段是"自我中心的同情痛苦"阶段。新生儿和婴儿意识不到自己与他人的区别,分不清自己和他人的痛苦,当别人哭时,她/他自己也哭,直到近一岁时进入"自我中心的同情痛苦"阶段。在这一阶段,她/他会把自己的痛苦暴露给他人以求得安抚,并且他们的自我与他人的区别意识得到发展。

第二个阶段是"半自我中心的同情痛苦"阶段。在两岁初期,孩童作为痛苦的当事人会通过寻求拥抱等方式得到他人的帮助。在这个阶段,孩童能够区分自己和他人的关系,能够体验到对他人的同情和关心,而不是单纯地寻求他人的安慰,并且有时候他们会尝试着去安抚他人。不同于之前的纯自我阶段,这个阶段的孩童能够以适宜的同情心回应他人,Hoffman 称此阶段为"半自我中心的同情痛苦"阶段。

第三个阶段是"真实的痛苦"阶段。Hoffman 指出,第三阶段一般开始于两岁的某个时间点。他认为,进入此阶段标志着孩童逐渐意识到他人的感受,并能够从他人的角度去理解这种异于自己的感受。因此,这一阶段的亲社会行为反映了孩童对他人需求的意识。与"自我中心"和"半自我中心"的同情痛苦不同,这个阶段的孩童能够以更少自我中心的方式、以更多确实的同情心来回应和帮助他人。随着语言能力的发展,孩童能够以较之前更为丰富的情绪来同情他人。然而,Hoffman 认为,这个阶段孩童的同情反应仅仅发生于眼前或特定情形的他人痛苦。

第四个阶段,当儿童发展了更多复杂的、换位思考的能力,并能够抽象思维时,即使他人不在现场,也能体会对他人同情的回应(例如,当听到他人受苦的时候)。在儿童中后期,能够对他人的总体状况和请求产生同情。青少年能够理解和回应整个人群或全班人的请求,例如,对贫穷或遭到政治压迫的人。因此,Hoffman 指出,儿童能够随着认知能力的不断成熟而更好地回应他人对痛苦的在意。

学者 Stern 对 Hoffman 亲社会行为四级理论模型第三个阶段的部分观点提出疑问。他认为,儿童主观自我识别主观他人的能力要比 Hoffman 认定的发生时间更早。尽管这一疑点悬而未决,但 Stern 认为亲子间的情感和谐与共鸣——虽然人们相信这在很大程度上超出了孩子的自觉意识——可能是促进情感同情心早期发展的因素,尤其是父母在互动中表现出情感同情时。

(二)实证研究

1. 婴儿和儿童时期的亲社会行为特点

相比之下,考察低龄少儿亲社会行为的研究,在成果数量上少于、在研究深度上浅于针对较大儿童、青少年、成人的同类研究。尽管如此,还是有一些研究印证了 Hoffman 的理论。例如,Martin 和 Clark 以及 Sagi 和 Hoffman 的研究称:有证据显示新生婴儿表现出一些全球共有的同情心,当其他婴儿哭泣时,她/他也会以哭泣来回应。更为有趣的是,在回应其他婴儿的哭泣时,该婴儿的哭泣会表现得更为痛苦。这说明他们生物性地经历了基本的同情心。也有学者质疑这种解释,例如,这可能只是婴儿发现了一种比自己的哭声更为令人厌恶的新的哭声而产生的反应。

从 6 个月左右开始,婴儿偶尔会回应其他婴儿的哭泣,但多数情况下表现为忽略或只对自己的伙伴回应。显然,婴儿对他人的情感信号会有回应。有研究发现,如果母亲对 9 个月大的婴儿表现出悲伤或愉悦,婴儿会表现出消极情绪以避开母亲悲伤的视线,或以更快乐的情绪来回应母亲的愉悦。这些发现说明非常年幼的孩子也会被他们所观察到的(他人的)情绪所影响。12 个月到 18 个月的婴儿可以更清楚地回应他人的消极情绪,有时会以关心和亲社会行为的方式来回应他人。这些模式在与母亲、兄弟姐妹、伙伴、陌生人的互动中也有所发现。38 周到 61 周的婴儿有时候会通过痛苦的哭泣来回应他人的痛苦,但他们偶尔也会表现出微笑或者大笑的积极情感作为对他人痛苦的回应。

在对学前儿童的研究中,Lois Murphy 发现学前儿童对他人的痛苦所做出的反应是多种多样的。这些反应的跨度较广,包括从同情、亲社会行为到自我为中心和无同情心的情况,如大笑、侵犯行为或者置之不理。其他婴幼儿和学前儿童样本中也有类似的发现。一项针对托儿所幼儿回应同伴痛苦的研究发现,在 345 次事件中,只有 11 次事件中有亲社会行为。Hoffman 认为,亲社会行为还和认知发展的指标相关,如自我认知(包括区分自己与他人的能力)、换位思考能力等。

总体而言,亲社会行为在儿童早期阶段是随着年龄的增长而增长的。此外,儿童无同情心地回应他人的痛苦从 3 岁开始逐渐减少。

2. 青少年时期的亲社会行为特点

根据 Eisenberg 和 Fabes 的综合分析,青少年比 7~12 岁的儿童更倾向于分享和捐献的亲社会行为,但在"有用的帮助"和"安慰"方面他们之间没有差别。13~15 岁、16~18 岁两个年龄段的青少年都比小学生更倾向于采取亲社会行为。因此,青少年确实比更小的儿童有更多的亲社会行为,但这只在特定的几项研究中得以证明。在实验和结构性研究中(而非在自然状况下或相关性研究中),尽管 12~18 岁青少年的亲社会行为没有全面增长,但在分享和捐献(不是帮助)方面发生了增长。此外,在帮助被侵害的受害者方面,青少年的亲社会行为随着年龄增长而减少。这个综合分析同时还发现,成年人的亲社会行为不像青少年那样随年纪变化而变化。根据 Hoffman 的理论,人们都会期望青少年的与同情心相应的行为会随着年龄的增长而增长,特别是在对抽象群体(如被剥削群体)的同情方面。1986 年之前的一项研究发现,亲社会行为从儿童时期到青少年时期呈增加趋势,但青少年年龄与同情心相关的趋势并不稳定。

3. 学校教育中的青少年亲社会行为

儿童在学校中普遍接受了道德教育,但学校学习经历对学生亲社会行为认知的影响却很少。一项对课堂教育中自然发生的亲社会行为的研究发现,一、二年级非常少见亲社会行为发生(只占所观察行为的 1.5%~6.5%)。进一步研究还发现,在学前教育中,教师很少强化或鼓励亲社会行为。上述发现显示,常规课堂可能没有教会或激发儿童更多的亲社会行为。

然而,一些特殊的教学安排或许可以促进亲社会行为。例如,Bizman 和 Yinon 等人的研究发现,以色列幼儿园接收不同年龄儿童的班级会比只接收相同年龄儿童的班级发生更多的利他行为。在小学阶段,与传统课堂教学活动相比,身处活跃课堂教学活动中的学生在合作和单独学习方面更注重帮助同伴。

一些研究者也对比过上托儿所和不上托儿所的儿童的亲社会行为情况。Clarke-Stewart 的研究发现,上托儿所的孩子在社交发展方面会得到暂时的加速提高,而且他们的亲社会行为比不上托儿所的孩子多。然而,也有证据显示,在家受照顾不上托儿所的孩子在帮助陌生人或不认识的孩子方面有更多的亲社会行为。另有研究人员指出,尚未发现对家庭外看护儿童(包括上幼儿园的儿童)的亲社会行为发生可靠或稳定影响的相关因素。

也有不少学者专门研究了学校促进亲社会行为的有关课程和活动,发现学校为加强学生亲社会价值观、行为、态度而设计的活动,的确能有效地促进儿童的亲社会态度和行为。然而大多数此类活动持续时间较短,效果较弱,对一部分学生来说是不够的。并且这些干预活动由于耗费时间、收效不高而备受争议。

4. 志愿行为对亲社会行为的潜在影响

就亲社会行为中的志愿行为而言,青少年时期比儿童时期水平更高。另据美国国家教育统计中心数据显示,1996 年在美国有一半以上的青少年参与过各种形式的社区服务或志愿活动。志愿行为是一种有趣的亲社会行为,它不是一次性的而是持续的,有利于培养青少年的亲社会行为和公民意识,促进个人的发展。

尽管志愿行为的动机多种多样,而且有时关乎自己,并非出于单纯的利他主义,调查者发现高中学生从他们的志愿行为经历中受益。多个学者的研究发现,志愿行为与青少年的自尊、自我接受、道德发展和相信"帮助他人是个人的责任"有正相关关系,并且对关心社会问题和更倾向于未来的服务有促进的关系。

在一个针对青少年的志愿行为和非志愿行为的研究中发现,当基本层面的与志愿行为相关的变量得到控制的情况下,志愿行为与之后工作中获得的工作内在价值、期待参与更重要的社区工作的愿望有正相关关系。有证据显示,参与(和不参与)志愿服务与降低学习科目通过率、逃学、休学考察、辍学、纪律问题以及怀孕问题是相关的,并且和提高阅读能力相关。一项前瞻性的纵向维度的研究发现,志愿者工作反向预测了后来的被拘留甚至反社会行为倾向,有更多的亲社会态度和行为,以及对传统的行为准则的遵循。即青少年参加志愿服务越多,在以后的生活中违法被拘留和反社会行为倾向越少,并表现出更多的亲社会行为,遵循传统的行为准则。还有研究认为,志愿者项目的质量(如给青少年志愿者的自由度、挑战性和对工作的享受程度)、项目的长度(12 周或更长的项目效果总是好于短期的项目)、年纪(在一些情况下年纪较大的青少年收益更多)都证明是志愿行为对亲社会行为的有效影响的因素。

5.影响亲社会行为的其他因素

尽管从人的发展角度对亲社会行为的研究大多集中在人的早年时,如婴儿时期、儿童时期和青少年时期,专门针对成年人的亲社会行为的研究并不多。但是,影响亲社会行为的因素研究却不少,性别、文化、家庭内外的社交方式、社会认知、与同情心相关的情绪等都对亲社会行为有影响,本文研究暂不做深入探讨。

四、讨 论

综上所述,亲社会行为具有全球性的特点,即中国传统文化中所指出的"人之初,性本善"。西方亲社会行为的理论研究认为,亲社会行为是与生俱来的,在人的早期年龄段出现并得到发展。部分实证研究也证明了在儿童和青少年时期,亲社会行为的某些方面的发展,如分享、给予、同情心等随着年龄的增加而增长。关于这些发现,来自科学的解释是:随着人的自我认知、区分自我和他人的能力、换位思考能力的增长,亲社会行为相应得到促进。然而,也有研究认为,亲社会行为发展具有年龄趋势的结论并不完全成立,这跟考察的行为类型有关,例如,在分享、安慰或综合的指标方面较为稳定,而其他方面则不然;这也跟数据收集有关,例如,资料来源于观察、自我汇报或他人汇报等。

成年人的亲社会行为不会由于年龄的增加而得到发展,那么我们是否可以推断,在成人阶段的亲社会行为不是随着年龄增加而不断发展的,而是较为稳定和受其他因素的影响? 如果这个推断成立,那么,就可以认为早期的教育(特别是家庭教育和学校教育)对亲社会行为的培养起到关键作用。这和中国的另一个传统文化的教导有共同之处,即"子不教,父之过;教不严,师之惰"。也就是说,如果只养孩子不教育他/她,那么是父(母)的过错;如果教育得不够好,那么是因为教师不够勤奋。总之,一个人如果没被教育好,家庭和学校是负有责任的。可见东方理念和西方的研究结论是相辅相成的。

在学校培养青少年的亲社会行为方面,学校的日常教育活动对促进学生的亲社会行为并不明显。然而,一些特殊的安排却能增加学生的亲社会行为,例如,在幼儿园或学校,不同年龄的学生混班一起学习,和使用主动合作的学习教学方法而不是传统的以讲授为主的教学方法,能够促进亲社会行为的培养。

在青少年阶段,长期组织志愿者服务活动被证明对学生的亲社会行为的培养有显著的促进作用,有利于青少年的服务他人与公民意识的培养和个人发展。在西方教育体系中,采用多元的学生评价方式,除了学习成绩外,学生参加课外活动包括志愿活动是另外一项重要考察指标。例如,在高等院校招生环节中,必须提交课外活动的情况,这些情况包括活动内容、所负责任、每周活动时间、总共持续周数、证明信等。可见,尽管课外活动不是学校的主要责任,但是西方教育体系中学生评价的不可缺的考察指标。因此,西方学校不仅认识到"服务学习"(service-learning)在学生教育中的重要性并且对其进行推广,还逐渐把社区服务活动与学校的学生教育相结合,以此促进学生的亲社会行为。

总之,亲社会行为的发展具有生物性规律(年龄、性别、遗传等),也受家庭和环境的影响,同时可通过学校组织有意义的志愿服务活动得以提高。培养人的亲社会行为是家庭、学校、社会共同的责任。如果社会道德底线遭受了挑战,仅仅谴责"当代人"是不够的,我们必须反思对"当代人"的教育存在的问题,社会中的冷漠现象不是哪一天偶然出现的。拥有什么样的社会,就需要培养什么样的人。社会道德是一代人对下一代人的培养,如果对下一代的培养不合时宜,自噬其果是必然的。

(原载《高教发展与评估》2015 年第 4 期,第 70-79 页)

2016 年

高等教育"问责三角"的主要实践与国际趋势

宋　佳

一、伯克"问责三角"中的问责形式

克拉克(Burton Clark)提出了高等教育治理的三角框架,即政府控制、学术寡头和市场模式在高等教育体系中的三股协调力量。伯克(Joseph Burke)在此基础上,根据不同问责形式下大学对不同主体的回应而得出的问责三角模式,实质上也代表了三种不同的问责倾向,即政府(政治)问责、专业问责和市场问责。政府问责反映了政府和公众对高等教育的需求和期待;专业问责则代表了学术人员(团体)的关注和旨趣;市场问责是在学生家长、商业伙伴和其他外部利益群体的倒逼下推进大学教育教学改革,以满足不同持份者的利益需求。

在高等教育审计和问责的过程中,在院校内部利益和外部问责之间始终存在诸多矛盾和冲突,主要体现在院校提升和外部问责之间、同行评估和外部管制之间、输入和过程对比输出与结果、名誉声望和问责回应之间、咨询和评估、威望和绩效、信任和证据事实之间、量化方法与质性方法之间的差异。这些冲突都可以相对集中地用"问责三角"来描述,即代表国家利益的政府力量、表达学术诉求的专业力量和满足市场期待的市场力量之间的角力和博弈。

英国、澳大利亚和新西兰等国在构建本国的高等教育质量保障体系中,均不同程度地采取了学术审计或院校审计。学术审计体现了最大限度地对学术关怀和政府力量的回应,未来可能会对市场力量有所回应。尽管学术审计最初是作为质量保障机制的一项重要内部过程由学术团体进行的,但这项制度在保护专业规范、提升院校表现和发挥问责作用方面表现出了灵活性和有效性。和评估制度逐渐走向内向问责相反,学术审计在趋向成熟的过程中,显现出更多的外向问责特征,包括公布审计结果、关注学生学习结果等。尽管有学者预测其对市场力量的关注度会增加,但仍然不会改变政治力量和学术力量对它的双重影响。美国的高等教育问责主要是认证模式。认证是侧重于学术关怀的,尽管院校管理者和教授会抱怨地区认证增加了大学不必要的行政负担,但主导认证工作的人员代表了学术力量和同行评估。最初,认证的关注焦点是学生和资源的投入情况以及院校完成使命过程中的内部治理和学术行为,随着其不断发展成熟,日益凸显出其对学生学习、院校结果和治理过程的重视。

评估作为一种问责制度,在不同国家有不同的制度设计,如英国的教学与科研评估、中国的本科教学评估、中国及英国等新一轮本科审核评估中的院校自我评估。有的评估结果具备可比性和排序性,有的不具备。随着时间推移,评估作为外部问责和院校自我提升之间的联结愈发松弛,评估将直接服务于院校自我反思和质量改进,间接服务于外部问责,希望借此消解评估本身所携带的外部强制性,进而激发学术组织的主动性。但也有学者指出这种消解不会带来上述理想结果,反而会使院校失去压力带来的动力。但凡想将评估从外部问责制度中解除出来的决定,都是希望其能在"问责三角"中远离政府或市场力量,逐渐靠近学术关怀一角。

很明显,市场力量会对院校的教学、研究和服务项目构成一定影响。这其中包括来自学生、雇主、大学外部合作伙伴等视角和立场展开的调查,如澳大利亚的毕业生去向调查(Graduate Destination Survey,GDS),课程体验问卷(Course Experience Questionnaire,CEQ),毕业生技能评估(Graduate Skill Assessment,GSA)以及美国的全国学生参与调查(National Survey of Student Engagement,NSSE)等。中国当前虽然还未推行全国性的学生调查,但清华大学、西安交通大学等院校已经在借鉴一些国外学生调查的基础上开展校本学情调查,以服务内部办学反思和质量提升。在政府财政紧缩的境况下,学生学费和研究收入凸显了市场力量对院校发展的意义,加之政府不断下放权力并且直接资助学生而非学校的做法,迫使院校关注学生需求和利益。尽管市场力量在直接提高质量方面没有明显建树,但政策制定者要求大学对市场做出回应。"问责三角"中呈现出向政府力量控制角度适度漂移的迹象。

与绩效和财务捆绑在一起的问责都体现了较高的政府控制。绩效拨款强调政府权威,对学术和市场力量较少关注。一些负责绩效拨款的中间协调机构,通常并不是根据法律法规来分配资金,而是根据与院校领导的咨询谈话和相关项目申请。从政策制定的角度来讲,这样的方式肯定存在绩效拨款和预算的偏差。有学者建议将政府控制的绩效拨款权力适度让渡给院校,让院校根据自我使命和目标自行决定如何分配和使用资金,但是就目前情况来看,绩效拨款牢牢站在"问责三角"中政府力量控制的顶端。绩效预算比起绩效拨款来说,更靠近市场力量,其绩效指标和学生、工商业界、社会组织有关,但总的来说也是由政府控制的。绩效报告制度也同样受到政府的推崇和学术人员的抵制。公布的绩效报告结果可能会对潜在的学生群体产生影响,但由于其一贯以来"长篇大论"和复杂难懂的风格,对政策制定者和学生家长其实起不到实质作用,即使里面包含了批量的事实数据作为支撑,也不一定是学生所希望得到的有用的详细信息和资料。在"问责三角"中,它越来越趋向中心,因为它的设计理念中包含了市场关注和较强的院校主动性。

报告卡制度是美国一项全国性的旨在比对各州高等教育事业发展情况的政策。与其他问责制度强调院校表现不同,州报告卡关注本州和全美的高等教育发展,所以其离学术关怀和市场力量都比较远,是典型的政治问责制度。中国新一轮的本科教学审核评估中,要求各院校填写的年度《本科教学质量报告》及《教学基本状态数据分析报告》实质上就是这种报告制度。报告制度在伯克"问责三角"中居于政府控制的最顶端。

二、问责制度之差异形成的原因

首先是关注的焦点有内外之别。认证、评估和学术审计主要关注院校内部过程,依赖学术团体内成员的同行评估。报告卡制度、市场力量、绩效报告、绩效预算和绩效拨款主要关注外部人员和外部力量的需求。当前,尽管不同的问责制度在相互向彼此关注的方向移动,但尚无哪一种问责制度能够完全在内部关注和外部利益之间取得足够平衡。从高等教育问责制度的发展来看,最先都是源于外部压力。认证、评估和学术审计一开始就内含了内向问责和专业问责的向度,强调对专业规范的回应以及同行的参与。报告卡、绩效报告、绩效预算、绩效拨款和市场力量代表外向问责,也包含了上行问责的要素,即对行政和法律部门负责。内外向度的两分是问责制度客观存在的特征,大学作为一个组织,不仅需要倾注于内部专业人员的发展,也必须对外在"客户"的需求做出回应。

其次是院校行动的驱动不同。问责之所以能够驱动院校的表现趋向良性或期待的方向,依赖的是三个要素:信息、宣扬和资源。信息通过问责能够为院校认清自身情况、规划下一步改进行动提供参考;宣扬意味着问责结果会被公之于众,院校会据此来宣传自我形象;资源则是指问责结果会直接关系到院校是否会获得及获得多少发展所需资源,主要涉及财政资金问题。认证主要是信息驱动问责机制,是为了明白院校内部的表现如何,所搜集的信息都被认为是对提升和改进内部表现有价值的。相反,报告卡、绩效报告、市场力量等问责方式的前提假设,是问责报告的公布会对院校形成压力,令其不得不努力表现,否则会在院校的对外宣传和形象建设工作上处于劣势,进而影响院校的发展。学术审计也带有此种内涵,不过它还有信息驱动。此外,对绩效拨款和预算的竞争以及市场力量的影响直接影响到院校的发展资源,其背后假设也是资源会对院校绩效表现起到关键作用。

毫无疑问,不论是何种问责,信息都是必备要素。同时,问责结果的公开性和宣扬性也是必要条件,尤其是对处于民主社会中的公共服务组织来说。而资源作为院校发展的最主要依赖也不可或缺。就目前发展阶段来说,虽然内部信息的获得可能足以激发大学进行质量改进,但持续性的变化还必须要求问责结果的公开和资金驱动的存在。就奖惩结果的力度和表现方式来看,问责方式可以分为柔性、中性和刚性三种:关注于院校内部表现的、以获得相关信息为目的的方式是最柔性的问责方式;通过公布院校评估报告的形式来换取公众认可,是较为中性的问责方式;对院校影响最大的是资源的失去或获得,如绩效拨款制度,这是刚性的问责方式。

再次是关于问责结果应该是"因校制宜"还是在相对统一的标准上进行比较这个问题,不同学者有不同看法。有的认为因为每一所院校情况都是不同的,所以不能用统一尺子来衡量,问责结果也应该是基于不同院校的情况做出个性化评价,而不是将结果集中起来进行高低对比。即使是比较,也应该是在划分院校类别的基础上在同类中进行比较,这样可以最大化地保持高等教育系统的多元性。尽管如此,在比较的时候也还要关照院校的使命、规模和环境等因素。另外也有观点认为,一旦缺乏了可相互比较的基准,问责的效力和院校的动机会相应降低。

其实,这些高等教育问责形式并非完全独立互斥的,而是可以相互借鉴和结合。尽管如此,目前高等教育问责制度仍然存在不少问题:在问责目标和优先性方面尚未达成完全一致,政策制定者、高等院校和学生家长在问责的实施和期待方面缺乏沟通,撕裂了院校自我提升和外部问责之间的关系,缺乏直接测评学生学习的方法,政府、高等教育系统、大学和院系在问责上的努力方向不同,问责措施缺乏整合性和统一性,问责制度的符号意义大于具体实践效果。虽然各国高等教育情况不尽相同,但相同的是:问责都处于政府力量、学术关怀和市场力量的回旋中。

良好的问责制度应该具备如下特点:明确界定清楚政府最希望从高等教育中得到什么,并且要经过社会相关团体、公民代表、政府和教育领导的同意;形成一个能在政府关注、学术关怀和市场需要之间力量平衡的问责实施计划,在三方力量组成的国家层面的管理机构下,制定实施计划的目标、绩效指标、时间表;不论是公立还是私立院校,都要加入问责;对于追求外部问责结果的问责制度来说,要最大限度地保护院校的自主性;在保证问责措施多样性和完整性的前提下,要确保有充足且持续的资金服务于问责目标的不断调整;在问责制度下,所有院校都能在自己所设定的办学使命和目标上取得满意表现;在问责制度设计和具体实施之间,无论是政府、高等教育体系还是院校层面,都应该形成一个成熟的方案,且相互融为一体;不论是年度绩效报告、进度报告、质量报告还是五年或多年一次的学术审计或评估,都应该发现新问题,探索新需求;大学内部评估报告要将院系结果、大学使命和问责要求结合起来。实质上,高等教育需要的不是有更多的问责任务去完成,而是一个良好的问责框架和环境。

三、高等教育问责制度的发展趋势

从高等教育问责制度的发展脉络来看,问责力量呈现出由专业问责不断向政府问责和市场问责漂移的迹象。从单个问责形式和实践来看,尽管大家已经注意到学术团体自治的重要性和必要性,但管理权威和市场导向仍然强劲,学术力量发挥能量的空间较小。

第一,西方新自由主义改革以来问责形态的变化。从 20 世纪 80 年代开始,在新自由主义思潮的影响下,西方社会公共部门开始了强劲的市场化导向改革。可以从三方面剖析新自由主义的内涵:既是一种意识形态,也是一种治理模式,同时也意味着一揽子政策规划。意识形态是指新自由主义的萌生和推广是由社会上层和精英力量发起的,是基于社会阶层利益最大化考量而施行的经济改革;治理模式是指权力的不断分化和下放,避免中央政府的权力过于集中;一揽子政策规划的核心是"D-L-P 模式(Deregulation,Liberalization,Privatization)",即经济上放松管治,贸易和商业自由化,国有产业私有化。文献多倾向于将新自由主义作为一种治理理念和政策导向进行分析。

西方新自由主义改革对教育领域的影响就是教育市场化,促进消费者(学生家长)选择、契约服务和绩效表现。这意味着教育领域的问责方式和形态也出现了相应变化,由原来的专业问责向市场问责以及表现问责倾斜。专业问责阶段是指基于教师或学术团体专业判断和自治对学生发展做出回应;市场问责则意味着院校发展、办学过程和效果要对学生家长负责,通过学生家长的选择和评价倒逼院校做出符合利益相关者关注的行为;表现问责的背后是政府或行政管理力量,旨在通过一系列绩效表现指标,将教师的教学表现或科研产出与相应奖惩措施联系起来,通过竞争提升高等教育质量。

第二,政府主导下的问责及背后逻辑。政府主导下的高等教育问责情境中,大学质量观体现的是遵守规范的要义,即大学只有遵守特定标准和规范才能实现质量保障,在可测评的标准体系内,取得的成绩越高则质量越高;反之,要对照这些规范反思自身的不足,以逐步弥补和完善。在这种逻辑下,鉴定大学的质量主要依靠所设定的规范、标准和指标体系,比起将质量看作"卓越、价值或满足期待"这些主观感知而言,问责需要客观、公正、说服力强和实践操作性强的规范。在这种背景下,质量保障这一术语实质上等同于质量控制。

质量是一个相对的概念,高等教育系统中的不同主体和利益相关者会有不同的解读和侧重。它可以是对特定标准和规范的顺从、与目标的适切性、在实现组织目标中所表现的有效性、满足用户明陈或含蓄的要求等。对于教师和学生来讲,质量意味着教育过程;而对于资助者、产学合作伙伴或者政府部门来讲,质量则意味着教育产出。因此,从不同角度和不同持份者利益出发,大学的质量在某方面表现优秀却可能同时在另一些方面差强人意。高等教育质量的含义已经被撕裂为两类,分别是高等教育质量保障和质量提升,其中的分野和矛盾在于质量是作为问责来衡量还是改革与提升的途径,在新管理主义的环境下,质量一词更多地被赋予了质量保障的含义,而非指向学术努力。

从委托代理角度出发,政府作为委托方,可以通过三种方法将大学置于问责范围内,分别是规章制度、财政和说服力。第一种是政府通过严苛的规范来限制大学的行动自由,或者是在诸多事宜上收紧优先决策权。这种严格的控制方法可以有效地控制资源流失和浪费,但不可避免地会以牺牲内部效率为代价。第二种是财政刺激或调控方式,政府通过财政手段来引导大学的目标设定和实现路径。这种方式有一套明确的量化评估方法,根据最终产出和表现来决定财政拨款给付多少,其评估方法和其牺牲教学质量的副作用也备受争议。第三种是劝说方式。问责主体想要告诉大学他们设定的目标是非常有价值的,是值得追求和拥护的,通过与大学不断沟通和相互妥协,达成目标的统一。但最终的奖惩决定权和自由裁量权还是在问责主体那儿。与其他方式不同,劝说方式为了最终达成意见一致,可能需要第三方审计,但难点就在于第三方对最终目标的审计标准可能会相对模糊,更偏向于质性而非量化标准。目前,无论是学术审计还是院校评估,都不同程度地反映出"量化指标减弱、质性反思增强"的"劝说"色彩。

第三,市场倒逼下的问责及实质内涵。受新自由主义思潮影响,市场问责也成为问责的一个重要维度,其根基是学生和家长对院校的选择,所以也被称为"消费者问责。"市场问责的逻辑是:能吸引到学生或好学生的学校就是好学校;反之,学校的质量可能会差强人意。市场问责的前提假设是消费者具有信息生产的途径,通过消费者的直接参与实施问责。问责主体与被问责的院校及老师之间形成了一种社会公认的默契的契约,问责的过程就是检视和监督契约达成的过程。但实际上,就目前各国的经验来看,纯粹的市场问责并不存在,所谓的市场是"被管理市场",这意味着市场问责中的权力关系并不仅限于学生家长和院校,政府力量作为"市场管理者"从未远去。所以,这种问责形式实质上是一种混合模式,政府的管治力量是超越市场力量的,原因就是政府扮演了高等教育仿市场机制中的缓冲角色,在某些方面直接代理了属于学生消费者的权利。就大学中的两大主要活动(教学和科研)来说,市场问责在教学实践中的特征更为明显,发挥的作用机制更为清晰。而对于科研来说,其"消费者"并非指向学生,学生体验和交换意识相较教学来说不那么直接。

财政杠杆作为仿市场机制发挥重要作用。在政府财政拨款减少而逐渐将大学推向市场的过程中,市场问责是作为政府问责机制的补充形式出现的。政府财政分配依循大学的表现,因此大学会根据政府设定标准去全力完成任务,以取得好的表现进而分割有限资源。但由于公共资源的缺乏,大学不得不向市场的私人部门和学生家长寻求更多发展资源,为了更好地凸显自身实力和质素,大学依然采用政府问责机制中具有权威性的绩效指标或声誉排行,开放信息渠道,使消费者和支持者做出决定。所以,某种意义上,市场问责是将政府的问责机制嵌入其中,使表现主义进一步深入大学文化中。在现实情景中,有些院校试图主动减少对政府拨款的依赖,进而希冀摆脱政府控制下的问责。从理论上讲,这是走向相对纯粹市场问责的趋势,但背后必须面对的一个问题是:如果院校不参与政府主导的问责,它将在市场问责中缺失能够证明自己声誉和实力的有力证据和有效工具。

第四,学术力量在问责中逐渐消减。尽管认证、学术审计和评估等形式的问责在设计向度上,考虑要以学术关怀为重,尽量远离政府力量控制和市场力量影响。但客观来讲,这些问责都是在相对独立的外部问责机构主导下实施的,其中,问责人员相较其他问责形式趋向于学术人员集中,故而在伯克的"问责三角"中相对靠近学术关怀一角。但同时,这并不意味着大学中的学术人员和教师都可以充分参与到问责制度的设计和实施过程中,对于普通的大学教师来说,这种问责形式也是一种刚性外部驱动。真正的教师学术团体在大学的自治与专业问责中能够发挥力量的空间仍然是有限的。相比之下,绩效预算、绩效拨款与绩效报告等政府力量主导的问责中,以及市场力量为主的问责形式中,专业问责生存空间更小。

从深层次上讲,问责反映的是高等教育市场化变革中的管理逻辑,造成了与传统学术团体自治文化对冲的结果,是对知识在大学里存在和享有至上地位合理性的挑战。这种审计文化体现了管与治的矛盾:一方面,这种改革建立在企业主义和对政府角色消减的基础上;另一方面,问责与审计的实施又更大程度上依赖政府的参与。审计文化作为新公共管理大趋势中的一个部分,是包括市场化、绩效管理、排行榜、强调预算和目标达成的一系列价值、思想和实践的集合体,旨在改革公共服务组织的管理状况,并且被世界范围内的政府当局广泛吸收、采纳和再三强调。

政府的政策制定者和问责机构紧紧掌控着质量话语权,直接或间接地决定着大学拨款。质量话语强调的是承担责任、自我提升和自我反思性。它要求大学管理者、学术人员按照质量评估和裁决人员所理解、看重的价值和内容来表现自己,这种强制力量下学术人员的表现称为"伪反思性"(counterfeit reflexivity)。这种失真的评估会导致学术工作和关系的异化以及对工作的不满意。当前所谓的质量保障体系毁坏和弱化了传统学术群体边界,取而代之的是网化管理。对于大学教师来讲,学术自由是国际范围内广泛认定且毋庸置疑的权利,无论何时或如何遭遇挑战都应该保护这种核心价值。探索学术自由问题,其中一个重要议题就是要检视政府对大学的实质性自主和程序性自主有无介入或是如何介入的。其中,是否能够真正得到自主有三个关键考察点,分别是:大学是否有自由选择教师和学生以及决定他们在大学工作学习的环境条件,大学是否可以决定课程内容和学位标准,大学能否自己自主分配资金。缺失了任何一方面都不能认定大学充分地享有了自主,学术自由也无法得到保障。

四、结　　语

随着问责制度的不断发展,新的理念和方式也不断出现。但总的来说,目前呈现出三种趋势:第一是问责制度中持续增加的政府力量。不论哪个国家,政府都是高等教育问责中的关键角色。尽管在某些高等教育体系中,内部问责一直存在,但其并不是组织问责的有效形式和手段。譬如,美国为了回应学生和家长利益而组织了全国学生参与度调查,但实质上,学生和家长对调查结果并没有太大兴趣,该结果对大学利益也没有实质影响,因此,大学也不会过多重视这项调查。即使一些国家的民间进行的大学排行产生了较大影响,但仍然不能否定政府在问责中的重要地位。第二是出现了一些专门负责问责和信息发布的机构,这些机构大都是在政府授意下成立的,所以其发布的信息大都是由政府层面决定的,为的是给学生、家长和雇主选择时提供信息参考,同时进一步规避大学不合理的行为或行动导向。第三是在大部分国家,问责都与质量保障进程联系在一起,质量保障与院校评估被认为是问责的目的与手段。

一般对问责机制进行评估要从四个方面着手,分别是相关性、判断的公正性、反馈和对话的可能性、激发信任的能力。相关性是指问责所提供的信息和目标受众的相关程度。一方面,目标受众需求的信息多元、多面,标准化的问责结果难以满足此需求;另一方面,大多数问责体系在设计时就没有将这些目标受众主体包含在内,因此,他们的诉求都是间接传递的,而非直接通过问责体系进行表达。判断的公正性是考察问责主体及其问责方式的合理性,不论是政府主导还是市场导向的问责,都不同程度地呈现出片面性和局限性。反馈和对话的可能性指问责主体能否与院校、教师以及学生形成有效且平等的对话机制,而非处于权威强迫和失衡互动中。信任的构建本是高等教育问责的一个出发点,目的就是希望通过信息的公开和发布使大学和学术重归公众信任中,但就诸多问责形式发展与演进来看,这一目的达成尚有困难。

　　其实,不论是哪种问责方式,都有三个要素会影响到大学的回应。第一种是奖惩的力度。奖惩关系到大学的财政获得、声望、大众印象感知等,惩罚力度可以激发大学的高度关注。第二种是关系到奖惩如何分配的评估方法,即在什么条件下会得到奖励或惩罚。如果评估方法的力量显著,意味着该套体系数据良好、规范、清晰且相对可信;反之,会导致对结果解释的多样性,进而失去评估方法的权威性。第三种是与大学院校和目标的一致性。如果问责目标以及奖惩方法符合学术领域深层次的价值和操守,那么问责就达到了积极的效果,反之会被大学抵触而产生消极效应。因此,在当前高等教育问责制度不断演进的过程中,基于学术力量、政府力量和市场力量在"问责三角"中出现的冲突、紧张和调和,在以切实提升大学内涵发展和质量提升的目标下,问责制度的强制性力度和量化特质正在逐步消减,不断遵循大学的内在发展规律,寻求学术人员对问责制度设计的参与与理解;同时使问责机构独立于政府外,加强社会监督和专业力量治理已经成为国际趋势。

(原载《高教发展与评估》2016 年第 2 期,第 72-81 页)

东亚儒家传统中的人文精神

黄俊杰

一、引　言

我们在上讲开宗明义地探讨:为什么在 21 世纪必须重温东亚儒家人文精神? 从本讲起,我们进入本课程第一部分:"东亚儒家人文精神的形成"。我要强调的是,大学与职业训练中心不同。大学教育除了专业知识的传授之外,更是要提升我们的思考层次,使我们的生命获得启发。现代人的心灵就像荒野中苦涩的灵魂,需要人文精神的滋养。这门课希望与大家一起深入了解东亚儒家人文精神的特点,我们也透过道家与佛教等对照系统,以凸显东亚儒家人文精神的特色。

本讲是本课程的"总论",主要探讨的问题有三:第一,东亚儒家人文精神的核心价值是什么? 第二,东亚儒家人文精神的主要面向有哪些? 其中最重要的突出面向是什么? 第三,东亚儒家人文精神对 21 世纪人文精神教育可能有何新启示?

首先,我们可以从中西对比的脉络中检视东亚儒家的人文精神。西方传统的人文精神可以溯源到公元前第 8 世纪古希腊荷马史诗和公元前第 5 世纪希腊悲剧作家的作品,都在不同程度上展现出人在反抗神为人所既定的命运里,在人与神的对立中体现人的生命的强度、韧性及其意义,展现古希腊文化中的人文精神。

与古希腊等的人文精神相比,东亚儒家传统人文精神有不同的精神风貌,它的奠基者是孔子。东亚各国儒家传统人文精神的承载者各有不同:在中国称为"士大夫",传统中国的知识分子努力读书,因为"书中自有黄金屋",而且"书中自有颜如玉",中国因为有科举考试,所以,读书参加科举考试就是通往帝国权力的阶梯,可以跻身"士大夫"阶级。在德川时代的日本,儒家传统人文精神的承载者称为"儒者",因为日本没有科举考试制度,所以"儒者"并不分享权力。朝鲜王朝的儒家人文精神则存在于贵族阶层之中。虽然东亚各国儒家价值载体的社会身份互不相同,但是他们都共同接受儒家核心价值,如"仁""孝"等。

东亚儒家传统人文精神的核心价值,在于相信"人之可完美性"。儒家深深相信人可经由学习而成为"君子",也就是孟子所说的"大丈夫"。这种"君子"在动荡的生活中"造次必于是,颠沛必于是",不管在任何时刻,都不放弃他的核心价值理念。因为中国文化较少"创世神话",而且"创世神话"也不占有主流地位,所以中国文化是以"俗"为"圣"(the secular as sacred)。东亚儒家在人伦日用之中,体会神化不测之妙于我们心中,相信人都是可以经由"修身"而变得完美。

儒家认为"自我"与"他者"可以融合为一。儒家所谓的"人之可完美性"指"身心一如""自他圆融""天人合一",人具有强烈的"历史意识"与时间感。东亚儒家认为,人不仅仅是"经济人""政治人",更是深深浸润在"历史意识"之中的"历史人"。以下,我们将针对儒家所持守的"人之可完美性"展开探讨。

二、"身"与"心"的融合

东亚儒家人文精神的第一个突出面向是"身"与"心"的融合。所谓的"身心一如",并不是形而上学,也不是形而下学,而可称为"形而中学"(20世纪中国当代新儒家徐复观语)。"形而中学"是指人的身心永远处于合一的状态。东亚儒家身心哲学思想中的"自我"概念,值得我们进一步探讨。东亚儒家认为"自我"是意志方向的决定者,"自我"也是一个自由的主体,而一切世界的规范皆源于人主体的意志。

孔子、孟子均肯定人可以做自己的主人,可以通过"自我的转化"而完成"世界的转化"。换句话说,"世界的转化"源起于"自我的转化"。《论语·颜渊》子曰:"克己复礼为仁。一日克己复礼,天下归仁焉。为仁由己,而由乎人哉?"明清时代的思想家对于《论语》之"克己复礼"章,有极为精彩的论辩。孔子认为一个人若能克制私欲,就能接近"仁"的境界。孔子讲:"非礼勿视、非礼勿听、非礼勿言、非礼勿动",就是"仁"的具体实践的方法。2 000多年来,东亚知识分子对"克己复礼为仁"章有很多不同的解释,可以显示儒学中"自我"这个问题的重要性。"克己复礼为仁"的义理十分深刻,可让我们深入思考"礼"与"仁"之间的紧张性,以及不同层次的"自我"及其意义。这种通过"自我的转化"而完成"世界的转化"的人,被孟子称为"大丈夫"。

什么是"大丈夫"呢?孟子认为,人一旦建立了道德主体性,便能"居天下之广居,立天下之正位,行天下之大道。得志与民由之,不得志独行其道。富贵不能淫,贫贱不能移,威武不能屈。此之谓大丈夫"。至于荀子思想中的"自我"概念,特别强调"学"的重要性。荀子主张"学"是为了转化"心"与"身",使人的意志成为人自己行动的主导者,人与世界的关系取决于"自我"的意志。当儒家思想东传至东亚周边国家以后,对其他国家有很深的影响。例如,日本儒者大盐中斋(平八郎)说:"自形而言,则身裹心,心在身内焉。自道而观,则心裹身,身在心内焉其觉身在心内者,常得超脱之妙。"大盐中斋主张人的"身"是包裹在"心"里面的,若能如此,人就能成为自己的"心"的主人,就可以达到超脱自由的境界。从以上的讨论可以知道,孔子、孟子、荀子皆认为"自我"必须觉醒,只有深刻认识到"身在心内者",才能获得"自我"主体的自由。

由此可见,东亚儒家"自我"观包括内、外两面。就内部关系而言,强调"身心"一体,不可分割,"身心"互相渗透,且"心"居于主导地位。因此,"身心"是不可分割的。柏拉图《理想国》说:"死亡"就是人的心灵脱离了身体的桎梏。这种说法,隐含某种身心二元论的假设。此外,就人与世界的关系而言,儒家主张"自我"的转化是"世界"转化的基础,而

"自我"的转化最重要的是从"心"开始,儒家上层知识分子认为修"心"以"诚"为根本。《中庸》朱订第 22 章说:"唯天下至诚,为能尽其性;能尽其性,则能尽人之性;能尽人之性,则能尽物之性;能尽物之性,则可以赞天地之化育;可以赞天地之化育,则可以与天地参矣。"我们修"心"的根本核心在于使"心"持"诚",若能如此,人可与天地互动,这是上层知识分子的修身观。另外,古代中国社会庶民的民间信仰,也反映出庶民的"自我"修身观。明代嘉靖万历年间,有一位名为俞都的人,他年年对灶神诉苦自己的时运不济,命运多舛,但年复一年愿望似乎都未能实现。有一天灶神下凡与他见面,告诉他他之所以无法达成愿望,一切都因为"意恶"之故。中国民间庶民社会也相信,"身心"必须融合而为一体,也就是说,就算身体是在做善事,但如果心里不怀好意或做了好事却又在内心嘀咕,那就是"意恶",而"意恶"则非"身心"一如。明末大儒王阳明撰《大学问》一文,重新解释《大学》,特别强调《大学》中的"格物""致知"与"诚意"有一贯性,并以意志之纯化诠释"诚意"的含义。

三、"自我"与"他者"的交融

东亚儒学中的人文精神的第二个突出的面向是相信人的"自我"与"他者"可以恒处于一种圆融状态。《中庸》第 20 章:"仁者,人也。"孔子是在复杂的社会政治脉络中,在人与人的互动之中定义"人"的。《论语》一书中共有 58 章讲到"仁","仁"字一共出现了 105 次。二人为"仁","仁"在"自我"与"他者"互动中最能显现出其特质。

朝鲜时代儒者丁若镛说:"仁者,人也,二人为仁,父子而尽其分则仁也,君臣而尽其分则仁也,夫妇而尽其分则仁也。"也就是说父与子、君与臣、丈夫和妻子都能各尽职责,就是"仁"的展现。因此,古典儒家都认为"自我"与"他者"恒处于一种圆融和谐的状态中。

儒家"自他圆融"的理论基础,建立在它的"身体观"之上。东亚儒家"身体观"中的"身体"是"现象的身体",不是 20 世纪法国哲学家 Maurice Merleau-Ponty 所谓的"生理的身体"。东亚思想传统中的"身体",不是一个客观认知的对象,而是指浸润在文化价值意识中,与具体的社会政治情境密切互动的"身体"。

在东亚儒家的"身体观"中,"身体"是一种理性的主体,"身体"接受理性的指导,为日常生活、社会规范以及政治运作而行动。同时,它也可以是一种感性的主体:意即"身体"对它周遭的情境、脉络及条件等,恒处于密切互动的关系状态。人的"身体"在空间上处于社会政治脉络之中,并在时间上受到历史经验的召唤与洗礼,这种身体是一种既理性又感性的主体。东亚儒家的"身体观"认为人的身体有其不完整性。所以,"身体"的器官有待于"身体"的部分器官(尤其是首或心)的指导,或"身体"以外的力量(如礼仪)的制约,才能趋向或臻于完整。人的这种浸润在社会文化氛围中的"身体",作为"文化认同"(cultural identity)的主体之意义,远大于作为"政治认同"(political identity)主体之意义。东亚儒家认为"自我"与"他者"的和谐,建立在文化的基础上,所以 18 世纪朝鲜儒者丁若镛读了日本儒者伊藤仁斋、荻生徂徕及太宰纯等人的论著后,判断日本是一个具有高度文化的国家,因此应该不会侵略朝鲜。只是后来日本侵略朝鲜,丁荼山未免太过乐观,以致判断错误。

四、"自然"与"人文"的和谐

东亚儒家人文精神的第三个突出面向是相信人若能了解自然秩序,即能了解人本身的内在理路,因为他们相信"自然秩序"与"人文秩序"是和谐而非对抗的关系。"自然"与"人文"可以透过人的道德自觉而搭起会通的桥梁。"自然"是一种道德的存在,人性也必然具有内在的善性;而且人与"自然"是具有连续性与一体性的关系,而非断裂的。子曰:"知者乐水,仁者乐山",就是在山水的自然情境中,读入了"仁"与"智"的道德意涵。从这一点,我们可以看到东方文化中的"形象思维"与西方文化中的"逻辑思维"确实有很大的不同。

儒家认为人与"自然"可以融合为一体,因为人与"自然"都具有共同的本质——"仁"。《论语》之《吾与点也》章,体现了孔门师生对话中的曾点境界,因为人与"自然"形成一种"物我一体"的和谐关系,而不是"主客对抗"的紧张关系。"天人合一"的价值观源远流长,在公元10世纪以后,北宋儒者程颢、程颐主张:"仁者浑然与物同体。"南宋朱熹写《仁说》这篇深刻的哲学论文时,第一句就引程子的话:"天地以生物为心者也"。天地的"心"是喜欢看到万物生长的,儒家主张人与"自然"合一协调。

王阳明在《大学问》这篇深刻的文章中说:"大人者,以天地万物为一体者也,其视天下犹一家,中国犹一人焉;若夫间形骸而分尔我者,小人矣。大人能以天地万物为一体也,非意之也,其心知仁本若是。"王阳明的论述有三项命题:第一个命题是,人与自然界的万物构成"一体"。第二个命题是,凡是分而为二的都是不理想的状态。第三个命题是,人之所以与自然万物成为"一体",乃是因为人的"心"本来就具有"仁",而不是人有意为之。"自我"与"超越本体"之间是有一个诠释的循环关系。人经由在日用常行之间践履伦理道德的责任,而与宇宙的超越实体产生互相感通的关系。于是,"天命"与人构成一种"诠释的循环"。这种"天人合一"的境界,使人可以体神化不测之妙于人伦日用之间,从而使儒家的"宗教性"融入社会的"礼教性"之中。

当代日本学者加地伸行主张儒家是一种"沉默的宗教"。东方的儒家虽然不是阶级森严、组织严密的宗教(religion),但我们却不可说它没有宗教性(religiosity)或宗教感,儒家的宗教性常常在日常生活的礼教之中展现。中国文化非常注重日常性,17世纪日本思想家伊藤仁斋就是在"人伦日用"意义中,推崇《论语》为"最上至极宇宙第一书"。20世纪有"日本资本主义之父"之称的涩泽荣一写了一本书:《论语与算盘》。涩泽荣一将《论语》放在20世纪资本主义社会的脉络中来解读,并主张《论语》完全可与现代生活相结合,他推崇《论语》这本书是"垂范万世"。

五、"过去"与"现在"的对话

东亚儒家的时间感非常深刻,他们都具有强烈的历史意识,这种历史意识表现为"事实判断"与"价值判断"的融合,认为"事实"应该放在"价值"脉络中来思考,用孔子的话说就是"寓褒贬",也就是记载一段历史的事实,同时要对该人物做一种道德价值的批判。中国伟大史学家太史公司马迁在《史记·太史公自序》曰:"余闻董生曰:'……孔子知言之不用,道之不行也;是非二百四十二年之中,以为天下仪表,贬天子,退诸侯,讨大夫,以达王事而已矣。'……夫《春秋》,上明三王之道,下辨人事之纪,别嫌疑,明是非,定犹豫;善善恶恶,贤贤贱不肖,存亡国,继绝世,补敝起废,王道之大者也……"司马迁认为历史写作的目的都是为了建立道德标准。儒家的历史意识表现在将"事实判断"与"价值判断"相融合。第一种表现即在记载历史中"寓褒贬"。

儒家历史意识中"事实判断"与"价值判断"融合的第二种表现在于对历史人物的臧否。例如,司马迁《史记》中的《伯夷叔齐列传》《刺客列传》《游侠列传》以及《酷吏列传》等,写作笔法在彰显作者对人物的臧否。又如班固《汉书》中的《古今人表》以"上上"到"下下"九品来区别人物。古代的帝王去世后,新即位的皇帝立即召集大臣议庙号,如有"文"帝、"武"帝、"哀"帝、"厉"王等,通过谥号来臧否人物。中国文化的伟大在于,它推崇"历史的审判",所有中国统治者去世后,都要接受"历史的审判"。

第三种表现在于儒家的历史意识重视统治的"正统性"。明末王夫之《读通鉴论》重视"正统性"问题,他区别王朝之"正统性"为"正统""闰统""偏统""霸统""窃统"及"无统"等。又如《春秋》:"元年春王正月。"《公羊传》解释:"何言乎王正月? 大一统也。"这是指重视统治的正当性,这是儒家历史意识的第三种表现。

更进一步来说,儒家的人文精神从"历史事实"中提炼出深刻的"历史意义"。清儒章学诚在《文史通义·答客问》中说:"史之大原本乎《春秋》,《春秋》之义昭乎笔削。笔削之义,不仅事其始末、文成规矩已也;以夫子义则窃取之旨观之,故将纲纪天人,推明大道,所以通古今之变而成一家之言者……"而"通古今之变,成一家之言",正是司马迁写《史记》的理想。

在儒家的思想世界里,"事实"与"意义"有两种关系:既有不可分割性又有互为紧张性。为什么呢? 第一,因为历史文本与历史研究者之间具有"诠释的循环性",也就是研究者愈进入历史,愈能了解历史的意义。而历史的意义也在召唤着历史研究者。所以,在儒家的人文传统里,历史不是木乃伊,而是可以"执子之手,与子偕行"的人文经验,人可以进入历史的殿堂叩问古人。第二,"古今之变"与"一家之言"有密切的相关性。史学家之所以研究"古今之变",即是想提出一套与今日世界相关的价值理念。因此,儒家的"事实判断"与"价值判断"既有其不可分割性,又有互为紧张性,例如,《左传·宣公2年》记载"赵盾弑其君"。赵盾是当时国家职位最高的大臣,有一次,他要出访外国,但尚未出国界,国君被杀。赵盾回来后没有讨伐凶手,所以史家便写下"赵盾弑其君"之语。原因在于史家认为:"子为正卿,亡不越境,反不讨贼,非子而谁?"从春秋时代以来,受到儒家人文精神洗礼的史家,认为人应该为自己的行为负责,因为那是经由史家的价值判断后而下的决定。也就是在这个基础上,孔子认为记"赵盾弑其君"的史家是"古之良史也"。

在儒家人文精神的影响下,中国史学有悠久的"史论"传统。例如,《左传》有"君子曰",《史记》有"太史公曰",《汉书》有"论""赞",《三国志》有"评",《资治通鉴》之"臣光曰";20世纪史学家陈寅恪也以"寅恪案",提出对历史事实或趋势的评断。这种"史论"传统即是以价值判断为其核心。

刘勰在《文心雕龙·史传》中说:"褒见一字,贵踰轩冕;贬在片言,诛深斧钺。"古代儒家相信人本身有自由意志,这种对人的自主性的肯定与20世纪思想家以萨·柏林的主张类似。以萨·柏林有一本演讲集,题为《历史的不可避免性》,对从黑格尔到马克思所主张的"历史决定论",提出强有力的批判。又如,当代法国汉学家于连所著的《事物不可遏止的倾向》,分析中国思想史中"势"的概念,但这本书忽略中国思想家讲"势"常与"人"及"时"等因素相配合,而且特重"人"的主导力量。如朱子所说的,"唯圣人为能察其理之所在而因革之"。朱子认为人在与客观的历史结构互动中居于主导地位,这才是儒家人文精神的一种表现。所以,传统中国史学其实具有某种道德学或伦理学的意涵。因为中国史家记录变迁的史实其实只是一种手段,他们的目的是体验或印证历史中永恒常"道"的存在,正所谓:"垂变以显常,述事以求理"。许多中国史家认为历史隐含着永恒常道,而历史叙述正是为了提炼常道而存在,展现了一种静态而非动态的价值历史观,认为宇宙间有一种道德价值是不变的,我们研究不同时代的历史是为了掌握在各时代中静态不变的真理。请问:这样的历史意识,是否有其理论上的困难? 这个问题值得我们好好思考。

在东亚儒家人文传统中,历史不是博物馆里的"木乃伊",而是充满教训与智慧的图书馆。人可以在"历史"图书馆中与古人对话,为"现在"而"过去",将"过去"与"现在"融贯为一体,使人的生命充满了时间感与历史感。

六、东亚儒家人文精神的特色

我们可以整理出几个东亚儒家人文精神的特色东亚儒家人文传统的第一个特色是:"连续"而非"断裂"的,是"融合"而非"紧张"的,是"身"与"心"的"融合"、人与自然的"融合"。第二个特色是追求生命的动态与平衡。因为所追求的是一种"连续"与"融合",所以是追求生命的动态平衡。亚里士多德说人是一种"政治的动物",生活在城邦中,符合人的本性。现在的经济学家则说人是"经济人"。但儒家的人则是"身心一如""自他圆融""天人合一",并且是具有强烈"历史意识"的人,是超越一度空间、浸润于深厚时间感的"历史人"。第三个特色是浸润在历史文化意识之中的"人",能将"生理的身体"转化为"文化的身体",完成"身"与"心"的统一;并以"文化认同"作为基础,而化解并转化"自我"与"他者"的紧张关系,建构一个如20世纪美国哲学家博兰尼所谓的"信任的社会"(fiduciary community)。同时,这种浸润在历史文化意识之中的"人",也在"人"与"自然"

及"过去"与"现在"之间,建立密切的互动关系而成为"一体"的状态。第四个特色是在这个人文传统里,"历史意识"特别发达。东亚儒者大多相信"时间"是创造历史的一种动力,而不是像古希腊人一样认为"时间"会造成历史中值得记载的事件的耗损。所以,东亚儒者的"历史意识"特别发达,成为东亚儒家人文精神最重要的表现。

正因为东亚儒家人文传统的特色是"历史意识"特别发达,正是因为"人"活在超越性的"天命"("子曰:五十而知天命")与历史文化的密切互动中,所以东亚儒家人文传统展现了一种既内在而又超越,既神圣而又世俗,既在历史之中而又超越于历史之上的人文主义的境界。

七、结　　论

从儒家人文精神传统来看,21世纪人文精神教育的学习需要一种从过去的"机械论"到"有机论"生命观的跳跃。近代文明中的生命论与宇宙观被当作一种"机械",如17世纪牛顿提出科学发现以来,将宇宙当作一种大钟表。1859年达尔文发表"物种原始论",提出"物竞天择"与"适者生存"两个命题。后来,达尔文的"演化论"很快被转型为社会达尔文主义(Social Darwinism),将达尔文"物竞天择,适者生存"的生物演化原则应用到政治、经济、社会中,近代西方文化呈现强烈的"物竞天择"的价值取向。近代西方文明中的生命观与宇宙观是一种"机械论",但我们可以从东亚儒学中看到一种很宝贵的"有机论"的生命观,强调身与心、人与人、人与自然之间的和谐。

穿过将近3 000年的时空,东亚儒家的人文精神告诉我们:21世纪人文精神教育的学习要从"事实"与"价值"两分迈向融合。20世纪教育哲学的旧轨道是"事实"与"价值"两分,使我们的大学教育渐渐走向"数量化""客观化""商品化",这种"出乎其外"的学习方法,是导致大学教育自我异化的重要原因。"数量化""客观化""商品化"正是"二战"结束后,法兰克福学派第一代大师阿多诺等人对欧洲近代启蒙文明的批判,他们的批判在现代大学里完全落实。

用儒家的观点来看21世纪教育哲学的新方向,应该是"事实"与"价值"贯通,在"价值"脉络中思考所研究的"事实"。教育方法更要在"出乎其外"的学习方法之外,加上"入乎其内"的学习方法,才能转"识"成"智",将所习得的价值理念含纳入自己的身心之中,这样我们的学习才能更有意义。

让我们共同期许,以东亚儒家人文精神点亮我们的"心灯",使我们的"身"与"心""自"与"他""自然"与"人文"均达到和谐的境界,并浸润在时间感与历史感之中,也因此,我们就不会将气温升降误以为是气候的本质,不会将波浪澎湃误以为是海水的本质。我们生命的大船虽然经历狂风暴雨,樯倾楫摧,但是,我们会远眺海岸的地平线,不以物喜,不以己悲。

（原载《高教发展与评估》2016年第4期,第26-35页）

中国高等教育评估研究的进展与趋势

胡万山,李庆丰

20 世纪 80 年代伊始,中国高等教育教学评估工作正式拉开了帷幕,高等教育评估研究领域也受到了越来越多研究者的关注。时至今日,中国高等教育评估的理论研究和实践探索已有 30 余年的历史。30 年来,中国高等教育评估工作卓有成效地展开,高等教育评估在建立现代化高等教育体制、提高高等教育办学水平、促进高等教育国际化发展等方面发挥着越来越重要的作用。高等教育评估的实践探索在促进高等教育快速发展的同时,也推动了高等教育评估理论研究的发展与创新。2016 年是"十二五"的经验总结和"十三五"规划的起步之年,明确中国高等教育评估研究的进展与趋势,对于准确把握中国当前高等教育评估研究中的基础性、关键性和前沿性问题,以及评估实践中面临的一些焦点和难点问题,进而合理规划中国高等教育评估深化改革的路径具有十分重要的现实意义。从当前的研究来看,虽然研究者对高等教育评估的一些相关问题进行了系统研究,但研究成果中相对缺乏较为深入的研究总结与反思,因此在这方面进行深入的探讨显得尤为重要。本文以中文社会科学引文索引(CSSCI)收录期刊中 1985—2014 年发表的有关高等教育评估研究的文献为研究对象,借助文献计量法和 CiteSpace 知识图谱可视化分析法,通过对近 30 年发表的相关重要文献的分析研究,以了解中国高等教育评估研究的进展与趋势。

一、数据选择与研究方法

(一)数据来源选择

文献是相关研究领域研究成果展示和交流的平台。同专著和研究报告等学术文献相比,期刊发表的论文对学术领域的热点把握更连续、更敏锐和更直接。根据布拉德福文献离散规律,大多数关键文献通常都会集中发表于少数核心期刊上。作为相关研究领域重要文献发表的载体,CSSCI 收录期刊上发表的论文,不仅能够全面反映该领域研究者的研究能力和水平,也在相当程度上代表相关领域研究群体的研究方向和兴趣,反映该领域的研究进展与趋势。本文的研究对象为:1985—2014 年中文社会科学引文索引(CSSCI,含扩展版)收录期刊上发表的关于"高等教育评估"研究的文献。数据来源为中国知网(CNKI),以"期刊"为检索源,分别以"主题""篇名"和"关键词"为检索项,以"高等教育评估"和"高教评估"为检索词,时间选取为 1985—2014 年,文献来源选择为 CSSCI 等进行精确检索。剔除新闻、广告、领导讲话和介绍等非学术类的文章,以及与主题不相关的论文,共收集到有效论文 870 篇,本文研究以这 870 篇文献为研究对象展开分析研究。

(二)研究方法

1. 研究工具介绍

当前研究者对某一领域研究现状与趋势的研究主要使用的是定性研究法,这种方法因很难排除主观因素的干扰,从而使研究结果的准确性受到一定的影响。本文研究借助文献计量法和 CiteSpace 可视化分析法,通过对 1985—2014 年 CSSCI 收录期刊上发表的关于"高等教育评估"研究文献的量化分析,以客观全面地揭示当前中国高等教育评估研究的进展与趋势。CiteSpace 软件由美国陈超美教授开发,版本不断更新,在世界范围内被广泛应用,近些年在大连理工大学 WISE 实验室的推广下,中国已经成为最大的使用国。本文研究使用的版本是 CiteSpace3.9.R9。CiteSpace 是一款信息可视化软件,它主要基于共引分析(cocitation analysis,CA)理论和寻径网络算法(pathfinder network scaling,PFNET)等,通过对特定研究领域的文献进行计量分析,并绘制一系列相关的可视化图谱,以探索该研究领域演化的关键路径、知识转折点以及研究潜在的动力机制和发展前沿。其主要功能是通过关键词分析、共词分析和机构合作分析等,来把握研究的热点及其相互之间的关系。CiteSpace 关键词共现知识图谱用来反映与揭示某一领域当前的研究热点及过去产生过哪些热点,通过对关键词共现的分析可揭示某一学科领域的研究热点、结构与范式。高频关键词、高中介度关键词和高突现度关键词均析出于图谱之中。高频关键词通过考察相关研究成果中关键词出现的频率,来判断研究者对该主题的关注程度,关键词出现的频率越高,反映研究者对该主题的关注度越高。高中介度关键词是衡量知识图谱中某节点对经过该节点并彼此相连的另外两个节点的控制力,其表征的是某节点与其他节点之间的联系及其在整个知识网络中的地位和作用,关键词的中介度越强意味着该关键词与其他关键词在文献中共现的次数越多。突现度用来表示某一对象突然出现的程度,某一词在越短的时间内出现的次数越多则突现度就越大。关键词突现度越高说明该主题是特定时间段内研究的热点,分析某一研究领域关键词突现度变化的轨迹,可以清晰地看到该领域研究热点变化发展的趋势。学术机构的突现反映该机构在特定的时间段内对该研究领域做出的突出贡献和产生的重要影响。

2. 参数设置

CiteSpace 参数值直接影响研究结果的准确性,因此,很有必要先对研究中的参数设置情况予以说明。本文研究主要涉及以下几方面参数的设置:①时间节点设置。时间节点就是被分析数据的时间跨度和单个时间段分区的长度。本文研究数据时间跨度为 30 年(1985—2014),研究中将中国"高等教育评估"研究分为三个时间节点,每个时间段各十年且相互独立:第一段 1985—1994 年,第二段 1995—2004 年,第三段 2005—2014 年。②阈值设置。本文研究信息提取的阈值设置分为两部分。第一部分是关键词共现知识图谱的阈限值设置。在 CiteSpace 软件中,模块值 Q 和平均轮廓值 S 的大小是判断知识图谱的网络结构和聚类信息是否清晰与合理的关键因素,当 Q 值大于 0.3 意味着知识图谱的结构是显著的,当 S 值在 0.5 以上。则认为聚类信息是有效的。为使知识图谱聚类更加有效、结构更加清晰,选择的时间间隔为 5 年,反复测试后确定的阈值为 C=4、CC=3、CCV=20,其统计学意义是:提取关键词出现频次在 4 次以上,共现频次在 3 次以上,共现率在 0.2 以上的关键节点,提取每个时间节点的前 50 个高频共现关键词,最终得到了关键词共现知识图谱(175 个节点,161 条连线;Q=0.432 1,S=0.521 8)。第二部分是分时段关键词提取的阈值设置。由于本文研究把整个研究对象分为三个时间段,该部分采取的方法是提取每个时间段的前 10 个高频关键词和高中介度关键词,以及整个时间段的前 25 个高突现度关键词。

二、高等教育评估研究作者群体特征和重要学术机构分析

(一)高产作者群体特征分析

高产作者代表了一定时期内研究该主题的主要研究者群体。CSSCI 收录期刊上发表的关于"高等教育评估"研究文献的高产作者信息,截取每个时间段关注该研究领域发文量在 5 篇以上的作者姓名和身份信息。这些作者有的是专门的理论研究者,有的则在进行理论研究的同时兼任一些行政职务。相对来说,专门的研究者更偏向于高等教育评估理论研究,担任行政职务的研究者更偏向于实践。1985 年《中共中央关于教育体制改革的决定》颁布后,中国高等教育评估实践开始全面推进,理论研究也开始从新中国成立以来偶尔的研究逐渐走向了体系化的探索。从三个时间段高产作者的发文数量来看,第一个时间段(1985—1994 年)整体发文量较少,高产作者的数量也不多,但随着时间的推移,发文量在后两个阶段均有大幅度的提升,高产作者数量也有所增加。从高产作者身份的变化情况来看,中国高等教育评估研究具有较强的行政导向性。第一个时间段的高产作者均担任一定的行政职务,随着高等教育评估模式的转变,尽管在后两个时间段出现了一些没有担任行政职务的高产作者,但担任行政职务的高产作者始终占绝大多数。由此可以推断,高等教育评估研究正受到越来越多研究者的重视,中国高等教育评估是一个实践性较强的研究领域,理论研究和实践探索共同推动了高等教育评估研究的深入发展,且理论研究结合实践的反思研究较多,有的研究者在高等教育学学科下进行高等教育评估的理论研究,有的在评估实践中发现问题并进行深入探索,共同促进了中国高等教育评估研究的繁荣发展。

(二)高被引文献作者分析

被引频次是表征学术研究成果质量的重要指标,一篇文献如果被同行引用的次数越

多,也就代表着该文献在本研究领域中越具有前瞻性和代表性,其研究质量和学术影响力也就越大。从中国知网上分时段截取三个时段内在 CSSCI 收录期刊上发表的关于"高等教育评估"研究的论文截至目前引用频次最高的前 10 篇文献的信息。

CSSCI 收录期刊上发表的关于"高等教育评估"研究的论文始终站在中国高等教育评估研究的前沿,反映了中国高等教育评估研究的热点及其变化发展的趋势,产生了很多高频被引文献。这些文献反映了中国高等教育评估改革和发展中的重大理论与现实问题,为高等教育评估的理论研究和实践探索做出了重大贡献。从文献被引频次的高低来看,1985—1994 年,在中国高等教育评估开始系统研究初期,整体上论文的引用率都比较低,引用频次最高的论文是时任国家教委高等教育研究中心主任王冀生研究员的《建设具有中国特色的高等教育评估制度的基本要点》一文。其总被引频次达到 60 次,远远超过了该时段的其他文献,说明该文对中国高等教育评估后续的研究产生了非常重要的影响。随着时间的推移,高等教育评估研究相关文献的总被引频次不断提高。1995 年以来,高被引文献大量出现,文献的被引频次也不断提高,这说明了后续研究对这些问题的持续关注度。文献总被引频次的迅速提升,一方面说明了中国从事高等教育评估研究的研究者群体在不断扩大,另一方面也反映了中国高等教育评估研究质量不断提高,影响力不断扩大。从高被引文献的内容来看,高被引文献主要包括对美国、英国等国外高等教育评估经验的研究以及中国高等教育评估制度、高等教育评估体制机制和对高等教育评估理论与实践的反思等内容。这些内容,突出了中国高等教育评估研究理论和实践的紧密结合,既推动了高等教育评估理论研究的不断深入,也有效地服务于高等教育评估改革与发展的实践。

(三)重要学术机构分析

相对来讲,学术机构发文数量越多,其影响力也就越大。从不同学术机构的发文篇数来看,1985 年以来,中国高等教育评估研究影响力较大的前 5 个学术机构分别为华中科技大学、北京师范大学、华东师范大学、厦门大学和北京航空航天大学。从各学术机构的突现度来看,华中科技大学、北京师范大学、厦门大学和北京航空航天大学的突现度值均在 4.0 以上,说明了这些学术机构在特定的时间段内,对中国高等教育评估研究的发展起到了十分关键的促进作用。从各学术机构开始关注高等教育评估问题的年份来看,大部分高影响力的学术机构是在第一个时间段(1985—1994)就开始关注该研究领域,说明了中国高等教育评估研究已经有了一段较长的历史时期,随着时间的推移,2000 年以来又有诸如浙江大学、华中师范大学、清华大学、西南交通大学和武汉理工大学等学术机构陆续开始关注该研究领域,这进一步说明了中国高等教育评估研究的影响力在逐渐扩大,高等教育评估也正逐渐成为高等教育研究的一个重要的研究领域。

三、高等教育评估研究热点分析

关键词是对一篇论文研究主题和内容的高度概括与凝练，对关键词的准确把握可以帮助读者了解该文献研究的大致内容，通过对关键词词频高低的统计可以清楚地了解和判断特定时间段内的学科、机构和研究热点。根据前期设置的时间节点和阈值运行CiteSpace软件，生成1985—2014年CSSCI收录期刊上发表的关于"高等教育评估"研究文献的关键词共现知识图谱。根据关键词节点的大小和关联度可以发现，中国高等教育评估研究紧紧围绕"高等教育评估"这一主题，30年来产生的研究热点有"教育评估""教育质量""评估制度""高等教育评价""高等教育"和"指标体系"等。利用CiteSpace软件对所有关键词进行聚类可以发现，中国关于"高等教育评估"的研究可以分为四类：高等工程教育评估、高等教育教学质量评估、高等教育评估指标体系研究和高等教育评估机制研究。分时段提取关于"高等教育评估"研究文献的前10个高频和高中介度关键词。

高等工程教育评估这一聚类包括"高等工程教育""专业认证"和"学科评估"等关键词。对这一主题研究的相关文献主要集中在两个时间段、第一个时间段是1985—1994年。1985年6月教育部"高等工程教育评估问题专题讨论会"在黑龙江省召开，11月发布了《关于开展高等工程教育评估研究和试点工作的通知》，并成立了全国性的高等工程教育评估委员会和评估小组，对高等工程教育评估研究与试点工作进行了全面部署。12月召开的"高等学校教学改革研讨会"，要求各高校拟定高等工程教育评估指标体系。1986年12月，国家教委组织召开了"高等工程教育评估试点工作会议"，对拟定的评估指标体系进行了深入的讨论。国家对高等工程教育评估工作的全面部署，也引起了学术界对高等工程教育评估问题在理论和实践上反思。第二个时间段是2005—2014年。在高等工程教育评估的基础上，为了使中国的高等工程教育与国际接轨，培养出更多具有开阔视野和全球适应性的工程人才，特别是在1989年《华盛顿协议》正式签署之后，中国关于高等工程教育专业认证的研究逐渐增多，研究者对开展高等工程教育专业认证的必要性、重要性和影响，以及高等工程教育专业认证的组织、指标体系、程序与结论和审查方针等进行了深入的研究，并对国外高等工程教育专业认证的经验进行了系统的介绍和反思。2013年6月，中国作为预备会员加入了《华盛顿协议》，研究者开始在该协议背景下，对中国高等工程教育认证问题进行深入探索。

高等教育教学质量评估这一聚类主要包括"教育质量评估""教学质量""教学工作""教学评估""办学水平""合格评估"和"审核评估"等关键词。值得注意的是，这一聚类贯穿于中国高等教育评估研究的始终，这说明了教学质量是中国高等教育评估实践探索和理论研究的永恒主题。从国家相关政策文件和高等教育教学质量评估的实践来看，从1977年开始，中国全面恢复高考，社会各界都开始密切关注教学质量问题，1985年《中共中央关于教育体制改革的决定》明确提出了定期对高校办学水平进行评估的要求。1994

年开始对新建本科院校进行合格评估;1996 年开始对本科院校进行优秀评估;1999 年开始随机抽查式的评估;在总结前期评估经验的基础上,2002 年《普通高等学校本科教学工作水平评估方案》正式颁布;2003 年教育部在《2003—2007 年教育振兴行动计划》中确定了"五年一轮"的普通高等学校教学工作水平评估制度;2004 年 8 月教育部高等教育教学评估中心正式成立;2011 年教育部又颁布了《教育部关于普通高等学校本科教学评估工作的意见》。由此可见,高等教育教学质量一直是国家高等教育评估相关政策文件指向的重点所在。从高等教育教学质量评估理论研究的角度来看,30 年来围绕该研究领域产生了大量有价值的学术研究成果。从对相关文献的分析可知,最初学者们的研究重点聚焦在对教学质量评估的认识以及对一些基本问题的初步探索上,包括高等教育教学质量评估方法、评估原则、评估组织、评估理论与技术等。随着实践的发展和研究的不断深入,研究者逐渐从对教学质量评估基本知识的研究转向了现代化高等教育教学质量评估体系和机制构建等的研究。

高等教育评估指标体系这一聚类包括"指标体系""评估体系""高校评估"和"制度创新"等关键词。指标体系的构建是高等教育评估工作的基础和前提,是高等教育评估标准所持的价值取向。所以,对这一主题的研究一直是高等教育评估研究的重点和热点问题。1985 年召开的"高等学校教学改革研讨会",确定由华东师范大学、北京师范大学、复旦大学、南京大学及武汉大学等高校组成教育评估试点工作联络组,要求各校拟定评估指标体系。1993 年颁布的《中国教育改革和发展纲要》要求建立各级各类教育的质量标准和评估指标体系。无论是高等工程教育评估还是教学工作水平评估都需要构建一个合理的指标体系,最初是聚焦于对高等工程教育评估指标体系的研究,随着高等教育评估实践的不断发展,逐渐扩展到了对各级各类高校评估指标体系的研究。2013 年底,教育部决定正式启动普通高等学校本科教学工作审核评估后,该研究领域再次成为研究者关注的热点问题,相关研究都聚焦于审核式评估背景下评估指标体系的构建问题。

高等教育评估机制研究这一聚类包括"评估体制""评估制度"和"评估组织"等关键词。关于这一主题的研究主要是在后两个时间段(1995—2014 年)。在第一个时间段(1985—1994 年),中国的高等教育评估基本处于探索阶段,对高等教育评估的基本问题进行了初步研究,为后面两个阶段高等教育评估机制的构建积累了丰富的理论基础和实践经验。1990 年颁布的中国第一部关于高等教育评估的法规《普通高等学校教育评估暂行规定》是指导中国高等教育评估工作的纲领性文件,对中国高等教育评估的性质、主要目的、基本任务、指导思想、评估机构及评估基本形式都作了明确的规定。该主题研究初期,相关研究主要聚焦于高等教育评估组织的建立和评估方法程序的运行等,随着研究的不断深入,相关研究集中对国外高等教育评估体制机制的研究和中国高等教育评估体制机制构建的研究,研究者在借鉴国外经验的基础上,致力于构建一个与中国高等教育发展实际相适应的评估机制。高等教育"管办评分离"是中国高等教育改革和发展的趋势,是适应中国高等教育发展实际的有益探索。随着《教育部关于深入推进教育管办评分离促进政府职能转变的若干意见》的颁布,如何深入推进高等教育"管办评分离",处理好政府与社会、政府与高校的关系，以及高校内部的各种关系成为研究者们关注的焦点问题。

四、高等教育评估研究趋势分析

中国高等教育评估研究的每个时间段都有相应的研究热点，前两个时间段（1985—2004年）内，中国高等教育评估的研究热点有高等工程教育、指标体系、专业评估、教学质量、课程评估、教育体制改革、合格评估和大学排名等。截取2000年以来一直保持活跃的关键词，产生中国高等教育评估当前的研究热点，这些高突现度的关键词有"中介组织""质量评估""学生参与""专业认证"和"分类评估"。尽管这些关键词并不必然地反映其在高等教育实践中被采纳的实际情况以及高等教育评估实践最前沿的进展与趋势，但仅从相关研究的这些关键词在短时间内突现的程度来看，这些关键词能够在很大程度上反映当时高等教育评估研究的热点与趋势。

"中介组织"这一关键词早在2000年以前就出现了，1994年陈玉琨教授率先提出了"教育评估中介机构"一词，随着王冀生（1994）研究员将其付诸文字，也拉开了中国学术界对高等教育评估中介组织的研究。在国家的相关政策文件的影响和推动下，截至2007年中国各级各类高等教育评估中介组织已达40余个。在理论研究上，中国学者从研究初期对中国建立评估中介组织的必要性、重要性和可行性问题的关注，逐渐转向了在对国外高等教育评估中介组织研究的同时，也非常注重对中国高等教育评估中介组织运行机制等方面的研究。在实践探索上，中国目前的高等教育评估中介组织与国外的中介组织在本质上仍有较大的差别，其在评估实践中发挥的作用也比较微弱，促进高等教育评估中介组织的发展还需进一步研究和探索，但随着当前高等教育"管办评分离"改革的深入推进，对高等教育评估中介组织的研究在未来一段时间内依然会是研究者关注的焦点。

学者对中国"专业认证"的研究主要是对高等工程教育的研究。1992年国家组织对建筑学等六个专业的土建类学科领域开展评估，开始了高等工程教育专业认证的实验探索。1992—2000年相关研究非常少，发表该研究主题论文的作者主要是同济大学的毕家驹教授。随着高等工程教育专业认证工作的不断开展，对该主题的研究在2000年后迅速增长，特别是在2006年国家《工程教育专业认证实施办法（试行）》出台，决定实行在土建类以外的工程专业领域的认证试点，使中国的高等工程教育专业认证进入专业推进阶段以后，高等工程教育专业认证成为学术界高度关注的焦点话题。2000年以前，毕家驹教授主要是对中国开展高等工程教育专业认证必要性和重要性的研究，并对国外高等工程教育专业认证的情况进行了初步介绍。2000年以来，高等工程教育专业认证的相关研究，主要集中在对高等工程教育专业认证标准与认证程序、《华盛顿协议》各签约国的高等工程教育专业认证及其启示、高等工程教育专业认证与注册工程师资格认证、本科教育教学水平评估等的研究。随着2013年中国作为预备会员加入《华盛顿协议》，2016年

6月作为第 18 个正式会员国加入该协议,中国的高等工程教育发展进入了新的历史时期,对"专业认证"的研究也成为研究者关注的焦点问题。

教育"质量评估"是高等教育评估的中心问题,高等教育的质量问题一直是高等教育评估研究的重点和热点问题,任何形式的评估都是为了最大限度地促进教育质量的提升。关于高等教育质量评估的研究从 1985 年就开始出现,但在 1985—2003 年,相关研究较少,研究的主题集中于对高等教育质量评估基本问题的探讨和评估经验的初步介绍。2003 年后,随着高校扩招后第一届毕业生涌入就业市场,就业问题引起了社会对高等教育质量的高度关注,对高等教育质量评估的相关研究也迅速增多,围绕该研究主题产生了众多优秀的研究成果,研究的主题聚焦于对国外教育质量评估经验研究的基础上,进一步构建中国高等教育质量评估模式、机制和体系等。随着高等教育评估工作的持续推进和《教育部关于普通高等学校本科教学评估工作的意见》的发布,当前中国的高等教育质量评估,已经走上了以"审核评估"为主的高等教育质量评估的道路,研究者在近些年也围绕该主题开展了大量的研究和探索,该主题也将在未来一段时间内成为研究者关注的核心问题之一。

"学生参与"这一关键词在方展画教授等的《高等教育质量评估中的学生参与——以北欧五国为例》一文中突现。随着中国教育理念的转变,学生作为高等教育核心利益相关者的呼声不断高涨,国外学生参与高等教育质量评估理论和实践的发展,学生参与高等教育质量评估成为研究者关注的热点问题之一。2008 年,由西南交通大学胡子祥教授主持的"学生参与高等教育质量评估机制研究",得到了全国教育科学"十一五"规划 2008 年度青年基金课题的资助。课题组在该研究课题的资助下,于 2010 年至 2011 年间发表了系列论文,对国外(特别是欧洲发达国家学生参与高等教育质量评估)的经验进行了简单的介绍,初步设想和构建了中国学生参与高等教育质量评估的机制。从当前对该主题研究的进展来看,其主要是对中国学生参与评教等的研究和对国外学生参与高等教育评估经验的介绍,相关研究还有待进一步深化拓展。从学生参与高等教育评估的实践来看,中国在这一方面的实践还很缺乏,有待在实践中进一步推进和深化研究。

对高等教育"分类评估"的研究以 2007 年为一个时间节点,2007 年之前相关研究比较少,2007 年以后相关研究成果数量迅速增长。2007 年中国第一轮本科教学工作水平评估工作接近尾声,在总结前一阶段评估经验的基础上提出了"分类指导,分类评估"方针。2007 年底,国家正式启动了"高等学校本科教学工作分类评估方案项目",最终确定由北京师范大学、复旦大学(与武汉大学合作)分别牵头成立课题组,承担高等学校本科教学工作分类评估方案项目建设,2009 年相关研究成果陆续发表。从对高等教育分类评估研究的内容来看,潘懋元教授首先提出了分类评估的思想,随着这一思想的传播和对第一轮评估实践的反思,研究者对高等教育分类评估的研究也不断深入。从目前的研究进展来看,当前对该主题的研究主要聚焦于对高等教育分类评估的必要性、指标体系、方案和程序,以及高校的分类标准等方面的研究。但从评估实践来看,目前在评估的过程中依然是不分类型地进行评估,至于分类评估的思想能否在实践中得以落实或者落实的程度如何,还有待理论研究和实践探索的进一步深入推进和发展。

此外,中国高等教育评估研究在近些年来还产生了很多研究热点,一定程度上也能反映该研究领域发展的新趋势。但由于本文研究提取的高突现度的关键词突现度均大于4.0,所以使近些年来新产生的一些突现值小于4.0的研究热点没有被提取出来,导致了该研究结果并不能完全穷尽当前中国高等教育评估研究的发展趋势。例如,近年来中国高等教育评估研究相关文献中突现值大于3.0但小于4.0的关键词有"增值评价""中国特色""国际化"和"英国"等。这些关键词的突现值比较小,说明了研究者研究这些主题的时间较短,相关研究成果不多。这些关键词在高等教育评估研究的文献中突现,说明了高等教育增值评估是近年来高等教育评估研究的热点,如"中国大学生学习与发展追踪研究"和"大学生就读经验调查"等就是以"增值评价"为基本理念的。近些年来,相关研究也产生了一些有价值的研究成果,例如,高等教育评估的国际化也是近些年来研究者关注的重点研究领域。例如,关键词"美国"在1998年开始突现,结合关键词"英国"的突现,说明了美国和英国是中国对国外高等教育评估经验研究的焦点,关键词"中国特色"的突现,意味着研究者已经意识到中国高等教育评估的国际化和本土化问题。如何构建一个既能与国际接轨、具有国际水准又能与中国高等教育发展相适应、突出中国特色的高等教育评估模式和机制,是时代赋予中国高等教育评估研究的一个艰深命题。

五、反　　思

第一,国家政策对高等教育评估研究具有很强的导向性,在国家相关政策文件的影响下,1985年以来,中国高等教育评估研究产生的研究热点有高等工程教育评估、高等教育教学质量评估、高等教育评估指标体系和高等教育评估机制研究等。从近年的研究来看,中国高等教育评估研究的趋势是对高等教育评估中介组织、高等教育专业认证、高等教育质量评估、学生参与高等教育评估和高等教育分类评估等问题的研究。而中国高等教育评估改革的顶层设计一直存在着一定程度上的缺陷,在高等教育评估实践中不断有较大幅度的评估项目定位及名称的调整,这对中国高等教育评估研究的独立性、连续性和系统性产生了一些负面影响。在当前高等教育"管办评分离"改革和"双一流"大学建设持续深入推进的背景下,国家应进一步努力转变管理型评估为专业性评估,通过研究与实验来为决策的制定和制度的完善提供依据,建立高等教育评估顶层设计和实践探索的良性互动机制。

第二,学术机构在一定时期内对高等教育评估问题的密切关注和相关研究成果数量的增长,反映了该学术机构在高等教育评估研究领域的重要影响力。中国高等教育评估研究高影响力的学术机构有华中科技大学、北京师范大学、北京航空航天大学、厦门大学和华东师范大学等,且有很多学术机构在近些年来也开始陆续关注该研究领域,这些学术机构研究成果的数量和质量也得到了较大的提升。为促进高等教育评估理论研究和实践探索的进一步深入发展,研究者和学术机构应更加关注该研究领域,结合自身研究的专长和特色,不断推进理论创新。

第三,理论研究者和实践工作者共同推动了中国高等教育评估研究的深入发展,且理论研究结合实践探索的研究居多,随着时间的推移,高等教育评估研究成果的数量和质量都得到了稳步提升。深化高等教育评估研究需要理论和实践的进一步紧密结合,研究者应加强对高等教育评估基础理论、比较研究及元评估的研究,更加关注评估实践中的重大关键性和现实性问题,以问题解决为导向,促使理论研究和实践探索的不断深化。

第四,中国学者对国外高等教育评估的研究主要是对美国和英国经验的研究,而从国家高等教育管理体制来看,中国更适合欧洲大陆的教育管理模式。中国学者应进一步拓宽研究思路,加强对国际基本教育评估模式的研究,在研究英、美等国高等教育评估经验的同时,加强对欧洲大陆等其他国家有益评估经验的研究。

当然,本文研究也存在一定的不足,这主要表现在三个方面:其一,文献数据收集可能不尽全面。本文研究以"主题""篇名"和"关键词"三个检索项分别检索"高等教育评估"和"高教评估"两个检索词来收集数据,尽管这种方法可以收集到关于该研究主题的大部分有价值的文献,但难免还有一些相关文献没有被提取出来,从而导致研究结果可能存在一定的误差。其二,软件阈值设置可能不尽合理。阈值设置是软件能否提取出关键信息的重要因素,而阈值合理与否又很难把控,阈值太大提取出的关键信息太少,阈值太小又会提取出很多次要信息,尽管本文研究知识图谱的阈值达到了统计学上的要求,但或许还有更好的设置方式,这也可能对研究结果产生一定的影响。其三,仅使用该软件进行分析研究可能存在一定的不足,CiteSpace 软件的确能够较客观地呈现出文献计量分析的结果,但其分析结果也仅限于对已有文献的分析,而对文献以外的相关知识还要结合研究者自身的知识经验进一步梳理和分析。这对于研究者来说是一个挑战,对研究本身的科学性也有一定的影响。在后续的研究中要注意这些不足,并在研究中有意识地规避这些缺陷,使研究结果更加准确、科学。

(原载《高教发展与评估》2016 年第 6 期,第 1-15 页)

2017 年

实践导向下美国教师教育课程探索

左 岚

一、教师教育课程的背景与内涵

美国教师教育课程面临着大学理论学习与中小学课堂教学脱节、传统教师资格考试无法预测教师候选人的教学表现等困境。为了解决这些弊端,在过去的 20 多年间,美国不少知名大学与国家教师专业标准委员会(National Board for Professional Teaching Standards,NBPTS)等政府部门联合起来,开发了一系列以实践教学为导向的教师教育项目。这些项目将教师教育的课程学习与实践教学紧密结合在一起,有效地促进了教师候选人在教学理论与实践策略方面的长足进步,全面提升了其在教师知识、技能与职业身份认同感等方面的发展,取得了卓越的成效。

美国教师教育项目开设的实践导向下教师教育课程(practice-based,practice-focused,or practice-centered teacher education,PBTE)的核心,是涵盖大学与中小学课堂的情景化课程。它是以发展教师候选人的教学能力,以帮助其成功实施高水平教学为目标的系统化课程。这些教师教育项目主要采取“真实性教学评估”(authentic assessment of teaching)的方式,以发展与评价新手教师、教师候选人的专业发展水平。具体而言,“真实性教学评估”的关键性特征体现在以下四个方面:①评估为教师候选人提供了在教学情景中运用知识、技能与策略的实例。评估任务要求教师候选人要像在实际教学中一样能够运用与整合知识和技能。这些任务包括教学工作、教与学的分析以及课程材料。②评估要求教师候选人将实践中所需的多种知识和技能整合起来。③评估需要教师候选人在不同背景下长期收集多方面的资料,包括撰写分析报告、观察数据(如来自负责人、合作教师或校长的观察数据)、教学表现案例(如与学生家长的沟通与交流)。④评估包括增加教师候选人为获得理想的教学成果所需的学习、操练、反馈与反思的机会。为此,这些教育项目开设了多元化课程,要求教师候选人结合实践教学经历,形成丰富的真实性数据,来评估与提升教师候选人的教育知识与教学技能。

二、教师教育课程方案

在美国,实践导向下教师教育项目开展了以个案研究、教学表现展示、教学档案袋、问题导向的研究为主的多元化教师教育课程。

第一,个案研究课程的核心特征是教师候选人能够运用个案研究的方法,收集关于学生、教学事件或教学环境的数据,并依据以往的研究文献对此进行分析与解释。教师候选人在进行个案研究写作时,能够反思与重构自身在教学中遇到的特殊事件,深入剖析某些特定的细节与教学原理之间的关系,从而加深其对教学的理解。美国教师教育项目开展的个案研究课程包含了多种类型。

对课程与教学的个案分析。斯坦福大学的教师教育项目开设了一门关于促进教学的学习理论课程,主要训练教师候选人对课程与教学的分析技能。在此课程中,教师候选人需要阅读与探讨有关教学策略的相关理论,并针对自身在教学中遇到的某个教学事件完成个案分析。随后,由同伴与课程导师分别就此个案分析提出相关问题与可能性假设,并参照以往的文献资料提出解决方案。此个案分析聚焦于学科课程、学生学习、教学事件之间的互动过程,重点探讨教师候选人如何基于学习理论运用教学策略的过程,帮助教师候选人在教学中达成学科教学目标。同时,它还能够有效地促进教师候选人从多样化角度深入反思实践教学,评估自身的潜在资源,掌握解决教学难题的方法。

对儿童的个案分析是指教师候选人作为研究者,将某位特殊儿童作为研究对象,综合运用关于儿童学习、发展、动机、行为的理论知识,来深入分析研究对象在课堂、学校或社区环境中的表现。哥伦比亚大学教师学院、美国银行街学院等高校开展的教师教育项目都要求教师候选人对儿童进行个案研究,尤其要深入探索儿童的实际学习与发展的过程,以确定儿童发展的强项、进程、影响因素和需求等。教师候选人通过长期观察,开展深入访谈,收集资料,分析作业,从而发展了其对儿童学习的观察与分析、诊断儿童的学习需求、促进儿童学习等方面的综合能力。此个案分析运用叙述性视角,展示了教师候选人在思维、学习、互动、观念和愿景等方面的表现。教师候选人在此过程中既发展了自身的教学理论,又真实再现了其对教学的认识偏差,以便于后续改进。

对教学情景的个案分析。阿拉斯加州立大学的教师教育项目,以本地不同班级文化与阿拉斯加村落的社区环境为背景,按照学科课程的不同板块,运用对教学情景的个案分析方法,着重探讨本地多元化教育环境。它为教师候选人提供了将来职业生涯中可能遇到的教学情景,向其介绍了在错综复杂的文化冲突环境中解决教育难题的范例,并透过学生的亲身实践教学来培养其在多元化环境中的教学能力。此类个案分析的关键特征是从文化视角出发,通过教师候选人对学生的生活与背景的探究,来培养其为满足多元化课堂和社区所需的智力,增加与情感经验。

简言之,美国教师教育项目开设的多元化个案研究课程,帮助教师候选人学会"像教师一样思考"(think like a teacher),教授其学会分析、解构、评估、计划案例,在此过程中与其他人互动,从而发展其作为教师的专业知识,提高观察、分析、反思等各种技能,最终能像专家教师那样思考教与学。

第二,教学表现展示是指教师候选人透过教学事件或教学场景,包括课堂观察或录像、备课、参与教研小组活动等表现,来展现自身的专业能力。教学表现展示包括确立实践教学的标准与展示课程教学两部分。

阿维诺学院的教师教育项目一改以往标准化测试的范式,开设了教学表现展示的课程,制定了以学生发展为核心的实践教学标准,要求教师候选人在教学中关注学生的差异性,探索教学改革,重视民主教育,能够运用多媒体与科技手段。阿维诺学院将教师能力定义为一种融合了知识、行为、技能、价值观、态度与自我意识的复杂体。学院开设的能力导向课程为促进教师候选人掌握八项基本教育能力(针对全校学生)与五项高阶教育能力(仅针对参与教师教育项目的学生)提供了大量的实践机会。其中,八项基本教育能力包含交流、分析、解决问题、决策评估、社会互动、全球视野、公民意识及审美意识能力。五项高阶教育能力指概念化(整合学科知识与对教育的理解,进行备课与教学),诊断,协作(有效地管理资源,以达成教学目标),运用言语、非言语与媒介的交流,综合互动(作为专业决策者的能力)。此课程涵盖的课程作业、实践教学与教学评估均以上述能力为导向,透过论文、信件、个案分析、对事件的观察、教学材料等内容来帮助教师候选人进行自我评估,再补充合作教师、大学导师与中小学校长对其进行评估的结果,最后由学院为具备自我反思精神与对复杂课堂教学做好准备的教师候选人颁发毕业证书。

第三,教学档案袋是指教师候选人通过收集某个时间段自身在不同教学场景中准备的多种教学资料,来反思自身的思维、学习与教学成效。教学档案袋的内容包含其书写的教案、课程计划、给学生布置的作业、考试试卷、学生作业范例、教学录像、教学反思等,涵盖了教学准备、教学实施、课程设计、与学生(或家长)交流等有关实践教学的重要内容。

南缅因大学开设了以实践教学档案袋为核心的教师教育课程。课程要求教师候选人以美国州际新教师评估与支持联合会(Interstate New Teacher Assessment and Support Consortium,INTASC)的标准为准则,进行实践教学、反思与内化,组织教学档案,以体现自身的教育理念与实践教学成果。具体来说,此标准包括以下 11 种教师知识与技能:关于儿童与青少年发展的知识、学习的原则;关于学科与促进学生自主探究的知识;基于学生、学科、共同体、学习表现的知识进行备课的能力;运用教学策略和科技促进学生学习与自主探究的能力;通过交流中的反馈进行评估与促进学生自我评估的能力;尊重学生的差异,在教学中为不同学生创造学习机会的能力;树立积极的教与学观念,并在教学中加以实施;在备课中促进公民教育的能力;与他人协作提高学生与成人学习环境的能力;反思与持续发展专业的能力;塑造充满责任感的民主共同体班级的课堂管理能力。最后,由中小学与大学联合组成评审委员会,针对教师候选人提供的实践教学档案与其现场答辩的表现,评估其是否具备教师资格。

第四,问题导向的研究是指教师在教师教育项目中以探究教育情景与教学成效为核心的系统性研究。此类研究通常是教师在日常工作中发现关于学生与其家庭的问题,然后以个案为单位,确定研究议题与研究设计,随后开展收集与分析数据的过程,包含行动研究、咨询项目等类型。行动研究,又称"课例研究",由三至六名共同工作的教师与一名校外专家开展的一系列研究,以提升教学质量为最终目的。具体而言,行动研究的整个过程包含以下几个步骤:①确定课堂学习目标。②查找文献、咨询专家、审阅以往教案,讨论如何修正教学方法以帮助学生达成教学目标。③运用多种资源设计新的教学计划。④授课教师在某个班级实施新的教学方法,其他教师与校外专家观摩,收集学生学习材料,关注学生是否达到预期学习成效。⑤授课教师与听课教师、专家交换意见。⑥授课教师依据学生的课堂表现改进教学,在第二个班级实施改进后的教学,随后进一步修正教学。所有参与教师与校外专家在此过程中多次会面、商议、投入与分担责任,增加了教师的教育教学知识与专业知识,帮助学生达成特定的学习目标。

加利福尼亚大学开设了一项名为"教育硕士档案"的行动研究项目,来发展与评估教师候选人的实践教学成效。在入学后的第一年,学校为教师候选人开设了人种志研究课,教授其如何在实际教学情境下收集研究数据。随后,教师候选人自行确定研究议题,经过一系列研讨会与实践教学,最终确定研究问题。教师候选人围绕研究问题,结合自身收集的研究资料(文献资料、其他相关研究成果等),反思观察的相关事件、自身的实践教学及其成效。此行动研究项目为教师候选人提出问题、发展探究与分析问题的能力、深入思考教学等提供了多样化视角。在教师候选人完成了整年的实践教学之后,实习学校指导教师、实习学校校长、大学导师、大学专家通过答辩形式共同评估教师候选人的学习成果。

三、美国教师教育项目的启示

第一,以核心的教师知识与技能作为实践教学的评估标准。实践导向下教师教育课程需以"标准为本",以界定清晰的实践和成绩标准来指导与评估课程学习及实践教学。其中,实践教学的标准必须以真实情景下关键性的教师知识与教学能力为核心,以优秀的教学表现作为愿景。舒尔曼(Shulman)提出"标志性教学法"(the signature pedagogies of the professions)的概念,认为教师教育者在培养师范生时,需要发展其学科内容知识与学科教学知识。学科内容知识是教师对所教学科、学生学习、发展、动机的丰富而深刻的理解;学科教学知识是教师在教学设计与实施时必须具备的根据特定情景(如教授的学科和主题、文化制度等)进行调整和转化的知识与技能。"标志性教学法"旨在将获得的知识转化为可使用的知识,为新的理解奠定基础,而这种新的理解只有在教学经验与反思中才能实现。格罗斯曼(Grossman)提出了教师教育课程需围绕"高水平核心技能"(core high leverage practices)展开,其包括以下重要技能:能够帮助新手教师进行高频率的教学,开展跨学科教学或运用不同教学策略进行课堂教学,开始学习教学的各种技能,从学生的学习与自身的教学过程中学会教学,能够整合教学的复杂性,开展教学研究,能切实提升学生的学习效果。因而,中国教师教育课程改革可考虑借鉴美国的先进经验,建立高质量的教师教育标准,确定实践教学的"核心教学技能"与"关键性教师知识",重视评估师范生的教学表现,以全面发展师范生的实践教学能力。

第二,重视教学研究,运用教学理论解决实践问题。古德温(Goodwin)指出,教师教育课程仍需以"大学为本",按照专业教育的思路和方式,设计大量的大学培养课程和丰富的实习实践环节来培养教师。尽管实践对于教师教育课程如此之重要,但也不能单纯地以实践教学来代替教育类课程的学习,而更应重视教师教育课程的"整合性",即以师范生在课堂教学中遇到的问题为核心,通过理论学习、交流经验、共同讨论解决问题等学习方式,促使师范生学习相关的教学理论,积极展示如何运用教育理论解决实践中的问题。蔡克纳(Zeichner)也提出教师教育课程需要结合实践教学经验,建构更广阔的"第三空间"(third space),将学术知识与实践知识紧密联系。因此,中国教师教育课程需以大学为主体,鼓励大学教师开设理论与实践结合的互动课程,广泛运用个案研究、行动研究、教学表现评估、教师教学档案袋等多样化评估形式,指导师范生将学习理论应用于真实课堂教学,以解决实践问题。

第三,加强中小学对实践教学的专业引领,形成培养教师的共同体。美国教师教育项目将教师教育的课程学习和实践学习相结合,不仅有助于教师候选人整合理论和实践知识,还能使参与教师培养的教育者分享规范和知识。由于这些活动安排在大学和中小学共同进行,教授、督学、合作教师和中小学其他人员都能参与进来,使教师候选人对实践形成了更深的理解,形成了培养教师的共同体。从中国近年来对"大学与中小学的伙伴协作"(University-School,U-S)模式的探索也可以看到,加强"伙伴协作"既能发挥中小学校对实践教学的专业引领,帮助师范生实现"基于理论的实践探索";又能促进大学教授通过研究实践教学印证理论,发展本地化的课程知识基础。因此,中国教师教育课程也需积极建构培养教师的共同体,一方面系统选拔推荐中小学特级教师、骨干教师担任实习生的兼职指导教师;另一方面遴选中小学共建教师专业发展学校,承担师范生见习实习任务与教育教学科研项目。同时,政府与高校还应加强对中小学与大学协作的资金投入,鼓励教师进行实践教学和教师教育的相关研究。

此外,教师教育课程还受到国家或地区制定的教师标准、大学课程、当地社会经济条件、劳动力市场等多重因素的影响。因此,中国实践导向下教师教育课程改革还须兼顾不同地区对教师的不同需求、地方师范院校的办学定位等因素,培育一批具有地方特色的教师教育新课程。

(原载《高教发展与评估》2017 年第 1 期,第 97-103 页)

教育现代化的陷阱、挑战及其应对

张权力,杨小微

一、教育现代化进程中的陷阱和挑战

有学者将 20 世纪 90 年代中国经济优先的社会发展模式所出现的诸多问题(诸如腐败、两极分化、黑色经济等)归结为阻碍社会和经济持续发展的陷阱。因为,作为现代化后发外生型国家,中国当时并没有吸取西方国家现代化过程中的一系列教训,在实际推进现代化过程中,采取了一种狭隘的社会发展观,并建议除了相关政策制定者开阔视野采取更加综合和全面的社会发展战略之外,还应加强人文主义教育,以跨越现代化过程中的陷阱。

在实现教育现代化这一过程,我们需要警惕具体社会领域的现代化陷阱。陷阱之一是西方发达国家的教育发展模式和现实教育发展水平。我们要避免对内生型先发国家即西方发达国家的教育发展模式和现实教育发展水平的盲目崇拜,更不可以盲目移植某些教育政策和制度。从发生学的视角来看,不同教育发展基础和教育发展环境会导致不同的教育发展样态。在对待西方教育发达国家的教育现代化水平时,我们只看到现在的结果而没洞悉形成这一结果的基础和过程。陷阱之二是中国经济发达地区的教育发展模式和现实教育发展水平。即使在中国内部,由于各区域经济和社会发展水平不一致,教育发展水平必然存在差异。因此,中西部地区在面对东部地区业已成功的教育现代化模式时同样需要保持清醒,不可以照搬照抄。因为,他者成功的范例是否具有推广价值,取决于他者这一样本是否真正具有普遍通用的意义。若没有,他者的成功相对于另外的主体则是陷阱。另外,"现代化不是只有一种样式",适合 A(地区)的不一定适合 B(地区)。每一个区域的现代性,都是从自己独有的"传统性"土壤中"长"出来的独特"款式"……既然如此,就不能简单或盲目地以先发国家或地区的现代化样式为标准。

不轻易为他者文明或区域的教育现代化的经验所惑,其根本定力来源于对自身文明教育现代化转型动力的深刻洞察。而这种洞察力产生的基础是对实现教育现代化这一历史任务所面临的深层挑战的思考。

第一,教育现代化滞后于经济现代化引发的挑战。社会背景决定了教育现代化和社会其他领域现代化之间的关系。教育现代化和社会其他领域现代化之间,存在"在其中""在其先"和"在其后"三种关系。从中国的现实状况来看,教育现代化的启动状态在不同地区有诸多差异。一般而言,经济发达地区教育现代化达到了较高水平,经济欠发达地区和经济不发达地区,教育现代化刚刚启动或没有启动。当前中国教育现代化与经济等领域的现代化之间的关系是"在其后"。在近代中国,中国开启"自强""求富"现代化战略时,新式教育刚刚萌芽,此时教育现代化与社会其他领域现代化之间的关系属于"在其中"。19世纪二三十年代,中国出现了乡村教育运动,晏阳初、梁漱溟、陶行知等教育家所主导的教育现代化探索,属于"在其先"。"在其后"的现代化启动模式,关注教育资源等教育条件的汇聚,属于"最被动、代价最高、最不可持续"的教育现代化模式;"在其中"的教育现代化模式关注教育的工具性功能,此模式虽具有主动性,但同样没有关注教育自身的发展规律;"在其先"的教育现代化模式,主要由具有教育信仰的教育家群体探索、推进,由于这批教育家兼具中西文明的开放视野,并关注教育自身的发展规律,辅以必要的教育条件和教育体制的改革,因此这种模式具有推广价值。

然而,当前经济领域的现代化先于教育领域的现代化而取得巨大成就,因而,基于物质资源的教育条件的现代化极易被国家和政府系统利用并推而广之,从而导致教育现代化战略实施过程中容易忽视教育自身和教育体制的现代化。这种以教育条件现代化作为实现教育现代化的战略,将导致中国实现教育现代化的表面化和不彻底。

第二,历史原因造成的乡村教育现代化困境。在城乡二元制背景下,农村教育面临文明资源匮乏的困境。城乡二元制的行政管理体制不符合现代公共服务的基本原则,但对这项制度的彻底改革困难重重。作为公共服务体系的一部分,教育体系若持续依托于此制度,则教育现代化的全面实现存在困难。城市教育现代化的样本和标准,并非农村教育现代化模仿的对象。二者的文化生态和教育生态存在差异。然而,城乡二元制的政策根源,除了20世纪50年代国家实施的城乡分治的户籍制度之外,还要追溯到20世纪初期以新式学堂为代表的现代教育体制的确立。在此过程中,以传播西方知识为核心使命的新式学堂颠覆了传统中国遍及城乡的教化体系,而其是中华文明传承的载体。西方知识系统本源于西方文化,其结构包括形而上系统、意义和价值系统、技术系统、产品系统。在中西文化交流过程中,形而上系统、意义和价值系统等深层次因素却很难被触及。因此,当时所谓的新式学堂只能传播西方知识和技术。而且在传播过程中,技术性知识更易被接纳。但这些技术性知识外在于中华文明的形而上体系、意义和价值系统,外在于中国人的精神追求和安身立命。随着时间延续和学人更替,现代学校教育体系逐渐代替传统教化体系。从文明的本质来看,文明是人性积极向上的努力状态及其结晶,教化是文明之光照亮人性蒙昧或黑暗的过程。在这种变革过程中,现代学校不再是文明教化中心,而只是知识教育的场所,甚至是帮助乡村人才逃离的机制。目前的乡村教育现代化困境可以说是长时段的中国教育现代化某些战略失误造成的苦果。

第三,构建终身教育体系过程中的认识错位。中国教育现代化导致的传统中国教化体系的崩溃,也造成了当今中国构建终身教育体系的困难。中国传统的教育模式本来属于终身教育,"修齐治平"式的教育和自我教育相互缠绕贯穿于小学和大学阶段,并以"自我教育"为宗旨和归宿。现代终身教育体系,以现代学校为线索致力于知识教育,忽略了人们接受教育的内动力,诸如人格修养、自我超越等层面,以致在当今时代,尽管学校类型多样,但总处于需求难以满足的匮乏状态。因此,以学校建设为中心,构建终身教育体系的做法存在某种认识错位。学校不仅是接受教育的地方，还是接受文明、传播文明的地方，个体来到学校是为了获得文明和发扬文明。基于此的终身教育体系的构建必将事半功倍。

二、超越陷阱：教育现代化范式的转换

库恩在《科学革命的结构》一书中提出"范式"（paradigm）理论，以此系统阐释科学发展的本质即范式转换。与范式密切关联的三个概念分别是科学共同体、范式的不可通约性、范式转换。当旧范式出现的反常事例不能用旧范式的方法去解释和解决时，科学共同体开始丧失对原有范式的信任，从而导致原有范式的危机。只有改变知识信念，从新的知识观视角重新解释反常事例，才能形成新范式，从而实现范式的转变。

汤因比用"压力—反应"来解释文明的现代性转换。根据韦伯的理想型概念构建方式，文明现代化的启动方式可以分为内源型、压力—追赶型、从容—自主型三种。所谓内源型是指某种文明自身内部矛盾的解决是其现代化的动力。所谓压力—追赶型是指某种文明现代化是在他者文明的压力下启动的。所谓从容—自主型是指某种文明的现代化是在自主而且从容的背景下启动的。三种现代化启动方式，可以分别对应三种理想型的教育现代化模式：其一，内源型的教育现代化，即动力来源于自身文明发展的内在矛盾；其二，压力—追赶型教育现代化，即机械地吸收外来文化教育资源；其三，从容—自主型教育现代化，即平等、自主吸收他者文明的文化资源并应用在教育领域。世界不同文明之间的交流为教育现代化提供了文明价值、现代技术、现代产品等。中国要实现教育现代化，必须跨越陷阱，实现压力—追赶型现代化向从容—自主型现代化范式转换。

压力—追赶型教育现代化。日本学者佐藤学在其《学习的快乐——走向对话》一书中对东亚教育现代化过程总结出六个特征。第一，压缩式的教育现代化。东亚各国超越身份、阶级的差别，保障所有国民受教育的机会，提高基于教育形式的"社会移动"的流动性，一举推进国民的统整与工业化。第二，应试竞争的教育。竞争一方面推动压缩式现代化的"社会移动"的流动性，另一方面也带来了过度竞争。由于应试竞争，教育中的民主主义原理也被扭曲了。第三，教育同工业主义化的亲和。这种结合为东亚各国的学校教育带来了高度的效益和效率。第四，教育被中央集权的官僚主义控制。东亚各国无一不是凭借国家强有力的控制而实现压缩式现代化的。第五，教育具有强烈的国家主义。在东亚各国，产业与教育的压缩式成长是以"现代化""殖民地化"和"国家主义"三个要素为推进力的。第六，公共教育未成熟。国家主义和利己式竞争乃是东亚压缩式教育现代化的两个轮子，若教育现代化仅以此为"轮子"则丧失了教育的公共性。

中国的教育现代化，一般追溯到鸦片战争后所开启的近代化教育。其以军事现代化求强开始，于经济上求富，新式人才的培养贯穿其中，教育现代化展开端倪。1905年，科举制度废除，新式学堂全国铺开；1912年，蔡元培执掌中华民国教育部，废除中小学读经制度；1915年，新文化运动，拥抱西方文明"科学""民主"等现代文明价值；中华人民共和国建立后，"以俄为师"开启了全面现代化之路；改革开放后，中国教育现代化逐渐落入佐

藤学所描述的东亚教育现代化的某些特征的论述之中。

失去了对自身文明的深刻认知、归属和认同,现代化和教育现代化进程会出现诸多困境,将面临一些陷阱和挑战。如不能处理好这些陷阱和挑战,只关注教育条件的现代化,西方文化的殖民化的现代化便不可避免。跨越陷阱和挑战,教育现代化只能在对自身文明和他者文明的深刻把握中自主展开。

从容-自主型教育现代化。西方现代文明的独特性在于文化是一种生活方式,混合着两极对立的价值体系。而文明是文化的精华,是文化的积极层面。文明"是特定民族发挥其文化创造力的一个特定的原始过程产物",是"一种包围着一定数量的民族的道德环境",文明是"文化不可避免的命运……是一种发达的人类能够达到的一些最外部的和人为的状态……是一个从形成到成熟的结局"。世界上存在多种多样的文明形态,但要把握不同文明之间的共性和差异性,就需要通过文明的结构来认知某一具体的文明类型。以西方现代文明为例,西方现代文明脱胎于西方文明。所谓的西方文明是在宗教(改革)背景下形成的,有其独有的特征。亨廷顿认为,西方现代文明继承了"古代文化遗产(理性)""基督教""欧洲语言""精神和世俗权威分离""法治""社会多元化与公民社会""代议制"和"个体主义"八个方面,它们构成了西方文明不可替代的特性。而西方文明的珍贵之处不在于它是普遍的,而在于它是独特的。

文明的同心圆结构。文明由内而外是由四个要素构成的同心圆,要素依次为"形而上体系""意义和价值体系""技术体系"及"产品体系"。文明之间的差异主要在"形而上体系"和"意义和价值体系",共同点一般在"技术体系"和"产品体系"。文明之间的交流合作主要处于"技术体系和产品体系"层面,再深入可以达到"意义和价值体系"层面,但"形而上体系"的层面很难触及。

从容—自主型的教育现代化模式,首先,强调教育现代化实现主体对自身文明的深刻认知,并能创造性地吸收和转化他者文明之中的价值体系、技术体系和产品体系,以促进自身文明的发展。其次,要在文明结构的基础上把握教育活动的根本。在此,有三个概念需要区分:教育自身、教育条件、教育体制。在文明视野中,教育实践活动存在自身逻辑或者教育自身。教育自身就是教育主体之间围绕真、善、美等文明内核之文明价值,相互砥砺。师生关系是教育自身的核心关系,而依托于师生关系的文明价值和人格修养是师生互动关系的核心和基础。在教育自身中,还包括师师关系和生生关系等。教育主体围绕文明互动过程中形成的文明发散和传播效应是贯穿教育活动的根本追求。与教育自身相对应的是教育条件。教育条件是保证教育自身顺利展开的各种条件和资源。随着现代社会的发展,教育自身的展开受到教育体制限制。教育体制是现代社会发展的产物,是教育事业发展的社会合作机制。教育体制赋予教育自身以教育条件、教育资源组合原则和教育实践活动的合法性。

从容—自主型的教育现代化模式,需要我们树立全面教育现代化的观念,并把握教育现代化的基础、核心和关键。其中,教育条件的现代化是基础,教育体制的现代化是关键,教育主体的现代化是核心和宗旨。教育条件、教育体制和教育主体构成教育生态。

范式转换的基础和导向:回归"人的现代化"的价值共识。库恩认为,只有改变原有知识信念,从新的知识观视角重新解释反常事例,才能形成新范式。新范式意味着世界观的改变。"作为现代化潮流的后来者,中国从最初的被动卷入到现在主动参与并自觉地推进,既有成功的经验也有挫败的教训,要想在今后的路上走得更好,准确把握现代化的内涵是采取正确行动的前提。……比工具和技术现代化更重要的是人的现代化和文化的现代化。""仅仅从人均国民收入来衡量现代化的水平,或者只从政治结构、组织结构与功能来解释社会的现代性是远远不够的,正如美国心理学家英克尔斯所指出的那样:如果一个国家的人民缺乏能够赋予先进制度以生命力的广泛的现代的心理基础,如果掌握和运用先进制度的人本身在心理、思想、态度和行为上还没有经历一场向现代性的转变,那么失败和畸形的发展就是不可避免的。"

教育活动是实现人的现代化和文化现代化的核心机制。压力—追赶型的教育现代化,过于注重国家主义和个体功利主义,其结果必然以丧失教育的民主主义(即公共性)为代价。从容—自主的教育现代化,要求我们回归现代教育的本真意义——人的现代化,即现代教育的根本任务是塑造具有现代人格的主体。具有现代人格的主体承载现代文明价值,超越国家主义和个人利己主义,统合个体性、公共性(他者思维)和共同体的思维方式。美国心理学家英克尔斯曾归纳出现代人格最重要的几个特征:有丰富知识的参与性公民,对个人效能抱有充分的信心,有高度的独立性和自主性,愿意接受新的经验和新的思想。现代人格特质来源于现代文明价值的塑造。现代人格的形成之实质是现代主体能够承载现代文明价值。所谓现代文明价值,在此是指平等、民主、个体权利和责任、合作、奉献等价值观念。人的现代化或教育主体的现代化是教育现代化的基础,也是归宿和目标。

教育活动作为自身文明传承、创新的主要通道和文明之间交流、合作的载体,不仅要培养文明的活的载体——具有现代文明的个体,还要培育文明传承、创新、交流与合作的精神内核和关键体制等。在此意义上,教育现代化是在"现代文明价值作为教育活动的核心价值"的基础上,推进教育主体和教育体制的现代化。

三、实现教育现代化的策略

面对"教育条件现代化的不彻底性、乡村教育生态的凋敝、终身教育体系的依托——学校知识传授的困境",我们认为必须树立全面实现教育现代化的观念,即实现教育主体及其关系的现代化、教育条件的现代化、教育体制的现代化。

教育条件的现代化,表面是增加教育资源投入就可以完成,但实际关键是教育资源投入和分配制度的现代化,背后依托的是教育体制的现代化。教育条件现代化的实现策略,取决于社会所能提供的有形教育资源的数量和质量。当前,国家和社会投入的有形教育资源的数量和质量已足够支撑教育条件现代化的实现。因此,在当前社会背景下,实现教育条件的现代化,主要是有形教育资源公平和透明分配的制度建设,如教育均衡发展政策、学校标准化建设制度等。随着信息技术的发展,信息技术逐渐成为构建教育生态的基础之一。一些有形教育资源逐步信息化和虚拟化,如在线课程等,成为可以无限共享的教育资源,提升了教育资源的使用效率。教育信息化是教育条件现代化的应有之义,但不是其全部。

教育体制的现代化,指的是教育治理体系的现代化。其在价值取向上秉承现代社会治理的精神和价值,同时致力于促进和服务现代教育中教师和学生的发展。但从实现策略的角度而言,其实现的关键是建构实现教育现代化的不同主体的合作共同体。建构共同体依托的是教育主体的现代化。教育主体不仅包括教育活动中的教师和学生,还包括教育管理及服务部门、涉及教育活动的个体(比如教育家)和社会组织(教育社团)等。在现代社会中,不同主体拥有不同的权利和责任。创建共同体的目的在于培养具有“现代人格”的个体及组织,去激活教育现代化不同实现主体的权利和责任意识,并促使他们进行合作和制度创新。当然,不同的现代主体所承载的现代文明资源也不同,其推进教育现代化的立场和方式也不同。现代民族国家出现后,国家及其政府系统承载的社会治理责任,必然要求其在实现教育现代化这一伟大使命时要承担更多的社会责任。然而,我们必须清醒地认识到国家及其政府系统并非唯一的教育现代化实现主体。教育家、教育专业社团、其他社会组织甚至每一个身载现代文明资源的个体,如现代教师、现代学生等,都是教育现代化的实现主体。实现教育现代化既是国家的责任,也是社会组织的责任,又是社会个体的责任。我们既需要尊重不同主体的主动性,也需要建构共同体来凝聚力量和整合资源。共同体的模式是多元的,如大学—政府—小学的合作模式,即 UGS 模式。组建学校联盟有名校集团化办学模式,也有引进国外优秀教育资源中外合作办学模式等,这种多元性逐渐丰富和建构了教育生态的开放、平等和文明。

教育条件、教育体制、教育主体构成教育生态。教育主体现代化的实现,依托的是教育生态的现代化。现代化的教育主体能创造教育生态的现代化。同样,现代化的教育生态也能够孕育教育主体的现代化。教育生态现代化主要依托教育共同体的创建和教育资源的有效供给。教育共同体及其内在的教育主体和合作治理制度也是重要的教育资源,同时也是教育资源内生机制之一。在此意义上,走出乡村教育生态的困境,关键在于在打破其教育生态的恶性循环,通过植入具有现代人格的教育主体和教育共同体来实现。简单而言,首先在乡村可以通过建立基于底线责任制的教育共同体来实现教育条件的现代化;然后通过建立基于自由-卓越的教育共同体,实现乡村教育生态从生存取向升级为卓越取向。

当然,在不同教育现代化实现主体视角下,其实现策略及其侧重点会有所不同,比如,从教育行政部门的视角来看,通过研制教育现代化的评价指标,借助省市级监测/督导评估机制,以评促建;或建立教育现代化示范区引领等。限于篇幅,对其他主体视角下的相关策略不再论述。总之,从全面的教育现代化观念出发,教育条件的现代化、教育体制的现代化旨在实现教育主体的现代化和教育生态的现代化。

(原载《高教发展与评估》2017 年第 4 期,第 1-8 页)

2018 年

高职教育的经济现象及其解释

王荣辉,辛昆仑,蒋丽华

高职教育是人力资本投资的经济活动、是现代经济增长的重要因素之一。发达国家经验及研究表明,高职教育对促进国家经济发展有着强劲的驱动作用,能有效提高人力资本与劳动生产率,创造经济与社会效益。然而,高职教育发展也会受到区域经济社会资源的制约,高职教育对区域经济具有强促进与强依赖性。进入知识经济时代,高职教育的经济功能更加明显,高职教育对区域经济社会发展的贡献率被科学研究证明,其经济价值与产业属性为新形势下高职教育发展政策的制定与路径创新提供了依据。

一、经济学理论对高职教育的释义

20 世纪 60 年代,美国经济学家舒尔茨在《教育的经济价值》一书中首次提出教育活动提高了人的生产能力、产生了个人经济效益的观点,对经济"增长剩余"的现象进行了有效解释,标志着用经济学方法研究教育现象与问题的开始。其中,价值创造理论、人力资本理论、公共产品理论、公共选择理论等为研究高职教育的经济现象提供了丰富的理论基础。

(一)价值创造理论

马克思主义政治经济学指出,劳动是价值创造的过程,劳动分为简单劳动和复杂劳动。从价值创造角度来看,简单劳动以简单劳动力耗费为成本,在其实施的物理过程中,投入的人力等同于畜力、机械力。价值创造是在固定资本的转移过程中实现的,不对人类技术进步产生推动作用。当人类从事的简单劳动被工具、机器和自动生产线的劳动替代时,本质上与能把它替代的东西一样,不能创造剩余价值。简单劳动力在经过了长时间和高代价的专门技能训练后获得了更高级的劳动技能和知识,具备能够从事比简单劳动更复杂的劳动的能力,并能在同样的劳动时间内完成多倍于简单劳动的劳动,即被称为"复杂劳动"。

劳动力接受了技能教育之后,从简单劳动力转变为复杂劳动力,获得了从事复杂劳动的能力,提高了劳动力的自身价值与劳动生产率,相同的劳动时间内创造出比简单劳动更多的价值,由此看出,职业教育的价值创造功能得到了西方经济学家的肯定,形成了高职教育经济学研究的源头。

（二）人力资本理论

经过两三百年的发展,西方经济学建立了整套的数理模型与分析工具,但对"增长剩余"现象却无法解释。20世纪中期,舒尔茨认识到,模型中的资本与劳动力要素不是固定不变的,而是在一定时期内可以改进的;教育活动提高了劳动者的生产能力与国民收入,并刺激了经济增长,他把此现象解释为人力资本投资提高了人力资本对经济增长的贡献率,系统回答了美国经济增长中遇到的资本报酬逐步下降但工人工资大幅增长、当时巨大的财政赤字、大额国债与严重的通货膨胀的经济危机问题。

人力资本理论是在西方经济学框架内对劳动价值论的回归,进一步证明了马克思"劳动是价值的唯一源泉、在生产力中人是最具有活力的要素"论断的正确性。在生产活动中,物质资本是固定不变的,而人力资本是可变要素,通过教育获得的知识与技能,转化成为专业化的人力资本,改变了生产过程中固定资本与可变资本的结构,促进了技术进步与经济"增长剩余"。人力资本理论促使西方经济学肯定劳动力资本作为经济增长中决定性因素的作用,而专业化的人力资本正是通过技能教育获得的。

（三）公共产品理论

西方经济学将市场经济的产品分为公共产品与私人产品两种形式。在市场经济基础结构中,经过充分竞争性生产而获得的具有私用性和独占性的商品被称为私人产品,不具有排他性与竞争性特征的产品被称为公共产品。1954年,美国著名经济学家保罗·萨缪尔森(Paul A. Samuelson)在《公共支出的纯理论》一书中进一步将产品分为公共产品、准公共产品与私人产品,形成了经济学界广泛运用的公共产品理论。

现代公共经济学研究视角下,国内研究从解释西方公共产品理论、质疑批判西方公共产品理论到补充发展西方公共产品理论,提出了基于中国特色的公共产品理论。例如,袁连生等根据教育机会的竞争性与排他性、高职教育间接消费效用的社会共享性等特性,厘定了教育的准公共产品属性,认为高职教育的投资收益具有多重性,各利益相关者对参与高职教育并获得对称信息的需求日益强烈,政府应逐步转变作为教育服务提供者的观念,重新定位高职教育的职能,完善市场机制促进社会力量参与高职教育生产与供给。

（四）公共选择理论

准公共产品属性,决定了高职教育的投资多重性、利益共享性,成为利益相关者共同参与高职教育管理的合理解释。利益相关者中,市场与政府是最大的两个主体。然而,高职教育的正外部特性,利益相关者间的信息不对称性、自利驱动性等容易导致"市场失灵"或"政府失灵"。相关研究认为,高职教育的正外部性、企业的自利性、激励不相容、信息不对称是高职教育中"市场失灵"的主要原因;政府的有限理性、政策制定的不确定性、多重委托代理制约失效及设租寻租活动,是高职教育中"政府失灵"的主要原因,而不管是"市场失灵"还是"政府失灵"都将导致高职教育资源配置不充分而无法达到帕累托最优。

基于公共选择理论,有学者提出了政府在高职教育中的适度介入与有限干预,为形成高职教育中的政府与市场两大作用机制提供了理论依据。市场理应是高职教育资源配置的主体。在市场有效作用的领域,政府不涉及其中,行业企业在高职教育中的作用应该得到认可与加强;政府在本质上是高职教育公共利益的最大代表,政府作为"理性经济人"在高职教育中的角色任务是制度供给与监督制约,只有在市场不能有效作用的领域才由政府发挥作用。

二、高职教育中的经济学现象

高职教育中的经济学现象主要表现在投入效益、市场供需、资源配置及经济贡献问题等方面,从经济学视角对高职教育进行剖析,制约高职教育发展的因素主要体现在:总体投入不足且区域间资源配置差异大,技能人才的供给侧与需求侧相脱节,高职教育对经济增长贡献率高于其他类型教育但西部地区整体较低,与第一、第三产业发展的契合关系微弱且短期修正关系不明显。

(一)投入效益问题

从经济学视角看,高职教育是国家或地区将人力、物力及财力等教育资源施加在劳动力身上的经济活动,这个过程即高职教育投资,投资产出的直接成果就是人力资本,间接成果是形成专业化人力资本积累、促进科技进步与技术创新、提高其他商品的价值与使用价值等。

广义上的高职教育投入是指国家用于高职教育活动的资源总和,包括直接与间接的全部人力、物力与财力,狭义上讲主要指高职教育经费投入。为便于计量分析,大多数研究把高职教育成本界定为教学活动中可以用货币计量的资源价值总和,包括建校成本与运行成本两部分。运行成本以当年政府拨款、社会与家庭成本、社会组织捐助经费、各类事业性经费收入及学校资产在资本市场的收益等形式直接计入,而建校成本则分摊到相应的核算中。高职教育产出包括人才培养、科技创新及社会服务产出,人才培养的数量与质量作为衡量高职教育产出水平的重要指标与计量依据,具体可量化为就业人数、毕业生月收入、就业质量、创业比例等指标。

评价高职教育投入效益计量分析方法,主要有舒尔茨的投资增量分析法、丹尼森的增长因素分析法等。唐文忠以 2005—2011 年数据为样本,通过 Eviews 软件对投入经费(X_1)、生均经费(X_2)、招生数(Y_1)、毕业生数(Y_2)、在校生数(Y_3)及毕业生月收入(Y_4)等进行计量分析发现:毕业生数、招生数与投入经费成线性关系。提高教育经费投入能带来高职招生增加与毕业生增加;毕业生月收入与生均经费(前期)成非线性关系,但与生均经费(后期)成明显线性关系。教育经费投入增加能带来产出规模增加,但产出规模与生均经费成非线性关系。

(二)市场供需问题

从经济学、社会学、教育学等角度分析,市场供需关系是影响高职教育办学规模与办学内容的重要因素。高职教育对经济社会的供给主要包括高素质技术技能人才供给、科技进步与技术创新供给、社会服务供给、文化传承与创新供给;经济社会对高职教育的需求主要包括生源市场需求、人才供给需求、经济社会发展与技术创新需求。

由于技术与文化具有强依附性,所以高技能人才是高职教育市场供需问题中最关键的要素,对高职教育的市场供需问题体现为以研究高职教育与劳动力市场供需均衡问题为主,劳动力市场对高职教育发展有明显的制约与调节作用。从人才供给与需求来看,高职院校作为人才的供给侧,劳动力市场作为人才的需求侧,二者在互动中形成动态均衡,并作用于区域经济社会发展,而二者之间的均衡,需要达到人才需求数量、人才需求结构、人才需求质量等的全面均衡。

据《中国劳动力市场技能缺口研究》显示,2016 年技能劳动者数量占全国就业人员总量的 19% 左右,高技能人才仅占 5%;2016 年全国有 1 200 多万名本科生和高职院校毕业生求职,但不少雇主依然很难找到合适的人才;大学生毕业半年内的离职率高达 1/3,70% 的企业认为"大学生在校期间学到的知识实用性不强";全国进城务工人员人口数量在 2015 年已接近 2.8 亿人,其中有 1/4 超过全国劳动年龄,经过培训专门安排上岗的进城务工人员比例仅为 0.3%。全国范围内高技能人才供给矛盾突出,对技能劳动者尤其是高技能人才的供给不足与显著的人才层次矛盾,严重影响着经济发展。中国在全球价值链中的分工需要从低附加值的出口加工业向高附加值的现代服务业转变,制造业里经济发达地区的人才短缺程度相对较低,西部地区相对较高,呈现出"西高东低"的现象,而各地区经济发展水平(人均 GDP)与各类人才短缺程度呈负相关关系;企业高薪诚聘却无人问岗,大学生则陷入毕业即失业的窘境,其主要原因是高技能人才供给与需求脱节,劳动力技能与岗位不匹配导致 16~29 岁青年进城务工人员、22~24 岁大学毕业生和 45~60 岁中老年劳动力成为失业风险高的三类人群。

李丹丹等以江西(2011—2016 年数据)为例,研究高职教育与劳动力市场需求适切性问题时发现:人才培养与产业之间存在部分结构性矛盾,主要体现在第一产业。第一产业人才需求为 4.51%,而毕业生占比仅 0.98%。重点领域的紧缺人才供求失衡,省重点领域即食品加工产业新增岗位目标为 8 000 个,但实际毕业生仅 47 人;新材料产业新增岗位目标为 19 000 个,但实际毕业生仅 478 人。劳动力市场对高技能人才的需求驱动占据了主导优势,高职院校须加强对未来劳动力市场的需求预测与结构设置,准确分析供给增长,提高培养能力,形成有效的动态衔接机制。

(三)资源配置问题

市场经济体制下,市场需求驱动体现了高职教育发展的内在发展规律,市场在高职教育资源配置中发挥着主体作用。高职教育资源配置问题包括宏观和微观两个层面,宏观层面主要研究高职教育主体与经济社会之间的资源配置,而微观层面主要研究院校内部对既定资源的分配利用。宏观层面资源配置问题,反映高职教育与经济社会发展的适应性、协调性及共生性,用来界定政府与市场在高职教育中的角色,也是二者利益博弈的重要体现。从经济学角度对高职教育资源配置的研究大多关注宏观层面的资源配置问题。

经济学认为,任何资源都是有限的,而市场的需求是无限的,因此任何资源在不同历史阶段都有一定的资源稀缺性,资源配置与利益博弈在任何条件下都存在。当前高职教育资源的稀缺性表现在高职教育资源匮乏、企业资源配置不力、资源配置中的区域性差异与结构性矛盾比较突出。以 2016 年国家统计数据为例,高职院校与普通本科院校在教职工、专任教师、副高级以上专业技术职务教师、生师比等要素资源方面严重不均衡,东部发达地区与中西部欠发达地区教育资源配置呈现严重的地域性差异。

2016 年本科院校与高职院校数量基本相当,但本科院校与高职院校教职工数比为 2.43 倍,校均教职工数比为 2.68 倍,校均专任教师比为 2.67 倍,校均副高级职务教师为比 4.31 倍。高职院校校均拥有、生均拥有的人力资源、副高级职务教师数等与本科院校差距明显。

院校数量、招生数、在校生数、毕业生数等数据是直接体现区域高等教育资源与人力资本的重要数据指标,从选定的六个地区来看,江苏、四川及北京为教育资源较发达地区,新疆、海南为欠发达地区,海南与江苏相比有近 10 倍的差距,高等教育资源配置呈现严重的区域不均衡性。从各地教育经费结构来看,区域性资源配置不均衡问题仍然严重,同时资源结构性欠缺严重,表现为政府财政仍然为主要经费渠道,社会资源配置效率低,没有得到充分利用,企业自利性与高职教育的正外部性是企业参与高职教育投资积极性不高的根本原因。

(四)经济贡献问题

戴国强从高职教育对经济增长与就业增长的作用机理角度进行研究,认为高职教育对经济增长的贡献包括:促进科学技术进步、提高了劳动生产率;人力资本积累提高了生产功能与知识效应;优化生产要素配置促进了生产率的提高等。高职教育对就业增长的贡献包括:提升劳动者就业能力,发挥就业效应;促进经济增长,提高就业质量与就业效率;扩大就业需求等。

蒋义使用有效劳动模型,以中国人力资本与劳动经济研究中心、《经济研究》等媒体提供的人力资本存量(1985—2007)与物质资本存量为源数据,用 Eviews 软件计算得到了各类教育对 GDP 增长率的平均贡献率。

1993—2007 年,高职教育对 GDP 增长率的平均贡献率最高,超过了整个教育贡献的 50%,说明经济社会对职业教育需求最强烈,职业教育资源利用效率最高。2002—2007 年,本科以上教育类型与高职教育对 GDP 增长率的平均贡献率差距逐步缩小甚至超越。同时,职业教育人均教育年限增长速度不断下降,意味着职业教育对人力资本增量的影响减小,进而对整个经济增量的贡献逐步减小。基于源数据,进一步分产业计算了各类教育对 GDP 增长率的平均贡献率,结果显示:产业形态越高,教育对 GDP 增长率的平均贡献率就越高;对三大产业而言,职业教育对 GDP 增长率的平均贡献率要远高于普通高中的贡献率;产业形态越高,对职业教育尤其对高职教育的需求就越大。

杭永宝采用柯布-道格拉斯生产函数与丹尼森计量方法,以各类教育年限平均增长率、教育综合指数平均年增长率、教育投入年增长率及国内生产总值 GDP 指数等为指标参数进行计算并修正发现:职业教育贡献率与边际收益增长率相对较高,大力发展职业教育是提高教育和经济产出效率的抓手;测算区间内,高职教育 Mincer 收益率增长速度及其对 GDP 增长的贡献率高于本科以上教育,发展高职教育是增加就业、提高收入、改善国民生活水平的客观需求;中职教育对 GDP 增长的贡献率较低,教育资源利用效率不高,需求缩减明显,应加快建立职业教育贯通体系,提高中职毕业生参加学历提升教育的机会与比例。职业教育对就业增长的作用机理主要表现在职业教育提高了劳动者技术水平与劳动适应能力,职业教育有助于提高劳动者的基础就业能力,有助于解决就业市场的结构性失衡三个方面。实证研究显示,测算区间内中职教育的就业率远高于普通本科教育与高职教育,但三类教育毕业生数及其就业率变化与就业增长之间存在明显的非一致性。而 20 世纪初,中国大力发展以电子信息类为主的劳动密集型产业,对劳动力市场需求旺盛,中职毕业生在就业市场占据较大份额,随着人力资源市场中市场机制的强化,三类教育与就业增长的非一致性呈缓和趋势。

也有学者围绕高职教育对地方经济增长贡献进行研究。李富以 1990 年为基期、2014 年为报告期进行计算,计算结果显示:测算区间内江苏教育总体对经济增长的贡献率为 9.46%,其中高职高专占 8.29%,高于本科及以上教育占 7.22%。但同时也发现:江苏高职教育中仍存在高职院校人才培养与产业发展对接不够紧密、热门专业人才过剩而冷门专业人才紧缺的问题,说明高职教育对劳动力市场供应不完全。李中国等以 2001—2012 年为测算区间,认为:西部地区高职教育的发展与全国平均水平有较大差距,不能满足技术型人才需求,高职教育对经济增长贡献率整体较低且西部各地间差距明显。钟无涯以 2004—2013 年为分析,认为:高职教育投入规模、就业规模与经济增长具有稳定的长期关系,与工业发展关系稳定显著,但与第三产业发展的契合关系微弱且短期修正关系不明显。

三、发展高职教育的建议

对高职教育成本收益问题、供需问题、资源配置及经济贡献等问题的研究有助于从深层次揭示高职教育的经济功能,对高职教育政策制定有重要参考价值。中国高职教育发展中还存在一些困难,高职教育的经济功能还未完全发挥,还不能满足国家教育强国战略的需要,不能满足人的发展、技术发展、经济发展、社会发展对高职教育的要求。因此,系统地推进高职教育改革发展,进一步提高高职教育对经济与产业的贡献率,对中国教育与经济协调发展有重要意义。

(一)发挥政府与市场在资源配置中的调剂作用

近年来,中国高职教育已经形成了财政性教育经费、事业收入、社会投入及其他的多元投入结构,教育经费投入增长对经济社会发展发挥了重要的助推器作用,高职教育更凸显了其强大的经济功能,对经济增长与产业发展的贡献率超过了普通本科高校。但从经费结构来看,国家财政性教育经费投入与事业收入占了主要份额,行业企业、社会个体等社会力量投入的积极性不高。减少高职教育资源配置中的路径依赖,克服"市场失灵",科学把握政府限度,可通过制度供给引导资源投入结构的改变,建立不完全劳动力市场。

一方面,随着经济在新常态下良好运行,继续加大地方财政性经费对高职教育的投入,保障高职院校生均拨款标准达到本地区本科院校生均拨款水平,逐步完善高职教育成本补偿机制。发挥财政引领作用,加大政府对公共性、共享型实训条件的投入,建设高起点、高定位、高标准的现代实训设施,满足学生对高端装备制造、现代服务业、区域性支柱产业与战略性新兴产业的实训需求,提高财政经费及公共资源的使用效益。加大对校园基本建设、教学实训条件等基础性条件的投入,保障财政投入作为生均经费前期投入的主体地位。引导企业及社会力量加大对高职教育的投入,加大对课程资源建设、师资队伍建设、顶岗实践等生均经费后期的投入。研究分析发现:生均经费后期投入与毕业生收入成明显的线性关系,毕业生的收入越高,其创造的经济与社会价值越大,因此,企业加大对生均经费的后期投入能为企业带来更大的投资效益,有效缩短投资回报周期,有助于改变行业企业"高职教育投资无利可图"的认识。同时,各省区市可以探索以"企业参与高职教育条例"的形式立法,通过立法建立企业参与高职教育的强制性、激励性、保障性措施,明确行业企业参与高职教育的主体地位,厘清政府、企业与学校在高职教育中的权利与义务。制定政策鼓励企业与社会力量加大对高职教育投资的力度。同时,还应对企业给予一定的税收优惠或税收返还,加强弥补性作用效度,形成有效激励机制。营造有利的政策与经济环境,让企业切实体会到参与高职教育能够获得较大经济与社会红利。

另一方面,建立不完全劳动力市场,通过政府对劳动力市场的作用机理,提高劳动力市场资源配置效率。用公共选择理论分析企业参与职业教育的困境:企业本质上对参与高职教育有着多样的动机,但处于完全劳动力市场的员工的升迁流动性极高,企业投入资源参与职业教育但获得高级技能的学生极有可能转投其他企业,无法保障企业的投资效益,反而提高了投资的风险系数,最终导致企业参与积极性不高,降低了市场对劳动力资源的配置效率。根据美国学者曼瑟尔·奥尔森在《集体行动的逻辑》一书中的分析,大企业可以在"劳动力需求集团"中通过"挖墙脚"的形式获得具有较高技能的劳动力资源;小企业则往往容易在集团中失去具有较高技能的劳动力资源,进一步降低了小企业对技能型劳动力资源投资的积极性。因此,要通过一定的制度安排减少技能型劳动力在市场中的自由流动。可以通过劳动力市场买方垄断、劳动力市场分层、控制工资差距及工资集体谈判等经典方式进行干预,或建立更小劳动力需求集团,在小集团内部实行企业间协议工资制度,限制小集团劳动力资源向外流动,提高企业对小集团内劳动力投资的积极性。例如,江苏太仓地区高职院校与德资企业通过人才培养的紧密合作,并组成了欧商协会,在协会内实行薪酬协议制度,形成了内部不完全劳动力市场,有效限制了培训学员流向外部市场,提高了企业对高职院校投入经费、开展合作的积极性。

(二)建立实体性职教集团

中国的职业教育管理体制使行业企业认为政府是教育投入与办学的主体,行业企业无利可图。要改变此观念,首要的是让行业企业充分意识到投资职业教育的经济效益与社会效益。

第一,加大高职院校股份制(混合所有制)办学试点改革的探索,允许企业在参与股份制(混合所有制)办学结余中取得合理收益。一是开展股份制(混合所有制)二级学院办学试点与民办高职院校委托管理试点工作。在公办高职院校二级学院率先开展股份制(混合所有制)办学改革,明晰双方资产股权与协议体系,企业以资本、知识、技术、管理等要素参与办学与决策,并享有相应权利;对办学活力不足的民办高职院校实施所有权与管理权分离,由政府或教育主管部门对其进行资产清查,被委托方以股份形式参与委托院校的办学与管理,办学效益好转后可合并为股份制(混合所有制)公办院校。二是探索大型行业企业集团与政府共有的公办高职院校办学模式。围绕重点支柱产业及战略性新兴产业、人才紧缺型产业,制定行业企业介入公办高职院校办学的扶持与优惠等配套政策,鼓励大型行业企业集团对办学活力不足的公办高职院校实施股份制(混合所有制)介入,公办高职院校性质不变,介入的主要形式为直接投资、基础建设投资、以参与共建公共实训条件等方式入股,明确企业从办学结余中的收益预期,实行董事会治理模式。

第二,探索建立由企业牵头的实体性职教集团。集团化办学的制度设计初衷就是为集聚各类教育资源,为更好地发挥企业在高职院校办学中的作用,然而在实际过程中职教集团的功能发挥却大打折扣。按照市场经济的原理,重新对职教集团化办学进行顶层设计,让企业,特别是行业领头羊企业成为职教集团的牵头单位,强化职教集团的行业协调功能与企业利益表达,发挥行业企业在职教集团中的主导作用,降低行业企业与职业教育合作中的制度性交易成本。一是建立实体性职教集团有助于进一步提高区域协作、行业协调及跨区域协同,有助于随着企业的国际化、标准化发展步伐提高高职教育的国际化与标准化。二是组建实体性职教集团,允许职教集团注册为经营类事业单位法人。通过将职教集团注册为独立法人实体,在职教集团运作中引入市场经济原理,借鉴现代企业管理制度与运行机制,提高集团的规模化、集约化,建立符合现代管理理念的集团内部管理制度,盘活集团内全产业链的教育资源,提高集团资源的配置与运用效率,也为集团资本化运作提供了可能性。

（三）建立国家资历框架

实践证明，只有构建完整的职业教育体系，才能更好地保证职业教育的可持续发展与经济社会的协调发展。随着经济结构的调整与产业升级，中国经济不断向高端产业链调整，逐步改变要素驱动与投资驱动的经济发展方式，对高端技术人才的需求持续加大，对人才结构提出了严峻的挑战。要满足经济发展对人才的需求，避免低学历未技能智能化、高学历却低能化的困境，必须加快完善现代职业教育体系。2017年3月，广东省发布了全国首个终身教育资历框架地方标准——《广东终身教育资历框架等级标准》（以下简称"标准"），为探索现代职业教育体系进行了有益的实践探索。《标准》规定了广东省域内各级各类教育之间的沟通与衔接机制，建立了学习型社会的体系框架与基本制度。同期，由京津冀职业与成人教育协会、北京开放大学共同主办的"国家资历框架及学习成果认定和学分转换"学术研讨会在北京开放大学召开，提出了建立跨国家及区域的资历框架与质量保障系统构想，论证了成果与等级转换、学分转换与学分标准等基本制度。

完善现代职业教育体系亟待各地方积极探索实践经验。科技进步与技术创新推动了技术技能型人才需求结构的高移化趋势，技术技能复杂化劳动对人力资本素质与职业迁移能力的要求不断发生变化，一些重大国家战略的实施对技术技能型人力资本结构提出了更高要求，构建覆盖技术技能型人才职业成长的人才培养贯通体系，是现代职业教育体系建设的首要问题。国家应尽快制定"国家职业教育（终身教育）资历框架"，明确各层次职业教育人才的培养定位与规格，完善面向技术技能人才职业发展需求的课程及学分认证体系、招考制度与评价标准，以"国家资历框架"推动职业教育发展的顶层设计与整体创新。同时，加强职业教育与普通教育之间的融合，建立职业教育与普通教育之间的"立交桥"。具体而言，可探索同区域内高职院校与普通本科院校之间的课程互认，通过制度设计，认可高职院校学生在同区域内普通本科院校参加学术性课程学习的学分，对本科院校在同区域内高职院校参加应用性课程学习的学分予以认可，促进学生根据学习需要转换学习轨道，建立由普通教育向更高层次职业教育升学的渠道，逐步取消职校学生向更高层次普通本科院校升学的比例限制，允许学生在相应层次的普通本科院校与应用型高校之间流动。

（四）提高高职教育对区域特色产业的贡献

2016年统计数据显示，中国高职院校专业设置与产业结构呈现严重的不平衡不适应现象，第一、二、三产业产值分别占国内生产总值的比重为8.6％、39.8％和51.6％，但全国高职院校面向第一、二、三产业的在校生分别占比为2.3％、53.6％和44.1％。其他研究也显示，广东、安徽、河南、山东、海南及贵州等地的第二、三产业与高职专业结构的协同性良好，第一产业协同度较差，第一产业的专业布点数严重缺乏，导致产业发展不均衡与区域发展不平衡。在经济发展的新常态背景下，国家应该在把支持重点放在相对薄弱的地方高职院校，特别是能促进欠发达地区主要产业发展的重点专业上，提高科技在农、林、牧、副渔等产业中的份额。国家大力实施乡村振兴战略、东西部扶贫协作计划等重大战略，是逐步消解经济社会发展中区域差异与产业差异的重要决策。职业教育承载着人力资源供给的重要功能，国家重大发展战略实施对技术技能型人才的需求更加迫切。各级政府应把增量的教育支出更多地投向职业教育，保障产业间职业教育均衡发展；更多地投向西部地区与农村地区，保障区域间职业教育均衡发展；运用政府手段，扶持经济要素发展壮大，考虑各地区职业教育发展的特色差异，重点扶持西部职业教育发展落后地区以及现代农业、民族工艺等行业领域的职业教育，避免职业教育发展的结构性失衡，保障贫困与弱势人群获得教育公共服务的机会均等。

农业地区多为欠发达地区，加大对农村职业教育的投资力度，不能完全依靠地区财政的投入，须引入社会资本，尤其是国企资本，也可以吸引社会资本投资农业领域，探索农业开发与农村职业教育一体化建设。农村职业教育也是中国职业教育持续发展的重要保障，发展农村职业教育对提高农村居民收入与促进农村经济发展有显著的影响。应加快发展农村职业教育，推动农村剩余劳动力有效转移。中国是一个农业大国，农村劳动力发展潜力巨大，既能为现代职业培训体系提供充足的生源保障，更能为农村劳动力向工业化后期转变、城乡二元体制向城乡一体化过渡提供人力资源支撑。围绕区域特色产业结构，构建与区域经济发展水平相适应的农村职业教育结构，构建区域统筹的职业教育培训体系，完善农村劳动力市场；增加农村适龄人口接受职业教育的机会，激发农村职业教育功能。要加大对现代农业技术、现代经济、农业经济、农业投资、农业管理、农业人口创业与再就业等内容的教育，在培养模式上，改变传统的课堂灌输的教学方式，探索实践教学与理论教学一体化教学模式，打破传统的三年制学制，因地制宜地设置课程和学制。

四、结　　语

高职教育的经济特性与经济功能，揭示了高职教育发展中应遵循的市场主导原则。但实证研究表明高职教育在发展中的制度依赖与"市场失灵"，政府仍然是推动高职教育发展的主体。在特定经济条件下，政府与市场在高职教育中的利益博弈进一步拓展了双方的作用空间，政府与市场的各就其位既有权利让渡，也是主体博弈。总体而言，市场主体作用的发挥需要一系列社会与经济制度创新，并应充分考虑与尊重制度变迁的复杂背景，只有在各主体间权利均衡时，才能实现高职教育与经济社会的有效衔接与协调发展。

（原载《高教发展与评估》2018 年第 6 期，第 28-40 页）

2019 年

要思考"得出思想"，而非"问卷加计算"

龚　放

亚伯拉罕·弗莱克斯纳是我国高等教育研究界十分尊崇的美国学者，他所撰写的《现代大学论——美英德大学研究》一书，曾经与英国约翰·亨利·纽曼的《大学的理想》、美国的克拉克·克尔的《大学的功用》并列，被誉为阐述了不同历史阶段大学发展理念的"里程碑式的经典著作"。弗莱克斯纳在书中所阐发的"大学是民族灵魂的反映""大学不是风向标，不能什么流行就迎合什么""大学不能远离社会"等理念，得到了中国高等教育研究界的高度认可，他对美、英、德等国大学教育鞭辟入里的批判性分析，无论是对"旧瓶装入了新酒，旧瓶也因此破裂"的柏林大学的推崇，还是对"巴斯德式"的"适可而止服务"的赞赏，或者对大学教育被稀释与"降准"的担忧，都被我国学人频繁引用、借鉴和发挥，为人们所理解、领悟，耳熟能详。然而，笔者注意到弗莱克斯纳关于大学学术研究，特别是社会科学研究的一些重要观点，如关于"什么是真正的研究？""什么不是教育研究？"的精辟见解，特别是他对"假研究"和"伪研究"的毫不留情的揭露与痛斥，多年来却未能像他阐述的其他真知灼见那样，得到中国高等教育界学人的重视。今天，一些著名大学的学术不端乱象引发舆论关注，例如，哈佛大学终身教授"心肌干细胞治疗"的系统造假，博士论文抄袭等，终于引起高等教育研究界同仁的遽然警醒和深刻反思。笔者认为，要重现学术研究的"青山绿水"，要廓清高教研究的迷雾阴霾，我们需要重温弗莱克斯纳当年的谆谆告诫！

重视现代大学的科学研究职能，是弗莱克斯纳"大学研究观"的第一层含义。在高等教育研究的大师、巨擘中，弗莱克斯纳是最看重现代大学科学研究的一位。他在《现代大学论——美英德大学研究》中坦诚直言："我认为现代大学的最重要的职能，是在尽可能有利的条件下深入研究各种现象：物质世界的现象、社会世界的现象、美学世界的现象，并且坚持不懈地努力去发现相关事物的关系。"对此，学界同仁一致认同，并无争议。

"解决问题"与"增进知识"并重，是弗莱克斯纳"大学研究观"的第二层含义。弗莱克斯纳指出："研究和解决问题与增进知识——这两个短语是相互通用的——日益显著的重要性，在任何领域都是显而易见的。"弗莱克斯纳所云，其实就涉及当下有关研究的"问题导向"与"学科导向"之争。"研究、解决问题"与"增进知识"（发展学科），谁先谁后，孰轻孰重？弗莱克斯纳未做正面回答。但他认为"这两个短语是相互通用的"，其实隐含了二者是"一而二"又是"二而一"的关系。即"解决问题"引发的真正研究，必然有助于"增进知识"和发展学科；而旨在推动学科发展和知识增进的研究，也将会为"解决问题"提供思路和方法。关键在于如何选择和确定真正有价值、有意义的研究方向和领域。因此，弗莱克斯纳毫不含糊地强调："社会科学家必须从繁杂的事件中寻找材料，但作为科学家，他必须免受政策的压力，从科学的观点选择、研究和确定问题。"

研究真问题，反对假研究、伪研究，是弗莱克斯纳"大学研究观"最具有现实针砭意义的见解。他对假研究和伪研究的无情剖析和辛辣嘲讽，首先指向研究方向与论题的选择。他认为必须是"从科学的观点选择、研究和确定问题"，必须是有科学价值或现实意义的真问题，而不是穿凿附会、莫名其妙的假问题、伪问题。他用大量的例证展现了 20 世纪 30 年代美国教育期刊"琐碎平淡的特点"，以及"高级学位论文涉及的主题"水平之低和"好像有意要吓跑理智一样"的莫名其妙。在列举了"读书姿势与课桌尺寸研究""九年级男生前后状态测量研究量表""秘书职责和品质分析"等堪称"奇葩"的研究论题后，弗莱克斯纳郑重其事地断言："理智和学术与教育学院分道扬镳，这一点我并没有看错！"时隔 80 多年，如果看到当下我国大学的一些期刊论文和学位论文的"奇葩"题目，如"行长的面部宽高比影响银行绩效的路径研究""中国传统文化对蟋蟀身体与战斗力关系的认识""从《西游记》看中国古代微积分思想""马克思主义在北京市臭氧监测及分析中的应用""论复调音乐中的马克思主义辩证法——以巴赫二声部创意曲 BWV773 为例"……不知弗莱克斯纳老先生该做何反应？是默然无语，抑或拍案而起？

研究方式不能代替创造性的思想，是弗莱克斯纳"大学研究观"最精彩的亮点。研究方法决不是研究本身，研究方式可以多种多样，但不能用时髦、流行的方式来替代批判性思考分析，不能用鸡毛蒜皮的罗列和数据图表来掩盖思想的贫乏与平庸。弗莱克斯纳断言："科学的本质要求研究者要有一种思想，虽然他坚持这种思想的方式可以十分灵活。"他看重的是基于事实的思考和批判性分析。他确凿无误地且不厌其烦地强调："收集信息——即使是精确的信息——不是研究。收集大量的描述性材料——在家政学、社会科学和教育学领域的这种做法相当普遍——不是研究。未经分析和无法分析的资料，不管收集得多么巧妙，都不构成研究。报告不是研究；检查不是研究……有没有图表、曲线和百分比，这些也都不是研究……"弗莱克斯纳追根溯源，探求"什么是真正的学术研究"，讨论"研究究竟由什么构成"。他认定，真正的研究，应当是"基于实验与观察的思考"，应当是在归纳和分析批判的基础上得出"创造性的思想"。他质疑"通过问卷调查进行的所谓'研究'的质量"，而且认为"问卷不是一种科学的工作，它只是一种廉价、方便和快速获取信息资料或非信息资料的方法"；强调不但在实验科学中问卷调查并不足取，而且"在教育学、法学和其他社会科学里它也同样没有价值"。因为"一个训练有素的研究者"绝不会向两个人问同样的问题；而且，"同样的问题对不同的人绝不可能有同样的意义"。

笔者之所以用相当的篇幅转述弗莱克斯纳的相关论述，一方面在于他的观点是如此犀利、精辟，给人以振聋发聩、醍醐灌顶之感；另一方面是他多年前痛斥和嘲讽的假研究和伪研究，在今日中国不仅没有绝迹，没有偃旗息鼓，反而打着大数据时代学术研究"现代化""科学化"的旗号，大有卷土重来、甚嚣尘上之势。因为在相当一部分研究者看来，论文的发表是第一位的，而论文能否发表，能否"唬住编辑"，关键不是基于实验或事实的分析发现了什么,而是用了多少复杂的计算公式、得出了多么漂亮的"结构方程模型"。

"今日欢呼孙大圣,只缘妖雾又重来。"中国高教研究界的学人之所以需要重温弗莱克斯纳 80 多年前奠定的"大学研究观",就是因为假研究、伪研究依然盛行于世,就是因为大学研究界"得鱼而忘筌"者不多,而"买椟还珠"者甚众!

其实说到底,还是要追问高等教育研究的初心何在,本意何在? 英国学者马尔科姆·泰特所撰写的《高等教育研究进展与方法》一书,揭示人们从事高等教育研究不外四个动机:其一是"高等教育活动自身需要研究",其二为"源于研究兴趣",其三旨在"获得'资质'(credit)",其四看重"研究成果的发表"。今天,当我们讨论高等教育研究的现实使命与学术生态问题时,不得不寻根溯源,反思、检讨一下高等教育研究的本意是什么。是要研究和解决中国高等教育发展的理论与实践问题,探索变革的思路与策略,还是纯粹"源于研究兴趣"和"学术情怀"? 或者,是为了获得某种"资质"? 是为了获得晋升、发展的资本? 追问研究的本意、研究的目的,有助于我们廓清迷雾,凝聚焦点,有助于回归研究之道,进行真正科学的有价值的研究,杜绝假、伪研究的产生。

（原载《高教发展与评估》2019 年第 1 期,第 1-3,8 页）

论"通识"的中国历史语境

杨 方,孙显军

  郭齐勇先生在讨论中国传统智慧的特点时,曾引用已故美国汉学家史华慈对中国传统哲学概念与西方对应关系的相关论述,史称"不能设想,诸如自然、理性、科学、宗教和自由之类的术语能够与诸如'道'、'理'和'气'之类在中国文化内部同样有着复杂历史的术语恰好吻合",因此"超越了语言、历史和文化以及福柯所说'话语'障碍的比较思想研究是可能的,这种信念相信:人类经验共有同一个世界"。郭先生据此提出"中西、中外哲学是可以比较,可以通约的",前提是我们要特别注意"哲学范畴、术语的语义范围,在什么样的语境中,以什么样的方式使用它"。哲学如此,教育亦然。

  与本土化的"道""理""气"不同,作为教育术语的"通识"是一个外来词——其前身是古希腊的自由教育(liberal education),19 世纪以来,迭经帕卡德(A. S. Packard)、艾略特(C. W. Eliot)、劳威尔(A. L. Lowell)、赫钦斯(Robert M. Hutchins)、科南特(James B. Conant)及博克(Derek Bok)等再造,模式日新,内涵日富,20 世纪 90 年代中期传入中国,成为当时素质教育的一条重要路径,但其译名到底是"一般教育"还是"普通教育"抑或"通才教育",仁智异见,莫衷一是。

  至于"通识"之译,当有其本土语境的对应关系,因此考察"通识"的本土历史语境,也许有利于从本土视角审视其意蕴内涵。本文试以《史记》《汉书》《后汉书》《三国志》和《世说新语》为例,寻绎"通识"在汉魏六朝时期的使用及其背景,以祈对接与西来"通识"之关系,在历史语境中理解通识教育当下的取向。

一、"通"

  从程度上讲,"通"有"不通""略通""精通"之别。

  "不通",指虽然有所学习,但不能深入,甚至存在错误认识,走入歧途,如"驺衍以阴阳《主运》显于诸侯,而燕齐海上之方士传其术不能通"。

  "略通",是指有一定的认识和了解,但并不深入和透彻,如王尊"事师郡文学官,治《尚书》《论语》,略通大义"。略通而非深究者,情形也有多种,如志在博览群书,而有意"不求甚解",扬雄最为典型:"雄少而好学,不为章句,训诂通而已,博览无所不见。"另一种则是实实在在的徒有虚名,典型的例子是伏生专精《尚书》,其孙虽以《尚书》征,及至才发现实际上并不十分精通,所谓"伏生孙以治《尚书》征,不能明也"。

330

所谓"精通",就是学有专门,认识透彻,甚至有所创发,如跟从董仲舒学习的一批弟子,"仲舒弟子遂者:兰陵褚大,广川殷忠,温吕步舒。褚大至梁相,步舒至长史,持节使决淮南狱,于诸侯擅专断,不报,以《春秋》之义正之,天子皆以为是。弟子通者,至于命大夫;为郎、谒者、掌故者以百数"。

从范围上讲,"通"有"专通""兼通""博通"之别,其从程度上讲,都属于"精通"。

"专通"是指在某一个领域或某一个具体方面十分精通。常见就是"通经"——通晓儒家某一经典——这一情形主要出现在由乱而治、统治者迫切需要大量基层治术人才之际,如汉初及魏晋之际,汉武帝初即位,即"博开艺能之路,悉延百端之学,通一伎之士咸得自效"。

斤斤于文字,锱铢必较,不仅难"通",即便有所获,最终难以有大用大功。司马谈《论六家要旨》提到一般儒者"博要寡要,劳而少功"者即在于此。比如,同样以"通《五经》"有名,但能否将所通知识转化为实践能力用以指导政治实际,就可以看出其中"通"的高低:"初梁相褚大通《五经》,为博士,时宽为弟子。及御史大夫缺,征褚大,大自以为御史大夫。至洛阳,闻儿宽为之,褚大笑。及至,与宽议封禅于上前,大不能及,退而服曰:'上诚知人。'"

班固《汉书·艺文志·序》更批评那种不知广见闻、多畜德,而从事便辞巧说者为"学者大患":"古之学者耕且养,三年而通一艺,存其大体,玩经文而已,是故用日少而畜德多,三十而五经立也。后世经传既已乖离,博学者又不思多闻阙疑之义,而务碎义逃难,便辞巧说,破坏形体,说五字之文,至于二三万言。后进弥以驰逐,故幼童而守一艺,白首而后能言;安其所习,毁所不见,终以自蔽。此学者之大患也。"

因此,在强调通经的基础上,提倡"通"的面要广博,遂成为必然。就其形式而言,由通儒家经典而兼通其他学术可视为基本,如贾谊"颇通诸子百家之书"。

通理、通体、通本、通德是"通"的本质取向。首先是通明道义、行为表率:"昭王病于军中……卜而河为祟,大夫请祷河。昭王曰:'自吾先王受封,望不过江、汉,而河非所获罪也。'止不许。孔子在陈,闻是言,曰:'楚昭王通大道矣。'"

通理也好,通道也好,重要的是"理"非虚理,"道"乃实道——所谓通道理者,一个重要方面就是能够理解政治的本质,即所谓"政体",或者说政治体制的出发点或归宿;再就是能够将所通之理行之于事,此即"通敏""敏通",如赵广汉"以廉洁通敏下士为名",平当"以明经为博士",公卿荐其"论议通明",每有灾异,"辄傅经术,言得失,文雅虽不能及萧望之、匡衡,然指意略同"。

既能通大道,又敏于行事,贵在"通古今""通几微"。萧望之就曾上书,建议皇帝"选明经术,温故知新,通于几微谋虑之士以为内臣"。

"通古今""习故事""温故知新",唯其如此,才能察微知变;唯有察微知变,才能避免胶柱鼓瑟、刻舟求剑、削足适履;亦唯察微知变,才能顺应时代的发展变化,因革损益。曹魏王肃曾批评曹真冒险行军,根据就是将帅所为应"顺天知时,通于权变"。

通道义,通政体,通古今,通时变,这样的儒者,称"通儒""大儒",或称"通人",但这一高度是很难达到的。马融虽"才高博洽，为世通儒，教养诸生，常有千数"，但"终以奢乐恣性，党附成讥"，故传论以"固知识能匡欲者鲜矣"一句，道出了学术与道德之间的关联。郑玄虽能"依方辩对，咸出问表"，却固于章句，不能化繁为简，因而既难被当世许为"通人"，而且还被"通人"讥讽。

与"通儒"相对的是"俗儒"：桓谭"好音律，善鼓琴，博学多通，遍习《五经》，皆诂训大义，不为章句。能文章，尤好古学，数从刘歆、扬雄辩析疑异。性嗜倡乐，简易不修威仪，而憙非毁俗儒，由是多见排抵"。此条虽未列出俗儒面目，但好"为章句""修威仪"等表面文章，当是俗儒的常见特征。《杜林传》注引《风俗通》则对"俗儒"做了相对完整的界定："《风俗通》曰：儒者，区也。言其区别古今，居则玩圣哲之词，动则行典籍之道，稽先王之制，立当时之事，此通儒也。若能纳而不能出，能言而不能行，讲诵而已。无能往来，此俗儒也。"

"通"之境界，除此之外尚有"通达"，如刘政"通达能属文辞"，被汉宣帝以名儒俊材招选置左右。又有"通明""深通""渊通""博通""通厚"之谓，如翟方进"知能有余，兼通文法吏事，以儒雅缘饬法律，号为通明相"。

降及魏晋，"通"更进一步，开启抽象化历程，有所谓"通雅""通长""清通"，所谓"裴楷清通，王戎简要。"

要之，"通"不是单纯地从一端能够到另一端，而是要能在此基础上建立相互的反馈机制，实现两端或多极之间的双向或多向互动——比如，"通信"，如果只是一个人给另一个去信或收到来信，是不能成立的；必须是双方之间收复往还，始得称"通"。《汉书·律历志》对"通达"二字的诠释可以参照："中央者，阴阳之内，四方之中，经纬通达，乃能端直，于时为四季。"

"通"之境界有三。境界一：某一个方面的"通"，即"专通"，范围可大可小，如儒家经典，可以"通一经"，也可以"通五经"；可以信守师法、家法，也可以兼容并包、有所取舍，又称"通知"，意即对某一领域能够全面掌握。境界二：跨界之"通"，即"兼通"，能够游走在不同专业领域，如兼通子史。境界三：知行会通，即"融通""贯通"，其最高境界就是"无所不通"，一般而言则如"专经致用"。第三个境界的"通"，必须符合三个条件：首先立意要专；读书要博；精思取舍。"方今去圣久远，道术缺废，无所更索，彼九家者，不犹瘉于野乎？若能修六艺之术，而观此九家之言，舍短取长，则可以通万方之略矣。"但不管是何层次，"德"是"通"的前提和保证，没有德行，即无所谓"通"；其次，"通敏"——将所通之理应用于实践，勇于任事，是"通"的延展和深化，仅有书本层次的"通"，只能是"俗儒""浅儒"之"通"；最后，察微知几，善于决断，这是"通"的最高境界。

至于"清通"等，一方面将"通"引向心理、人格层面，另一方面也将"通"抽象化，以与当时士林清要玄名的风气相应和。

"通"虽有专通、精通、融通之别，但"通经"也是"通"的基础——自武帝"罢黜百家，独尊儒术"以后，儒家经典已成为正经知识的主要载体，因而无论是"深造自得"，还是"诵经读礼"，掌握儒家经典便成为通德识知的主要途径，武人通经即称武儒，经术不通虽获荣宠,实则比不得"尊官"也。枚乘之子皋,"不通经术,诙笑类俳倡,为赋颂,好嫚戏,以故得媟黩贵幸,比东方朔、郭舍人等,而不得比严助等得尊官"。

二、"识"

在中国传统文化语境中,与"识"相关的三个词,通常用来表示人的基本认识能力、自我识知能力和一般的审时度势的能力,它们分别是"识数""识相"和"识时"。

《礼记·内则》:"六年,教之数与方名。""数"者"爵数",是爵位等级的象征;"方"者四方上下,是国之四达的象征;故"有数"通常表示知道轻重、主次、缓急。

《诗经·相鼠》:"相鼠有皮,人而无仪。人而无仪,不死何为?"《相鼠》,刺无礼也。卫文公能正其群臣,而刺在位承先君之化无礼仪也。"识得其人,以相应规格相交,庶几不致失礼。"识相"最初盖指识人,认识他人,以应有的礼仪规范对待对方;但渐渐演变为审者自谓——认识自己。

至于"识时",与之紧密联系的"识时务者为俊杰",业已成为规箴的习语。对使用者而言,固然是习焉不觉;而真正考究起来,这里的"识"尚有大小、深浅、本末之别:大者识天时、地利、人和,能够综合衡量各种因素;深者能够步步设营,环环相扣,决不错走一步;本者窥斑见豹,见微知著,深谋远虑。

揆诸四史及《世说新语》,虽语词不尽一致,而其日用语境所揭示的"识"的境界、内容等,则与上述三识多能参差。

(一)"识"的层次和境界

"识"最基础的层面就是知道、了解和熟悉,如"上笑曰:'我识郑尚书履声。'"在此基础上,能够记得久、记得牢,则"识"便提升一个层次:"广国去时虽小,识其县名及姓,又常与其姊采桑堕,用为符信,上书自陈。"如果"识"的范围更广、程度更深、时机更早,便有所谓深识和远识——成语"远见卓识"庶几近之:

> (黄)昭书与春卿曰:"盖闻孝者不背亲以要利,仁者不忘君以徇私,志士不探乱以徼幸,智者不诡道以自危。足下大君,昔避内难,南游百越,非疏骨肉,乐彼吴会,智者深识,独或宜然……"

> 或问顾长康:"君《筝赋》何如嵇康《琴赋》?"顾曰:"不赏者作后出相遗,深识者亦以高奇见贵。"

对应于魏晋之际的清玄高远,与"清通""神通"一般的建构,当时也有所谓"清识""神识",如荀爽传论以为:"荀爽、郑玄、申屠蟠俱以儒行为处士,累征并谢病不诣。及董卓当朝,复备礼召之。蟠、玄竟不屈以全其高。爽已黄发矣,独至焉,未十旬而取卿相。意者疑其乖趣舍,余窃商其情,以为出处君子之大致也,平运则弘道以求志,陵夷则濡迹以匡时。荀公之急急自励,其濡迹乎?不然何为违贞吉而履虎尾焉?观其逊言迁都之议,以救杨、黄之祸。及其潜图董氏，几振国命，所谓'大直若屈'，道固逶迤也。"正是受此家风影响，其子荀淑也被李膺推许为"清识难尚"。

(二)"识"的由来

就"识"的主体而言，能识要有客观方面的条件。首先是年龄，年龄过小则不能"识"，如"初，成王少时，病，周公乃自揃其蚤沈之河，以祝于神曰：'王少未有识，奸神命者乃旦也'"。——实际上这是符合人的成长规律的：人脑的发育有一个时间段；人与其他动物有一个重要的差异，即其幼态持续期相对较长；人的社会性和历史性决定了人所需之识较之其他动物而言面广量大。

其次，"识"需要一定的智力条件，如中人以下即不足以识真伪：诸葛亮就对"中人以下识真伪"明确表示怀疑。换一种说法，"固陋""不敏"，也就是智力的底子稍薄，亦不能识，如"割齐民以附夷狄，弊所恃以事无用"者，即是"固陋"不识。

再次，有教有学方能有识，或少失于教，或学之不讲，则皆不能识，秦二世就自述其"少失先人，无所识知，不习治民"。

就"识"的主体而言，能识还需有相当的主观条件，一方面要防止欲望迷住双眼，成为识障，要防止固执己见、一叶障目；另一方面，不能矫枉过正，心失所主，没有自己的主见同样也不能识。《后汉书·李通传》末"论曰"最为清晰："李通岂知夫所欲而未识以道者乎！夫天道性命，圣人难言之，况乃亿测微隐，狷狂无妄之福，污灭亲宗，以徼一切之功哉！"所以"识"的主体条件中，强调主见，更强调识者的贤愚——"贤者识其大，不贤者识其小"。

孔子曾与弟子端木赐讨论"识"的前提是否是"多学而识"并果断予以否定。《学记》有谓"记问之学，不足以为人师"，孔子首许学而知，不学不知；然学而知者，记问之学也，非徒不足为师，亦不足立生行世。学能立身，必有其宗旨也。这个宗旨就是"一以贯之"的"忠恕之道"。

就"识"的客体而言，物件的时间、体态也都会对"识"产生影响，造成失真、失实，乃至难识难辨，如"上古难识""微妙难识"，等等。

(三)"识"的对象

关于"识"的对象，四史及《世说新语》中共有 46 条(其中重一条，一条两涉)，涉及"识时""识本末""知识""识去就""识几微""识倚伏""识终始""识次序""识情伪""识好坏""识命运""识大典""识礼乐""识边事""识忌讳""识体""识义""识宜""识虚实""识废兴""识变量""识道""识分""识治""识先后"25 个方面。这 25 个方面，可分为以下几类。

一般知识类。没有特定的范围，表示一般性知识，类似一般"有识者"，如韦玄成"少好学，修父业，尤谦逊下士"，出遇"知识"步行，"辄下从者，与载送之，以为常"。这里的"知识"即可理解为有知识的人。

道德礼义类。中国传统教育，道德为先，故举凡人伦之本、尊卑礼义、职分所在、大道所存,都是先行性知识,不仅必须了解、掌握,还要坚守、践行。如李斯论赵高"无识于理,贪欲无厌,求利不止,列势次主,求欲无穷","故曰殆"——"识"不但有"本末",而且涉及存亡。

政事治理类。知道,固然有益于修身、齐家,但再进一步,要做到治国、平天下,还需掌握政治运作乃至相关军事技能,诸葛亮是最好的代表。他作为蜀汉之相国也,"抚百姓,示仪轨,约官职,从权制,开诚心,布公道;尽忠益时者虽仇必赏,犯法怠慢者虽亲必罚,服罪输情者虽重必释,游辞巧饰者虽轻必戮;善无微而不赏,恶无纤而不贬;庶事精练,物理其本,循名责实,虚伪不齿;终于邦域之内,咸畏而爱之,刑政虽峻而无怨者,以其用心平而劝戒明也",因此,"可谓识治之良才,管、萧之亚匹矣"。

形势时宜类。要能从细微处着眼,此所谓"识几微""识倚伏",如任光之"识几"。据本传:"任光字伯卿,南阳宛人也。少忠厚,为乡里所爱。""及王郎起,郡国皆降之,光独不肯……更始二年春,世祖自蓟还,狼狈不知所向,传闻信都独为汉拒邯郸,即驰赴之。光等孤城独守,恐不能全,闻世祖至,大喜,吏民皆称万岁,即时开门,与李忠、万修率官属迎谒。"任光在世祖狼狈不知去向的情况下,之所以能够独守孤城、坚持不降者,盖在其能识世祖于草创之微时也。

在面对纷繁复杂的局面时,要将自己置身其中,审时度势,为自己做出明智的选择——这也是"识"的高位境界,即所谓"识去就"也,司马迁"颇识去就之分",故虽遭泄之辱而能不自湛溺,是一例;刘放表彰黥布"识废兴之理,审去就之分",仗剑归汉,也是一例。

三、"通"与"识","通识"

(一)通与识

先说"通"与"识"之别。

从上文所列举的相关文献来看,"通经""通艺""通一伎"是基础的层面,至于贯通、融通之类,也是要将所通之经、艺、技与行、思结合,实现融会贯通,从而达到"通"的高位境界;但就"识"而言,除了识政治、治理、道德、行谊,所识还具有相对的稳定态,至于其他"几微""变量""去就""时忌"之类,则都具有较强的流动性和变化性,不属于固定态知识。或者说,就对象而言,"通"有相对的领域,而"识"的目标则较含糊,此其一。

"通",更强调了解、知晓、明白,其前提和基础是理解,因此更需要综合的思维能力作为其条件,既需要智力因素的参与,也需要非智力因素的参与;"识"则不然,就其基本层面来讲,往往等同于"记忆"或"记忆力"。可以说,"识"要借助于先天的条件,而"通"则更多需要后天的训练,此其二。

但是,由于过于强调"通"的圆融性和贯穿性,因此一定程度上,"通"的边界也日益模糊化;"识"却很具体,重在鉴定、判别和选择,目的性和功能性非常明晰,其识鉴如何、选择如何，都与结果呈现出较大的关联性，容易把握。换言之，"通"较为感性，而"识"较为理性，因此"通"的结果难以评估，而"识"的结果则较易掌控，此其三。

上述第一点与第三点似乎构成一对悖论，"通"的目标固定而成效模糊，"识"的目标不清而结果易识，其中介就在于第二点，即主体的参与状况——是基本依赖先天固有的智力因素，还是积极调动各方面的非智力因素。而这正彰显了"通"与"识"之联系——越是在高阶层面上，比如"深通"与"深识"这个层面，"通"和"识"就一致了。

如果本文第一部分所涉"通儒""大儒""通人"可以视为"通"之极致，那么"识"之极致就是"识者""有识""有识之士"。

> 季布为河东守，孝文时，人有言其贤者，孝文召，欲以为御史大夫。复有言其勇，使酒难近。至，留邸一月，见罢。季布因进曰："臣无功窃宠，待罪河东。陛下无故召臣，此人必有以臣欺陛下者；今臣至无所受事，罢去，此人必有以毁臣者。夫陛下以一人之誉而召臣，一人之毁而去臣，臣恐天下有识闻之有以窥陛下也。"

> 又铸四出文钱，钱皆四道。识者窃言侈虐已甚，形象兆见，此钱成，必四道而去。

这两条文献中的"有识""识者"与"有识之士"均可互换，其内在意蕴具有高度一致性。依照这样的推理，将诸条中之"识者""有识""有识之士"换为"通人"，似乎也可以成立——这从一个侧面说明：当"通"与"识"达到足够高度，二者实际上有更多共通性，乃至达到高度的重合。石勒的例子最典型，此公不识字，但并不影响其称为"有识"。例如，石勒"不知书，使人读《汉书》。闻郦食其劝立六国后，刻印将授之，大惊曰：'此法当失，云何得遂有天下！'至留侯谏，乃曰：'赖有此耳！'"可见人之识鉴能力与知书否并无根本性关联。石勒虽不知书，尚能听书也。因此，根本的一点是，思维达到相当的高度，"通"而能"识"，"识"亦多"通"，"通""识"遂建构为一个整体。"人问殷渊源：'当世王公，以卿比裴叔道，云何？'殷曰：'故当以识通暗处。'"所谓"识通暗处"，就是"通"与"识"的高度契合。

（二）"通识"

《史记》《汉书》《后汉书》《三国志》及《世说新语》通行本均未见"通识"连用，裴松之注《三国志》，有"通识"三条。

一是《王烈传》引《先贤行状》，称烈"通识达道，秉义不回"。王烈相关事迹裴注引《先贤行状》甚详，略言其端有五：一是父丧称孝，二是救民俄殍，三是兴办学校，四是德化闾里，五是乱世自守。尤为著者，一在其办学，德诱为先，正身正行；二在其不应董卓之召，避祸辽东，终能颐养天年。由此可知，王烈之被许为"通识"，在其德义高尚，识知时务，行正自守，保家保身。

二是《王肃传》引《世说新语》称承其嗣者王恂"有通识"。王恂事迹裴注引《世说新语》，主要行谊有：在朝忠正，居官有称，崇经兴学，尤其突出者在于鉴识，如知袁毅必以贪财好货而败。由此可知,王恂之被许为"通识",在其忠正善政,崇经识人。

三是《程昱传》引《世说新语》称程晓"有通识"。程晓本传载其上疏,称引经疏甚明,而裴注更引《晓别传》,称晓"大著文章多亡失,今之存者不能十分之一"。以此可知,程晓之被许为"通识",在其研经通义、善于著述,而观其上疏,其对设官分职之政制设计亦多通晓分明。

综合诸条,我们可以给传统"通识"一个基本标准,即:道德高尚,行为世范;刻苦治学,博通经籍;熟悉政治,精明能干;识时明势,果于去就。这一标准贯穿了德、学、行、思方面。也许正是缘于此,苏焯才感叹"不可人人皆有通识"也。

最后需要指出的是,本文仅就《史记》《汉书》等经典史学著作中所见的"通""识"探讨传统"通识"的意涵,这跟学者们已多所讨论的"传统通识教育"——如黄俊杰的《大学通识教育的理念与实践》第三章《大学通识教育的理论(一):传统通识教育理念的分析》、陈洪捷的《中国古代通识教育的传统及其问题》等,并不在同一层面;但我们相信,分析有关中国传统"通识"的确切含义,对于继续深入探讨"通识教育"问题应有所助益。

(原载《高教发展与评估》2019 年第 6 期,第 20-28 页)

2020 年

教育现代化要聚焦现代人、现代分工与现代手段

袁益民

现代化理论(modernization theory)有三个基本组成部分:社会(系统)类型的识别以及现代或相对现代特定社会(系统)与其他社会(系统)如何区分的诠释;通过是否更有利于变迁因素的比较而对社会(系统)如何现代化的细化;通过旨在弄清进一步现代化的前景而进行的现代化阶段和现代化社会(系统)类型比较,概括现代化社会(系统)各部分如何相互匹配。围绕自塑性现代化(此翻译比反思型现代化、自反性现代化和反身现代化等更加贴近原作者所用 reflexive modernization 的本意,特别是在其用于 social reflexivity 和 institutional reflexivity 等名词形式时,其他翻译不仅在中文里说不通,更会严重误导中文读者)的一些相关研究反映了 20 世纪 90 年代以来现代化理论的最新成果,对早期现代性(early modernity)后的新近现代性(late modernity)、第二现代性(second modernity)和超越旧式社会民主与新古典自由主义的第三条道路(the third way)等进行了多视角的论述和探讨,揭示了经济国际化、社会多元化背景下风险社会的繁杂性与不确定性特征,反思了自塑性社会(reflexive society)中简单现代化(simple modernization)条件的根本性不适应,指出了有边界的理性、有限度的确定性与可预测性、因果律的非确定性和变化的渐进性,提出了政府、社会和个人新的角色定位,强化了自主性、主动性、教育性、康健性和自发性的价值意义,辩证地解释了集中化政策与不同社会背景的关系,为社会稳定条件下的激进化改革和国家创设稳定框架下个体自我面对繁杂性奠定了思想理论基础。相关讨论也认为,应努力实现经济领域生产力竞争逻辑、政治领域民主逻辑、社会领域稳定逻辑、文化领域自我实现逻辑和生态领域自然尊重逻辑等之间的平衡。

现代化相关研究的最新成果对于我们教育现代化工作有重要的启示,特别是在确立核心价值支配地位、建立主体角色支持体系和发挥专业方法支撑作用等方面具有很强的针对性。目前,在我们教育现代化进程中,无论是理论引领还是实践探索方面,最缺乏的恰恰就是价值、角色与方法这三个方面的认知与归纳,但它们构成了教育现代化建设的三大支柱。

长期以来,我们所追求的核心价值其实远未能在教育现代化中真正取得实质性支配地位,改革发展相关主体角色缺位、错位、越位现象普遍,专业部门的技术方法更是捉襟见肘,常常造成质量公平底线沦陷失守,从根本上难以支撑教育现代化的宏伟大厦。教育现代化建设中的诸多问题和某些不足其实与我们评估监测指标的价值目标中很少看

到大写的人、角色关系中很少看到改革的身影、路径方法中很少见到专业技术的含量有很大的关系,因此,需要围绕现代人的培养、现代分工的落实和现代手段的运用,对教育现代化工作进行再认识,对教育现代化建设进行再聚焦,并通过评估监测新指标的建立对教育现代化进行再定义。

在全国上下正蓄势待发奔向教育现代化 2035 的这个关键历史节点,面对在高质量发展上走在前列的新时代、新要求,对上述三个方面的再认识、再聚焦和再定义,是教育现代化在新起点上再出发的基础和前提,是我们做好未来教育现代化建设与监测工作的当务之急,在很大程度上将关系到我们这项事业的成败。

一、教育现代化再认识

(一)教育现代化的前世今生

现代化是工业革命以来人类社会所经历的一场由工业化开启的社会变革。在西方的话语体系中,教育现代化是伴随工业化以及城市化而来的现代学校制度的建立以及社会公民开始普遍获得民主参与教育权利的那段历史经验的描述,在一些教育史课本里它甚至只是对那样一个遥远的历史片段的概括。而对于当今西方的教育工作者来说,如果你去与一位老师谈论教育现代化,那他脑子里第一时间出现的只有狭义的现代设施与装备更新的概念。

教育现代化的中国故事其实是与西方截然不同的一个版本。推动作为更加系统化设计的社会变革运动的教育现代化已经是接近 20 世纪末的事情了。尽管近代以来许多关注民族命运的先贤和志士早已关注国家的现代化问题,也把教育与国家现代化相联结,然而直到 1993 年颁布的《中国教育改革和发展纲要》正式提出教育自身的现代化之前,教育现代化还没有从服从和服务于"四个现代化"的诸多事业中单独罗列出来。

中国教育现代化的战略定位"面向现代化、面向世界、面向未来",概括了教育现代化核心内涵中的三个最主要的发展向度。基本目标包括经济社会发展目标、人的发展目标和教育自身发展目标,覆盖了教育之培养人才、知识贡献和自身构建体系的基本任务。建设路径一般为建立工作目标、推进发展过程和关注结果样态。在教育现代化实施过程中各地均采取了检查验收和评估监测的管理手段。

(二)教育现代化的现实问题

然而,对于教育现代化的具体理解仍有些混乱,需要进一步厘清概念和思路。从不同侧面理解的教育现代化大致可以归入跨越论、本质论、核心论、要素论和系统论等认识。而那些使用三字格"××性""××化""××度"来表述现代性特征、现代化内容及建设维度的,则有好几十种,其中绝大多数既不反映现代化的规律性认识,也不被现代化理论研究者广泛接受,除了科学性(专业性)、民主性(法治化)、公平性(全纳性)、经济性(有效性)、个性化(主体性、多样性)、终生性(学习型)等少量提法与教育现代化具有某种相关性以外,大多数存在交叉重复、勉强拼凑甚至随意杜撰嫌疑。

长期以来,对于教育现代化建设工作的认识也存在三大误区。第一个误区是教育现代化的全面性和恒久性,认为它是一个连续不断、永无止境地走向更高水平教育现代性的过程,忽视了它作为一种社会化变革运动和一个特定时期历史经验的有限属性以及其作为一项集成化改革的时代价值,实际上跌入了历史虚无主义的泥潭,我们可将这一错误认知称为"目标的永久未来化"。第二个误区是教育现代化的固有性和绝对性,认为教育现代化是有固定的样式和模型的,而且这些样式和模型一定是先进的,甚至把一些"瞎子摸象"式的理解也当作样板学习,忽略了现存样式和模型在主体价值和发展动态中的相对属性以及自主探索本身的意义,我们可将这一错误认知称为"过程的刻板程式化"。第三个误区是教育现代化的事务化和功利性,管理者将各项工作要求不断地往指标体系里面塞,而评估监测对象则将现代化建设仅仅理解为相关的工程与项目,认为只需关注任务的完成和验收的通过,这些均削弱了教育现代化的系统属性,降低了顶层设计的整体意义,消解了预期变革的边际效果,我们可把这一错误认知称为"结果的完全碎片化"。

同时,对照教育现代化建设的目标仍然存在一些差距。按照世界银行发布的《世界发展指数2016》,中国学前教育毛入学率、小学入学率、中学入学率不只超过上中等收入国家,部分指标甚至超过高收入国家。然而,世界"为了所有人的教育"(education for all,大多简译为"全民教育")1990、2000、2015目标以及"全纳包容、公平优质教育"和"为了所有人的终身学习机会"2030可持续发展目标开展的相关监测情况显示,中国教育仍然存在诸多不足,特别是在实现公平而有质量的教育方面依然存在不小的差距。在公民基本技能(literacy,一般被分别误译为"素养""能力"甚至"扫盲")提高以及构建以社区为基地和以现代技术为支撑的终身学习型社会等方面,许多基础性工作还没有真正地开展好。教育的整体竞争力、影响力还有待进一步提高,我们在国际教育规划、奖项评审及资源分配等方面的话语权与中国的大国地位和国际贡献不相匹配。

特别需要注意的是,教育现代化的工作目标还存在一定的失焦现象。一是教育治理体系没有得到很好的聚焦。教育系统主体责任与学校教育主体地位没有得到有效落实,改革发展中的相关角色定位模糊不清,不同区域的发展阶段、社会发展样态以及当届政府的任内目标未得到足够重视。二是教育治理目标没有得到很好的聚焦。在教育现代化建设过程中,教育目的出现实际偏离,管理目标常常出现飘移,教育领域的政策预期及社会价值分配缺乏稳定性和成熟度,教育现代化指标五花八门。三是教育治理能力没有得到很好的聚焦。教育现代化建设的战略设计、路径选择、策略运用、专业方法及技术工具的支撑存在某些不足,教育领域改革发展稳定工作水平需要进一步提高,教育督导评估监测中的专业服务缺失加大了守护质量与公平底线的风险。

也可以说,我们还没有建立起更加稳定、更趋成熟、更为完善的教育现代化体系。第一,从教育的目标价值来看,我们为各级各类受教育人群中提供的入学机会还不够均等;建设过程中轻质重量、评估过程"欺软怕硬"的现象比较突出;教育结果方面存在个体学业发展水平不充分和群体间教育结果不平衡。第二，从教育治理体系来看，现代学校制度亟待进一步完善，学校教育质量主体地位没有得到真正落实，按章办学、自主规划、民主参与、依法治校需要继续加强；政府部门的权利清单、责任清单及免责情形仍不够明确，放权、管理和服务不到位的情况同时存在，推行"双随机一公开"等事中、事后监管方式力度不够，规范行政行为和决策程序以及规避系统风险等工作尚未有效落实；社会多元参与明显不足，教育专门服务机构专业能力相当缺乏，家长及公众的人才观、教育观需要更加有效的引导；学校法、地方学校管理条例等立法及相关法律法规的立、改、废工作需加快步伐，教育领域行政复议与行政诉讼工作需进一步完善，教育系统的法治意识、依法治教水平和行政执法能力等有待整体提升。第三，从治理各级各类教育的能力来看，教育管理水平及整体效益有待提高；我们仍然没有完全建立起各级各类教育之间的有机联系，没有做到有效贯通、无缝对接和相互支撑；各块教育也存在着各自的短板与瓶颈。这些问题需通过教育现代化工作路径与策略的调整，特别是专业技术的支撑加快予以解决。

(三)教育现代化的未来使命

我们的教育现代化不再是从零开始做起。大致来看，基本的学制早就现代化了，我们对于学校制度的许多认识也早已经过现代化的洗礼；我们对人的培养在许多方面也应该说体现了现代社会对现代人的要求；我们能够接触到的现代专业技术工具也越来越多，有的也越来越先进。但是，我们仍应当清醒地看到，教育发展不均衡、不充分的问题还十分突出；现代学校制度还需要进一步完善；人才观、质量观、公平观、绩效观、政绩观以及教育教学方式亟待改进；教育现代化的工作路径、实施策略和技术手段等也需要加快适应新时代的新要求。

未来教育现代化的重点任务是推进治理体系和治理能力的现代化，切实办好公平而有质量的教育。针对一个时期以来教育现代化建设与实际存在的失焦现象，应做出根本性的调整，将价值支配地位、角色支持体系与方法支撑作用这三大支柱真正确立起来。价值决定现代化的核心定位，角色构成治理体系的关键要素，方法体现治理能力的重要方面。这三者之间存在着不可分割的紧密关系。如果将教育现代化比作一个梦想，只有三者结合才能美梦成真。如果没有处于支配地位的价值目标的正确引领，那么这个失去灵魂、迷失方向的梦想最终只会变成噩梦；而如果没有各方的角色支持，那么这个无人助力甚至无人知晓的梦想仍然只能是幻想；如果没有方法能力的支撑，那么这个缺乏技术根基的一些人的梦想终究只是空想。

1. 确立教育相关核心目标的价值支配地位

早在 200 多年前，大卫·休谟就指出，利益本身以及人的所有事物是由观念支配的。而凯恩斯也认为，思想不论正确与否，比想象的更有力量，世界是由它们支配的。米塞斯甚至认为，人所做的一切是支配其头脑的理论、学术、信条和心态之结果。价值理念的重要性确实也是不可低估的。正如法国作家加缪所言，"如果没有更高的价值观指导我们的行动，我们就只能把效率当作目的来追求。因为没有任何东西可称作是真或是假，是好还是坏,我们的原则就变成了显耀我们自己如何最有效率或最有力量。那么,世界就不再是分为正义的和非正义的,而是分为主子和奴隶"。涉及教育信条的价值理念和思想观念不仅可以解释我们过去的行为方式,也能在很大程度上预测我们未来行动的方向。

"人民有信仰,民族有希望,国家有力量。"20世纪中叶,我们摆脱挨打的命运实现了站起来,改革开放后我们又甩脱挨饿的日子实现了富起来,新时代我们仍需挣脱挨骂的逆境实现强起来。终结挨骂而实现强起来,除了自尊与自信以及优秀传统文化的传承,还需要不断完善我们的核心价值及相关的理念系统,使其成为人民普遍的信仰、社会普遍的追求和各方普遍的行动,用一句话概括,就是让核心价值理念真正处于社会生活的支配性地位。当然,要想少挨骂和不被骂,除了自强与自爱外,还需要改进我们的话语体系,用核心价值理念的通用表达方式讲好中国故事,用强大有力的中国声音消解和代替外界不明白、不理解和不信任带来的骂声。

同样,教育要强起来,确立其相关核心目标的价值支配地位也是当务之急。诚然,对于公平而有质量的教育这样一个核心价值目标的表述,国家的法律法规以及党政机关的报告、文件和部署中早已反复明确,但是,在基层理解和贯彻落实过程中被打折扣、变花样的情况时有发生。这说明在实际的目标理解、执行意愿、实施策略和对标问责等方面一定还存在薄弱环节,而这些薄弱环节能够长期被掩盖和容忍,说到底证明公平而又有质量的教育这一核心目标的价值支配地位还没能在我们科学谋划、精心实施和严格考核等过程中得到真正确立。我们仍然能够看到不少地方的领导还在以升学率作为考核教育系统的GDP,并以此作为自己的政绩;我们仍然可以看到一些地方房地产绑架教育、学区房价格长期居高不下的现象,还可以看到把一个区县的特级教师多放到了一所学校,而这些地方仍然能被评为义务教育均衡发展以及教育现代化创建的合格、先进甚至是示范。

教育领域一些老大难问题(包括所谓素质教育轰轰烈烈、应试教育扎扎实实的问题,课程改革穿新鞋走老路的问题,一些地方"上学难""入园难"的问题,教育供给上的"乡村弱""城镇挤""大班额"问题,硬件过硬、软件过软的问题和教师配置及专业发展等方面的不平衡不充分等)久拖未能解决,归根结底是由于教育相关核心目标的价值支配地位没有真正得到确立。无论是对照"三个面向"的较早要求还是新时代改革进入攻坚期和深水区后的更高要求,这些重大问题都是不应被长期拖延的。因此,对那些顽瘴痼疾和严重弊端要以壮志断腕、刮骨疗毒的勇气痛下决心、断然革除;对那些疑难杂症和难啃的骨头,要以义无反顾、动真碰硬的勇气通盘谋划、彻底解决,以自我净化、自我革命、抓铁有痕的精神积极担当、主动作为、真抓实干,避免相关价值目标无法实现而形同虚设。

2. 建立教育改革发展主体的角色支持体系

正如波士顿大学的傅士卓所言,现代社会应以现代分工为基础,划出国家和社会的界限对于建设一个现代社会至关重要。目前,教育领域改革发展的主体有时仍然存在着职责不清、任务不明的问题,难免造成角色缺位、错位和越位现象,主体责任、主体地位得不到有效落实,也削弱了相关主体的改革动力。如政府、学校和社会之间的有些职责就不够明确,而在一个政府包办代替的教育系统中要完善现代学校制度是难以想象的,在一个现代学校制度尚不完善的系统中要发挥学校教育的质量主体作用也是难以想象的。我们目前不仅还没有"学校法"，甚至连"学校管理条例"等地方性立法还没能很好地起步，教育法治化建设任重道远。学校要按照章程依法民主管理、根据规划落实办学目标、依靠制度自我保障质量，仍然有很多工作要做。

同时，在学校注册、教师编制、职称评聘、校园安全、培训就业等方面，需要其他部门的支持和配合，各方需要密切合作。党政机关需做好政策制定与价值引领、权力分配与问责考核等工作。教育主管部门要简政放权、加强管理、优化服务，其他相关主管部门根据明确分工各负其责，保证服务到位、监管有效。相关行业企业也需要发挥各自独特的优势为学校履行教育教学、科学研究、社会服务及文化交流功能提供专门的支持。社会专门服务机构要通过独立、专业手段咨询决策、保障质量、服务发展。人大立法与执法监督保障、政协监督和社会舆论引导等也要为教育改革发展和良法善治营造必要制度与文化环境。

3.发挥教育专业技术手段的方法支撑作用

在《格利佛游记》中，国王的科学院里科学家研究如何从黄瓜里提炼阳光显得荒唐可笑。然而，在教育现实中，我们选错工作路径，拿错实施工具的情况却时有发生，类似于拿筷子刨地、拿锄头吃饭。譬如，在教育规划中过多使用传统计划手段，忽视现代技术手段的运用，往往出现闭门造车的现象，同时又忽略相关改革发展主体的自身背景和自我目标参照，而常常带来种瓜得豆的风险；又如，在教育现代化工作中过度依赖量化工具来推动质性目标实现，最终只是助推了教育GDP主义；再如，将评估监测当成强势的行政监控手段而非务实的专业服务技术，往往造成高压低效，扭曲其咨询决策本意，反而破坏了教育生态。

在教育治理能力的现代化方面，相关专业技术手段的有效介入是一个很大的短板。在现代治理、科学规划、风险决策和评估监测等方面，社会化现代专业服务手段及现代信息技术手段的支撑严重不足，制约了教育现代化（特别是教育治理能力现代化）的进程。未来的教育现代化建设与监测要特别关注教育现代化工作本身的现代化，重视相关专业技术手段的方法论支撑。

二、教育现代化再聚焦

价值支配、角色支持和方法支撑构成教育现代化的三大支柱，少一个也无法使教育现代化大厦立起来。其中，价值支配是教育现代化的根本性定位，涉及质量、公平、效益、民主、个性等核心价值，核中之核是围绕现代人培养。角色支持是教育现代化的决定性依托，涉及治理结构和体制机制等重大制度安排，重中之重是关注现代分工。方法支撑是教育现代化的基础性奠基工程，涉及工作路径、实施策略和技术工具等相关治理能力的建设，关键是现代专业技术手段的运用。

(一)现代人培养：为教育现代化赋予新内涵

离开了现代人的培养和现代人的贡献来讨论教育现代化在整个社会现代化过程中的地位和作用是不可想象的。其实，教育现代化的所有目标归根结底是通过现代人的培养和现代人的贡献来实现的。人类的教育活动首先是通过人的培养而服务于社会的，现代社会同样呼唤通过现代人的培养而更好地服务现代社会。

教育要使所有的人得到充分、自由的发展，教育应促进人的个性发展，教育要培养人的科学精神、民主精神、人文精神、批判性思维、法治思维、创新思维及能力，等等，都是人们普遍接受了的价值理念，是现代人培养的最基本的要求。但是，在教育现代化建设过程中，围绕现代人培养的相关价值理念其实尚无支配性的影响，因此，未来的教育现代化应当首先聚焦现代人的培养，给教育现代化建设与监测赋予全新的内涵。

在以往许多教育现代化评估监测指标中，我们很少看到大写的人，与现代人培养直接相关的创造育人环境、谋划课程变革、关注入学机会和保障学业质量的指标少之又少，而其他与此相关性甚弱的指标却过多、过细，权重过大。但这些与现代人培养相关性甚弱的指标所附带的过度压力又会通过现代化创建主体扭曲的理解和追加的压力最终自上而下地传导到学生身上，进一步影响现代人培养的初衷与使命。

要让现代人培养和服务"人的现代化"在现代化教育强国建设中始终处于支配地位，需从两个方面做出根本性转变。一是公平观。我们将教育作为一项人权应当有一个基本信念，那就是只要有公平的机会和足够的资源，每一个孩子都能学习、都能成功、都能成为对家庭和社会有用的人。二是质量观。教育质量需要重新定义，课程、教学及考试评价制度等都需要进行改革。这两大转变应充分地体现到现代化建设与监测指标中去。

(二)现代分工：给教育现代化注入新动力

在以往的许多教育现代化评估监测指标中，我们不仅很少看到大写的人，也很少能看到改革的影子，很难看到与体制机制改革直接相关的内容，某种程度上使现代化评估监测成了现存体制下与改革主体本身似乎无关的、上级要求下级扩大规模、贡献更大教育GDP、检视所布置的工作任务完成情况的某种上下博弈。教育改革发展诸多主体的角色缺位、错位、越位现象只有通过完善现代分工来解决，建立教育现代治理体系的关键是落实现代分工，包括政府、学校与社会的关系以及相关方面的多元参与。目的是保障相关主体的知情权、表达权和决策参与权，充分调动他们参与教育改革发展的积极性和主动性，为教育现代化注入新动力。

"白日不到处，青春恰自来。苔花如米小，也学牡丹开。"不同的学生、不同的老师、不同的学校、不同的区域都应该在教育现代化的建设中找到自己的价值目标，也都应该在教育现代化监测中被给予各自的发挥余地和保留空间。要扩大广大师生及基层在教育现代化建设与监测中的发言权，把他们答应不答应、认可不认可、满意不满意作为衡量教育现代化建设与监测成败得失的根本标准。

所以，要切实增加基层及广大人民群众关心的改革类指标，促使各级改革主体首先改好自身，通过刀刃向内的自我革命，以上率下，上行下效，推动变革落实。在推进"放管服"改革和完善现代学校制度的过程中，要切实转变政绩观和绩效观。学校综合评价和区域教育评价应更多地强调主体责任的落实及主体目标的有效实现，重视"以其所说、看其所做、评其所获"，特别是在各级政府任内的目标考核中重视现代人培养这一价值目标的实现情况，从根本上纠正片面追求升学率倾向及"五唯"偏向。现代教师的知识结构、能力结构、心理素养和职业预期等是办好学校教育的至关重要的因素，应纳入教育现代化建设的重要议程。教育现代化建设的推动主要依靠各级党委政府主体责任及任期目标的落实和广大学校及师生的积极性、主动性的调动。

（三）现代手段：为教育现代化开创新局面

在以往的教育现代化建设与监测中，我们也甚少看到真正有技术含量的现代手段的运用，在目标确定、指标设置、规划制定和评价测量等方面均缺乏现代专业技术方法及工具的介入与支撑，影响了建设与监测的实际效果。例如，在以往不少教育现代化规划中，除了时常清晰可见的文本模仿痕迹以外，我们很少能看到专业规划方法及相关技术工具的使用，有的甚至主要依靠个别文秘人员在东拼西凑地起草。再如，在我们以往一些现代化评估监测中，我们也很少能看到专业技术的痕迹，除了较为简单的数据统计整合外，没有给现代化建设追加更多的专业价值。这与评估监测本身没有确立其作为一项专业服务的"明岗"的地位而是将其扭曲成强势的"暗哨"式行政化干预甚至问责手段不无关联。

要提高教育治理能力的现代化水平，必须为加强现代专业技术方法及工具的运用奠定坚实的政策基础，积极探索开展对评估监测本身的评估监测，切实提高教育现代化建设与监测水平，开创教育现代化新局面。其实，目前我们可以接触到和掌握的现代专业技术手段与工具还是很多的。譬如，教育规划方面可以采用的 SWOTS、PEST、7S 和新7S 等工具；又如，评估中应当使用的痕迹追踪、基准比对、三角定鉴等方法以及证据层次理论等；再如，建设目标及监测指标制订中 SMART 标准和 Delphi 方法等的运用以及 ISO、PDCA 和 CIPP 等诸多国际先进质量原理的使用。离开了这些现代手段的运用，相关专业服务的价值及不可替代性就会大打折扣，甚至混同于一般的行政管理手段，无法为教育现代化提供相应的专业技术支撑。

三、教育现代化再定义

教育现代化目标的订立、内容的确立以及指标的建立涉及我们对于教育现代化的基本定位。如果说目标与内容能够大致说明我们对教育现代化的总体认识的话，那么指标则像是一面面镜子可以照见我们对教育核心价值的追求，可以说在很大程度上，制定教育现代化指标的过程就是对教育现代化的一次重新定义。

以往的一些教育现代化指标虽然也能够与时俱进地体现我们对教育现代化不断加深的认识,但总体而言仍然存在着上述严重失焦现象。从这些指标的具体性质来看,重量轻质、重硬轻软特征明显,核心指标和关键指标以本身即定量的指标以及可量化处理数据的指标为主导。从指标对于各级各类教育及教育各方面治理范畴的适切性和匹配度来看,指标体系的兼容性不足也十分明显。此外,指标体系的文本也还存在着体系过于庞杂、结构比较松散、逻辑不够缜密、用词不尽规整等问题。对这些指标体系反映出来的问题究其根源,有三个主要的认识偏差和缺陷:一是对于指标作为某种"管理指数"或"统计特征"的操作性便利测度甚或"比较牵强的近似物"的本质属性缺乏理解,夸大了其可量化的意义;二是对于发展过程及质量管理本身规律性的认识不充分、不到位,忽视了指标内在逻辑结构的重要性;三是对于评估监测结果使用的高度敏感性参悟不够,对显性度较高的指标强化低层次重复比较和压制高水平自主发展的潜在风险与危害缺乏必要的警惕。

制定教育现代化的指标体系既不可面面俱到,也不可瞎子摸象,既不可非此即彼,更不可似是而非,而是应当根据科学原则与专业方法来规范地进行,使其不仅更好地落实新时代的新要求和新聚焦,也更加符合教育现代化建设及监测本身的规律性认识。

(一)指标制定的原则与方法

良好的指标需要有严密的逻辑结构、通透的兼容空间、明确的界定标准、规整的文字表达,在具体性、可测性、准确性、可回溯性和时间性方面有较好的可信度。尽管可比性是对于指标的最起码要求,但最好的指标并不是供一些人与另一些人去比高低,而是允许所有人来与自己比发展,它要求对改革发展、现代化建设的规律性有十分通透的参悟和理解。

建立一个良好的指标体系是有许多先期的经验与理论研究成果可以借鉴的,而并非在平地上从无到有盖房子。一方面,被前人反复检验过的一些公认的质量原理是应当被充分借鉴的。另一方面,被他人广泛使用的有更高水平专业支撑的指标框架可以提供有效的参照。但是,最为重要的还是对于改革发展以及现代化建设的规律性认识。例如,发展进程的成熟度理论中关于过程成熟的四个阶段的划分就属于这种规律性的认识。

同时可以作为重要参照的这类规律性的认识还包括能力成熟度 CMMI 模型、"零缺陷(瑕疵)之父"Philip B. Crosby 的管理成熟度方格、系统规划 LFA 战略逻辑框架模块、目标管理理论、组织性学习的成熟水平理论和知识管理理论等。

除了充分体现这些原则及质量管理理论与实践成果外,指标制定的良好方式应当包括在坚实的研究以及广泛调研的基础上采用德菲尔专家分析法进行反复确认,必要时可以在一定范围对指标进行测试检验,从而达到最优化的目的。

(二)若干指标体系的主要问题

为了说明教育现代化指标的一些共性问题,这里不妨用若干指标体系来做总体的剖析。

　　这些指标作为同一个层级的指标，反映的是六个指标体系最基本的架构。它们从不同视角切入，各有特色。江苏指标架构以教育工作的重点领域为监测维度，突出了在重点工作目标方面的进展程度，但未能触及系统质量的管理维度；北京指标体系以投入和产出（成就）等为骨架，首先突出了投入这个管理要素，但在第一层级未突出过程指标；上海指标体系以若干投入性指标、过程性指标和产出性指标为基本架构，突出了在重点工作目标方面的进展程度，但未能勾勒出清晰的系统质量的管理维度；广东指标体系以保障、实践和成就三大范畴下的诸多背景、投入、过程和产出类指标为整体架构，突出了系统质量管理的比较完整过程，但所设的不少相关层级指标并不在同一个概括层次和能量层级上；浙江 2018 版和全国 2035 送审版则基本上是分别基于《国家中长期教育改革和发展规划纲要（2010—2020 年）》的工作方针（除"改革创新"改为"社会认可"）和《中国教育现代化 2035》的十大战略任务直接设置的，突出了相关规划的原则要求和具体目标，但未体现系统质量管理的框架。

　　除了基本的指标体系架构尚未很好地体现系统质量管理的框架外，从各级具体指标来看，也存在较大的进一步改进空间。例如，将质量、公平和效率等教育终极性目标做广义理解并直接放在一级和二级指标中，而实际解读时又做狭义和片面理解，贬损了这三大范畴对于整个系统的总体价值。又如，将宏观到体系、中观到体制机制、微观到某一方面特定比率的不同范畴放到了同一层级的指标中，破坏了指标体系本身的层次结构。再如，将巩固率这种公认的质量指标放到规模及普及里面，将公平局限于入学机会和资源配置，将投入与统筹放到质量后面等，均违背了系统质量管理的内在逻辑。总体来说，涉及规模及普及等量化指标过多，反映教育质量内涵等质性指标偏少；涉及日常工作要求的操作性指标过多，反映改革发展的现代性指标偏少；涉及教育显性问题的现象性指标过多，反映现代人培养核心问题的规律性指标偏少；涉及以往人们已关注问题的传统指标过多，反映近年来强调的治理体系和治理能力现代化的指标偏少。

（三）教育现代化监测新指标

　　以新指标来重新定义我们对于教育现代化的基本看法，应当放在新时代落实新发展理念和高质量发展新要求的历史方位中来加以认识。高质量发展作为从"有没有"转向"好不好"的发展要求，是一种更加注重质量内涵建设的发展、更好地满足人民日益增长的美好生活需要的发展，归根结底是更能体现新发展理念的发展。具体到教育现代化指标上，应当落实创新成为第一动力要求，突出教育改革、教育教学方式变革；落实协调成为内生特点要求，突出教育体系结构、体制机制完善；落实绿色成为普遍形态要求，突出教育绿色指标、教育可持续发展；落实开放成为必由之路要求，突出教育教学"立交桥"和国际理解课程；落实共享成为根本目的要求，突出公平而有质量教育、教育效率。整个指标体系应坚持质量第一、坚持公平底线、坚持效益优先，有利于推动发展质量变革、效率变革、动力变革，有利于增强创新力、竞争力，有利于创建和完善制度环境。

　　为了有效落实新发展理念和高质量发展要求以及《中国教育现代化 2035》的规划目

标任务,根据上述原则及认识,结合对于质量原理和国际标准的比较,这里以进一步完善现有的一些主要指标为出发点,提出教育现代化监测新指标的建议,并就该指标的监测结果呈现方式及监测结果使用做介绍。

1. 质量原理与国际标准给予我们的启示

质量原理与国际标准是我们认识教育现代化建设规律与监测方法的重要参照,是教育面向现代化、面向世界、面向未来的基本坐标,也是我们借助成熟理论克服自身不足的有效工具。通过比较分析诸多的质量原理与国际标准,我们可以发现,质量建设与质量改进的规律性的东西其实有极其相似的内在逻辑。尽管文字表述上各有不同,繁简程度也有差异,但从规划部署、资源配置、实施过程到结果反馈的总体设计线索均清晰可见。因此,对标质量原理并参考国际标准来构建我们的指标,既是一条捷径,也体现了我们对于遵循质量原理的应有认识;既能让我们少走弯路,也能让我们更贴近规律、更靠近先进。

质量管理之父戴明的 14 条原则对于我们理解质量原理和认识如何改进管理具有醍醐灌顶和振聋发聩的启发效果。

无疑,建设目标与监测指标的确立应当最大限度地遵循质量管理的基本原理。但是,揣摩上意、从众心理和追求便捷等均可能会让我们在实践中轻易放弃这些原则。所以,制定建设目标与监测指标背后的设计理念和原始动机非常重要,使现代化的指标本身足够现代化应当是我们的初心使命。戴明的 14 条原则给予指标制定最大的启示包括:①目标的连续性与改进的持续性至关重要,同样重要的是自我改进与行动跟进,所以,良好的指标体系对于相关建设应当具有针对性和实效性,例如,教育的核心价值目标就应当在现代化监测指标中具有引领性和统摄性,避免其被大量游离核心价值的量化指标淹没;②质量管理要有全新的理念,不能依赖终结性的评估,要减少绩效问责带来的压力,不能数字挂帅,要重视主体目标及专业技能的作用,所以,良好的指标体系应当具有兼容性和可塑性,例如,教育改革发展主体的规划目标和不同主体间的现实差异应当得到充分的尊重,避免出现一些只针对一级一类教育甚至其一个具体办学事项的过于另类的指标而冲淡了鼓励各级各类教育及不同学校自主发展和改革创新方面的指标;③不要只算小账,要计算系统总成本,通过人力资源投入、沟通协调,提高整体组织效能,所以,良好的指标体系应当具有结构协调性和内在自洽性,例如,教育现代化指标制定应当遵循教育本身的规律,尊重质量管理原理,遵守评估监测的专业原则,避免教育现代化建设与监测偏离专业化轨道。

联合国教科文组织、世界银行、经合组织和联合国开发署等国际组织以及相关学者对于教育系统评估监测指标的研究与实践,是我们制定教育现代化评估监测指标的成熟示范案例和重要借鉴来源。

无论是诸多国际组织多年行之有效的教育系统监测指标框架,还是 Pigozzi 于 2005年提出的教育质量框架、世界银行的加强教育系统框架以及《为了所有人的教育 2005 年全球监测报告》提出的认识和改进教育质量的概念框架、Marope 于 2010 年提出的普通教育质量分析监测框架,均代表了迄今为止对于教育系统评估监测指标的最重要的理论与实践成果。

2.教育现代化监测指标基本设计思路

至于教育现代化具体监测指标的设计,基本指导思想包括以下方面:一是尽量遵循质量原理的基本逻辑结构,使教育现代化监测的维度与质量原理的大致结构总体上相对应;二是充分落实高质量发展走在前列的要求,在适应性、有效性、达成度和管理风险管控等方面体现更高的要求;三是重点关注现代人培养过程,提炼出对于目标定位、谋划落实、过程管理、培养结果的规律性认识;四是突出治理体系和治理能力现代化的目标以及相关改革的议程。基本设计思路是由一条主线贯穿教育现代化建设的始终:适应发展要求定位教育目标,制订符合教育目标的规划计划,根据规划计划提供资源条件保障,基于现有条件有效安排相关资源,通过有效利用资源条件整合所有相关教育教学活动,并改进相关方面的管理,以确保教育目标的达成,为不断提高目标达成度而持续调整组织体系,提高教育服务满意度,减少教育系统风险,使教育改革发展水平得到持续不断的提升。对比其他现代化建设与监测指标,希望这里建议的新指标能够展现以下几个特点或者亮点:促使现代化指标回归质量内核,在更高水平上体现高质量发展新要求;关注大写的人,遵循现代人培养规律,落实教育的核心价值目标;关注改革,明晰教育职能的现代分工,回应治理体系现代化的要求;关注指标体系本身的专业技术含量,维持指标的自洽性与兼容性,确保教育现代化指标本身的现代化。

新指标中,既可以看到对于教育的规律性认识,也可以看到对于教育现代性的关照,还可以看到对于现代化中如何去"化"的抽丝剥茧、破茧成蝶、层层展开、步步深入的过程。整个指标体系有其内在的一致性,对于教育现代化通过自身的现代化促进人的现代化从而服务国家的现代化这三重内涵具有自然的融合度,对于各级各类教育及本身难以兼顾的各方面工作也体现了完全的兼容性。尽管一改过去一些指标普遍存在的重硬轻软、重量轻质的问题而确立了质性指标主导的原则,但所选质性指标的可测量度仍然很高,不少质性指标仍能够直接转化为量化指标或者间接支持量化工具的开发。在标准达成度方面,纠正了一把尺子量到底的做法,克服了被监测对象过多地相互比高低的弊端,改为被评对象参照通用的尺度去按照自身的目标测量自身的发展。这样的安排既能进一步增强指标的兼容性,也有利于改革发展主体责任的界定与落实。

新指标中,不同监测维度的指标所对应的数据应当与这些指标所需要收集的信息相对一致,并可以与其他指标所对应的数据及信息相互交叉印证。相关证据层次理论研究成果发现,发展项目的证据越充分的却越不重要,而越重要的却越缺乏现存可信证据,这是个两难情形,所以,这种不同数据及信息之间的交叉印证和相互支撑十分关键。当然,对于一些难以量化或者一种方式难以收集到足够证据的数据,要善于采用多种质性的手段尽量充实相关的证据。

前期指标体系的设置与后期评估结果的分析是要通盘考虑的。现代化的核心价值目标需要渗透到教育改革发展主体角色的主体责任中去,并落实到他们的认识与行动等相关方面。主体角色的主体责任与他们的现代化治理能力在监测中是要对照进行评估的,而后续分析评估结果时,在个体、项目、机构、系统四个层次及质量、公平和效益三个方面的作为也是要同认识、行动、做法、结果和影响五种深度的证据进行交叉比对的。

3. 评估监测结果的呈现方式

评估监测结果的使用是十分敏感的,而结果呈现方式的确定往往对于评估监测的有效性起到至关重要的作用。采用类似于体检报告的系统综合评价卡的呈现方式有利于避免评估的分分计较和监测的高压低效,淡化监测对象与别人比高低而支持其与自己比发展。以往,各类评估监测结果常常被简单地做一目了然的量化呈现,且与投入、荣誉、政绩甚至干部升迁做各种直接或间接的挂钩,在一个量化考核本已被过度强调、面子文化比较盛行的社会中,高敏感与高压力通常会造成各种消极应对甚至弄虚作假的现象,大大削弱了评估监测的有效性和评估结果的可用性。对于失败的恐惧代替了对于学习的渴望,高压低效由此变得难以规避,最终造成了类似于病人怕看病、怕治病的怪事。在压力和焦虑下报喜不报忧和弄虚作假的做法其实就类似于病人隐瞒自己的病情和病史。

然而,真正专业的评估监测其实不是这样的,而是需要强大技术支撑的权威性的专业服务。它就如医生给病人看病,会通过十分专业的望、闻、问、切和各项必要的检测手段去找出病因,从而为进一步的治疗提供依据。因此,新的评估监测指标不是供不同的对象去比高低的,而是为他们与自身比发展服务的,他们只需关注任内的责任而无须过多考虑别人的情况。

评估监测的结果使用必须考虑不同问责方式的特点并结合使用。教育现代化评估,拟以专业问责为基础,审慎使用调控与(绩效)表现问责。

教育现代化评估监测应当重点关注自身的现代化问题。要努力通过落实教育现代化新的评估监测理念和方式,切实纠正唯分数、唯升学、唯文凭、唯论文、唯帽子的顽瘴痼疾。教育现代化评估监测要真正扭转这"五唯"偏向,应转而注重全新的"五维"面向:①有社会、家庭及用人单位认可的毕业生特性(学习结果);②服务学生学习的合格教师不断改进教学过程(教学质量);③学生友好型的学校与学习环境以"学好上"落实"上好学"(学习条件);④师生满意的学校来实现人民满意的教育(育人环境);⑤落实现代分工,完善现代学校制度(制度保障)。这五个维度不但应当成为认识教育治理体系和治理能力现代化的重要维度,而且可以作为检验教育现代化评估监测本身现代化水平的关键指标。

2035 年将走上社会的那批年轻人今天刚好要进入我们的学校,我们准备为他们规划什么样的教育,又能否成功地把他们培养成国家建设的生力军和民族崛起的"梦之队",在很大程度上取决于我们对于教育现代化的再认识、再聚焦、再定义,更取决于我们将以怎样的决心、意愿和方式在教育现代化新征程上再出发。

(原载《高教发展与评估》2020 年第 1 期,第 1-20 页)

德国的通识教育传统

陈洪捷

　　西方的通识教育观念虽然可以追溯到古希腊古罗马时代,但是严格说来,通识教育是一个现代的现象,它是在大学的知识学科化以及大学教育专业化和职业化的进程中而产生的,是与专业教育相对应的。我们现在所理解的通识教育,在西方大致有三个来源:一是德国古典大学理念,即所谓洪堡的大学理念;二是英国的纽曼的大学理念;三是美国的通识教育观。

　　德国古典大学理念强调修养(Bildung),强调人的全面发展、品格和道德的养成。所谓修养其实就是一种通识教育的方案。修养观轻视专业知识和专业教育,但并不排斥科学探索,认为自由的科学研究是通往修养的最佳途径,因此十分重视科学知识。德国的通识教育以知识为中心。

　　英国的纽曼式通识教育注重人格和心智的培养,注重普遍性知识,但认为知识的价值在于对心智的影响,或认为知识就是一种心智状态。英国式的通识教育方案重视永恒性知识(如古典学和数学)对心智训练和人格培养的意义,反对当时正在德国兴起的专业化和科学研究导向。英国的通识教育以个人为中心。

　　美国在 20 世纪初开始推行通识教育,这一通识教育理念虽然继承了纽曼的传统,但也有其特色,尤其重视人与社会的关系,注重培养有责任感的社会人和公民。美国的通识教育以社会人为中心。

　　以上三种通识教育传统都主张超越专业主义、工具主义、功利主义和实用主义的教育观念,强调人和知识自身的价值。由于历史背景不同,上述三种传统也有明显的差异。在此三种传统中,英国和美国的通识教育具有亲缘性,也有更多的共性。英国的通识教育重视个体的人,美国的通识教育重视社会人,但均以人为中心。由于英、美大学在当今影响巨大,其通识教育理念与实践也更为人们所熟知,甚至被奉为样板。而以知识为中心的德国通识教育传统很少被提及。鉴于此,本文重点讨论德国的通识教育传统。

　　德国现代大学观念形成于 19 世纪初,这就是我们所熟知的洪堡大学理念。在德国的大学理念中,修养和科学是两个核心的概念。如果用一句话来概括德国大学的理念,那就是通过科学达至修养(BildungdurchWissenschaft)。注意,这里的"科学"是新人文主义者们所理解的科学,即以哲学为框架、以人文学科为基础的科学(也翻译为学术)。修养意味着人的全面发展,对社会和自然进行理性思考的能力,追求真理的能力,审美的能力,高尚的人格品质。而献身科学被认为是"修养"的必由之路。他们认为,科学本身具有陶冶人格、浸润身心的功效。科学使人明智，也使人高尚。所以在德国的大学中，修养与学术并重，修养与学术合一，知识与道德统一。修养虽然被赋予重要的意义，但修养在实践层面毕竟难以操作化，而学术研究或科学研究则是实实在在的存在，必须脚踏实地地进行。所以在通过科学达至修养的理念之下，科学成为实际上的重心，学术至上成为支配性原则，科学研究也就成为德国大学的特色所在。

在德国大学理念中，科学是一个整体，任何细节和专精的知识，最终必须回归科学的整体，才有意义。这一点也适用于学生的培养，片段性、专门化的知识无助于个人的修养。学生虽然被鼓励从事专门化的研究和学习，但不能离开科学的整体框架。这个框架和科学的整体性主要是由哲学来保证的。可以说，哲学就是德国大学的通识教育。

哲学家谢林对此有明确的论述。他在1803年出版的《关于大学学习方法的讲义》中指出："面向特定学科的特殊性教育，必须以有机整体的科学认知为前提。""在科学和艺术中，特殊的知识只有寓于一般和绝对知识才有价值。但是情况往往是，人们宁愿追求特定的知识，而忽视了全面教育所需的普遍性知识，宁愿当一名优秀的法律学家或医生，而忽略学者的更高使命和科学所赋予的高尚精神。需要提醒的是，学习普遍性的科学是医治这种偏狭教育的良方。"这里所谓的"普遍性知识"，其实就是哲学，哲学"汇集所有知识为一体，是知识的灵魂和生命所在"。谢林的这份讲义历来被视为德国古典大学观念的核心文献，其观点很具代表性。德国大学实行学习自由，学生可以自由选课，唯独哲学课是必修课程，这一规定可以视为谢林理念在制度上的反映。

德国大学虽然要求所有大学生都学习哲学，为学生奠定通识性的知识基础，但随着知识专业化和专门化，科学研究和大学学习也日益分化和专门化，哲学已逐渐失去维系知识整体的合法性，也不足以承担通识教育任务。从19世纪后半期开始，专业化已成为不可阻挡的趋势，哲学的地位也随之不断下降。

第二次世界大战之后，德国大学力图越过纳粹时代，重新回到古典大学的传统。哲学家雅思贝尔斯大声疾呼，希望找回哲学昔日的地位。他批评现代大学从统一的共同体分化为专业化培养机构，认为曾经维系大学统一的哲学已经沦落为"科学的婢女"，大学的教育因此失去了统一的基础。"大学为专业主义所分解，为知识技能所稀释，大学内部几乎无法彼此交流。"

但是，无论雅思贝尔斯如何呼吁，哲学作为通识知识的时代已经过去，专业化的培养步伐仍然在不断加快。面对这一趋势，不少德国大学开始建立通识课程（Studium Generale），以强化通识知识的基础，弥补大学中通识教育的缺陷。比如，哥廷根大学、柏林工业大学等大学设立通识课程，其他德国大学也纷纷跟进，普遍设立了通识课程。但是这些通识课程的目的，更像是对哲学衰落的一种补偿，主要是为了减少被专业化所分割的学科之间的隔阂，从跨学科的角度来提供不同学科对话与交流的知识基础。

也就是说，第二次世界大战之后德国（西德）的通识教育方案，基本上承袭了古典大学的传统，从知识的角度构建所谓的通识教育。所不同的是，此时不再用哲学为专业化的教育奠定通识的基础，而主要依靠社会科学和人文学科打造新的通识教育。1948年，在德国的英国占领军成立了一个高等教育改革研究小组，一再就德国大学的发展提出建议。该小组发表了《高等教育改革意见》（*Gutachten zur Hochschulreform*）报告专门讨论了通识教育问题，建议德国大学要强化通识教育。该报告强调通识教育对于专业知识的重要性，更强调通识教育的政治和社会意义，把通识教育看作培养社会人和国民的手段。可惜这一建议未能得到重视，没有产生实质的影响。而德国大学的通识教育仍然沿着知识的路径进行，把跨学科的对话与交流视为通识课程的主要目标。比如，图宾根大学通识教育课程的主旨是"科学视野中的当下问题研讨，人类生存的基本问题，跨学科的对话"。德国乌珀塔尔大学卡萨勒教授进行了一项关于德国大学通识教育课程的研究，认为，通识教育课程应当"成为不同知识诉求之间的协商平台"以及大学内外知识生产互动平台。由此可见，德国大学的通识教育至今还延续着统合知识的传统。

总之，德国的大学历来把哲学作为大学教育的基础，强调哲学在维系知识整体性方面的意义，因此实施一种知识取向的通识教育。第二次世界大战之后，由于知识日益专业化和学科化，哲学本身也纳入学科化的轨道，因此已难以构成所有学科的共同基础，已丧失其作为通识教育的功能。因此德国大学借助社会科学和人文学科尝试打造新的通识教育。从总体倾向看，这种新的通识教育仍然继承了知识取向的传统，没有接受英美式的以个人和社会人为导向的通识教育方案。

（原载《高教发展与评估》2020 年第 5 期，第 31-33 页）

2021 年

大学教师学术发表的历史演变与动力机制

罗雯瑶,周　川

　　大学教师被认为是专业化、系统化地从事学术探究相关活动的职业群体,而学术探究所取得的结果往往以著作、论文等形式公开发表并传播。唐纳德·肯尼迪(Donald Kennedy)在《学术责任》中说:"在学术领域,我们的成果是以写出来的东西来体现的,出版物就像硬通货币,是学术成果的基本表现形式。"学术发表之于大学教师在学界生存的重要性似乎是不言自明的,但如果从大学教师之学术职业漫长的历史变迁来看,在相当长的时期内,发表并非教师学术工作的重要组成。那么,大学教师的学术发表活动是如何被提升到如此重要的地位的? 其背后有着怎样的发生逻辑? 以往关于学术职业变迁的研究,鲜有从学术发表的角度切入探讨。本文以发表制度的初步建立为时间起点,从大学教师作为研究者、大学教师的任职标准、大学教师管理方式三条线索,观照 17—20 世纪在大学组织变革背景下大学教师学术研究与发表发生的变化,阐释大学教师学术发表动力不断增进的演变过程和作用机制。追溯现实问题的历史根源,将帮助我们更好地理解当下大学教师的生存境遇。

一、大学教师学术发表活动的兴起

(一)教师业余研究活动日益活跃

　　中世纪以来,大学一直是作为传授知识的场所而存在的,大学教师最重要的职责是教学,其次是研究和写作,但"研究只是一种业余活动,而不是专业活动",而且总是围绕教学进行的。自文艺复兴运动打破神学的垄断地位,人文学科得以复兴,自然科学如火如荼发展。到启蒙运动时期,欧洲社会崇尚科学研究之风日盛,科学团体遍地开花,图书与期刊出版业空前繁荣。尽管大学仍然恪守传统的教学职责,普遍轻视研究活动,但大学教师中不仅涌现出了许多著名的人文学者,还出现了许多富有创造力的科学工作者。他们积极参与学会活动、开展研究、发表成果,甚至致力于期刊出版。1663 年,英国皇家学会 115 名早期知名成员中有 65 位为大学教授。17—18 世纪,荷兰的大学教授们在推进科学和法学发展方面做出重要贡献,许多人文主义者和科学家,如于斯特斯·利普西乌斯、约瑟夫·斯卡利杰、安德烈亚斯·韦萨留斯、伦伯特·多东斯等,出版了重要的著作,科技期刊的成功也有很多教授的功劳。在德国,第一份学术杂志《博学者论坛》是由莱比锡大学的道德哲学教授奥托·门克于 1682 年创办的，他的儿子约翰·贝恩哈德·门克教授也投身此项事业。当然，这些例子固然可以反映当时一些教授作为学者的个人活动，却不能被认为是大学教师的普遍状况。大学教师的研究可能只是个人出于一种知识上纯粹的好奇所为，而发表是在当时学界逐渐成熟的交流和认可机制中获得声誉的一种方式，那时的绝大多数大学既未提供体系化的研究条件，亦无对教师相应的任职要求。

(二)著述丰富始为杰出教师标准

在近代早期大学中，宗教信仰、教学素质、家族关系是更为重要的教师任职标准，而非发表学术成果。比如，18 世纪中期以前，德国大学会考虑教授候选人的众多能力，包括上课时的口才流利程度、演讲能力或家族纽带。真正意义上将教师发表著作作为教师聘任中重要考虑因素的先驱要属哈勒大学和哥廷根大学。哈勒大学被称为第一所现代意义的大学。一位政府官员 1768 年视察哈勒大学后要求教授们"不断地展示其学问"，"发表其成果"；国王也要求教授写出"对大众有益的文章"。哥廷根大学第一位督导孟浩生（又译闵希豪生）在聘任哥根廷大学教授时相当看重已发表的著作，并且要求一旦获得任命，教授们应该以符合时代精神和潮流的方式继续创作。从哈勒大学到哥廷根大学，在聘任教授时对著述丰厚的推崇以及持续的要求无疑对教师们的学术发表起到了激励作用。根据斯帝汶·特纳的研究，在哥廷根大学，刚入行的哲学院教师平均出版著作的数量是 5 本，到提升为正教授时出版著作的数量达到 10 本。但是值得注意的是：其一，当时所谓的出版物并不限于专业书籍和论文，包含了"布道全集、百科全书摘要、论辩及文学著作等"在 19 世纪尚达不到学术标准的作品，这与科学的专业化尚未显著，还停留在百科全书式的治学传统有关。其二，出版物的声誉往往带来学者的名声，从而"有助于引起世人对他们所在机构的认识和重视"。对教师学术发表的推动指向提升大学的声誉，并不意味着大学将科研抬高到首位。学术发表成功是少数顶尖教授的标志，但不是一般教师的追求，这些学校仍以教学为主，科研辅之。

(三)教师聘任开始注重贤能选拔

17—18 世纪，随着民族国家崛起，几乎欧洲所有大学都不得不接受政府越来越多的对教师聘任的干预，但这对于扭转大学教师聘任中任人唯亲、近亲繁殖的风气不乏积极影响。近代早期大学的学术任命主要靠的是裙带关系、请托帮忙、论资排辈、送礼请客，以及其他一些（与严格意义上的家族行为不同）通常以投票为中心的活动，反映了学院科系中传统权威对教师团体组成的控制。18 世纪，德国政府加强对大学的管控，包括掌握教授的任命权——政府基于相关专家的建议和对候选人的了解，以及引入出版物作为考评条件，决定教授的合适人选，这意味着贤能选拔的理性化进程开始。政府以法令形式将出版物纳入聘任条件之中，使得发表而不仅仅是教学成为教师职业角色规范之一，对大学教师的学术发表起着重要推动作用。1749 年，普鲁士政府发布法令，规定"要成为一名讲师，至少要有两篇辩论论文"，"一个人要成为编外教授，还需要有另外三篇辩论论文或出版物""编外教授要成为正教授,还要再有三份出版物"。这一法令实施后,出版物的地位显著提升。教职申请者的材料中都会提及一定数量的出版物,甚至夸大其词——计数助长了数量竞争的观念。当然,所谓出版物并不限于正式出版的成果,也包括了公开辩论的论文,在所能体现的学术水平上有限,倒不如说是作者勤勉和声名的凭据。在那个时代,这一法令是否得以严格有效执行也缺少足够证明。

二、教师科研职责的确立与学术发表

19世纪,以柏林大学的诞生为标志,科学研究正式成为大学的主要职能。崇尚科研的德国大学模式引来世界各国大学纷纷模仿。其中,美国大学对德国大学的移植、借鉴最为成功,到19世纪末20世纪初,美国创建了一批新型的研究型大学。对于研究型大学而言,发表不再是少数杰出教授兼学者的自发活动,而内化为大学教师的职责行为要求。大学以学术成就和能力作为评价大学教师的首要标准并外化为关于出版物的硬性规定进一步确立。

(一)大学积极支持教师学术发表

18世纪,科学技术迅速发展,深刻改变了社会生活的面貌。到了19世纪,大学也不能置身事外。1810年,以洪堡(Wilhelm von Humboldt)、费希特(Johann Gottlieb Fichte)等为代表的新人文主义者在建设柏林大学中倡导一种新的大学理念——大学肩负科学的探究、个性与道德的修养的双重使命,而修养要通过科学来实现。这就赋予了以科学培养完人的崇高使命,把研究提升至首要地位。对大学教师而言,也意味着一种新的责任:以增进知识为目的的学术研究不再是法定教学义务之外的业余兴趣,而是一种内在的基本职责。

秉持科研与教学相统一的原则,柏林大学产生了研究所和实验室、习明纳、教授会等诸多研究机构、创新举措,保障和支持大学教师的研究。这种新的观念和模式大约到19世纪40年代被德国大学广为接受,由此极大地促进了研究活动和科学的崛起。学术发表作为研究走向传播和认可的一环,也呈现一片繁荣景象:出自学者之笔的书籍、小册子和论文的数量大大增加了,许多学术刊物纷纷创立,刊载新的思想和理论,并进一步激发了科学探索。19世纪后半叶,德国大学科学至上的理念和有组织的科研模式向世界各地传播。英国的牛津大学、剑桥大学都进行了改革,不但在古典学术研究,而且在现代科学研究方面也卓有成效。在美国,深受德国大学模式影响的约翰·霍普金斯大学、克拉克大学、芝加哥大学等一批研究型大学相继建立,同时带动了哈佛大学、耶鲁大学等老式学院向大学转型。这些新型大学认识到它们的责任"不仅是发现真理,还应将其全盘给予最广泛的公众",注重直接创设教师研究的传播平台。约翰·霍普金斯大学被誉为"美国学术期刊的摇篮",1877年率先创办《美国数学杂志》,后续办有多种专业期刊。约翰·霍普金斯大学出版社、芝加哥大学出版社、哈佛大学出版社和加州大学出版社,成为出版本校教师的研究成果和他们主编的学术系列与刊物的工具。

(二)研究能力成为聘任首要标准

对科学研究的推崇使得学术成就和能力成为研究型大学衡量教师的首要标准,其体现形式就是作为成果的学术出版物。学术发表水平是对大学教师具有决定性影响的准入条件。柏林大学在创建之初就创立了大学执教资格制度。这一制度的核心要求是教职申请者需提交一篇高于博士论文水平的论文,体现其在独立研究基础之上的创造性贡献。这种大学执教资格后来成为德国大学教师入职的必备条件。根据包尔生(Friedrich Paulsen)的叙述,对教师学术发表的强调甚至掩盖了其他方面,对应试者必须满足的要求"重点不在于其知识的广博程度以及对所传授知识的准备情况,不在于其措辞的文雅,不在于其讲座的形式,而在于他所能呈现的工作的科学内容,在于能够显示他具有进行原创性科学研究能力的证据"。到 1850 年,发表导致新发现的研究过程,成为成功教授的先决条件。这一时期教师评价的重要转向表现为:从强调具有广博的学问、传授知识的能力转向强调发现新知识的原创研究能力,从注重社会关系转向以才能(或者说表现为成就)为标准。

这种教师聘任标准的转变从 19 世纪末 20 世纪初美国的一批新老大学的变革中也可见一斑。美国大学早期传承英国大学的传统,更关注教学而非研究,而以德国研究型大学为模板成立的新式大学首倡重视教师的研究能力和学术产出,将学术发表作为大学教师准入和晋升的必要条件。比如,1895 年,新成立的芝加哥大学校长哈珀(William Harper)要求"其任命的每个人签订一项协议,规定将来等级和薪酬都主要取决于其研究生产力(research productivity)"。一些老牌大学在声望竞争之中也进行转型,强化对教师学术发表的要求。例如,1892 年,威斯康星大学的政策就倾向于此;19 世纪 90 年代,哈佛大学仍然试图强调教学能力和"大学体系内一般影响力"的资格,却越来越无法抵挡强调教师学术发表的趋势;1901 年,耶鲁大学的校长宣布,要以教授的具有"全国性声望"的"生产性工作(productive work)"作为晋升的标准。

(三)晋升制度逐渐完善,激励教师学术发表

尽管 19 世纪的德国研究型大学强调教师从事研究及其产出,但大学教师的研究工作主要受到"为学术而学术"的崇高信念牵引,而并非晋升、薪酬等外在因素驱动。本-戴维(Joseph Ben-David)认为,"在德国,科学成就被看成一种神圣的东西,它是一个有特殊天才的人的最基本优秀品质的最深刻表达,与体制上的规定无关。这样,研究工作就被虚构成是一种自愿的,不求报偿的活动"。德国大学讲座制下的教职体系包含编外讲师、编外教授、正教授。编外讲师仅具有在大学教学的从业资格,并不从大学获得薪酬,也无研究上的支持。从编外讲师到教授没有严格设计的晋升程序、必然的制度依据,种种不稳定的因素使得这一职业发展如同"莽撞的赌博"。无论是对于教授还是对于编外讲师的学术发表,大学既没有严格的考核制度,也并不将此与教师的薪酬挂钩。由此,可以推

断,无直接利益考量的模糊的晋升路径是对教师的学术信念的考验,促使教师在强大的内在驱动下不断取得学术成就,赢得职业生涯的成功。

19世纪后期,美国大学结合本土文化对德国大学的教师聘任制度进行了改造,融入了更多现代科学管理的因素,奠定了今天世界范围内广为采用的大学教师职级框架,"晋升"成为教师职业发展中一个重要的概念。美国大学受到工业组织的影响,在教师和职员配置上借鉴了公司的等级和职位制度,由讲师到助理教授,再到副教授和教授的逐级分层和晋升成为普遍的制度设计。在这样一种垂直进阶式的学术等级设计下,大学教师的研究固然保留了"为学术而学术"的精神内涵,但也受到晋升要求的现实驱动,从而影响教师在进退间采取实用主义的行为策略。20世纪三四十年代,由哈佛大学开始而后在美国研究型大学得到普遍实施的以学术标准为基础的"非升即走"制度,将达到评估要求所需的学术发表与避免被淘汰的生存危机捆绑在一起,在制度上进一步对大学教师学术发表施加了压力,这和后来研究型大学渐成潜规则的"不发表,就出局"不无关系。

三、"不发表,就出局"文化的形成

第二次世界大战以后,大学越来越多地承担了为国家战略需求和经济社会发展持续贡献新知的角色,成为现代社会的知识轴心。仅以美国为例,注重研究的风气从顶尖研究型大学向普通本科院校扩散;教师受到宏观层面的国家及多方来源科研投入、劳动力市场调节和微观层面的大学治理技术的影响,不断倾向于增加学术产出。"不发表,就出局"被视为大学教师在学界生存的潜规则而招致源源不绝的质疑和批评。

(一)研究成为大规模的生产活动

20世纪,美国成为世界学术发展的新中心,对全球大学学术体制变革具有引领与示范作用。第二次世界大战后,美国大学教师所处学术环境的一个重要变化是:科学研究被认为与国家战略目标和利益密切关联,政府大量资助科研。20世纪五六十年代,在面对苏联卫星危机、日德经济挑战之背景下,美国先后制定了《国防教育法》《拜杜法案》,对研究型大学科研给予慷慨资助。自此后,政府的经济资助成为大学科研的重要来源,私人基金会等多元渠道的资金也源源不断注入大学。大学加强科研的趋势日益明显:一方面,进入"大科学时代"的学术研究成为耗资巨大的事业,加深了大学对外界投入的依赖;另一方面,从产出效应来说,科研上的成就给大学带来的不仅是崇高的社会声誉,还是巨大的经济利益。一些并非顶尖的学校也开始调整自身定位,雄心勃勃地加入资源争夺战,出现"学术漂移"现象。

随着"二战"后高等教育大众化的进程,院校规模扩张,师资以及研究生队伍本身也在壮大。更多的大学卷入知识创新系统,更多的资金投入以及相应研究条件的改善,发动更多的教师重视科学研究,催生了有组织、大规模的学术生产活动。有研究表明,对于获得不同投入的大学,研发经费和定期在刊物上发表论文之间存在着正相关。那些获得资助的大学教师更有可能开展研究、产出成果并以此作为再次获得资助的基础,一些专职研究人员开始成为大学教师队伍的一部分。教师研究性质也出现了分化:传统的研究从个人兴趣出发,出自纯粹的好奇、对真理的探寻,经过发表得到同行评议而获得职业认可和报偿是自然而然的结果;赞助下的研究带有计划和目的性,"将大学教师的雄心和资助者的功利主义的兴趣相结合",项目的产出要考虑资助者的要求,并以其结果对资助者有用为价值追求。由此,学术发表的增长受到了资助者的需要和教师个体学术抱负的双重驱动,大学在其中起着共谋作用。

(二)学术成果成为教师竞聘资本

高等院校朝着学术化方向发展的整体趋势使得以研究和发表作为大学教师的评价标准进一步流行,扩散至研究型大学以外的高校。在学者还是"教书匠"的选择上,无疑前者被赋予了更高的价值。一项 20 世纪 50 年代的调查研究认为,在聘任教师或晋升评价时,主要依据他们的研究贡献(而不是教学);在一些大学的院系中,对教师的评价几乎完全基于学术著作或者专业期刊上发表的论文,它们是研究活动的证明。

不仅如此,学术劳动力市场的供需关系变化也影响着大学对教师的聘任标准的变化,进一步凸显了学术发表的地位。大学科研和研究生教育大发展将大量以研究人员为培养方向的博士毕业生输入学术劳动力市场。一方面,他们作为训练有素的研究者具备更高的专业素养和志趣倾向,学术劳动力队伍的发表水准得以整体提升;另一方面,博士毕业生数量供过于求的局面日益显现,不仅抬高了大学教师的聘用门槛,无形中也加剧了大学内部教师的可替代性和晋升压力,大学对教师学术发表的要求也"水涨船高"。无论是在教师初次聘任选拔中,还是在现有教师的晋升考核中,都愈加看重学术产出的水平。在按照市场规则运作、高度竞争的高等教育环境中,学术成果是大学教师进入职业领域、提升职业地位的重要资本。大学教师通过学术发表成就个人学术事业。

(三)现代管理制度强调绩效主义

20 世纪 80 年代以来,新公共管理主义深刻影响着高等教育管理与变革,大学教师的学术发表越来越多与绩效、评估、薪酬等关联起来。在经济衰退、财政紧缩的背景下,大学积极走向市场,从多种渠道吸纳资金,政府和公众也更关注投入产出的效率,对大学的评估与问责力度增强。大学无论是出于回应出资方的责任诉求,还是为了提高自身的资金使用效率,抑或提高在争取人才和资源竞争中的优势,都指向加强内部企业化的人事管理,制定严格规范的教师绩效评价程序和指标体系,包括以可量度的学术成果作为教师评价的硬指标,来对教师的工作业绩进行评估和区分,并与教师的终身教职、薪酬奖励挂钩,从而激励教师提高学术产出。有研究发现,在影响教师工资的因素中影响最大的是服务的资历和年限,处于第二位的就是学术成果,尤其是出版物。不仅研究型大学将研究作为教师绩效评价的重要指标,所有美国四年制院校中,几乎所有助理教授的薪水都是根据他们的科研和发表的论文数量而定的。在这样的刺激下,学术发表不仅事关教师的学术志向,更与教师切身的现实利益结合起来。即便不把学术发表看成谋取私利的工具,也无法否认它所具备的经济交换价值。"不发表,就出局"的规则潜移默化地影响着大学教师的学术选择,出现热衷发表论文和出版著作的现象也就不足为奇了。

事实上,在 19 世纪末 20 世纪初,伴随对科研的强调,一些学者已表露出对教师过多倾向于科研产出的担忧,而从 20 世纪 60 年代以来,对这种"重研究、重发表"的学术文化的批评便源源不绝,20 世纪 80 年代之后尤盛。1990 年,欧内斯特·博耶(Ernest Boyer)主持撰写的报告《学术水平反思——教授工作的重点领域》总结性地对大学趋同性地追求科研至上,将教师的学术工作等同于研究与发表的风气进行了反思。人文主义学者林赛·沃特斯(Lindsay Waters)则尖锐地批评道,"我们已经进入学术研究的黄昏季节","一种因文化通胀而产生的价值衰落随处可见"。

四、大学教师学术发表动力演进机制

(一)大学学术发展是学术发表的根本动力

学术发表是学术研究以有形的形式保存、流传、交换,实现其价值的基本环节。学术发表达到何种程度、呈现何种特征首先取决于学术的发展和学术共同体自发的价值规范、运行规则。现代意义的学术研究不断专业化、制度化和职业化,从业余爱好性的研究变成拥有大批专门机构和职业人员的研究,从少量资金投入、与社会生产距离较远的小型、零散活动变成影响国家和社会发展的耗资巨大的事业。大学教师作为高知群体,原本便与传统的人文研究与著述活动密不可分。当大学开始定位为探索真理、发展科学的机构,就将大学教师业余的科学研究活动也纳入合法化和制度化的轨道,并为之系统、持续、大规模地提供强大的组织保障,大大促进了学术专业化的发展。专业化是大学教师学术职业发展成熟的内核。作为专业研究者,大学教师处于更普遍范围的学术共同体影响之下,遵循一套共同的价值规范,而其核心价值正如默顿(Robert King Merton)所言,"即使到了今天,科学已经职业化了,但从文化上讲,对科学的追求仍被定义为主要是一种对真理的不谋私利的探索,其次才被说成是一种谋生的手段"。探索真理的精神是大学教师不断追求创新发现的内在原始驱动。与对这种价值的强调相一致,学术共同体的奖励系统按"成就—评价—承认"的规则运行,根据成员所展示出的独创性成就的大小来分配学术荣誉。强调对独创性的"承认",往往使得作为成就评判载体的发表和有重大发现具有同等重要的意义。因此,可以说,增进知识进而获得承认,是大学教师进行学术发表的内在根本动力。

(二)大学学术声誉追求凸显教师学术发表要求

大学作为一种社会组织,与许多其他类型的组织一样追求地位,而其地位主要来源于声誉。声誉体现为大学在社会公众中的知名度和认可度,是对大学价值和贡献的外部评价。和其他组织所不同的是,大学是一种学术组织,是知识精英荟萃之地,大学的声誉集中表现为学术声誉,而学术声誉主要来源于杰出的大学教授及其学术出版物的声名。这是由学术发表的"公共能见"特性决定的。学术出版物能够产生广泛的社会影响,形成超越机构、地区的声望,由此塑造的学者声望有利于构筑大学的声誉——大学总是致力于招揽那些已在学界颇负盛名的顶尖学者来吸引公众注意,从哥廷根大学时代便是如此。

大学的功能定位变化决定了对大学教师的基本聘任要求。自柏林大学始兴起的研究型大学承担起科学研究的重要使命,大学学术声誉建立在通过知识创新为人类社会进步所做的贡献上,每位成员都分担这一目标,所以研究能力上升成为教师的首要标准。基于与专业学术共同体在增进知识的目标上相重合,"大学采用专业化科学的通用模式控制它的雇员也就成为'自然的'和'标准的'"。它为那些能够为增进知识目标做出贡献的候选人提供职位,而学术发表作为学术共同体对研究者的认证成为所采纳的重要证明。

在高等教育市场化竞争的环境中,声誉不仅是一种社会认可,往往还与资源投放紧密联系在一起。20世纪以来,大学对政府、市场高度资源依赖,无论哪个层次的高校都需要不断追求更高的声誉,以在资源分配竞争中占据更优势的地位。在教师聘任中看重学术发表成果,是对学术劳动力市场供需关系的理性反映。那些在研究上取得突出成就的教师(候选者)会(或者潜在地会)为大学带来更多声名和金钱的效益,自然也会得到大学更多垂青。学术发表更具备了"生产力"的指针意义。

(三)大学管理制度激励教师提高学术产出

在大学教师职业化过程中,大学作为雇主日益科学、规范的管理制度无疑愈加强烈地影响着教师的学术活动。其中对学术发表的规定或者倡导形成大学教师学术发表的外部激励因素。18世纪中期到19世纪初,大学教师聘任的现代化转型表现为从依赖人情关系转向注重贤能选拔,这种基于理性的选任方式开始提升学术出版物在教师职业发展中的地位,也由此影响教师学术生活方式。19世纪末20世纪初,大学围绕教师的聘任晋升、考核评价、薪酬奖励等方面形成精细而规范的制度体系;20世纪末,大学从现代企业借用科学管理的技术、手段来引导和激励教师实现组织目标。一是将评价指标设计得愈加精确、客观、可计量;二是在"投入—产出"效率评估基础上加强奖励,包括经济刺激和资源分配。在这样的职业组织环境中,学术的神圣光环消失了,学术生产被视为和其他生产活动一样,可以按照结果导向的思维来推进。如此,学术出版物常常被视为一项显示度高、可计量的指标而得到采用,而那些难以测量的教师的内在能力、投入过程和种种研究中不确定的因素却被忽视了。对学术产出的评价与升职奖励相结合使得学术发表成为职业生涯成功的筹码、经济资本的交换物。对基于论文生产力的科研评价效果的研究表明,为了满足评价标准,科研人员不断调整科研行为。大学教师不可能只抱着献身真理的学术理想,而不让任何实用的考虑渗入其学术工作中,对学术发表的态度也是如此。

　　大学教师从事学术发表活动不仅受到探索和传播真理的信念感召,还被所处职业环境理性化、规则化的制度所牵引,考察学术职业化进程,后者的力量是显而易见的。今天我们不断反思,制度上对发表的推崇引发"重研究轻教学"的危险,甚至是"重发表而轻学术内涵"的问题,那么回到大学教师学术发表的历史情境去理解它的发生逻辑,则可以还原其必然性和复杂性。

　　（原载《高教发展与评估》2021 年第 2 期,第 46-55 页）

美国高校教师职业失范行为的治理

张奂奂,张增田,吴会会

近几年中国高校教师师德失范事件频发,导致高等教育公信力有所下降。2018 年 11 月,教育部出台了《关于高校教师师德失范行为处理的指导意见》。2019 年 6 月,北京市教委相继出台了《新时代北京高校教师职业行为十项准则》《北京高校教师师德考核办法》《关于北京高校教师师德失范行为处理的指导意见》。2020 年 5 月,教育部等八部门联合印发了《关于加快构建高校思想政治工作体系的意见》,要求落实《新时代高校教师职业行为十项准则》,严格实行师德“一票否决制”,加大对失德教师的惩戒力度,推动师德建设常态化和长效化。可见,明确中国高校教师专业伦理要求和高校师德建设的责任主体,制定规约高校教师职业不端行为的处理办法和程序,重塑中国高校教师的“师道尊严”必要而且紧迫。

一、多重治理逻辑下的角色定位

本文的“多重治理逻辑”分析框架是基于斯坦福大学周雪光教授提出的“多重制度逻辑”而建构的组织分析工具。“多重制度逻辑”认为不同主体的行动方式可以反映不同的制度逻辑,只有在多重制度逻辑的相互作用中才能恰如其分地认识它们各自的作用和影响。“多重治理逻辑”用来解释不同治理行动者的行动方式以及支配此种行动方式的信念系统,为深度透析不同行动方式的“联动性”和“冲突性”提供了分析视角。在多重治理逻辑框架下,美国高校、专业协会、联邦政府和法院之间形成了明晰的角色定位和职责分工,充分发挥各自优势,协同合作,构成了高校教师职业失范行为的治理体系。

(一)高校逻辑:管理规制

高校在教师惩戒中是发现问题、处理问题的主体。高校作为教师直接的管理者和规制者,在教师职业伦理建设和规范教师行为过程中发挥着主导作用。代表学术共同体利益的高校学术委员会和代表管理层利益的高校行政系统长期共存和相互制衡,导致美国高校形成了“二元结构”的内部治理模式。基于此,美国高校在对教师失范行为的治理过程中遵循着管理和学术两套逻辑。首先,管理逻辑实际上植根于大学自治的传统,其规制主体为大学行政管理系统和大学董事会。他们期望通过自上而下的科层制管理在高校内部形成一套相对稳定的惩戒规则和惩戒程序,并基于这套规则体系和程序标准来决定"谁来教、教什么和怎么教",这充分体现了美国高校在教师管理这一大学内部事务上的独立性和自主性。其次,学术逻辑源于学术共同体对学术自由理念的捍卫。除了对教师个体的正当学术自由权利的保护之外,美国高校在治理过程中主要体现为作为一个专业的学术机构通过同行评议的制度设计对教师进行专业判断,这也成为高校认定教师教学和学术"是否胜任"的权威性判断标准。但是,近年来由于受到新公共管理运动的影响,美国高校的学术自由传统在一定程度上被削弱,这导致在高校教师失范行为的治理过程中,美国高校的管理逻辑不断被强化,而学术逻辑则日渐式微。

(二)行业逻辑:规范监督

作为全美最大的教师专业协会,美国大学教授协会(American Association of University Professors,AAUP)不直接干预教师不当行为的惩戒事宜,而是从整体上把握教师职业伦理建设和规范教师行为的大方向,并通过制定高校教师职业伦理标准,向高校提供内部行业规范的指导意见,供各高校参照。AAUP 在 2009 年重新修订的《教师专业伦理声明》中对高校教师应承担的各类责任提出了普遍责任标准,呼吁高校教师应该对学术、学生、同事、所在的学术共同体以及社会负责,具有较好的概括性和代表性。其中的责任标准涉及:要在学术上探寻和陈述事实,促进自由质疑以及公众对学术自由的理解;在学生面前展现最佳的学者风范和职业标准,尊重学生,做学生知识的引路人;平等地评价学生;培养诚实的学术行为;避免利用、骚扰、歧视学生;保护学生的学术自由;客观评价同事,禁止骚扰和歧视同事等。

20 世纪 70 年代以后,美国各类专业协会和学者团体逐步意识到大学教师在专业教学中存在职业道德问题,并提出了各专业领域内的教师职业行为标准和教学实践标准,旨在唤醒教师的职业道德良知。比如,美国化学协会声明教师作为学术的教育者和监管者,是被社会所信任的角色,理应在学生专业学习发展中起到决定性的作用;美国心理协会提出高校教师不得利用职务之便剥削利用学生,谋取不当利益;美国国家社会工作协会则提出教师应该公正对待学生和同事。

(三)联邦政府逻辑:立法监督

基于教育的地方分权制,美国联邦政府较少直接干预高等教育事业,而是通过立法和财政手段间接施加影响。因此,联邦政府在教师失范行为的治理过程中主要发挥着立法监督的作用,通过颁布一系列法案来防范高校教师科研不端和性骚扰这两种严重失范行为。

20 世纪 80 年代后,美国发生了几起重大科研不端行为,迫使作为高校科研经费主要提供者的联邦政府通过制定各项政策法规,成立专门的机构和采取行政监管来处理科研不端行为,并积极开展教育培训项目促进科研诚信。比如,1985 年联邦政府通过了《健康研究附加法案》(*Health Research Extension Act*)及其修正案,要求申请联邦资助的高校建立一套调查科研不端行为的诚信管理部门,并向联邦政府提交报告。1992 年,联邦政府成立了著名的科研诚信办公室(Office of Research Integrity,ORI),主要负责审核各高校科研不端的调查报告并对这些行为采取行政处罚。2003 年,联邦政府颁布了科研不端的数据共享政策和指南。迄今为止,美国联邦政府已经建立了一套完备的监督、管理、教育、研究相结合的科研不端防范机制。

在应对高校性骚扰的难题时,美国联邦政府相继颁布了一系列法案用以维护校园安全,保障学校的教职员工和学生免受性骚扰的侵害。联邦政府出台的相关法案,既为法院的案件审理提供了法律依据,也为大学和学院创造安全的校园环境奠定了制度基础。1998 年,联邦政府颁布了反对校园性暴力的《克莱瑞法案》(Clery Bill)及其修正案。2000 年,美国联邦政府颁布了《校园性犯罪预防法》(The Campus Sex Crimes Prevention Act),旨在维护高等教育机构师生及聘用人员的人身权利。

(四)司法逻辑:纠纷裁决

鉴于失范行为本身的复杂性和情境性,高校和其他监管机构不可能在政策文本上穷尽教师的所有不当行为,各高校又具有不同的自由裁量权,因此必然会有一些纠纷诉诸司法程序。美国是一个典型的判例法国家,对于教师惩戒的相关规则,主要体现在众多法院判决案例所构筑的纪律处分制度和各项法律原则中。教师惩戒政策被纳入教师手册或大学章程等政策文件中,具有合同效力,法院根据合同法对教师与高校的纠纷做出解释。

法院作为高校与教师的纠纷裁决者,在司法审查时遵循基本的"司法谦抑"原则,重点审查高校处分程序的正当性和处分适用范围的准确性,对于高校已经成文的处分规则一般不予干涉。法院关注具体个案中教师不当行为与受到的纪律处分之间是否相当、作为处分依据的纪律处分规定是否公开、处分程序是否满足正当程序要求以及教师受宪法保护的基本权利是否受到学校侵犯。当高校处分决定或措施有明显争议时,法院会从教师失范行为认定的两个基本要件出发去判定高校纪律处分的适切性。

二、多重治理逻辑下的协同治理路径

鉴于高校教师失范行为问题的复杂性、专业性和情境性等特点,代表不同利益的行动者秉持共同的治理目标,在不同治理逻辑的影响下集聚各自的力量和资源,通过治理手段的互补依赖,协同参与高校教师失范行为的治理,将治理效力最大化。

(一)失范行为的认定和分类

美国学者从高校教师教育教学、科学研究和社会服务这三大职能以及学校、教师和学生这三个关系出发来界定教师的职业失范行为和类型。高校教师的职业失范行为是指大学教师在教学、科研和服务中未能履行其作为教师的职业要求,对学生、同事、学校以及社会造成了生命、健康、财产、声誉等有形或无形的损害。在将教师师德失范行为分成教学行为不当类、科研行为不端类和缺乏社会公德类的基础上,不同治理主体根据各自的治理逻辑和治理重点进一步挖掘教师职业活动中可能出现的失范行为类型。

高校从自身的管理逻辑出发,认为教学是教师的天职,教师与学生接触的所有行为都承载着道德力量,从对问题的回答、作业的布置、每一次讨论到对争论的处理和对学生的评价等都体现了教师的道德品格。因此,高校从教学专业化、教学的道德责任、考核评价等角度对教学不当行为进行分类,主要包括缺席或迟到早退,脱离教学目标,讲课枯燥或不清晰,课堂上发表与教学无关的言论,备课不充分,主题偏离教学计划,延迟或不批改学生作业,讽刺、诋毁或侮辱学生,课堂专制,拒绝课外辅导或回答学生问题,评分不公,有负面人格,口音重或经常出现语法或拼写错误等。有学者调查了美国不同类型大学(研究型大学、文理学院和社区学院)中生物、心理、数学和历史四个学科的认定和分类标准,发现大致有五类需要予以正式处分的教学不当行为:讽刺挖苦学生,道德败坏,无教学计划,评分不公正,拒绝参与学校课程建设等重要教学活动。这五种不当行为的情节较严重,会对学生学习和学校的教学秩序造成重大影响,被认为是"不能违反的规范"。此外,还有九种不当行为被认为不构成解聘但需要予以处理:忽视意见,课堂独裁,缺乏交流,规避困难,教学狭隘,课程设计不周,偏离教学计划,无教学辅导材料,课上诋毁同事。这九种行为通常需要引起学校重视而往往被忽视,但还没有达到严重制裁即解聘的程度,被认为是"需要告诫的规范"。一些私立高校甚至将家庭暴力、酗酒、在校抽烟、使用亵渎或淫秽语言、公共场合扰乱社会秩序等都归入不当行为的列表中。

美国联邦政府作为反科研不端的领跑者,将科研不端行为限定为捏造、篡改、剽窃,并对教师在科研活动中以及学术发表、项目申请、同行评议中出现的不当行为进行更细致的分类:①科研过程中的不端行为,主要包括教师主观取舍、捏造、篡改数据和剽窃他人研究成果而未加引注、违反被试伦理、滥用实验室动物等。②科研成果发表过程中的不端行为,主要包括一稿多投、滥用署名权、人情作者、意大利香肠式发表(salami publication)等。③项目申请和评议过程中的不端行为,主要包括在科研评审过程中论资排辈、论权力、讲人情等因素导致成果质量评价和科研资源分配非学术化标准、有失公正的行为。

ΛΛUP作为行业规范者,从自身的治理逻辑出发,将教师违反其2009年制定的《教师职业伦理规范》上的要求认定为失范行为,分为情节严重、造成重大过错、需要严重制裁的失范行为和不构成重大过错但需要告诫和处分的失范行为。司法机构积极回应AAUP的政策,呼吁高校尽快将AAUP关于《教师专业伦理》的声明纳入大学的章程和政策中,便于在案件审判时作为司法解释的框架。但很多高校认为教师的行为标准源自大学的传统,发展于大学的实践当中。高校根据自身的文化传统和大学使命,将AAUP等专业协会的行业规范与高校实际相结合,制定符合高校自身发展并彰显高校特色的失范行为认定和分类标准。

法院从严谨的司法逻辑出发,结合司法判例来认定教师失范行为的两个基本构成要件:一是从行为动机来看,应是教师主观上的过错,存在故意或过失心理,例如,故意消极怠工、玩忽职守或者利用职权之便谋取私利。二是从行为后果来看,对学生的身心和学校声誉造成损害,导致双方之间较难达成和解。当学校对不当行为进行处分时,必须证明此类行为和损害事实之间存在因果关系,教师的行为直接影响到学校的正常管理和运作,损害到学校和学生的根本利益。此外,美国许多州的成文法律中也明确将教师职业道德作为学校与教师契约关系的重要考量对象,比如,围绕学校与教师是否终止合同和是否续约,法律规定要看这些教师有没有出现"不胜任""违反角色榜样义务""失于履行校园义务""对学生造成威胁"等问题,尤其强调教师的"角色榜样",一旦证实道德失范行为与教学结果之间有关联,学校就可以解雇那些"道德败坏""行为不相称"或"不恰当"的教师。

(二)失范行为的惩戒程序

美国高校将正当程序原则应用于教师失范行为的处分过程中,不仅在执行惩戒政策时严格遵循该原则,而且在惩戒政策制定的过程中充分保障教师的基本权益。在惩戒政策实施上,高校形成了一套以"调查—告知—听证—决定—送达"为基本程序,以"调查和听证"为核心的违纪处分制度,保证惩戒过程的民主性、专业性与中立性。①调查:教师委员会就教师是否存在不当行为进行调查与取证,事实认定清楚后建议上级行政部门予以相应处分。斯坦福大学的章程和教师手册明确规定,针对不同性质的违纪行为组建不同的调查部门,对学术不端或性骚扰的指控应用单独的调查程序,不能仅根据举报人的举报材料就做出处分决定,应召集专门人员组建不少于三人的专项调查小组。鉴于调查科研不端行为需要丰富的专业知识,在调查科研不端行为时,学校组建两个不同职能的教师委员会,一个负责起草指控清单,另一个负责事实认定。②告知:高校在做出对教师不利决定前,通过送达书面通知的形式告知具体的指控内容、依据原则、相关证据、处分理由以及教师享有的申诉和聘请律师等权利。学校告知教师后应给予相对人足够的时间准备辩护。③听证:第一步,听证开始前,教师申诉委员会组建听证委员会,在听证会召开前向当事人公开所收集到的证据资料,体现了对当事人知情权的尊重。第二步,举行听证会,在听证会上听取相对人的陈述和辩护,教师有权对自己的行为进行防卫性申辩,对证据进行质证。第三步,听证会后,如果教师对听证结果不满意,可以继续向上一级申诉委员会提出上诉,以进一步实现自己的诉求。听证前的准备、听证中的提问方式、证据规则以及听证记录等内容都是比照法院诉讼程序设计的,这种程序化的制度设计充分彰显了高校对正当法律程序原则的践行。④决定:校长或校董事会有权最终确认、撤销或者修改教师委员会的结论。⑤送达:事后送达书面处分通知书,告知相对人可能的救济途径及时效。在惩戒政策制定上,高校行使惩戒权是以教师与学校的契约或者合意为基础,不是高校单方面的意思表示,管理人员无权单方制定或修改对于教师行为规范和惩戒的政策,而是需由教师委员会和行政人员协商起草,广泛征求教师意见,吸纳教师民主参与。教师可以就惩戒的内容和形式等与高校进行平等自由协商。此外,高校还聘请有学术经验的律师作为法律顾问,参与审核政策。有关惩戒的事由和措施的条文具体体现于教师手册、大学章程以及其他政策规范性文件中，并纳入双方的合同中。

为了增加治理的回应性、针对性和有效性，AAUP作为行为规范者对高校的惩戒程序进一步做了细化和分类，法院作为纠纷裁决者通过司法判例确立对高校惩戒程序正当性的司法审查标准。AAUP将听证分为正式的和非正式的，重大处分(诸如解聘、停职等)必须采取正式听证形式，包括举行听证会前的准备、行政部门承担举证责任、交叉质询不利证人以及听证会前的停职带薪等细则。具体采取何种听证形式，AAUP建议高校根据违纪情节来确定。法院一般不对高校实质性惩戒行为进行司法审查，仅对高校程序性问题进行审查。1985年，美国联邦最高法院对克利夫兰教育委员会案的判决确立了对于非严重处分的基本听证程序(事先告知—澄清处分理由—教师申辩)，从某种意义上说也是对AAUP制定的非正式听证程序的确认和补充。此案之前由于高校对非严重处分的听证程序没有明确规定，甚至有的高校在执行非严重处分时直接忽略了听证环节，由此引发了不少诉讼案件。之后高校的听证程序只要符合该案中确立的三个基本环节，都符合法律的正当程序原则。

联邦政府通过行政立法手段对高校的处分程序进行监督。联邦政府在其颁布的关于性骚扰的法案中也明确了高校建立正当程序的紧迫性和必要性。此外，美国联邦教育部民权办公室(Office for Civil Rights, OCR)专门负责监督学校性骚扰政策的执行，负责受理对于高校性骚扰事件处理的不当程序的申诉。联邦政府行政职能的强化有利于自上而下敦促高校完善反性骚扰的程序设计，保证学校能够对性侵害事件做出迅速、合理、公正的调查，改善学术和生活环境，保护受害者。

(三)失范行为的惩戒措施

1971年，AAUP下属的联合委员会列举了除解聘之外的处分措施供高校参考：口头批评、书面通报批评、记入档案、损害赔偿、减薪、停职、停薪、罚款。联邦科研诚信办公室通常会暂停或终止科研不端人员的联邦资助，甚至永久禁止他们参加由联邦资助的研究。美国高校依据教师的主观动机、客观后果、行为情景以及行为的错误性质构建了更为严密的分级惩戒系统(progressive discipline system)，即根据责罚相适应原则，针对不同失范行为的情节严重程度来制定不同的惩戒措施。性侵行为属于惩戒系统中最严重的违规行为，高校将对教师进行严惩，解聘是对此类失范行为最严重的处分。高校对学术不端行为的惩戒通常是在数年内不允许开展研究工作。其他情境中，包括师生关系处理过程中或者教育过程中所发生的不当行为，根据严重程度予以不同级别的处分，从轻到重包括批评教育、诫勉谈话、责令检查、通报批评、校内调动、停课整顿、降级、停止或取消招生资格、从项目或委员会中除名、降薪、停薪、停职。其中，教学不当行为根据情节严重与否实施不同程度的惩戒措施，比如，如果教师的教学能力不足，无法满足学生的需求，学校即可安排其他教师开设该门课程；如果教师主观上懈怠教学或在课堂上出现不当言论，学校在必要情况下可实行课堂监控。密歇根州立大学根据教师不当行为的严重程度，制定了教师惩戒的措施，从谈话、警告、零薪酬或福利(暂停薪金支付不得超过六个月）、重新分配职务到强制性监测行为和表现。新墨西哥大学教师手册规定了对教师行为不端的惩戒措施,包括教师和院长之间的非正式谈话,薪金增长低于正常(甚至为零),剥夺享受基金资助等特权,正式警告或处分可能会记入教师的人事档案中,重新纳入试用观察期,停薪休假。

只要不涉及歧视或正当程序等受宪法保护的问题,法院一般支持学校给予教师的处分。在舒布案(Shub v. Hankin)中,法院认为停课整顿这种惩戒措施好比"警察被收缴枪支,革职查看"。在尼尔森案(Nelson v. University of Maine Systems)中,法院认为警告批评不属于学校对教师的报复行为,支持学校对教师的此种处分。在帕瑞特案(Parate v. Isibor)中,学生投诉一位非终身制教授给分低,院长定期派行政人员进入课堂听课,并要求教师修改评分标准。教师遂将院长和所在学院告上了法庭,声称行政人员不断打扰他的课堂,教师受第一修正案保护的学术自由权遭到侵犯。法院虽然承认行政人员的课堂监控是"不专业"和"粗鲁"的,但仍然支持学校定期对教师的课堂进行监控,认为这是一种合法的惩戒手段,并没有侵犯教师的学术自由权。该案后,一些高校修改了校内惩戒政策,如果对教师的课程监控是必要的,那就必须由熟悉该门课程的教师同行而非行政人员实施监控。

三、多重治理逻辑下的张力分析

由于受到不同治理逻辑的支配,美国高校、行业协会、联邦政府和法院这四维主体在共同治理过程中做出了指向各自利益诉求的行为选择,便难免产生冲突和矛盾。实际上,美国高校教师职业失范行为治理中的多重逻辑之间存在着不同的张力:大学自治的管理逻辑与学术自由之间的博弈,教师遵循行业规范的信念与大学绩效问责之间的现实冲突,大学非诉讼救济方式与司法诉讼之间的二元对立。行动主体需要不断调整各自的行动策略,在多重治理逻辑之间寻找恰当的平衡点,才能破解多重治理逻辑下的张力,形成协同治理的长效机制。

(一)大学的管理逻辑与学术逻辑

在大学管理逻辑持续强化的背景下,大学的管理逻辑与学术共同体的学术逻辑势必产生冲突,甚至可能对学术逻辑构成潜在的危害。纵观近几年的纠纷诉讼案,学术自由问题通常成为双方纠纷的导火索,教师多指控学校侵犯其学术自由,起诉学校违宪,对学校的惩戒理由即行为性质的认定和程序提出疑问,尤其是申诉程序的瑕疵往往会成为教师指控高校管理漏洞的诉由。在行为性质的认定上,高校按照自身的管理逻辑来认定教师的学术水平,尽力规避学术自由的逻辑陷阱,否则高校会冒着违反宪法第一修正案的风险。大学自治是美国现代高等教育管理中的一项基本原则,但这种自治不是绝对的,高校的自由裁量权是有限的,不能侵犯教师基于宪法保护的学术自由权。但是,教师的学术自由也不能成为师德失范行为者的托词。在不少判例中,学术自由往往成为教师不当行为的保护伞,教师以学术自由为幌子来为自己的不当行为辩解,甚至歪曲学术自由的真理。自由和责任是一体两面,自由是相对的和有条件的,大学的管理逻辑只有与学术逻辑保持平衡、相互制衡,才能创设民主和谐的治理局面,提高高校的治理效能。

(二)大学管理逻辑与行业规范逻辑

教师作为学术共同体内的成员,理应通过学习 AAUP 等行业协会的教师伦理道德规范,并逐渐内化为个体的精神意志,但是这种内化成功与否主要取决于教师信念和大学现实环境之间能否协调一致。在以竞争、绩效、问责为理念的新公共管理运动的影响下,高校为了回应社会和政府的问责,通过绩效考核、非升即走和终身制职后评审等方式不断强化其管理力度来提升教师的生产力和大学的市场竞争力,这种以结果和产出为导向的企业化管理模式正在逐渐瓦解传统的教师职业道德伦理规范,加剧了教师道德责任和大学现实利益之间的冲突。教师在巨大的职业竞争压力下面临两难抉择,教师选择忽视教学而重科研,选择忽视学生的专业发展,以学生为廉价劳动力,实现个人利益的最大化,逐渐偏离师德规范的轨道。

(三)大学管理逻辑与司法诉讼逻辑

目前,越来越多的高校倾向于在正式制裁前用调解来处理教师的不当行为,例如,斯坦福大学、约翰·霍普金斯大学、印第安纳大学、宾夕法尼亚大学、威斯康星大学和俄亥俄州立大学的教师手册都明文规定:在得到校长许可的前提下,对教师正式制裁前先尝试通过协商解决。因为一些州的法律规定,教师听证委员会的报告或记录需要公开,与教师谈判协商,说服教师主动引咎辞职或者让教师主动放弃教授某门课程或是让教师主动退出项目,可以避免公示或听证等程序对教师个人名誉和学校公共形象的损害,也是一种对做证学生和其他教师隐私的保护。

选择调解并不意味着将司法救济途径排除在教师权利救济范围之外,更不是将非诉讼与诉讼方式、校内救济与校外救济截然对立起来。出于对大学利益的考量,教师救济方式的选择最终仍由高校的核心管理层和大学董事会审核后决定,以确保高校政策的一致性以及能够及时追踪校内救济方式实施的结果。一些高校的教师手册规定教师必须穷尽校内救济途径才能提起司法诉讼,有的高校甚至规定教师如果选择使用约束性仲裁,必须同意自动放弃司法救济。大学竭力倡导的"以和为贵"和"无须法律秩序"的管理逻辑表面上看是在为大学营造一种和谐发展的氛围,实际上是在限制教师的司法救济权利,最大限度地维护大学自身的利益。

四、结　语

美国是世界上较早明确制定并推行师德规范的国家之一,已经形成了相对规范化和法制化的高校教师师德治理体系。代表不同利益的主体在不同治理逻辑的影响下参与高校教师失范行为的治理,在多重治理逻辑的联动和博弈中构建了高校责任主体突出、专业组织、联邦政府和司法机构彼此配合并相互制约的特色鲜明、系统完整的分层分类治理体系。

反观目前中国高校教师失范行为治理实践过程中治理主体单一、现行法律对教师失范行为类型和处分适用范围规定模糊以及解聘等程序性条款缺位等现状,借鉴美国高校教师职业失范行为治理体系中有益的思路和经验,并结合中国高等教育发展的实际情况,为当前中国高校教师职业道德建设的实践提供借鉴与参考:一是美国多重治理逻辑下的治理体系有助于推动国内相关政策制定者调动各利益相关者在师德建设中的积极性和主动性,构建系统化的治理图景;二是借鉴美国高校教师职业失范行为的系统分类和分级惩戒体系,制定国内高校教师责任清单和处罚清单,以明确高校教师违反师德行为的类型和相应的处罚标准;三是在对教师处分政策的制定和执行方面,美国高校在AAUP和联邦政府监督下严格遵循正当原则,此原则是规范高校行使自由裁量权的需要,同时也是保障教师权益的必然要求。建议在中国《高等教育法》和《教师法》中明确细化对教师失范行为的处理程序,确保教师享有知情权、听证权、参与权和救济权,真正实现大学治理的民主化、专业化和法治化。

(原载《高教发展与评估》2021年第4期,第82-92页)

2022 年

美国大学共同治理的特质与挑战

王　霞

治理是高等教育运作的核心。随着美国高等教育环境的变化,其治理模式也在不断发展。1966 年,美国教育委员会全国校长协会(The American Council on Education of National Association of Presidents,ACE),美国大学教授协会(The American Association of University Professors,AAUP)和全国高校理事协会(The Association of Governing Boards,AGB)发表了共同治理责任声明,美国大学共同治理(即校长、董事会、教师群体共同治理大学模式)正式确立。半个世纪的实践证明,共同治理符合美国高等教育发展需求,成功推动美国在高等教育领域取得了举世瞩目的成绩。那么,美国大学共同治理在其生成与发展中遵循了怎样的逻辑? 又具有怎样的特质表现? 在发展进程中又面临了哪些挑战? 对上述问题进行系统梳理将有助于全面认识美国大学共同治理,为我国大学治理体系现代化建设及其相关研究提供借鉴。美国高等教育在自治的制度下发展,各州在教育治理方面存在一定差异,因此,本文所研究的是美国大学共同治理中的共性问题与现象。

一、美国大学共同治理的生成与发展逻辑

从美国第一所学院创办(1636 年)到大学共同治理模式确立(1966 年),再从共同治理至今半个世纪的发展实践来看,大学自治的制度基础、大学发展的内部呼吁、教师权力的法律保障及知识经济的时代要求构成了美国大学共同治理的生成与发展逻辑。

(一)大学自治的制度基础

美国大学共同治理生成的重要因素之一就是其自治制度,该制度在挑战权威与法律赋权的双重背景下确立与巩固。早在殖民地时期,美国新大陆一批清教徒在马萨诸塞殖民地议会的批准下创办了美国第一所学院——哈佛学院(Harvard College),并在 4 年后独立授予了首届 9 名毕业生学位,这一举动违背了英格兰垄断大学学位授予权的传统,彰显了殖民地时期清教徒们勇于挑战权威、力求变革的魄力与雄心,成为美国迈向大学自治的第一步,此后殖民地陆续建立起来的其他学院也同样沿袭了自治的管理模式。美国独立初期,联邦政府曾试图开办国家大学,招致各州的抵制,计划破产。可见,当时美国的大学自治已经在各州初步达成了共识,并在一定范围内得到认可。1819 年,达特茅

斯学院(Dartmouth College)诉伍德沃德(Woodward)案在美国高等教育领域引起轰动。案件起因为新罕布什尔州的行政官员设立了对该学院进行单独管理的机构,并且要把其校名更改为达特茅斯大学。达特茅斯学院院长弗朗西斯·布朗(Francis Brown)与学院董事们坚持捍卫学院自治权力,最终胜诉,排除了州政府的行政干扰,维护了大学自治的权益。自此,美国大学的自治制度在法律层面得以确认,在法律的保护下,美国大学免受外界干扰与控制,在高度自由中发展,为美国大学共同治理奠定了基础。

(二)大学发展的内部呼吁

自治的大学管理制度为美国大学发展提供了广阔的空间,同时也提出了即便是公立大学也无法回避的挑战——筹款。足够的资金是学校生存的基础与保障,因此,筹款成为美国大学的优先发展事项,并导致在美国大学治理中出现了极为讽刺的现象:美国大学决策层中,不足10%的人员具有高等教育管理经验,更多的是对高等教育管理并无经验的商业精英或金融专家,他们能够在学校筹集资金方面一展身手,却对高等教育发展规律、学术研究前沿动态不甚了解。然而,大学担负着为国家培养专业人才、为社会科技发展服务的任务,高层次的学术建设与引领是完成任务的必要保证,仅由非专业人士治理的大学很难在学术发展上有所建树与突破。不仅如此,由于缺乏专业人员的领导,在19世纪的后几十年,美国大学对商业价值的追求远超学术价值。处于大学决策层的商业精英和金融专家们,对能为学校带来可观经济回报的体育设施建设、为社区服务及开办假期课程等事项极度热衷,相比较而言,大学的学术发展却备受冷落。教师们在这样的治校氛围中找不到归属感,辞职跳槽现象时有发生。1918年,芝加哥大学助理教授索斯坦·维布伦(ThorsteinVeblen)在他的著作《美国高等教育》中呼吁美国大学寻找一种新的方式来实现一直提及却从未实现的为高等教育发展服务的目标。维布伦的呼吁反映了教师群体的心声:教师希望他们的专业知识被充分利用,希望他们的知识受到瞩目,希望通过教学和研究获得学术上的成功。正是这样的呼声孕育了美国教师在未来大学共同治理中的一席之地。

(三)教师权力的法律保障

随着大学教师们的呼声愈发高涨,美国大学教授协会给予了回应。1915年,美国大学教授协会发表了一份《学术自由和学术权利原则宣言》(*Declaration of Principles on Academic Freedom and Academic Tenure*),其目的是促进公众对学术自由的理解和支持。宣言指出,大学教师在科学研究与教学中的自由权至关重要,他们对真理的自由探索及阐述将有助于全社会共同利益的提升。1920年,该协会又发表了《关于高校治理的声明》(*Statement on Government of Colleges and Universities*),强调了教师在行政人员的选择、其他人事决定和教育政策决策中的关键作用。虽然声明的内容在当时并未被多数大学接受,却为日后教师在大学治理中地位的确立奠定了基础。1957年,新罕布什尔州试图限制保罗·斯威兹(Paul Sweezy)教授的教学和言论,声称他具有颠覆性。为了维护自身权益,斯威兹教授将新罕布什尔州告上法庭。美国最高法院对该案件的裁决结论为:教师作为一所大学的特有团体,拥有四项"基本自由"的权力——谁可以执教,教授什么,如何教授以及谁可以被录取学习,维护了斯威兹教授的权益。至此,美国大学教师的权益获得了法律保障,为大学共同治理扫除了障碍。1966 年,美国大学董事会、校长、教师群体共同治理模式确立,正式声明了教师们在大学治理中的重要身份,并赋予其合法地位。自此,美国高等教育呈现出前所未有的办学活力,大学教师们开展教学与研究的热情空前高涨,美国充分发挥后来者优势,迅速在世界高等教育领域取得空前发展,不仅实现了对欧洲高等教育的赶超,还带动了美国在社会经济技术领域的全面进步。大学共同治理价值凸显,这是该治理模式得以延续至今的关键因素。

(四)知识经济的时代要求

美国大学共同治理能够在美国教育体制中保持旺盛生命力的另一个原因,是它迎合了知识经济时代对技术人才的迫切需求。20 世纪 80 年代,欧美国家率先进入了知识经济时代,盛行已久的工业化大生产逐步为技术创新所取代,劳动力市场对高尖技术人才的需求不断加大。大学教师作为专门技术人才,在社会发展中的重要作用不言而喻,而确保其应有地位是教师群体充分发挥作用的必要前提与根本保证,这成为美国大学共同治理得以巩固的重要因素。有学者指出,知识经济时代的组织治理一定是管理者与专家双重治理的格局,而大学作为特殊组织,应是管理者与学者彼此同心、略有交叉又相互协调的环状组织架构(concentric,overlapping,coordinated rings),不应是管理者处于顶端的金字塔结构(pyramid)。如果大学的管理者在治理中采用金字塔模式,他们很可能会因为缺乏对工作意义与劳动力需求的全面认识,低估大学教师所掌握专业知识的学术价值,忽略这种学术价值对于推动社会经济发展的潜在贡献。而美国大学的共同治理鼓励教师在自由的氛围中开展创新性研究,使最大限度地利用人才成为大学的常态性事务,推动大学释放创造性潜力。大学教师群体在技术研发方面的能力优势,以及他们在高级人才培养方面的重要作用都使得大学比企业更好地适应了知识经济时代劳动性质及劳动者能力需求的变化。教师在知识经济时代的重要性使得美国大学共同治理在美国教育体制中的地位越发重要、越为稳固。

二、美国大学共同治理的特质

在制度积淀、内部呼吁、法律保障及时代要求的共同推动下,美国大学共同治理得以确立与稳固,并在半个世纪的运行中呈现出一定特质,成为其顺利运行的重要支撑。

(一)权责分化:共同治理的根本保障

美国大学的共同治理与其传统治理的根本差异体现在教师群体取得了管理权力,而对教师群体、校长以及董事会的责任划分是对他们各自权益的维护,保障了共同治理的顺利开展。1966 年的共同治理声明中就各治理主体的责任进行了明确界定:董事会对学校财务负主要责任,包括维持获得捐赠、筹集学校发展的必备资金以及管理各类基金;校长作为学校行政负责人,要保证学校在合乎法律规范、合乎道德标准以及财务状况良好的状态下运行;教师在制定学术标准和入学要求、建设课程、雇用和培养师资等方面负有责任;在制定学校战略规划、财政资源分配、确定学校短期和长期优先事项以及校长甄选等重大问题上,董事会、校长及教师群体具有共同责任。明确的权责界定有利于促进他们在既定的轨道上各施所长:以各领域精英和专家构成的董事会在筹款方面发挥其独有优势,经过全面考核聘用的校长在行政事务管理中尽显才能,教师们也能够在教学与研究中获得成就感。这种既有分工又兼具集中管理的共同治理为美国大学的发展建设提供了根本保证,是美国迅速成长为世界高等教育强国的重要推动因素之一。

(二)相互制衡:共同治理的内在调节

由于不存在联邦层面的统筹管理,美国的大学发展遵循的是市场逻辑,追求市场效益也自然成为大学建设的隐形推手。然而,作为以教学和研究(teaching andresearch)为使命的特殊组织,美国大学的建设与发展无法回避其应有的学术逻辑,因此,在大学内部治理中经济价值与学术价值的冲突时有发生,成为共同治理主体相互制衡的根源所在。以教师视角为例,相对于大学的经济利益而言,他们往往更关注学校的专业发展和个人职业生涯的变迁。他们认为董事会里的企业家们对高等教育目标的理解常为市场预算,甚至商业利润所绑架,并且当董事会以商业利益为导向的决策触及学术发展利益时,教师们会坚决抵制董事会的决议。事实上,大学管理者的确难以超脱商业利益或是财务预算去执行对大学的治理。因此,行政当局与教师群体经常就彼此对学校重大发展事项的态度相互监督,彼此约束。2012 年,美国世界级公立研究型大学弗吉尼亚大学(University of Virginia)校长特蕾莎·沙利文(Teresa Sullivan)因与董事会在维护大学教学质量与大学经济利益方面的观点有分歧,被董事会开除。然而来自该校教师群体对校长的压倒性支持,迫使董事会不得不改变决定,重新雇用了这位校长。这一事件表明,虽然在美国大学的共同治理中,董事会、校长和教师群体各司其职,共同致力于大学发展的协作关系,但与此同时,他们又是相互制约、彼此监督、实现各方利益均衡发展的制衡关系。正是这种相互制衡的内在调节促使共同治理主体在相互控制中逐渐形成治理合力,共同推动大学的不断发展。

(三)广泛参与:共同治理的有效支撑

美国大学的共同治理肯定了教师在学校发展建设中的话语权和决策权,而美国大学全力保证教师在相关事务决策中的广泛参与成为共同治理实施的有效支撑。例如,北卡莱罗纳大学(University of North Carolina)某院的学术院长在任命系主任之前,会私下征求相关系部每一位终生教职教师的意见,而后做出决定。此外,为保证教师们能够广泛参与到学校治理中,美国大学鼓励教师通过多渠道参与学校治理,例如,正式的教师委员会(faculty senates)、非正式的学术系部、常设教师委员会及临时教师委员会等都是教师们参与学校治理的有效渠道。更值得一提的是,除了上述与教师进行沟通的方式外,校内各类报纸、教师论坛、大学理事会的网页等都成为学校以文字形式同教师进行沟通、交流思想的渠道与平台,所传达的信息或是对某项决策的阐释,或是陈述对某个观点的支持或反对理由,抑或就某事进行讨论,确保学校的决策以及拟做出的举措能够在教师中有广泛的传播,力求获得广泛认同。一项基于763所大学共同治理的调查结果表明:超过75%的反馈者认为教师在本科课程制定、职称晋升与终身教职评审以及教学评价标准制定等方面发挥了重要作用。可见,美国大学的共同治理能够充分尊重教师的意见与建议,将教师在大学治理中的角色作用落到了实处,真正体现了教师在共同治理中的地位与作用。

(四)内外兼治:共同治理的路径选择

与更多聚焦于内部治理的集权体制下的大学治理不同,美国大学的共同治理担负着学校内部治理和外部治理的双重任务,并形成了外部治理以内部治理为依托,同时又拉动内部治理的同步治理格局。美国大学的内部治理致力于在确保公众利益的基础上对学术活动进行协调与控制,而外部治理活动,随着大学科学研究在社会经济发展中地位的凸显,其内容也在增多,如争取联邦政府对大学学术研究活动的资助、对学生奖学金及贷款提供广泛的资金等。这些财政援助的资格是以美国高等教育认证机构对大学教学、研究等综合实力的认定为依据竞争获得,这种竞争获取制度在一定程度上对大学的内部治理产生了影响。多数美国研究型大学为帮助教师提升学术研究的竞争优势,建立了研究管理机构以支持并协调教师们的内部研究活动,重点是从外部政府、行业和基金会获得资金。同时,联邦政府对学术研究资金的竞争性分配也促进了大学内部研究组织的生成,这些组织以学科结构能够满足社会对相关知识需求为基础。可见,美国大学的内部治理与外部治理两项任务看似各自独立,却常有交叉,相互影响,这就促使美国大学的共同治理选择了内外同步的治理路径。内外兼治是美国大学共同治理的又一种特质。

三、美国大学共同治理所面临的挑战

虽然美国大学的共同治理在自治的历史积淀与法律的多重保护中逐步发展,但随着美国高等教育由精英化向大众化迈进,其在社会诸多领域发展中的作用凸显,美国政府与公众对高等教育愈发关注,并对大学办学行为进行干预,主要表现为资助式干预与问责式干预,成为美国大学共同治理的压力与挑战,并对其发展产生一定影响。

(一)资助式干预

美国联邦政府对高等教育的财政投入以学业资助和科研资助为主要形式。为保证高中毕业生都有机会进入大学继续学习,美国联邦政府以补助金、贷款、奖学金等形式向学生提供资助;同时,政府为鼓励大学开展科学研究工作,设立了科学研究基金,对大学从事研究提供支持,这些资助成为大学办学经费的重要来源。然而,美国政府的资助常常伴有附加条款,例如,大学若不能为残疾学生提供必要设施保障,政府将取消对该大学的资助。大学对政府资助越依赖,被迫服从政府要求的可能性就越大,政府对大学治理的资助式干预也就此出现。随着美国高等教育由精英化向大众化迈进,美国高等教育对政府的资助需求不断增长,而 1992 年的经济大萧条使美国经济状况一落千丈,政府经济支出能力明显下降,同时政府意识到大学的教学与研究在推动经济复苏中的重要作用。在这两种因素的共同作用下,美国政府对大学的经费资助政策发生了改变。美国学术研究经费新政策规定,多数学术研究资金需要经过有知名度的同行对具有竞争优势的研究项目提案进行审查,然后择优进行分配。随后有研究指出,在美国大学中,超过三分之二的大学的研究经费是由国家科学基金会(The National Science Foundation)、国家卫生研究院(the National Institutes of Health)和国家航空航天局(The National Aeronautics and Space Administration)等机构提供,并且,这些联邦资助通常附有对获得资助大学的额外资金支持,以供大学进行研究基础设施建设。然而,能够获批这些资助的项目绝大部分是为政府目的服务,或是推动政府经济建设,或是提高某项科技水平。因此,政府对大学经费资助政策变化的实质是以政府需求为导向,而该导向在一定程度上对美国大学的共同治理构成了干预与控制。丰厚的资助资金对任何一所大学来说都是诱惑,它们愿意花一切代价获得政府资助。大学开始调整自己的治理理念,甚至是治理结构,从学术团队的组建方向到新教师聘任的学术科研能力考核,再到行政组织的外联能力,大学无不以提升获批政府资助的竞争优势为努力方向。与此同时,在大学内部,一些对基础研究与理论研究颇感兴趣的教师也因长期备受冷落,而转向更为政府"器重"的研究领域。教师的学术研究兴趣在不知不觉中被左右,大学的学术自由也在悄无声息间被颠覆。政府资助正裹挟着、干预影响着美国大学的共同治理,成为美国大学共同治理不可忽视的挑战。

(二)问责式干预

虽然美国大学一直在自治的制度框架下运行发展,但联邦政府与公众有权力对大学办学行为进行监督,以确保大学在一定的道德基础与社会责任范畴下办学。若大学的教学行为或研究行为违反了政府相关制度与条例,政府将对大学进行问责。进入 20 世纪后,美国社会各方面发展迅速,政府在各领域的立法与计划愈发完备健全,对大学治理的问责式干预也愈发广泛。例如,禁止种族歧视的法律条款可能引发政府对大学就招生方案与标准进行问责;为确保保健服务普及推广计划的实施,政府要求医学院调整其课程设置与培训安排,以培养大量能提供初级保健护理服务的医生。为免受政府问责,美国大学的共同治理不得不随着联邦政府在诸多领域的发展战略变化而进行调整,以履行相应的社会责任。这种强加式的社会责任与可能带来的问责以直接或间接的方式干扰了美国大学的自主建设与学术发展。而且,美国政府对大学办学的监督与问责在 20 世纪的后 20 年成为体系化行为。20 世纪 80 年代,美国发起高等教育质量评估运动 (assessment movement),此项运动由国家发起,其性质为内部评估,目的是敦促各大学 自行检验学校战略发展规划的制定与完成情况,以供政府了解大学办学的有效性,并带 动大学的教学与课程改革。虽然,此次运动在一定程度上推动了美国大学的发展变革, 但其实质是政府对教师教学工作的规范,因而也是对大学共同治理中教师治理权益的挑 战,反映的是政府在大学治理领域影响力与控制力的增加。进入 20 世纪 90 年代,美国 政府对大学的问责开始转向外部问责(external accountability)。政府将大学对一系列业 绩指标的达成情况向广泛的教育投资者、学生、家长和公众等利益相关群体公布,并通过 大量数据掌握大学对政府优先任务的完成情况,以及大学对公共资源的利用情况。新问 责政策公开与透明的一面有利于公众对大学有更多的认识与了解,然而,且不论以指标 为导向的业绩评估行为能否真实、全面地展现一所大学的办学情况,问题的关键在于这 些目标、指标已成为绑架教师思想与行为的枷锁,在一定程度上禁锢了大学的治理方向, 不利于大学创造性成果的产出,因此受损的不只是大学的利益,还有大学学术研究可能 生成的社会价值。如何在维护大学权益的同时,有效应对政府问责已成为美国大学共同 治理的另一挑战。

四、结　语

美国大学共同治理的生成、发展与面临的挑战都与教师权力、大学教学与研究密切 相关,这是由大学的使命——教授先进知识、创造新知识所决定的。要完成这项使命意 味着大学的发展过程和治理实践都不能偏离学术这个核心。对教师权力的尊重与保护, 就是对学术的尊重与保护,这是美国大学共同治理的关键所在。尽管美国政府与公众的 干预在一定程度上对美国大学共同治理产生了冲击,但不能否认相应干预在对大学教学 与研究的监督及其行为质量标准建立与保护方面发挥了积极作用。也许,正是学术权力 的维护与政府公众的介入成就了美国大学共同治理在其高等教育发展中不可撼动的重 要地位。

(原载《高教发展与评估》2022 年第 3 期,第 55-63 页)

规范与价值的统一:大学教学伦理反思

肖　维,赵雪婷

　　教学是与道德有关的活动,需要较高的伦理敏感度和正确的伦理态度。教学伦理存在于教师的专业角色、专业决定及专业行为中,包括教师对教学行为和教学关系"正当性"及对错的道德判断。大学教学伦理是大学教师群体遵循并接纳的有关教学活动的伦理规范,是大学教师专业伦理的重要内容。大学教师在教学过程中,享受高度的专业自主权,但其所从事的教学活动,不能有违教师的专业伦理。近年来,学界采用"教学伦理缺失""教学道德性偏失""教学失范"等来表达对大学教学中存在的不规范和不道德现象的担忧。解决这些问题,不能仅对当前大学教学制度进行批判,也不能简单呼吁传统师德的提升,从更微观的视角探讨如何使大学教师更规范地、合乎道德地教学,才是更理性的思考方向。

一、大学教学失范与教学伦理建设的意义

　　大学教学伦理建设是规避和解决教学失范的重要路径。20世纪80年代的教学专业化运动促使学者们关注教学伦理建设的问题。学者Fenstermacher视教师为"道德的代言人",将教学伦理作了区分:直接教导道德,即教师的教导内容包括有关道德的课题,如教导有关信仰、公民或哲学的内容等;教师举止是否符合道德,且因此成为道德楷模。也有学者认为这种区分过于注重教师在道德层面的教学,较少重视教师专业责任的划分。中国将研究重点放在德育教学、学生道德发展等议题上,对于教师本身的教学责任和教学伦理研究得较少。在当前大学教学中存有各种失范行为:缺课、迟到、早退、课堂设计不足、课堂暴力、性骚扰、口头侮辱、负面人格、道德败坏、信息贫乏、不关爱学生、教学狭隘、指导建议缺失、缺少沟通等。这些教学失范行为不仅会干扰教学,还会严重影响教学目标的实现和教学质量。大学教师教学失范的原因很多,主要包括教师自身的道德价值观冲击、教学能力缺失、教研比重失衡,以及外在的教学制度失灵、教学管理失序。大学教学伦理的制定和完善能进一步规范教师的教学行为,并提升教师的道德自律和伦理自觉,进而提升大学教学质量。

　　大学教学伦理是对教育消费主义与绩效主义、道德相对主义以及教学技术主义弊病的回应。20世纪下半叶以来,消费主义与绩效主义开始流行,专业教育地位进一步提升,大学教学的道德向度不断削减,重视专业知识传授、疏于品性的培养成为大学教师教学

生活的写照。尤其是在后现代主义哲学的影响下,"拟像""超真实""符号消费"正冲击大学教学,使课堂教学体现为无伦理的道德特征。在此背景下,大学教师除了对学生在知识和研究方面进行指导外,还需要进行道德与精神引导。大学作为人类精神生活的高级追求,是抵抗流俗、提高人类精神格调的圣地,也是倡导和传递美德的最佳场所。在这个意义上,大学教师的教学伦理不只是作为专业的伦理底线,大学教学的道德向度应该起价值引领作用。教育是终身学习的历程,由于人皆具有善于遗忘的天性,不能因大学生已经成年,就忽略道德教育对其产生的影响力。

大学教学伦理是进一步规范教师教学行为、实现教学价值引领功能的重要途径。大学教学伦理是教师在教学活动中处理教学目标、教学内容、教学方式、师生关系、同事关系等遵循的道德准则。在西方,多数大学将教学伦理作为教师专业伦理的内容写进《大学教师守则》(或者《大学教师手册》)中。但中国目前许多大学缺乏有关大学教学伦理的制度化表达。已有的大学教师手册主要以学校教学管理的规章制度为主,并未专门论述大学教学伦理。在教学实践和研究领域,对大学教学伦理的讨论也并不多见。原因之一是大学的行政结构和科层体制已对教师的教学工作有诸多限制,教师能发挥的空间并不多。在这种背景下,多数教育研究者和管理者认为再谈伦理信条无疑会给教师增加一层束缚。原因之二是已有的大学教学管理制度大多由政府机构或学校当局制定,学者专家和教师的参与度并不高,由于缺乏对大学传统和特色及大学教师权益的综合考量,教学文化认同感低,更难以形成制度化的教学伦理。因此,重建大学教学伦理既是对当前大学教学中存在的诸多问题和困境的回应,也是实现大学教学改革的突破口。

大众化背景下,大学教学质量提升问题受到越来越多的关注,学界对大学教学伦理问题也有研究。学者们基于教学的道德意义对教学伦理提出了多元要求,如大学教学应该确立人道主义与理性的伦理精神;大学教学应树立面向学生生命成长进而关爱生命、提升人性的伦理价值观,它要求大学教师在追求崇高的境界中引领学生走向卓越的心智生活,促进学生理智德性和伦理德性合一。韦伯关于大学教学伦理的核心德性是教授"理智的诚实",其主要职责是"培养学生自我负责的精神"受到学者的推崇。可见,大学教学伦理已被纳入大学教师专业化的论述之中,目前的探究方式主要以思辨研究为主,学者们关注教学活动中蕴含的伦理意义,以此为基础提出大学教学伦理的应然性追求,逐步丰富已有理论。在已有研究基础上,进一步厘清大学教学伦理的基本要求和价值取向,从偏重于规定性的思辨研究转向重视实践的实证研究,将是未来大学教学伦理研究的趋势。

二、专业胜任:大学教师教学的底线伦理

教学伦理是政府机关、学校或教师团体为维护受教育者的权益、保护受教者所明列的教师教学时应遵守的行为准则,是教育价值取向的深化和实现途径,属于教师专业伦理准则的重要内容。随着价值多元主义和大众对自由与个性的追崇,人们对专业伦理道德的限定多以专业底线伦理作为基本要求。底线伦理是指基本的道德义务,即某些基本

的不可逾越的行为界限或约束。在教师专业伦理中，底线伦理是与教学理想相对的，一般以道德指令和道德禁令的形式表达。如美国大学的教学伦理规范强调教学内容胜任力、教学法胜任力、处理敏感话题的能力、学生发展、与学生的双重关系、保密性、尊重同事、对学生的有效评估以及尊重学校。有关大学教学伦理的表述会影响教师的教学行为，当以否定词，如"拒绝""不允许""禁止"等表述来呈现大学教师教学行为时，比起"教师应该如何做"的肯定表述操作性更强。2011年12月，我国教育部颁布了《高等学校教师职业道德规范》，从爱岗守法、敬业爱生、教书育人、严谨治学、服务社会、为人师表六个方面做出了相应规定。2014年，教育部颁布《关于建立健全高校师德建设长效机制的意见》，再次强调高校师德建设的重要性和紧迫性，其中提出的"红七条"师德禁行中的"在教育教学活动中有违背党的路线方针政策的言行""影响正常教育教学工作的兼职兼薪行为"等属于大学教师的教学伦理的底线。2020年6月，国务院印发《关于进一步弘扬科学精神加强作风和学风建设的意见》，呼吁大学教师弘扬追求真理、严谨治学等科研精神，弘扬甘为人梯、奖掖后学的育人精神。

专业胜任是大学教学伦理的基本要求。鉴于大学生是大学学术共同体成员的事实，教师们被认为在教学中处理与学生的关系时候不仅要遵守专业伦理底线，还应具备某种程度的专业权威。大学教师的教学专业胜任体现在以下几个方面：一是以专业的精神从事教学，二是在专业领域内不断充实和提升自我，三是教师应秉持热诚的原则从事教学。如美国高等教育教学协会的"大学教学原则"指出："知识体系完整和胜任"原则——具备较高的专业知识水平，并确保其所教知识是前沿的、准确的、典型的，并与学生的整个学习计划相匹配；"教学技能胜任"原则——能向学生准确陈述教学目标，了解不同的教学方法和策略，并能根据自我反思选择合适的教学方法，帮助学生实现课程目标。我国台湾和香港地区部分大学在教师专业伦理守则中规定了教师教学与科研态度及行事原则：秉持至诚态度从事教学工作，遵循热忱原则；不断地要求自我与充实自我，遵循充实原则；秉持专业精神从事教学，遵循专业原则。我国教育部制定了《高等学校教师职业道德规范》，其中的"教书育人"对教师"专业胜任"的要求进行了详细说明：坚持育人为本、立德树人；遵循教育规律，实施素质教育；注重学思结合，知行合一；因材施教，不断提高教学质量；严慈相济，教学相长，诲人不倦；尊重学生个性，促进学生全面发展；不拒绝学生的合理要求；不得从事影响教育教学工作的兼职。可见，专业胜任作为大学教学的底线伦理，其核心要求是教学内容具有专业性与高深性，同时以负责的教学态度与胜任的教学能力作为支撑，以保证教学目标的顺利实现。

三、终极关怀：大学教学伦理的价值取向

合乎道德性是教学作为一项实践活动的必然要求。在大学教学伦理中，这种价值取向具有终极关怀的特点。价值指客体对于主体表现出来的有用性和正面意义，一般分为实用价值、规范价值和终极价值。在各种价值中，最低的是实用价值（即经济价值），它通

常作为工具价值服务于更高的价值而存在；最高的价值是终极价值，它是超越时空、超越世俗的最终目的和最高意义的价值诉求。人是具有有限性的动物，但人本能地拒绝"虚无"而追求具有绝对性和永恒性的事物，从而走向了终极关怀。终极关怀是对生命本源和死亡价值的探索构成的人生终极性思考，是人类对实践性的终极价值意义根据的追寻。正如雅斯贝尔斯所言，对终极价值和绝对真理的虔敬是一切教育的本质，教育的终极目的是关于人的生存和发展的终极意义的设定与追寻。大学教育的终极关怀体现在帮助学生实现对人类"终极真理""终极价值"和"终极意义"的追求之中。我国《大学》开篇指出"大学之道，在明明德、在亲民、在止于至善"；西方古希腊圣哲柏拉图创办学园，以追求真、善、美作为人生的理想。如果我们将"明明德、亲民、止于至善"和追求"真、善、美"做对照，可以发现其共同的意旨和追求。

（一）高深学问的真理性：大学教学伦理的知识论取向

在大学里追求真理是人们精神生活的基本要求。"真理"一般指在现实中存在一个与某种陈述相适应的事实，这个"真理"的概念只适用于对客观现实的陈述。在逻辑学和数学中，真理是符号系统内部的关系；在实践领域，人们通常把对于生命的用处或对生命的裨益视为真理的标准，它们包含形而上学的、宗教的或世界观的内容。世界著名大学的校训也无不体现了对真理目标的不懈追求，如英国牛津大学的"上帝赐予我们知识"，剑桥大学的"求知学习的理想之地"；美国耶鲁大学的"光明、真理"，哥伦比亚大学的"在上帝的启示下我们寻找知识"；澳大利亚国家大学的"重要的是弄清事物的本质"；我国清华大学的"自强不息，厚德载物"，台湾大学的"敦品励学，爱国爱人"等。

真理性标准意味着大学教师的教学应该以知识的正确性和有效性为前提。它要求教师具备系统的专业知识，了解学术前沿并将其融入教学过程；依据现代教学理念进行教学设计，教学目标具体明确，教学内容重点突出，教学方法符合课程与学生特点，教学评价科学多元等。比起中小学，大学教学更具有批判性和创造性，它更多地关注是否对学生的学习、态度、思想、行为等产生了实质性的、积极的和持久的影响。根据这种观念，西方大学教学一直坚持"博雅教育"的传统，一方面强调对学生心智、理性和思考的操练，以帮助学生形成自由、公平、冷静、温和与智慧的习惯；另一方面主张用一种相互关联的方式来对待知识，向着一种普遍的观念上升，而不是耗费在特殊的或外在的东西上。

大学教学的真理性标准是学术自由价值的根源。真理只有在争论和实验中才会显露，必须经过对不同解释和理论的检验才能成立。同理，唯有在自由与开放的原则下学术才能不断繁荣。大学教学需始终贯彻教学与研究相统一的原则，试图让学生构建学术性知识，并培养学生的批判性思维和独立学习与研究的能力以及一种不断追求学问的精神旨趣。真理性标准还意味着大学教学具有纯粹的理智特征，即体现"为真理而真理"的精神追求。大学教育具有保守性和超越性，其对纯粹智识追求所具有的"无用之大用"的长远眼光使得其在纷繁复杂的世界中仍然能保持自我；大学与社会即时性、功利性需要保持一定的距离，以期为师生提供一个在纷繁躁动的社会中潜心钻研学问的场所。大学教师期望通过教学培养学生在真理面前谦卑的态度、对智慧不懈的追求以及对人类精神生活的奉献精神。同其他目标如财富、权力、荣誉或生活的便利和舒适相比较，"为知识而知识""为学术而学术"本身就是目的，是足以安身立命或者足以为其自身而继续追求的目的。

(二)德性的卓越：大学教学伦理的道德向度

德性是指事物表现出来的优良品质，如优秀、卓越，是事物内在力量的美好实现。德性的养成是教育的重要目标。大学教师的教学内在性地表现出对道德向度的需要，源于大学教育对学生德性培养的需要。大学存在之原初目的并不在于以研究促进市场经济或国家政治目标的完成，而以学生心智与人格成长不仅是其起点，也是其最终目标。当代大学仍然需要保持并延续传统大学的理念，即通过强调道德和伦理，培养批评性和独立的态度，培养"有灵魂""有操守"的、始终代表全人类立场的知识分子或准知识分子。一方面，品德教育是大学不可或缺的教育目标与内涵，也是专业教学的重要内容。品德教育和教学通过强调该专业应具备的核心价值，并对专业中相关议题具有判断和反思能力，能有智慧地实践专业伦理守则与规范。另一方面，大学是倡导和传递美德的最佳场所，大学教师在教学中应体现卓越的精神追求。我们可以借用费希特有关学者的使命的表达——"学者就是人类的教养员，应当代表他的时代可能达到的道德发展的最高水平，以提高整个人类道德风尚"。在大学教学历史中，一些属于传统观念和社会文明所赖以维系的简单道德和基本态度需要重新确认并不断强调，如勇敢、正直、善良；大学还致力于倡导一种对终极价值和崇高德行的追崇，其中最重要的是对自由、正义、幸福等理想和价值的追求。

首先，自由是教育主体德性的最高追求，也是大学教学伦理的追求。自由一般指在社会关系中受到法律保障或得到认可的按照自己意志进行活动的权利。教育是为了保障获得并扩充个体和群体，乃至全人类的自由。人的价值有多固定，有多普遍与"基本"，有多"终极"，很难有确定性，但自由的目标本身就具有终极性，它保证我们在绝对价值中自由地选择。大学是人类教育的最高追求，它的存在是为了召唤更多的人去做最伟大的事业——为了个人或者更多的人更大的自由。为达此目的，大学本身需要自由来保障大学教师的教学自由和学生的学习自由，学术自由是大学的生命线。大学不仅要向大学生传授知识，获得研究事物的态度和思维方式，还要培养他们的批判精神和超越情怀，以使大学生对知识、态度和价值观持审慎态度以获得作为手段的自由，最终培养大学生自我负责的观念、有寻觅理想并为之奋斗的勇气和力量。当然，自由并不是唯一能够或者应该决定行为的价值。自由作为最高价值理想存在，也作为手段存在，它是实现其他具有终极价值，如正义、幸福、爱、创造、真理的必要手段，这些价值对我们来说也是同样重要的。

其次，正义是教育实践中社会性和关系性伦理的最高追求。正如真理是思想体系的首要价值一样，正义是社会制度的首要价值。正义是对政治、经济、法律、道德等领域的是非、善恶的一种道德认识和价值评价。教育是实践社会正义的途径，正义教育既是正义价值观念的教育，也是为了正义的教育。正义还可以作为一个基本价值准则被贯彻到教育实践中。鉴于"正义"没有单一的标准，我们对其采取多元立场。对"正义"内涵和古今中外"正义"理念的探讨，培养正义观和正义感，以及从当代议题与现实情境，从事正义思考的实践，是大学教学应有的伦理目标取向。正义取向还意味着大学教学的民主方式与课程方案都关注道德讨论，留意公平与否，关注权利义务等议题，并致力于将大学构建成为一个理想的、具有社群意识的社会。

再次，衡量和评价教学目的和手段的最高标准是受教育者及其所属共同体的福祉，即个体的利益或共同体的利益。从这个角度来看，幸福作为人生目的或终极追求，亦是教学伦理追求的价值目标之一。教学不仅以知识掌握和能力获得为重要指向，更以师生的幸福为根本旨趣。尤其是学生的幸福成长，既是学校教育的价值承担和价值使命，也是对学生生命成长的终极关怀。良好的大学教学不仅能产生有效的知识和能力教导的结果，更重要的是提升学习者的整体福祉。这关乎教学的伦理要求，也正是教学伦理重要性所在。大学教学的幸福价值取向意味着教学关注、给予并帮助学生实现的幸福，同时还意味着大学教师关注自我的教学幸福感。

四、大学教学伦理的实践进路

大学教学的伦理诉求实现需要把伦理原则和精神根植于制度设计中，它一般体现在教师伦理守则文本中。这些伦理守则能为教师思考专业实践中的伦理问题提供价值参照。然而，在真实的教学中，教学伦理问题是相当复杂的，这需要教师对已有的规则和规范进行伦理诉求的考量，做出符合道德性、规律性的改造，在外部规范和个人伦理信念之间、教学的有效性与伦理性之间、教学目的完善与教学手段合理之间寻找平衡。

（一）规范伦理与价值伦理的结合：大学教学伦理的文本表达

伦理学以规范和非规范的形式表现。非规范的形式，即价值伦理，研究的核心问题是"我们应该追求什么"；规范伦理的核心问题是"我们应该如何行动"。前者关注人的品质和价值，后者则关注人的行为。规范伦理是人们达到道德的较低要求层次，它强调道德的社会调控、约束功能和他律特征，常表现为"禁止"与"要求"；价值伦理则要弘扬人的至善禀赋，追求人的自我实现和卓越，它强调道德的主体性、自觉性及道德的激励功能和自律特征，常以"劝告"和"激励"的形式表现。教学是价值性和规范性的事业，其价值伦理是理想化的预设和期望，规范伦理则是教师的行为准则。

大学教学伦理是专业伦理的重要内容。专业伦理守则是专业领域人员表达其专业地位的渠道与方式，具有告知、建议、规范、提醒和鼓励专业人员做出符合专业道德规范的作用。它通常有三种表现形式：一是惩罚性守则，它详细叙述应遵守的规则，并对违规的人采取惩罚；二是教育性守则，它是对最基本的道德守则做解释性的说明；三是鼓励性守则，其目的是彰显崇高理想，鼓励成员遵循。惩罚性守则一般体现的是规范伦理，教育性和鼓励性守则体现的是价值伦理。尽管价值伦理和规范伦理有区别，但它们之间有着不可分割的相互联系、相互影响及相互作用的统一性。教学的规范伦理作为教学技术性与工具性的面向,只有在道德和价值考量的脉络中才有意义。因为缺乏技术或知识并不是现代大学教学最显著的缺失,价值规范与伦理缺失才是大学教学的症结。实现价值伦理与规范伦理的统一,才能达到真正有效的大学教育和教学。

许多大学将《教师伦理守则》作为规范大学教师教学、研究和服务等方面的行为依据,将"教学伦理"作为专门章节规定教师的教学义务、教学标准和要求以及基本教学原则。一方面,有对教师教学伦理的最低要求,包括遵守学校的教学规章制度、教学充分准备、教学方法多元、教学评价公正、启发学生思考、关注学生均衡发展等方面;另一方面,许多大学将融合大学核心价值的校训或者使命作为大学教师教学伦理价值取向的依据,以体现其独特的大学理念和精神追求。如哈佛大学的校训"真理",杜克大学的"知识和虔诚",柏林自由大学的"真理、公正、自由"等。《北京大学教师手册》开宗明义地提出"爱国、民主、进步、科学"的核心价值,并对教师的理想、能力、潜力和操守进行了规范与引导。我国有越来越多的大学结合自身的理念制定教师手册来体现大学教学的规范与理想,并将其作为构建其大学教学文化的重要途径,引导教师在教学活动中进行多方面的探索、沉淀、凝聚与升华。

(二)"有道德地教":大学教学伦理的实践路径

大学教师的教学伦理通过教师教学信念、教学目的、教学行为和教师人格的完整予以体现。以专业和敬业的态度和精神完成教师的职责,是大学教师教学伦理的基本要求。在此基础上,努力提升自己的专业知识和能力,追求卓越与美善的理想教学,是大学教学伦理应有的价值面向。

第一,教师要熟知自己的职责和义务,遵循学校有关教学的规章制度,这是保障学校整体教学秩序和教学权益的根本。大学追求教学自由,但教学自由是以教学责任为基础的。大学教师经常以所谓的"教育自由权"作为逃避和反思职业义务的理由,这在道德和法律上都是站不住脚的。因为教育自由的唯一理由是要帮助其履行自己的职业义务。了解职业义务的所有内容是明智地使用教育自由权的前提。大学教师教学伦理规范一般包括教学充分准备、教学遵守秩序、教学行为规范、教学方法多元、教学评价公正、师生关系适宜等方面。

第二,教师要有教学伦理,更重要的是教师作为一个人体现出来的伦理规范与伦理价值的榜样功能。教师的身教重于言教,透过道德榜样的教育,要比专注于道德原理与义务的教育来得有效。在教学过程中,教师的性格和人格对学生影响很大。教师教学中的特点,不仅映射出其个人品格,还是所有学习与研究历程的结果。好的教学要先从教师明"德",从教师的思想和观念建设出发,再实践于教学活动之中。大学应有一套良好的机制引导教师成为具有特定价值和美德的学者,并成为亦"经师"亦"人师"。这要求教师的性格和人格完整,能与教学的伦理价值取向一致;教师的言谈举止与传道授业的内容和方式,能让受教育者敬仰并形成自我激励的风范。例如,我们通常能在大学的理工科教师身上察觉其思维的缜密与形式的严谨,而人文学科的教师则更擅长以感人和有效的方式把人文关怀的敏感特质融入教学。

第三,教师需正面回应教学过程中的伦理问题,培养大学生在公、私领域中具有伦理核心价值及论证能力,并对这些价值有深度认知、思辨批判与行动反省的能力,借以促进自我卓越及公共领域品质的提升。大学教学是与道德有关的活动,需要较高程度的伦理敏感度与伦理态度。从教学的理想目标上看,大学教学不是要培养有知识而无德行的人,而是要培养能善用知识、分辨价值与是非善恶的人。大学教学价值取向是大学课堂教学标准的先导,在教学中,自由的、民主的、公平的、正当的、正义的与有德的事物和价值应被强调。为此,大学教学应从了解学生本真开始,教学过程中让每个学生接触到希望、梦想等个人的价值观与信念。在此基础上,大学教师结合系所专业、通识教育课程,将伦理和价值融入课程中,通过报告、教学设计、反思讨论,厘清伦理道德观念,建立正确的价值观,并让知识转化为情意,让学生体悟内化,促进学生人格健全的发展。

第四,教师的教学目的、教学内容、教学方式等应与教学伦理的价值导向一致。任何形式的教学(包括目的、内容、方式、手段和过程)都具有伦理价值,必须承担伦理责任。大学教师的教学设计和教学过程除了满足科学合理、全面有效的要求外,还必须遵循教学伦理的价值追求。在大学教学伦理中,真理、自由、正义、民主、幸福等既是价值追求,也是行为规范。教师要公平对待学习者,以合乎正义的方式,符合自由、良善与道德的要求,教导正确的知识和事物。即使教学的教材和内容不一定直接与伦理有关,任何教学的内容和方法都不能违背道德或规范。在教学过程中,教师必须采取民主的方式,了解并尊重学生的合理要求;善用权威的力量,以专业的方式处理教学中的各种问题,如平等对待学生、主导师生关系的互动、合理化解各种教学危机、公正评价学生等;大学教师还应教导学生反思课程内容,如果遇到伦理问题,应采取对话沟通的方式,让学生民主参与讨论,指导学生进行道德推理和论证,明确正确的价值观,解决纷争。真正的自由教育是要创造自由的空间,容许人在其中自由思考,学会分辨什么是好的和正当的价值,然后在生活中实践这些价值。

大学教学伦理并非只是一种管理教师教学行为的外在规范,其能提醒并推动教师对教学内容、教学关系、教学手段、教学目的等进行深度思考,以回应"何为真正的、有意义的大学教学"的问题。大学教师设计的教学活动,应合认知性、价值性、自愿性的基本要求,并以促进学生积极向上、向善作为原则,帮助学生实现真理探索和德性卓越的目的。在消极层面来说,教师的教学活动不能伤害学生、损害学生权益。在积极意义上,大学教学不仅要把学生带到"知识前沿",更为重要的是培养学生清晰的思维框架和批判性分析问题的能力。此外,大学教师需要铭记,为社会培养一批坚守科学精神和人文精神、具有强烈责任意识和道德担当的知识分子是大学不可推卸的责任。只有如此,大学方能为人类秩序提供一种真理、自由、正义、幸福等价值长存的终极文化理想。

(原载《高教发展与评估》2022 年第 4 期,第 93-102 页)

2023 年

人文学科的设计

谢尔顿·罗斯布莱特,著;刘　凤,都　宁,何　芳,译

写这篇文章的目的是设计当今大学人文学科的教授方法。传统人文学科一般包括文学学科、造型艺术、音乐、某些形式的文学艺术、哲学以及历史(取决于叙述和分析的风格)。神学或有组织的宗教也应包括进来,尤其是因为如今有这么多人要么是世俗的,要么在传统场所之外遵守信仰。宗教一直以来为人类行为提供指导。人类行为的主题、定义、现实以及对生活的影响,都是人文教育的基础。

标题中的"设计"一词有着微妙的含义。它指的是人文学科的目标或目的——就像目的论中的"设计"一样,它还指体现人文教育原则的实际课程。在我所生活的地方,在人文学科被描述为与毕业后的职场关系不大的今天,我会提出为什么我认为人文课程削弱了人文学科的优势以及在大学的地位。我打算先谈谈我对这些问题的看法,再提供本科生课程的例子。但我的观点并非原创,而是基于一些趋势和创新。最重要的是——我将不止一次地重复这一点——我不认为人文学科是独立于高等教育其他形式的知识和理解之外的。所有的人文学科的教授都有清晰的思维,能够进行批判性推理,进行逻辑分析,并提供理解人类经验的方法。然而重点是,知识是无缝衔接的。跨越学科界限是学术生活的常态。每一天,随着每一个事物的发现,科学和技术知识都会注入人文学科中,无论是否被明显夸大。反之亦然。我们的任务是认识并加强这些相互依赖的联系,从而更全面地理解这对人类意味着什么。我发现不同知识形式之间的分类学壁垒通过制度被人为地保护起来了。我主张回到"知识的统一性"这个概念上来。从这个角度看,人文学科并不需要"辩护"。

我还想特别声明,这篇文章有它的局限性。它是从美国大学和学院的角度写的。鉴于当今世界高等教育课程体系的多样性,这种方法不够完备。它可以提供信息,但无法为其他国家提供模板。然而,由于1945年后的美国学院和大学体系对其他国家产生了巨大的影响,无论多么片面,即使是狭隘的方法也能提供洞见。更何况,在今天的全球多元环境中,甚至很难比较"国家"制度。每个国家有不同的高等教育机构,是教学、研究、专业院校和职业院校的集大成。其中有不少与其他国家的高等教育机构相似,但是在美国,同类高等教育机构之间的差异性反而更大一些。即使是被指定的技术机构,也会教授似乎与其最初使命无关的科目。相对而言,讨论一个国家对人文教育的规定,一定可以促进对本土多样性的理解。

一、处于守势的人文学科

从 20 世纪到现在,人文学科(定义为特定学科)的倡导者一直处于守势。人文学科被别人也被自己视为二等公民,在劳动力市场上缺乏竞争力。科学和技术,特别是现在的计算机技术,重新安排了我们的生活空间,很大程度上改变了经济和劳动力市场,改善了人类的健康状况并使我们将注意力转向解决社会和经济问题。对人类认知能力的新的科学认识正在出现,远远超出了对于大脑是如何运作的常规认识。全球金融网络越来越关注赚钱,正如自古以来伦理学者所说,赚钱可能必要,但还不够。尽管人文学科一直在努力解释美好的生活不仅仅是获得财富,但生活的现实则更看重舒适、安逸和就业能力,这是可以理解的。国家学术团体发布报告,旨在向人文学科或通识教育的学生保证,这些学生拥有能帮助自己提升就业前景的特殊技能。这些技能包括沟通能力、坚持、自信、自我认知、同理心以及终身学习的乐趣。这些都很重要。它们为有意义的人生提供养分并产生影响,但人文教育和人文学科在其中的作用主要是与职业相关的技能,和熟练程度有关。其中缺失的,或者说被掩盖的,是那些特殊的生活品质,即在关于如何实现人文成果的讨论中所纳入的道德存在这一问题。

虽然人们很容易将人文学习的兴趣停滞不前归咎于媒体的庸俗(在我看来,这是有充分理由的),这是大众对娱乐的狂热或简单地说就是社会的冷漠,但这只是部分原因。人文学科内部的特定学术趋势也加剧了其整体权威的下降。一个趋势是用词变得笨拙。现在倾向于使用学术术语,而曾经注重优雅的表达,至少是可理解的白话文。另一个趋势是学术思潮从法国流向英国,尤其是雅克·德里达、米歇尔·福柯或雅克·拉康等思想家流派的学术思潮。尽管一些学者认为这些非正统的见解令人信服或发人深省,但它们本质上是对立的。它们有不同的名字,比如解构主义或后现代主义。作者被宣布"死亡",原因是其任何书面作品,或者确切地说,任何可见的作品都必须由他人进行诠释。而诠释如此不同,以至于无论是作者的"权威"还是对客观的假设都丧失了。读者或观众成为作者。18 世纪启蒙理想主义失败了,民主承诺失败了,随之而来的一系列近代悲惨事件所摧毁的个人权利失败了,克里斯托夫·塞伦扎则将这一思想流派归因于对上述这些失败的根深蒂固的仇视。批评者甚至采取了进一步行动。他们摒弃了现代唯心主义的概念,没有在人文研究中找到任何令人振奋的信息。他们认为,所有的"文本"都是为特殊的政治或文化利益服务的。后现代主义者非但根本没有赋予人文学科在推进人类希望方面的主流话语权,而且否认了这种可能性。塞伦扎本人对这种人文学科的理解感到遗憾。这不符合历史,也是被误导的。安东尼·格拉夫顿和丽莎·贾丁在细读早期现代人文主义作家的作品时,对他们的成就深感钦佩。然而,他们也指出,人文主义无法满足他们对自身提出的语言学标准的实际应用的高度期望,尤其是在灌输"美德"这一神奇用词的崇高原则和恰当行为方面。

塞伦扎并不完全同意那些指责被认为过于欧洲化或男性化知名作家占统治地位的

学者的观点。这种指控是几十年来一直在美国肆虐的"文化战争"的特色,因为美国总在讨论其历史的困境。但如果我们回到意大利文艺复兴时期,当时的学者们提出了许多与人文学科的价值有关的思想,我们会发现,他们以惊人的广度探索这些普遍问题的学习方法和促进作用。这种灵感最终使人们得以欣赏那些在一开始就被忽视的人文贡献,比如女性、少数民族或在他们生活的每个国家都被视为文学界异类的人。然而,必须指出的是,承认那些曾经被视为"伟大传统"(引用剑桥大学文学评论家 F. R. 利维斯的话)之外的人的贡献并不总是会出现。

历史记录了许多被忽视的天才的例子。关键在于,批判"伟大的传统"会危及对很多方面无与伦比优秀的传统的保护。熟悉它的人对它遭到否定感到沮丧。不幸的是,一种意识形态和政治基调也伴随着这些变化而来,即复兴的新马克思主义,艺术总被视为服务于特定的阶级或群体。人文学科的继承性信念已经消失,人们不再相信人文学科是高尚的、值得研究的学科,虽然它们从许多不同的方面阐明了人类的经验,不只是阶级、性别或宗教信仰,而是悲剧和喜剧以及介于二者之间的一切。从某种意义上说,人类所有的努力都有时限,但伟大的作品至高无上。

当今的时尚潮流实际上可以追溯到现代主义者对西方理性生活的体验初期,当时西格蒙德·弗洛伊德的精神分析理论对人们如何解读作家产生了影响。超现实主义探索了人类想象力容易产生什么样的幻想,卡尔·马克思的追随者削弱了人们对资本主义和市场经济的信心,意大利未来主义等思想流派从暴力或丑陋的事物中发现了价值。浪漫主义时期的诗人约翰·济慈在《希腊古瓮颂》(1819)中写道:"美就是真,真就是美,这就包括你们所知道和该知道的一切。"

但是,从 20 世纪初到现在,在人文中追求美并不被重视。总之,这不仅因为许多受过教育的人的兴趣不再以人文学科为中心,也因为人文学科追求的并非试图培养更广泛的公众受教育的兴趣,人们被晦涩的语言和深奥的观点所阻碍,特别是当这些观点侮辱了他们的动机和尊严的时候。

二、成为人的条件

从根本上说,人文学科是对人的本质的探究,反过来又要求我们探索人性的事实、人性可能的本质,以及最适合评估探索结果的教育形式。几百年来,除了学者和哲学家,还有历史学家和语言学家,都一直在讨论所谓的人性是否真的存在。由于心理学、神经生物学和人工智能等学科的加入,这些讨论变得更加深入,或者至少更加令人困惑。最早的推测往往符合道德,或者从宗教角度来说符合道德。男性和女性天生是善良的还是邪恶的? 他们是否既不善良,也不邪恶,而是生来就有适应能力? 他们能够通过历史或有意识地从野蛮进化到文明吗? 许多思想家对这种可能的轨迹发表了见解。对美国教育产生了明显影响的苏格兰启蒙运动知识分子对此展开了引人注目的讨论。结论是乐观的:通过经验和教育,人们可以提升自我,获得精神力量,从而达到理想的道德高度。

　　另外两个明确的引证是对人性简要总结的必要补充,因为它们更直接地引导我们更全面地了解人文学科是如何被教授的,也是可以被教授的。像亚里士多德等古代哲学家认为的那样,人性只有在更大的系统或机构中才能得到最全面的发展。在亚里士多德和他之后的许多人看来,人性与城市生活密不可分,人性与文明、礼仪、公民和城市等拉丁语词语息息相关。亚里士多德补充说,作为城市事件的积极参与者,人是最幸福、最有满足感的,但他说的是在他那个时代享有特权和自由的人。比如,奴隶和妇女不能称为公民。

　　无论如何,相信人需要他人的帮助才能达到平衡或完整也是经济决定论和人类学领域的基本假设。人的品质实际上是属于整个群体的社会素质和行为价值观。个人自由和思想独立的程度取决于家庭、部落、政体、国家、单一或多元价值观。约束一直存在。学会应对、塑造或改变约束取决于他人的反应。改变社会文化的手段可以是渐进的,也可以是暴力的。也许,改变根本就不是一种选择。萨尔瓦托·普莱达在一篇关于“论成为人”的缜密讨论中,提到了认为不可能改变的20世纪的思想家。他们只注意到人性中黑暗的一面。人类学家克劳德·莱维斯特劳斯只看到人类原始的一面,认为人类无法改善自身状况,因为人类是限制选择和行为的社会结构的产物,也是西格蒙德·弗洛伊德等心理学家认定的无意识的力量的产物。这些力量,如精神病和神经症,都是隐藏着的恐惧,干扰了理性的改善计划。莱维斯特劳斯等结构主义者或存在主义者受到了某些科学思维的影响。男性和女性并非脱离于其他生命形式的存在。他们与植物和动物一样,都由同样的宇宙空间的化学物质构成。所有生物的进化过程是相同的,人类也受这种进化规律的支配。人生最终是一场生存竞争。人文主义者无法说明除此之外人生还有别的什么意义。本质人性并不存在,只存在生存的条件。而生存竞争需要反抗一切形式的权威,即使这种反抗会导致混乱或死亡。仅仅为了生存也可能需要行动,而行动不需要有超越自我肯定的目标。未来主义者菲利波·托马索·马里内蒂也得出了类似结论,甚至为战争辩护,并大肆宣扬,或直接招致危险。

　　“现代性”的问题,用模糊但有用的语词来说,是揭露邪恶的道德理性的丧失。好与坏之间的区别已经消失,随之出现的是按照规则和准则共同生活的任何可能。人墨守成规,这种病态的揭露不讨人喜欢,但这种揭露也并非像20世纪许多思想家的著作那样对人性积极的一面或存在可定义的人性这些假设那么绝望、那么充满敌意。但也有先驱者警告我们,我们面临的麻烦。早期有些现代知识分子持悲观态度,就像托马斯·霍布斯一样,解释了人类自由为何是同类相食、自相残杀且无政府主义的。在他之前,马基雅维利研究了险恶的“国家理由”学说,该学说认为国家为了实现政治稳定使用武力和残忍手段是正当的。霍布斯式思想和破坏所有道德纽带的现代主义相结合,尤其令英国前首席拉比乔纳森·萨克斯勋爵等道德学家深感困扰。

　　在这方面,我们可以将古代作家与现代作家进行对比:古代作家充分意识到人类具有破坏性行为的倾向,他们经常描写恶行、政治障碍和容易被误导的种群。中世纪的基督教作家记录了统治者的杀戮和罪行。英雄往往是江湖郎中。但是,这样一个恶行列表往往有道德目的。18 世纪初,博林布鲁克子爵亨利·圣约翰曾说过,历史就是以身作则的哲学教学。揭露人类的愚蠢行为是改善社会的第一步。

尽管历史学家从不吝啬列举人类所犯下的罪行:20 世纪的全球战争,凶残的极权主义政权崛起,只因仇恨和统治就对无辜人民进行难以想象的屠杀,在战争中开始使用核武器,对气候变化以及环境污染的担忧都强化了那些认为人类不可能得到改善的人们的观点。这对于人文教育是一项艰巨并可能是首要的挑战,应该比职业准备受到更大关注。如果像许多作家所宣称的那样,人文学科处于"危机"之中,那是因为社会本身处于"危机"之中,人文主义者已经对他们提供鼓励和观点的能力失去了信心。

三、人文主义和个人主义

西格蒙德·弗洛伊德主要关注他视为个体的患者的心理状况。一些思想家试图将心理评估应用于整个群体或社会,甚至将马克思和弗洛伊德结合起来,探索技术对社会变革和大众文化特征的影响。这些结果虽然颇具煽动性,但并不总令人信服。尽管如此,对人类集体行为下结论的努力仍在继续,特别是涉及在自由团体或大众娱乐方面搞投票活动。

个人主义的一股主流思潮影响着人文学科的目的,这一思潮是历史性的,而非理论性的。它有各种各样的名字,最有名的名字是"自由个人主义",因为"开明"与"自由"有关。英国中世纪时期,"自由"是不受君主管辖的领土,如教会机构。从中世纪起源到现代的曲折发展过程中,"自由"一词仍然保留着地域或财产的意义,但这个词的含义扩大到了"天赋权利",即个人作为人所拥有的自由。在这个意义上,"天赋权利"成为美国宪法基础的主要条款。这些权利是"不可剥夺的",也就是说,它们永远不能被夺走,因为它们是每个人与生俱来的。

自由个人主义的政治目的是限制国家权力。但几乎同时,自由个人主义也具有经济特征,在英国经济学家的著作中尤其如此。自由个人主义被赋予了不同的名称。它有时被称为"占有式个人主义",以使其与资本主义或"自私的哲学思想"一致,专注于斗争和损人利己。经济学家们认为,经济人的主要特征是自私自利。个人是自身福利的最佳评判者,不应受到任何外部因素影响,从而行使天赋权利。但如果我追求对我最好的事物的权利与你追求对你最好的事物的权利相冲突怎么办? 如何避免冲突? 答案取决于一个悖论。冲突在短期内无法完全避免,但从长远来看,利益会以某种方式得到协调。虽然这种结果并不总是会出现,但毫无疑问,它激发了个人野心和进取心,尤其是在物质利益方面。在当今的美国和个人主动性被认为受到官僚干预阻碍的其他任何地方,这仍然是一个激烈争论的意识形态问题。

19 世纪初,法国游客亚历克西斯·德·托克维尔访问了刚成立不久的美国,他在一本著名的政治实地调查著作中指出,美国的个人主义、活力和自立精神令人钦佩。然而,如果任其自由发展,其后果是很少关心他人痛苦。一种自我满足的道德可能会变成对道德的责备,使得成功者指责不成功者缺乏野心和自尊。

在19世纪初的浪漫主义运动中,可以找到自由个人主义的极端版本。浪漫主义者认为社会的主要联系机构是一种障碍,不利于实现人本来的目的,在城市尤其如此,即亚里士多德眼中人类幸福的基本环境。当人类聚集在一起时,有创造力的人会发现自己不被赏识。因此,孤独或远离社会是避免生活在数字的限制下所产生的愚蠢影响的一种方式。但逃避绝不可能有用。无数小说的主角都是在成功被认为至关重要的正常世界里再也无法为自己找到一席之地的流浪者。19世纪中期雅克·奥芬巴赫的歌剧《霍夫曼故事集》取材于德国浪漫主义诗人恩斯特·特奥多尔·威廉·霍夫曼的故事,描绘了一位通过爱上想象或病态的女性来寻求灵感的诗人。他从未能够从现实的角度看待问题。格雷厄姆·格林在建筑师奎里的角色中创造了这样一个被疏远的弃儿,他发现自己身处一个非洲麻风病人聚居地,拼命地在生活中寻找有用的角色。"自我表达是一件艰难而自私的事情。它吞噬一切,甚至自我。最终你发现你甚至没有一个自我可以表达。"

四、两极分化

萨克斯勋爵认为,对自由个人主义的极端解读是当代社会最重要的社会病态。他和其他一些人对自由个人主义的后果提出了质疑。他们总结说,这并非健康事态,但这是人类被创造的方式吗?完整人性的实现真的受到神经或进化条件的制约吗?他们认为,科学和进化人类学并没有证明我们"天生"只追求个人福利,事实恰恰相反,人们"天生"倾向于分享和互相帮助,这是一种道德义务。我们需要彼此过上充实而负责任的生活。这一信息需要重申,因为现代男性和女性忽视了存在的"自然"事实,他们失去了道德陀螺,失去了更好的自我。

这些有争议的两极分化持续分离着美国的思想家、记者、政治家和关心阅读的公众。毫无疑问,类似的两极分化也可以在其他国家找到,只是方式可能不尽相同。在美国,他们在有关政府、市场和自由在人文中的作用的充满愤怒的政治辩论中找到了直接的发泄渠道。在最好的情况下,这些辩论指出了自立的积极方面;在最坏的情况下,这些辩论是对偏见的轻率而死板的断言。人文教育的捍卫者长期以来一直主张:人文学科不但应该而且必须深切关注人类的行为和决策。因此,如何教授人文学科就变得尤其重要。最大的问题与通识教育有关。人文学科课程是否真的能激发人们对他人的道德关怀?它们是通往更美好生活的途径吗?我们真的能衡量人文主义研究与生活和事业交织在一起的短期和长期后果吗?另一个更深层次也更普通的问题是人文教育的主张是否只是一种口头上的辩护?学术界成员采取的是一种可以理解的立场:比起向大学生灌输道德目标所需的教学法,人文教育更能促进特定形式的学术研究和随之而来的声誉。

然而,人文学科的教育用途还有一个必要的方面。自由个人主义遗产,尤其是浪漫的自由个人主义,导致了强调将自我实现作为人文主义教育的终点。学习人文学科就是学习生活中与个人有关的方面,个人如何独特,我如何特别(应该有适合我特殊需要的课程），以及用当代的语言来说，教育如何成为一种我们为自己购买的商品。然而，这样的目标不可轻视。就自我尊重是幸福的条件而言，将人文学科作为关注个体自我形成的学科体系的观点是有价值的。然而，尽管必要，但远远不够。要更全面地了解人类的各个方面，就不能把注意力只放在完全关注自己身上，还应关注生活在一个多元的、共同的和充满分歧的"态度"的更大世界中意味着什么。这是当前新人文主义者学派青睐的一个词，这意味着它不是一种哲学，而是一种实际的反应，强调在一个民族多样性和差异性极大的世界里如何应对生活的挑战。

五、大学的人文课程

前面的讨论旨在确定当今人文学科教学中的问题，是从作为人的意义的角度来考虑的。从我所提到的现代主义作家较为黑暗的角度来看，教授任何人文主义的东西都是没有意义的，因为基本的人性要么难以驾驭，要么根本就不存在。如果人文学科旨在实现人类最真实或最美好的潜能，那么这种努力是荒谬的。然而，从另一个角度来看，人文学科在教育我们创造有意义的、物质丰富的生活方面起着至关重要的作用。因此，下一步是再次提出人文教育的目的可能是什么，在许多说法中哪些说法与今天特别相关。考虑到几百年的争论和反驳，最后将概述人文教育的内容。

有关人文教育的目的，被讨论得太过频繁，以至于我们有很多选择：有些目的可能比其他更容易实现，有些目的虽然模糊但令人振奋，有些目的是针对个人的，还有很多是针对社会的。公民身份是古代共和社会所追求的目标，如今成为美国社会热烈讨论的话题。在文艺复兴时期的意大利，审美目标被理想化了，既要享受礼貌的谈话艺术的乐趣，同时也要感受人体的美感和愉悦。几百年后，这种情况又发生了转变，一种高雅文化的概念进入了人们的视野，维多利亚时代的诗人马修·阿诺德称其为"世界上最好的思想和言论"。19 世纪的德国学者将文化等同于一个时代或一个民族最优秀的知识和艺术作品。还有些人谈到回归对道德的理解，以修改甚至取代自由个人主义的自私自利哲学。在新人文主义时代，互相理解这一简单事实占据了优先地位。最近，由于人文学科在本科生教育中明显处于次要地位，加之对劳动力市场的需求，人文学科因其技能和娴熟而受到赞扬，受到赞扬的包括批判性阅读和口语技能、理解能力和团队合作能力、健全的决策能力等。简言之，今天对人文学科的守护取决于它们的职业效用。这些目标不容轻视。因为它们符合文明社会的需要，技术和解决问题能力是一种生存目标（健康、环境问题、住房、安全、家庭支持等），但这些目标远未达到古老传统所承载的与生活或公共服务相关的更崇高目标。人文学科目标更为高远，且取得的成果会更大。

但人文学科究竟是什么？我一开始提到了这些，现在将给出更全面的说明。从历史上看，至少从文艺复兴时期开始，语言学或文本阅读和理解是重要的学科。语言（尤其是古典语言）、绘画、创意艺术、历史、音乐和建筑的某些元素——任何涉及生活艺术和审美的东西——都属于广义的范畴。在 20 世纪以英语为母语的国家，曾经属于语言学范畴的东西更多地被称为文学批评。关于人文学科目的的很多争论都集中在文学教学上,直到最近,文学作品或历史作品才被理解为文学,并被称为"名著"或文学"经典"。设计一门名著课程曾经是文学导论课程的标准特征,但如今阅读书目已经增加到如此之多,以至于学生无法接触到哪怕是很小的一部分。但关键是要保持人类创造性作品中的理念,这些作品超越寻常成就,具有特殊的道德价值和智力价值。

在学院和大学里,本科课程通常分为四五个知识领域,但这只是为了分类上的便利,试图维持自由教育或更确切地说是通识教育的弱化原则,要求本科生对并不总是明确分离的学科都有些接触。哲学系教的逻辑学有时就是数学。历史通常被列为社会科学,诸如"交叉学科"或"跨学科"或"多学科"之类的词已经开始使用,以说明严格定义学科界限时带来的混乱。总而言之,我们如今正在经历一场知识爆炸,不再允许美国本科课程学科专业之间出现分离。

然而,学科专业化不可避免。知识被细分为独立的元素,以避免肤浅。专业是现代社会力量的基础,因为复杂性才是人类经验和自然本身的真理,而非简单性。贬低这一事实,就像那些谴责专业化而赞成某种"通识教育"概念的人所习惯的那样,是无济于事的。事实上,可以说推理的过程本身就不可避免地会涉及任何科目的细枝末节。因此,人文学科的另一个挑战是如何将具体知识与人文知识融合在一起,如何让专业知识服务于总体思维形式。

六、"巴洛克式"的思想

罗伯特·伯顿·克拉克等社会学家解释了各学科是如何在实践中横向进入相邻研究领域的。历史学是一个简单的例子,因为历史学家采用了所有学科的方法和洞察力,但文学批评也长期借鉴其他课程领域,如心理学、哲学、人类学和社会学。专业人士从多元方法中受益。临床社会福利从业者明白他们必须了解法律体系是如何运作的。他们需要穿梭于错综复杂的政府官僚机构中,熟悉家庭结构,警惕犯罪后果和警察的工作性质,或许最重要的是,他们要对所在社会的基本道德和行为价值有一定的了解。城市规划师需要从工程学、艺术史、设计、建筑、空间概念以及人们如何感知和使用空间中汲取经验,还需要对基础经济学有一定了解。

学习本科专业知识不是问题,但必须了解学科是如何相互渗透的。较新的趋势说明了人文主义学习优势是如何与其他学科相联系的、如何打破正在经历变革的组织模式。从教育的角度来看,我们可以称之为"好奇心"或是"性情的觉醒"。这种性情也可以称为"巴洛克",用来形容那些内在永远不完整但永不停歇、不断激发人们超越表面的东西,暗示有深度和复杂的艺术形式。在建筑史上,一座有着巴洛克风格外观的建筑令人焦躁不安甚至恐慌,与此形成鲜明对比的是,有着古典风格外观的建筑却让人感到自在、直截了当且舒适。同样的类比也适用于环形和开环,环形本身是完整的,而开环则暗示着距离与神秘,它们位于本应是圆环轮廓但被断开处之外。

19世纪德国学者提出了"智慧的统一"这一概念,即所有知识相统一。而今这种理想依然存在。正如古希腊人所说,狭隘的理解或奴性意味着人性未能得以实现。这正是人文学科的切入点,因为人文学科不只是保护学术界限的学科,而是解决问题和过有价值的生活这两大任务的合作伙伴。

七、背离人文学科传统分类法的尝试

虽然将本科课程划分为广义的分类范畴一直是美国本科课程结构的主要特征,但事实上与这种传统模式的背离显而易见,尽管本科生并不总是主体接受者。研究型大学的跨学科研究所或中心与院系并存,由同样的教员组成,有时提供课程、研究合作,有时由访问学者授课。虽然这些跨学科单位的资金来源不同,但它们的存在也是为了让具有共同专业兴趣的学者团结在不同的院系中。美国各地都为大学新生提供核心本科课程或必修课程,甚至有些课程以"名著"所宣扬的理想为特色。特别值得一提的是著名的马里兰州安那波利斯和新墨西哥州圣塔菲的圣约翰学院,在那里,本科生的教学在整个学位准备过程中都以研讨会的形式进行。所读名著包括哲学、文学、政治学、心理学、历史、宗教、经济学、数学、化学、物理、生物学、天文学、音乐、语言等领域的经典著作。

纽约哥伦比亚大学的哥伦比亚学院提供了被称为大学教育"基石"的核心课程。这门核心课程叫"当代文明",可以追溯到1919年,该课程关注的是受到20世纪第一次世界大战影响的战争与和平问题。1937年、1947年、1990年和2004年增加了额外的核心课程,都是小班或研讨会形式。核心课程的中心任务是"为所有学生提供关于文学、哲学、历史、音乐、艺术和科学领域的重要思想和成就的广泛视角"。除此以外呢?"核心课程磨炼出来的技能和习惯——细致观察、严密分析、有效论证、富有想象力的比较,以及对多种观点的尊重——为在当今复杂多变的世界中作为一个积极参与的公民的生活提供了严密的准备。"这些都是宏大而有价值的目标,但字里行间看不出来,可能在实际教学中没有缺失,是他人表达的道德关怀以及对"高级文化"的倡导,这也是一种主要继承。教授们经常会在核心课程的确切主题上产生尖锐的分歧。随着环境的变化,核心课程也会被重新思考。

另一个趋势是所谓的"大创意"课程,与哥伦比亚学院没什么不同,但以附加课程而不是以必修课程为特色。在加州大学伯克利分校,两三个来自完全不同领域的教师联合起来,为本科生提供某个主题的教学。这类主题的近期例子包括艺术与生态,结合了艺术实践、艺术史和地理;协同创新,结合了商业、戏剧、舞蹈和公共政策;魔法、宗教与科学,将中东语言、文化和历史结合在一起;理智与情感以及科学,结合物理学、心理学和哲学。和许多其他州立大学一样,马萨诸塞大学阿默斯特分校为有求知欲的学生设立了荣誉学院。该学院为本科生提供跨学科研讨会,主题是"创新思维者、开创性想法以及将这些想法转化为有效行动的策略"。这一主题的核心和其他所列课程被隆重地宣布为"改变世界的想法"。剑桥大学刚刚宣布了新的"荣誉学位"(剑桥大学本科学位项目的名称)。荣誉学位将建筑、工程和材料科学相结合,提出了理解当今一些紧迫的全球问题的新方法,包括社会和环境问题、贫困、气候变化。

八、理工科院校的人文教学

不同类型院校之间的界限已经成为普遍事实。虽然某些院校会保留基本的学术使命,工科大学仍将专注于工程学,但有趣的是,很多院校引入了与其最初最主要的使命无关的教学。例如,在给各大报纸编辑的信中读到当今较好的商学院不应被视为仅仅是"职业学校"而是拥有丰富的文科课程,这是令人振奋的。

瑞典斯德哥尔摩皇家理工学院设有科学技术史系。虽然这显然与工程院校的使命有关,但它很难成为主流。此外,一旦任何一门学科的历史被引入,这门学科本身就"接管"了,也就是说,无论在哪里讲授,它都会朝着学科内现有的方向发展。另一所著名的工科院校——伦敦帝国理工学院,目前还有医务人员的培训。自20世纪50年代以来,该学院一直通过布莱斯中心、学术英语中心、科学传播部以及语言、文化与传播中心等机构教授人文课程。"学院的文化和知识生活从小规模开始向学生提供不断丰富的各种服务。"

欧洲另一所杰出的工科院校——苏黎世联邦理工学院,设有人文、社会和政治科学系。还有一所高水平理工院校,是位于海法的以色列理工学院,它推广人文和艺术项目。其明确的目标是"不是提供丰富的知识,而是增加典型的工程师训练中所缺失的基本方面"。以色列理工学院的声明更大胆:"当代科学的本质……如果没有关于现代科学是如何在17世纪出现以及为什么会出现的相关背景,就无法很好地理解……如果不注意勒内·笛卡尔对身体(被视为延伸的事物)和心灵(被视为思考的事物)的区分,就无法完全理解目前的医疗机构及其训练方法中生理学和心理学之间的分歧。"

加州理工学院是南加州一所杰出的理工学院,也提供社会科学方面的指导。美国的另一所顶尖理工科大学,也是世界上排名最高的研究型大学之一——位于马萨诸塞州剑桥的麻省理工学院,提供"全球语言"课程,包括建筑学(可以跨越哲学、美学和伦理学之间的界限)、人类学(通常被认为是社会科学)、政治学、文学、音乐、戏剧、性别和妇女研究。还有一所美国重要的理工科院校是位于宾夕法尼亚州匹兹堡的卡内基梅隆大学,设有迪特里希人文和社会科学学院。该学院在其网站上被描述为一所不同寻常的文科学院,开设创意写作、神经科学、经济学等课程,旨在"调查和解决现实世界的问题"。

即使理工科院校只授予研究生学位,但至少从20世纪末开始,提供机会将技术培训置于更广泛背景下的原则似乎得到了巩固。这为人文学科提供了充分的可能性,当然,前提是人文学科教授也对这些可能性保持警惕,包括各种各样的数字专业。当今的文化环境中充斥着大量的消费者炒作,导致人们可能会对一些有前途的课程表持怀疑态度,但努力寻找系部专业的替代方案,即使只占据学生高等教育经历中的一两年时间,也是值得赞扬的。仅仅列出这些组合对于课程的内容并不具备充分的指导作用,但这是题外话。知识联系的原则正在得到承认。这些共享的教学创新带来了不可估量的意外收获，那就是教师得以在他们习惯的学术环境之外见面。

当然，我们不可能确切地知道，有多少学理工或医学专业的学生通过接触人文和艺术课程确实拓宽了专业知识。我们也永远不可能确切地知道，个人生活是如何通过将知识的各个方面联系起来并被灌输"巴洛克式"的思维方式而得以改变的。但如果一个目标有价值，就值得关注。正如莎士比亚笔下的丹麦王子哈姆雷特在另一个语境中所说："有备无患。"

九、再次完整

在《成为人类的艺术》和《作为生活技巧的人文学科》两本书中，两位作者用尽可能广泛的术语阐述了研究人文学科的积极案例。说到艺术、宗教和哲学时，他们写道："人文学科是人类对人性所做的一切累积记录。人文学科并不像过去教育家所说的那样与科学截然不同（因为二者都涉及理性的力量），但它们比科学总结了更多问题，甚至为我们提供了洞察过程的能力，而这些过程是除了心理学之外的科学通常没有时间去考虑的：比如创造力和直觉。"（考虑到学科边界的泄漏，这不是我的观点。）两位作者重申了有关人文学科最重要的主张，即人文学科满足了人类对完整性的需求。

在我看来，"人类对完整性的需求"确实是问题的关键，正如我在一篇关于"奥西里斯的四肢"的文章中所讨论的那样，是乞求重聚的自我和社会理解的脱节因素。我也可以把这称之为《以西结书》的主角，指的是希伯来先知，他曾预言离散的枯骨终有一天会结合在一起，使人恢复完整。然而，正如我一直建议的那样，尽管本科生不可能从每门学科中受益，一门学科能否在没有其他学科帮助的情况下实现这样的复兴是值得怀疑的。从本文的讨论中显然可以看出，虽然人文学科不是大创意课程中唯一的学科，但它们对大创意课程的成功至关重要。要让人文学科成为大创意课程的主要盟友，其倡导者必须克服 20 世纪所产生的无限的、悲观的负担。不应误以为了解人类经验的黑暗面毫无价值。相反，讨论人类历史的悲剧层面几乎是"唯一需要的"，这是人文学科极具启发性的研究领域。若想把握事物的主次，人们必须关注人类行为中令人不快的方面，并将其置于过去和现在尽可能广泛的背景中。虽然世界需要受过良好教育、具备解决具体问题和沟通技能的阶层，但也需要对人的潜力和成就有全面的看法，这样教育才能真正成为"生活的艺术"的关键环节。

几十年前，普林斯顿大学学者沃尔特·考夫曼在回应"人文学科的危机"时，解释了如何利用一套特定的宗教经文来提供人类经验的全面视角。在人文学科的历史上，宗教常常走在坎坷的道路上，因为文艺复兴时期的学者认为人文学科是"世俗的"而不是"神圣的"研究，这是对罗马天主教超凡脱俗的教义的回应。但正如考夫曼所证明的那样，宗教一直是人类经验的核心。任何关于宗教的讨论都会触及信仰证据、宗教仪式和宗教实践组织、对信仰群体福利的关注、对人类想象力的把握、宗教领袖及其与政治权威的冲突或合作的社会学、涉及自然现象的科学、形而上学理解的宇宙学问题、关于信仰的心理和情感伴随、将资产转移到宗教机构的经济后果。艺术和建筑亮相于宗教,因为许多宗教信仰的最伟大成就都是建筑和艺术方面的,其形式、美和规模至今吸引着数百万游客。

考夫曼认为,进入这个多层次的非凡世界的通道,是对宗教比较史中的主要文本进行研究,以及在这些文本中遇到的争论:希伯来和基督教经文、《法句经》(佛陀语录汇编)、《薄伽梵歌》《奥义书》印度教的《摩奴法典》和《梨俱吠陀》《论语》以及道家的《道德经》。除了这些文本之外,对所有文明的研究本身也允许对多神教或琐罗亚斯德教的历史进行探究。

大创意课程并不是什么新鲜事。40 多年前,莫蒂默・阿德勒提出了六个需要阐述的基本理念:真、善、美、自由、平等以及正义。其他科目也可以实现类似的目标,这些科目已经出现在大创意课程中,比如,技术带来的翻天覆地的持续影响。这些方法的好处可以概括为以下几点:首先,人文学科并没有失去其作为人类能力例证的地位,而是与其他学科联合起来实现知识统一的理想。其次,从比较的视角可以对人类的意义有具体和普遍的理解。每个具体例子都能为其他例子提供启示。再次,多学科有助于对整体进行解读,因此每门学科都需要捍卫自身的证据标准以及证据如何使用,并声明用个人和意识形态的观点进行探究是多么的简单和危险。因为这种诱惑总是存在于知识追求过程中,所以第四点是,协作教学允许每个教师帮助和纠正其他教师。我心目中的本科生"课程"取决于不同大学的教学结构,但我建议在让学生攻读所选专业之前,先进行为期一年的全日制本科学习体验。

十、结　　语

总之,是时候停止"捍卫"人文学科了,是时候停止抱怨"危机"了,是时候在阅读文学和艺术成就作品时限制学术术语和胡言乱语了,是时候回到解释推进知识的证明方法和逻辑了。是时候为学生提供心智资源,使他们能够独立判断和批判思维,帮助他们达到合理的自信状态,使他们相信受过训练的智能不会被世界的混乱所迷惑。无知一直是情绪稳定和社会稳定的敌人。然而,模棱两可仍然存在,疑虑也依然存在,但它们是生活的"正常"组成部分。我们所指的"人文学科"的学习主体肯定能够提供视角和平衡。最后,学生会认识到,富有成效的生活需要对健康的自我理解进行判断。这需要依靠知识。它们共同实现了与社会相关的总的自我意识,使他们成为人。

(本文为美国加利福尼亚大学伯克利分校 Sheldon Rothblatt 教授的英文演讲稿译文,经作者授权翻译并在本刊发表。该演讲稿最初由韩国延世大学教授 Hong SeokMin 翻译成韩语,收录于 2022 年出版的《作为通识教育的人文学科:教什么? 为何教? 如何教?》一书中。)

(原载《高教发展与评估》2023 年第 1 期,第 8-21 页)

论大学排名 20 条

汤建民

除了政府部门组织的教学评估和学科评估以外，近年来发布各类大学排名的机构越来越多，对高等教育的影响也越来越大。但是，无论是政府、高校、学生还是大众，对各种大学排名的褒贬却始终不一：支持者有之，反对者有之，称赞者有之，讥讽者有之，众说纷纭，见仁见智，有的甚至到了唇枪舌剑、互相攻击的程度。鉴于评价在现代人类社会活动中正发挥着越来越重要的作用，包括判断作用、预测作用、选择作用、导向作用、诊断作用、激励作用、合理配置资源的作用等，国家一直高度关注教育评价的导向问题。笔者认为，在普遍存在着这种认识模糊不清、观点摇摆不定、各方褒贬不一的情况下，有必要对大学排名的方方面面进行系统的梳理和反思，以期凝结出一些更清晰理性和能够得到高认同度的观点，作为认识排名、用好排名、改进排名的理论基础和相关决策的出发点。

笔者自 2006 年开始从事科学计量学研究，2012 年开始主持发布每年一次的中国民办本科院校科研竞争力评价，2017 年起比较系统和全面地开展了中国本科院校的综合竞争力评价、学科专业评价以及中国高职院校的综合竞争力评价等相关理论研究与排名实践，参加或独立主持发布了一系列大学排行榜。在近 10 年的大学排名学术研究历程中，整理了 20 条关于大学排名的认识，以供读者参考。在此需要特别一提的是，鉴于大学排名的复杂性，对大学排名的诸多讨论，大多是仁者见仁，智者见智，因此本文的疏漏或不妥之处肯定甚多，敬请各位读者批评指正。

一、认识大学排名

第 1 条：大学排名是一种特殊的认识活动

排名在本质上属于认识，它受认识制约而又从认识中得以发展。排名具有认识的一般特性，但它作为一种价值认识活动，又具有一般认识所不具有的特点，因此，排名是一种特殊的认识活动，包括"事实认识"和"价值认识"。

第 2 条：大学排名都存在着局限

每一个大学排名的制作，即使都经过了各种考虑、多方论证、精益求精，但最终体现出来的仍然只可能是一个经过多种取舍后的静态存在，是一种妥协的结果，是一家之言，它不可能完全覆盖和适应于各种各样、多姿多彩、各有千秋的大学的所有方面,它无一例外地存在着不少局限。比如,它很难解决排名数据的精确性与大学质量的模糊性之间的矛盾、核心教育产出难以用客观指标的精确数据表达的矛盾、大学排行榜指标的统一性与大学异质性之间的矛盾等。

第 3 条:学术论文类指标是大学排名中使用得最多的指标

大学排名主要是"量"的评价,基于大学排名中"可比性""数据可获得性""有利于可复制性研究"等评价指标体系的设计原则,决定了在大学排名指标中,无论中外,学术论文类指标都是使用得最多的指标,在全球性排名中,甚至是唯一被使用的指标。因此,在全球排名中靠前的大学,事实上主要是学术上排名靠前的大学。

第 4 条:大学排名无一例外地都和大学规模密切相关

在大多数情况下,规模越大,产出总量就越多,排名也就越靠前。因为,辛普森悖论(Simpson's Paradox)的存在,已经从本质上决定了使用均值类指标较多的排名一般也都不可靠。另外,有些刚刚开办的大学和有些开始败落、萎缩的大学的某些均值指标(如"生均面积"等)反而成为最优秀的,这显然也不合理。

第 5 条:大学排名总是利弊并存

大学排名很难十全十美,甚至是错误连连。既有正向作用,也有负面影响。既有公平的一面,也经常出现明显的不公平。鱼龙混杂是常见现象。实用主义态度也司空见惯。

第 6 条:大学排名往往对某些类型的大学更友好

目前大学排名指标设计中的常见缺陷,往往会对不同类型的大学产生不同的影响,即有些类型的学校更容易受益,而有些类型的学校却更容易吃亏。一般来说,有利于符合国际标准"尺子"的大学,不利于富有本国特色、地方特色及学科特色的大学;有利于重视科研的大学,不利于只重视教学的大学;有利于理工类大学,特别是以基础科学研究为主的大学,不利于人文社会科学类大学;有利于设立有附属医院的大学,不利于没有设立附属医院的大学;有利于早已成名的大学,不利于新兴起的大学;有利于历史长的大学,不利于创办历史不长的大学;有利于规模大、投入多的大学,不利于规模小、投入少的大学。

第 7 条:大学排名主要采用"雄鹰俯瞰"模式而非"青蛙凝视"模式

所有的评价,从模式上看,大致可划分为"鹰式评价"和"蛙式评价"。所谓"鹰式评价"是指评价所覆盖的对象多(往往成千上万),评价者距离评价对象现场远(一般不到现场),着重于识别评价对象中最大、最美、最亮的奇点特征而忽略一般,对评价深度和精度控制要求也不高(一般只控制在一个可以接受的范围内),其评价目的主要是为日常管理服务(如各单位每年一次组织的年度考核)。所谓"蛙式评价"则是指具有极强的针对性,被评对象的数量一般很少(经常就是一个),往往深入评价对象现场,对被评价对象做出全面、深入、准确的考察,评价结果对被评对象关系重大,其主要评价目的是为某种特殊的目的服务(如各单位组织的职称评审)。按这个框架分类的话,那么我们就可以发现,我们通常说的大学排名,一般属于"鹰式评价"模式。公开的大学排名覆盖的评价对象一般都很多,往往覆盖全国乃至全球,至少覆盖了某一地区或某一类型的大学。而教育部组织的本科教育教学评估等评价,则可划为"蛙式评价"模式。

第 8 条:大学排名的主要方法是多指标综合评价法

综合评价是一个对大学各类指标信息进行有序化综合进而得到一个排序性结果的过程,其背后几乎无一例外地隐含着大量来自评价指标体系、数据采集渠道、计算方法和特殊情况处理等的干扰因素。因此,从本质上说,看排行榜,主要是看其"评价指标体系"和"名次",而不是看"得分"。一般来说,不同排名机构之间的"得分"没有可比性;即使是对同一个评价机构的排行榜来说,不同年份之间的"得分"一般也同样不可直接相比。

第 9 条:大学排名的存在有其必然性

大学排名是一种监测和评价大学发展状况的特殊形式和方法,既已产生,它就还会继续存在。大学排名的本质属于评价,而发展评价科学正是人类追求的目标之一,也是人类社会发展进步过程中必然会产生的成果之一。战略科学家钱学森认为,现代科学按门类可以划分为自然科学、社会科学、数学科学、系统科学、思维科学、人体科学、军事科学、文艺理论和行为科学等九个学科门类,与这九门科学并列的还有一门,这就是评价科学。因为无论从现代社会发展的实际需要来看,还是与现有的九门科学相比来看,评价科学的出现和建立都势在必行,它的研究对象和科学功能是以往任何科学所不能取代的。由此推理,大学评价和大学排名的产生,有其天然存在的学术位置和源源不断的发展动力。

第 10 条:大学排名能够盛行是因为它满足了当前社会的某些需要

大学排名今天之所以被众人高度关注,并不是因为评价机构提供的排行榜有多科学、有多完美,而是因为其满足了社会的某种需要。大学排名盛行的现实根基主要是竞争的日益激烈和科学思维、量化思维的盛行。这里所指的"竞争"包括国际化和全球范围内的竞争、国内竞争甚至是同一个省市内的竞争,因此无论是高校、学生、政府还是公众都需要定位和竞争信息,比如,近年来越来越多的政府已经意识到高等教育部门作为软实力外交中介的重要性,而澳大利亚等国的高等教育产业则已逐渐成为其国家服务出口的支柱产业。科学化思维、量化思维越来越被需要因而也越来越盛行,从极为有限的数据、小数据到大数据,从数学和统计学知识的有限使用到广泛应用,人类的历史就是遵循这样的规律发展而来的。这两个方面,在本质上都是不可逆的,是不以人的意志为转移的,因此排名也是不可阻挡的。归根结底地说,你能抵制的只能是不合格的大学榜单,但无法阻击大学排名本身。

二、改进大学排名

第 11 条:大学排名需要进一步体现分类评价的原则

排名是极为复杂的一种评价活动,鉴于大学的多样性和复杂性,大学排名必须坚持以适当口径的类别划分为基础,遵循"同类才能相比"的基本原则,这样才可能做到客观、公正、合理地进行大学评价,也才能有利于正确地发现和揭示大学评价中所反映出来的问题,从而将大学排名的真正价值体现出来。显然,在科研竞争力的评价中,如果总将音乐、美术等艺术类大学和地质、矿业等理工类大学毫不区分地一同排序的话,那就总有一些荒谬之嫌。

第 12 条:增值评价是未来大学排名的重要改进方向之一

相比于传统的大学排名,倡导增值性评价的价值和意义主要在于以下几方面:一是它可以更全面、系统、理性、客观地判断各个被评价对象的真实发展态势,可以对被评价对象进行更为客观的观察,因此其评价结果也更能让人服气;二是它可以更好地起到警醒先进、鼓励后进的目的,真正达到以评促建、以评促改的评价初衷;三是它有利于"少比基础、多比进步"和"少比背景、多比努力"理念的落实,从而有利于教育生态朝着更健康和谐的方面改进。

第 13 条:未来的大学排名还需要进一步提高诊断服务功能

排名的根本目的是改进管理和服务,因此提高大学排名的诊断服务功能也是改进的重要方向。改进的方法:一是评价指标体系的构建要更加科学、合理,一般情况下既要包括规模类指标也要包括水平类指标,要尽量采用重要而又可靠的指标;二是排名机构要采集和建立更系统的、长时段的、可比较的评价数据库,以期能够努力实现前后两个时间状态的、多指标的变化监测;三是要实现对内部结构的深入数据挖掘,以期能够清晰地揭示各个被评价对象的优劣长短、各指标的起伏消长、各阶段的进步或退步。

第 14 条:大学排名要有利于引导大学美好目标的实现

排名如果不能反映时代对大学提出的需求,如果不能鼓励大学基本功能的实现,如果不能激励大学的创新,就会使大学的发展目标变得混乱而不是清晰,使大学的前进步伐减慢甚至倒退。因此,任何一种负责任的排名都必须体现出大学前进的方向,必须成为大学前进的动力,必须引导大学高尚目标的实现。

第 15 条:大学评价报告要保证内容和过程的完整性

完整的大学排名活动是由一系列要素和过程组成的完整系统。完整的大学排名应该是一条完整的信息链。一个好的大学评价报告应该同时包括评价对象和评价范围、评价的目的和意义、评价指标体系的设计原则、评价指标体系组成(指标权重及计算方法等)、各种数据的采集渠道、评价结果、对评价结果的解读(各种视角的横向和纵向比较)、对不足之处的说明等方面内容。评价报告中上述各项内容的完整性和内部信息匹配的一致性程度,是判断一个大学排行榜质量高低的主要标准。

三、用好大学排名

第 16 条:大学要正视大学排名的存在

大学排名固然存在各种缺陷或者是错误,但也不宜或者说无法全面否决。大学重视排名的价值,主要在于大学排名能为学校提供一个独立、客观、能与其他高校进行比较的观察视角,进而提高学校内部对绩效管理文化的接受程度。从现实角度看,如能获得高排名,则有利于学校的对外宣传,有利于更多外部资源和合作机遇的获得,有利于吸引更好的教师和学生加入,有利于学校领先地位的巩固,有利于师生员工自信心、自豪感的产生和加强。对一所大学来说,重视排名又不唯排名,决策时多重视“排名的原始数据”而不是主要凭“排名结果”,可能是比较合适的选择。

第 17 条:政府部门也要谨慎理性地对待大学排名

大学排名的存在,既有其学理基础和学术位置,也有其广泛的社会需要和现实利益诉求,还是国家目前“管办评分离”政策下的必然产物,因此“反对排名”不仅可能无效,还可能有损民主形象的树立。排名的各种缺陷和危害又时时处处明显存在,公众对其也褒贬不一,因此要政府部门“支持排名”和“参与排名”显然也不合适。鉴于大学排名的复杂性和利弊共存的特性,政府教育主管部门持“不反对、不支持、不参与”的态度也许是一种理性选择。

第 18 条:媒体要更加重视在大学排名传播中的责任担当

在大学排名的传播中,大众媒体无疑是最重要的主体之一。事实上,大家公认的世界上第一份大学排名,就是由《美国新闻和世界报道》杂志于 1983 年推出的“美国最好的大学”榜单。如果套用布迪厄的符号资本(symbolic capital)理论来看大学排名现象,我们就可以将大学排名视为一种高等教育场域中符号资本的生产和分配机制,大众媒体则被视为高等教育各利益相关者传播甚至制造大学排名的重要信息渠道。因此,媒体在大学排名传播中的责任担当不容轻视。具体来说,大众媒体,一是要充分重视评价信息披露的完整性问题,以尽可能避免后续环节中排名结果被滥用、误用等问题的发生;二是要有独立思考的精神,要重视证据意识;三要多掌握一些教育学、管理学、评价学等方面的相关知识,努力提高科学选择信息和科学评判信息的能力;四是要坚持实事求是的基本原则,减少选择性传播,既不故意拔高和美化对自己有利的排名结果,也不故意诋毁排名结果对自己不太有利但实际上是相对比较科学的大学排行榜。

第 19 条:理论派和实践派的交锋有利于排名的改进完善

一方面,理论派的研究成果可以为大学排名的实际操作提供理论基础、反思视角和改进动力;另一方面,大学排名的制作与发布也可为理论研究工作者不断检验、改进、丰富和完善理论提供鲜活素材。理论派又可区分为两大阵营:一是"基本持支持态度"阵营,认为大学排名尽管不完美但仍然需要;另一个则是"基本持否定态度"阵营,认为大学排名存在"导向不可取、学校不可比、标准不一致、指标不匹配、数据不可靠、方法不科学和明显的文化偏见"等缺陷,大学排名不严肃、不科学、不可信,最基本的理由则是"萝卜青菜不可比"。展望未来,各种意见并存仍将是常态,相互取长补短则是取胜之道。

第 20 条:大学排名的路阻且长

要做出一个好的大学排名,需要排名机构大量的投入和长期的坚持与积累。一个大学要获得一个高排名,也需要大学在科学的战略引领下进行长期的奋斗。一般的读者,常常会低估大学排名机构背后的付出和不断自我否定、自动纠正、主动创新的努力。很多大学管理者也常常低估自己所管理的大学在实现名次持续提升目标中的难度,低估奋斗进程中天然隐含着的你追我赶和曲曲折折以及目标背后所需要的时间和经费投入。比如,一项耗资数亿元的改革项目也常常无法保证排名立刻上升和持续上升。

(原载《高教发展与评估》2023 年第 2 期,第 1-6 页)

《高教发展与评估》
扉页格言集锦

2005（1）

教育要面向现代化，面向世界，面向未来。

——邓小平

2005（2）

教育学是使人们合乎伦理的一种艺术。它把人看做是自然的，它向他指出再生的道路，使他的原来天性转变为另一种天性，即精神的支柱，也就是使这种精神的东西成为他的习惯。

——〔德国〕黑格尔

2005（3）

把课堂还给学生，让课堂焕发生命活力；把班级还给学生，让班级充满成长气息；把创造还给教师，让教育充满智慧挑战；把精神发展的主动权还给师生，让学校充满勃勃生机。

——叶　澜

2005（4）

教育者，与其守成法，毋宁守自然；与其求划一，毋宁展个性。

——蔡元培

2005（5）

谁要领导好教学和教育过程，谁就要更精通教学和教育的科学、技巧和艺术。

——〔苏联〕苏霍姆林斯基

2005（6）

读书或学习，我们可以随心所欲，爱读什么就读什么，爱学什么就学什么，但这里的所谓"思考"，可就不是这回事了，它像在风中煽火一般，必须始终不断地煽动，才能维持火焰不熄，思考时，必须要对思考的对象发生"兴趣"，不断地刺激它，并且要持之久远不可懈怠。

——〔德国〕叔本华

2006（1）

人唯有凭借教育才能成为人。人决非人所创造的教育以外的产物。确切地说，人唯有凭借人，亦即唯有凭借同样受过教育的人才可能受教育。

——〔德国〕康　德

2006（2）

教师本身先要具备这种品质——能够领会和体验生活中和艺术中的美，才能在学生身上培养出这种品质。

——〔苏联〕赞科夫

2006(3)

人原则上是并且始终是需要教育的,因为人在整个一生中始终在向更新的阶段发展,而在这些阶段中又始终在产生新的学习任务。

——〔德国〕O. F. 博尔诺夫

2006(4)

教育的艺术是使学生喜欢你所教的东西。

——〔法国〕卢　梭

2006(5)

真正的教育就是智慧的训练。

——〔美国〕贝斯特

2006(6)

如果教育学希望从一切方面去教育人,那么就必须首先也从一切方面去了解人。

——〔俄国〕康·德·乌申斯基

2007(1)

知识的问题是一个科学问题,来不得半点的虚伪和骄傲,决定地需要的倒是其反面——诚实和谦逊的态度。

——毛泽东

2007(2)

导师应该记住,他的工作不是要把世上可以知道的东西全都教给学生,而在使得学生爱好知识,尊重知识;在使学生采用正当的方法去求知,去改进他自己。

——〔英国〕洛　克

2007(3)

在课堂教育时,应该促进学生从事有训练的探索;在进行指导时,应该促进学生学会做出个人的决定。

——〔美国〕斯普林塞尔

2007(4)

学问的要诀,在于活用,不能活用的学问,便等于无学。

——〔日本〕福泽谕吉

2007(5)

学生是有活力的,教育的目的在于激发和引导他们的自我发展。

——〔英国〕怀特海

2007(6)

教育是对于受教育者心理上所施加的一种确定的、有目的的和有系统的感化作用,以便在受教育者的心身上,养成教育者所希望的品质。

——〔苏联〕加里宁

2008（1）

教育是伟大的事业，人的命运决定于教育。

——〔俄国〕别林斯基

2008（2）

教育科学应当回答这样一个问题：怎样安排学校的教学，才能使学生获得比现在更高的智力发展水平？

——〔苏联〕赞可夫

2008（3）

人的遗传素质的发展，不论是在肯定的趋向上或者在否定的趋向上，都不是自然完成的，而主要是由教育的结果完成的。

——〔苏联〕凯洛夫

2008（4）

教育家的理想在于启发人的思考，野心家的梦想是要取代人的思考。正确的思维方法，就像荒夜里的一盏风灯。提着自己的风灯，照亮未知的旅途，这就叫做独立思考。

——李天命

2008（5）

人的教育就是人的觉醒。

——〔法国〕马利坦

2008（6）

教育者的一个规则就是：要把自己在广泛的意义上培养好，那时你就必然能成为一个真正的意义上的教育者；当你致力于教育别人时，不论是在教育活动的范围以内或在它的范围以外，同时要努力于自我教育。

——〔德国〕第斯多惠

2009（1）

教师应成为知识的传播者，榜样和典型人物。

——〔美国〕布鲁纳

2009（2）

教师是艺术家。……教学倘是真正创造性的、探究性的，那么，它就会达到艺术般的高度，给人以艺术般的魅力。

——〔日本〕斋藤喜博

2009（3）

对学校的领导首先是教育思想的领导，其次才是行政的领导。

——〔苏联〕苏霍姆林斯基

2009(4)

我们必须为年轻人建立动的观点,见解、习惯和态度,使他们在变动不居的世界上稳住自己的方向。

——〔美国〕克伯屈

2009(5)

人的全面发展同掌握高深的知识、同积极的社会活动和劳动活动、同任意选择职业的可能性联系着。

——〔苏联〕苏霍姆林斯基

2009(6)

我们要提出两条教育的戒律。一条,"不要教过多的学科",另一条,"凡是你所教的东西,要教得透彻"。

——〔英国〕罗　素

2010(1)

理想的通才,必有他自己的专业;只想学得一专长的,必不能具备有通识的希望。

——钱　穆

2010(2)

幸运会抬高小人,给他们伟大和高贵的样子,好像他们从高处俯瞰世界;但是真正高贵和坚定的人抬高着自己,在灾难和不幸的时候更加杰出。

——〔希腊〕普鲁塔克

2010(3)

教育科学应当回答这样一个问题:怎样安排学校的教学,才能使学生获得比现在更高的智力发展水平?

——〔苏联〕赞可夫

2010(4)

对学生的爱,首先应当表现在教师毫无保留地贡献出自己的精力、才能和知识,以便在对自己学生的教学和教育上,在他们的精神的成长上取得最好的成果。

——〔苏联〕赞可夫

2010(5)

通才教育的目的是在培养人类的优秀性,包括个人及公众(因为人是一种政治性动物);其确切目的是使人成为人,成为优秀的公民。

——〔美国〕赫钦斯

2010(6)

只有在学校充满生机蓬勃的多方面的精神生活的情况下,掌握知识才能变成一种吸引人的、使人愿意做的事情。

——〔苏联〕苏霍姆林斯基

2011(1)

英雄能够征服天下,不能征服自己;圣贤不想征服天下,而征服了自己。

——南怀瑾

2011(2)

没有也不可能有抽象的学生,每个孩子都是一个世界——完全特殊的、独一无二的世界。

——〔苏联〕苏霍姆林斯基

2011(3)

才者,德之资也;德者,才之帅也。

——司马光

2011(4)

人啊!把你的生活限制在你之所能之内,你就不会再痛苦了。紧紧地占据着大自然在万物的秩序中给你安排的位置,没有任何力量能够使你脱离那个位置;不要反抗那严格的必然的法则……你天生的体力有多大,你才能享受多大的自由和权力,不要超过这个限度;其他一切全都是奴役、幻想和虚名。

——〔法国〕卢 梭

2011(5)

一个胸怀虚心、耐心、爱心的读书人,即使拥有令人羡慕的财富,也不会有令人反感的铜臭;即使拥有令人向往的政治权力,也不会变成令人讨厌的官僚;即使拥有令人尊敬的学术成就,也不会有令人失望的自负。让大家抖落一身庸俗,做一个快乐的读书人吧。

——高希均

2011(6)

死亡是我们共同的终点。没有人逃得过。这是注定的,因为死亡很可能就是生命中最棒的发明,是生命交替的媒介,送走老人们,给新生代开出道路。现在你们的新生代,但是不久的将来,你们也会变老,被送出人生的舞台。……但是这是真的。你们的时间有限,所以不要浪费时间活在别人的生活里。不要被教条所局限——盲从教条就是活在别人思考的结果里。不要让别人的意见淹没了你内在的心声。最重要的是,拥有追随自己内心与直觉的勇气,你的内心与直觉多少已经知道你真正想要成为什么样的人……

——〔美国〕史蒂夫·乔布斯

2012(1)

尽管一切思维的结果都归结为知识,但知识的价值最终还是服从它在思维中的应用。因为我们并不生活在一个固定不变的和完结了的世界,而是生活在一个向前发展中的世界,在这个世界上,我们的主要任务是展望未来,而回顾过去——一切知识和思想不同,它是回顾过去的——它的价值在于使我们可靠地、安全地和有成效地去应付未来。

——〔美国〕杜 威

2012(2)

如果你点燃了真理的烛光,追求真理的人们就能够发现你。

——〔美国〕马克·史库森

2012(3)

大抵观书须先熟读,使其言皆若出于吾之口;继以精思,使其意皆若出于吾之心;然后可以有得也。

——朱　熹

2012(4)

落红不是无情物,化作春泥更护花。

——龚自珍

2012(5)

一切主义,一切常理,都该研究。但只可认作一些假设的(特征的)见解,不可认作天经地义的信条,只可认作参考印证的材料,不可奉为金科玉律的宗教;只可用作启发心思的工具,切不可用作蒙蔽聪明,停止思想的绝对真理。

——胡　适

2012(6)

知识的戒律仍然高于意志的戒律;因为它是对人类理性、信念和理解力的戒律;而这些都是心灵的最高级部分,并且赋予意志本身以法令。除了知识和学问外,没有任何东西能在人的灵魂和精神中,在他们的认识、想象、观点和信仰中,建立起至高无上的王位统治。

——〔英国〕培　根

2013(1)

真正的光明决不是永没有黑暗的时间,只是永不被黑暗所掩蔽罢了。真正的英雄决不是永没有卑下的情操,只是永不被卑下的情操所屈服罢了。所以在你要战胜外来的敌人之前,先得战胜你内在的敌人;你不必害怕沉沦堕落,只消你能不断的自拔与更新。

——傅　雷

2013(2)

在我眼中,未来跟明天是两回事,天命和命运是不同的。明天只是新的一天,而未来是自己在一生各种偶然性中不断选择的结果。追求自我,努力改善自己是一股正面的驱动力,当你把思维、想象和行动谱成乐章,在科技、人文、商业无限机会中实践自我;知识、责任感和目标融汇成智慧,天命不一定是命运的蓝图。你成功追求自我,前途光明远大,你下一阶段的追求是什么? 我们活着又是为了什么? 世界上千千万万的人,今天依然活在悲惨、孤寂、贫病的绝望之谷,承担社会的责任,是不是我们的义务? ……有能力的人,要为人类谋幸福,这是任务。

——李嘉诚

2013(3)

批评必须把自己设想成为提升生命,本质上反对一切形式的暴政、宰制、虐待;批评的社会目标是为了促进人类自由而产生的非强制性的知识。

——〔美国〕萨义德

2013(4)

我惟一的害怕,是你们已经不相信了——不相信规则能战胜潜规则,不相信学场有别于官场,不相信学术不等于权术,不相信风骨远胜于媚骨。你们或许不相信了,因为追求级别的越来越多,追求真理的越来越少;讲待遇的越来越多,讲理想的越来越少;大官越来越多,大师越来越少。因此,在你们走向社会之际,我想说的只是,请看护好你曾经的激情和理想。在这个怀疑的时代,我们依然需要信仰。……马克思曾慨叹,法兰西不缺少有智慧的人但缺少有骨气的人。今天的中国,同样不缺少有智慧的人但缺少有信仰的人。也正因此,中文系给我们的教育,才格外珍贵。从母校的教诲出发,二十多年社会生活给的我最大启示是:当许多同龄人都陷于时代的车轮下,那些能幸免的人,不仅因为坚强,更因为信仰。不用害怕圆滑的人说你不够成熟,不用在意聪明的人说你不够明智,不要照原样接受别人推荐给你的生活,选择坚守、选择理想、选择倾听内心的呼唤,才能拥有最饱满的人生。

——卢新宁

2013(5)

如果说知识在疯癫中占有重要位置,那么其原因不在于疯癫能够控制知识的奥秘;相反,疯癫是对某种杂乱无用的学问的惩罚。如果说疯癫是知识的真理,那么其原因在于知识是荒谬的,知识不去致力于经验这本大书,而是陷于旧纸堆和无益争论的迷津中。正是由于虚假的学问太多了,学问才变成了疯癫。

——〔法国〕米歇尔·福柯

2013(6)

假如美德需要通过荣誉来体现,那它就是轻浮空虚和没有意义的东西。命运在让人得到荣誉的事情上真是太轻率了。我经常看到命运让人无功受禄,往往给一个人的荣誉要大大超过他的实际功绩。第一个将荣誉比作阴影的人也许只是随口说说,他并未认识到这句话所达到的深度;荣誉和阴影同样空虚;荣誉也像人的影子那样,有时走到了身体的前面,有时则要比身体长好多。

——〔法国〕蒙 田

2014(1)

学于圣人,斯为贤人。学于贤人,斯为君子。学于众人,斯为圣人。

——章学诚

2014(2)

在我看来,追求真理和追求自由,是大学永远不变的精神依托,在这一点上,大学可以为自己的保守而骄傲;大学所需要变革的是革除阻碍或异化了大学精神的观念和体制。也可以说，大学在不变中求变，又在变革中维护自己不变的神圣理想。

——张楚廷

2014（3）

道德常常能弥补智慧的缺陷，然而，智慧却永远填补不了道德的空白。

——佚　名

2014（4）

现实世界是有界限的，而想象世界无边无界；既然我们无法扩展现实世界，就让我们限制想象世界吧；因为实际上使我们痛苦的灾难产生于现实世界与想象世界之间的距离。

——〔法国〕卢　梭

2014（5）

纸上得来终觉浅，绝知此事要躬行。

——陆　游

2014（6）

学者的工作就是通过向大众提示存在于现象中的事实来鼓舞大众、教育大众、引导大众。

——〔美国〕爱默生

2015（1）

一个国家的繁荣，不取决于它的国库之殷实，不取决于它的城堡之坚固，也不取决于它的公共设施之华丽；而取决于它的公民的文明素养，即在于人们所受的教育、人们的远见卓识和品格的高下。

——〔德国〕马丁·路德

2015（2）

每一个个体正是通过自身的独特性和唯一性来对彼此进行区分。正是这两个特性，将每个人生存的意义同创造性的工作和人性之爱联系起来。当一个人意识到他是无可取代之时，他就会意识到自己身处于世所背负着的责任，他就会将这份责任发扬光大。当一个人意识到了他需要承受来自他人温情，当一个人意识到了他需要完成未竟的事业，他就永远不会放弃自己的生命。因为他已经知道了自己生存的意义，所以他能坦然面对前方的任何挑战。

——〔奥地利〕维克多·弗兰克

2015（3）

不要忽视历史，不管是普通历史还是你所在学科的历史。在不了解本学科的那些伟大人物不知道学科发展历史的情况下，是无法想象你能够获得本学科领域的知识的。没有一种重要的科学真理是一种纯粹的事实，每一种科学真理都曾是某个时期人们的经验，而正是这一点使它具有了文化的价值。只满足于知道结果的人，就像一位把剪下的花朵拿来种植的园丁。

——〔德国〕哈纳克

2015(4)

世界上只有一种英雄主义,就是看清生活的真相之后依然热爱生活。

——〔法国〕罗曼·罗兰

2015(5)

不以物喜,不以己悲。居庙堂之高则忧其民,处江湖之远则忧其君。

——范仲淹

2015(6)

大胆假设,小心求证。

——胡 适

2016(1)

理论教育是在多种多样有兴趣的规定和对象上发展起来的,它不仅在于获得各种各样的观念和知识,而且在于使思想灵活敏捷,能从一个观念过渡到另一个观念,以及把握复杂的和普遍的关系等等。

——〔德国〕黑格尔

2016(2)

知识的戒律仍然高于意志的戒律:因为它是对人类理性、信念和理解力的戒律;而这些都是心灵的最高级部分,并且赋予意志本身以法令。除了知识和学问外,没有任何东西能在人的灵魂和精神中,在他们的认知、想象、观点和信仰中,建立起至高无上的王位统治。

——〔英国〕培 根

2016(3)

在教师与学科的关系上,教师不是学科知识的简单传递者,而是学科知识的重要激活者;不是学科技能的机械训练者,而是学科育人价值的开发者。教师的智慧就在于把学科知识激活,让学科内在的生命能量呈现出来。学科知识是充满生命能量的,须回到它创生时的原始状态,知识创生过程中的经历、曲折和智慧,都是有生命的,是活的。

——叶 澜

2016(4)

君子曰:大德不官,大道不器,大信不约,大时不齐。察于此四者,可以有志于学矣。三王之祭川也,皆先河而后海,或源也,或委也,此之谓务本。

——《学记》

2016(5)

何谓身?心之形体运用之谓也。何谓心?身之灵明主宰之谓也。何谓修身?为善而去恶之谓也。吾身自能为善而去恶乎?必其灵明主宰者欲为善而去恶,然后其形体运用者始能为善而去恶也。故欲修其身者,必在于先正其心也。

——王守仁

2016(6)

我确信——一切教育都是通过个人参与人类的社会意识而进行的。这个过程几乎是在出生时就在无意中开始了。于是,它不断地发展个人的各种能力,熏染他的意识,形成他的习惯,陶冶他的思想,并且激发他的感情和情绪。通过这种无意识的教育,个人逐渐地分享着人类共同积累下来的智慧和道德的财富。

——〔美国〕杜 威

2017(1)

记忆是一回事,认知是另一回事。去记忆就是去保护闯入我们记忆的某种东西;相反,去认知实际上是让每一东西都成为你自己的,而不是依赖原初的东西,也不是不断地看着大师们是怎样说的。

——〔古罗马〕塞内卡

2017(2)

信仰是人心中最高的情感。也许,在每一世代中,有许多人都没有达到它,但是,却没有一个人超越它。

——〔丹麦〕索伦·克尔凯郭尔

2017(3)

自然也追求对立的东西,它是从对立的东西产生和谐,而不是从相同的东西产生和谐。

——〔古希腊〕赫拉克利特

2017(4)

热闹是他们的,我什么也不多想。我做研究的心得就是,眼睛看到的前方应该是空旷的。如果你眼睛看到的前方是热闹的,那这个方向就不是最好的研究方向。科学家是最不能跟风、追求时尚的,科学家一定是追求原则性和原创性的……

——李飞飞

2017(5)

在科学中,就像在生活中一样,学问和知识是两码事。后者的源泉就在于研究事物,而不是研究书本。

——〔英国〕赫胥黎

2017(6)

半亩方塘一鉴开,天光云影共徘徊。问渠那得清如许?为有源头活水来。

——朱 熹

2018(1)

权威,即事实,指的是已经发生,或者已经讲到,或者已经被决定下来的事情,所以具有极大的价值;但是只有陈腐的学究才要求凡事都离不开权威。

——〔德国〕歌 德

2018（2）

德国的教育学首先要求人的教育，然后才是公民的和民族成员的教育：首先是人，然后才是德国公民和职业上的同行，而不是反之。必须为任何未来的专业奠定共同的基础。

——〔德国〕第斯多惠

2018（3）

通常我们不会察觉自己所知甚少。因为了解不足挂齿的一点知识，人们就觉得自己像专家一样。一旦自我感觉像个专家，举手投足也就都添了专家风范。但事实证明，坐在我们对面高谈阔论的人所知也相当有限。所以，比起他们，我们也算是专家了，这也增强了自我的专业感。

——〔美国〕史蒂文·斯洛曼

2018（4）

学生们一代接着一代，如同海浪一浪接着一浪冲向陆地。有时候是静止着，有时候则带着暴风雨的怒吼。不论我们认为人的历史是单调的或是狂暴的，有两个事物总是新的，这就是青春和对知识的追求，这也正是一个大学所关心的。我们学校的年龄已经可以用世纪来计算，但只要她热切的追求这两件事物，她就永远不会衰老。随着时代的变迁，为达到目的使用的方法可能改变，但目的本身是永远不变的。

——〔美国〕洛厄尔

2018（5）

人被宣称为应当是不断探究他自身的存在物——一个在他生存的每时每刻都必须查问和审视他的生存状况的存在物。人类生活的真正价值，恰恰就存在于这种审视中，存在于这种对人类生活的批判态度之中。

——〔德国〕恩斯特·卡西尔

2018（6）

如果没有更高的价值观来指导我们的行动，我们就只能把效率当作目的来追求。因为没有任何东西可称作是真或是假，是好还是坏，我们的原则就变成了显耀我们自己如何最有效率或最有力量。那么，世界就不再是分为正义的和非正义的，而是分为主子和奴隶。

——〔法国〕加　缪

2019（1）

从本质上说，我的立场是：人是想要或拒绝改变的。我不能否认或者隐藏我的态度，但是我也不能否认他人拒绝的权利。出于对学生应有的尊重，我不明白为什么我应该通过宣布保持中立来忽略或者隐藏我的政治立场，而这种中立是不存在的。相反，作为老师，我的职责是赞成学生拥有比较、选择、决裂和决定的权利。

——〔巴西〕保罗·弗莱雷

2019(2)

批判的武器当然不能代替武器的批判,物质力量只能用物质力量来摧毁;但是理论一经掌握群众,也会变成物质力量。理论只要说服人,就能掌握群众;而理论只要彻底,就能说服人。所谓彻底,就是抓住事物的根本。但人的根本就是人本身。

——〔德国〕卡尔·马克思

2019(3)

无为的观念几乎无法加以阐明和解释;它只能被人感觉到。它不完全是没有行动;它是道德行为的一种规则,是关于积极的耐心、忍耐、坚持,让自然有时间去做它自己的事情的一种学说。

——〔美国〕约翰·杜威

2019(4)

如果你拥有科学梦,那么一定要独立地去研究,而不只是完成老师交给的任务。你应该自己去探索,去图书馆读书,设计实验,检验你的创造性,独立地做事情。

——〔美国〕兰迪·谢克曼

(2013 年获得诺贝尔生理学或医学奖)

2019(5)

意见就像一个钟摆并遵循着同样的规律。如果它摆过引力的中心而到一边,它必须在另一边也走过同样的距离。只有经过一定时候,它才可能找到它可以静止不动的真正地点。

——〔德国〕叔本华

2019(6)

科学的基本规则——真实和客观,本质上是一个道德原则,它反对任何形式的自利。客观的先决条件是正直、能力和谦虚。

——〔美国〕弗兰克·H. 奈

2020(1)

人只不过是一根苇草,是自然界最脆弱的东西;但他是一根能思想的苇草。用不着整个宇宙都拿起武器才能毁灭他;一口气、一滴水就足以致他死命了。然而,纵使宇宙毁灭了他,人却依然要比致他于死命的东西高贵得多;因为他知道自己要死亡,以及宇宙对他所具有的优势,而宇宙对此却是一无所知。因而我们全部的尊严就在于思想。正是由于它而不是由于我们所无法填充的空间和时间,我们才必须使自己变得崇高。因此,我们要充分地思考;这就是道德的原则。

——〔法国〕帕斯卡尔

2020(2)

人生不是一支短短的蜡烛,而是一支暂时由我们拿着的火炬。我们一定要把它燃得十分光明灿烂,然后交给下一代的人们。

——〔英国〕萧伯纳

2020(3)

真理的全部和善的全部是不会向任何个别的观察者显露的,虽然每一个观察者从他所处的特定位置可以得到一种洞见上的部分的优先性。这些,足以告诉我们每一个人应把握住他自身的机会,造就其自身的福祉的最大限度,而不要用心于管理其他广大的领域。

——〔美国〕威廉·詹姆斯

2020(4)

罕有人用心研习逻辑,因为每一个人都自认为已经完全熟悉地掌握了推理的艺术。但是,我发现这种满足仅仅局限于人们各自的推论的范围之内,并未拓展到他人的范围。我们必须全面掌握我们的推论能力,即我们所有能力中最高级的东西。因为它与其说是自然的赐予,不如说是一门长期的和艰难的艺术。

——〔美国〕皮尔士

2020(5)

存在着一个人所共有的心灵。每一个人都是朝着它的一条通途。一旦被纳入理性的范围,他就成为拥有全部财富的自由人。柏拉图曾经思想过的,他也可以思想;圣人曾经感受过的,他也可以感受;那无论何时降临无论何人的,他都可以理解。能与这一普遍心灵相通的人便能够联络所有活动以及所有可能的活动,因为这是唯一的、至高无上的起因。

——〔美国〕爱默生

2020(6)

所谓士者,虽不能尽道术,必有所由焉;虽不能尽善尽美,必有所处焉。是故知不务多,而务审其所知,行不务多,而务审其所由,言不务多,而务审其所谓。知既知之,行既由之,言既顺之,若性命肌肤之不可易也。富贵不足以益,贫贱不足以损。若此,则可谓士矣。

——孔 子

2021(1)

洞见或透视深藏于深处的棘手问题是艰难的,因为如果只是把握这一棘手问题的表层,它就会维持原状,仍然得不到解决。因此,必须把它"连根拔起",使它彻底地暴露出来;这就要求我们开始以一种新的方法来思考。

——〔奥地利〕路德维希·维特根斯坦

2021(2)

正如没有人能把自己所没有的东西给予别人一样,谁要是自己还没有发展、培养和教育好,他就不能发展、培养和教育别人。他自己受了多大程度的教育和教养,在多大程度上使这种教育和教养成为他自己的财富,他就只能在这样大和这样多的程度上对别人发生培养和教育的影响,而且必然会发生这种影响。只有当他自己致力于自己的教育和教养时,他才能实在地培养和教育别人。一个真正的教育者,根据他自己和别人的宝贵经验,他知道,通过你是什么样的人要比通过你知道什么,可以获得更大的成效。

——〔德国〕第斯多惠

2021(3)

对一个已经受过教育的人来说,他不仅拥有成长的力量,而且还具有塑造、形成或指导这种成长的能力。人的形式来自人的潜能的实现。形式的潜能是天赋的,但为了实现这些形式,在训练中进行斗争是必需的。当个人发现某些被人们认为是普遍的行为态度和方式,并且把它们吸收到他的人格中去时,自我指道也就完成了。当个人实现了一般特征或普遍特征时,他就成为一个人了。当一个人成为人,成为一个理智美德的实践者,真、善、美的追求者,有教养的人以及一个受过训练的和谐的人时,自我也就实现了。

——〔美国〕罗伯特·梅逊

2021(4)

由古人之书,以发现其抽象的思想后,更要由此抽象的思想以见到在此思想后面活生生的人;看到此人精神成长的过程,看到此人性情所得的陶养,看到此人在纵的方面所得的传承,看到此人在横的方面所吸取的时代。一切思想,都是以问题为中心。没有问题的思想不是思想。

——徐复观

2021(5)

过分强调竞争制度,以及依据直接用途而过早专门化,这就会扼杀包括专业知识在内的一切文化生活所依存的那种精神。使青年人发展批判的独立思考,对于有价值的教育也是生命攸关的,由于太多和太杂的学科(学分制)造成的青年人的过重负担,大大地危害了这种独立思考的发展。负担过重必导致肤浅。教育应当使所提供的东西让学生作为一种宝贵的礼物来领受,而不是作为一种艰苦的任务要他去负担。

——〔德国〕爱因斯坦

2021(6)

人们很想知道未来的科学理论和科学想法的内容和特点。但不幸的是,人们对十年内或者十分钟内的新想法是无法预知的。如果我们试图这样做,就陷入了一个逻辑悖论之中。因为预知一个想法就等于有了这个想法,一个已经存在的想法就不再是预知的对象。

——〔英国〕彼得·梅达沃

2022(1)

做人,在生而为人意义上的做人,同时也必须在成长为人的意义上进行界定。在这个意义上,一个婴儿只不过是一个潜在的人,必须在社会,文化,家庭中成长为人。

——〔美国〕马斯洛

2022(2)

理解和运用复杂理论的能力足以用来定义智力,但是不足以涵盖才智。才智还包括:在选择相关解释因素时,在为任何新出现的理论确立实证检验时的严谨判断,以及这种严谨判断与智力的结合。才智减去判断就是智力。智慧,则是所有质量中最为稀缺和珍贵的,它将智力、知识、经验和判断等综合起来,并以某种方式形成融会贯通的理解。

——〔美国〕托马斯·索维尔

2022(3)

如果你只是接住自己抛出的东西,这算不上什么,不过是雕虫小技:——只有当你一把接住永恒之神以精确计算的摆动,以神奇的拱桥形弧线朝着你抛来的东西,这才算得上一种本领,——但不是你的本领,而是某个世界的力量。

——〔奥地利〕R. M. 里尔克

2022(4)

一个人的实质,不在于他向你显露的那一面,而在于他所不能向你显露的那一面。因此,如果你想了解他,不要去听他说出的话,而要去听他的没有说出的话。每一粒种子都是一个愿望。

——〔黎巴嫩〕纪伯伦

2022(5)

人有一种在他的思想和行为中观察连续性和统一性的需要,他在评判他活动的对象和方法的选择上不能满足于只遵循有限的考量,不满足为了好的和符合愿望的标准只接受与其他价值有关的事物。他得探寻一个终极目标、一个根本和绝对的标准,并且这得和他内在的本性保持紧密一致。

——〔德国〕威廉·冯·洪堡

2022(6)

我相信,人只有实现自己的个性,永远不把自己还原成一种抽象的、共同的名称,才能正视整个人类普遍的经验。人一生的任务恰恰是既要实现自己的个性,同时又要超越自己的个性,达到普遍的经验这样一个充满着矛盾的任务。只有全面地发展个人的自我才能抛弃利己主义。

——〔德国〕弗洛姆

2023(1)

教育者永远也不可能找到一块净土,这是因为,在每个学校的教育经验当中,都蕴藏着一个对各种知识和价值的选择过程,而且,这是一种根深蒂固的伦理性的和政治性的选择。对康茨而言,不选择本身就是一种选择。所以,教育者只有将自身的选择,建立在对"民主集体主义"更加充分阐述的基础之上,他们才有可能对社会发挥引领作用。

——〔美国〕迈克尔·W. 阿普尔

2023(2)

自我认知是区别最好的教育工作者和普通教育工作者的一个变量。卓越的教育工作者拥有一种不可思议的本领,他们能够准确地知道自己是如何被学生、同事以及与他们打交道的父母所感知的。

——〔美国〕托德·威特克尔

2023(3)

教育的目标是成人,成就人。教师从事的事业是育人,教师在学生面前呈现的是其全部的人格,而不只是"专业"。这就要求教师首先要自己像人一样地活着,他才能对别人产生影响,一种使其成为人的影响。

——叶 澜

2023(4)

教育的任务在于,在另一个人的内在唤起一种欲望,即想要以成熟的方式存在于世界并与世界共在,也就是作为主体而存在。

〔荷兰〕格特·比斯塔

2023(5)

追求理想是一个人进行自我教育的最初的动力,而没有自我教育就不能想象会有完美的精神生活。我认为,教会学生自己教育自己,这是一种最高级的技巧和艺术。

——〔苏联〕苏霍姆林斯基

2023(6)

我主要是一名教师。我只是把科学作为我解决问题的一种方式,其中一些是为了弄清楚应该教什么。结果发现,我开发的一些应该教的东西变成了世界级的科学。

——〔美〕约翰·霍普克罗夫特

（庄 生,辑）